DO SOMETHING TODAY.

뻔하지만 아무나 쉽게 할 수 없는 일이다.
이 단순한 진리를 지키지 못하기 때문에 몇몇의 승자가 패자들 위에 군림하는 것이
세상의 이치다.

스포츠마케팅 쪼개기 2020

스포츠마케팅 쪼개기 2020

스포츠마케팅 취업, 입시, 유학 대백과사전

초판 1쇄 발행일 | 2019년 4월 11일
초판 2쇄 인쇄일 | 2020년 12월 16일

지 은 이 | 이승용
펴 낸 곳 | 북마크
펴 낸 이 | 정가국
디 자 인 | 서용석
마케팅 · 관리 | 안영미

주   소 | 서울특별시 동대문구 무학로45길 57 명승빌딩 4층
전   화 | (02) 325-3691
팩   스 | (02) 6442 3690
등   록 | 제303-2005-34호(2005.8.30)

ISBN | 979-11-85846-78-1   13320
값 | 22,000원

• 이 도서의 국립중앙도서관 출판예정도서목록(CIP)은 서지정보유통지원시스템 홈페이지
  (http://seoji.nl.go.kr)와 국가자료종합목록시스템(http://www.nl.go.kr/kolisnet)에서 이용하
  실 수 있습니다. (CIP제어번호 : CIP2019013380)

스포츠 마케팅 쪼개기 2020

이승용 지음

북마크

For Anny and Shawn

스포츠마케팅 현업 10년,
그래도 나의 꿈은 계속된다

스포츠마케팅 입문자를 위한 필독서라는 자부심을 가지고 만든 '스포츠마케팅 쪼개기'는 나의 생애 첫 출판작이자 내가 가장 애정을 가지고 있는 책이다.

2013년 처음 책을 출판한 후 매해 수많은 예비 스포츠마케터와 업계 사람들을 만났다. 그들이 책의 이름을 언급해줄 때마다 정말 감사했고 내가 의미 있는 일을 했다는 생각에 자긍심이 생겼다. 또한 몇 년 전 개인 상담을 통해 고민을 나눴던 고등학생과 대학생들이 어느 덧 성장하여 스포츠산업에 자리잡고 명함과 함께 인사를 건네올 때의 쾌감을 잊지 못한다.

어느 덧 2019년이 되었고, 그 사이 스포츠산업에 굵직한 변화들이 많이 일어났다. 대한민국은 2014 인천아시안게임, 2018 평창동계올림픽을 치러냈고, 2015년에는 골프업계 최대 글로벌 이벤트 프레지던츠컵이 개최됐다. 스포츠 산업은 점점 커지고 고도화, 세분화되어 간다. 내가 처음 이 산업에 도전했던 시절과 달리 체계도 많이 잡히고, 대학(원) 입시과정도 계속 전문화되어 생겨가고 있다.

하지만 여전히 스포츠산업과 스포츠마케팅 업계를 현실적으로 분석하고 논할 수 있는 책은 많지 않았다. 특히 4차산업혁명 시대에 급속도로 바뀌는 스포츠문화와 스포츠산업도 우리에게 시사하는 바가 많다. 디지털 콘텐츠의 확산 속도, 플랫폼 중심의 파워게임도 전형적인 스포츠마케팅 산업의 중심을 뒤흔들고 있다.

그래서 언젠가부터는 이 책을 지속적으로 업데이트하고 싶다는 생각을 하고 있었다. 가장 최신의 시대 기조에 맞춰 생각해야 할 문제 등을 중심으로 추가해서 논의할 필요가 있기 때문이다. 특히 취업분야에 대한 관심이 가장 크다는 독자들의 의견을 반영해, 일종의 '스포츠산업 취업대백과사전'의 기능을 확대하고자 새로운 책을 펴게 됐다. 만약 스포츠마케팅이라는 분야에 관심이 있다면 꼭 곁에 두고 계속 들춰보며 공부하고 싶은 책을 만들고 싶었다.

또한 스포츠산업의 취업시장이 가지는 특징인 일자리가 많지 않고 영세한 업체들이 생기고 없어지기를 반복하는 성격을 반영해 주기적인 업데이트를 통해 가장 최신의 정보를 주고자 했다. 그런 이유로 『스포츠마케팅 쪼개기 2020』이라고 제목을 짓게 된 것이다.

스포츠마케팅 취업정보를 위해 회사별 소개를 따로 페이지를 할애해 책의 「부록」으로 넣었다. 아직도 부족한 정보이지만, 현업에서 근무하지 않았다면 쉽게 접근할 수 없었던 취업분야별 회사소개를 넣었다는 것만으로도 절반의 성공이라 생각한다. 모두의 관심사인 채용 정보는 회사 내부정보로 자세히 알 수 있는 방법이 없어, 크레딧잡의 정보를 기준으로 기입하게 되었다. 결국 원하는 회사가 있는 사람은 스스로 그 회사를 찾아 조금이라도 더 공부해야만 한다. 그래야 막연한 공상에서 벗어나 구체적인 목표를 세울 수 있다.

취업백과 식의 내용을 많이 추가하였지만, 여전히 책을 집필한 궁극적인 목표는 같다.

'쉬운 책, 유용한 책, 그리고 영감을 주는 책'

스포츠마케팅의 현실적인 정의부터, 스포츠마케터란 누구를 일컫는 것인지, 학교는 어디로 가야 하는지, 취업 분야는 어디인지, 학벌/유학/영어는 정말 중요한 것인지 등에 대한 질문을 스스로 던지고 또 답을 달았다. 결국 영감을 얻은 독자가 스스로 행동에 옮겨 삶이 변화하기를 바라는 것이 내 궁극적인 바람이다.

『스포츠마케팅 쪼개기 2020』이라는 이 책의 제목 속에는 자칫 공상으로 끝나기 쉬운 스포츠마케팅이란 '꿈'을 현실적으로 치열하게 쪼개고 또 쪼개어 최종적으로 이뤄낼 수 있는 '비전'으로 만들자는 의미가 담겨 있다. 반면 스포츠에 대한 애정 하나로 무턱대고 스포츠마케터를 꿈꾸는 사람에게는 한겨울의 찬물 샤워처럼 정신이 번쩍 들도록 현실감을 심어주고 싶은 마음도 있다.

나 역시 그들과 똑같이 '단순무지'한 스포츠팬으로 출발했던 사람으로서, 또 미국과 한국의 스포츠마케팅 산업을 직접 겪은 사람으로서 그간 얻은 개인적인 고찰과 노하우를 후배들과 공유하고 싶다는 생각을 늘 해왔다.

내 인생에서 '쪼개기'라는 단어는 많은 걸 변화시켰다. 쪼개는 것은 '틈새시장'이라는 말과 일맥상통한다. 많은 성공한 기업가들이 바로 틈새시장을 노려서 성공하지 않았는가. 쪼개기 시작하면 다들 무시하고 살던 틈도, 보이지 않던 문제의 원인도, 내가 나아가야 할 길도 보인다. 거기서 기회가 발생하는 것이다.

바쁜 회사생활 속에서 책을 개정하자고 추진한 것도 명확한 타임라인을 미리 계획하고 시간을 쪼갰기 때문이다. 이번 개정판은 적극적으로 지원해준 국내 최고의 스포츠마케팅 학회 SMR, 그리고 그 핵심지원단 이상훈, 황석진, 최재철 님에게 감사의 말을 전하고 싶다.

스포츠마케팅 지구정복의 꿈, 나는 그 길을 향해 오늘도 달려간다.

2019년 3월

무한히 열린 가능성의 무대에
올라선 우리를 위해

취업을 준비하던 시기엔 원하는 회사에 취업만 하면 모든 고생이 끝나고 바로 행복한 삶이 보장되는 줄 알았다. 고등학생 때 원하는 대학만 가면 행복해질 줄 알았던 것처럼. 거짓말처럼 원하던 회사에 취업했지만, 슬럼프가 찾아오기까진 그리 오랜 시간이 걸리지 않았다. 무엇이 문제였을까?

오랜 고민 끝에 내린 결론은 회사의 외면이나 일하고 싶던 종목만을 꿈으로 한정 짓고 달려왔기 때문이라는 것이다. 회사의 내면을 분석하고 내가 어떤 생각을 가지고 일할 수 있을지, 이 회사는 나에게 어떠한 방식으로 스트레스를 줄지에 대한 분석이나 고민은 전무했다. 대학생 땐 취업스터디라는 걸 한 번도 해본 적이 없었고, 아무도 나에게 회사를 고르는 방법을 가르쳐주진 않았다. 만약 내가 취업 전에 이 책을 읽었더라면 그때의 마음고생은 없었을지도 모르겠다. 경력이 쌓이면서 산업에 대한 이해를 하고 나니, 오히려 당연한 일을 가지고 스트레스를 받았던 그때의 내가 어리석게 느껴지기도 한다.

대학시절 이 책의 저자인 이승용 팀장님의 스포츠마케팅 강의를 들었다. 스포츠경영을 전공하던 나로서도 스포츠산업 그리고 직무 영역을 쪼개는 접근법은 신선한 충격이었다. 지금은 스포츠마케팅을 공부하는 학생들에게 꽤나 익숙해진 개념이지만, 당시엔 이런 방식으로 접근을 권하는 사람이 없었다. 정부와 공기업에서 스포츠산업을 분류한 기준이 있긴 했지만, 스포츠 시장의 산업 규모 조사에 특화되어 있어서 취업 준비생으로서 읽으면 오히려 혼란이 더 가중되는 느낌이었다.

'왜 진작 이 생각을 못 했을까?' 스포츠마케팅을 공부한다던 사람이 마케팅의 가장 기본이 되는 세분화 작업(Segmentation)도 안 하고 취업 시장을 바라보았다. 세분화를 안 했으니 당연히 내가 원하던 기업과 직무에 대해 목표설정(Targeting)이 제대로 되었을 리가 없고, 이에 맞춰 나를 포지셔닝(Positioning)할 수도 없었겠구나 싶었다.

내 인생을 자기주도적으로 설계한다는 것은 매우 중요한 일이지만 배경에 대한 충분한 이해가 동반되지 않는다면 그것만큼 위험한 일도 없을 것이다. 이러한 점에서 볼 때 이 책이 주는 가치는 매우 긍정적이다. 많은 사람들의 소중한 인생에서 리스크를 줄여줄 수 있기 때문이다. 또한, 이 책은 단순히 스포츠산업에 대한 이승용 팀장님의 지식과 경험을 전달해주는데 그치지 않고, 가장 중요한 것을 상기시킨다. 바로 자기 자신을 알아야 한다는 것이다.

산업의 이해와 분석에 너무 매몰되어서 나 자신이 어떤 사람인지를 잊으면 절대 안 된다. 나는 어떤 삶을 살아야 할까 하는 해답을 찾는 과정에서 주어가 빠진다면 그게 무슨 의미가 있을까? 평생직장이란 없는 100세 시대이다. 책 집필 작업을 조금이나마 도우며, 나에 대해서도 다시 한 번 고민해 볼 수 있는 소중한 시간이었다.

이상훈(케이비엘 사원, 경영관리팀)

준비된 자에게 기회는 온다.
지피지기면 백전백승!

『스포츠마케팅 쪼개기』책을 만난 건 2013년 여름, 스포츠마케팅을 전공하고 싶어 관련 학과로 진학한 뒤 멋모르고 철없는 시절을 보내던 때였다. 스포츠 JOB다한 이야기(스포츠마케팅 쪼개기 출간 기념 토크 콘서트)에서 이승용 팀장님을 처음 뵙게 되었다. 이때 막연하게 스포츠마케터가 되겠다고 스마팅의 세계로 입문한 나는 스포츠마케팅 업계의 현실을 마주하면서 어떤 것들을 준비해야 하는지 느끼게 되었고 '너자알 프로세스'는 나 자신을 스스로 되돌아보는 계기가 되었다.

해가 지나고 2018년 SMR(Sports Marketing Research)이라는 대외활동 스터디에서 강의를 통해 이승용 팀장님을 다시 뵙게 되었으며, 그게 또 인연이 되어 이 책의 집필에 작은 도움을 드리게 되었다.

아직은 학생 신분이나 취업 관련 부록 작업을 하면서 스포츠마케팅이라는 개념 아래에 무수히 많고 다양한 업무와 직무들이 있음을 깨닫게 되었다. 그리고 기업이 원하는 인재는 어떤 인재인가에 대해 다시 한 번 생각하는 계기가 되었다. 대학교 졸업을 얼마 남겨두지 않은 이 시점에서도 어떤 성격의 기업(공공기관, 공기업, 사기업 등)과 직무가 나에게 가장 잘 맞을지 깊은 고민을 하지 않은 것이 사실이다.

내 주위에 취업을 준비하는 친구들을 둘러봐도 가고 싶은 회사의 외적인 부분만을 많이 보는 것 같고 몇몇 선배들은 꿈꾸던 회사에 들어갔지만 막상 경험해 보니 이상과 현실이 달라 회의감을 많이 느낀다고 한다.

부록에서 10가지의 스포츠 기업 분야를 분류하여 기업정보 및 취업 정보를 나열하고 있다. 하지만 한 기업 내에도 스포츠 관련 다양한 직무가 있기 때문에 정말 그 분야와 기업에서 일하고 싶다면 본 책을 활용하여 간단하게 정보를 살펴볼 필요가 있다. 그뿐만 아니라 기업에서는 어떤 업무와 활동을 하는지 찾아보는 노력이 동반된다면 앞서 말한 리스크를 조금은 줄여나갈 수 있지 않을까 생각한다.

이 책은 스포츠마케팅으로 안내하는 훌륭한 길잡이라고 생각한다. 하지만 결국 본인이 의지와 상관없이 단편적인 정보만을 습득한다면 그 정보들은 금세 잊힐 것이다. 본문의 정보들을 읽고 자신의 상황에 적용하면서 채용공고와 조직도 등 홈페이지(부록에 있는 QR코드를 활용) 구석구석을 찾아보면 분명 취업의 방향, 준비해야 할 경험 또는 스펙들이 보일 것이다.

그뿐만 아니라 연봉 및 복리후생, 근무조건 등이 본인이 생각했던 이상적인 꿈의 환경만은 아니라는 사실도 마주하게 될 것이다. 취업은 꿈이 아닌 현실이다. 스포츠 관련 직종에 취업한 뒤 적지 않은 사람들이 스포츠업계를 떠난다. 스포츠업계에서 일하는 것이 본인에게 맞을지 안 맞을지를 예단하기는 쉽지 않다. 다만, 이 책을 통해 많은 분들이 스포츠마케터가 되기 위한 과정을 구체적으로 그려보면서 조금이라도 시행착오를 줄였으면 하는 바람이다. 모두, 스포츠업계에서 다시 보기를 기대하며 Never Give Up!

황석진(사단법인 한국라크로스협회 사원, 사무국)

국내 최고의 스포츠마케팅 학회
SMR(Sports Marketing Research) 소개

⟨No.1 SPORT MARKETING GROUP IN KOREA⟩

SMR(Sport Marketing Research)이 배출한 스포츠산업 현업 실무자는 100여 명에 이르며, 스포츠 외 산업에서 일하는 인력까지 포함하여 배출한 수료생은 360여 명에 이른다. 2019년 현재 27기 스터디팀이 활동 중이다.

2001년에 스포츠마케팅을 공부하고자 하는 대학원생들을 주축으로 설립된 SMR은 18년이 지난 현재에 이르기까지 꾸준히 스터디팀을 운영하며 끈끈한 네트워크를 구축하고 있다. 스포츠마케팅 분야에서 일하고 싶지만 공부할 곳이 없는 비전공자 학생들뿐만 아니라, 더 깊게 산업을 알아가고 싶은 전공자들까지 모두 도움이 될 수 있도록 '실무' 위주의 커리큘럼을 구성하는 것이 특징이다. 커리큘럼을 구성하는 대부분의 강사들은 SMR 스터디팀 출신의 선배들이며, 후배들을 위해 기꺼이 무보수로 시간을 할애한다.

한 기수의 스터디팀 활동 기간은 약 6개월이다. 매주 토요일마다 정기 스터디 모임이 있는데, 해당 주차의 강사진들이 내주는 과제를 수행해야 하기 때문에 팀플이 많은 편이다. 정기 스터디 모임에서는 과제에 대한 피드백과 다양한 산업 분야에 대한 실무 이야기를 들을 수 있다. 활동이 고된 편이긴 하지만, 열심히 하는 만큼 배 이상으로 얻어가는 게 많은 프로그램이다.

SMR이 스터디팀을 운영하는 이유는 스포츠 산업 종사자들을 배출하기 위해서만은 아니다. 오히려, 업계 종사를 희망하는 학생들에게 스포츠산업에서 일하는 것이 과연 본인과 잘 맞을지 가치 판단의 척도를 제공하여 도움을 주고자 하는 목적이 더욱 크다. '나는 스포츠산업 내에서 어떤 분야가 잘 맞을까?', '나는 마케팅을 하나도 모르는데, 어떤 역량들을 개발하고 키워나가야 할까?', '이 분야로 진출한다면 내가 원하는 인생을 살 수 있을까?'와 같은 고민과 궁금증이 많은 학생이라면 SMR 스터디 과정을 적극 추천한다. 설령, 본인이 스포츠업계로 진출하지 않더라도 이 트레이닝 과정을 통해 뛰어난 실무 역량을 쌓아나갈 수 있다. 스포츠업계에서 일하지 않는 SMR 출신 선배들도 꾸준히 나와 후배들에게 도움을 주는 이유는 바로 그 때문일 것이다.

SMR의 주 활동이 스터디팀 운영이긴 하지만, 과거 스포츠마케팅 세미나나 경기 이벤트 개최와 같은 비즈니스 활동도 지속해 왔다. 앞으로도 스터디팀을 통해 구축되는 네트워크를 바탕으로 다양한 스포츠 비즈니스를 선보일 예정이다.

한편, SMR은 매년 2기수의 스터디팀을 운영하고 있는데, 모집 기간은 보통 10~11월과 4~5월쯤이니, 지원 희망자들은 SMR 홈페이지와 SNS 계정을 잘 확인하여 놓치는 일이 없기를 바란다(이번 집필 과정에 참여한 이상훈, 황석진 님 모두 SMR 출신).

- SMR 공식 홈페이지 : http://www.spobiz-smr.net
- SMR 공식 페이스북 : SMR(Sport Marketing Research)
- SMR 공식 인스타그램 : spobiz.smr

차
례

PART3 스티브의 스포츠마케팅 정복기

| 부록 소개 |

| 부록 보기 TIP |

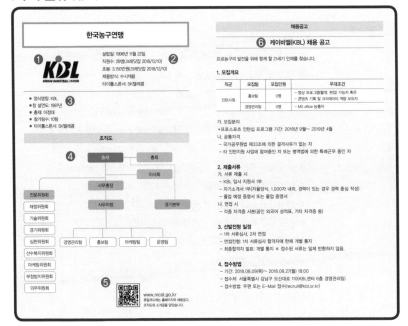

❶ 회사 로고

❷ 직원수, 초봉, 채용방식 등 취업 기본 지식 제공

❸ 회사의 주요 활동이나 기억하면 도움될 특이사항 제공

❹ 취업 대상 회사의 조직도를 이해함으로써 업무 분야 파악 가능

❺ 해당 단체 채용 공고로 바로 이어지는 QR코드

❻ 가장 최신 취업 공고 샘플을 통해 회사에서 원하는 기준 파악 가능

＊회사의 기본적인 채용, 조직도, 연봉 관련 정보는 홈페이지 또는 크레딧잡(kreditjob.com) 참고.

＊본문 'PART2 – 4장. 취업-4. 스포츠마케팅 업무 분야'의 기업 소개 중 조직도나 채용공고가 파악되지 않은 회사는 그 부분을 생략하였으며, 조직도와 채용공고 둘 다 파악되지 않은 회사는 부록에서 제외하였다.

＊채용공고는 여러 포지션 중 인터넷 검색이 가능한지, 가장 최신 포스팅인지, 취업준비생에게 적합한 포지션인지를 감안해 선별하였다.

부록 내 취업 기업 리스트

1. 체육 행정 조직 및 단체		조직도	채용공고
1	문화체육관광부 체육국	O	O
2	지방자치단체 체육과	O	O
3	대한체육회(국민생활체육회-통합)	O	O
4	국민체육진흥공단	O	O
5	한국프로스포츠협회	O	O
6	한국대학스포츠협의회	O	O
7	한국도핑방지위원회	O	O
8	대한장애인체육회	O	O
9	스포츠안전재단	O	O
10	태권도진흥재단	O	O
11	대한축구협회(KFA)	O	O
12	대한야구소프트볼협회(KBSA)	O	X
13	대한농구협회(KBA)	O	O
14	대한배구협회(KVA)	O	O
15	대한양궁협회	O	O
16	대한배드민턴협회	O	O

2. 스포츠연맹 협회 및 프로구단 프런트

스포츠연맹 및 협회			
1	한국프로축구연맹 (K-리그)	O	O
2	한국야구위원회 (KBO)	O	O
3	한국농구연맹 (KBL)	O	O
4	한국여자농구연맹 (KWBL)	O	O
5	한국배구연맹 (KOVO)	O	O
6	한국프로골프협회 (KPGA)	O	O
7	한국여자프로골프협회 (KLPGA)	O	O

프로구단 프런트				
1		고양 오리온 오리온스	X	O
2		부산 KT 소닉붐	X	O
3		서울 SK 나이츠	X	O
4		서울 삼성 썬더스	X	O
5	남자농구	안양 KGC 인삼공사	X	O
6		울산 현대모비스 피버스	X	O
7		원주 DB 프로미	X	O
8		인천 전자랜드 엘리펀츠	X	O
9		전주 KCC 이지스	X	O
10		창원 LG 세이커스	X	O
11		대전 삼성화재 블루팡스	X	O
12		서울 우리카드 위비	X	O
13		수원 한국전력 빅스톰	X	O
14	남자배구	안산 OK저축은행 러시앤캐시	X	O
15		의정부 KB손해보험 스타즈	X	O
16		인천 대한항공 정보스	X	O
17		천안 현대캐피탈 스카이워커스	X	O
18		서울 GS칼텍스 KIXX	X	O
19	여자배구	인천 흥국생명 핑크스파이더스	X	O
20		화성 IBK기업은행 알토스	X	O
21		KIA 타이거즈	X	O
22		LG 트윈스	X	O
23		NC 다이노스	X	O
24		SK 와이번스	X	O
25		두산 베어스	X	O
26	야구단	롯데 자이언츠	X	O
27		삼성 라이온즈	X	O
28		케이티 위즈	X	O
29		키움 히어로즈	X	O
30		한화 이글스	X	O
31		FC 서울	X	O
32		강원 FC	X	O
33		경남 FC	X	O
34		대구 FC	X	O
35		상주 상무	X	O
36	K리그1	성남 FC	X	O
37		수원 삼성 블루윙즈	X	O
38		울산 현대	X	O
39		인천 유나이티드	X	O
40		전북 현대 모터스	X	O
41		제주 유나이티드	X	O
42		포항 스틸러스	X	O
43		FC 안양	X	O
44		광주 FC	X	O
45		대전 시티즌	X	O
46		부산 아이파크	X	O
47	K리그2	부천 FC 1995	X	O
48		서울 이랜드 FC	X	O
49		수원 FC	X	O
50		아산 무궁화	X	O
51		안산 그리너스 FC	X	O
52		전남 드래곤즈 FC	X	O

3. 스포츠마케팅 에이전시			
1	이노션	O	O
2	대홍기획	O	O
3	갤럭시아SM	O	O
4	스포리즌	O	O
5	올댓스포츠	O	O
6	세마스포츠마케팅	O	O
7	지컴	O	O
8	FC네트워크	O	O
9	YG스포츠	O	O
10	WAGTI	X	O
11	크라우닝	X	O
12	올리브크리에이티브	O	O
13	브리온컴퍼니	X	O
14	브라보앤뉴	O	O
15	IMG	X	O

4. 스포츠 미디어 그룹

1	에이클라	O	O
2	IB Sports	X	O
3	MBC SPORTS+	O	O
4	KBSN SPORTS	O	O
5	SBS SPORTS	O	O
6	JTBC Sports	X	O
7	STN Sports	O	O

5. 기업 스포츠 마케팅

스포츠단 운영 기업			
1	코오롱스포츠단	X	O
2	하이원 리조트 스포츠팀	O	O
3	안양 한라	O	O
4	상아사 여자 사이클팀	X	O

후원 기업			
5	CJ	X	O
6	동아오츠카	X	O
7	효성	X	O
8	금호	X	O

6. 선수 에이전트

1	리코스포츠	X	O
2	이반스포츠	O	O
3	스포츠하우스	X	X
4	JGTH엔터테인먼트	O	X

7. 스포츠용품 기업

1	나이키 코리아	X	O
2	아디다스 코리아	X	O
3	휠라 코리아	X	O
4	뉴발란스 코리아	X	O
5	데상트 코리아	X	O
6	언더아머코리아	X	O
7	아식스	X	O
8	푸마	X	O
9	글로벌브랜드그룹코리아(스파이더)	X	O
10	다이나핏	X	O
11	노스페이스	X	O
12	디스커버리	X	O
13	블랙야크	X	O
14	코오롱 인더스트리 F&C	X	O
15	네파	X	O
16	K2코리아	X	O
17	밀레	X	O
18	빈폴 아웃도어	X	O
19	컬럼비아	X	O

8. 스포츠라이선싱

1	케이앤코리아	O	O
2	네포스	X	O
3	위펀	O	O
4	스미스스포츠	O	O
5	인터파크	X	O

9. 스포츠IT

1	골프존	O	O
2	스포츠투아이	O	O
3	위드라인	O	O
4	유엔비즈	X	O
5	스포라이브	X	O
6	비주얼스포츠	X	O
7	슈포러브	X	O
8	고릴라	X	O

10. 스포츠산업 전문 언론

1	베스트일레븐	O	O
2	포포투	X	O
3	스포츠 Q	O	O
4	인터풋볼	O	O
5	스포탈코리아	X	O
6	루키	X	O
7	점프볼	X	O

PART 1

스포츠마케팅
쪼개기

당신 머릿속의 스포츠마케팅

그동안 스포츠를 좋아한다는 이유만으로
자신의 미래를 스포츠마케터로 정한 것은 아니었던가?
스포츠마케팅의 현실적 정의가 무엇인지 알고,
준비된 후에 덤벼라!

01

스포츠마케팅 취업을
준비하고 계신가요?

독자 여러분은 '스포츠마케터'라고 하면 가장 먼저 무엇을 떠올리는가? 아마 사람들 대다수는 스포츠에이전트(우리가 아는 구전 '제리 맥과이어'에서 시작된 환상!)나 프로구단 프런트를 떠올릴 것이다. 틀린 말은 아니다. 이것이 우리가 알고 있는 스포츠마케터의 가장 전형적인 형태이기 때문이다.

스포츠마케터들은 이런저런 분야에서 '스포츠'라는 공통점으로 종종 드러나며 존재하지만, 누가 어디서 어떻게 근무하는지, 직종 구분은 무엇인지, 그리고 어떻게 시작해야 그 위치에 오를 수 있는지 등을 파악하기는 정말 어렵다. 이 때문에 스포츠마케터를 꿈꾸는 사람들은 머리가 아프지 않을 수 없다. 스포츠마케터란 이름을 붙일 수 있는 직업의 종류는 많다. 프로스포츠 구단 프런트, 스포츠마케팅 에이전시, 선수 에이전트, 경기장 전문 관리인, 스포츠컨설팅 에이전시, 스포츠이벤트 에이전시, 스포츠방송 중계권 및 미디어사업 에이전시 등등. 그런데 이들 사이의 교집합을 찾는 것 또한 쉽지가 않다.

책을 쓰면서 많은 독자들과 교류하는 시간을 가졌는데, 의외로 예비 스마터들의 부모들로부터 문의가 많았다. 정확히 얘기하자면 자녀들의 '진로'가 아닌

'진학' 상담이었다. 정말 많은 자료조사를 하고 학교를 비교하면서 조언을 구하시는 부모님, 자식의 꿈을 응원하는 차원에서 조언을 구하시는 부모님, 한 번 만나서 아들에게 조언해줄 수 없느냐고 묻는 부모님 등이 있었다.

많은 진학 상담의 종착역은 결국 '어느 학교를 가는 것이 좋을 것 같으냐'는 질문이다. 꼭 부모님이 아니더라도 중·고등학생들의 진로 상담 대부분은 결국 어느 학교, 어느 학과를 가는 것이 좋으냐는 질문이다.

과거에는 20대 초반에 대학생의 신분으로서 미래를 고민하며 묻는 질문이 많았다면, 지금은 확실히 시대가 변했다. 이미 어린 시절부터 스스로의 꿈을 키우고, 그 꿈을 이루기 위한 '진학' 자체가 모든 과정의 시작이자 목표가 되어 버린 듯하다.

상담을 의뢰하는 부모님들에게 상황에 맞게 답변했지만, 내용을 간추리면 보통 이런 얘기를 공통적으로 하곤 한다.

- 학교와 학과가 중요하지는 않다.
- 반드시 스포츠마케팅 학과에 갈 필요는 없다.
- 학벌보다는 경험이 더 중요하다.
- 학교를 고를 때는 반드시 경험할 수 있는 기회가 많은 곳으로 가라.
- 학점보다는 경험을 통한 네트워킹이 중요하다.
- 스포츠마케팅 취업에 너무 올인하지 말고 다양한 가능성을 탐구해라.
- 무조건 꿈은 '글로벌 인재'가 되는 것으로 잡아라.
- 외국어(특히 영어)는 매우 중요하다.
- 유학을 가려면 올인한다는 마음으로 가라. 그 나라에서 취직도 거의 안 되고, 돌아와도 보장된 미래는 없다.

이제 업계에서 약 10년 정도를 머무르며 드는 생각이다. 나는 나의 커리어를 통해 전통 스포츠와 e스포츠 산업을 거치며 많은 생각의 변화를 겪고 있다. 과거에 가졌던 막연한 환상도 다 없어졌다. 그리고 과연 어떤 직업과 업무가 스포츠마케팅 분야에서 의미가 있는지를 직간접적으로 경험해 보았다.

스포츠마케팅에 대한 도전은, 흔히 남들이 바라보는 지위나 기업의 평판, 연봉 수준 등과 비례하지는 않는다. 특히 우리나라는 남들을 의식하는 '체면 문화'가 강해서 내가 취업하는 회사의 이름과 연봉을 스스로를 판단하는 기준처럼 느끼는 경우가 많다. 하지만 스포츠마케팅은 그런 화려하고 인정받는 포지션이 거의 존재하지 않는다. 이름만 대면 감탄하며 부러워할 기업들의 스포츠마케팅 포지션을 담당하면서 그 구조(스포츠마케팅 업무의 핵심)의 중심 역할을 하는 사람은 국내에서 100명도 되지 않으리라 본다.

그 포지션에 내가 갑자기 공채로 붙을 가능성은 얼마나 될까. 우리가 감탄하며 바라보는 기준을 충족하는 화려한 포지션들은 모수 자체가 적기 때문에 그만큼 문이 좁은 것이 현실이다. **이 분야는 고시가 아니다. 무조건 바닥부터 배워야 한다. 그래야만 성공할 수 있다.**

스포츠마케터를 꿈꾸는 사람들은 학벌이나 학과명을 따지기 전에 과연 자신이 원하는 업무가 무엇인지, 현실이 무엇인지, 그것을 쟁취하기 위해 겪어야 하는 과정이 무엇인지를 파악하는 것이 중요하다. 그리고 그 과정은 대학교에서 학과와 관계없이 충분한 기회를 가질 수 있다.

한편, 대학교 과정에 있는 예비 스마터에게는 이렇게 얘기하고 싶다. **'당신이 진짜로 원하는 업무가 무엇인지 그 디테일을 수단과 방법을 가리지 말고 알아내고, 그 업무를 담당하는 고용주가 너를 뽑고 싶게 만들어라'.** 어려운 말이지만, 취업에 성공할 수 있는 핵심 비법이다.

내가 인터뷰 심사자의 입장에서 면접에 들어설 때, 여러 종류의 지원자를 만나게 된다. 선수 출신, 선수나 팀을 좋아하는 팬, 스포츠 자체를 좋아하는 사람, 미래가 유망하다고 생각하는 사람, 열정만 넘치는 사람 등등. 하지만 정작 해당 직군에 필요한 스펙은 그 포지션의 업무를 충분히 이해하는가, 그리고 경험이 있는가이다. 적어도 그럴 가능성이 있다고 보이는 사람이어야 한다. **'스포츠'라는 이름 하나로 자신을 너무 과하게 엮어서 지원하는 사람은 면접에서 떨어지기 십상이다.** 자신이 지원하는 업무의 종류와 자격, 자신이 가진 강점을 알고 지원할 때 취업에 성공할 가능성이 높다.

예를 들어, 대기업 스포츠마케팅을 꿈꾸는 취업준비생이 있다면 대학교 때부터 스포츠마케팅 에이전시, 스포츠선수 매니지먼트, 대회운영, 스폰서십 세일즈, 중계권 판매, 머천다이징 등의 업무 중 자신이 관심이 있는 분야에서 조금이라도 '더' 경험을 쌓기를 권한다. 그래야 스포츠마케팅 상품 하나를 둘러싼 이해관계를 이해할 수 있으며, 업계 사람들도 알고 네트워크가 생겨 취업의 기회가 찾아오기 때문이다.

나는 오랜 기다림과 투자 끝에 30대 초반이 되어서야 스포츠마케팅 업계에 처음 정규직 포지션으로 취업했지만 그 과정 역시 쉽지 않았다. 쉬울 거라고 생각도 안 했지만, 막상 그 과정은 기나긴 불안함의 연속이었다. **현재의 나를 만든 건 결국 내가 어릴 때 가졌던 그 막연함과 불안함을 없애려 했던 하루하루의 필사적인 노력 덕분이다.** 그것이 나를 강하게 만들었고, 단순히 '취업'이 목표였던 어린 청년이 '스포츠마케팅 지구정복'을 꿈꾸는 미래의 No.1 스마터가 되게 만들었다고 믿는다.

- 유망 직종인데 산업 전반에 대한 체계는 여전히 부족하다.
- 겉으로 보이는 화려함에 비해 빛 좋은 개살구다.
- 스포츠에 치중한 것이 나중에 커리어를 쌓는 데 오히려 해가 됐다.

위의 말들은 스포츠마케팅 업계에서 일하면서 자주 듣는 현실적인 푸념들이다. 독자 여러분이 반드시 새겨들어야 할 부분이다.

무조건 뛰어들지 말고 준비한 뒤에 뛰어들어라. 바닥부터 기는 것을 두려워해서는 안 되지만 냉정히 말하면 바닥에도 귀천이 있다. 남자라면 누구나 군대를 가지만, 미래를 적극적으로 계획하는 사람들은 카투사나 장교 등 '의무'라는 족쇄를 '선택'이란 옵션으로 행사한다. 나 역시 '조금 더 준비할 걸', '기회가 있었을 때 조금 더 경험할 걸' 하고 후회하며 살고 있다.

지금부터 늘어놓을 이야기는 국내 스포츠마케팅 산업의 현실과 오해에 대한 보고서이다. 또한 누구를 스포츠마케터라 부르고, 업무가 무엇인지, 이 길을 가기 위해 어떤 준비가 필요한지를 이야기할 것이다.

내가 이 글을 쓰는 순간에도 세상은 달라지고 있다. 전통적인 스포츠산업의 수익구조는 새로운 기술의 발전과 함께 변화하고 있다. 과거에 얽매이는 자는 도태하고, 새로운 시장에 적응하는 자들은 떠오르고 있다. 빅데이터, 사물인터넷, 1인 가구의 등장과 개인화, 심지어는 미세먼지 문제 등이 대한민국의 스포츠산업을 바꿔갈 것이다.

이제 스포츠마케팅에 취업하려는 사람들이 정형화된 취업 코스를 고민하는 일은 없어야 한다. 자신이 뭘 원하는지 알고 그것을 얻기 위해 바닥부터 경험을 쌓으려는 각오와 생각을 해야 한다.

부디 이 책을 통해 비판적 통찰력을 쌓고, 스포츠마케터가 되기 위한 자신의 경쟁력이 무엇인지 발견할 수 있기를 기대한다. 자, 이제 본격적인 스포츠마케팅 쪼개기 여행을 떠나볼까?

02

스포츠마케팅이란
무엇인가?

헷갈릴 수밖에 없는 이유

스포츠마케팅, 왜 손에 잡히지 않을까? 스포츠와 마케팅의 단순한 조합이라고 하기에는 혼란스러워하는 이들이 너무 많다. 백날 원서를 읽어도 머리에 들어오지 않고, 누구를 붙잡고 물어도 속 시원한 답을 듣기가 어렵다. 답을 줄 수 있는 사람이 없기 때문일까?

스포츠마케팅의 정의가 피부에 쉽게 와닿지 않는 원인을 분석해 보았다.

첫째는, 스포츠가 가지는 '대중성' 때문이다.

스포츠에는 글로 설명하기 어려운 마력이 있다. 손흥민, 기성용, 류현진, 동계올림픽 개최, 2002 월드컵 4강, 한국시리즈 우승 등의 단어는 사람들에게 설렘이나 벅찬 감동을 던져주며, 그들을 움직이고 시선을 사로잡는다. 이처럼 스포츠가 사람들 가까이에 있고 친근하게 느껴지는 것은 마케팅 요소로서 큰 장점이지만 반면에 커다란 위험 요소가 되기도 한다. 스포츠마케팅이 너무 쉬워 보일 수 있기 때문이다.

사실 스포츠마케팅을 알기 위해서는 먼저 스포츠가 무엇인지 또 스포츠 소비자행동, 스포츠산업이 무엇인지를 배우는 것이 맞다. 하지만 이제 막 20년이 지난 대한민국 스포츠마케팅의 역사와 신설되기 시작한 스포츠경영 관련 학과들을 고려할 때, 아직은 그 누구도 속 시원하게 스포츠마케팅이 무엇인지 조목조목 설명해줄 수 없는 상황이라 이런 혼란이 존재하는 것이다. 늘 나와 함께하기 때문에 가깝게 느껴지지만 실제 스포츠마케팅 현장에서는 어디서부터 손대야 할지도 모를 뿐만 아니라 이에 대한 현실적인 가이드도 없다.

둘째는, 스포츠마케팅에 대한 잘못된 '선입견' 때문이다.

우리 머릿속에 가장 먼저 떠오르는 스포츠마케팅의 대중적 이미지 중 하나는 바로 영화 속 주인공 '제리 맥과이어'다. 그 덕분에 예비 스포츠마케터들이 스포츠마케팅을 꿈꿀 때 가장 먼저 떠올리는 것이 바로 선수 에이전트다. 한편, 국내 대기업들이 스포츠마케팅을 활발히 펼친다고 하는데 무엇에 기초한 마케팅 과정인지 그리고 기업 스포츠마케팅과 선수 에이전트의 관계는 무엇인지 아리송하다. 또 이 두 가지가 스포츠마케팅의 전부인지 아닌지도 헷갈린다.

셋째는, 스포츠마케팅의 학문적 정의와 실제 현업 종사자들의 생각이 일치하지 않기 때문이다.

마케팅은 태생적으로 시장의 성격에 예민하게 반응한다. 마케팅의 역사가 초기 생산중심에서 유통중심으로 그리고 다시 소비중심으로 변모한 것도 시장의 변화에 따른 진화인 셈이다. 마케팅 콘셉트 역시 생산중심, 상품중심, 판매중심, 마케팅중심, 사회적 마케팅중심, 개별 마케팅의 순으로 변화하고 있다.

앞서 설명과 이어지는 얘기지만, 이런 일반 마케팅의 진화과정을 스포츠마케팅에 그대로 적용하기 어렵다는 점도 혼란의 시발점이다. 많은 학자들이 다양하게 스포츠마케팅의 정의를 내렸지만, 도대체 이러한 개념정리와 구조분석이 어느 자리에서 어떤 일을 하는 누구에게 적용되는 이야기인지 헷갈리기 때문이다.

스포츠마케팅 산업 분야의 현직 종사자 중 스포츠마케팅의 개념을 전반적으로 이해하고 자신의 일에 맞게 적용하는 사람은 극히 드물다. 대부분 특정한 분야, 예를 들어 에이전트업, 마케팅 대행업, 이벤트 대행업, 스폰서십 등에 특화되어 자신의 업무를 수행하기 때문에 스포츠마케팅의 정의에 큰 의미를 두지 않는다.

피부에 와닿는 스포츠마케팅 정의

'스포츠마케팅'이란 현실적 정의를 내려보고 싶다. 언뜻 '스포츠'와 '마케팅'의 단순한 조합으로 보이는 이 단어는 과연 어떤 의미를 가지고 있을까? 우리가 기억하는 스포츠마케팅 시작은 한두 명의 월드스타가 국위를 선양하고, 프로스포츠가 등장하는 모습 정도였다. 1990년대의 박찬호, 박세리의 에이전트들, 그리고 프로구단에서 일하는 업무자들 정도로 좁혀진다고 볼 수 있다.

하지만 20년이 지난 지금, 국내 스포츠산업은 그 규모가 날로 커지고 있다. 스포츠마케팅은 여전히 고부가가치를 창출할 가능성이 높은 분야 중 하나로 꼽힌다. 지금 이 순간에도 스포츠 콘텐츠의 생산자들은 이 '황금알을 낳는 거위'를 가지고 다양한 상품을 만들고, 소비자들은 이를 보고, 읽고, 만지고, 느끼며, 입고, 경험하고, 체험하면서 그에 상응하는 대가를 지불한다.

위에서 설명하는 하나하나의 현상이 모두 스포츠마케팅이다.

스포츠마케팅의 가장 단순한 정의는 **'스포츠를 통한 이윤의 극대화'**, 즉 **'스포츠의 상업화'**이다.

스포츠마케팅 원론에서 말하는 스포츠마케팅의 두 분류는 아래와 같다.

• 스포츠의 마케팅(Marketing of Sport)

• 스포츠를 통한 마케팅(Marketing through Sport)

하지만 이런 구분에 큰 의미를 두지 말고 마케팅의 주체가 누가 됐건 스포츠를 가지고 뭔가 이득을 만들어 냈다면 그게 바로 스포츠마케팅(또는 그와 유사한 마케팅) 과정이라고 생각해볼 만하다.

예를 들어 나이키, 아디다스 등 스포츠 의류 및 용품을 생산하는 업체에게는 매출과 직결되는 마케팅 활동일 것이고, 스포츠 팀과 경기연맹 등 스포츠 단체에게는 스포츠를 통해 더욱 많은 재원을 확보하기 위한 활동일 것이다. 일반기업(때로는 국가/도시)에게는 기존의 광고 또는 홍보활동을 보조해주는 강력한 마케팅 커뮤니케이션 도구일 것이다. 또한 스포츠마케팅 에이전시처럼 순전히 스포츠마케팅을 활용하고자 하는 사람들에게 전문적인 서비스를 제공함으로써 이윤을 창출하는 사람들도 등장하기 시작했다.

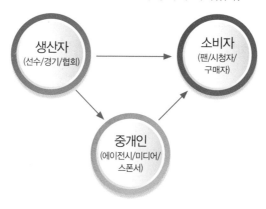

스포츠 생산자-중개인-소비자

시대의 변화에 따른 유동성이 상당함에도 불구하고 예비 스포츠마케터들에게는 스포츠마케팅의 핵심 개념에 대한 이해는 매우 중요하다. '**스포츠를 매개로 일어나는 생산과 소비**', 그리고 '**스포츠를 통한 이윤의 추구**', 그것이 바로 피부에 와닿는 스포츠마케팅의 정의인 것이다.

대한민국
스포츠마케팅의 현실

스포츠마케팅이 걷고 있는 고행길

놀랄지도 모르겠지만, 내가 보는 스포츠마케팅의 현실과 미래는 장밋빛이 아니라 잿빛에 장미색을 입힌 가짜 장미송이에 가깝다. 100미터 밖에서 보면 아주 화려하지만 가까이에서 보면 도색이 벗겨지고 어두운 속이 다 들여다보인다. 겉만 화려한 연예사업처럼 스포츠마케팅 사업도 화려함에 비해 체계도 없고 보장된 미래도 없다.

'스포츠가 너무 좋아서 이거 아니면 나 죽어요' 하는 사람이 아니라면 '스포츠는 그냥 좋아하는 취미로 남겨두고 다른 길을 찾으라'고 심각하게 얘기해주고 싶을 때가 많다. 서두부터 김빠지는 소리라 못마땅할 수도 있지만, 이게 내가 보는 현실이기에 미안하지만 과감히 한마디 던지는 것이다.

군사정권의 우민화 정책과 엘리트체육 육성정책, 재벌 중심의 '울며 겨자 먹기'식 프로구단 운영은 우리나라 스포츠의 태동기를 대변하는 키워드들이다. 1990년대 후반, 스포츠 스타들의 해외진출과 더불어 성장하기 시작한 한국의 스포츠마케팅은 아직도 풋내기 수준에 지나지 않는다. 경영학에서 말하는 상품의 수명주기(Product Life Cycle)에 대입하면 한국의 스포츠마케팅(상품)은 어느 단계에 있을까 하는 생각을 자주한다. 미래를 낙관적으로 보는 사람이라면 '성장기'로 볼 가능성이 많고, 이제 더 이상 할 게 없다고 생각하는 사람에게는 '성숙기' 또는 '쇠퇴기'일 것이다.

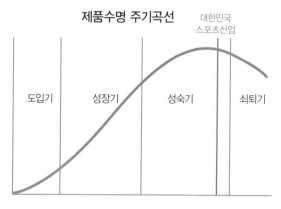

스티브가 분석하는 한국 스포츠산업 시장의 수명주기

내 관점에서 보면 **한국의 스포츠마케팅 시장은 '성장기'와 '성숙기' 사이의 4분의 3 정도의 지점이다.** 성패의 유무를 떠나 4대 프로스포츠가 시장에 자리를 잡은 지 이미 20년이 되어 간다. 다만 시장 자체가 작고, 대기업 위주의 '자기 돈으로 손해 메꾸기' 시스템이 정착되다 보니 사업적 성공 요소가 잘 보이지 않는다. 또한 국가적으로도 2018 평창올림픽을 치르면서 국제 스포츠이벤트의 그랜드슬램을 달성하다 보니, **스포츠마케팅 입장에서는 한마디로 할 것은 다 해본 셈이다.**

국가 차원에서 볼 때도 평창 동계올림픽과 함께 메이저 국제대회 그랜드슬램을 완료하고 나면 더 이상 새로운 아이템이 없지 않은가? 새로운 돌파구를 마련하지 못한다면 성숙기를 향해 치닫는 한국의 스포츠마케팅 시장은 쇠퇴할 수밖에 없다.

그렇다면 왜 한국의 스포츠마케팅 시장 규모가 이처럼 작은가라는 질문에 답을 해 보자. 한국 스포츠마케팅 시장 규모의 한계는 다음과 같은 세 가지로 요약할 수 있다.

첫째, 인력이 없다. 둘째, 자리가 없다. 셋째, 할 만큼 했다.

첫째, 인력이 없다

1990년대 말부터 스포츠가 산업적으로 괄목할 만한 성장을 이루면서 전문가들은 앞으로 스포츠마케팅 시장 관련 전문 인력이 반드시 필요할 것이라고 예측했다. 이에 부응하기 위해 국가 스포츠정책의 일환으로 직무능력 교육이 강조되고 창업 기회를 창출하기 위한 제도들이 등장하기도 했다. 하지만 이는 좀 더 광범위한 차원에서 스포츠산업의 발전을 도모하는 것이지 스포츠마케팅 전문가를 위한 노력은 아니었다.

스포츠마케터가 되기 위한 노하우를 소개한 어느 글에서 내가 격렬하게 공감한 단어가 바로 **'즉시전력감'**이다. 일반 기업에서는 신입사원을 뽑아 자신들의 시스템에 녹아들게 하지만 스포츠마케팅 분야에는 이러한 시스템이 구축되지 않았다. 일반 기업이나 구단, 에이전시, 미디어, 용품, 라이선스 등의 분야를 지원하는 신입사원 중 스포츠마케팅에 전문화되어 있는 인력은 거의 없다고 해도 무방하다. 또한 기존 인력들 역시 '와서 경험하면서 배운 수준' 정도다. 이렇게 '즉시전력감'으로 쓸 수 있는 인력들이 부족하다 보니 고용주 입장에서는 일반 마케팅 분야에서 경험을 쌓은 사람이나 아니면 열정이 넘쳐서 낮은 연봉에다 몸이 고생하더라도 불만 없이 열심히 일할 인력을 뽑게 되는 것이다.

실제 시장에서 필요한 수준의 지식과 기술, 기초 능력을 갖춘 인재가 없다면 고용인 입장에서는 어차피 '백지' 같은 비전문 인력을 비싼 돈 주고 부릴 이유가 어디 있겠는가? 반면 전문가의 부재현상은 국제적 감각과 실력을 겸비한 전문 스포츠마케터들에게는 기회로 다가올 수 있다. 요컨대, **'사람은 많은데 인재는 없다'**. 이것이 국내 스포츠마케팅 인력시장의 현주소이다.

둘째, 자리가 없다

문화체육관광부는 4차산업혁명 기술과의 융복합 등, 최근 급변하고 있는 스포츠산업 서장 환경 변화에 적극 대응하고 내실 있는 산업 성장 체계를 구축하기 위해 '제3차 스포츠산업 중장기 발전 계획(2019~2023)'을 발표했다. 이는 지난 2008년(1차)과 2013년(2차)의 스포츠산업 중장기 계획에 이은 세 번째 중장기 계획이다. '지속 가능성의 스포츠산업 핵심가치', '4차산업과 스포츠산업의 미래', '지역 스포츠산업의 발전 방향', '강소 스포츠 기업 육성' 등을 목표로 하고 있으며, 결국 핵심은 새로운 사업 및 일자리를 창출하는 것이다.

그간의 노력 덕분에 스포츠산업의 외형은 과거에 비해 확실히 커졌다. 하지만 냉정히 따져보면 스포츠마케팅의 발전은 스포츠산업의 발전 속도를 따라가지 못했다. 「2016년 스포츠산업백서」에 밝힌 바에 따르면 2016년 기준 우리나라 스포츠산업 관련 사업체는 총 9만 5,387개이고, 스포츠산업 종사자 수는 39,853명이었다. 이 가운데 40%에 가까운 비율을 차지하는 것이 바로 '경기 및 오락 스포츠업'인데, 대부분이 경기장, 골프장 및 스키장 영업, 갬블링 및 베팅업이므로 '스포츠마케팅'이라 하기에는 '좀 먼 당신'이다.

이 분류 안에 '기타 스포츠 서비스업'이라는 이름으로 스포츠마케팅 에이전시 등이 포함되어 있다. 그중 스포츠마케팅업으로 등록된 회사는 775개로 비율은 전체의 5.9%밖에 되지 않는다. 더 정확히 말하면 스포츠마케팅대행업, 스포츠에이전트업, 선수양성업을 주요 업무로 하는 스포츠마케팅업의 시장은 그보다 더 작은 규모를 차지하고 있다.

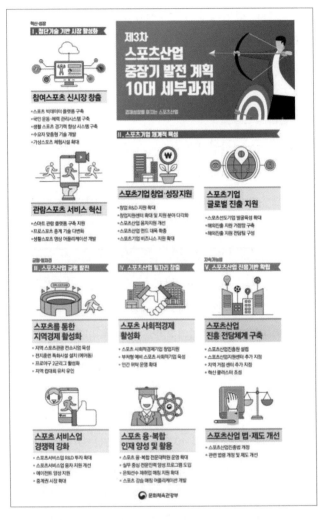

제3차 스포츠산업 중장기 발전 계획 10대 과제

자, 여기서 잠시 계산을 해 보자. 위에서 얘기한 9만여 개의 업체 중 우리가 말하는 스포츠마케팅 관련 업체 또는 직책은 몇 개나 존재할까? 위의 산업체 분류에는 일반기업 스포츠마케팅이나 스포츠미디어 등의 업체는 예외로 하고 있다. 그렇다 하더라도 일할 만한 자리가 1만 개 이상 될 리는 만무하다. 반면, 우리나라 대학교 체육계 학과의 학생 수는 약 7만여 명이다(2017 대한민국 체육지표). 이 가운데 약 2만 명에 달하는 4학년 학생의 상당수와 비체육계열 학생, 대학원생, 여타 업무에 종사하는 이직 희망자들까지 더한다면 **명백한 공급 초과다**. 이처럼 수요와 공급의 불균형이 심각한 수준이다.

아는 사람은 알겠지만 스포츠마케팅 분야는 상대적으로 임금 수준이 낮고 근속연수도 짧다. 게다가 업무주기가 불규칙한 반면, 업무 강도는 둘째가라면 서러울 정도로 세다. 일할 자리도 모자라 죽겠는데 막상 취업을 해도 고생문이 훤하다니 뭔가 잘못된 것 아닌가?

셋째, 할 만큼 했다

지금으로부터 10년 전, 그리고 5년 전의 스포츠 비즈니스 관련 잡지 기사나 인터넷 자료를 찾아보면 관련 전문가들이 하나같이 입을 모아 하는 말이 있다. '한국의 스포츠마케팅 시장은 아직 미미하지만 앞으로 성장 가능성이 커서 장래가 촉망된다'는 것이다. 문제는 비슷한 주제의 최근 인터뷰나 기사에서도 똑같은 얘기가 반복되고 있다는 사실이다.

「2016년 체육백서」에서 스포츠 산업에 대한 전망을 다음과 같이 표현하고 있다.

> 스포츠의 경제적 가치가 늘어나게 됨에 따라 스포츠와 관련된 재화와 서비스를 통하여 부가가치를 창출하는 스포츠산업은 전 세계적인 유망산업으로 각광을 받고 있다. 특히 스포츠는 광범위한 시장기반을 가지고 있고 정보통신 분야의 급속한 성장과 함께 중요한 비즈니스 콘텐츠로 부각되고 있으며, 스포츠 관련 직·간접적인 소비 증대로 문화·관광 등 스포츠 연관 산업과 스포츠서비스산업의 빠른 발전이 예상된다. (중략)

국내 스포츠산업은 우수한 경기력 및 국제 체육계에서의 높은 위상 등 유리한 세계시장 진출 여건과 발전 가능성에 비해 이를 상품화하거나 부가가치를 높이는데 필요한 기술, 인력, 정보나 제도적 기반이 취약하여 여타 산업역보다 낙후된 실정이다.

그렇다. 여진히 유망산업으로 각광을 받고 있다. 요즘 가장 많이 들리는 말 중 하나인 4차산업혁명도 늘 그와 같은 배를 타고 언급되고 있다. 하지만 우리나라에 스포츠산업이나 마케팅으로 정말 고부가가치를 창출하고 있는 모델이 있을까? 스포츠산업의 성장은 사실이지만, 스포츠마케팅으로 고부가가치를 창출하는 비법을 아는 자는 대한민국에 아직 많이 없다.

미국의 케이스는 이야기해 봐야 먼 나라 이야기이다. 정말 미국의 NBA, MLB, NFL 정도로 다른 나라 가서 개막전 경기를 열 수 있을 정도의 콘텐츠 파워가 나오면 그때 스포츠마케팅으로 고부가가치를 창출한다고 말할 수 있다. 우리가 바라보는 최고 정점의 스포츠마케팅은 무엇인가? 가장 인기 있는 프로야구인가? 매출 규모가 늘고 수년에 걸친 마케팅 활동과 수많은 콘텐츠가 탄생하고 있는 프로야구 판에도 돈 벌었다고 하는 구단은 본 적이 없다. 해볼 만큼 다 해봤는데도 돈을 버는 공식이 발견되지 않는 이유는 무엇일까.

대한민국 유치 국제 스포츠대회, 좌측부터 1988 하계올림픽, 2002 FIFA월드컵, 2011 세계육상선수권 대회, 2013 F1 코리안 그랑프리, 2014 아시안게임, 2015 프레지던츠컵, 2018 평창 올림픽

국가적인 차원에서 한번 살펴보자. 한국의 스포츠마케팅 산업은 외관으로는 성공가도를 달리는 것처럼 보인다. 이미 대한민국은 동계·하계 올림픽, FIFA월드컵, 세계육상선수권대회, 아시안 게임을 모두 유치한 국제 메가 스포츠이벤트 베테랑이다. 거기에 세계 3대 스포츠지만 우리나라에선 전혀 인기가 없는 F1시리즈까지 유치했으니, 이런 그랜드슬램이 없다.

2018년 평창올림픽까지 마친 현 시점에서, 지난 대회들이 우리에게 남겨준 성과는 무엇인가? 물론 없지는 않겠지만 수백, 수천억 원을 들여서 치른 대회의 성과가 거의 눈에 보이지 않는다. 많은 경제학자들이 대회 시점에 맞추어 눈에 보이지 않는 경제적 파급효과의 총액은 투자액의 몇 배에 이른다는 분석들을 내놓았지만 대회 이후 산업성장률, 취업률, 창업률 등 현실적인 관점에서 보면 그야말로 '뻥튀기'였다.

기업의 입장에서도 마찬가지다. 1900년대에 들어서면서 모습을 드러낸 마케팅의 역사는 끊임없는 진화를 보이며, 생산자 중심에서 소비자 중심 마케팅으로, 그리고 오늘날에는 가치 중심 마케팅, 지속경영 등의 키워드와 함께 변모하고 있다.

반면 스포츠마케팅은 일반 마케팅과 그 흐름을 같이 하는 모습보다는 그만의 특성, 즉 경기 결과의 불규칙성, 스타파워 등을 기초로 전혀 다른 학문으로 구분되어 왔다. 예를 들어 스포츠마케팅에는 일반 마케팅에서 볼 수 없는 스포츠스폰서십, 선수 인도스먼트, 에이전트, 스포츠미디어 등의 개념이 나온다. 선수 모자나 의류에 로고를 붙이는 가장 단순한 수준의 후원 마케팅이나 광고출연부터, 구단홍보, 티켓판매, 대회운영, 용품판매, 라이선싱사업 등 정말 특수한 분야를 '스포츠마케팅'이라는 이름으로 20여 년을 해오다 보니 더이상 할 게 마땅치 않다.

또 한 가지 짚고 넘어갈 것은, 스포츠마케팅 업무가 기본적으로 많은 사람을 필요로 하지 않는다는 점이다. 올림픽 같은 대규모 이벤트 운영 때야 순간적으로 많은 사람을 필요로 하겠지만 일 년 내내 주기적으로 돌아가는 업무가 아닌 이상 많은 사람들을 비싼 월급을 주며 사무실에 앉혀놓을 필요가 없다.

앞으로도 무언가 새로운 돌파구나 획기적인 비즈니스, 예를 들면 대학 스포츠의 활성화에 따른 조직창설, 리그창설, 대회증설로 인한 비즈니스창출 등이 없는 이상 이런 현상은 계속될 가능성이 높다. 한마디로 체육계의 뉴딜정책 같은 기폭제가 없다면 창업이나 취직은 정말 '좁디 좁은 문'이라는 의미이다.

알고 덤벼라!

스포츠마케팅 산업의 암울한 현실만 얘기한 것 같아 한편으로는 마음이 아프다. 하지만 과장된 정보나 허황된 공상을 심어주며 스포츠마케팅에 도전하라고 하고 싶지는 않다. 스포츠마케팅 취업에 있어 나의 지식과 경험을 농축한 한 마디는 바로 이것이다.

'알고 덤벼라!'

긍정적인 마음가짐은 좋은 것이지만 철저한 분석 없는 낙관은 '돈키호테의 만용'과 다름없다. 위의 글을 모두 읽고도, '그럼에도 불구하고 이것이 내가 갈 길이다' 소리가 나오는 이들이 바로 스포츠마케팅 분야에서 일할 사람이다. 알고 덤비는 사람이라면 아무리 시장이 작고 취업이 어렵다 해도 틈새시장이 보일 것이고, 기회를 잡을 수 있을 것이다.

스포츠마케팅 시장을 알고 덤비는 사람은 이제 다음 단계로 넘어가 그 분야의 '전문가'가 되기 위해 노력해야 한다. 개인적으로 나는 스포츠마케팅 분야에서 성공 가능성이 보이는 이들에게 큰 힘이 되어주고 싶다. 어차피 10년 내외로 같은 세대를 살 사람들이고 스포츠마케팅 산업의 중추적인 역할을 할 것이 분명하기 때문이며, 이들이 성장해야 스포츠마케팅 산업의 발전 기회가 왔을 때 시너지 효과를 창출하게 될 것이라 믿는다.

진짜 스포츠마케팅이란?

스포츠마케팅을 실행하는 두 부류를 이해하는 것이 중요하다.

스포츠라는 상품을 팔아 돈을 벌고 싶은 사람,

그리고 스포츠를 활용해 메시지를 전달하고 싶은 사람.

스포츠마케터, 그리고 스포츠 비즈니스

누가 진짜 스포츠마케팅을 하는지 알아?

늘 머릿속에만 존재하던 스포츠마케터의 개념을 쪼개보고자 한다. 나 역시 현업에 근무하기 전까지 누가 과연 우리가 '스포츠마케터'라 부를 수 있는 사람인지 개념이 헷갈렸다. 여러분들에게도 묻고 싶다. 누가 진짜 스포츠마케팅을 하는지 아는가?

나는 앞서 스포츠마케팅의 정의를 논하면서, '스포츠마케팅' 바닥에 있다는 사람들의 실제 업종과 유형은 교과서적 의미와는 다르게, 특징적으로 '고유명사化' 되어 있다고 주장했다. 다시 말해, **스포츠마케팅에 대한 정의가 너무 어렵다 보니 협회나 구단, 기업, 에이전시, 에이전트, 용품업, 라이선스업 등 대체로 '스포츠로 월급을 받아 먹고 사는 사람들'을 그냥 뭉뚱그려 '스포츠마케터'라고 표현해 왔다는 말이다.**

현업에서 볼 때, 스포츠마케터라 불리는 사람들의 모임은 다음의 성격을 지닌다.

- 스포츠로 돈을 벌고 싶은 사람
- 스포츠로 메시지를 전달하고 싶은 사람

전자는 스포츠를 '사업', 즉 '비즈니스'로 간주하는 무리들이고, 이들의 쉬운 예로는 에이전트, 스포츠용품업, 스포츠마케팅 전문 에이전시, 스포츠시설업, 스포츠라이선스업 등이 있다. 이들에게 있어 스포츠는 돈 버는 직접적인 상품이자 수단이다. 용품을 팔아야 하고, 선수를 팔아야 하고, 대회를 만들어야 하고, 시설을 돌려 수익을 내야 한다.

후자는 스포츠를 '마케팅' 수단으로 보는 무리들이며, 이들은 스포츠를 활용해 메시지를 전달하고 커뮤니케이션을 시도한다. 이에 해당하는 그룹은 아무래도 협회나 일반기업 스포츠마케팅 등이다. 물론 궁극적으로는 인지도도 높이고, 이미지를 창출해 수익을 창출하고자 하는 것은 똑같지만, 1차원적으로 100이라는 만큼의 돈을 써서 110을 벌겠다는 단기적 목표를 가지고 행동하지는 않는다.

그럼 왜 이 두 가지를 구분하는지 아는가?

그 이유는 스포츠마케팅을 한다고 하는 사람이라면 반드시 이 두 가지 개념을 정확히 이해하고 또 그 분야에서 경험을 쌓아 보아야 하기 때문이다. **전자는 통상 '스포츠의 마케팅'이라 부르고, 후자는 '스포츠를 통한 마케팅'이라고 부른다.**

이게 1장 '피부에 와닿는 스포츠마케팅 정의'에서 다뤘던 스포츠마케팅의 큰 두 가지 이론적 구분이다.

- 스포츠로 돈을 벌고 싶은 사람 = 스포츠의 마케팅
- 스포츠로 메시지를 전달하고 싶은 사람 = 스포츠를 통한 마케팅

스포츠마케팅 업에서 꽤 오래 몸을 담고 나니 이제야 이 정의를 몸으로 깨닫게 됐다.

'스포츠'로 돈을 벌고 싶은 사람의 종류는 많다. 스포츠이벤트 대행 에이전시, 선수 에이전트, 스포츠마케팅 전문 컨설턴트, 스포츠 용품 판매자 등 대부분의 스포츠 자체를 상품이나 서비스로 가지고 있는 회사들이 이에 속한다. 스포츠의 핵심인 '선수'나 '경기'를 통해, 즉 우리가 흔히 말하는 대회나 리그를 통해 서비스나 콘텐츠를 창출하는 모든 이들이 이에 해당한다고 볼 수 있다.

반면, 스포츠로 마케팅을 하는 그룹은 예를 들어, 대기업의 스포츠선수 후원, 대회 후원 등이 아주 쉬운 예이다. 이들은 스포츠가 아닌 다른 주력 '상품'이 존재하지만, 스포츠를 매개로 자신들의 브랜드나 상품을 어필하는 효과를 노린다.

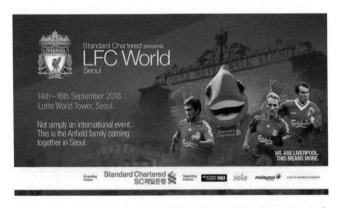

리버풀 레전드 초청 이벤트 홍보 포스터(출처: SC제일은행 이벤트 페이지 캡쳐)

예를 들어, 2018년 명문 축구클럽 '리버풀 FC'의 레전드 3명이 한국을 방문한 행사가 있었는데, 이들을 초청한 스탠다드 차타드 은행은 매년 천문학적인 돈을 내고 유니폼 가슴에 로고를 노출하는 메인 스폰서이다. 따라서 그들은 후원사의 마케팅 권한을 최대한 활용해 한국 지역에서 리버풀 인사들을 초청하는 행사로 은행 자체를 알린 것이다. 또한 행사장 공식 후원사로 참여한 롯데월드타워는, 행사를 후원해서(무료 대관이라 예상된다) 롯데타워를 찾는 사람을 늘려 결국 소비를 촉진하자는 의중이 담겨 있을 것이다. 여기서 스탠다드 차타드 은행이나 롯데타워를 '스포츠를 통한 마케팅'을 하는 주체라 할 수 있겠다.

개인적으로 내 커리어의 처음 5년은 '스포츠의 마케팅'을 집중적으로 해왔다. 그때 각종 대회 스태프 및 에이전시 근무 경력을 통해 배운 진리는, '아무리 인기 좋고 잘 나가는 스포츠도 지금 바로 돈이 되지 않으면 건드리지 않는다'였다.

대기업 스포츠마케팅팀으로 옮긴 후의 시각은 또 달랐다. 당장 돈이 되지 않아도 스포츠를 통해 브랜드를 알리고 기업의 이미지를 가꾼다는 목표가 있었다. 당장의 매출도 중요하지만 어차피 스포츠마케팅으로 얼마의 수익이 올랐다고 증명할 길은 없었다. 오히려 스포츠를 통해 대중과 커뮤니케이션할 메시지를 정하는 것이 더 시급했다.

이 두 가지를 접하다 보니 같은 사물을 보는 전혀 다른 두 가지 시각을 배우게 됐다. 개인적으로 스포츠마케팅을 하는(하고 싶은) 사람은 이 두 가지 영역을 모두 건드려야 전체 돌아가는 흐름을 알 수 있는 진정한 스포츠마케터라고 생각한다. 스포츠를 통해 돈도 벌어보고 스포츠를 통해 새로운 이미지도 창출하는 이 양쪽의 다리를 왔다갔다할 줄 알아야 한다.

글을 읽는 예비 스마터들이여. 언젠가 필자의 말에 공감하는 날이 올 것이니 잊지 말고 열린 마음으로 다가올 기회에 대비하기를 바란다.

스포츠마케팅의 핵심 요소

스포츠마케팅의 정의를 '스포츠'를 매개로 한 모든 비즈니스 활동이라 한다면, 스포츠라는 상품을 둘러싼 돈의 흐름을 파악하는 것이 그 핵심을 아는 지름길이다.

스포츠가 대회, 이벤트, 프로그램, 용품의 형태로 '돈을 쓰는' 최종소비자에게 전달되기까지의 과정을 그려보면 다음과 같다.

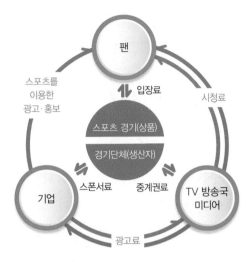

스포츠 비즈니스의 유기적 연결구조

　결국, 스포츠마케팅은 선수 및 경기, 팬, 미디어, 기업 이 네 개의 요소들이 상호작용을 하며, 비즈니스를 만든다. 위 다이어그램에서 보이는 **돈의 흐름은 주로 1) 중계권료, 2) 스폰서십, 3) 입장료, 4) 머천다이징, 5) 경기장 내 식음 판매, 6) 라이선싱, 7) 이적료/연봉 등이 있다.**

　중계권료의 가치는 날로 커지고 있다. 과거에는 직접 현장을 찾아야만 볼 수 있던 스포츠 경기들이 TV로 중계되기 시작하였고, 이제는 세계 어떤 스포츠도 중계권을 확보하는 순간, 그 채널에서 볼 수 있는 시대가 됐다. 그뿐인가. 이제는 디지털 플랫폼의 발달로 스마트폰이나 PC로 중계를 볼 수 있는 시대가 되면서, 디지털 중계권의 가치가 더욱 높아지고 있는 상황이다.

　스폰서십 역시 스포츠마케팅의 아주 기본적인 핵심 중 하나이며, 스폰서십에 참여하는 기업들은 앞서 얘기한 '스포츠를 통한 마케팅'을 실행하고자 한다. 기업들은 스타플레이어나 유명 대회에 앞다투어 후원을 하며, 그를 통해 자신의 브랜드를 홍보하고 마케팅을 한다. 경기 중 보이는 광고나 경기장 보드들,

그리고 선수들이 입고 있는 유니폼의 기업 로고들이 모두 이에 해당한다.

한편, 경기를 직접 관람하기 위해 현장을 찾는 팬들은 경기장 내에서 자신이 소비한 가치를 즐기고자 한다. 즉, 티켓을 사고, 경기를 즐기며, 응원하는 팀의 옷을 사 입고, 식사를 한다. 모든 팀들과 이벤트 운영사들은 고객이 굳이 '시청'하지 않고 '직관(직접관람)' 하는 이유를 만들기 위해 고군분투한다.

경기 외의 이벤트, 현장 사인회, 응원전, 경품행사 등이 다 이런 직관 이벤트에 해당한다. 선수들은 경기장을 찾아 응원하는 팬들을 보며 더욱 열심히 승리를 위해 달리고, 이 모든 것이 하나로 합쳐져서 하나의 스포츠 상품으로 완성된다.

선수의 에이전트나 구단은 유명한 스타플레이어를 사거나 유망주를 키우고, 이적시킴으로써 구단의 가치를 높이거나 수익을 창출하려고 노력한다.

건강한 프로구단일수록 위의 7가지 요소가 매우 활발하게 상호작용하며 수익을 창출한다. 특히, 중계권료와 경기장 내 수익(입장료, 식음, 머천다이징), 그리고 스폰서십의 비중이 탄탄할수록 구단은 성장한다. 국내 최대의 프로스포츠인 프로야구는 10개 구단 연 8백만 관중 시대를 열었음에도, 대기업 중심의 운영이라는 한계를 보이고 있다.

많은 팀들이 여전히 마케팅비 명목의 모기업 계열사들의 스폰서십 투자를 벗어나지 못하여 영업이익에서 흑자를 내지 못하고 있다. 구단 자체가 사업체로 존재하는 히어로즈(센테니얼 인베스트먼트) 정도가 돈을 벌 줄 아는 구단으로 분류되는 정도이다.

구단 자체가 누군가에 의존하지 않고 자생할 수 있으려면 끊임없는 고민과 노력으로 팬들을 현장으로 부르고, 최고의 경기와 최고의 엔터테인먼트를 제공해 수익을 늘려야 한다. 사람이 몰리면, 스폰서십과 중계권료가 오르는 건 당연지사이다. 또한 좋은 선수를 잘 키워 이적료로 수익을 올리면서 좋은 성적을 유지하는 것도 수익 창출의 방법이 될 수 있다.

02

현장의 눈으로 본
스포츠마케팅

인기? No No, 돈이 몰리는 곳으로 가라!

국내 스포츠팬 전체를 대상으로 인기투표를 한다면 어느 스포츠 종목이 가장 높은 점수를 얻을까? 최근에 발표된 자료는 없지만, 인기를 가장 잘 나타내는 지표는 아무래도 관중 수가 아닐까 싶다.

한국 프로야구는 이미 연 8백만 관중을 넘어서는 규모로 성장했으니 단연 1위가 아닐까 싶다. 기타 4대 스포츠인 축구(연 1백만~ 2백만), 농구(연 1백만), 배구(연 50만)가 그 뒤를 잇고 있지만, 4대 스포츠라고 해도 야구와의 격차가 매우 심해 순위를 다투기는 힘들다.

그 외에는 류현진이 활약하는 MLB, 손흥민이 대표하는 EPL, 그리고 NBA 등의 해외 스포츠가 인기 순위권에 있다(관중이 아닌 시청자 기준).

그렇다면 인기 스포츠는 과연 돈이 벌리는 스포츠인가? 또한 우리 스포츠 마케터들에게 기회의 땅인가? 반드시 그렇지는 않다. 축구, 야구를 가장 좋아했던 내가 그 종목 선택을 주저하고 좌절했던 이유가 바로 그렇다. 스포츠 마케팅을 가장 활발히 한다고 믿었던 인기 종목이 당시 취업준비생이던 나에게는 크게 기회로 다가오지 않았다. 여기서 나는 '골프' 이야기를 하려고 한다. 골프는 내가 실제로 스포츠마케팅 경력을 시작했던 스포츠이다. 사람들이 얘기하는 인기 스포츠 순위와는 무관하게 골프는 실제로 상상 이상의 영향력, 자금력, 그리고 스마터들에게 무한한 가능성을 주는 종목이다.

내가 왜 골프를 선택했고, 또 여러분들이 왜 이 스포츠에 관심을 가져야 하는지 얘기해 보고자 한다.

골프라는 종목은 여전히 '좀 사는 사람들의 스포츠'로 인식되고 있다. 그럼에도 불구하고 왜 매년 골프를 즐기는 인구가 늘어나는지 생각해 보지 않을 수 없다. 2017년 한국골프지표를 보면 한국의 전체 골프 인구는 약 760만 명, 골프 관련 월평균 지출은 33만원으로 조사됐다. 어떤 스포츠라도 한 달에 30만 원 이상을 지출하는 것은 쉽지 않으며, 그럴 수 있는 사람보다 그렇지 못하는 사람이 당연히 많다.

하지만 한국의 골프 인구는 매년 증가추세를 보이고 있다. 골프가 대중화되었다 아니다를 따지자는 것은 아니지만 지난 시간 동안 골프라는 스포츠가 많은 사람들에게 오픈되었고, 이전과 비교할 수 없을 만큼 진입 문턱이 낮아진 것은 사실이다.

요즘은 직장인인 내가 골프 치는 걸 비아냥거리는 사람들보다, 같이 스크린이라도 한번 치자고 할 사람이 더 많은 시대가 됐다. 야구, 축구를 좋아하면서도 자신의 지위를 적당히 드러내 줄 수 있는, 체면을 세워주고 가려움을 긁어주는 스포츠이기 때문에 골프가 성장 가능성이 있는 것이다. 과거, 골프가 피라미드 구조에서 상위의 스포츠였다면 지금은 승마, 요트 등이 상위 스포츠가 되었고, 골프는 중산층이 접근할 수 있는 아주 좋은 스포츠가 되었다. 두터운 중산층이 골프를 위해 소비를 시작했다. 그럼 그게 다 모이면 소비되는 돈의 규모가 얼마나 클 것인가! 돈의 흐름을 따르는 것은 스마터가 꼭 갖춰야 할 감각 중 하나이다.

90년대 말, US OPEN 골프대회에서 맨발 샷으로 전 국민에게 감동을 주었던 박세리의 스토리는 이제 스마팅 세계에서는 전설이 되었다. '세리키즈'로 불리는 신지애, 최나연 등의 얘기도 한국의 현대사 격으로 넘어갔다. 이제는 LPGA에서 선전하는 한국선수들의 국위선양 스토리는 더 이상 이슈가 아니다. 이제 우리가 바라보고 있는 변화는 다름 아닌 국내프로골프투어의 엄청난 성장이다.

특히 국내 여자프로골프투어의 성장은 눈부시다. 우리나라는 언제나 여자들이 세계적으로 강했다. 스포츠도 예외는 아니다. 현정화, 박세리, 장미란, 김연아 등 한국 여성들의 파워는 정말 과거와 현재를 가리지 않는다. 여자골프선수들의 인기는 대회 수의 증가, 스타플레이어의 끊임없는 탄생으로 이어졌고, 골프장을 찾는 팬의 수는 매년 늘어만 갔다.

KLPGA의 2014~2016년 TV 중계권을 SBS골프에서 3년 135억 원에 따갔으며, 이후 5년 연장계약을 발표하면서 2021년까지 연 100억 원의 중계권료를 지불하며 그 권위를 드러내고 있다. KLPGA 대회는 이제 혹한기, 혹서기를 제외하고는 거의 비는 주가 없을 정도로 인기가 좋고, 태국, 중국 등 해외로 진출해서 경기를 펼친 지도 오래이다. KLPGA의 상위권 선수들은 LPGA 대회에 초청되어 나가도 당당히 우승자가 되고, 이제는 남부러울 것 없이 국내 강자가 세계의 강자임을 증명해 가고 있다.

지금 골프마케팅이란 이름으로 선수후원, 용품지원, 대회 개최 등에 나서는 기업은 족히 50개가 넘고, 작은 기업까지 다하면 100개 기업은 된다. 물론 골프용품회사, 고급 차량, 시계, 주얼리처럼 타겟층이 절묘하게 맞는 기업들은 마케팅이란 개념으로 골프에 많은 투자를 하고 있다. 롤렉스, 오메가, 벤츠, BMW, 티파니, 발렌타인… 골프대회에서 많이 보는 브랜드들이다. 고급의 이미지가 있기에 비슷한 브랜드로 관심을 가진다.

금융권도 골프를 둘째라면 서럽다며 애지중지한다. 왜일까? 그들의 고객 대부분이 골프를 사랑하고 또 골프를 통해 다른 고객들에게 회사를 소개할 수 있는 상당히 좋은 서비스툴이기 때문이다.

가장 결정적인 것은, 대부분의 골프 대회에 관여된 기업들의 오너가 절대적으로 골프를 좋아하고 있다는 것이다. 웬만한 TOP 기업 중 골프를 싫어하는 회장을 찾아보기 어렵다. 지금 굵직한 골프대회들의 스폰서들을 한번 잘 살펴보자. 현대차, 한화, SK, LG, 롯데, 포스코, KT, GS, 금호아시아나, 두산, 코오롱… 이름을 알 만한 대기업은 다 들어있다. 이는 오너가 관심을 가지지 않고서는 절대 일어날 수 없는 일들이다. 오너가 골프대회 개최에 관심을 가진다는 얘기는 최소 30억 이상의 돈을 쏟아붓는다는 이야기일 수 있다. 경험상 골프 대회 운영 전체 비용은 상금의 3배 정도로 여겨지는데, 한 대회에 30억 원의 돈을 쓰는 스포츠 종목이 얼마나 되는가.

이들이 대회로 돈 벌고 싶어서 대회를 유치할까? 절대 아니다. 아직도 많은 골프대회들이 무료이거나 아주 적은 입장료를, 그것도 쿠폰 등으로 입장권을 나눠주는 방식으로 사람을 모으고 있다. 장장 6개월의 대장정 동안 5개 구장에서 매일 경기를 치르며 입장권을 모으는 프로야구와는 수익구조 자체가 다르다. 국내 여건에서는, 골프 입장권은 아직도 그냥 있으면 좋지만 수익구조에서 크게 의존하지 않는 존재일 뿐이다.

그렇다. **골프는 돈이 모이는 스포츠이다.**

자잘한 스폰서를 모으기도 전에 핵폭탄급 후원 한 방으로 모든 걸 해결하는 스포츠이다. 금융, 고급브랜드, 대기업 오너가 사랑하는 스포츠이다. 다시 한번 비슷한 결론이다. **스마터는 돈이 모이는 곳으로 향해야 한다.** 예비 스마터**에게 골프만큼 좋은 경험과 기회를 제공하는 스포츠는 별로 없다.**

골프와 관련된 기업들을 한번 따져 보자.

- 스포츠마케팅 에이전시(20~30개)
- 선수매니지먼트
- 이벤트 운영
- 방송사(SBS골프, JTBC골프)
- 협회(대한골프협회, KPGA, KLPGA)
- 대기업 스폰서(30~40개)
- 용품업체(10~20개)
- 대회유치 골프장(30~40개)

다른 종목과 겹치는 기업들도 많이 있겠지만, 일단 가장 메이저 공략 대상으로 보이는 스포츠마케팅 에이전시의 대부분이 골프선수 관리, 그리고 골프대회 운영을 비즈니스 모델로 삼고 있다. 야구, 축구의 경우는 우리가 생각하는 것만큼 선수관리나 대회운영에서의 경험 기회를 찾기 쉽지 않다.

하지만 골프는 일단 1년의 2/3 동안 대회들이 매주 있고, 이를 담당하는 에이전시들은 늘 인력을 필요로 한다. 하지만 막상 대회를 진행하려고 하면 생각 외로 괜찮은 인재를 찾기가 어렵다. 당연하다. 나도 젊은 나이에 골프에 관심을 가져본 적이 없으니까. 하지만 골프를 하지 않더라도 조금만 관심을 가지고 그 구조를 이해한다면, 다른 사람들에 비해 충분히 경쟁력을 가질 수 있으리라 생각한다.

어찌 보면, **골프는 젊은 예비 스마터들에게 생소하기 때문에 더 블루오션일 수 있다.** 당신들이 축구, 야구, 농구에 보이는 관심의 1/10만 가진다면 아마 누구보다도 스마팅 비즈니스에 뛰어들기 좋은 역량을 갖춘 사람일 수 있다.

그럼 어디서 시작해야 할까? 일단 골프대회에 가보는 것을 권한다. 비싼 돈 들이지 않고, 현장 분위기를 느껴볼 수 있다. 그것조차 귀찮다면 오늘부터 골프채널을 한번 시청해 보라. 무슨 말인지 모르고 10분이면 졸음과 싸워야 할

지도 모르지만, 내가 앞에서 주구장창 늘어놓은 얘기를 잘 이해했다면 이들이 바로 황금알을 낳는 거위임을 알고 이겨내 보자. 그곳에 기회가 있고, 그 돈을 굴릴 사업아이템이 반드시 존재한다. 앞으로는 머릿속에 인기보다는 자본의 규모에 초점을 맞추는 연습이 필요한 때이다.

프로스포츠 구단은 정말 돈을 벌까?

스포츠 구단은 돈을 벌고 있을까? 스포츠마케팅에 관심이 있는 사람이라면 한번쯤은 궁금했을 만한 질문이다. 대기업 구단주가 대부분인 프로구단이라면 돈 많은 거 당연한 거 아닐까?

매년 포브스 코리아에서는 국내 프로야구팀의 가치평가를 실시하고 있다. 원래 포브스(글로벌)가 선정하는 '세상에서 가장 가치 있는 스포츠팀 Top 50'가 존재하지만, 국내에서는 가장 프로화가 잘 정착된 프로야구 구단들을 상대로만 가치를 평가하고 있다.

2017년 구단 가치 평가의 1위는 두산 베어스가 차지했다.

평가기준은 나름 객관적인데, 시장 가치는 연고지 규모를 인구수 대비 산정했고(서울은 두산, LG, 넥센이 3등분), 경기장 가치는 홈/어웨이 관중의 합을 향후 10년간 유지할 때의 예상치, 그리고 스포츠 가치는 아래의 표에 적힌 그대로의 매출과 수입 등을 고려해 구단가치에 포함시켰다. 한국과는 가치 평가 기준이 다르리라 여겨지지만, 1위인 댈러스 카우보이스의 가치는 무려 4조 2천억 원으로 평가된다. 한국 1위인 두산 베어스보다 110배 많은 숫자이다.

이런 가치평가가 내 주머니 속의 현금을 뜻하지는 않는다. 과연 이런 가치의 의미는 어디서 찾을 수 있을까. 또 대한민국 구단, 프로구단 중 돈을 버는 구단이 있을까.

우리 주변을 둘러보자. 4대 프로 스포츠인 축구, 농구, 배구, 야구를 보라. 야구는 가장 정점에 있는 프로스포츠이니 따로 살펴보고 다른 스포츠 중 돈을 번다고 자신 있게 말할 수 있는 구단이 있는가. **각 프로팀을 소유하고 있는 대기업, 금융사들은 애초에 구단을 '사업', 즉 비즈니스로 돈을 버는 구조로 생각하지 않았다. 그 외의 스포츠도 마찬가지다. 프로라 불리는 스포츠의 구단 중 스스로를 '사업'으로 규정하는 회사는 아마 프로야구의 '넥센 히어로즈(서울**

3. 12. 2017년

순위	팀명	시장 가치 (연고지 가치)	경기장 가치	스포츠 가치			총액
				연봉	중계	성적	
1위	BEARS	381억	981억	128억	190억	142억	1,822억
2위	LG TWINS	381억	989억	102억	201억	103억	1,776억
1위	Giants	402억	812억	123억	246억	109억	1,692억
2위	KIA TIGERS	175억	760억	139억	285억	195억	1,527억
1위	KIWOOM	381억	627억	74억	184억	115억	1,381억
2위	Lions	287억	598억	103억	217억	142억	1,347억
1위	W	340억	583억	106억	181억	106억	1,316억
2위	Eagles	179억	546억	141억	262억	76억	1,204억
1위	DINOS	122억	39억	103억	197억	85억	846억
2위	kt wiz	140억	391억	62억	193억	53억	839억

2017 KBO 리그 – 포브스 구단가치평가(출처: 나무위키)

히어로즈)' 정도 말고는 없을 것이다.

이런 배경 속에 다시 한 번 팀을 소유한 대기업들의 구조를 보자.

위의 가치평가에도 나오지만, 프로야구 팀의 1년 총 연봉만 해도 보통 100억이 넘고, 1년 전체 예산은 200억과 300억 사이를 오간다. 아무리 성적이 좋지 못한 팀도 프로구단이라는 이름 아래 1년에 100억은 쓴다. 그럼 1년에 200억 쓰는 구단이 1년에 200억 이상을 벌 수 있을까?

한 구단의 예를 들어 다시 한 번 쪼개보자.

예전 이야기지만, 2011년 한국경제 기사를 보면 두산 베어스는 당시 1년 250억의 구단 예산을 책정한 바 있다. 2019년은 당연히 이보다는 훨씬 높을 테고, 약 280억 정도로 예상치를 잡아 봤을 때, 티켓 수익은 약 98억원(경기장 가치 981억 원의 1/10), KBO 중계권 배분은 약 58억 원이다.

단순 계산으로, 280억 - 98억 - 58억 = 124억.

여전히 메꿔야 할 돈이 124억이 남는다. 나머지 수익원은 스폰서십/경기장 광고 세일즈와 머천다이즈 판매, 기타 경기장 식음판매로 예상해 본다. 다음으로 상위 수익원인 스폰서십은 두산 베어스 홈페이지를 가보면 그 명단을 찾아볼 수 있다. 우리나라 스폰서십 경제의 규모를 몸소 겪어본 바로는 모기업 계열사를 제외하고 제3의 기업이 1억 이상 현금을 후원하는 케이스는 정말 하늘의 별따기이다. 전체 예산이 200억이라고 하니 1억이 우습게 들릴 수 있겠지만, 진짜 기업 대 기업 쥐어짜기 아니면 순수한 1억 현금 후원은 정말 거의 없다. 대부분 현물을 통해 후원하거나 반반 섞는 경우가 많다. 인기 최강 두산 베어스만 봐도 현금 후원사로 보이는 회사가 딱히 많아 보이지 않는다.

게다가 잠실경기장의 경우, 야구장 광고수입은 고스란히 서울시가 가져가는 구조로 되어 있다. 심지어 구장 역시 서울시 소유이기에 매년 두산에게 약 25억 원을 받는 것으로 알려져 있다. 이래 놓고 구단이 돈을 벌기를 바란다면 어불성설 아닐까.

머천다이징을 파는 것도 아직은 한계가 있어 보인다. 내가 만나본 머천다이징 전문 회사들의 경우를 보건데, 대부분 구단들과의 라이선싱 계약을 맺고 '미니멈 개런티+로열티' 조건을 조율하지만, 계산기를 아무리 두드려도 우리나라에서 구단이 머천다이징 순수익으로 10억을 넘기기 어렵다. 가장 인기 좋은 선수 유니폼을 10만 원에 판매하고 로열티 조건을 20%로 설정했다고 했을 때, 두산 베어스가 유니폼 판매로 로열티 순수익 10억을 얻기 위해서는 매출이 50억 이상이어야 하고, 10만 원짜리 5만 장을 한 시즌 동안 팔아야 한다.

뭐 5만 장이 많다면 많고 적다면 적겠으나 내 생각에 한번 옷을 산 사람이 1년 내에 다시 살 확률이 거의 없다고 봤을 때 현재 두산 팬들 중 새로 옷을 구매할 사람의 수가 5만 명은 되기 어렵다.

내친 김에 식음판매까지 가보자. 잠실구장의 식음판매는 정말 웃기게도, 모든 음식을 밖에서 사서 안으로 들어갈 수 있는 구조로 되어 있다. MLB에서는 솔직히 상상도 못하는 구조이지만, 워낙 오랫동안 야구장 밖에서 소주와 오징어를 팔던 소상공인을 무시할 수 없고, 야구장에서 비싼 가격을 내고 사먹기에는 주 관객인 대중들에게 부담이 되는 측면도 있다. 따라서 식음은 여전히 약간 융통성 있는 모습으로 외부 음식 반입이 가능하기에 구단이 가져갈 식음 매출의 비중은 얼마나 될지 모르겠다. 사실 서울시 소유의 구장이기에, 서울시가 모든 식음 수익을 가져간다 해도 놀라지 않을 것 같다.

여전히 대기업에게 구단운영은 마케팅 예산에 불과한 것인가? 마케팅이 주목적이라면 돈을 버는 것이 아닌, 쓰는 것이 맞다. 하지만 마케팅이 주목적이 아니라고 생각하는 순간, 이건 '돈 먹은 하마'로 변하게 된다. 프로선수 연봉은 매년 올라가지만 이것 역시 선순환 구조가 되지 않는 현 구조에서는 언제나 시한폭탄일 수밖에 없다. 구단 모기업이 나 이제 못하겠다고 손들고 나가면 살아남을 수 없는 구조이니 말이다.

취업준비생들에게 이런 산업구조가 반갑게 들릴 리 없을 것이다. 대기업이 자선사업가도 아니고 언제까지 이렇게 돈을 쏟아부으면서 관계와 의리로 팀을 유지할 수 있겠는가. 돈을 잃는 비즈니스에서 사람을 채용한다는 것 자체가 웃긴 일이다. 내가 단장이라도 한 푼이라도 아끼기 위해 허리끈을 동여맬 것 같다. 이러니 프로구단 채용공고가 그렇게 가뭄에 콩 나듯 하는 것이 아닐까. 있는 사람이 나가지 않으면 굳이 사람을 뽑을 이유가 없을 테니 말이다.

부정적인 얘기의 연속이었지만, 나 역시 대한민국 프로스포츠가 성장하기를 바라는 마음에 글을 쓰게 된 것이다. 내가 나중에 구단 하나 차리고 싶을 때, 내가 하나 사고 싶은 마음이 드는 구조는 만들어야 할 것 아니겠는가. 이 글을 읽는 모두에게 '국내에서도 프로구단 사업으로 돈 벌 수 있다'라는 인식이 생기는 날이 오길 간절히 바란다.

넥센 히어로즈 사태를 바라보며

최근 넥센 히어로즈의 행보는 늘 관심의 대상이다. 2018년까지만 해도 프로야구계에서 넥센 히어로즈 하면 '이장석 신화의 종말'이 주요 이슈였다. 레이니어 그룹의 홍성은 회장과의 지분 전쟁에 이은 횡령혐의로 현재 그는 구속 수감 중이다. 한국의 '빌리 빈'으로 불리던 그의 몰락은 무엇을 의미하는 것일까?

이 전 대표가 히어로즈 구단을 창단한 후, 홍 회장이 지원했던 초창기 운영 자금 40억의 대가로 히어로즈 주식 40%를 양도했다는 주장과 이를 부정하는 두 사람 사이의 싸움이 이어졌다. 오랜 기간 공을 들여 구단을 성장시킨 이장석 전 대표는 이에 불응해 끝까지 법정싸움을 했지만, 결국 대법원은 홍 회장의 손을 들어 주었고, 사기 및 횡령으로 고소를 당한 이 전 대표는 결국 2016년에 구속되었다.

2018년에 터진 선수 현금 트레이드 뒷돈 거래 사건은 아마 그간 이 전 대표와 연루되어 있던 여러 지저분한 사건들이 수면 위로 드러난 것으로 보인다. 다시 말해, 지금 밝혀졌을 뿐이지 이미 오래 전부터 관행적으로 행해오던 거래였다는 의미이다. 2018년 5월 30일자 기사에 따르면 지금까지 KBO에 보고하지 않고 트레이드한 금액이 자진신고로 확인된 것만 130억 원이 넘는다고 한다.

이장석 대표의 발자취는 여러 면에서 주목을 받아왔다. 대기업이 아니면 불가능하다고 여겼던, **국내 프로야구판 유일의 '자립 구단' 모델을 창조한 사람이기 때문이다.** '자립 구단'의 의미를 간단히 설명하면, 기존 대기업 구단처럼 자본금 보증이 없다는 말과 같다. 다시 말해, **대기업 구단은 요즘 말로 '금수저'이고 히어로즈는 '흙수저' 즉, 가진 것 없이 시작해 내가 번 돈만큼만 먹고 사는 셈이었다.** 그렇다 보니, 넥센 히어로즈('넥센'은 네이밍 스폰서이므로 실제 이름은 '우리 히어로즈')의 비즈니스 모델은 스포츠 산업에 몸담고 있는 나에게 늘 호기심과 관찰의 대상이었다.

'자립 구단'은 스포츠산업에 있는 많은 사람들이 기대하는 이상적인 모델이다. 특정 기업이 소유하지 않아도 구단 자체가 '자생'한다는 것은 선진 스포츠산업이 받쳐주는 국가에서만 가능한 모델이다. 이를 위해서는 성적, 스타플레이어 마케팅, 지역 연고 마케팅, 후원사 유치, 방송중계권 판매, 티켓세일즈, 머천다이즈 사업이 유기적으로 연결돼야만 가능한 시나리오이기 때문이다.

앞서 언급한 대로, 1년 최소 150~200억의 예산을 쓰는 국내 야구단들 중 넥센은 가장 적은 선수 연봉(넥센 74억 vs. 한화 141억)을 가지고도 꽤 좋은 성과를 지속적으로 내는 인기 구단이었다.

이장석 전 대표가 이끌었던 넥센 히어로즈의 가장 큰 수입원은 스폰서십, 선수 트레이드로 인한 수입, 그리고 KBO 중계권 분배액 정도였으리라 판단된다. 신기한 게, 가장 빠른 현금 유통이 가능한 선수 트레이드로, 빅 네임 선수들을 바로바로 판매했음에도 불구하고 2016년까지 꽤나 좋은 성적을 지속적으로 유지했다. 강정호, 박병호의 메이저 리그 구단 진출과 빅 네임 선수들의 트레이드로 수익을 창출하고, 젊은 유망주를 잘 발굴해 폼을 유지하는 전략을 잘 쓰며, 기업의 가치는 계속 성장해 나갔다.

지난 2016년 넥센 타이어와의 계약이 종료된 후 네이밍 스폰서 가치가 약 100억 원까지 치솟았다는 소문이 들렸다. 'J트러스트'라는 일본계 대부업 회사가 들어온다는 뉴스가 흘러나오며 '아무리 돈이 귀해도 대부업에 파냐'라는 여론의 뭇매를 맞고 철회하는 해프닝에, 결국 비슷한 값을 내고 넥센이 재계약을 하긴 했지만, 대표적 자립 구단으로서 돈에 휘청거릴 수밖에 없는 태생적 한계였으리라 본다(2019년부터는 다행히 키움증권과 연 100억 원 규모로 5년간 메인타이틀 계약을 맺어 브랜드 가치의 힘을 보여줬다).

모든 신생 창업자들은 자신이 파는 상품이 시장에 나와 성장하기까지 반드시 '투자' 기간을 거쳐야 한다. 그래서 여유자금(=사업자금)이란 것이 필요하다. 사업의 속성상 시장에서의 성공은 아무도 알 수 없기에 리스크는 늘 존재하게 되어 있다. '구단 경영'이란 아이템으로 수익을 창출해야만 했던 '우리 히어로즈' 구단주의 입장은 당해보지 않은 사람은 이해하기 어려울 것이다. 우리나라 스포츠 산업 현실에서 그것이 얼마나 어려운가를 나는 잘 안다. 비관적으로 늘 얘기해서 좀 그렇지만, 국내 구단 경영은 돈을 벌 생각을 하기 어려운 구조이기 때문이다.

결과적으로, 그의 야구 경영 신화창조는 '역사상 최악의 구단주', 'KBO의 적폐'의 오명을 쓰며 막을 내리는 모양새이지만, 그가 보인 야구에 대한 열정과 날카로운 구단 운영만큼은 한국 구단 역사에 획을 그었다고 할 수 있을 것이다. 다만, 야구 구단 운영을 단순한 돈 계산으로 처리하기에는 팬덤의 힘이 너무 강하다는 점, 그래서 눈앞의 돈 1~2억 원을 위해 선수를 파는 것이 얻는 것보다 잃는 게 많다는 교훈도 같이 얻었다.

요즘은 '콘텐츠의 시대', 또는 '브랜드 가치의 시대'라고 많이들 얘기한다. 하지만 국내 프로스포츠 산업에 이런 말이 적용하기는 아직 이른 감이 없지 않다. 이론적으로라면, 구단이 '콘텐츠'화된 순간, 연간 순수익이 얼마인가와 무관하게 그 프랜차이즈의 가치는 계속 올라갈 수 있다. 넥센 히어로즈의 떠오르는 선수들, 턱돌이 마스코트, 고척돔 등은 이미 콘텐츠이다. 다만 그 브랜드를 잘 지키고 활용할 줄 아는 비즈니스가 되길 바라지만, 결국 선수 트레이드나 후원사에 목매는 것이 현실이 되어 버렸다.

아쉽다. 정말 아쉽다.

좋은 모델이 될 수 있었던 구단의 성공 스토리가 씁쓸한 결말로 가고 있다. 투명하게 정리되고 다시 한 번 구단의 명예를 회복할 수 있는 기회가 주어지기를 기대해 본다. 언제일지 모르겠지만 넥센 히어로즈 같은 팀이 뉴욕 양키즈가 될 수 있는 날이 오리라 믿는다. 그리고 기업들이 더 이상 구단 운영이 '사회봉사'나 '회장이 좋아해서…' 같은 얘기를 하지 않는 날이 오길 바란다.

평창올림픽과 대한민국 스포츠마케팅

2011년 7월, 대한민국은 세 번의 도전 끝에 유치에 성공한 평창올림픽. 아직도 '퐁창'이라는 발음으로 대한민국을 외쳤던 IOC위원장의 모습과 이에 감격하는 이명박 전 대통령과 김연아 선수 등의 얼굴이 잔상으로 남아 있다. 마치 자식이 대학입시에 삼수만에 합격하는 그 결과 발표를 지켜보던 부모님처럼, 전국의 언론들은 올림픽 유치 뉴스를 대시특필하며 민족의 역사적인 날로 몰아갔던 기억이 있다.

88올림픽 이후, 첫 올림픽 유치니 기대도 했을 것이다. 나도 이유 모를 벅참을 잠시 느꼈던 것이 사실이다. 우리나라가 하계, 동계 올림픽을 개최한 몇 안되는 국가 중 하나가 되다니, 어찌 보면 대한민국 가문의 영광이 아닌가.

그러나 현실 감당은 누구의 몫일까를 생각하면 그리 달갑지는 않았다. 군사정부의 정책 일부로 강행됐던 88올림픽과는 사뭇 다른 처지에 놓여있는 21세기 대한민국의 상황에서 말이다. 10년이면 강산이 변한다고 하는데, 강산이 3번이나 바뀐 후 2018년에는 과연 과거의 영광을 다시 기대할 수 있었던 것일까?

올림픽 하면 여전히 막연한 기대와 희망을 떠올리는 사람들이 분명히 있겠지만, 나는 언젠가부터 서서히 올림픽이란 것에 대한 환상이 사라져 버렸다. 아니, 스포츠마케터가 된 이후에는 오히려 올림픽에 대한 부정적 시각이 머릿속을 많이 채우게 됐다. 이는 올림픽을 둘러싼 비리(최순실 게이트)의 영향 때문만은 결코 아니다.

나는 잠시나마 평창올림픽 스폰서십 컨설팅 업무를 맡았다. 스포츠마케팅 분야에서 일하면서 권위나 규모의 측면에서 누구나 한번은 꿈꿔보는 것이 올림픽 관련 업무이다. 올림픽이라는 하나의 테마로 묶인 수많은 산업들, 조직위원회부터 시작해 주최 도시, 후원사, 대행사, 협회, 국가대표 선수 등 관련 업무 중 하나라도 경험한다는 것은 개인적인 커리어로도 상당히 돋보이는 일이다.

올림픽 TOP(The Olympic Partner) 프로그램의 대표적인 후원사인 삼성전자의 올림픽 관련 업무 대부분은 자회사인 제일기획이 대행하고, 제일기획 내에는 삼성전자의 올림픽마케팅만 전문으로 담당하는 팀이 오래 전부터 꾸려져 있다. 나도 예전부터 이런 관련 업무를 한번은 해봐야 커리어상 좋지 않을까라는 생각은 많이 했다. 문제는 업계에 오래 있으면 있을수록 올림픽 업무 자체에 대한 매력이 떨어지기 시작했다는 점이다. 내가 진행했던 많은 스포츠 이벤트들의 확장판일 뿐이지, 정작 내가 핵심적인 위치에서 전체 판을 그리는 업무를 할 수 없다는 걸 느꼈다. 물론 나이 먹고 경력을 쌓아가며 용의 꼬리보단 뱀의 머리를 쫓는 내 이기심도 있었다. 또한 글로벌 스마터를 지향하는 나의 미래상이 오히려 내가 할 수 있는, 그리고 하고 싶은 업무의 옵션을 더욱 줄인 면도 있다.

그러나 일을 하면 할수록 평창올림픽 준비과정에 많은 의구심이 생겼다. 뭔가 일이 진척되는 느낌보다는 정치와 유착, 공무원 특유의 관료주의적인 모습이 너무 많이 보였다. 당시 여러 분야의 사람들을 만나서 들은 얘기를 통해 알게 된 점이 몇 가지 있었다.

첫째, 조직위가 올림픽 진행업무 처리나 커뮤니케이션, 일의 진행 프로세스에서 생각보다 매우 지지부진하다.

둘째, 평창은 역대 동계올림픽 중 가장 작은 규모로 개최될 것이라 하는데 책정된 예산이 매우 많은 편이다.

셋째, 평창은 올림픽으로 인한 이익보다는 손해가 훨씬 커져 간다(경기장 건설, 사후 대책, 예산 확보 등).

물론 우리나라나 스포츠이벤트의 특성상 시기가 닥쳐야 본격적으로 일이 진행되는 것이 맞겠지만, 올림픽이란 친구는 벼락치기 며칠로 할 수 있는 쪽지시험이 아니다. 이건 중·고등학교 때 열심히 공부해 딱 한번 기회를 주는 수능 같은 것이다. 따라야 할 룰도 많고 규정에 맞게 지어야 할 경기장도 많다. 100개가 넘는 나라의 관람객을 제외한 주요 방문 인원들만 5만 명이 넘는다. 더 중요한 건, 무작정 규정에 맞추어 올림픽을 치러내는 게 문제가 아니라, 올림픽을 통해 국가와 도시에 어떤 혜택이 있는지를 명확히 알아내 그걸 현실화하는 숙제가 있는 것이다.

최순실 게이트를 계기로 이런 불안한 느낌은 우려에서 확신으로 변하게 되었고, 올림픽이라는 빛 좋은 개살구가 개최국에게는 골로 가는 열차가 됐다는 사실도 적나라하게 알려주게 됐다. 반대로 말하면, 왜 이렇게 일이 진척이 안 되고 어설픈 행정처리가 계속됐는지를 이제야 이해할 수 있게 된 것 같기도 하다.

평창올림픽은 그 준비과정에서 재정적으로 얼마나 심각한 상황에 직면해 있었는지를 보여주었다.

- 초기예산 8조 8천억→ 예산 14조 이상으로 증가
- 새로 짓지 않아도 되는 개폐막식 장소 신축을 강행
- 문체부가 강릉시에 시립운동장 및 알펜시아 재건축 제안→ 강릉시 거절
- 일본과 분산개최 반대 결정 → 최대 1조 이상 예산 절감 기회 날림(잘잘못은 논란 여지 있음)
- 기업 후원금 모금 부진(확보 금액 중에도 현금 절대 부족)
- 경기장 사후 활용 방안→ 현실성 없거나 철거를 위해 또 다른 예산이 들어감

물론 이 내용들에는 단순한 몇 개의 문장으로 표현할 수 없는 속사정도 있을 것이다. 그리고 올림픽 유치 자체가 과대한 예산이 들어가는 국가 잔치이지 이걸로 수익 창출 못했다고 욕할 성질은 아닌 것도 안다. 하지만 여기서 주목할 것은 평창이라는 작은 도시 하나에 국가적 이벤트를 유치하기 위해 12년을 건 것치고는, 그 진행과정과 예상되는 결과가 너무 암울하다는 데 있다. 이

미 2014년에 아시안게임을 통해 계획 없는 국제 스포츠이벤트 유치의 결과를 잘 보았고, 2016 브라질 리우올림픽만 보더라도 올림픽이 국민과 국가를 위한 것이라고 얘기하기는 어려울 것이다.

올림픽 경제효과? 그런 이상적인 이야기는 이제 현실 앞에서 철저히 무시당하게 됐다. 그런 기사 발표한 경제학자들이 정말 개최지 사정이나 알고 그런 얘기하는지, 시장에 나가서 계란 한판 가격 알아본 적 있는 사람들인지 궁금하다. 그만큼 현실성이 없다.

평창동계올림픽유치위원회가 발표했던 「2018년 평창동계올림픽 개최 타당성 조사 보고서」에서 나온, ▶20조 4,973억 원의 전국 총생산 유발효과, ▶23만 명의 고용 창출 효과, ▶19만 5,000명의 외국인 관람객 수 등의 숫자가 과연 우리에게 현실적으로 무슨 의미가 있단 말인가. 이 외에도 국가브랜드 제고, 홍보효과, 내수와 수출 증대가 예상된다고 말한 경제연구소 발표 자료 등도 말장난에 지나지 않는다.

내가 올림픽 경제 효과에 부정적인 이유는 어차피 돈을 쓰는 행사인데 마치 돈을 벌 수 있는 것처럼 포장한다는 데 있다. 일반적으로 알려진 올림픽 유치 비용은 대략 이렇다.

- 경기장 건설
- 대회운영
- 추가 인프라 확충 등

한편 개최국의 수익구조는 이렇다.

- 스포츠 방송중계권료
- 스폰서십
- 입장료 등

나라마다 차이는 있지만 **당연히 올림픽 개최지가 들이는 비용이 수익보다 훨씬 큰 구조이다.**

그렇다 해도 비용은 천정부지로 오르고 수익은 바닥을 뚫고 밑으로 내려간 다면 문제가 있는 것이다. 최순실 게이트를 통해 밝혀진 대로, 최순실을 통해 미르재단과 K스포츠재단으로 들어간 돈이 올림픽 후원금으로만 집중되었다 하면 얼마나 좋을까 생각을 해본다.

너무 부정적인 얘기만 늘어놓은 것 같다. 이 글의 취지는 올림픽과 스포츠 마케팅의 관계를 파악하자는 데 있으니 그 부분으로 다시 돌아가 보자. 올림 픽에서 스포츠마케팅을 하는 사람들은 누구일까? 스마팅 원론의 개념으로 크 게 세 가지로 나누어 보면 아래와 같다.

A. 올림픽을 마케팅하는 사람들 – 조직위 스포츠마케터

평창 조직위 내에서 전문적으로 스포츠마케팅을 실행하는 부서는 '마케팅 국'이라고 할 수 있는데, 그 안에서 근무하는 사람들이야말로 국제 스포츠이 벤트 마케팅의 핵심을 담당하는 사람들이다. 어떤 정치적 이슈와 논란이 있고 없고를 떠나서 올림픽조직위에서 근무한 경력은, 그중 마케팅 부서에서 근무 할 수 있다는 것은 평생 한번 경험할까말까 한 호기이다.

놀아본 무대 자체가 다르고, 자신이 왕성히 활동하는 세대에 그 나라에서 올림픽이 유치되는 행운을 몇 명이나 가질 수 있겠나. 스마터로서 부러운 직 업임은 분명하다. 유치가 확정된 후 조직위가 꾸려지면 순차적으로 많은 스포 츠마케터 인력들이 조직위에 선발되어 들어가 일하게 된다.

B. 올림픽을 통해 마케팅을 하는 사람들 1 – 후원사 스포츠마케터

올림픽 후원사는 크게 글로벌 후원사인 'TOP(The Olympic Partner)'와 '로 컬 후원사'로 나뉜다. 글로벌 후원사는 4년 단위로 계약을 하는데 많은 후원사 들이 장기적으로 후원을 이어오고 있다.

TOP후원사든 로컬 후원사든, 후원사 명목으로 현금, 또는 현물을 지원하

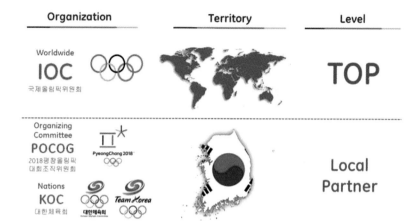

올림픽 글로벌/ 로컬 후원사의 구분

고 후원사 권리를 얻기 때문에 그 권한을 활용한 마케팅 담당자를 구성하게 된다. TOP 회사는 글로벌 단위로 장기간 올림픽 마케팅을 진행하기 때문에 전문 인력과 팀을 구성해 놓는다. 로컬 후원사는 회사마다 다르지만 후원을 결정한 순간부터 팀을 구성하기 때문에 외부에서 전문인력을 영입하거나 팀 내에서 TFT를 구성하기도 한다. 특정 회사 이름을 언급하진 않겠지만 정치적인 이유로 후원에 나서는 기업들도 있다. 이들의 입장에서는 올림픽 후원사로서의 권리를 최대한 활용해서 국내외로 기업의 마케팅을 실행하는 것이 최우선 과제이다.

올림픽 로고를 활용하거나 올림픽 출전 국가대표 선수들을 활용하는 것이 가장 일반적인 예이다.

고객과 접점이 있는 B2C 사업모델을 가진 기업들(예: 맥도날드, 코카콜라, P&G 등)은 이런 권리를 적극 활용하여 고객 마케팅을 실시한다.

반면 B2B 사업모델을 가진 기업들은 비즈니스적으로 이 권한을 주로 많이 활용하기 때문에 광고/홍보보다는 후원사로서 주어진 티켓 등을 활용한 호스피탈리티 프로그램을 고객사에 제공거나, 또는 머천다이징 제작이나 자사 임직원들을 위한 프로그램을 활용하는 데 공을 많이 들이는 편이다.

각 회사의 마케터들은 자신의 제품을 어떻게 '올림픽'이라는 콘텐츠와 잘 버무릴 것인가를 고민한다. 임시직이 대부분인 조직위와는 달리 아무래도 기존하던 일의 연장선으로 올림픽 마케팅을 맡게 된 경우가 많아 좀 더 고용이 안정적인 위치에 있다. 다만 스포츠마케팅 전문팀이 없는 회사가 많다 보니 올림픽 마케팅에 대해 여러 방면으로 먼저 공부를 해야 한다. 그래야 자신들이 후원사로서 가지는 권리나 혜택을 상세히 이해하고 제대로 활용이 가능하다.

조직위의 업무가 좀 더 이벤트 마케팅에 초점을 맞춘다면, 이들 후원사 마케터들은 좀 더 제품 마케팅, 고객 마케팅, 고객사 비즈니스 접대에 중점을 둔다고 할 수 있겠다.

C. 올림픽을 통해 마케팅을 하는 사람들 2 – 후원사 업무대행 에이전시 마케터

올림픽 후원사들이 가진 권리와 혜택을 가장 효율적으로 활용할 수 있도록 돕는 전문 에이전시들이 존재한다. 올림픽만 전문으로 노하우를 쌓은 글로벌 에이전시들도 있고, 각 국가의 여러 에이전시들이 후원사들의 업무를 대행하고 있다. 이들의 업무는 보통, 고객사 맞춤 올림픽 마케팅 플랜/실행, 조직위 커뮤니케이션, 호스피탈리티 프로그램 실행 등이고 이 외에 회사별로 원하는 업무 영역에 따라 가감이 있다. 대부분의 TOP사들은 4년이 아닌 장기 후원을 해온 회사들이 많아 올림픽 마케팅에 오랜 경험을 가지고 있고, 따라서 이들과 함께 발을 맞춰 온 베테랑 에이전시들도 많이 있다.

국내의 경우는 삼성전자 올림픽 업무대행을 해온 제일기획을 제외하고는 올림픽 마케팅을 전문적으로 수행하는 에이전시가 있다고 말하긴 어렵다. IMG 같은 글로벌 올림픽 마케팅 경험이 있는 에이전시는 한국에 지사가 있어 금방 지역화할 수 있다.

또는 GMR(www.gmrmarketing.com)처럼 한국에 없는 회사였지만 기존 TOP 후원사들의 업무를 대행하기 위해 한국에 임시로 지사를 설립한 에이전시들도 있다. 국내 회사들은 올림픽 마케팅이 전문은 아니더라도 기획이 아닌 실행 단계에서는 충분히 경쟁력을 가질 수 있고, 또 호스피탈리티 같은 분야에서는 다른 스포츠이벤트를 통해 쌓은 노하우가 많기 때문에 업무 대행이 충분히 가능하다.

올림픽 스포츠마케팅은 '올림픽'이란 단어가 가지는 파급력이 생명이다. 그동안, 그 긴 역사 동안 올림픽이 진행되며 쌓인 브랜드 가치가 각 국가들이 줄을 서서 올림픽을 유치하려는 이유이고, 후원사들이 지갑을 여는 명분이다. 그 콘텐츠의 파급력이 사라진다면, 그것도 개최국에서 사라진다면, 이미 죽은 자식의 나이를 세는 것과 뭐가 다르랴.

대한민국 스포츠마케터로서 평창올림픽의 준비과정을 본 기분은 뭔가 씁쓸하다. 잘한 것을 칭찬해야 하는데 못한 것만 보이는 것 같아 마음이 아프기도 하다. 이미 벌어진 일을 잘 준비하고 잘 마무리하는 것이 가장 중요하다. 특히 이 과정을 통해, 올림픽을 둘러싸고 일하는 누군가는 스포츠마케터로서 또 다른 도약의 큰 전환점을 가지는 계기가 됐기를 바란다.

평창올림픽 폐막을 바라보며

2018 평창올림픽이 대단원의 막을 내렸다. 최순실 게이트로 썩은 정치판의 중심으로 보였던 평창올림픽. 수천억 원의 적자가 나올 것이라는 많은 이들의 예상을 깨고, 대회는 성공적으로 치러진 것으로 보인다. 여기서 '성공적'이라는 말의 해석은,

1) 평창올림픽의 티켓 세일즈의 뛰어난 성과,

2) 머천다이징의 대박(롯데백화점의 전무후무한 올림픽 히트상품 '평창 롱패딩'),

3) 선수들이 만든 노력과 감동의 스토리들이 대회의 성공을 만들어 냈다는 점이다.

나는 오랜 기간 동안 올림픽의 국내 개최를 반대한 사람 중 한 명이었다. 한국에서는 '그 돈'을 들여가며 세계적인 이벤트를 할 필요가 없다고 생각했다. 티켓세일즈는 솔직히 전혀 안될 것이라고 믿었고, 쥐어짜기식의 기업 후원 유치도 못할 짓이라고 느꼈던 것이 사실이다. 왜 그렇게 메가 스포츠 이벤트 '그랜드 슬램'을 못 해서 안달이라고 삼수까지 해서 따내온 것이던가.

요즘 사람들에게 필요한 건, '스포츠를 통한 국위선양'이나 '국민을 하나로 모으는 스포츠 스토리'가 아닌, 내가 이번 달 내야 할 월세에 대한 압박이나 취업, 빚에 허덕이는 우울한 현실이기 때문이다. 내가 낸 세금이 올림픽을 위해 쓰인 것에 대해서도 끊임없이 따지고 공정성을 내세우는 것이 요즘의 국민들이다. 아마 국민투표를 거쳤다면 나는 올림픽 유치 건이 통과했을 리 없다고 본다.

시작부터 어려움이 많았지만, 정권 교체와 함께 짧은 시간 내 많은 공을 들여 큰 잡음 없이 대회를 성공적으로 끝낸 조직위와 자원봉사자들에게 찬사를 보내고 싶다. 다만 '흑자 올림픽'이라는 말은 쓰지 않았으면 한다. 지금 상태에서는 일단 '최악은 피했다'고 말하는 편이 낫다. 흑자의 결과는 앞으로 평창과 강릉의 인프라를 어떻게 사용하는가에 달려있지 않을까.

2002 월드컵, 인천아시안게임 이후의 경기장 활용방안은 거의 암울한 수준에 가깝다. 다음 동계 올림픽은 4년 후이지만, 이번 계기가 비인기 종목 천지인 동계 스포츠의 인프라를 구축하는데 큰 영향을 주기를 바랄 뿐이다. 쇼트트랙, 스피드 스케이팅, 피겨 스케이팅, 컬링, 스켈레톤, 봅슬레이 등의 스포츠 기반을 키우는 데 도움이 된다면 정말 더할 나위 없이 좋겠다.

하지만 엘리트 선수 육성 위주의 고전적인 방식을 답습해서는 안 된다. 동계 스포츠는 아무래도 그런 제약이 있다. 스포츠 선수 생활 자체가 비용이 많이 들고, 버전을 확대하기에는 무리가 있기 때문이다. 생활 스포츠에서 엘리트 스포츠로 이어지는 이상적인 그림이 나올 수 있을지 걱정은 되지만, 안 그래도 비싼 스포츠를 훈련할 공간이라도 만들어졌으니 좋은 점도 있지 않나 싶다.

올림픽 이후 스타가 된 빙상계 선수들이 그동안 은폐되어 있던 고질적인 병폐들을 용기를 내 고발한 부분에 찬사와 박수를 보낸다. 이런 엘리트 위주 체육계의 악습들은 모두 이번 기회에 뿌리째 뽑아야 한다.

갑작스런 정치물로 변질된 남북 단일팀, 서양인이 더 많게 느껴졌던 남자 아이스 하키팀, 대한체육회장의 갑질 논란, 팀추월 왕따 사건, 폐회식 가수 선곡 논란 등 이슈가 없었던 건 아니지만 역시 한번 일하면 절대 실망시키지 않는 대한민국의 성실성은 많은 어려움을 극복하는 요인이 되었다고 본다.

무엇보다도, 스포츠는 정말 '선수'들이 만들어낸 것 같다. '개최국 이점'을 최대치로 받아서 많은 종목에서 메달을 개척한 선수들이 정말 자랑스럽다. 또한 메달의 색보다 그들의 피땀 어린 노력을 존중하는, 변해가는 국민의식도 긍정적인 부분이다.

마지막으로, 동계 올림픽 이후 그들이 잊히지 않기를 희망해 본다. 메달리스트나 스포트라이트를 받은 선수를 제외하고도 99%의 엘리트 선수들은 은퇴 후 명확한 진로 없이 헤매고 있을 거란 생각이 든다. 이제 무엇을 해야 그들을 도와줄 수 있을지 나부터 차근히 한번 생각해야 하지 않을까 싶다.

스폰서십 세일즈맨의 비애

다소 과장일 수 있지만, 스포츠마케팅의 5할은 세일즈이다. 스포츠마케팅도 일반 상품 마케팅과 다를 바가 없다. 이윤의 극대화를 목적으로 마케팅을 한다. 아이템이나 기획, 상품이 스포츠일 뿐이다. 그렇다면 스포츠마케팅계의 세일즈맨은 누굴 의미할까. 바로 그게 스폰서십 세일즈맨이다.

스포츠스폰서십의 종류는 다음과 같다.

- 선수 후원
- 팀 후원
- 대회 후원
- 협회 후원

이 정도 구분은 모르는 사람이 없을 정도로 아주 명확한 구분이다. 하지만 이 후원을 성사시키는 과정을 아는 사람은 아마 담당자말고는 아무도 없을 거다.

스폰서십이 이뤄지기까지는 때로는 아주 오랜 리서치와 고민이 필요하기도 하지만, 가만히 앉아 있다가도 콩고물이 떨어지는 경우가 있다. 올림픽, 월드컵, 아시안게임처럼 국가적 차원의 메가스포츠이벤트는 정치적인 압박을 통해 스폰서십이 이뤄지기도 한다. 그럼 업계에서 실제로 스폰서십이 이뤄지는 경우를 한번 짚어 보자.

1. Top-Down(CEO-to-CEO)

'탑-다운'은 말 그대로 위에서 결정되어 아래로 떨어지는 경우를 뜻한다. 기업 간의 관계, 최고경영자(CEO)끼리의 교류를 통해 니즈가 자유롭게 오가다 보면 윗선에서 결정되는 스폰서십 사례들이 상당히 많다. 특히 억 단위가 넘는 딜들의 경우에는 그 배경에 탑의 결정이 있었음이 드러나는 경우가 정말 많다. 이 경우, 담당 세일즈맨은 사장 본인이다. A기업이 운영하는 구단의 의류를 평소 사장끼리 절친했던 B기업의 의류 브랜드에서 후원해 준다면, 누가 스폰서십의 공을 가져가는 게 맞겠는가. 이 경우, 담당자들은 결정된 사항에 따라 업무 팔로업을 통해 계약, 의무사항 이행에 힘쓰면 된다.

2. Bottom-Up

'바텀-업'이야말로 상품팔이의 전형적인 방법이다. 선수, 팀, 대회 등을 아주 먹음직스럽게 포장하고 양념을 뿌려 스폰서들에게 접근한다. 스폰서 담당자들은 올해는 어떤 재밌는 마케팅을 시도해 볼까 고민하던 차에 각종 제안서와 함께 찾아오는 세일즈맨들을 만나며 아이디어를 얻는다. 몇 가지의 후원 제안을 추려 상부에 보고 후 옥석을 가려 괜찮다고 판단되면 최고경영진(또는 최고 의사결정자)에 보고한다. 여기서 승인이 나면 후원이 결정되게 된다.

물론 후원 제안을 추리는 과정 속에서 세일즈맨들의 능력이 드러난다. 담당자를 설득시키건, 상품을 잘 포장하건, 가격을 싸게 주건, 스폰서가 가려워하는 부분을 제대로 긁어주어 혹하게끔 만드는 그 능력 말이다. 이렇게 스폰서십이 성사된 경우, 담당 세일즈맨은 그 성과에 대한 공로를 인정받게 된다.

3. Brand Power

존재 자체만으로 위대함을 뽐내는 상품들, 즉 최고의 스타, 최고의 명문 구단 등은 스폰서십에 대한 걱정이 남들에 비해 월등히 적다. 맨땅에 헤딩하듯이 스폰서를 찾아 돌아다니면서도 열 번에 아홉 번은 거절당하는 세일즈맨이 될 일이 없다.

맨체스터 유나이티드, 뉴욕 양키즈, LA레이커즈, 호날두, 메시, 손흥민, 김연아 등의 브랜드가 바로 그 예이다. 이미 검증된 상품들은 남들이 먼저 연락을 해오고 이를 연결해 주는 에이전트/세일즈맨들은 거의 그 상품에 버금가는 권위와 존경을 받는 경우가 생긴다.

갑과 을의 위치를 오가며 만나거나 봐온 세일즈맨들의 일상은 생각만큼 그리 화려하지는 않아 보인다. 때로는 최고의 브랜드를 가진 상품이라고 하더라도 말이다.

스폰서십 세일즈맨에 대한 현실을 보기 전에 일단 스마팅업계에서 스폰서십 세일즈를 하는 사람들은 누가 있는지 살펴보자.

1. 구단 스폰서십 세일즈 담당자: 구단 소속의 직원으로서, 선수들이 사용할 의류, 용품 등의 현물 스폰서십부터 옥외광고, 일반 광고, 의류 노출 광고 등 다양한 판매거리를 집대성해 팔고 다닌다.

2. 선수 에이전트: 개인 에이전트로서 자신이 매니지하는 선수의 스폰서십을 판다. 의류, 용품, 로고 노출, 광고 촬영, 인도스먼트 계약 등이 그들의 판매거리이다.

3. 스마팅 에이전시 세일즈 담당자: 선수 에이전트와 약간 다르게, 선수뿐만 아니라 회사가 가지고 있는 모든 프로퍼티, 즉 선수나 대회, 또는 독점 세일즈 대행권리를 지닌 다른 스포츠프로퍼티를 모두 팔 수 있는 사람이다.

4. 대회조직위 세일즈 담당자: 올림픽, 아시안 게임처럼 큰 대회부터 시작해 작은 소규모 대회까지, 대회를 구성하는 조직위원회에서 스폰서십을 담당하는 사람이다. 이들의 소속은 경우마다 전부 다르다. 대기업이 대회의 소유권자일 경우에는 기업 직원이 담당자이기도 하지만, 올림픽같이 조직위를 여러 단체에서 선발해 구성하는 경우는 또 그냥 조직위에 소속된 직원이다. 단순히 말해 월급을 주는 회사 소속이다.

실제로 스폰서십 세일즈맨은 일반 상품, 예를 들어 타이어를 파는 세일즈맨들하고는 성향이 너무 다르다. 우리들이 살아가면서 반드시 사용하는 일용소비재를 판다면 그것은 일반 소비자 입장에서 반드시 필요한 용품이겠지만, 스포츠스폰서십은 다르다. 단순히 말해 없다고 해도 사는데 전혀 지장이 없는 물건이다.

기업 입장에서도 스폰서십 안 했다고 매출이 급감하거나 시대에 뒤쳐지는 것이 아닌지라, 세일즈맨 입장에서는 더욱 고충이 크다. 그래서 스폰서십 딜이 기업 회장들의 결정들로 많이 이뤄지는 것일 수도 있다. 선수에이전트들의 역할이 무궁무진할 것 같지만, 솔직히 까놓고 말하면 이적료/연봉협상과 스폰서십 영입이 그의 능력을 가늠하는 가장 큰 기준인 것이 사실이다. 이름만 대면 알 만한 스타를 관리하고 있다면 그래도 좋은 위치에서 협상이 가능하겠지만, 그렇지 못한 다수의 선수들을 관리하는 에이전트에게는 연봉협상/스폰서십이란 정말 골리앗에게 대적하는 다윗의 모습과 다를 바 없다.

한편, 에이전시에서 근무하며 세일즈를 담당하는 인원들은 두 가지 옵션이 있다. 기본급이 없거나 아주 적은 상태에서 스폰서 영입에 대한 인센티브를 가져가는 형태, 또 스폰서십 영입과 무관하게 월급을 받는 형태가 있다. 전자의 경우는 보험 세일즈맨과 다를 바가 없다. 회사에 소속을 두고 있지만, 어차피 팔지 못하면 굶어 죽을 수밖에 없기 때문에 개인사업자나 다를 바가 없다. 문제는 이렇게 세일즈를 해내려면 웬만한 경력과 인적 네트워크가 아니고서는 쉽지 않다는 것. 적어도 경력 10년 정도는 되어 광고주 측의 부장급 이상은 모두 개인적으로 알고 지내는 사이여야 가능성이 있다는 얘기다.

후자의 경우는 약간 다르다. 일단 스폰서십을 영입해도 인센티브가 없기 때문에 하고 싶은 동기가 없다. 기대하는 역할도 직접적인 영업보다는 임원급에서 건져오는 건수를 팔로업(Follow-up)하거나 세일즈를 위해 필요한 제안서 작업, 계약서 작성, 계약금 수금 등의 업무가 주어진다. 직접적인 인센티브도 없고 동기부여도 적지만, 업계 초보에겐 일을 배울 수 있는 아주 좋은 포지션임은 확실하다. 해당 미팅을 따라가 인맥을 넓히고, 광고주들을 알아두는 것은 차후에 상당한 도움이 된다.

내가 만난 스마팅업계 10년 이상의 경력자분들의 입에서 나오는 조언은 하나같이 동일했다.

"팔아야 산다."

스마팅에 경력을 올인한(할) 사람이라면, 결국 세일즈가 종착역이라는 의미를 언젠가는 알게 될 것이다. 업계를 아무리 잘 알고 사람들을 많이 알아도, 결국 팔지 못하면 그를 필요로 하는 곳은 없어지게 된다. 그리고 업계에서 도태하게 된다. 자신이 에이전트이건, 에이전시 직원이건, 조직위 직원이건 다 상관없다. 살아남기 위해서는 무조건 팔아야 한다.

나이가 어린 초년 스마터들은 세일즈에 대한 압박이 많이 없다. 책임도 지지 않는다(그만큼 월급도 받지 못하지만 말이다). 하지만 이들은 책임 없다고 방관해서는 안 된다. 미래의 내 모습이 누구와 비슷할지 미리 고민해 보고 내가 어떻게 해야 팔 수 있을지 생각해 봐야 한다.

40대를 넘어서게 되면 1년 목숨을 부지하는 것을 걱정해야 하는 시기가 온다. 그로부터 5년~10년 사이 내가 갈 길이 이미 너무나 확고해졌다는 걸 안다.

스포츠마케팅은 '스포츠'보다 '마케팅'을 알아야 한다고 누누이 강조했다. 하지만 그건 스마터를 준비하는 과정에서 배양해 나갈 능력이다. 어느 정도 경지에 오르게 되면 스펙, 지식은 거의 평준화된다. 그 후에는 무조건 세일즈가 능력의 바로미터가 되는 현실이 찾아온다. 스포츠스폰서십은 정말 오랜 기간 세심한 공을 들여야 성과가 나오는 영역이다.

다시 표현하자면, '있으면 괜찮은 것 같긴 한데 없어도 사는데 아무 지장 없는 물건'을 팔아야 하는 사람들의 숙명이다.

스포츠를 활용한 마케팅 아이디어, 스포츠이벤트 운영 노하우, 선수에이전트의 역할과 사명, 이런 내용들도 중요하다. 하지만 꼭 자신의 미래를 그리는 데 있어 어떻게 하면 팔 수 있을까라는 생각을 집어넣어라. 같은 상품을 팔아도 내가 남보다 그 상품에 대해 얼마나 더 잘 아는지, 어떻게 더 잘 팔 수 있을지, 그리고 남들은 나를 어떻게 생각하고 있는지, 모든 방면에서 생각을 한번 해 보라. 그럼 그동안 느껴보지 못한 상당히 많은 깨달음과 발견이 기다리고 있을 것이다.

당신은 무엇으로 스포츠를 시청하나요?

어느 주말 밤, 가만히 핸드폰을 들여다보다가 습관처럼 네이버 '스포츠' 섹션을 들어가 본다.

지금 바로 벌어지고 있는 스포츠 중계가 가장 눈에 띄게 보이고 손쉽게 클릭해 볼 수 있다. 아스널 경기를 생중계 중이다. 아스널 팬은 아니지만, 일요일 밤 딱히 할 일은 없고, 한두 번 클릭하면 생방으로 볼 수 있으니 그냥 무심코 클릭해 본다. 나말고도 몇 만 명이 이 시간에 핸드폰으로 이 경기를 보고 있다.

세상이 참 편해졌다. 밥 먹으면서, 버스에서도, 누워서도 언제든지 스포츠를 시청할 수 있는 시대이다. 이제 TV 하나 가지고 채널 돌리며 싸울 일이 없어졌다. 그냥 핸드폰으로 모든 것을 다 시청할 수 있으니 말이다. 시청자가 스포츠를 보는 패턴이 마구 변하고 있다.

지금 굳이 큰 발견인 척 말하는 것이 웃길 정도로 이러한 방식은 이미 우리 일상 전반에 퍼져 있다. 바로 '온라인 스트리밍'의 대중화. 이제 맘만 먹으면 스포츠 경기를 내가 원하는 온라인 플랫폼에서 언제든지 볼 수 있다.

류현진이 경기하는 날이면 출근하면서 핸드폰으로 야구 보는 사람들로 언제나 넘쳐난다. 퇴근길에는 KBO 야구 보는 사람들로 지하철이 가득하다. 친구들과 모여서 TV로 리모콘 돌려가며 야구를 보던 시절과 달리, 이제는 컴퓨터와 핸드폰으로 스포츠를 시청하는 사람들의 수가 기하급수적으로 늘고 있다.

이런 시청 패턴의 변화들이 주는 시사점은 무엇인가.

이게 사람들이 그렇게 얘기하는 '플랫폼(Platform)의 변화'이다. 'TV'라는 플랫폼에서 '스마트폰'이라는 플랫폼으로, 또 스마트폰 안에서 수많은 앱 등의 세상으로 이어지고, 그 안으로 들어가면 또 네이버, 카카오TV, 아프리카 TV, 트위치 등의 플랫폼이 존재한다.

TV라는 기기 역시 진화해 '스마트 TV'라는 개량품이 탄생했고, 이제 사람들은 드라마 편성시간을 기다리기보다, 못 보면 VOD로 사 본다. 그러다 보니 기존 편성채널들(애국가로 시작해 애국가로 끝나는 24시간 시간 별로 편성해 놓은 채널들) 역시 점차 위기의식을 느끼고 있다.

어떤 종류의 플랫폼이건 **우리가 시청하는 영상 콘텐츠들은 크게 '라이브'와 'VOD'로 나눌 수 있다. 스포츠의 경우 '라이브'의 비중이 그 어느 콘텐츠보다 중요하다.** 왜냐하면 스포츠만이 가지고 있는 생방송의 매력, 승부를 알 수 없고 생중계로 환희의 순간을 볼 때 느끼는 카타르시스가 VOD, 즉 재방송에 비해 너무 크기 때문이다. 따라서 사람들은 스포츠는 늘 라이브를 선호한다. 내가 정말 보고 싶은 경기를 오늘 놓쳤을 경우 VOD로 언제든지 볼 수 있지만, 경기가 끝나기도 전에 올라오는 수많은 뉴스를 피해서 그 경기를 생방 그 기분 그대로 느끼기란 너무 어렵다. 그래서 VOD는 대부분 하이라이트와 골 장면, 또는 승부처 장면으로 더 많이 소비된다(나는 새벽 프리미어리그 경기를 놓치면 다음 날 아침 10분 하이라이트로 보면서 출근을 한다).

스포츠마케터들은 이 부분을 유심히 들여다봐야 한다.

두 가지 포인트를 얘기한 것 같은데, 대부분의 스포츠 콘텐츠가 1) **'모바일과 온라인'**을 통한 2) **'라이브'** 중심으로 이동했다는 사실이다.

첫째, '모바일/온라인'의 의미는 **뉴미디어 플랫폼 패권을 가진 자를 중심으로 비즈니스가 재편된다는 의미를 가지고 있다.** 간단히 풀어 설명하면 우리가 스포츠를 시청하는 최신 트렌드 플랫폼이 가지는 막강한 파워다. 나의 예를 들면, 나는 거의 모든 스포츠를 '스마트폰'을 통해 '네이버TV'로 시청한다. 집에 아이가 있다보니 TV는 거의 틀지 않고, 외부 이동시간에 핸드폰으로 보는 경우가 많다. 다른 플랫폼이 '독점' 콘텐츠를 가진 경우도 있지만, 대부분의 메이저 스포츠중계는 '네이버'에서 중계권을 확보했는지 웬만하면 다 중계를 해 준다. 소비자 입장에서는 무료로 시청이 가능하니 감사할 따름이다.

둘째, **'라이브'의 의미는 중계권을 의미한다.** 중계권 확보는 스포츠 미디어 사업에서 늘 있어왔던 핵심 상품이다. 미디어 채널들은 좋은 스포츠 경기 IP(Intellectual Property, 지적재산권)로부터 중계권을 사고, 광고를 팔아 이익을 남긴다. 아주 간단한 사업모델이다. TV 같은 전통 미디어들이 뉴미디어 사업에서 지지부진한 틈을 타 디지털 플랫폼의 중계권을 비교적 싼 가격에 구매해 이익을 남긴 선례들이 종종 있다.

2018년 초, 일간 스포츠에서 기획으로 여러 번 다룬 재밌는 기사가 있는데, 바로 'KBO 중계권 파행'이란 제목의 기사다. 프로야구 중계의 뉴미디어 독점권을 확보한 '에이클라(= SPOTV)'의 수익구조를 파헤친 기사인데, 여러 번으로 나눠 다루고 있으니 중계권에 관심 있는 사람은 한번 읽어봄 직하다. 전통 미디어 그룹이 갈수록 높아지는 중계권 가격에 대해 저항하고 있는 틈을 타, 에이클라가 파워컨텐츠의 디지털 중계 권리를 비교적 싼 가격에 확보해 유통한 것이 신의 한 수로 보이기도 한다.

스포츠 콘텐츠의 '모바일' 소비는 이제 대세이다. 그리고 디지털 플랫폼을 통해 그 어느 곳에 있어도 핸드폰 하나만 손에 들고 있으면 '라이브' 콘텐츠를 볼 수 있는 시대가 됐다. 페이스북 창립자 마크 저커버그의 비전처럼, 기술의 발전으로 이 세상은 정말 이제 다 연결됐다. 스포츠도 마찬가지이다. 예전처럼 야구, 축구 중계 보러 치킨집에 모여 술 한 잔 기울이는 일이 없어지는 것이 아쉽지만, 새로운 시대에는 새로운 문화가 생기지 않을까 싶다. 그게 바로 '라이브 채팅문화'이다. 이제 사람들은 모여서 얘기하며 보는 것보다, 전혀 모르는 사람들끼리 채팅으로 참여해 경기에 대해 얘기하는 것에 훨씬 익숙해져 있다. 이것이 젊은 세대의 특징이자 우리의 미래가 아닐까.

새로운 시대로 접어드는 스포츠 시청 소비문화에 우리가 파고들어야 할 미래가 또 보이는 듯하다. 예비 스마터들이여, 앞으로는 스포츠 디지털 플랫폼 비즈니스에 관심을 기울여보길 바란다.

지난 약 3년의 시간을 e스포츠 산업에 몸을 담고 있으면서 많은 사람들과 교류하고 있다. 또한 의도치 않게 최근 e스포츠 구직을 원하는 여러 사람들과의 입사 면접 인터뷰를 진행하기도 했다. 인터뷰 동안 여러 얘기를 나누며 '왜 e스포츠에 취업을 하고자 하느냐'고 물었을 때 가장 많이 듣는 대답이 있다.

'e스포츠 산업이 워낙 뜨고 있기 때문에, 그 산업에서 경력을 쌓고 싶다.'

e스포츠가 뜨고 있다는 말은 맞다. 맞긴 맞는데 구체적으로 어떤 근거에서 그런 얘기를 하는지 모르겠다. 그래서 그 말을 자신 있게 하기 위해 조금 더 논리적으로 생각하고 쪼개보기로 했다. 그 질문에 대한 답을 그리다 보면 아마 e스포츠 취업희망자들이 생각해볼 만한 포인트가 나오리라 믿는다.

흔히 말하는 '뜨는 산업'의 기준은 무엇인가. 어떤 산술적 기준치는 모르겠지만, 분명 시류적으로 변화하는 모습이 눈에 띈다. 일단 뉴스에 많이 등장하고, 정부에서 신사업으로 지정을 할 때도 있다. '미래의 먹거리'라고 표현하기도 하고, 많은 투자자들의 돈이 몰리기도 한다. 알파고 같은 AI, 자율운행 자동차, VR(가상현실) 시스템 등이 그 예일 것 같다.

e스포츠의 경우는 어떨까? 나는 'e스포츠가 뜬다'는 말의 의미를 일단 두 가지로 분석한다.

'뜬다'는 것은 그만큼 많은 사람들이 관심을 가지고 있다는 말이다. 왜 e스포츠에 관심이 많은가? 게임을 통해 대결하면서 느끼는 승리의 희열과 감동이 팬이 되는 가장 큰 이유이다. 프로 선수의 화려한 플레이를 보며 나도 저렇게 하고 싶다고 느끼고 집이나 PC방으로 달려가 다시 한 번 플레이해 본다. 또는 지금은 과거만큼 게임플레이를 하지 않지만 지속적으로 시청을 하거나 뉴스를 팔로우한다. 그렇게 팬들의 수가 계속 늘어간다. 그래서 뜨는 것이다.

우리나라는 1998년 스타크래프트 등장 이후 약 20년간 이런 문화가 탄생, 성숙해 왔다. 처음에는 하나의 게임이 e스포츠화로 시작됐지만, 2019년 지금은 LOL, 오버워치, 스타크래프트 리마스터, 스타크래프트2, 배틀그라운드, 피파 온라인3, 카운터 스트라이크 온라인, 도타2, 카트 라이더, CS:GO, 블레이드&소울, 클래시 로얄 등 많은 게임들이 e스포츠화되어 자리 잡고 있다. 다양한 게임의 e스포츠화와 늘어가는 팬과 게이머들의 절대적인 수를 볼 때 e스포츠의 상승곡선은 매해 가파르게 올라가고 있다. 그리고 이 말이 'e스포츠가 뜬다'는 말을 뒷받침해 준다.

또 다른 의미로, 'e스포츠 산업이 뜬다'고 해석된다. e스포츠 산업이 커지고 있다는 말은 솔직히 잘 알아듣기가 힘들다. 대회가 많이 생기고, 상금 규모가 커지면 산업이 큰다고 하는 것인지, 스폰서가 많이 생기면 산업이 큰다고 하는 것인지 헷갈린다. 가끔 뉴스를 통해 접하는 산업의 수치를 나타내는 인포그래픽 등을 보면 숫자가 엄청 높은 것 같기는 한데 사실 잘 와닿지는 않는다.

자, 여기서 쉬운 해석은 'e스포츠를 활용한 비즈니스가 점차 많아진다'고 표현하는 게 좋겠다. 비즈니스는 돈을 벌려고 하는 사람들이 하는 장사다. 다시 말해, e스포츠 산업이 뜬다는 말의 의미는 e스포츠를 통해 돈을 버는 누군가의 수가 점차 많아지고 있다는 말로 해석하면 된다.

그럼 e스포츠의 구성원을 찾아보면 누가 비즈니스를 하는지 알 수 있겠다.

- 게임개발사 – 블리자드, 라이엇 게임즈, 크래프톤(구 블루홀), 넥슨, NC소프트, 슈퍼셀 등
- 선수단/선수 – T1, KT롤스터즈, 젠지 e스포츠, 그리핀, 러너웨이 등
- 후원사 – SK텔레콤, KT, 대한항공(진에어), 우리은행, 롯데칠성, 인텔, 로지텍 등
- 미디어 플랫폼 – OGN, SPOTV GAMES, 아프리카TV, 트위치, 유튜브, 네이버 등
- 언론사 – 인벤, 포모스, 데일리 이스포츠, 오센, 게임조선 등

- 경기장 – 서울 OGN e-Stadium, 넥슨 아레나, 액토즈 소프트 아레나, 인벤 라이젠 아레나 등
- 협회 – KeSpa, IeSF
- 아카데미 – 프로게이머 / e스포츠 전문 아카데미
- 전문인력 – 심판, 경기운영인력
- e스포츠 제작, 운영 대행사

e스포츠 구성원들의 명단을 적고 나니 스포츠 산업이랑 꼭 빼닮았다. 이런 비즈니스 주체들의 수가 계속 늘고 있다는 점이 e스포츠 산업이 커진다는 말이다. 그만큼 **일자리도 늘어나고 전문가를 요구하는 자리도 늘고 있다.** 위에 늘어놓은 비즈니스 주체들은 국내에 한정되어 있지만, 게임의 특성상 장벽 없이 세계 어느 나라와도 이어져 있고, 또 대부분의 흥 게임들은 해외산 블록버스터 게임이 많기 때문에 그런 게임들은 국제 e스포츠화되어 있다는 특징이 있다. 그 말은, 당연히 글로벌 시장으로 보면 더욱 산업의 규모가 크고, 또 더 커질 거란 얘기다.

그렇다면 게임사가 e스포츠를 하는 이유는 무엇일까?

'성장동력'이 있는 산업이라는 말을 들어본 적이 있는가? 생각해 보면 요즘 시대는 4차산업혁명을 기초로 한 최첨단 미래 IT산업을 빼고는 성장동력이 있는 산업이 많지 않다. 전통 스포츠계는 더욱 그렇다. 축구, 야구, 배구, 농구 등에서 선수들의 몸값, 구단의 가치, 방송 중계권료의 상승이 있다고 하지만 성장동력이 있는 산업이라 부르지 않는다. 스포츠산업이 수익을 내고 있는가라고 질문한다면 적어도 국내의 경우는, 볼륨은 커지고 있으나 수익성이 보장된 구조는 갖추지 못하고 있다고 말하고 싶다. 산업 자체는 매우 성숙한 단계에 위치해 있지만 말이다.

반면 e스포츠는 아직 어리다. 그런 면에서 새로운 영역이고 뉴 비즈니스이

다. 게임이 프로 스포츠화될 수 있다는 생각의 시발점이 1990년대 말이니 아직 30살도 안 되는 아주 미래가 창창한 젊은이다. 0에서부터 시작해 정점으로 향해 초고속으로 내달리고 있고 덩치가 마구 불어나고 있다.

e스포츠는 전통 스포츠와 닮았지만 많은 차이를 보이고 있는데, 그중 가장 큰 차이가 e스포츠를 주도하는 주체가 바로 게임사라는 점이다. 기존 전통 스포츠의 대회들은 협회가 공인의 주체라면 e스포츠는 그 게임을 개발한 게임사가 모든 지적 재산권을 가지고 승인을 해주는 형태이다. 그만큼 게임사의 결정이 e스포츠의 가장 큰 요소이다.

그럼 왜 게임사는 e스포츠를 하려고 할까? 가장 최근 추세를 보면, 라이엇 게임즈의 LOL, 블리자드의 오버워치 및 스타크래프트 리마스터, EA스포츠의 피파 온라인3(퍼블리셔: 넥슨) 정도가 국내 TOP3 e스포츠라고 할 수 있을 것 같다. 게임사에서 e스포츠에 투자하는 이유는 e스포츠가 성공했을 때 생기는 긍정적 파급효과 때문인데, 개인적으로 분석해 볼 때 다음의 세 가지 효과가 있다.

e스포츠화가 성공한 게임의 유저 특성

- 많이 본다(컨텐츠 판매 수익).
- 많이 산다(게임 패키지 판매).
- 많이 한다(PC방 과금 수익).
- 같이 한다(유저층 확대).

e스포츠를 좋아하는 사람들의 특징은 일단 그 게임을 매우 좋아하고, 프로선수들의 화려한 플레이를 보며 감탄하며, 그것을 통해 대리만족을 느끼거나 또는 직접 따라한다. 그리고 여가시간을 공유하는 친구들과 같이 하게 된다.

이 모든 특성은 게임사의 수익과 직접적으로 연결되어 있다. 무료 플레이로 전환되어 있는 게임이라 할지라도, 게임 내 아이템들을 사서 자신을 업그레이드 하거나 멋지게 꾸미는 장치들은 매우 많이 있기 때문에 어떤 식으로든 수익 모델과 맞닿아 있다. 아주 당연한 이치다. 게임사가 왜 수익을 창출하지 않는 모델에 투자를 하겠는가?

'**e스포츠를 통해서 게임을 더 많이 플레이하게 한다**'는 것이 게임사가 e스포츠에 주목하는 가장 큰 이유라고 한다면 또 다른 큰 이유는, e스포츠산업이 커 가면서 발생되는 '부가가치와 부가수익'들이다. 이는 전통 스포츠의 것과 유사하다.

e스포츠화가 성공한 게임의 부가가치

- 산업 규모 커짐(선수단과 선수 증가, 국제 대회 수 증가, 글로벌화, 상금 규모 증대)
- e스포츠를 통한 게임 마케팅효과
- e스포츠스폰서십 – 부가 수익
- 티켓세일즈 – 부가 수익
- 컨텐츠 세일즈(중계권 판매) – 부가 수익
- 지적 재산권 라이선싱 – 부가 수익(대회 주최자에게 게임 라이선싱을 빌려주고 받는 로열티)

처음에는 게임사가 100%의 돈을 모두 투자해 e스포츠를 진행했다 하더라도 시간이 지나면서 콘텐츠로 인정을 받는 시기가 오자, 기업들이 하나 둘씩 덤벼들기 시작했다. 스폰서십도 꽤 자리 잡았고, 유료 티켓 판매에 대한 시도도 많이 생겨나고 있다. 또한 유명 대회의 국내외 방송 중계권 판매도 조금씩 일어나고 있다.

마지막으로, **e스포츠화에 성공한 게임들은 그 수명이 길게 연장되는 효과가 있다.** e스포츠에서 자연스레 발생한 선수와 팬층은 쉽게 사라지지 않는다. 선수들은 더 늘어나고 세대교체도 이루어지며, 그 안에서 수많은 드라마와 역사들이 탄생하며, 하나의 새로운 세계가 탄생하기 때문에 한번 발을 들여놓은 사람은 쉽게 발을 빼지 않는다. 두터운 팬심을 자랑하는 스타크래프트를 보라.

스타크래프트의 등장과 함께, 우리 머릿속의 '오락'은 '게임'이 되었고, '게임'은 다시 '스포츠'가 되었다. 한국의 e스포츠 역사는 세계 e스포츠의 시작이라고 해도 과언이 아니다. 더 단순히 얘기하면 한국에서 한 시대의 획을 그은 '온게임넷 스타리그'가 바로 e스포츠의 기원과도 같다.

90년대 말 IMF로 실직한 가장들의 창업으로 붐을 일으킨 것이 바로 이 PC방이라는 특수한 공간이다. 한국의 인터넷망과 LAN망을 발전하게 만든 장본인이다. 마침 유소년들이 갈 곳 없이 헤매던 시절, 한 시간을 단돈 천원에 보내면서 가장 재밌는 시간을 보낼 수 있게 해준 PC방이야말로 우리나라에 최적화된 문화 레저 공간이었다. 정부의 정보화의 외침 속에 게임산업은 탄력을 받았고, 기업들의 돈이 몰리기 시작했다. 그러면서 e스포츠라는 단어가 생겨나기 시작했으며, e스포츠 협회가 창설되었다. 프로게이머라는 직업이 등장하며 많은 스타플레이어들이 인기를 얻기 시작했다.

이렇게 시작된 e스포츠의 역사가 어느덧 20년이 되었다. 2019년 현재 한국 e스포츠는 오버워치, LOL, 스타크래프트, 배틀그라운드, 피파온라인 등이 전체 시장의 8할 이상을 차지하고 있다. 이들의 인기는 새로운 메가히트 게임이 나오기 전까지는 당분간 계속될 것으로 보인다. 처음에는 스타크래프트에 편중되었던 e스포츠 산업이 점차 확대되기 시작하고 있다. 물론 인기 게임 몇 개에 편중되는 경향은 여전하지만, 그런 몇몇 TOP 게임의 e스포츠는 국내를 넘어 국제 스포츠 무대로 뻗어나가며, 이제 우리나라가 세계에서 가장 두각을 내는 분야 중 하나가 되었다.

생각해 보라. 글로벌 게임산업에서 'e스포츠'란 단어를 내세우면 가장 먼저 떠오르는 나라가 어디인가. 바로 'South Korea' 이다. 웬만한 게임은 했다면 1등이다. 왜 그럴까.

환경적 요인으로는 전 세계 유일한 'PC방'이라는 공간의 존재 때문이다. e스포츠 세계에서 한국의 'PC방'이라는 공간은 '자발적인 e스포츠 유소년 선수 육성 시스템'이다. 부모가 전혀 강요하지 않아도 아이들은 방과 후 PC방으로 발을 옮긴다. 실력은 쌓이고 그 많은 아이들 중 차세대 프로게이머가 등장한다. 그렇다 보니 한국이 우승을 하지 않는 것이 더 이상하다.

또 하나의 한국 e스포츠의 특징은 바로, 한두 개 게임에 인기가 크게 집중된다는 데 있다. 국민성이라 표현해야 할지 모르겠으나, 우리나라는 어떤 게임이 한번 유행이나 인기를 타면 모두가 그 게임을 한다. 지금까지 한국인 게이머들이 사랑했던 인기게임 중 e스포츠 우승을 못한 게임은 없다. 했다면 세계를 석권한다.

확실히 e스포츠는 그 역사가 아직 길지 않고 누군가 그 체계를 집대성한 분야는 아니다. 그렇다 보니 e스포츠의 전문인력은 종종 '게이머/코치 출신', '게임미디어플랫폼 출신', '게임사 마케팅/사업팀 출신'으로 보일 수 있다. 뭐 사실 현실이 그렇기도 하다. 한국의 초창기 스타크래프트와 함께 e스포츠를 주도했던 인력들이 현재 e스포츠계의 중심에서 활약하고 있다. 그 사이 많은 새로운 종목의 e스포츠가 탄생했고, 그 규모는 커졌으며, 시장은 점차 체계화/세분화되어 가고 있다. 개인적으로 쪼개 본 e스포츠 직업군은 다음과 같다.

- 프로게이머 및 팀 코치, 스태프
- 게임회사 e스포츠 담당자

- KeSPA 담당자
- 일반기업 후원 담당자
- 미디어 플랫폼 e스포츠 담당자
- e스포츠 관련 언론사

이 구성원들 중 많은 비중이 해당 게임회사에서 e스포츠 업무를 하는 사람과 e스포츠 초창기부터 함께해 온 초창기 멤버들에 몰려 있다. e스포츠에서 필요한 인력의 요건은 일단 해당 분야 경험 및 네트워크, 게임에 대한 열정, e스포츠를 통한 산업구조 이해도 등이 있다. 또한 글로벌 e스포츠게임의 경우는 영어 능력이라는 자격요건도 포함된다.

현재 e스포츠계는 이 모든 것을 충족한 사람이 모였다기보다는 기존 인력 구성원들을 중심으로 새로운 판을 위해 각계의 유능한 사람들을 뽑는 과도기에 있다고 본다. 커가는 시장의 규모에 맞게 새로운 분야의 사람들을 많이 끌어들이기도 한다. 특히 스포츠 분야에서 많은 비즈니스 분야를 차용하고 있다는 점을 볼 때 기존 전통 스포츠계의 인력들도 많이 유입될 것이라 예상된다.

왜냐하면 단순히 사람들이 게임을 많이 플레이하게 하기 위한 수단을 넘어서, 또 다른 부가가치(라이선싱, 스폰서십, 콘텐츠 세일즈, 티켓, 머천다이징 등)를 창출할 수 있는 가능성이 매우 크기 때문이다. 따라서 이에 대한 경험이 풍부한 전통 스포츠계의 노하우가 필요한 시점이다. 스포츠계 인력들은 이 부분을 잘 생각해 관심을 갖고 어떤 부분에 틈새시장이 있는지를 살펴볼 필요가 있다.

e스포츠계에서 일하고자 하는 사람들에게 그 시작은 무엇이어야 하는가? 첫 취업전선 앞에 선 사람들에 대해 얘기해 보자. 현재 국내에 e스포츠/게임 관련된 대학 학과는 약 20~30개 정도이다. 프로게이머들을 위한 대학 특기자 전형이 있을 수 있지만, 꼭 프로가 아니더라도 게임산업에 진출하고 싶은

사람들이 배울 수 있는 학문의 옵션이 분명히 존재한다는 것은 고무적인 일이다. 개인적으로 이 학과들에 대해 잘 알지 못하기에 이렇다 저렇다 판단할 수 없는 입장이지만, 만약 고등학생 신분으로 e스포츠산업 진출을 꿈꾼다면 이런 학교들의 커리큘럼과 역사, 그리고 졸업생들의 진로 케이스를 최대한 많이 살펴보고 결정할 것을 추천한다.

하지만 게임 관련학과에 진학하지 못했다고 e스포츠에 진출할 수 없는 것은 아니다. e스포츠계에서 찾는 인력은 꼭 게임 관련 출신 학위를 요구하지 않는다. 그보다 중요한 것이 게임에 대한 열정, e스포츠에 대한 이해도와 관심, e스포츠 팬심 이상으로 평소 어떤 식으로 e스포츠에 대해 자신의 생각을 잘 갖췄느냐가 중요하다. 그리고 영어도 매우 중요한 포인트 중 하나이다(왜냐하면 오랜 기간 e스포츠의 1, 2위를 다투는 게임들이 다 외국계 게임이기 때문이고 앞으로도 그럴 가능성이 높다).

한 가지 예비 스마터들에게 실망스러운 사실은 e스포츠 산업에서는 대부분 경력직을 뽑는다. 신입을 거의 뽑지 않는다는 것이다. 그 이유는 아마도 신입을 뽑아서 가르칠 여력이나 시스템이 없기에 일단 업계 경험이 있는 자들을 선호하는 것이 아닐까. 따라서 e스포츠 취업 희망자들은 여러 경로를 통해 게임이나 e스포츠계에서 경험을 쌓아두어야 한다. 그냥 신입 뽑을 날만 기다리며 주구장창 게임레벨만 높인다고 해결되는 것이 아니다.

몇 가지 채용공고를 보면, 공통적으로 e스포츠 업계가 찾는 인력의 자격요건은 다음과 같다.

(신입 기준)
- 게임에 대한 열정
- e스포츠에 대한 관심도
- 일 잘할 사람…

한 마디로, 게임에 대한 열정과 e스포츠 좋아하는 사람들에게는 모든 기회를 오픈하겠다는 얘기다. 하지만 겉으로 보이는 자격요건이 다가 아니다. 다시 한 번 말하지만 한번 자리가 오픈되면 몰리는 사람의 수는 너무 많고 이들의 정말 화려한 경력은 때로는 하향지원했다는 생각이 들 정도로 대단하다. 그럼 당연히 아무 준비 없이 겜돌이였던 사람에게 기회가 올까. 진정 e스포츠 업계에 들어오고자 한다면, 다음의 (숨어 있는)자격요건들을 꼭 갖춰야 한다.

- e스포츠의 산업구조 이해
- 게임사가 e스포츠를 하는 이유 이해
- e스포츠에서 지적재산권이 가지는 의미와 이해관계 이해
- e스포츠 대회 구조(1부-2부 리그, 한국-글로벌 시스템, 포인트제, 국내/해외팀, 주요 대회 등)
- 기타 지식(미디어 플랫폼별 장단점, 시청자 수, 방송요일/시간, 인기BJ, 유명 커뮤니티별 특성 등)
- 자기가 들어가고 싶은 회사가 어떻게 하면 e스포츠를 통해 수익을 창출할 수 있는지에 대한 의견
- 회사가 왜 자신을 뽑아야 하는지에 대한 명확한 이유(열심히 하겠다는 필요 없음)
- 어디든 발을 디뎌 경력과 네트워크를 쌓아라(면접 때 e스포츠 관련된 이야기를 하나라도 더 적도록)

분명히 e스포츠계는 전문인력을 요구하고 있고, 이 니즈는 점점 더 커질 것이다. 한 게임이 영원하리란 법은 없지만 언제든지 새로운 게임은 등장하고 큰 그림의 e스포츠산업은 계속 성장할 것이다. 우리가 나이 들어 기성세대가 됐을 때를 생각해 보자. 내가 아버지/어머니가 되어 자식들과 게임 한

판 붙는 날이 머지않았다. 우리들은 그만큼 e스포츠에 많은 영향을 받으며 살고 있고, 이것은 앞으로도 계속 이어질 것이다. 성공이 뻔히 보이는 산업에 발을 담그지 않을 이유가 어디 있단 말인가. 우리 계속 정진해 보자, 그리고 쟁취해 보자.

e스포츠가 스포츠냐고 묻는 사람들에게

요즘 제일 많이 듣는 노래 중 하나가 사이버 걸그룹 K/DA의 'POP/STARS' 이다(유튜브 검색으로 이 노래의 뮤직비디오를 반드시 감상하고 남은 글을 읽도록 하자).

영상 없이 노래만 들어봐도 가장 최신 유행의 감성적인 K-POP 중 하나이다. 이 노래를 탄생시킨 주인공은 다름 아닌 세계적인 메가 히트게임 리그오브레전드(LOL, League of Legends)의 개발사인 라이엇 게임즈(Riot Games). 게임을 아는 사람이라면 친숙하겠지만, 이 노래 'POP/STARS'는 2018 리그오브레전드 월드챔피언십의 주제곡이다. 롤의 영웅 캐릭터 중 4명인 아칼리, 아리(한국 '구미호' 기반 캐릭터), 카이사, 이블린을 가지고 K-POP 아이돌 걸그룹이라는 콘셉트로 만들어졌다.

이 노래를 처음 접한 건 2018년 11월, 인천 문학구장에서 열린 롤드컵 결승무대 현장에서였다. 갑자기 10초 카운트다운이 시작되면서 애니메이션 걸그룹으로 보이는 4명의 사이버 캐릭터들이 현대적인 모습으로 변모해서 초대형 LED에 등장하는 게 아닌가.

그뿐이던가, 갑자기 실제 가수들(한국 그룹 '여자아이들' 멤버 2명, 외국 팝가수 2명)이 등장하더니 수십 명의 댄서들과 군무를 하면서 이 노래를 라이브로 부르기 시작했다. 그러더니 거기에 한 술 더 떠, 뮤직비디오에 등장하는 여자 영웅 캐릭터들이 증강현실(AR)로 화면에 구현되어 같이 노래를 부르기 시작했다. 누가 봐도 카메라 워킹과 컴퓨터 그래픽의 조화로 만들어진 장면이지만, 정말 환상적인 무대였다.

보고 있는 그 상황에 입이 떡 벌어졌다. 마치 NFL 슈퍼볼의 하프타임쇼의 카리스마가 느껴졌다. 집에 돌아와 열심히 검색을 통해 K/DA라는 가상 걸그룹의 배경과 공식 뮤직비디오, 그리고 비하인드 스토리 영상을 모조리 찾아보았다. 아마 나뿐만 아니라, 그 날 자리를 메운 26,000명의 팬들은 나와 비슷한 행동들을 했을 것이라 확신한다.

e스포츠 산업의 최대 거물인 LOL e스포츠의 월드챔피언십 결승전이니 세계가 가지는 관심은 가히 대단했을 것이다. 하지만 K/DA에 대한 관심은 단순한 게임/e스포츠 팬의 관심을 뛰어 넘었다. 라이엇 게임즈는 결승전에 맞추어 이런 기발한 발상의 전환을 보여줬다. LOL의 영웅들 중 네 명을 걸그룹으로 데뷔시키거나 그 주위의 스토리를 사전에 공개해 사람들의 관심을 끄는 것은 실제 게임이나 e스포츠와는 전혀 상관이 없는 콘텐츠였다.

2018년 인도네시아에서 열린 자카르타–팔렘방 아시안 게임에 시범종목으로 6개의 e스포츠 게임이 채택되었고, 이 사실 자체가 전 세계적으로 많은 관심과 논란을 불러 일으켰다. **'e스포츠가 스포츠인가 아닌가'에 대한 논란이 다시 한 번 수면 위로 제대로 올라온 것이다.** 보는 시각과 아카데미적 정의, 산업의 유사점과 차이점을 기준으로 여러 판단이 내려질 수 있을 것 같다.

나 역시 현업에서 그런 질문을 많이 받는다. 질문을 받을 때마다, 내가 속 시원히 해주는 말이 있다.

"그게 중요한가요?"

바로 그거다. 스포츠로 규정하는 게 그렇게 중요한가? 그렇다고 한다면, 왜? 무엇을 위해 그렇게 되어야 하는가? 게임이네 중독이네 하는 남들의 시선과 비판을 무릅쓰고 주류 스포츠가 되어야만 하는 이유가 무엇인가?

나는 그런 이유가 전혀 없다고 본다. e스포츠가 스포츠냐의 경계에 계속 존재하는 이유는 e스포츠가 가진 속성이 스포츠와 유사하고, 젊은 세대를 완전히 장악한 레저문화이며, 그리고 전 세계적인 트렌드를 장악해버렸기 때문이다. 사실 따지고 보면, e스포츠가 스포츠 산업의 중심에 대고, '제발 나 좀 껴줘~' 이렇게 얘기하는 경우는 없었다.

오히려 반대의 경우다. 시대의 흐름이 e스포츠를 스포츠로 자연스레 끌어들였고, 이에 대해 많은 이들이 자발적으로 그들의 의견을 개진하고 있는 상황이다. e스포츠가 스포츠가 될 수 있느냐에 대한 질문의 최종 답은 게임사가 내리는 게 아니라 바로 소비자나 유저가 내리게 될 것이다.

다시 정리해서 말하면, e스포츠가 스포츠냐 아니냐의 문제는 시대가 정해줄 것이며, 그것과 무관하게 e스포츠는 하루가 다르게 커질 것이고, 분명 빠른 시간 내에 전통 스포츠가 소비하던 그 많은 자리를 대신 차지하게 될 것이다.

'스포츠 vs 비스포츠' 논쟁에서 벗어나, 나는 오히려 여기서 e스포츠를 '콘텐츠 비즈니스'로 규정하고 싶은 생각이 더 크다.

e스포츠가 콘텐츠 비즈니스가 되어가는 방향은 사실 전통 스포츠가 오랜 시간 지속적으로 추구한 스포테인먼트(스포츠 + 엔터테인먼트)의 개념과 동일하다. 스포츠는 이제 단순히 하고, 보는 수준을 넘어 엔터테인먼트의 요소를 가지지 못하면 사람들의 관심을 끌지 못한다는 걸 깨달았다.

'국민건강증진'이라는 교과서적인 목표는 생활스포츠에는 먹힐지 몰라도 산업을 이끄는 프로스포츠에는 씨알도 안 먹힌다.

프로스포츠는 비즈니스이다. 이기는 것도 중요하지만 인기가 있어야 한다. 사람들이 찾는 이유가 존재해야 한다. 최고 인기팀은 아무리 성적이 좋지 않아도 모든 경기가 매진되는 상황이 이를 설명해주는 좋은 예일 것이다. 인기가 있는 팀들은 분명 핵심 콘텐츠를 가지고 있다. 그게 사람들을 계속해서 붙들어주고 있다.

e스포츠는 콘텐츠 비즈니스라는 측면에서는 전통 스포츠보다 훨씬 앞서가는 모습을 보인다. 물론 게임이 지속적으로 바뀌고 역사도 짧아 콘텐츠의 양이 축구, 농구, 야구 등보다 절대적으로 부족하겠지만, IT산업의 흐름에 가장 빠르게 적응하고, 무엇이 젊은 세대(미래에 돈을 지불할 능력이 있는 가장 영향력 있는 그룹)를 끌어들이는지를 누구보다 잘 알고 그 부분을 공략한다.

당연하지 않겠나. 어떤 어린이가 게임을 싫어하겠는가. 좋아하는 게임이 e스포츠화되고 거기에 프로게이머들이 보여주는 환상적인 플레이와 부가 콘텐츠들이 넘치니 이보다 더 좋을 수 없다. 대부분의 콘텐츠도 TV보다는 유튜브나 트위치로 소비된다. 30대 어른들 중 트위치(Twitch)가 뭔지 모르는 사람이 진짜 여전히 수두룩하다. 이게 바로 e스포츠의 파워이자 잠재력이다. e스포츠는 스포츠의 외모를 가지고 있지만 콘텐츠화되어 소비되는 속도가 상대도 되지 않게 빠르다. 오히려 그 마케팅의 스타일은 엔터테인먼트 업계와 비슷하게 보이기도 한다.

K/DA 등장과 대박의 케이스가 e스포츠에 대한 이런 나의 생각을 더욱 견고하게 해주었다. e스포츠건 스포츠건 이제 미래는 콘텐츠 비즈니스다. 그리고 e스포츠가 그 방향에서는 확실히 누구보다 빠르게 달리고 있다. 우리 모두이 부분을 간과하지 말자. 스포츠를 미래로 두고 있는 예비 스마터라 하더라도 계속해서 e스포츠를 주목하라. 거기에 엄청난 미래가 숨어 있다.

PART 2

스포츠마케팅
입시, 유학, 취업

| 1장 |

입 성 준 비

스포츠마케터가 되기 위한 준비는

스포츠에 대한 열정뿐만 아니라 실제 바로 투입될 수 있는

즉시전력감이 될 준비를 하는 것이다.

01

툭 까놓고 말해 보자.
학벌, 유학, 그리고 영어

학벌, 유학 그리고 영어

스포츠마케터를 꿈꾸는 사람이라면 누구나 이 세 가지 명제를 가지고 고민을 하게 마련이다.

학벌, 유학, 영어.

우리나라 사람들에게는 언제나 뜨거운 감자인 이 세 친구(?)는 스포츠마케터를 꿈꾸는 사람들에게도 예외가 아니기 때문이다. 나는 소위 명문대로 분류되는 국내 대학교 학사 학위를 가지고 있고, 미국으로 유학을 가 대학원에서 스포츠마케팅을 공부했으며, 총 5년의 미국 생활과 8년의 외국(계) 회사생활을 토대로 비즈니스 레벨의 영어도 할 줄 안다. '당신은 다 가졌으니 맘 편하게 얘기하는 거요' 하고 말한다면 나는 '아니오!' 하고 바로 되받아칠 수 있다.

나는 솔직해지고 싶다. '여러분도 누구나 할 수 있어요' 라고 붕붕 띄워놓고 싶은 마음도 없고, '솔직히 넌 좀 힘들겠다'라고 기를 꺾어놓고 싶은 생각도 없다. 그렇다고 '학벌주의 없어져야 합니다, 돈 있는 사람이나 가는 유학 안 가도 성공할 수 있습니다, 영어 못 해도 다 취업합니다' 하는 식으로 극단적인 입장을 취하는 것도 아니다. 나는 단지 이 세 가지 명제가 스포츠마케터에게 어떤 영향을 끼치는지, 그리고 신경써야 할 것과 그러지 말아야 할 것이 무엇인지 쪼개어 알려주고 싶을 뿐이다.

보이지 않는 명찰? 학벌에 대하여

최근 정부의 정책에 따라 고졸자 채용비중이 늘어나고 있고 입사 서류에 출신학교를 적지 않는 기업들도 점차 많아지고 있다. 하지만 대한민국의 '뿌리 깊은 나무'인 학벌주의는 쉽게 사라지지 않는다.

이것은 교육기관이나 고용연구원에서 발표하는 학교별 취업률만을 두고 말하는 것이 아니다. 오히려 그 원인은 우리 사회의 전반적인 의식에서 찾는 게 맞지 않을까? 유교사상에 깊이 배어 있는 한국인의 체면문화는 오늘날 외모지상주의, 명품주의, 엘리트주의 등으로 변모해 왔다. 하지만 미국에도 아이비리그(Ivy League)나 프레피(Preppies: 값비싼 사립 기숙 중·고등학교에 다니는 부잣집 아이들을 일컫는 말)처럼 학벌이나 배경을 따지는 말들이 존재한다. 중국도 체면 때문에 명품이라면 물불 안 가리는 사람들이 많다.

억측일 수 있겠지만, 나는 개인적으로 명문대 출신자들이 추앙받는 이유가 있다고 생각한다. 전국에서 난다 긴다 하는 학생들이 다 모여 있는 곳이니 똑똑한 사람이 확실히 많다. 그리고 이들은 사회에 진출해서도 자신들의 탤런트를 마구 뽐내며 각 분야에서 두각을 나타내기 마련이다.

하지만 착각은 금물이다. 명문대에도 1등과 꼴등이 있다. 나도 고등학교 시절까지 줄곧 반에서 1등을 놓치지 않았지만, 대학에서는 줄곧 학사경고의 마지노선에서 헤어나지 못한 채 일찌감치 고학점을 포기한 사람이다. 그럼에도 명문대 출신이 사회에서 강력한 영향력을 가진다고 얘기할 수 있는 이유는, 졸업자 중 성공한 사람의 비율이 좀 더 많기 때문이다. 그들이 만들어 놓은 네트워크와 선후배가 서로 밀어주고 당겨주는 현실도 무시할 수 없다.

그렇다면 스포츠마케팅에서의 학벌은 어떨까? **나는 스포츠마케팅 분야가 다른 분야에 비해 확실히 학벌주의의 영향을 적게 받는다고 말하고 싶다.** 물론 학벌이 좋아서 나쁜 건 없지만 필수는 아니라는 의미이다. 그 이유는 다음과 같이 두 가지로 분석해 볼 수 있다.

첫째, 스포츠마케터의 업무에 반드시 고학력이나 높은 스펙이 필요한 것이 아니다.

모든 인터뷰나 기사 속에 공통적으로 나오는 스포츠마케터의 자격요건은 스포츠에 대한 열정, 영어 능력, 마케팅 능력, 외향적인 성격과 적극적인 마인드 등이다. 즉 학력이 좋아야 한다는 말과 반드시 상응하지는 않는다. 오히려 기본적인 성향과 업무경력이 더 밀접한 관계가 있다. 스포츠마케터에게 가장 필요한 것은 업무 파악, 관련 경험 그리고 스포츠에 대한 열정이다. 업무에 투입됐을 때 바로 실행에 옮기거나 스스로 문제를 해결할 수 있는 능력만 갖추었다면 출신 성분은 크게 중요하지 않다.

취업준비생이라면 이 부분을 잘 기억하라. 졸업장을 앞세워 취업을 하기보다 졸업이 늦더라도 경험을 많이 쌓는 것이 취업에 훨씬 유리하다. 그리고 실제로 학벌 좋고 머리 좋다는 젊은 친구들은, 의외로 업무 강도에 비해 연봉 처우가 열악한 스포츠마케팅을 그다지 선호하지 않는다. 적어도 내가 아는 명문대 경영학과 출신 대학생들의 장래 취업 희망 분야는 대부분 금융권이나 대기업이지 스포츠마케팅은 아니다.

둘째, 신생업종으로서 기회와 틈새시장이 늘 존재한다.

스포츠마케팅이라는 분야를 나이로 따진다면, 아직은 젊어서 잘 모르기 때문에 굳이 비싼 돈 주고 학벌 좋은 사람 앞혀놓고 장대한 꿈을 그릴 필요가 없다. 지금 당장 현장에 뛰어나가 사업을 만들고 이윤을 창출하려면 출신을 막론하고 '유용한' 사람을 뽑아야 한다. 여기서 바로 우리 모두에게 기회가 생기고 틈새시장이 생기는 것이다. 능력만 갖췄다면 언제든지 문을 두드릴 수 있는 곳, 그곳이 바로 스포츠마케팅 분야이다. 중요한 것은 그 능력을 어떻게 증명할지에 대한 문제일 뿐이다.

학벌 좋은 사람이 스포츠도 사랑하고 성격도 외향적이고 영어도 잘하고 마케팅 지식도 풍부한데다 급여와 상관없이 스포츠마케팅에 올인하겠다고 하면, 그 사람을 이길 방법은 없는지도 모른다. 하지만 현실적으로 이런 사람의 수가 얼마나 될까?

있는 자의 특권? 유학에 대하여

스포츠마케팅 유학을 다녀온 사람으로서 단언컨대, **국내 스포츠마케팅 시장 진출을 위한 해외유학은 필수조건이 아니다.** 그렇다고 유학을 떠난 사람들이 손해를 보는 것이냐면 그렇지도 않다. 하지만 두 가지 분명한 것은 유학의 문턱이 과거처럼 높지 않아 유학 출신자들의 장점이 크게 부각되지 않는다는 점, 그리고 스포츠마케팅 관련 유학 출신자들을 수용할 만큼 국내 채용시장의 수요가 많지 않다는 점이다.

유학생을 대학생과 대학원생으로 구분해서 얘기해 보자

먼저, 해외 대학에서 스포츠마케팅을 공부한 사람들의 강점은 아무래도 **영어와 선진 스포츠마케팅 시장에 대한 경험**일 것이다. 유학 시절 이 두 가지를 완벽하게 갖춘 사람은 현지에서든 국내에서든 반드시 강점으로 활용할 수 있다. 하지만 이들이 유학한 국가의 영주권 이상을 가지고 있지 않은 경우 현지 취업이 거의 힘들고, 한국으로 컴백했을 경우에도 차별성이 그다지 높지 않다. 앞서 말했듯이 이들을 원하는 자리 자체가 매우 적기 때문이다.

또 한 가지 해외 유학파 출신 학사들의 가장 큰 맹점은 한국에서의 학교생활이나 사회생활 경험이 없기 때문에 나타나는 정보력 부족, 한국 기업문화에 대한 이해 부족이다. 실제로 스포츠마케팅 업무에 대한 전문성도 중요하지만 그보다는 기본적인 조직 적응력, 한국어 능력(국내 대학졸업자의 보통 수준 이상), 컴퓨터 활용능력이 실무에 있어서는 더 중요하다.

대학원 유학생은 크게 두 가지로 나눌 수 있다. 첫 번째는 학계 진출을 목표로 석·박사 과정을 통한 교수 취업을 희망하는 사람이고, 또 하나는 스포츠마케팅 석사과정을 통해 일반 스포츠산업계에 취업하고자 하는 사람이다. 전자의 경우 해외유학이 거의 필수적인 것으로 알려져 있지만 학계에 몸담고 있지 않은 내 입장에서는 함부로 왈가왈부할 수 없는 부분이다. 다만 스포츠마케팅 담당교수 중 상당수가 해외 학위를 가지고 있는 것으로 알고 있다.

한편 후자의 경우에는 그 성질이 좀 다르다. 국내에 스포츠마케팅 석·박사 학위과정이 생긴 지 얼마 되지 않았기 때문에 체육계열을 전공한 학생이 좀 더 전문적인 경험과 교육을 위해 유학을 떠나는 경우도 있지만 비체육계열 출신이 커리어 전환을 위해 대학원 유학(보통 미국 또는 영국)을 선택하는 경우도 있다. 당연한 이야기지만 대학원 유학생들의 나이는 대부분 20대 후반에서 30대 이상이므로 '일단 떠나면 어떻게든 되겠지' 하는 이들보다는 장고 끝에 최종 결정을 내린 사람들이 많다.

늦은 나이에 유학을 결심한 만큼 취업에 대한 부담도 대학생의 몇 배 이상이다. 대학원생 역시 유학하는 국가의 영주권 이상을 소유하지 못한 경우 한국으로 돌아와야 하기 때문에 확실한 차별성을 갖추지 못하는 한 한국 시장에서의 경쟁력은 그리 크지 못하다. 어리고 팔팔한 젊은 대학생들이 지원하는 인턴십 자리를 두고 경쟁하기에는 본인은 물론 고용주에게도 상당한 부담을 준다.

다만 유학 이전 회사 경험이 스포츠산업과 관련이 있거나 마케팅·이벤트 진행, 선수 상대 계약, 컨설팅 등과 연관된 업무였다면 대학원 경험까지 합해서 하나의 큰 포트폴리오가 될 수 있다.

대학생 및 대학원생에게 공통적으로 해당되는 유학파의 장단점을 간단하게 정리해 보자.

- 유학파의 장점: 선진 스포츠산업, 마케팅 시장에 대한 직접경험 기회 및 영어사용 능력 배가.
- 유학파의 단점: 한국 시장에 대한 정보력 약화, 한국의 조직문화 적응 부족, 졸업자의 기대치에 못 미치는 국내 고용시장 및 급여 수준.
- 유학파가 졸업 전 필수적으로 갖춰야 할 자격 요건: 영어 완벽 구사, 해외 선진 스포츠마케팅에 대한 경험과 전문화된 지식, 현지에서의 틈새시장 분석 및 공략, 한국 복귀 시 경쟁력.

위의 글을 보면 쉽게 이해할 수 있을 테지만 하나의 목적, 즉 국내 컴백 후 취업이 목표인 사람에게 **해외유학은 양날의 검이다.** 유학기간을 어떻게 보내느냐에 따라 누구도 따라올 수 없는 '사기 캐릭터'가 만들어질 수도 있고, 안드로메다에서 온 '외계인 캐릭터'가 만들어질 수도 있다.

유학을 결심했다면, 정말 필사즉생의 각오를 하고 떠나야 한다. 그 긴 시간과 비싼 비용을 감내하고서 그 이상의 것을 얻어오지 못하면 두 가지가 아니라 서너 가지를 잃게 될 것이기 때문이다. 있는 자의 특권이라고 여겨지는 유학, 스포츠마케팅에서의 필수요건이라고 생각하면 오산이다.

한국인의 영원한 숙제? 영어에 대하여

우리나라 사람들에게 영어는 늘 '생활'이 아닌 '강요'였다. 나 역시 유년시절 영어와의 인연을 생각해 보면, '성문기초영어', '우선순위영단어', 영어 과외, 토익, 토플, 미국드라마밖에 떠오르지 않는다. 학교에서는 늘 90점 이상의 성적을 받았지만 대학교에 들어와서도 외국인과는 한마디도 나누지 못했던 나는 한마디로 20년 무사고 장롱면허 운전자와 다를 바가 없었다.

다행히 대학 4학년 때 캐나다 여행을 시작으로 해외를 나가면서 언어와 문화의 경험을 모두 받아들이기 시작했지만, 그때 나이가 이미 스물세 살, 그리고 전역 후 미국으로 떠난 것이 스물다섯 살 때였다. 늙으면 혀가 굳는다고, R과 L, B와 V, P와 F 발음을 혼동하여 얼굴이 빨개진 일은 셀 수도 없이 많다. 워킹맘을 Working Mom이 아닌 Walking Mom으로 발음해 아무도 알아듣지 못한 채 발표가 끝난 적도 있다.

이미 온 지구가 하나로 엮이기 시작했고, 사회·경제 등 각 분야의 국가별 장벽이 무너지면서 이제 너도나도 할 것 없이 '소통'을 해야 하는 시대가 왔다. 그 중심에 영어가 서 있다.

그렇다면 영어와 스포츠마케팅의 관계는 무엇이며, 많은 사람이 착각하는 오해는 무엇일까?

스포츠마케팅이 다른 분야에 비해 영어 사용도가 높은 것이 사실이다. 가령 국내 프로축구팀의 마케팅 업무를 맡고 있다고 해도 해외 마케팅 사례 검색, 출장, 용병선수 물색 등에서 한두 번은 영어와 맞닥뜨릴 일이 반드시 생긴다. 다시 얘기하지만 현재의 국내 스포츠마케팅 시장규모에 비해 종사하는 사람의 수는 상대적으로 적다. 이 때문에 모든 구성원들이 일당백의 높은 업무수행 능력을 요구받는다. 한마디로 멀티플레이어가 되어야 한다. 그래서 실제로 영어를 사용하지 않는 업무를 담당한다 하더라도 '혹시 모르는 경우' 더욱 잘 활용하기 위해 영어 활용능력을 따지는지도 모른다.

하지만 그렇다고 업무능력이 세상이 정해놓은 영어의 기준, 즉 공인 영어점수로 판가름나는 것은 아니다. 미국 진출 전 나의 마지막 토익 점수는 700점대 후반, 2008년 대학원 지원 당시 괴로워하며 공부했던 IBT 토플 점수는 대학원 지원을 위한 최저기준 수준이었다. 이제는 말소된 이 점수를 가지고 어디에다 나의 영어능력을 증명할 수 있으랴.

현실적으로도 영어는 잘하면 잘할수록 좋다는 것이다. 그렇다면 영어를 잘한다는 기준은 무엇인가? 버터 좔좔 발라놓은 것 같은 발음인가, 아니면 말 앞마디마다 '엄~ 엄~'을 붙이는 추임새인가?

외국에서 오래 살다 와서 영어를 자유자재로 구사하며 한국말에도 악센트가 있는 친구를 보며 한국말보다 영어가 편해야 영어를 잘한다고 말할 수 있는 것 아닌가라고 착각하는 사람들이 많다. 하지만 스포츠마케터로서의 기준은 절대 그렇지 않다. 스포츠마케팅이나 일반 비즈니스에서의 업무 활용도를 기준으로 아래와 같이 생각해볼 수 있다.

- 영어로 비즈니스 이메일이 가능한가?
- 외국인과 업무를 하면서 의사소통이 원활한가?
- 영어와 한국어 이해/작문/번역/발표가 가능한가?

발음, 악센트, 단어의 난이도를 떠나 위 세 가지가 가능하면 업무에 필요한 실무영어는 갖췄다고 봐도 좋다. 또한 이 세 가지는 외국 유학파라고 해서 모두 갖춘 것은 절대 아니니 걱정 마시라. 반대로 그들은 어눌한 한국말을 걱정해야 할 것이다. 실제로 내가 인터뷰한 인턴 지원자 중 한 명은 한국말이 서툴러 면접에서 한국말 구사능력을 테스트해야 할 정도였다.

점수로 판가름할 수 없는 이 두 가지 능력을 어떻게 증명할지는 본인에게 맡기도록 하겠다. 어학연수, 유학, 영어 자기소개서, 외국인 상대 업무경력 등 방법이 무엇이든 가장 중요한 것은 실제 갖추고 있는 영어 실력과 그것을 어떻게 증명할지에 대한 방법론적인 고민이다.

기업, 에이전시, 구단 등에 소속된 대부분의 스포츠마케터들은 해외출장이 잦고 외국인을 상대할 일이 상당히 많다. 외국계 회사에 다니는 나는 기본적인 커뮤니케이션은 물론 컨퍼런스 콜, 영문계약서 번역 등 영어로 처리해야 할 일이 많다. 종종 있는 해외출장 역시 담당업무 중 하나다.

'해야 하니까 하자'는 식의 자기세뇌 대신 능동적으로 행동해도 손해 볼 것은 전혀 없다. 즉, 영어는 잘하면 잘할수록 차후에 어떤 직업을 가지더라도 도움이 될 뿐만 아니라 심지어 영어를 갖춘 이, 더 정확히 말하면 한국어와 영어를 완벽하게 갖춘 이가 되면 자신이 가지고 있는 역량의 그릇 크기가 상상 이상으로 커진다. 아직 10~20대인 예비 스포츠마케터들에게 꼭 강조하고 싶은 '영어' 문제는 현실적인 경험에서 우러나오는 나의 진정성 있는 잔소리다. 영어 점수가 아니라 실전 영어를 위한 공부를 하라. 당신을 바라보는 부모, 형제, 친구가 아닌 바로 당 신 을 위 해 서.

허울 뒤에 숨어있는 궁극의 목표를 찾아라

아인슈타인부터 에디슨, 로스차일드, 워렌 버핏, 빌 게이츠, 구글의 공동창업자 래리 페이지와 세르게이 브린 등 과거와 현재를 넘나들며 세계를 평정한 많은 유명인들이 바로 유대인이다. 유대인의 성공 요인은 그들이 유대인이기 때문이 아니라 탈무드를 기초로 한 부모들의 교육방식 때문이라고 한다.

이 비유는 확실히 '가진 자만 성공한다'라는 의식에 젖어있는 우리들에게 시사해 주는 바가 크다. 다시 말하지만 **스포츠마케팅은 '준비된 자'에게는 기회의 땅이다. 준비된 자는 학벌, 유학, 영어점수로 모든 것을 말하지 않는다.** 다만 최종 목표를 위해 착실히 준비하다 보면 이런 자격요건들이 자연스레 갖춰질 수 있다.

학벌, 유학, 영어에 대한 해답을 아는 사람은, '가진 자'에게 위화감이나 열등의식을 느낄 필요가 없다. 본인의 학위나 재정수준 등의 현실과 관계없이 어떤 방법을 통해서든 학벌/유학/영어 능력자가 가지는 장점을 취하기만 하면 되기 때문이다. 멋져 보이기 위해 프리미엄 진이나 명품 핸드백, 명품 시계가 반드시 필요하지는 않은 것과 같다. 명품 옷과 액세서리를 사기 위해 끝도 없는 아르바이트를 뛰는 대신 식단조절과 꾸준한 웨이트 트레이닝으로 명품 몸매를 가꾸면 금전적으로도 훨씬 저렴하다. 이들은 무명 브랜드 청바지에 티셔츠 한 장만 걸쳐도 옷발이 살기 때문이다.

또한 이 세 가지 요소는 서류심사를 통과하는 순간 모두 없어지는 것이므로 결국 첫 관문만 잘 헤쳐 나가면 승산이 있다. 설령 필기에서 떨어졌다고 해도 괜히 학벌주의, 유학 만연시대, 영어 만능주의를 탓하지 마라. 현명한 예비 스포츠마케터들은 세상의 불공평함을 외치기 전에 궁극적인 내실을 키워 어느 세상에 태어나도 당당할 수 있는 실력자가 되어야 한다.

입성 100%
성공비법

예비 스포츠마케터의 자격요건 중 가장 중요한 것이 바로 '열정'과 '변화'다. 열정은 스포츠에 대한 꺼지지 않는 불꽃을 의미하고, 변화는 냉정하게 자신의 분수를 분석하고 자신을 변화(Change보다는 Transform의 의미)시킬 줄 아는 용단이다. 뻔한 얘기일 수도 있지만, 이 뻔한 얘기를 하나하나 쪼개서 보면 분명 피와 살이 되는 진리라고 느낄 수 있을 것이다.

내가 제시하는 **스포츠마케팅 입성 100% 성공비법은 '너 자신을 알라', '선택과 집중' 그리고 '3E'라는 세 가지 키워드다.** 분명히 말하지만 이 세 가지를 완벽하게 구현하는 사람은 스포츠마케팅 취업에 성공할 뿐만 아니라 이 분야에서 최고봉의 자리에 오를 수 있다.

첫 번째 프로세스: 너 자신을 알라('너자알')

그리스의 아폴론 신전 기둥에 새겨져 있는 이 말은 소크라테스가 즐겨 사용했던 것으로 잘 알려져 있다. '자신의 무지(無知)를 자각하라'는 의미로 자주 인용된다. 친구들하고 말장난을 하며 '너나 잘 하세요'라고 말하고 싶을 때 쓰곤 했던 말인데, 글을 쓰는 과정에서 비로소 그 깊은 의미를 깨닫게 되었다.

본 책에서는 편의상 '너자알'로 줄여서 고유명사처럼 쓰겠다. 긍정적으로 보면 잘하는 것을 찾으라는 의미이고, 부정적으로 표현할 때는 분수를 알고 행동하라는 조언이기도 하다.

많은 사람들이 자신이 좋아하는 깃과 잘하는 것, 그리고 하고 싶은 것과 할 수 있는 것을 혼동할 때가 많다. 이것을 구분할 줄 아는 것은 매우 중요한 능력이다. 스포츠를 예로 들어보자. 스포츠마케팅의 '너자알'은 내가 스포츠를 좋아하는 건지, 잘하는 건지, 돈을 버는 수완이 좋고 스포츠에 해박해서 이걸 이용할 줄 아는 능력이 있는 건지 아니면 스포츠계에서 일단 발을 들여 놓았으니 끝장을 봐야 하는 건지 등을 냉철하게 분석하는 과정이다.

여기서 한 단계 더 나아가 생각해볼 것은, '너자알' 과정의 종료시점이 언제냐는 것이다. 내 적성과 재능은 언제까지 찾아야 하는가? 고등학교 · 대학교 · 졸업 후? 제대 후? 결혼 직전? 모두 답이 될 수 있지만 정답은 없다. 너무 빨라도 문제고 너무 늦어도 손해다. '너자알'의 과정을 적절한 시기에 거치면 이를 가꾸고 보완하는 것은 결코 어렵지 않다.

자, 지금부터는 시기별로 '너자알'의 과정을 구분해 보고자 한다. 여러분도 하나하나 이 조건들을 따져가며 자신을 체크해 보기 바란다.

시기별 스포츠마케팅 '너자알' 비법

딴 길로 새지 않기 위해 정확하게 스포츠마케팅만을 위한 '너자알' 프로세스를 밟아 보겠다. 스포츠마케팅을 꿈꾸는 사람들은 크게 아래와 같이 시기별로 정리해볼 수 있다.

중/고등학생

- 일반 중·고등학생
- 운동부 중·고등학생

대학생
- 사회체육과/체육교육과 대학생
- 스포츠경영학과 대학생
- 일반 경영학과 대학생
- 기타 전공 대학생

대학원생
- 체육인 출신 대학원생
- 스포츠경영 관련학과 대학원생

일반인
- 체육인 출신 대학 졸업자
- 비체육과 전공 대학 졸업자
- 일반 직장인

무엇을 하면 좋을지, 성공 가능성이 있는지, 내가 가는 길이 맞는지에 대한 궁금증은 모두 매우 긍정적인 신호이자 '너자알'의 기본적인 단계다. 자신이 어느 그룹에 속하는지 생각하면서 다음 단계로 넘어가 보자.

이번에는 위에서 언급한 시기별 구분을 하나씩 살펴보면서 '너자알' 프로세스를 밟아 보도록 하겠다.

중·고등학생

나에게 진로 상담을 요청하는 대부분의 중·고등학생은 모두 일반계 학교를 다니는 평범한 학생들이었다. 나처럼 스포츠를 어릴 적부터 좋아하고 자신의 정체성에 '스포츠'라는 글자가 어느 정도 새겨져 있다고 느끼는 어린 친구들에게서 막연하지만 멋져 보이는 '스포츠'의 세계에서 뛰어놀고 싶은 욕구가 보인다. '한국의 스캇 보라스가 되고 싶습니다', '프로스포츠 구단에서 일하고 싶습니다' 등 다소 당찬 꿈을 가지고 질문을 던져 나를 당황하게 하는 경우도 더러 있었다. 고등학생의 경우 한국이건 미국이건 어느 학교로 진학하는 것이 맞느냐는 질문과 함께 유학을 가는 것이 좋으냐 아니냐는 질문도 상당했다.

운동선수처럼 특수한 경우를 제외하면, 일반 중·고등학생이 자신이 무엇에 뛰어난지 아는 것 자체가 무리라고 생각한다. 오히려 학업에 열중하며 미래를 도모하는 것이 가장 현명한 선택일 듯싶다. 시간이 많다 한들 학생의 신분으로 스포츠마케팅 원서를 파고들지도 못할 것이고, 인턴십에 지원할 수도 없다. 천편일률적인 우리나라 교육 시스템에 따르면 이들의 '너자알' 프로세스는 5분도 걸리지 않을 수 있다. 오히려 몇 년 후 대학에 들어가 다시 맞이하게 될 '너자알' 과정에 대비하기 위해 다음의 사항들을 권고하고 싶다.

• 스포츠를 보는 관점을 바꿔라

스포츠를 하는 것을 좋아하건 보는 것을 좋아하건 간에 이전과는 다른 방법으로 스포츠를 대하는 습관을 가져라. 왜 내가 좋아하는 축구팀이 어제 경기에서 4-2-3-1 전술을 들고 나왔는지, 누구의 부진 때문에 팀이 패했는지 생각하는 대신 화면에 나타나는 수많은 사람들과 광고판들을 보면서 무엇이 저 사람들로 하여금 돈을 내고 그 자리에 앉아 있게 만들었을까에 대해 끊임없이 질문을 던져라. '풋볼 매니저(Football Manager)'라는 게임을 예로 들어보자. 구단을 이어받거나 새로 차려서 꾸릴 경우 어떻게 해야 관중을 더 끌어 모으고 수익을 남길 수 있는가? 또는 아무리 돈을 많이 줘도 왜 저 선수는 내 구단으로 오려고 하지 않는가? 등의 질문을 던지며 가상으로나마 경영자적 마인드를 갖춰 보라. 이런 습관은 언젠가 당신이 직접 아이디어를 내야 하는 자리에서 큰 빛을 보게 될 것이다.

• 학교 공부도 함께 해라

여기서의 '학교 공부'는 중의적 의미가 있다. 스포츠마케팅업계에서 일하고자 할 경우, 중 · 고등학교에서 따로 해야 하는 공부는 없다. 하지만 학업에 열중해 좋은 성적을 얻어 놓으면 차후 대학입시에서 선택의 범위를 넓힐 수 있는 기회를 가질 수 있다. 그리고 토익, 토플 점수와 상관없이 실전영어는 꼭 익혀 두어라. 늙어서 무릎 치면 늦고, 다시 공부를 해보려고 해도 혀가 도와주지 않는다. 어리면 어릴수록 습득이 빠른 게 바로 '언어'이다. 영어가 기본이 되면 일이 정말 수월하게 풀릴 수 있다. 이 부분은 노스트라다무스보다 더 확실하게 얘기할 수 있다.

또 다른 의미의 '학교 공부'는 바로 자신이 스포츠마케팅 취업을 위해 입학하고자 하는 학교에 대한 공부이다. 요즘은 클릭만 몇 번 하면 그 학교/학과의 커리큘럼부터 활동내역 등을 상세히 알 수 있다.

• 자신의 미래를 너무 일찍 한정 짓지 말라

스포츠경영 또는 스포츠마케팅을 배우기 위해 어떤 학교에서 무슨 공부를 하는 것이 도움이 될지 궁금해 하는 사람들이 많다. 최근에는 체육학부 커리큘럼에 스포츠경영 과목을 집어넣은 학교들이 많이 생기고 있고, 입시생들의 수요에 따라 스포츠산업학과, 스포츠레저학과, 스포츠경영학과 등 다양한 이름의 특정 학과를 개설한 학교도 많이 있다. 하지만 학과 이름이 반드시 스포츠마케팅 취업을 위한 필수요건은 아니다.

스포츠마케팅도 크게 보면 비즈니스의 일부인지라 경영학이나 경제학 관련학과로 가는 것이 더 나은 경우도 있다. 물론 자신이 어느 곳을 선택해 집중하는 것이 현명할지는 현재 상태로는 알 수 없다. 요컨대, 스포츠에 대한 열정은 계속 태우되 오로지 스포츠마케팅이라는 한정된 영역으로 자신의 미래를 한정 짓지 말자. 어느 대학 어느 학과에 진학하건 입학 후 생각해도 전혀 늦지 않으므로 너무 큰 고민할 필요 없다. 참고로 나는 대학에서 유럽어문학부에 들어가 영어영문학, 불어불문학을 전공했다. 오늘날 내가 이 자리에 있게 될 줄 고등학교 때는 상상이나 했으랴.

• 많은 이들의 조언을 묵과하지 말라

예전에는 부모님들이 변호사, 의사, 판사 등 '사'자 들어가는 직업을 가져야 한다고 했다. 하지만 요즘처럼 '사'자 직업들마저 무한경쟁으로 안정을 보장할 수 없는 시대에 부모님들은 조금 더 안정된 직장, 조금이라도 늦게 퇴직할 수 있는 직장으로 가길 원하는 경우가 많다. 단언컨대 스포츠마케팅의 세계로 들어오는 순간 '안정'과는 완전히 반대의 길을 걷게 된다.

스포츠를 직업으로 꿈꾸는 어린 친구들은 아직 사회경험이 없고 큰 숲을 볼 수 없는 위치이므로 반드시 많은 이의 조언을 들어야 한다. 스포츠가 너무 좋아서 '나도 에이전트 할 거야' 하고 떼를 쓰면서 '미국 보내줘', '공부 시켜줘' 하면 안 된다. 대학 입시 문제에 있어서도 부모님, 선생님, 친구, 선배, 현업 근무자 등 최대한 많은 사람들의 조언을 들어라. 때로는 진로 및 학과 선택의 과정부터 부모님과 마찰을 겪는 경우가 있다. 자신의 선택이 진정으로 최후에 자신을 빛내줄 것인지, 여러 사람의 의견을 통해 다시 한 번 검토하라.

'현명한 사람은 역사를 통해 배운다'고 하는 표현은 딱 여기에 쓰기 적당한 것 같다. 인생선배의 조언을 무시하지 말라. 조금 더 기다렸다 스스로 인생항로를 이끌 수 있는 나이가 된 뒤에 결정해도 늦지 않다.

대학생

나는 앞에서 말한 네 가지 시기 중 대학생 시기가 가장 중요한 때라고 생각한다. 기졸업자, 즉 취업 재수생도 이 분류에 포함시킬 수 있다. 대학입학은 사회진출을 위한 본격적인 준비의 시간이자 통제된 생활에서 벗어나 스스로 판단해도 큰 태클이 들어오지 않는 진정한 예비 어른의 시작이다. '너자알' 프로세스가 가장 잘 적용되고 시행착오가 있어도 쉽게 시정할 수 있는 때가 바로 대학생 시절이기도 하다.

취업시기가 코앞에 닥치면 자연스레 이력서를 작성하고 스펙을 쌓아야 하므로 원치 않아도 자연스레 '너자알'을 하게 된다. 이 글을 읽는 사람이라면 오늘 당장 책상에 앉아 본 프로세스를 진행해 보자.

일단 자신에 대한 SWOT(강점, 약점, 기회, 위협 - 정확한 의미가 궁금한 사람은 인터넷 검색창에 'SWOT분석'이라고 쳐보기 바란다) 분석을 해 보라. 2×2 표를 그리고 생각나는 대로 적어보는 것도 나쁘지 않다. 무엇이 자신의 강점이고 약점인지, 또 어떻게 강점을 기회로 만들고 약점으로 인한 위협을 어떻게 극복할 것인지 진지한 성찰이 필요하다. 강점에 쓸 스펙이 없다면 수치화되지 않은 내용들도 좋다. 성격, 인맥, 외모, 외국생활 등 가능한 한 모든 것을 적어 보라.

이 과정이 끝나면 이 표에 더할 딱 한 가지 아이템을 정해 보자. 바로 취업 전까지 자신의 준비할 '필살기'이다. 결정이 어렵다면 자신을 고용주의 입장에 두고 생각해 보라. 프로구단 프런트가 되고 싶다면 과연 어떤 필살기가 고용주에게 어필이 될 것인가. 영어, 야구지식, 마케팅 경험, 세일즈 능력 등 뭐든지 될 수 있지만, 특히 이전에 분석한 자신의 강점을 더했을 때 극대화되는 분야로 선택해 보자. 필살기는 말 그대로 필살기여야 한다. 같은 면접장에 앉아 있는 경쟁자가 이마를 치며 '난 왜 이런 생각을 못했을까!', '이건 내가 이길 수 없는 스펙이야!'라는 소리가 나올 수 있을 정도여야 한다는 의미다.

물론 모든 학과의 학생들이 모두 같은 방식으로 접근할 수는 없는 일. 이번에는 학과별로 분류해서 얘기하고자 하니 '너자알' 프로세스에 참고하기 바란다.

• 사회체육과 · 체육교육과 대학생

많은 사회체육과 · 체육교육과 학생들이 스포츠마케팅에 관심을 가지고 있다. 어떻게 보면 이들 중 일부는 체육계에 몸담아 왔다는 이유로 '사명감'을 가지고 스포츠마케터를 꿈꿀 수도 있다. 하지만 그러한 사명감은 자칫 자신을 큰 오류 속에 빠뜨릴 수 있으니 조심해야 한다. 체육계와 스포츠마케팅의 교집합이 과연 얼마큼인지 잘 생각해 보기 바란다. 또 체육 전공자가 유리한 점이 무엇인지 반드시 따져 보라.

체육과 출신이라고 더 선호해주는 스포츠마케팅 관련 회사가 몇이나 될까? 아마 체육인재 육성을 위해 체육계 인력을 대상으로 진행하는 프로젝트 몇 개를 제외하고는 거의 없다고 보는 게 맞다. 하지만 장점은 분명히 존재한다. 직접 '경험'할 수 있는 기회를 더 많이 가질 수 있다는 것이다. 교과의 한 과정 또는 인맥을 통해 접할 수 있는 스포츠 관련 산업이 비전공자에 비해 확실히 많다. 이 기회를 최대한 살릴 수 있는 방안을 생각하며 정진해 보자. 일반화시키고 싶진 않지만 혹시 영어에 부족하다고 느낀다면 남들도 그럴 것이라 생각하고 이 부분을 집중적으로 발전시키는 것도 방법이다.

• 스포츠경영학과 대학생

최근 급격히 개설 학교가 늘어나면서 학과 명칭이 상당히 다양해졌지만 일단 스포츠경영학과라고 통칭을 하도록 하자. 스포츠경영이나 그 산업을 집중적인 연구과제로 삼기 때문에 여타 학과에 비해 스포츠마케팅업에 가장 근접한 학문이라 볼 수 있다. 본 학과에 소속되어 있는 학생들은 반드시 재학기간 중 경력을 충분히 쌓고 영어공부에 매진하며 관련업계 취업에 목숨을 걸어야 한다. '스포츠경영'이라는 특수 학문을 전공한 사람이 졸업 후 다른 전공분야로 취업하는 일은 타과 전공자에 비해 하늘의 별 따기이기 때문이다. 들어온 순간 나가는 문은 닫혔다고 생각하고 돌직구로 정면승부 하라.

• 경영학과 대학생

경영학과 학생들은 경영학개론, 마케팅원론, 소비자행동론 등 큰 숲부터 접근할 수 있다는 장점이 있다. 하지만 일반 마케팅과 다른 스포츠마케팅만의 특징, 예컨대 스포츠에이전트, 이벤트기획, 스포츠법, 스포츠소비자 등에 대한 지식은 관련 도서나 수업을 통해 별도 공부를 반드시 해야 한다. 또한 이론에는 강하지만 현장에 약할 수 있으므로 스포츠계의 밑바닥부터 경험해 본다는 생각으로 현장 인턴직부터 시작하는 것도 나쁘지 않다.

• 기타 전공 대학생

나 같은 어문계열이나 공대출신 등 스포츠와는 전혀 무관한 전공의 학생들 역시 많은 숫자가 스포츠마케팅에 흥미를 느끼고 있다. 그리고 전체 지망생 중 이들이 차지하는 비율이 생각 외로 높다. 이들은 '출신 학과'가 주는 장점이 전혀 없기 때문에 남보다 2~3배 노력해야 한다. 대학생 스포츠마케팅 동아리에 참여해 최신 정보를 많이 얻고, 세미나 등에 열심히 참여해 인맥을 쌓을 기회를 스스로 창출해야 한다. 나처럼 차후에 스포츠경영 관련학과 대학원 진학을 생각하는 것도 나쁘지 않지만 일단 대학을 다니는 동안에는 관련 경험을 쌓는 일이 학위보다 우선이다.

대학원생

대학원생 정도 되면 '너자알'은 이미 여러 번 거쳤을 것이라 생각되므로 조금 더 발전된 수준의 프로세스를 거쳐야 한다. 단순히 강약점을 분석하는 수준을 벗어나 기회와 위협분석에 좀 더 집중함으로써 자신을 계발해 나가야 한다.

대학원생들은 보통 진학 의도를 2가지로 구분할 수 있는데, 석·박사학위 후 교수로 재직하며 스포츠산업 발전 및 연구에 힘쓰는 경우가 있고, 또 하나는 다른 학과 졸업자로 스포츠마케팅이라는 새로운 분야로 전환을 하고자 하는 경우가 있다. 또한 출신 성분으로 나눌 경우 체육관련 배경(선수, 체육과 등)을 가진 재학생과 일반인 출신 재학생으로 구분된다.

현재 스포츠경영학 학사과정이 없는 대학들도 대학원 과정에는 스포츠경영학 커리큘럼을 갖추고 있는 곳이 많다. 대학원생들은 자신만의 주제로 논문을 작성하고 교수님을 보조해 산학협력기관에서 일하며 여러 가지를 경험하는 경우도 있지만 대학원에 진학한 사람들은 미래에 대한 계획과 목표가 확실한 경우가 대부분이기에 감히 취업을 위한 조언을 해주기가 쉽지 않다.

다만, 정말 취업이 목표인데 나이는 들어가고 무엇을 할지 갈팡질팡 고민하고 있다면 한번 내 조언을 들어봐 주기 바란다. 나 역시 석사까지 마친 사람으로서, 또 서른 살까지 인턴십을 했던 사람으로서 말하건대, 취업을 간절히 원하는 사람은 눈높이를 낮출 준비가 되어 있어야 한다.

다시 말해 학위가 내 보루가 될 수 없다는 생각을 가지고 바닥부터 경험할 준비가 되어 있어야 한다. 오히려 싼값에도 불만 없이 일할 20대 대학생들과 나를 비교해 경영주들이 부담을 갖지 않도록 더욱 노력해야 한다. 물론 확실한 강점이 있다면 그에 대한 충분한 기대치를 가지고 시장에 나서도 상관없다. 하지만 인력시장이 그렇게 만만하지 않으므로 각종 네트워크, 특히 교수님을 통한 인맥을 잘 활용해 여러 분야의 문을 두드려 보는 것도 좋다.

일반인

체육과 또는 비체육과 출신 중 대학을 졸업했지만 기회가 닿지 않아 어쩔 수 없이 다른 분야로 취직한 사람들이 꽤 많이 있다. 번듯한 직장을 다니기는 하지만 뭔가 가슴 깊이 채워지지 않는 스포츠에 대한 갈증이 있는 분들이 종종 연락을 주곤 한다. 누구나 5년 정도 직장을 다니다 보면 자신이 무엇을 하고 살아왔는지, 왜 이 일을 하고 있는지, 나중엔 뭘 해야 하는지 등의 생각을 한번쯤은 하게 마련이다.

미친 듯이 달려온 20대를 되돌아보고, 진정 자신이 원하던 것이었나 하는 고민을 던져보는 것이다. 아주 자연스러운 현상이지만 대부분 못다 한 꿈을 스포츠마케팅으로 이루려는 사람들은 국내 대학원 진학이나 해외유학을 많이 희망한다. 나 역시 미국에서 석사를 전공하고 현업에서 일하고 있는 사람이니 그 마음 십분 이해한다. 하지만 이 결정은 정말 쉽지 않다. 이미 사회인들은 현실의 냉정함을 잘 알고 있을 것이기에 맘 놓고 얘기하는데 막연한 전환은 절대로 장밋빛 미래를 약속하지 않는다.

대학원 졸업장이 취업을 의미하지도 않을 뿐 아니라 설사 취업이 된다 해도 화려한 무대 위에서의 고액연봉이라는 꿈의 직장을 보장하지 않는다. 행여나 결혼도 했고 자식도 있다면 나는 차라리 나중에 돈 많이 벌어서 구단주를 하시라고 말하면서 무조건 뜯어 말릴 것이다. 하지만 이미 해오던 일이 마케팅이나 컨설팅 또는 사람도 많이 만나고 영어도 잘하고 뭔가 스포츠마케팅과 접점이 있다고 생각하는 사람은 커리어 전환을 생각해볼 만하다.

명확한 차별성으로 성공 가능성을 본다면 유학을 떠나 더 큰 선진문화를 경험하고 지식도 채운 후 기존의 경력을 다 인정받으면서 앞으로 스포츠마케팅에만 집중하는 대기업을 노리는 것도 나쁘지 않다.

두 번째 프로세스, 선택과 집중

네 가지 시기에 따라 '너자알'의 노하우를 구별한 것은 더 쪼개고 쪼개어 독자의 이해를 돕기 위해서이다. 따라서 이 시기를 놓쳤다거나 본인이 이 분류에 해당되지 않는다고 해서 좌절할 필요는 없다.

어느 시기, 어느 층에 있건 이 책을 읽고 자신에게 부족한 면이 무엇인지 알게 됐다고 믿는 사람이라면 그 부분을 반드시 글로 적어 두고 장·단기적으로 그 문제를 어떻게 해결할지 세부적인 계획을 짜두어야 한다. 남들보다 시작이 늦거나 낮아서 최종 목표까지 도달 시간이 좀 더 걸린다 해도 상관없다. 목표를 향해가는 과정을 세세하게 짜놓은 사람이라면 젊었을 때의 1~2년은 별다른 차이가 아니다.

사실 우리나라 취업시장은 이런 고민조차 사치로 만들어 버리는 경우가 많다. 여기서 포인트는 '돈이 없으면 취직도 못 한다'가 아니라 '모든 취업 과정에는 시간과 돈이 든다'는 점이다. 스포츠마케팅도 마찬가지다. 모든 과정에는 시간과 돈이 든다. 하지만 각종 최신 의류 및 용품을 갖추었지만 목표점도 제대로 모른 채 뿌연 안개 속을 무작정 달리는 사람과 티셔츠 한 벌만 입고 뛰더라도 목표점이 정확하게 보이는 트랙 위를 달리는 사람을 비교해 보자는 얘기다. 이게 바로 '너자알'을 한 사람과 안 한 사람의 차이다. 자기 분수를 빨리 알면 알수록 어디서부터 집중할지 알 수 있다. 그 후에 이어지는 과정이 바로 '선택과 집중'이다.

'선택과 집중'은 '너자알' 이후 반드시 수반되어야 하는 필수과정이다. 자신이 더 채울 수 있는 분야가 무엇인지, 뛰어들어서 최고가 될 가능성이 있는 분야가 어디인지 정했다면 이 부분에 올인하도록 계획을 바로 수정하는 것이 좋다.

가령 남들보다 화술이 좋고 성격도 좋아 사람의 신임을 잘 얻는다든지 또는 늘 새로운 아이디어가 샘솟아 기획 하나는 기가 막히게 잘할 수 있다는 등 개인적인 성향에서 비롯된 능력도 있다. 이 부분을 명확히 안다면 차근차근 정리해 노트에 적어 놓도록 하자. 지금은 허공에 떠도는 얘기처럼 느껴질 수 있지만 계속 업데이트를 하다 보면 반드시 도움이 될 만한 요소를 찾을 수 있을 것이다.

세 번째 프로세스, 3E

지금까지 대학생 시기가 가장 중요하다고 목이 마르도록 강조했다. 대학생 시기에는 반드시 'What makes you different?' 즉, 남들과 다르게 자신을 어떻게 어필할 수 있을지 답을 내려야 한다. 스포츠마케팅 취업을 원하는 사람들이 대학시절에 반드시 갖춰야 한다고 주장하는 세 가지가 바로 3E 즉, 경험(Experience), 차별화된 재능(Excellence), 그리고 영어(English)다.

과감히 말하건대 전공이 무엇이건 이 세 가지를 갖추고 있다면 반드시 취업에 성공할 수 있다고 생각해도 좋다. 경험이 풍부한 친구들은 틈새시장을 파악할 수 있기 때문에 자신이 어떤 부분에서 차별성을 가져야 하는지 알게 마련이다. 또한 영어 습득의 유무가 앞으로 열릴 자신의 가능성의 크기를 결정한다는 점도 잘 알고 있으리라 믿는다.

첫째, 경험(Experience).

요즘 대학생들은 1학년 때부터 학점 관리는 물론 방학 때 인턴 한두 번은 기본이다. 하지만 의미 없는 한두 번의 인턴십으로 이력서를 위한 이력을 만들어서는 승산이 없다. 특히 스포츠마케팅 업계에서 일하고자 하는 사람이라면 경험의 양보다 질이 훨씬 더 중요하다. 자신이 원하는 분야를 2~3개로 좁히고 그와 관련된 경험 쌓기에 주력해 보자.

'스포츠이벤트 기획 및 진행'에 바람직한 경험 쌓기를 예로 들어보자. 1학년 때부터 큰 조직에서 경험을 쌓기가 쉽지 않을 수 있으므로 우선 자신을 스포츠 환경에 노출시켜 보자. 야구, 축구, 농구. 배구 등 쉽게 접근할 수 있는 경기에 자원봉사, 진행요원 등으로 참여하여 '간'을 한번 본다. 2학년 때는 지난 경험을 바탕으로(또는 알게 된 인맥으로) 한 단계 진보된 직책을 찾아본다. 쉽게 말해서 자원봉사자가 아닌 자원봉사단 임원 또는 진행요원 팀장 등을 노리는 것이다. 매번 같은 종목보다는 다양한 종목에서 일하며 여러 환경을 접하는 것이 더욱 좋다. 이후 3학년 때는 기획 단계부터 참여할 수 있는 방법을 찾아보고, 4학년 때는 다른 종목에서 한 번 더 스포츠이벤트 진행을 경험하거나 또는 취직을 위한 다른 준비를 겸행한다.

'경험 쌓기'의 가장 중요한 점은, 작업완료 시기에 자신이 맡은 일에 대해 최고의 전문가가 되어 있어야 하고, 한번 쌓은 인맥을 잘 관리해야 한다는 점이다. 그래야 다음에 같은 일을 맡더라도 그 외의 큰 그림이 보이기 시작하고, 또 그때 쌓은 인맥을 통해 다음 기회로 자연히 연결되기 때문이다.

둘째, 차별화된 재능(Excellence).

자신을 차별화하는 전략은 최초 입사할 때 가장 빛을 발한다. 물론 차후에 자신만의 브랜드를 가꿔나갈 때도 필수적인 요소이다. 스포츠 공공기관의 일대다(一對多) 면접 자리에 앉아있다고 가정해 보자. 내 옆에는 체육학과 출신 3명과 스포츠산업학과, 경영학과 출신이 각 1명씩 앉아 있다. 그 짧은 순간에 이들보다 자신이 더 나은 게 무엇인지 설명할 수 있는가?

스포츠를 향한 열정, 사교성, 친화력 등은 그 누구에게도 쉽게 어필하기 어렵다. 꼭 '재능'이라고까지 말하기는 어렵지만 경쟁 상대들에게는 없는 나만의 무엇인가가 드러나야 한다.

나는 취업 차별화 전략에 대해 두 가지로 구분해서 얘기하는데, 첫 번째가 이력서에 드러나는 차별성이고 또 다른 하나는 면접에서 빛을 발하는 차별성이다. 즉, 학점 4.0, 토익점수 990, 스포츠경영관리사 자격증 등은 이력서에 드러나는 차별성이다(이게 꼭 필요하다는 의미는 아니다).

내 열정을 드러내는 나만의 경험담, 예를 들어 '당구가 너무 좋아 전국의 당구 고수를 찾아다니며 그들의 생활을 인터뷰했다. 그리고 한국 프로 당구인이 앞으로 살아가야 할 비즈니스적 방향을 제시해 봤다'는 등 자신만의 스토리가 면접에서 드러나는 차별성이다. 만일 전자에서 큰 장점을 가질 수 없는 상황이라면 후자에 올인하며 자신만의 스토리를 만들라고 조언해주고 싶다. 스토리는 이력서에 드러나지 않지만 면접에서 그 내공이 자연스레 묻어 나오기 때문에 스펙을 위한 스펙을 쌓은 이들은 절대로 이길 수 없는 히든카드이다.

면접관이 "스포츠 좋아한다고요? 그래서 뭐 어쩌라고요?" 이렇게 물었을 때 상대를 웃음 짓게 만들 기막힌 대답이 있어야 한다.

셋째, 영어(English).

스포츠마케팅 업계에서 필요한 실용영어가 그 사람의 그릇의 크기를 좌우한다. 예를 들어 당신이 선수 에이전트인데 외국에서 오퍼가 날아왔다. 공문이 영어로 되어 있는데 해석을 잘못해서 세금 전 금액을 세금 뗀 금액으로 착각한다면? 또는 국제 이벤트를 한국에서 개최하려고 하는데 상부에서 국제연맹의 매뉴얼을 던져주며 '일주일 안에 모두 번역해 놓으세요' 이렇게 말한다면?

세상을 살아가는 데 있어서 영어가 답은 아니다. 영어를 못 해도 스포츠마케팅 업계에 취직할 수 있다. 나를 비롯해 현업에 있는 대부분의 사람들에게도 영어는 여전히 스트레스이다. 그래서 더 핏줄 세우고 얘기하는 것이다. 대학교 때 영어공부해라. 어느 나라 언어든지 마스터해서 나쁠 건 당연히 없다. 예를 들어 일본어, 스페인어/포르투갈어 등은 축구나 야구계에서 용병과 관련해 늘 전문인이 필요하므로 여유가 된다면 익혀두는 것이 좋다.

오늘을 바꾸는 힘

'너자알', '선택과 집중', '3E'라는 키워드를 나만의 논리로 풀어 놓았지만, 스포츠마케팅 취업의 궁극적인 비법은 한마디로 '오늘을 바꾸는 힘'이다

"예예 알겠습니다~"라며 뻔한 얘기 그만하라고 비아냥거리는 사람들에게 눈 똑바로 쳐다보고 얘기해 주고 싶은 말.

DO SOMETHING TODAY.

뻔하지만 아무나 쉽게 할 수 없는 일이다. 이 단순한 진리를 지키지 못하기 때문에 몇몇의 승자가 패자들 위에 군림하는 것이 세상의 이치다. '너자알'→ '선택과 집중'→ '3E'로 가는 이 과정을 언제 시작하느냐가 그 사람의 인생을 좌우한다. 당연히 '오늘' 하는 사람이 승리한다. 왜냐면 이 글을 본 순간 뭔가 띵하고 머리에 맞은 느낌과 함께 '이러고 있다가 큰일 나겠다'라고 생각한 사람과 '그래 맞는 말이다. 내일부터 해야지'라고 생각한 사람은 목적을 향한 태도에서부터 차이가 나기 때문이다.

무의미한 핸드폰 시간 낭비는 그만두고 당장 책상 앞에 앉아 쓰기 시작하라. 그리고 이 세 가지 프로세스를 시작하라. 이 방식이 싫다면 일기, 블로그, 카페 무엇이든 상관없다. '그동안 뭘 했지? 난 뭘 잘하지(못하지)? 앞으로 뭘 하지?'라는 질문을 마구 적어보고 YES/NO 그래프를 그리며 밑으로 계속 내려가 보라. 스스로 경쟁력이 있다고 생각되는 분야가 나온다면 그 분야를 미친 듯이 파고들어 업계의 그 누구보다 잘 안다고 할 수 있을 정도의 지식을 갖춰라.

어떻게 현업에 있는 사람보다 잘 알 수 있냐고? 걱정 마시라. 현업에서 근무하는 사람 중에는 그렇게 한 분야에 정통할 정도로 공부까지 하며 목숨 거는 사람 없다. 축적된 자료도 적고, 시도한 사람도 적다. 흡사 아메리칸 드림을 안고 서부로 떠나던 이민자들과 비슷하다. 먼저 가서 선만 그으면 다 자신의 땅이 될 것이라 생각하고 연구해 보라. 어떤 분야건 미친 듯이 관련 문헌과 기사, 자료 등을 파고들어 조목조목 정리했다면 그 정보가 가장 디테일하고 정확한 정보라고 믿어도 된다. 그 정도로 기회와 성공 가능성이 많은 분야다.

만일 최종 결론이 '스포츠마케팅에서는 나의 경쟁력이 없다'라고 나온다면 과감히 그만둬라. 이 또한 상당한 결심이 필요한 '근거 있는' 결론이니까. 반면에 '어, 이런 점은 생각보다 가능성이 있겠는데?'라는 생각이 든다면 그게 바로 돌파구다.

이 책을 마지막까지 읽는 사람들에게 나만 아는 비밀을 한 가지 전수해 주고 싶다.

'대부분의 사람들이 취업에 실패해도 당신은 할 수 있다!'

이 책을 읽고 마음이 움직인 당신은 반드시 성공한다. 스포츠마케팅은 내일이 아니라고 과감히 판단한 당신도 어느 분야에선가 성공할 수 있다. 하지만 '그럼에도 불구하고' 스포츠마케팅을 붙잡은 당신도 반드시 성공한다. 스포츠마케팅 취업의 비밀을 다른 말로 풀자면 바로 '신념'이다. 오늘부터 미래를 위해 준비해 나만의 필살기를 갖추고 말겠다는 신념을 잃지 않는 한 당신은 반드시 성공한다. 스포츠마케팅, 큰 그림으로 모든 지망생들을 포용하기에는 부족하지만, 핵심 인력이 될 수 있는 당신에게 미래의 성공을 보장한다.

반드시 준비하고 덤벼라. 그리고 이런 변화를 위한 준비를 마친 사람은 더 먼 미래의 자신을 그리며 커리어를 쌓아라. 취업이 인생의 목표가 되면 취업과 동시에 목표의식이 사라지게 된다. 취업 이후의 꿈을 더 구체적이고 명확하게 적고 또 적어라. 그럼 이루어질 것이다.

이 글을 읽는 모든 사람들에게 오늘이 '실천의 날'이었으면 좋겠다.

예비 스포츠마케터 셀프 체크리스트

스포츠마케팅을 커리어로서 선택하기 위해 필요한 셀프 체크리스트를 작성해 보았다. 단순한 YES/NO 대답을 통해 스포츠마케터의 가능성이 있다 없다를 판단한다기보다는 어떤 면에서 강점을 가지고 있으며 어떻게 발전시켜 나갈지, 또는 약점이 무엇이며 어떻게 보완해 나갈지에 대한 자기성찰 프로세스라고 보면 더 좋을 것 같다.

개인적 성향 및 배경

스포츠마케터라면 스포츠에 대한 **열정이 기본이라는 것**은 두말할 필요가 없다.

이 분야에서 '그 사람 일 참 잘한다'의 기준은 바로 **'커뮤니케이션' 실력** 정도이다. 커뮤니케이션이라고 하면 대단하게 들릴지 모르지만 그 핵심은 광고주, 협력업체, 관리하는 선수, 협회 관계자 등 업무와 관련해 만나는 모든 사람들과의 매끄러운 의사소통이다. 이는 프로정신에 입각해 보이지 않게 자신을 치장할 수도 있지만, 선천적으로 또는 성향에서 대인관계에 강점을 가진 사람들이 상당한 이점을 가진다. 또한 매우 동(動)적이면서 사람을 상대해야 하는 일이 잦다 보니 내성적이고 조용한 성격보다는 외향적이고 주도적인 성향이 도움이 많이 된다.

외모 역시 무시하지 못할 부분 중 하나이다. 외모지상주의에 입각해 예쁘고, 못생기고, 키가 크고, 작고의 문제를 따지는 것이 아니다. 자신의 외모를 어떤 식으로 가꾸어 나가느냐 하는 것은 업무에 있어 상당히 중요하다. 사람을 많이 상대하는 업종의 특성상 신뢰가 가고 호감이 가는 사람에 대한 선호도가 높음은 당연지사.

예쁘고 멋지다고 일까지 잘하는 것은 아니지만 외형적으로 게으름과 불신의 냄새가 풍기는 이에게 비즈니스가 몰릴 수는 없다. 나 역시 나만의 매력을 외적, 내적으로 가꾸려고 많이 노력하는 편이다. 언젠가 남들 앞에 서서 발표를 하게 될 그날을 생각해 보라. 당신을 처음 만났을 때 느껴지는 신뢰와 호감. 이것이 중요하다.

- 스포츠에 대한 관심도/열정
- 스포츠에 대한 관심이 많은가?
- 스포츠 전반 또는 특정 종목.
- 스포츠를 사랑하고 직업으로 삼고 싶은 신념이 있는가?

- 성격
- 외향적 성격으로 사람 만나는 것을 즐기고 대인관계에 강점이 있는가?
- 대인관계에서의 스트레스를 잘 컨트롤하는 편인가?

- 화술
- 남 앞에서 발표하거나 조리 있게 말하는 능력이 있는가?

– 대화할 때 말하기와 듣기의 비중을 조절할 줄 아는가?

– 설득에 능하고 남들로부터 화술이 좋다는 평을 듣는 편인가?

- 눈치/개념

– 분위기 파악을 빨리 하고 그에 예민하게 대응하는 편인가?

– '개념 있다'라는 얘기를 듣는 편인가?

- 신체적 조건

– 앉아있는 것보다 움직이는 것을 좋아하는 성향인가?

– 밤샘 작업, 물리적 노동 등에도 쉽게 지치지 않을 체력을 갖추고 있는가?

- 인맥과 네트워크

– 스포츠산업에 종사하는 인맥이 존재하는가?

– 자신의 미래 직업과 관련된 멘토를 선정하고 관계를 이어가고 있는가?

학업적 배경

스포츠마케터로서의 **학업적 배경은 딱히 정해진 게 없다**는 것이 나의 생각이다. 흔히 체육계열 출신이어야 유리하다고 생각하지만, 꼭 사실은 아니다. '스포츠산업' 전체 종사자 가운데는 체육계열 출신이 많을지 모르지만, '스포츠마케팅업' 자체는 마케터로서의 역량이나 법적 지식이 더 중요할 경우가 많기 때문에 상경계열이나 법학 전공자들에게 더욱 맞는 분야라고 할 수 있다.

하지만 이벤트 진행이나 미디어 관련 또는 라이선싱과 같은 특별한 분야는 학업을 통해 배우기가 상당히 어려운 부분이기도 하다. 이 모든 것을 갖추기 위해 스포츠경영학이란 학과들이 생기고 있기는 하지만, 그 학문이 뿌리내리기까지는 아직 시간이 좀 걸릴 듯하다.

예비 스포츠마케터들을 위해 굳이 키워드를 주자면 체육계(스포츠 전반), 경영학(마케팅, 컨설팅), 스포츠경영학(스포츠마케팅 전반), 법학(계약), 신문 방송학(미디어, 광고기획사), 행정학(스포츠 정책) 정도가 되지 않을까 싶다. 하지만 여전히 이벤트 기획, 스폰서십 세일즈, 라이선싱, 시설관리 등은 학교 에서 배울 수 없는 매우 전문적인 분야이므로 학과와 상관없이 개인의 노력으 로 습득할 수 있다.

- 체육계열
 - 체육계열학과를 전공(목표)하고 있는가?
 - (전공 무관)스포츠산업에 대한 지식을 보유하고 있는가?
 - 스포츠마케팅에 대한 자신의 강·약점을 파악하고 있는가?

- 상경계열
 - 경영학을 전공(목표)하고 있는가?
 - 비즈니스별 이윤창출의 모델을 파악하고 있는가?
 - 비즈니스의 문제점 파악 및 마케팅 전략에 대한 밑그림을 그릴 줄 아는가?
 - 스포츠산업 진출을 목표로 가지고 있으며, 자신이 가질 수 있는 강점은 무엇인가?

- 스포츠경영학계열
 - 스포츠경영학을 전공(목표)하고 있는가?
 - 스포츠마케팅 분야에 대해 확실한 이해력을 가지고 있는가?
 - 당장 현업에 뛰어들 경우 기타 출신 경쟁자보다 우위에 있는 점은 무엇 인가?
 - 학업 기간 중 많은 경험을 쌓을 수 있는 네트워크가 형성되어 있는가?

- 법학계열(로스쿨)
- 졸업 후 스포츠마케팅업(에이전트 등)으로의 진출을 희망하고 있는가?
- 선수, 스폰서십 등 스포츠 관련 계약에 대한 지식을 보유하고 있는가?

- 신문방송학계열
- 졸업 후 스포츠 관련 방송국, 미디어 그룹, 광고기획사 등의 취업을 희망하는가?
- 스포츠와 미디어의 관계 및 흐름을 파악하고 있는가?
- 미디어 관련 직업의 종류와 역할에 대해 알고 있는가?

- 기타 학과
- 자신의 전공이 스포츠마케팅에서 어떤 차별성을 가지고 있는가?
- 스포츠마케팅 커리어 개발을 위해 어떻게 노력하고 있는가?

전문성

취업을 심각하게 고민하는 20대 초반의 나이라면 앞서 언급한 개인적 성향과 배경 등은 이미 '주어진 것'이라고 할 수 있다. 반면에 전문성은 순전히 개인의 노력으로 만들어낼 수 있는 '후천적인' 부분이다. 취업을 준비하는 학생이 스포츠마케터로서의 전문성을 모두 갖추기 위해서는 실로 대단한 경력과 내공이 필요하다.

어학 및 컴퓨터 활용능력은 매우 실용적이고 필수적인 부분이다. 단순히 합격을 위한 준비는 아무런 의미가 없다. 출근 다음날부터 당장 영어로 된 문서를 번역하고, 주어진 예산표를 수정하고, 기획서를 프레젠테이션 파일로 만들어 주기를 기대하는 곳이 바로 스포츠마케팅 분야다. 이 부분은 기본적인 자격요건이므로 반드시 미리 준비하길 바란다.

- 목표로 하는 분야에 대한 지식
  - 자신이 목표로 하는 분야의 비즈니스 모델을 파악하고 있는가?
  - 자신이 목표로 하는 분야의 현재와 미래는 무엇인가?
  - 자신이 목표로 하는 분야에서 일하는 담당자들의 업무는 무엇인가?
  - 자신이 목표로 하는 분야와 접촉한 경험 또는 계획이 있는가?

- 관련 분야 경험
  - 자신이 목표로 하는 분야의 관련 업무를 경험한 적이 있는가?
  - 관련 분야 경험을 통해 인맥을 쌓아 두었는가?
  - 관련 분야 경험 후 자신의 한계와 미래를 점검해 보았는가?

- 어학능력(기본적으로 영어)
  - 영어로 비즈니스 이메일이 가능한가?
  - 영어로 외국인과 업무를 하면서 의사소통이 원활한가?
  - 영어-한국어 이해/작문/번역/발표가 가능한가?

- 컴퓨터/문서 능력
  - MS워드/엑셀/파워포인트 활용능력을 갖추고 있는가?
  - 특히 엑셀/파워포인트의 경우 활용능력을 증명할 만한 경력이나 사례가 있는가?
  - 디테일 특히 숫자에 강하고 보기 좋게 문서를 편집할 수 있는 능력이 있는가?

스포츠마케터로서의 자질은 매우 복잡하지만 한편으로는 매우 단순하다. 즉, 스포츠에 대한 열정과 활달한 성격, 화술, 인맥, 산업을 읽는 눈, 경영학에 대한 지식, 영어능력, 문서작성 능력 등 다양한 요건들이 있지만, 단순하게 생각하면 언제 어디서라도 잘 써먹을 수 있는 **'즉시전력감' 또는 '멀티 플레이어'면 된다.**

대부분의 예비 스포츠마케터들이 중점석으로 생각하는 요인은 스포츠에 대한 열정이겠지만, 스포츠를 사랑하지 않으면서 이 산업에 뛰어드는 사람은 현실적으로 없다고 볼 때, 그 외의 것들을 갖추는 것이 더욱 중요하다. 성격은 쉽게 고칠 수 있는 부분이 아니므로 개인적 성향에 대한 카테고리는 '너자알' 프로세스를 활용하면 좋을 것 같다.

학업적 배경은 딱히 정답이 없지만, 각 학과별로 반드시 갖추고 졸업할 것이라고 기대하는 부분이 있기에 전공과 상관없이 그 핵심을 키우려고 노력해야 한다. 마지막으로 전문성 카테고리는 지금 당장 '전문성이 있고 없고'를 가지고 '자질이 있다 없다'를 판단하지 말고 앞으로 정복할 목표로 삼고 차근차근 준비하자고 마음먹는 것이 편할 것이다.

입 시

스포츠마케터가 되기 위한 전문 교육기관은 어디가 있으며

그리고 내가 준비해야 하는 것은 무엇일까?

스포츠마케팅 전문학과를 가야 하는 것인가 아니면

학교 네임 밸류를 생각해야 하는 것인가?'

스포츠마케팅과
대학입시

스포츠마케팅을 꿈꾸는 많은 이들은 대학입시 때부터 많은 고민을 한다. 막상 대학 졸업자들을 모두 감당할 자리가 없는 업계의 현실 속에서 이 좁은 문을 통과하고자 하는 사람들이 가장 먼저 떠올리는 질문이 바로 이것일 것이다.

'스포츠마케팅 취업과 대학입시는 어떤 관계가 있을까?'

본 챕터의 목적은 이미 대학과 학과가 정해진 사람들에게 좋은 선택을 했다 못했다를 판단해 주는 것이 아니다. 누누이 얘기하지만, 아직은 스포츠마케팅으로 진입하는 전형적인 모델이 없다. 스포츠마케팅의 정의조차 정확하게 인식되어 있지 못한 상황에서 '이 정도 학교에 이 정도 스펙은 있어야 한다'고 당당히 얘기할 수 있는 사람이 몇이나 있을까?

'나는 이렇게 스포츠마케터가 됐다'라는 성공 스토리는 특정 상황에서 수많은 요인이 동시다발적으로 작용한 그만의 케이스일 뿐이다.

아직 많은 이들이 이에 대해 잘 인지하지 못하고 있는 것 같다. 그간 블로그나 이메일로 받은 상담 내용을 통해 그들의 고민을 듣고 있으면, 과연 내 대답이 그들에게 제대로 적용될 수 있을까 하는 두려움이 드는 것이 사실이다. 질문의 상당 부분을 차지하는 것은 대학입시, 편입, 대학원 입시, 유학 등 '입학'에 관련된 내용들이다. 준비하는 사람의 입장에서는 당연히 첫 단추를 제대로 채우고 싶을 것이다. 정형화된 길은 없다 하더라도 스포츠마케터들이 가지는 공통분모는 반드시 있을 것이란 생각 아래 지금까지 글을 이어왔다. 이번에는 대부분의 사람들이 궁금한 대학(원)입시에 대한 얘기를 해볼까 한다.

대학 입시

상담을 요청하는 상당수의 고등학생들이 가장 많이 던지는 질문 중 하나가 바로 '어느 학교의 어느 학과를 들어가야 하는가'이다. 결론부터 말하면 '정답'은 없다. 학교나 학과의 차이는 결국 '기회의 차이'일 뿐이다.

먼저, 학교의 네임 밸류에 대한 고민이다.

누구나 명망 있고 유명한 학교에 들어가고 싶어 한다. 하지만 모든 사람이 그럴 수 있는 것은 아니다. 간단한 예를 들어보자. A대학에 들어갈 실력은 되는데 이 대학에는 스포츠경영 관련학과가 없다. B대학은 실력도 충분하고 스포츠경영학과도 있는데 캠퍼스 위치가 서울이 아니다. C대학은 요구되는 입시 점수가 가장 높은 학교이지만 스포츠마케팅 심화전공을 위해서는 체육대학에 진학해야 한다.

그런데 이 세 학교가 모두 한 학군에 몰려 있다면 정말 운명의 장난이 아닐 수 없다. 이런 일들은 실제로 입시과정에서 꼭 일어나게 마련이다. 여기서 내려줄 수 있는 가장 명확한 대답은 하나다. 수능 직전까지 최선을 다해 가장 좋은 점수를 얻어라. 선택권이 많아진 후의 고민은 그때 가서 해도 좋다. 성적이 나온 뒤 입시 원서를 넣기 직전의 순간이라면 본인이 **선택할 수 있는 가장 최선의 학교를 선택하라.** '최선'이란 말이 무책임하게 느껴지겠지만 이는 본인이 어디에 더 많은 가치를 두느냐에 따라 달라진다.

학교 이름이 중요할 수도, 학교 위치가 중요할 수도, 학교 등록금이 중요할 수도 있다. 우리나라 부모님들이 자녀를 명문대에 보내려고 애쓰는 이유가 무엇인가? 다름 아닌 기회의 차이 때문이다. 학벌주의 때문만은 아니다.

유명 대기업들이 취업설명회를 흔히 말하는 SKY대학에서 하는 비율이 더 높은 이유와 입사 지원서에 기록하는 학교 이름이 중요한 이유는 똑같다. 명문대학의 좋은 학과에 지원할 수 있는 좋은 점수를 받은 사람이 스포츠를 너무 좋아해서 스포츠를 업으로 삼겠다며 스포츠경영학과가 있는 하위 대학에 가겠다면, 나는 선뜻 그렇게 하라고 말할 수 없을 것이다. 흔히 말하는 좋은 학교에 들어가는 게 손해 볼 일은 아니기 때문에 일단 가능한 최선의 점수를 얻고 나중에 결정하라는 얘기다.

단, 상대적으로 네임 밸류가 떨어지는 학교에 들어갔다고 해서 움츠릴 필요도 없다. 결국 중요한 것은 궁극적인 알맹이이기 때문이다. 다른 어떤 분야보다 명문학교의 강점이 상대적으로 적게 어필되는 스포츠마케팅 분야에서 필요한 건 실질적인 내공이다.

둘째, 스포츠마케팅 관련학과 진학에 대한 고민이다.

엄밀히 말하면 스포츠마케팅은 '스포츠경영학'의 한 세부영역이지만 일반적인 이해를 돕기 위해 여기서는 '스포츠마케팅 관련학과'로 통칭하겠다.

우리나라의 경우, **아직은 스포츠마케팅 시장 진출이 학과 불문의 무한경쟁이라 할 수 있다.** 최근 들어 급속히 늘고 있는 스포츠마케팅 관련학과가 전혀 무의미하다는 뜻이라기보다는 그곳을 통해 배출된 졸업생들이 자리 잡기까지는 좀 더 시간이 필요하다는 의미다.

스포츠마케팅 관련학과 선택에 대한 고민의 해결법은 의외로 단순하다.

스포츠마케팅 관련학과는 졸업생들을 실질적인 전문가로 키워야 한다. 예를 들어 당신이 일반 기업의 마케팅 담당 부장이라고 해 보자. 올 하반기는 스포츠대회 스폰서십으로 마케팅 방향을 결정하였다. 자, 그렇다면 그 이유 하나만으로 스포츠마케팅을 전공한 사람을 채용하겠다고 고집할 수 있을까? 대답은 아마 '그렇지 않다'일 것이다. 반면에 새로 건축하는 골프장의 시설 관리 스태프가 필요한 경우라면 체육시설 관리는 물론 골프장 산업의 특징도 잘 아는 사람이 필요할 것이다.

스포츠마케팅 관련학과에 진학하고자 하는 사람들은 좀 더 확실한 목표의식을 가졌으면 한다. 취업시장에 뛰어든 일반 취업준비생들의 스펙과는 조금 다른 확실한 '전문성'이 있어야 한다.

반면에 스포츠가 너무 좋아서 직업으로도 삼고 싶은데 명확한 그림이 그려지지 않는 고등학생이라면 스포츠경영학과를 고집하지 말고 일반 상경계열을 노려보라고 조언하고 싶다. 왜 이처럼 스포츠마케팅 산업의 차가운 현실을 강조하는지, 졸업할 때 즈음이면 알게 될 것이다.

스포츠마케팅 관련학과는 전문가로 성장할 수 있는 '빛'이 있는 반면 기회의 폭을 좁게 만드는 '어둠'이 있다. 학과를 선택하기 전 절대 잊지 말아야 할 사실이다.

대학교 편입

대학교 편입을 원하는 사람들은 스포츠마케팅에 대한 새로운 관심과 열정을 가지고 있기 때문에 굳이 다른 학과 공부를 마친 뒤에 스포츠마케팅 산업으로 뛰어들기보다 바로 관련학과로 편입해 기초적인 지식 및 경험을 쌓고자 희망하는 사람들이다. 괜찮은 선택이다. **기존의 배경에 한계를 느낀 사람이라면 관련학과로 편입해 새로운 '시작'의 기회를 만드는 것은 분명 도움이 된다.** 다만 모든 것은 선택과 집중의 문제이다. 학교를 졸업한 뒤 시간이 너무 많이 흘러 나이가 찼다거나, 현장에서 경험을 쌓아 나가야 할 시기에 편입 준비를 위해 1~2년을 허비한다면 좋은 현상은 아니다.

나이는 결코 근본적인 요인은 아니지만, 스포츠마케팅은 세상과 단절하고 신림동 고시원에 틀어박혀 고시 패스를 위해 올인하는 그런 종류의 일이 아니다. 편입하기에 가장 적당한 시기는 대학교 2학년을 마치고(2년제의 경우는 졸업하고) 바로 준비 과정을 거쳐 원하는 대학으로 편입하는 것이다. 국내 편입의 경우, 스포츠 경영학을 특화시킨 학교의 수가 아직 많지 않은데다 편입 경쟁 자체가 치열하기 때문에 그 과정이 결코 만만치 않다.

외국 대학 편입은 일반 유학 준비 과정과 다를 바가 없다. 유학에 대한 얘기는 별도로 심도 있게 다룰 예정이지만, 중요한 것은 여기서도 확실한 동기 및 관련 경험 등 자신이 그 학교에 들어가야 하는 이유를 명확히 드러낼 수 있는 준비가 충분히 되어 있어야 한다는 점이다. 이런저런 경우의 수를 볼 때, 대학교 편입은 들어가려는 결정보다 들어가는 일이 더 어려울 것이다.

대학원 진학

상담 과정에서 가장 문의가 많은 분야 중 하나가 바로 대학원 진학 관련이다. 기존의 체육계열 대학생, 비체육계열 대학생, 졸업생, 회사원 등 스포츠마케팅에 관심을 가진 모든 분야의 학생/일반인들이 대학원 진학에 관한 질문을 한다. 학문의 최고 상위 교육기관인 대학원이 오늘날에는 스펙이나 취업, 학벌 세탁, 심지어 군대 연기의 수단으로까지 변질되고 있어서 매우 안타깝다. 예비 스포츠마케터들의 경우 대학원에 가야 하는 이유를 명확히 분석하지 않고 무작정 도전했다가는 큰 실패를 겪을 수 있으므로 유의해야 한다. 대학원에 진학하는 이유는 여러 가지겠지만, 현실적인 분석은 아래와 같다.

첫째, 전공 분야의 전문가가 되고 싶다.
둘째, 대학원 진학을 통해 커리어를 전환하고 싶다.
셋째, 학벌을 업그레이드하고 싶다.
넷째, 인맥과 네트워크를 쌓고 싶다.

다섯째, 석사 학위를 따서 더 좋은 조건으로 회사에 취업하고 싶다.

여섯째, 석 · 박사 과정을 거쳐 교수가 되고 싶다.

이미 밝힌 대로 미국 유학 과정을 통해 스포츠 경영학 석사학위를 받은 나는 여섯 번째 목적인 '교수 임용'을 제외한 다섯 가지 부분에 해당하는 결과물을 기대하고 대학원에 들어갔다. 스포츠마케팅의 전문 지식에 대한 배고픔이 있었고, 커리어 전환을 위한 시발점이 필요했으며, 또 부끄러울 정도로 낮은 졸업 학점(나의 경우, 학벌보다는 학점 세탁이란 말이 더욱 어울린다)을 극복하고 싶었다. 하지만 미국에서 지내는 동안 외국인으로서의 한계를 워낙 많이 느꼈던 터라 인맥에 대한 큰 기대도 하지 않았고, 더 좋은 조건의 취업도 생각만큼 쉽게 이뤄지지 않을 것이란 걸 어느 정도 예감하고 있었다.

결론부터 얘기하면, 대학원 진학을 원하는 사람이라면 위의 여섯 가지 결과물을 쉽게 얻을 수 있으리라 기대해서는 안 된다. 오히려 여섯 가지 혜택을 얻기 위해 모든 것을 걸고 노력해도 될까 말까. 이는 국내 대학원이나 해외 대학원이나 모두 마찬가지다.

앞에서 여러 번 강조했지만, 스포츠마케터에게 필요한 전문성과 영어실력, 경험 등은 대학생이건 대학원생이건 누구에게나 필요한 조건이다. 만약 대학 시절에 관련 경험을 충분히 쌓은 반면 지식의 부분에서 조금 부족한 면이 있어 대학원에 진학한 사람이라면 내공을 다지는 의미 있는 시간이 될 것이다.

스포츠마케팅과 대학 입시의 관계를 뭉뚱그려서 정리하는 것보다 개별 상담을 통해 각 케이스별로 조언하는 것이 더욱 적합할 것이다. 하지만 현재 국내 상황을 감안할 때 이 둘의 상관관계에 대한 해답을 줄 수 있는 사람은 사실상 없다. 단지 의견만 있을 뿐이다. 하지만 위의 글들을 정리하면서 내 스스로 느낀 결론은 있다.

첫째, 학교나 학과의 선택은 '커리어'의 완성이 아니라 '기회의 차이'일 뿐이다.

둘째, 이미 학교와 학과가 정해져 있는 사람이 스포츠마케팅에 도전하고 싶다면 학교나 학과의 이름에서 떨어질 콩고물을 기다려서는 안 된다. 반대로 졸업 전에 본인이 기대하고 있는 콩고물을 얻기 위해 목숨을 거는 자세가 필요하다.

스포츠마케팅을 전공한 사람에게 누군가 '와, 그럼 이 분야는 전문가겠네' 하고 얘기할 때 '사실은 배운 게 없어요. 대학이 다 그렇죠, 뭐' 하고 말할 정도의 수준이라면 시작부터 이런 고민을 할 필요조차 없다. 인생의 의미는 여러 곳에서 찾을 수 있지만, 미래에 대한 목표의식이 확실하게 정해진 뒤에는 '끝장을 보겠다'는 자세를 가져야만 성공할 수 있다.

국내 스포츠마케팅 입시정보

개인적으로 스포츠마케팅(또는 스포츠경영학)은 체육학, 경영학, 사회심리학 등이 모두 결합된 하나의 차별화된 학문이라고 생각한다. 따라서 이 학문이 체육학과에 포함되어 있는지 기타 학과에 포함되어 있는지는 크게 중요하지 않다. 다만 현실적으로 필요성이 더 많고 시너지 효과가 큰 학과에 편입될 때 더욱 빛을 발할 뿐이다. 결론적으로 국내 학교 중에 경영학과 내에 스포츠경영학/마케팅 과정이 포함된 대학교는 아직 없다. 대신 스포츠마케팅학을 스포츠경영학이나 스포츠산업학의 하위 학문에 포함시켜 체육대학 내에 묶어놓은 학교가 대부분이다.

물론 스포츠마케팅을 하나의 학과로 분류하여 교육하는 전문대학들도 있다. 냉정히 말해, 스포츠마케팅만 4년 동안 배우기에는 그 기간이 너무 길다. 체육학이나 경영학 등 다양한 학문과 혼합된 모습으로 스포츠 비즈니스에 접근하고, 더 전문적으로 필요한 내용은 대학원에 진학하여 연구 · 개발하는 것이 올바른 진로이고 방향이라고 생각한다. 물론 학업과 동시에 현업에서 경험을 많이 쌓는 것이 가장 좋다.

위에 언급했듯이 국내 대학의 스포츠마케팅에 대한 접근은 주로 체육계열 학과와 밀접한 관련을 갖고 있다. 이들은 최근 급격히 성장하고 있는 스포츠 산업 발전에 맞추기 위해 커리큘럼에 스포츠경영학, 스포츠사회학, 스포츠마케팅, 스포츠정책 등의 과목을 계속해서 추가하고 있다. 학교의 입장에서는 우수한 졸업생 배출과 그들의 성공적인 취업이 1차 목표이므로 요즘 가장 유망하다고 하는 스포츠경영 전문 인력 양성에 대한 관심이 상당하다.

학과의 이름은 다르지만 학교별로 최소 1~2과목 이상은 스포츠경영 및 마케팅 관련 과목을 개설하고, 졸업생의 취업률을 높이기 위해 관련 분야 인턴십과 상급 수준의 공인영어점수를 의무화하는 학교들도 많다. 하지만 여전히 생활체육, 레저스포츠, 체육교육 전문 인력 양성에 가까웠던 과거의 커리큘럼이 그대로 유지되고 있는 경우가 많고, 스포츠마케팅을 경영학적 관점에서 현장 업무와 직접 연계해서 진행하는 과정은 아직 많이 부족하다. 졸업생의 취업률은 학교 입장에서도 매우 중요한 지표 중 하나이므로, 유망하다는 이유만으로 학과를 개설하거나 입학생을 많이 받아놓고 그만한 성과를 내지 못했을 때의 위험성이 부담스럽기 때문이다.

2019년 기준 스포츠경영(또는 스포츠산업) 관련학과가 설치된 대학은 10곳 내외로 파악된다. 아직은 초기 단계이며, 전문인력 양성을 위한 교육 인프라가 전국적으로 퍼져 있다고 말하기는 어렵다. 하지만 몇몇 학교는 학부 과정부터 경쟁력 있는 스포츠산업 실무자를 배출하기 위한 커리큘럼을 제공하고 있다. 일반적으로 '체육교육과', '사회체육학과' 등은 스포츠마케팅 전문 학과라 부르기에는 무리가 있다. 오히려 '스포츠산업', '스포츠경영'이라는 단어가 들어가야 교과목 자체에 스포츠마케팅 관련 수업이 많이 포함되어 있는 편이다.

현재 국내 대학에 존재하는 스포츠마케팅 관련학과를 모두 담아내기는 쉽지 않다. 또한 학과나 학부, 계열 등의 이름으로 시시각각 변하는 대학 교과

과정을 모두 반영할 수도 없다. 따라서 매년 중앙일보에서 발표하는 대학평가 상위 20개 학교의 관련학과 및 기타 학교 중 직접 관련이 있는 학교를 중심으로 학과 개설 정보를 찾아보았다.

2018 중앙일보 대학평가 종합 순위 TOP 20 – 스포츠마케팅 관련학과명

1	서울대 – 체육교육과(전공필수 과목에 일부 관련 수업 포함)
2	성균관대 – 스포츠과학대학
3	한양대(서울) – 스포츠산업학과
4	고려대(서울) – 체육교육과(심화전공 과목에 일부 관련 수업 포함, 대학원에 '스포츠비즈니스' 전공)
5	연세대(서울) – 스포츠응용산업학과
6	경희대 – 골프산업학과
7	서강대 – 없음
8	이화여대 – 신산업융합대학 체육과학부(스포츠 산업 트랙)
9	한양대(ERICA) – 예체능대학 스포츠과학부
10	중앙대 – 스포츠과학부 스포츠산업 전공
11	아주대 – 스포츠레저학과
11	인하대 – 스포츠과학과(스포츠산업 트랙)
13	한국외대 – 국제스포츠레저학부
14	서울시립대 – 스포츠과학과
15	건국대(서울) – 체육교육과
16	부산대 – 스포츠과학부
17	동국대(서울) – 체육교육과
18	국민대 – 스포츠산업레저 전공
19	서울과학기술대 – 스포츠과학과
20	숙명여대 – 체육교육과

기타 학교 *국립대 중 '체육교육과', '사회체육학과'로 존재하는 학과는 제외

수도권

경기대 – 스포츠과학부 스포츠산업경영 전공
경동대(메트로폴 캠퍼스) – 스포츠마케팅학과

충청권

남서울대 – 스포츠비즈니스학과
단국대 – 스포츠경영학과
상명대 – 스포츠산업학과
서원대 – 레저스포츠학과
호서대 – 스포츠과학부(골프스포츠산업 트랙)

호남 제주권

조선대 – 스포츠산업학과
남부대 – 스포츠레저학과
우석대 – 스포츠지도학과
한국교통대 – 스포츠학부 스포츠산업학 전공

대구 경북권

계명대 – 스포츠마케팅학과

석사 이상 프로그램을 제공하는 주요 학교

경희대 – 테크노경영대학원 글로벌스포츠경영(기업제휴 MBA 과정)
계명대 – 스포츠산업대학원
국민대 – 스포츠산업대학원 스포츠경영, 축구산업
서울대 – 체육교육과 대학원 글로벌스포츠매니지먼트

한양대(서울) - 일반대학원 글로벌스포츠산업학과

한양대(ERICA) - 일반대학원 융합산업대학원 스포츠경영학전공

스포츠마케터가 되는 길은 본인의 노력이 문제일 뿐, 대학과 학과명이 모든 것을 좌우하지는 않는다. 그렇다고 시중에 나와 있는 책 등으로 독학을 하기에는 자료가 부족한 것도 사실이다. 중요한 것은 현업에서 일하고 있는 많은 스포츠마케터 가운데 이런 전문화된 과정을 이수한 사람이 몇이나 되겠느냐 하는 것이다. 어떤 학과가 됐던 간에 정해진 목표를 위해 노력하는 과정이 더욱 중요하다.

스포츠마케팅 관련학과에 진학해 스포츠마케팅에 대한 기본 지식과 경험을 쌓고 졸업한다면 관련 업종 취업에 당연히 큰 도움이 될 것이다. 하지만 중요한 것은 목표의식이다. 스포츠를 사랑하고 그와 관련된 일을 하고 싶은 사람은 반드시 장기 계획을 짜고 거꾸로 거슬러 가며 단기 계획을 수립해야 한다. 원하는 학교의 자세한 정보는 학교 홈페이지, 학교 입학설명회, 입시학원 등을 통해 수집할 수 있다.

해외 스포츠마케팅
입시정보

　해외 스포츠마케팅 입시라고 했을 때 떠오르는 국가는 아무래도 미국, 영국, 그리고 호주 정도일 것이다. 먼저 미국은 가장 선진화된 스포츠 시장과 비즈니스 구조를 갖추게 된 역사와 걸맞게 많은 대학들이 스포츠경영학을 개설하고 있다. 최근 한국 학생들의 미국 대학(원) 진학 비율도 갈수록 높아지고 있다. 미국이 스포츠 천국인 것을 반증하듯이 스포츠 경영학과가 개설된 학교의 수는 400여 개에 이를 정도다.

　미국의 스포츠경영학 관련학과 개설 학교 리스트는 북미스포츠경영학회 NASSM(North American Society for Sport Management)의 홈페이지(www.nassm.com)의 'Progam' 부분에 들어가면 일목요연하게 확인할 수 있다. 학교별 학사(Bachelor), 석사(Master), 박사(Doctoral) 프로그램 개설 유무까지 잘 표시되어 있어 보기에 매우 편리하다.

　하지만 학교별 입학 조건, 커리큘럼의 특징, 학비, 졸업 후 예상 진로 등의 정보는 스스로 파고들어 자료조사를 해야 한다. 최근에는 스포츠마케팅 전문 유학 에이전시들이 있어 한국에서도 쉽게 검색을 통해 자료를 얻을 수 있다.

유학 희망자들은 학교의 일반적인 명성, 스포츠팀의 명성, 위치, 채용 가능성 등 여러 가지 고려를 해야 한다. 전공개설 학교 수와 프로그램이 워낙 다양해 여기서는 일일이 학교 이름을 열거하지 않겠다. 관심이 있다면 직접 NASSM 홈페이지를 방문해 세세하게 살펴보기 바란다.

영국의 스포츠산업은 우리나라에 비해 전반적으로 많이 성장해 있다. 특히 프리미어리그를 중심으로 한 축구의 인기와 관심도가 매우 높고, 이에 따라 축구와 관련한 산업 규모가 스포츠산업에서 차지하는 비중이 높다. 따라서 스포츠 관련 전공으로 유명한 대학은 대부분 축구와 연관된 스포츠 비즈니스를 연구하는 곳인 경우가 많다.

영국의 스포츠 대학 정보는 미국의 NASSM처럼 일목요연하게 정리된 자료는 없었다. 여러 경로를 통해 수집된 스포츠마케팅학과 개설 학교 수는 약 20여 개로 파악되었다. 축구 종주국의 이미지와 아마추어 스포츠 강국으로 대표되는 나라치고는 많지 않은 숫자다. 주요 명문 대학교에서는 관련 전공을 찾을 수 없었고 리버풀이나 맨체스터 대학 등 축구와 밀접한 관련이 있는 몇 개 도시의 학교를 제외하고는 그다지 눈에 띄는 학교가 없었다.

영국의 스포츠마케팅 관련 대학 리스트는 아래와 같다. 하지만 순위는 참고 자료일 뿐 절대적 기준이 될 수 없다. 오히려 스포츠경영학과의 특수성을 감안해야 한다는 점을 다시 한 번 강조하고 싶다. 학교에 대한 자세한 정보는 홈페이지를 통해 확인해 보길 추천한다. 아무래도 대학원 입시 준비생이 더 많을 거라 예상하고 대학원 정보를 중심으로 기술했다.

- Loughborough University
- University of Liverpool
- University of London, Birkbeck (Birkbeck Sport Business Centre)
- Leeds Beckett University

- University of Worcester

- Manchester Metropolitan University

- Coventry University

- De Montfort University

- London Metropolitan University

- Sheffield Hallam University

- University of Central Lancashire

- University of Wolverhampton

- Bournemouth University

영국 대학의 한 가지 명확한 특징은 학사과정 3년, 석사과정 1년 등 빠른 학위 취득이 가능하다는 점이다. 하지만 취업이나 경험 축적, 네트워크 구축 등의 시간을 고려한다면 빠른 학위 취득이 꼭 좋은 것만은 아니다.

반면 세계 최고의 스포츠 리그로 불리는 프리미어 리그 시장을 바로 옆에서 경험하고 배울 수 있다는 점은 확실한 강점이라고 할 수 있다. 한국 선수들의 꾸준한 활약 덕분에 프리미어 리그 구단에 관심을 보이고 있는 한국 기업들이 늘고 있는 점을 감안하면 졸업 후 한국 기업의 스포츠마케팅팀 취업을 노리는 것도 한 방법이 될 수 있다. 단, 스포츠마케팅팀이 구성되어 있는 대부분의 기업들은 신입이 아닌 경력직으로 인력을 충원하는 경우가 대부분이므로 유학을 가더라도 최소 석사 이상 또는 관련 직종에서 경력을 쌓아두는 것이 반드시 필요하다는 점을 잊지 말자.

미국, 영국 이외의 캐나다, 유럽, 오세아니아, 아시아, 아프리카 지역 국가에도 스포츠 경영학과를 개설한 학교는 검색을 통하면 간간히 찾아볼 수 있지만 내가 딱히 추천하거나 의견을 달고 싶지는 않다.

해외 대학교/대학원 입시에 대한 얘기는 다음 장 유학 편에서 더 자세히 논하고자 한다.

| 3장 |

스포츠마케팅 유학

내 인생의 목표를 이루기 위해

유학이 필요한 것인가를 진지하게 물어라.

그리고 그 답을 찾는 과정에서 스스로 정답을 알게 될 것이다.

스포츠마케팅 유학,
댁도 갈 수 있수

유학 스펙의 시대는 끝났다

더 이상 유학은 '이웃집 이야기'가 아닌 시대이다. 요즘 아이들 사이에는 조기유학 1~2년이 마치 아이들 조기 스펙처럼 여겨진다고도 한다. 한국인들의 미주, 유럽 지역으로의 유학은 이미 한 세대 이상의 역사를 지니고 있다. 최근 국제적 위상이 급격히 상승하고 있는 중국으로의 유학, 영어권 국가 유학의 금전적 부담을 덜어줄 수 있는 동남아권 유학 등도 최근 트렌드 중 하나다.

유학의 추세 또한 대학원 과정에서 학부 과정으로, 또 중·고등 교육으로까지 바뀌고 있다. 갈수록 조기유학 하는 학생들의 평균 나이가 어려진다는 점을 보면 이제 유학은 스펙으로 여겨질 것 같지는 않다.

학부 유학을 택하는 이유는 미국의 더 나은 환경에서 교육을 받을 수 있고, 또 대학을 졸업하면 더 좋은 조건의 직업을 찾을 수 있을 거라는 희망 때문이다. 대학원처럼 확실한 전공을 학문적으로 연구하는 대신 학부에서 4년 동안 영어를 익히고 다양한 커리큘럼을 접하면서 직장을 찾으려고 하는 것이다.

또한 미국에서 공부를 마친 후 한국에 돌아왔을 때 '영어 실력', '해외 경험' 덕분에 직장을 조금 더 쉽게 찾을 수 있을 것이라는 기대도 크고, 영어권 국가나 국제단체, 국제기관 등에서 일할 수 있는 폭넓은 기회가 주어질 것이라는 점도 고려한 것이다. 앞에서 이미 설명한 것처럼 유학의 문턱이 점차 낮아지고 있다는 것은 곧, 의지만 분명하다면 누구나 유학을 갈 수 있다는 의미이기도 하다.

유학의 가장 큰 걸림돌은 아무래도 학비일 것이다. 하지만 이 부분도 많이 좋아졌다. 여전히 미국인에 비해 학자금 지원이 적기는 하지만, 돈 보따리 싸들고 학교를 찾아주는 외국인 학생들을 위한 장학금 시스템이 갈수록 나아지고 있다. 실제로 나 역시 대학원 유학 시절 조교 업무를 통해 근로 장학금을 받아 보았다.

어렵게만 생각되던 유학의 방식이나 절차도 정형화된 틀이 잡혔다. **스포츠 마케팅 유학 역시 일반 유학과 준비 절차에서 별 차이가 없으므로 틀만 잘 갖추면 아무런 문제없이 유학을 떠날 수 있다.** 다만 유학 결심에서부터 실제 유학까지는 반드시 일정 시간 이상이 걸린다는 점을 고려해야 한다.

해외유학을 위한 기본적인 절차는 다음과 같다.

- 유학 결정: 입학 18개월 전
- 자료 확보: 입학 17개월 전
- 학교 결정: 입학 16개월 전
- 원서 신청: 입학 15개월 전
- 시험 준비: 입학 15개월 전부터 12개월 전까지
- 원서 및 기타 서류 준비: 입학 12개월 전
- 원서 발송: 입학 약 9개월 전
- 합격: 가을학기 시작 9월 1일 기준으로 약 5~7개월 전

- 현지 적응 사전 준비: 입학 약 4개월 전
- 비자 발급 및 출국 준비: 입학 약 90일 전
- 출국: 학기 시작 약 60일 전

위 프로세스에서도 알 수 있듯이 일반적으로 **해외유학을 결심한 후에는 넉넉하게는 1년 반, 짧아도 1년의 시간이 필요함을 알 수 있다.** 이 정도 여유를 가지고 온오프라인에 널려 있는 자료를 참고하여 준비한다면 유학원의 도움 없이도 누구나 한번 스스로 도전할 수 있는 과제라 할 수 있다. 정말 중요한 것은 유학을 간다는 사실이 아니라 무엇을 얻어 오느냐이다. 졸업장 한 장만으로는 아무것도 할 수 없는 세상이 왔다는 것은 유학을 가지 못한 이들도 하루하루의 삶을 진심으로 치열하게 살고 있다는 반증이 아닐까?

떠나야 하는 이유를 찾아라

우리는 왜 유학을 떠나는가. 미국에서의 지난 5년(유학생활 2년 포함)을 돌이켜 보면, 나 스스로도 '내가 그간 들인 돈과 정력을 따져 보면 유학, 꼭 갔어야만 했을까?' 또는 '만일 내가 유학을 안 갔다면 지금의 일을 하지 못했을까?' 하는 질문을 가끔 할 때가 있다. 유학이라는 꼬리표는 내가 원하건 원치 않건 제3자가 나를 평가하는 기준이 되어 버렸다. 그리고 그런 꼬리표를 지닌 사람이 너무 많아서 그다지 특별해 보이지 않는다는 사실을, 믿고 싶지 않지만 받아들여야만 한다.

유학이 '황금알을 낳는 거위'가 되던 시절은 이미 끝났다. 이 말은 곧 대학교든 대학원이든 '왜 가야 하는가'에 대한 질문에 제대로 답을 할 수 있을 때만 떠나라는 완곡한 조언이기도 하다. 스무 살의 나이에 유학을 떠나 4년의 시간을 보내면서 여타 유학생처럼 수업을 듣고 방학 때마다 한국을 찾아 시간을 보내는 것과, 한국에서 일반 대학 경영학과에 진학해 방학 때마다 다양한 스포츠 분야에서 인턴십 등으로 경력을 쌓으며 취업의 기회를 노리는 삶 중 어떤 것이 더 가치 있다 말할 수 있겠는가. 당연히 후자이다.

목적 의식이 없으면 선진 스포츠 시장이 갖춰진 외국으로 나간다 한들 어떤 콩고물도 얻어내지 못한다. 반면에 명확한 목표를 가지고 외국 대학 생활을 알차게 보내고 시장의 다양함을 최대한 활용해서 여러 분야의 전문지식과 경력을 쌓는다면 한국이라는 울타리에서만 배운 사람은 절대 넘을 수 없는 '사기캐릭터'가 만들어질 수도 있는 것이다.

대학원의 예를 봐도 마찬가지다. 대학원 진학 이전에 이미 목표를 설정하고 목표 달성을 위해 어떤 프로세스를 거쳐야 하는지 확인한 다음 모든 것을 내던져 집중해야만 한다. 다시 말하지만 스포츠경영학은 '해외 대학 TOP10 MBA 출신'처럼, 어느 회사 경력직 공고에 자격요건으로 적혀 있는 학문이 아니다. 따라서 단순한 학위 취득은 의미가 없다.

준비된 자들에게 해외유학은 확실한 기회의 땅이다. 반면에 **스포츠 시장이 수익 창출 모델이 되지 못하고, 인력 수요가 탄력적이지 못한 한국의 상황에서 해외 유학을 통한 국내 취업이 정답일 수만은 없다.** 내가 생각하는 내 인생의 장기적인 목표는 '나 자신의 브랜드화'이다. 나는 오늘도 그 목표를 달성하기 위해 멈추지 않고 뛴다. 그 과정에 이미 명문대 입학, 장교 복무, 해외 유학, 취업, 결혼 등의 키워드들이 놓여 있다.

글을 읽는 여러분도 같은 방법으로 고민해 보길 바란다. 먼저 자기 자신에게 유학을 통해 인생의 진로를 결정하는 것이 아니라 내 인생의 목표를 이루기 위해 유학이 필요한 것인가를 진지하게 물어라. 그리고 그 답을 찾는 과정에서 스스로 정답을 알게 될 것이다.

유학 결정을 위한 고려사항

꼭 기억해야 할 다섯 가지

지금 이 책을 펼친 독자 중 스포츠마케팅 유학을 한번 이상 생각해본 사람이 있다면 반드시 다음의 다섯 가지 사항을 충분히 고려해서 유학을 결정하기 바란다.

첫째, 영어 기본기

많은 유학 희망자들의 큰 착각 중 하나가 유학을 다녀오면 최소한 영어 정도는 정복하고 졸업할 수 있을 것이란 기대다. 단언컨대 이것은 사실이 아니다. 나는 유학을 떠나는 나라의 언어를 이미 정복한 상태에서 떠나는 사람만이 성공할 수 있다고 본다. 나 역시 미드(미국드라마)만 보다 미국으로 떠난 사람 중 하나지만, 대학원 진학 이전에 3년의 미국회사 생활을 하며 언어장벽을 극복했다. 나와는 경우가 다르겠지만, 한국에서 가능한 모든 리소스를 이용해 언어 실력을 갖춘 후 유학을 떠나야 한다.

대학원 시간이 얼마나 빠른지 아는가? 미국은 2년, 영국은 1년이다. 적응하다 보면 끝난다. 인턴십이나 경력은커녕 수업 쫓아가기 급급한 채 졸업을 하게 된다.

일례로, 한국에서 영어 말하기 대회, 대학 영어 강의 등에 꾸준히 참여해 영어를 생활화한 후배가 미국에서 성공적으로 적응을 마치고 곧바로 경력 쌓기에 돌입했다는 얘기를 들었다. 스포츠마케팅 분야는 특히 영어의 실용성이 큰 분야이다. 책상에 앉아 영어 자판만 두드린다고 해결되는 분야가 아니다. 실제로 현장업무, 회의, 협상, 계약이 일상인 스포츠마케터들에게 영어는 무엇보다 필수적인 요소이다. 특히 중요한 것이 말하기(Speaking)인데, 늦은 나이에 유학을 떠난 대학원생들은 보통 듣기(Listening)와 읽기(Reading) 능력이 말하기 능력을 앞선다. 하지만 스포츠마케터들은 말하기가 더 중요할 때가 많다. 영문법이 익숙한 한국인들이 알지 못하는 구어부터 그들만의 은어까지 알고 자유롭게 사용할 줄 아는 능력이 필요하다.

다시 한 번 말하지만 영어 기본기를 갖춘 뒤 유학을 떠나기 바란다. 적어도 듣기와 읽기는 완벽한 상태에서 떠나는 것이 불필요한 적응 기간을 최소할 수 있는 길이다.

둘째, 기회비용

유학을 결심하고 떠나는 시점은 아마 그 사람 인생의 '터닝 포인트'로 기억될 가능성이 매우 크다. 자기 인생의 길이 결정되는 20대(혹은 30대)의 몇 년을 외국 생활에 투자한다는 것은 그 시간 동안 잃는 것도 있다는 것을 명심해야 한다.

동기들이 취직할 때 나는 외국으로 떠나 5년간의 세월을 보낸 후 스포츠업계에서 새 인생을 시작했다. 덕분에 출발이 그만큼 늦었던 게 사실이다. 하지만 남들과 단순 비교가 불가한 전문 분야에서 일하고 있으므로 '난 괜찮아' 하고 자신을 위로하며 열심히 일하고 있다. 유학이 가져올 이득과 그로 인해 포기해야만 하는 사항들을 사전에 명확히 파악해야만 한다.

셋째, 차별성

대형 마트에 가는 것은 쉽지만 무엇을 구매하는지는 사람마다 다른 것처럼, 유학이라는 마트에 들어가기 전에 과연 무엇을 장바구니에 들고 나올지 잘 생각해봐야 한다. 마트 밖에서 식사를 기다리는 잠재 고용인들이 기다리고 있다고 가정하면 내가 사온 재료들로 만들어낼 음식들이 그들을 어떻게 만족시킬지 고민하지 않을 수 없다. 된장찌개, 정통 이탈리안 파스타, 수제 햄버거 아니면 나만의 메뉴로 개발해 고유 이름을 붙인 '스티브 순대'……. 선택은 본인의 것이다.

넷째, 유학 기간

유학으로 인한 경제적 부담은 물론 외로움과 고독함 역시 모든 유학생들의 고민거리이다. 반면 지나치게 긴 유학 기간은 현지 생활에 익숙해지면서 절박함을 없애기 마련이다. 스포츠산업 시장은 마치 스포츠 경기처럼 치열하다. 한순간에 뜬 선수나 스포츠 종목이 다음해에 없어지기도 한다. 정확한 기간과 그에 맞는 목표를 세우고 필요한 학업과 경험을 쌓는 데 집중하라.

물론 취업을 위한 의도적 학업 지연은 오히려 도움이 되기도 한다. 나 역시 졸업 후 미국을 떠나야 하는 입장이었기에 조금 더 경험을 쌓기 위해 졸업을 한 학기 늦춘 케이스다. 최초 계획은 언제나 수정되기 마련이지만 세밀한 계획 없이 졸업 시기만 기다리는 사람은 해무(海霧) 속을 표류하는 배와 다를 바 없다. 2년이 됐건 3년이 됐건 정확한 기간과 목표를 세우고 그 기간 안에 원하는 바를 이루기 위해 최선을 다하는 자세가 필요하다.

다섯째, 투철한 신념

가장 중요한 것은 성공에 대한 투철한 신념이다. 진부하게 들릴지 모르지만, 신념이 없으면 잘 나가다가도 한번의 좌절로 모든 것을 놓아버리게 된다. 모든 유학생들의 공통적인 고민이겠지만, 스포츠경영학 유학의 과정은 불확실성과의 싸움이자, 끊임없는 마인드 컨트롤을 통한 일종의 기수련이다. 한국을 떠나 외국에 있으면 남들은 이미 내가 뭐라도 된다는 듯 기대감을 한껏 높이겠지만, 외국에서 겪는 이방인으로서의 차별, 한국과 떨어져 있는 동안 상대적으로 뒤쳐지는 정보력, 쉽지 않은 현지 적응 및 취업의 압박에서 오는 스트레스가 보통이 아니다.

또한 스포츠업계의 보수도 큰 방해 요소이다. 실제로 일을 해본 사람은 알겠지만, 스포츠업계의 짜디짠 보수는 해외 유학까지 다녀온 사람에게 허탈감을 안겨줄 정도이다. 이 모든 것들이 신념이 없으면 극복되지 않는 것들이다. 끊임없이 이미지 트레이닝을 해 보자. 나는 2년 후에 무엇을 하고 있을까? 그렇다면 지금 무엇을 해야 할까?

학습환경은 확실히 우리나라보다 미국이 훨씬 낫다. 그래서 많은 학생들이 더 나은 학습환경을 찾아 유학을 떠나는 것이다. 하지만 학습환경이 갖추어졌다고 졸업 후의 인생이 보장되는 것은 아니다. 무슨 일이 있어도 취업을 하겠다는 다짐이 있어야 물불 안 가리고 도전할 수 있는 자신감이 생긴다.

대학교 or 대학원?

유학을 고민하는 사람들의 앞에 놓인 또 하나의 이슈가 바로 대학교를 가느냐 대학원을 가느냐의 문제이다. 기존에는 대학교 졸업→회사생활→대학원 유학이라는 전형적인 유학 스텝이 일반적이었으나 이제는 좀 산다고 하는 지역의 초중고에만 가도 조기유학 다녀온 아이가 반마다 4~5명은 있는 시대가 되었다.

이처럼 낮아진 유학의 문턱 덕분에 스포츠를 목표로 조기유학을 가는 이들도 심심치 않게 생겨나고 있다. 이들은 스포츠 선진국에서 대학교 과정부터 스포츠마케팅을 전문적으로 배우고 경험을 쌓기 위해 상당한 모험을 선택했다고 볼 수 있다. 또한 적지 않은 수의 고등학생들이 스포츠마케터를 꿈꾸며 나에게 유학을 상담하기도 했다. 과연 대학교와 대학원 유학의 좋고 나쁜 점은 무엇이며 또 무엇이 정답일까.

첫째, 스포츠마케팅 대학교 유학

4년 동안의 대학 생활을 통해 외국어 실력을 향상시킬 수 있다는 것은 확실한 강점이다. 하지만 그만큼 긴 시간 동안 재정적 부담을 안아야 한다는 사실을 간과할 수 없다. 일반적으로 사립대학 학비는 연간 약 2만 5,000달러에서 4만 달러이고, 생활비 역시 연간 2만 5,000달러는 족히 든다고 볼 때, 1년에 1억 원 정도는 계산하고 있어야 한다.

물론 스포츠마케팅은 여전히 한국에서 전문지식과 경험을 다양하게 쌓을 수 없는 특수 분야이기에 확실히 투자가치는 있다. 단순한 지역 스포츠 단체부터 프로스포츠에 이르기까지 마음만 먹으면 4년 내내 상당한 내공을 쌓고 돌아올 수도 있다. 또한 미국 대학에 입학하는 길은 생각보다 그렇게 어렵지 않다. 유학을 보낼 정도의 형편이 되는 가정이라면 몇 개의 입시학원만 꾸준히 다니며 필요한 점수를 따놓으면 어렵지 않게 4년제 대학에 들어갈 수 있을 것이다.

미국만 따져도 스포츠마케팅 전공이 개설된 대학이 400개가 넘기에 조금만 철저히 준비하면 절대 불가능하지 않다. 따라서 관건은 과연 4년의 투자비용만큼의 성과를 얻어낼 수 있느냐 하는 것이다. 외국이라는 환경에서 얻어낼 수 있는 이점, 예를 들어 영어의 완벽한 습득이나 다양한 스포츠 단체에서의 실무경험을 극대화시킨다면 이보다 좋은 과정은 없을 것이다.

한 가지 기억해야 할 점은 미국의 경우 대학교 유학을 가더라도 영주권 이상의 신분을 갖추지 못한 유학생은 졸업과 함께 미국에서 취업이 거의 불가능하다는 사실이다. 따라서 한국으로의 컴백을 예상한 취업 계획은 필수다.

사실 대학은 취업준비 훈련소가 아니라 사회생활의 텃밭을 마련하는 곳이다. 사람들과 다양하게 사귀고 미래를 위한 관계를 구성하는 것이 또 하나의 역할인 셈이다. 대학 졸업생들이 만드는 네트워크의 힘은 따로 강조하지 않아도 될 것이다. 이 점은 몇몇 유명 대학을 제외하고 유학생들이 한국으로 컴백했을 때 겪는 어려움이기도 하다. 스포츠마케팅은 특히 학교 랭킹에 많은 영향을 받지 않지만 학교 이름을 따지는 한국의 분위기를 고려하면서 학교를 선택하는 것도 필요하다.

둘째, 스포츠마케팅 대학원 유학

대학원 역시 재정적 부담이 상당하다. 비록 1~2년이지만 대학원 유학을 고민하는 지원자들은 부모님에게서 독립했거나 부양가족이 있는 연령인 경우가 많다. 또 다른 어려움은 영어다. 졸업 후 굳은 혀를 굴리기도 쉽지 않고, 길지 않은 기간 동안 영어를 마스터하기도 결코 쉬운 일이 아니다.

스포츠마케팅 대학원 유학은 목표 의식이 확실한 사람들이 가야 한다. 예를 들어, 비체육인 출신이 완전한 커리어의 전환이 필요한 경우, 체육인 출신이 좀 더 전문적인 스포츠마케팅을 배우고자 하는 경우, 또는 석·박사 과정을 거쳐 스포츠마케팅 산업 관련 학계로 진출하고자 하는 경우가 여기에 해당된다.

대학원 졸업생도 현지 취업에 관해서는 대학 졸업자와 같은 문제에 봉착하게 된다. 즉 영주권이나 시민권이 없는 사람들은 졸업 후 한국으로 돌아와 취업전선에 다시 뛰어들어야 한다. 따라서 이들에게 주어진 현장실습 기간은 단 1~2년뿐이므로 이 시간을 정말 알차게 보낼 필요가 있다.

대학원 진학 전에는 반드시 분야를 막론하고 회사 경험을 가지는 것이 좋다. 스포츠마케팅도 비즈니스의 일환이므로 회사생활, 조직생활, 자본의 흐름, 이윤창출의 구조를 이해하는 것이 상당한 도움이 된다. 내가 대학 졸업 후 바로 유학을 희망하는 사람들에게 항상 하는 소언이 바로 어느 정도 회사생활이 필요하다는 말이다. 회사생활은 다양한 네트워크를 쌓을 수 있는 기회이기도 하다. 따라서 졸업 후 예상하고 있는 자리의 사람을 만나 전문적인 조언을 듣는 방법도 가능하다. 이는 유학파 대학 졸업생들이 졸업 후 갈 곳도 없고 조언을 구할 사람도 없어 갈팡질팡하는 일을 미연에 방지해줄 수 있다.

대학원 유학의 또 하나의 장점은 바로 GA(Graduate Assistant), TA(Teaching Assistant) 등을 통해 학비를 면제받을 가능성을 미리 찾아볼 수 있다는 점이다. 쉽지 않은 일이지만 학교마다 있는 체육부(Department of Athletics)에서 근무하는 조건으로 학비를 면제받을 수 있는 학교를 찾아 지원해 보자. 또는 나처럼 1년차 때는 가능성만 열어두고 진학한 뒤 2년차부터 본격적으로 학비 면제의 기회를 찾는 방법도 있다.

스포츠마케팅 유학 학교 선정하기

학교 랭킹의 허와 실

한국은 소위 '명문대'에 대한 편견이 여전히 존재한다. 미국도 많이 다르지 않다. 미국의 〈US 뉴스 & 월드 리포트〉는 매년 8월 〈America's Best College〉이라는 책자를 통해 학교 랭킹을 발표한다. 당연히 최상단에는 아이비리그(Ivy League)라 불리는 학교들의 이름이 포진해 있다.

이처럼 미국 역시 학교 랭킹을 따지는 건 사실이다. 학교 수는 수천 개이고, 비싼 학비를 내는 사람의 입장에서 학교 순위가 없다는 것은 균등한 기회를 박탈하는 일일지도 모른다. 하지만 미국의 대학교 랭킹은 전공별로 그 순위가 크게 변동될 수 있다. 예를 들어 경영대, 의과대, 엔지니어링, 심리학 등의 전공별로 학교 랭킹이 별도로 매겨지고, 그 순위에 더 큰 의미를 부여한다는 점에서 한국의 '랭킹'과는 차별성을 지닌다고 볼 수 있다. 따라서 대학교 전체 순위보다는 자신의 전공 분야 순위를 따지는 것이 옳다.

더 재밌는 것은 스포츠마케팅과 관련해서는 공신력 있는 랭킹조차 없다는 사실이다. 인터넷을 통해 무수한 자료를 검색해 보아도 신뢰받을 만한 데이터를 바탕으로 한 대학 순위가 존재하지 않는다. 그렇다고 너무 혼란스러워할 필요는 없다. 스포츠마케팅의 역사가 일반 마케팅 학문에 비해 매우 짧은 게 사실이고, 앞서 소개한 리스트 상의 학교 수가 미국 내 전체 대학 수에 비해 매우 작은 부분을 차지하고 있기 때문이기도 하다. 한국인들이 미국유학을 고려할 때 한번 이상은 반드시 방문하는 사이트 '고우해커스(goHackers.com)'에 들어가면, 그 현실적인 의미를 정확히 알 수 있다. 스포츠마케팅 전공으로 한번 검색을 해 보라. 그 누구도 명확한 학교 순위에 대한 의견을 줄 수 없으며 정말 케이스 바이 케이스로 학교를 선정해야 하는 사람들의 고민이 느껴질 것이다.

일단 학사, 석사, 박사 프로그램이 모두 갖춰진 학교가 아무래도 커리큘럼이 깊고 넓다는 정도로 이해하면 좋지만, 이것 역시 절대적인 수준을 의미하지는 않는다. 그럼에도 불구하고 발견할 수 있는 사실은, 스포츠경영학 프로그램이 개설된 학교는 그 학교가 참여 중인 종목 중 한 가지 이상은 'NCAA Division I'에서 강점을 보인다는 것이다. 물론 뉴욕대(NYU) 같은 예외도 있다. NYU는 캠퍼스도 따로 없고 특출난 학교 운동팀도 없지만 세계의 중심이자 스포츠의 메카인 뉴욕시티에 위치했다는 이유 하나만으로 매우 많은 학생들에게 인기가 있다.

대부분의 주립대는 웬만한 스포츠 종목에서 모두 NCAA의 Division I에 속해 있지만 그 이외의 많은 학교들이 미식축구면 미식축구, 농구면 농구 등 특정 스포츠에 뛰어나고, 그에 따라 프로그램을 개설하고 학생들을 모집한다.

미국에서 유학을 하며 알게 된 수많은 스포츠 명문대들도 한국 사람들에게는 '그게 어디 도시 이름이야, 주 이름이야?' 정도의 무명 학교로 치부되는 경우가 많다. 아쉽게도 모든 사람이 고개를 끄덕일 만한 해외 명문 사학들은 대부분 스포츠마케팅 프로그램이 없다. 내가 졸업한 코네티컷 주립대학교(University of Connecticut)는 스포츠경영학 프로그램에 관해 대외적으로 높은 평가를 받고 있고, 학교 스포츠에 대한 자부심이 상당함에도 불구하고 한국 사람들에게는 거의 알려져 있지 않다. 이런 점을 고려할 때 아무리 프로그램이 좋아도 일반인들에게 너무 생소한 학교로 가는 것은 재고해 봐야 한다.

학교선택 시 고려사항

대학교는 4년, 대학원은 최소 2년, 박사의 경우 3~5년을 투자해야 하므로 학교의 선택은 한 사람의 인생 설계에 있어 크나큰 영향을 미친다. 본인에게 맞는 학교를 선택하기 위해 고려해야 할 사항들을 다음과 같이 정리했다.

첫째, 학교가 소속된 주의 스포츠 시장

먼저 본인이 희망하는 학교가 속한 주의 스포츠 시장을 파악해야 한다. 스포츠 팀이 많은 주, 예를 들어 뉴욕이나 LA, 보스턴 등은 1년 내내 스포츠 시장이 들끓는다. 그만큼 인력시장의 수요가 다른 주에 비해 많고, 당장 취업은 아니더라도 인턴십 등의 기회가 많이 주어진다. 뉴욕은 뉴욕 양키즈, 뉴욕 메츠(이상 MLB), 뉴욕 자이언츠, 뉴욕 제츠(이상 NFL), 뉴욕 닉스, 브루클린 네츠(이상 NBA), 뉴욕 레인저스, 뉴욕 아일랜더스(이상 NHL), 뉴욕 엘셀시오르(오버워치 e스포츠) 등의 프랜차이즈가 존재하고 있다. 이들이 생산하는 경기의 숫자만 합해도 어마어마하지 않은가?

둘째, 학교 팀 성적

주의 스포츠 시장이 크지 않더라도 학교의 성적이 꾸준히 좋은 학교들은 좋은 프로그램을 가진 경우가 많다. NCAA라는 선진 체육조직의 시스템에 따라 전방위로 움직이는 학교 체육부 자체에서도 큰 도움과 정보를 얻을 수 있다. 미국 대학 스포츠 팀의 종목별 랭킹을 한눈에 보기는 쉽지 않다. 구글 검색창에 'NCAA football ranking', 'NCAA basketball ranking' 등을 검색하여 나오는 학교 이름들을 참고하기 바란다.

셋째, 도시와의 인접성

미국의 대학교들은 대부분 의외로 인적이 드문 시골에 위치하는 경우가 많다. 하지만 스포츠마케팅은 현장 경험 없이는 어떤 것도 논할 수 없는 특수 분야다. 이론 수업이 아무리 출중해도 학교 수업만 4년 내내 듣다가 졸업할 계획이 아니라면 스포츠가 살아 숨 쉬는 도시로 나와 경험할 것들을 찾아 헤매야 한다.

넷째, 대규모 스포츠이벤트 및 협회의 존재 유무

동·하계 올림픽, 월드컵 등 각종 국제대회 정보를 모두 수집하라. 적어도 2년 안에 열리는 이벤트라면 그곳은 이미 해당 이벤트 준비에 돌입했을 것이므로 경험을 쌓을 찬스가 분명히 있을 것이다. 대규모 국제 이벤트가 아니더라도 우리가 간과하는 스포츠 이벤트는 어디나 존재한다.

찾아라! 그러면 일거리가 보인다. 각종 협회의 헤드쿼터가 있는가 없는가도 중요하다. PGA, LPGA 사무국이 위치한 플로리다나 WWE, ESPN 등의 헤드쿼터가 위치한 코네티컷 등은 뉴욕, 캘리포니아 못지않게 좋은 '스포츠 인프라'를 갖춘 주이다.

다섯째, 휴먼 네트워크

선배 졸업생, 특히 한국 사람들의 네트워크가 잘 갖춰진 학교를 가는 것도 매우 중요한 일이다. 스포츠업계는 그 어느 업계보다 보수적인 색채가 강하다. 따라서 아는 사람의 소개나 추천을 통한 비즈니스가 빈번히 발생한다. 좋은 선후배 관계를 쌓고 그 커넥션에 들어가는 것이 중요하다.

여섯째, 훌륭한 교수진

휴먼 네트워크와 연동된 개념이기도 하지만, 꼭 석·박사 과정에 진학하지 않더라도 명망 있는 교수 밑에서 공부하고 그에게 추천서를 한 장 받는다는 것 자체가 차후 커리어에 큰 변수로 작용할 수 있다. 훌륭한 교수는 훌륭한 제자들을 배출하고, 그들은 이미 사회로 흩어져 당신의 잠재 고용인이 되어 있을 것이기 때문이다.

일곱째, 기타 고려사항

- 위치: 기후, 도시생활 선호 여부, 한국과의 거리, 안전도, 대학 주변 국제 공항 위치 등
- 프로그램: 학부, 석사 · 박사 프로그램 운영 여부
- 기타: 외국학생 프로그램, 장학금, 학비, 외국인 학생 비율, 졸업학점, 주변 생활환경 및 물가

스포츠 분야 유명 대학(미국)

미국 대학에서 스포츠 팀은 그 학교의 자존심과 같다. 한국으로 따지면 연세대와 고려대의 정기전과 같은 열기가 1년 내내 상존한다고 해도 무방하다. 특히 미식축구와 농구는 대학 스포츠의 중심이다. 실제로 그해 우승한 학교는 다음해 신입생 경쟁률이 순간적으로 상승하게 된다. 따라서 대학들은 중 · 고등학교 때부터 유망주들을 잘 관찰하고 있다가 자신들의 학교로 입학시키려는 노력을 상당히 많이 한다. 장학금은 물론, 아마추어 스포츠라고 말할 수 없을 정도의 공공연한 혜택으로 선수를 붙잡기도 한다.

스포츠마케팅의 학문적 순위와 유학생들이 피부로 느끼는 순위는 많이 다를 수 있다. 보통 학과별 랭킹을 매길 때의 기준인 프로그램의 연구 수준이나 교수진 · 학생 수준, 명성, 연구시설, 도서관 시설 등은 스포츠마케팅과 부합하지 않는 면이 많기 때문이다.

그럼에도 불구하고 굳이 스포츠마케팅 분야에서 유명한 대학을 선정하자면

종목별 스포츠에서 강점을 보이는 팀을 기준으로 하는 것이 현실적이지 않을까 싶다. 미국의 대학 중 스포츠 특히 메이저 스포츠로 구분되는 미식축구와 농구에 전통적으로 강한 학교들은 시즌 랭킹에 거의 변동이 없다.

여러 리포트가 쏟아내는 다양한 스포츠매니지먼트 분야 우수 학교 명단들의 공통점은, 바로 이 학교들이 한 가지 이상의 스포츠에서 강점을 보유하고 있다는 점이다.

〈NCAA〉나 〈ASSOCIATED PRESS〉, 〈USA Today〉, 〈ESPN〉, 〈CBS Sports〉, 〈FOX Sports〉 등의 미디어들은 매년 시즌별 그리고 종목별로 각 대학의 파워 랭킹(스포츠마케팅이 아니라 스포츠 성적에 대한 순위)을 선정하는데, 이 랭킹을 참고하는 것도 큰 도움이 된다. 물론 앞서 언급한 고려사항 역시 염두에 두어야 한다.

다만, 한 가지 분류 기준에 차이점을 두고 싶은 것은 스포츠매니지먼트를 경영학석사(MBA) 과정에 포함시키는 학교들은 별도로 생각을 해둬야 한다는 것이다. MBA 과정에 포함된 스포츠매니지먼트 과정은 학문적 연구보다는 비즈니스적인 환경에서 수업이 진행되므로 졸업 후 현업에서의 활용도와 연계가 깊다. 그만큼 입학도 까다롭고 커리큘럼도 빡빡하다.

대학스포츠 유명학교　*통산 승수 및 전통의 강호로 불리는 대학 위주로 선정

미식축구

1. University of Michigan

2. University of Texas

3. University of Notre Dame

4. University of Nebraska

5. Ohio State University

6. University of Alabama

7. Penn State University

8. University of Oklahoma

9. University of Tennessee

10. University of Southern California(USC)

남자농구 (남자농구는 특히 매해 순위 변동이 심해 30개 학교 선정)

1. University of Kentucky

2. University of Kansas

3. University of North Carolina

4. Duke University

5. Syracuse University

6. Temple University

7. St. John's University

8. UCLA

9. University of Notre Dame

10. University of Pennsylvania

11. Indiana University

12. University of Utah

13. University of Illinois

14. Brigham Young University

15. University of Washington

16. University of Louisville

17. University of Texas

18. Western Kentucky University

19. Purdue University

20. Oregon State University

21. University of Cincinnati

22. West Virginia University

23. Princeton University

24. University of Arizona

25. North Carolina State University

26. Bradley University

27. University of Connecticut

28. Missouri State University

29. Villanova University

30 University of Alabama

야구

1. University of South Carolina

2. UCLA

3. Texas Christian University

4. Arizona State University

5. Florida State University

6. University of Florida

7. University of Texas

8. University of Oklahoma

9. University of Virginia

10. Clemson University

유학 시 반드시 경험해야 할 사항

인턴십

미국 유학생은 아주 특별한 경우를 제외하고는 모두 학생비자인 F-1을 받는데, 학생비자는 학교 내 파트타임을 제외하고는 법적으로 일을 할 수 없게 되어 있다. 하지만 미국에서 스포츠마케팅 유학을 하며 현장 업무를 하지 못한다는 것은 사형선고와 다를 바 없다. 다행히 미국의 스포츠마케팅 학사·석사 과정에는 인턴십 코스를 선택적으로 고를 수 있는 교육과정이 많다. 예를 들어 한 학기 수업 대신 또는 졸업 논문 대신 인턴십을 쌓을 수 있는 기회가 많기 때문에 학교를 지원하기 전에 이런 부분을 사전에 고려하는 것이 좋다.

한두 푼 들어가는 유학생활이 아니다 보니 많은 유학생들이 한인타운 등지에서 현금을 벌 수 있는 아르바이트를 많이 한다. 나 역시 그런 생활을 해 보지 않은 것은 아니다. 하지만 스포츠마케팅 유학생들이 현재 생활의 어려움 때문에 현장 경험을 쌓을 수 있는 기회에 집중하지 못한다면 분명히 소탐대실의 결과를 얻게 된다.

내가 보는 스포츠마케팅 유학생들의 인턴십 기회는 세 가지 정도로 정리할 수 있다.

첫째, 학교 내 인턴십이다.

대부분의 대학은 교내 체육부에도 반드시 마케팅 담당 부서가 존재한다. 학교에서 워크 스터디(Work Study)라는 프로그램을 통해 아르바이트(주 20시간 이하, 대학원 GA나 TA의 경우는 풀타임 가능)를 하며 수당을 받는 것은 합법적인 일이므로 가장 속 편하게 일할 수 있다. 물론 마케팅 부서에 늘 자리가 있는 것도 아니고 대부분 관련 경력이 기본 이상인 미국인들로 구성되어 있는 경우가 많다.

하지만 기회는 찾으면 반드시 오게 마련이다. 입학 초기부터 담당 교수와의 면담을 통해 수시로 기회를 모색해 보자. 마케팅 부서에서의 업무라면 가장 이상적이겠지만 그렇지 않더라도 종목별 팀, 교내리그, 기타 관련 부서에서 경험을 쌓을 수 있는 기회를 찾아 몸으로 부대끼면서 그 환경에 자신을 노출시키는 것이 매우 중요하다. 나는 교내리그 심판 업무로 시작해 학교 남자 골프팀 어시스턴트 및 지역 캠퍼스(Regional Campus)에서 1학점 강의까지 맡으며 대학 스포츠의 여러 가지 면을 두루 경험할 수 있었다. 당연한 이야기지만 단순한 업무 수행부터 구성원들과의 원활한 조직생활을 위한 영어구사 능력과 문화에 대한 이해력 역시 상당 부분 미리 갖춰져 있어야 한다는 걸 잊지 말자.

둘째, 무급 인턴십이다.

미국은 무급 인턴십의 종류가 상당히 많다. 특히 스포츠 분야의 무급 인턴십은 흔하디흔한 일이다. 학교 밖에서 일하는 것이 법으로 금지되어 있긴 하지만, 이 말의 의미는 학교 밖에서 일하며 노동의 대가를 받아서는 안 된다는 이야기일 뿐이다. 그렇다면 무급 인턴의 경우는 어떨까? 사실은 학교 밖 노동 자체가 가능한지 불가능한지 정확히 알지는 못하지만, 이에 대한 규제가 현실적으로 없는 것만은 사실이다.

경험을 쌓을 수 있는 기회가 있다면 돈에 연연하지 말고 적극적으로 인턴십 기회를 쟁취하라. 물론 인턴십 가운데에는 학위코스의 일부여야만 지원가능한 프로그램도 많으므로 외국인들이 참여할 수 있는 무급 인턴십의 종류는 미국인들보다 많지는 않다. 또 대부분의 메이저 프로스포츠의 인턴십 프로그램은 단순한 무급이라고 해도 외국인에게는 기회가 많지 않다. 첫술에 배부를 수 없으니 큰 무대에서의 시작에 매달리지 말자.

간단한 검색을 통해 집과 가장 가까운 지역의 스포츠 행사나 단체를 찾아보고 자원봉사, 인턴십 등으로 연결시켜 보자. 나의 경우 집 인근 지역에서 매년 벌어지는 LPGA 하부리그 대회의 총괄책임자에게 이메일을 보내 첫 여름방학 기간에 무급 인턴십의 경험을 쌓은 바 있다. 이 대회는 이미 짜인 인턴십 프로그램이 있었던 것이 아니라 어차피 필요한 인력을 나의 지원으로 충원한 것이다. 무급 인턴십의 포커스는 '무급'이 아닌 '경험'이라는 점을 꼭 기억하자.

셋째, 커리큘럼 과정에 포함된 인턴십이다.

스포츠마케팅 유학 기간 동안 어떤 방식으로든 한번은 돈을 받고 일할 수 있는 기회가 생기기 마련이다. 나의 경우 졸업논문 대신 인턴십을 택할 수 있는 코스가 있었는데, 현장 경력의 중요성을 실감한 내가 인턴십을 선택한 것은 어찌 보면 당연한 일이었다. 지금 생각해도 제일 잘했다고 느끼는 점은 이 최종 인턴십 전에 앞에서 설명한 두 가지의 경험을 통해 나 자신을 스포츠 환경에 어느 정도 이미 노출시켜 놓았다는 점이다.

이를 통해 인턴십을 선택하는 데 있어서 혜안을 얻을 수도 있고 어느 회사의 어느 포지션에서 일해야 나에게 도움이 될지 1차적인 필터링을 할 수 있게 된다. 또한 같은 인턴십이지만 지원과정에서 이미 사전 경력이 있기 때문에 백지에서 출발하지 않아도 되는 장점이 있다.

커리큘럼 과정에 포함된 인턴십 역시 무급 인턴십일 수 있지만 이수해야 하는 최소 시간이 정해져 있고 종료 후 리포트를 제출해야 하는 등의 규정이 존재한다는 점에서 두 번째로 설명한 무급 인턴십과 차이를 보인다.

위의 세 가지 경우는 연쇄적으로 이어지는 것이 가장 바람직하다. 1차적으로 학교 내 스포츠 환경에 자신을 노출시키고, 방학을 이용해 무급 인턴십에 참여한 후 수업 과정에 포함된 인턴십에 온 역량을 집중하는 식이다. 이럴 경우 최종 인턴십은 가장 좋은 조직이나 행사에서 보낼 가능성이 높아지게 된다.

이렇게 경력을 쌓은 후 다음에 소개할 OPT제도를 활용한 1년 경력까지 이어지게 되면 스포츠마케팅 유학 기간 중 상당한 경력을 쌓을 수 있게 될 것이다. 스포츠마케팅 유학파의 수가 많은 것은 아니지만, 아직까지 이 정도 경력을 쌓은 사람은 거의 드물다. 따라서 그만큼 희소성과 경쟁력을 갖출 수 있는 기회라 할 수 있다.

OPT 제도

미국에서 F-1비자를 가지고 공부하는 외국인들은 졸업 후 1년간의 임시 취업 기회가 주어지는데, 이것을 OPT(Optional Practical Training) 제도라고 부른다. 학사 졸업 후 1년, 석사 졸업 후 1년 등 한 단계 높은 학위로 올라갈 때마다 한 번씩 주어진다.

미국에서 외국인 신분으로 취업을 하기 위해서는 취업비자인 'H비자'가 필요하다. 고용주의 보증이 필요한 이 비자는 고용주 입장에서는 매우 귀찮은 절차이고, 특수직을 제외하고는 이 정도의 과정을 통해서까지 외국인을 고용하는 사람들도 거의 없다. 그만큼 외국인들이 미국 내에서 취업하기가 쉽지 않다는 의미이다.

교수추천서 등의 서류와 신청서를 졸업 전에 미리 제출하면 OPT를 사용하는 데에는 문제가 없지만 문제는 일자리를 구하는 것이다. 고용주 입장에서는 단 1년 동안만 사람을 채용한다는 것이 손해일 수밖에 없기 때문이다. 그래서 OPT 이전에 인턴십 과정이 더욱 중요하다. 인턴십을 통해 업무력도 인정받고 네트워크도 잘 쌓아놔야 그 회사에서 1년을 더 일할 수 있게 되거나 다른 곳에 추천을 받아 일할 기회를 찾을 수 있다. 본인의 상황을 이해하고 있는 사람들이 일자리를 연결해 준다면, OPT는 시기에 맞게 신청만 하면 그만이다.

OPT를 통한 1년의 경력은 경험 자체로도 소중하지만 실제로 이력서상에서 인정받을 수 있는 유일한 경력이기도 하다. 한국의 경우 경력직으로 취업 시 인턴십 기간은 물론 심지어 대학원 2년도 인정해주지 않는 회사들이 많기 때문에 1년의 정규직 경력은 연봉 협상에 있어서도 큰 기준이 될 수 있다. 한국으로 돌아오지 않더라도 1년의 OPT 기간 동안 자신의 능력과 가치를 충분히 인정받는다면 H비자 발급을 통한 취업도 불가능하지만은 않다.

자유와 개성을 존중하는 미국 사회 역시 스포츠 분야는 매우 폐쇄적이며 자신들이 만들어 놓은 울타리 밖의 사람은 좀처럼 들어갈 수 없도록 구성되어 있다. 하지만 '유학생은 안 돼'라는 생각으로 처음부터 포기하지 말고 단계를 통해 울타리 안으로 들어가기만 한다면 그 사람은 그 순간부터 외국인이 아닌 '우리 조직 구성원'으로 취급받게 될 것이다.

영어 프레젠테이션

유학 기간 동안 반드시 닦아두어야 할 능력 중 하나가 영어 프레젠테이션이다. 요즘 대학생들에게는 그룹 스터디를 통한 조별 프레젠테이션 등이 매우 흔한데, 이를 영어로 할 수 있는 사람은 많지 않다. 나 역시 지난 학창시절과 회사생활을 통해 말을 잘하는 것과 발표를 잘하는 것은 전혀 다르다는 것을, 또 영어를 잘하는 것과 영어로 발표를 잘하는 사람 사이에는 하늘과 땅의 내공 차이가 있음을 몸소 느꼈다.

나의 경우 유학 기간 동안 수업을 통해 다양한 영어 프레젠테이션 기회를 가졌다. 10명 내외의 인원들이 토론식으로 수업을 진행하기도 했고, 그룹 프로젝트로 팀 프레젠테이션을 갖기도 했다. 발표 전날 과도한 긴장으로 한숨도 이루지 못한 적도 많고, 발표 중 머리가 하얘지면서 준비한 말을 한마디도 못한 경우도 있었다. 하지만 이 모든 것이 나에게 표현할 수 없이 소중한 밑거름이 되었다.

중요한 것은 얼마나 분명한 발음으로 청중들에게 자신의 메시지를 이해하기 쉽게 전달하느냐이지 발음의 정확성이나 버터 발음이 아니다. 따라서 어느 특정 국가의 영어가 아닌 소통이 잘 되는 영어를 구사해야 한다.

스포츠의 글로벌화가 이뤄지면서 스포츠마케팅 분야에서 일하는 사람들에게 영어 능력은 기본 자격요건이 되어 버렸다. 국제단체와의 협약, 선수의 해외 진출, 해외 팀의 방한, 해외 리그와의 교류, 국제스포츠이벤트 유치, 국내 기업의 해외구단 후원 등 스포츠가 한 나라의 국경 내에 한정되는 일은 더 이상 없을 듯하다.

그러나 공인영어점수는 누구든 일정 시간을 투자하면 얻을 수 있게 마련이다. 하지만 영어로 자신의 생각을 정확하게 말하는 능력은 쉽게 터득할 수 없다. 그래서 유학 기간이야말로 영어 프레젠테이션 능력을 배가시킬 수 있는 절호의 기회가 아닌가 생각한다. 단순한 영어 읽기, 쓰기, 듣기 능력에 만족하지 말고 정말 비즈니스가 가능한 프로페셔널 프레젠테이션이 가능한 수준이 되도록 자신을 단련시키자. 지금 몸과 혀가 고생해도 마침내 누구도 따라올 수 없는 슈퍼 스펙이 되어 당신을 지탱해줄 것이다.

GET INTO THE SYSTEM

유학생활에서 영어 마스터와 경험 개발만큼 중요한 것은 그들의 시스템을 이해하는 것이다. 나는 유학생들이 A학점에 목숨을 거는 것을 경계한다. 도서관에 틀어박혀 학업에 매진하는 스타일은 적어도 스포츠마케팅에서는 큰 빛을 발하지 못한다. 자신이 속한 나라의 시스템을 이해하는 것이 고학점, 고스펙보다 중요하다.

'GET INTO THE SYSTEM'이라는 말은 내가 만든 말이 아니다. 2005년 처음 미국에 도착해 거주한 집의 주인은 한인 2세였다. 그 집에 머무는 동안, 그가 내 귀에 못이 박히도록 해줬던 말이 바로 'GET INTO THE SYSTEM'이었다. 그는 영어를 강조하는 대신 오히려 그 사회의 모든 것을 빨리 받아들이라고 조언했다. 지역 커뮤니티에서 벌어지는 모든 것은 물론 교육, 사회복지, 치안, 보험, 차량, 이민, 취업, 인종 등 다양한 분야의 과거와 현재를 빨리 받아들이는 것이 정말 중요하다는 것이었다. 이는 유학생들이 외국 생활에서 낯설게 느끼는 부분을 하나하나 없애다가 마침내 그 사회에 동화되는 과정이기도 하다.

내가 대학원 입학 전 3년 동안의 회사생활을 통해 경험한 미국은 실제로 차후 대학 생활에 말할 수 없이 큰 도움을 주었다. 학교 선정은 물론 담당 교수와의 사전 접촉, 졸업 후 취업 가능성, 학교 스포츠문화 등 기본적인 지식을 가지고 학교에 지원할 수 있다는 것 자체가 상당한 이점이었다.

스포츠마케팅 유학생의 'GET INTO THE SYSTEM'은 당연히 그들의 스포츠문화를 아는 것과 깊은 관련이 있다. 스포츠는 현대 문화의 아주 큰 축을 담당하고 있기 때문에 그 나라의 스포츠만 잘 알아도 기본적으로 그 사회에 적응하는 데 큰 무리가 없다. LA에서는 류현진, 영국 토트넘에서는 손흥민을 얘기하면 어색한 첫 인사는 넘길 수 있지 않겠는가.

또한 미국의 생활스포츠와 프로스포츠의 구조와 역사를 알아야 자신의 강약점을 알 수 있다. 나는 3년이라는 사전 적응기간을 거쳐 대학원에 입학했기 때문에 학업 기간 동안 NCAA, 규모별 지역 스포츠 이벤트, 프로스포츠 이벤트 등을 모두 경험할 수 있었다. 하지만 유학 시절이 길지 않은 대부분의 사람들에게 미국 스포츠의 모든 것을 알기란 쉽지 않은 일이기에 해당 국가의 문화를 분석한 책들을 사전에 많이 접하기를 강력히 추천한다.

4장

취 업

스포츠마케팅이라 불리는 취업 분야는 무엇이고

과연 그 취업 경로는 어떻게 될 것인가.

스포츠산업의 대분류부터 세부 기업 리스트까지 살펴보며

스스로의 위치를 대입해 보자.

스포츠마케팅
취업 경로

각 업종의 스포츠마케터로 취업하는 경로는 매우 다양하지만 아쉽게도 공급(지원자 수)이 수요(일자리)를 초과하고 있는 상황이다. 취업 성공자들의 경우 독특한 경력을 가진 경우가 많고 일반화하기에는 경우의 수가 너무 많지만, 여러 리서치를 통해 정리한 스포츠마케팅 취업 유형은 다음과 같다.

첫째, 신입/경력 모집공고를 통한 입사

스포츠마케팅만큼 신입채용에 인색한 분야가 또 있을까? 행정직, 마케팅 에이전시, 프로구단 등에 취업하려는 사람들에게는 다소 답답한 부분이다. 비정기적으로 직원을 모집하기 때문에 때로는 '구인정보'가 몰리기도 하지만 한동안 감감 무소식인 경우도 많아 취업 뉴스에 촉각을 곤두세우고 기회를 기다려야 한다. 빈번하진 않지만 간헐적으로 각 단체의 홈페이지와 스포츠마케팅 전문카페, 인재채용 사이트 등을 통해 직원모집 공고를 확인할 수 있다. 또한 국내 최대 스포츠산업 채용전문 사이트인 '스포츠 잡 알리오'를 즐겨찾기 해놓고 꾸준히 방문하는 것도 도움이 될 것이다.

둘째, 체육인 출신자로서 스포츠마케팅업 진출

스포츠계에는 종종 직장에서 '부서'를 이동하는 선택을 통해 스포츠마케터가 되는 경우가 있다. 프로야구 롯데 자이언츠를 2년 연속 플레이오프(2011~2012년)로 이끌었던 양승호 전 파주 챌린저스 감독은 스포츠 에이전시 대표로 변신한 바 있다. e스포츠에서도 '퍼펙트 테란'이란 별칭과 함께 2000년대 스타크래프트 신드롬을 이끈 CJ엔투스 소속의 서지훈 선수가 은퇴 후 CJ스포츠마케팅팀에 입사해 크게 기사화된 적이 있다.

꼭 선수 출신이 아니더라도 방법은 있다. 구단의 외국인 용병 전담 통역원은 시즌별로 계약직을 뽑는 경우가 많은데, 이때 인연을 맺은 인재가 구단 프런트로 이동하는 경우도 더러 있다. 이와 같이 구단과 '살을 부대낀' 경력이 조금이라도 있다면 과감히 도전해볼 만한 경로이다. 체육공공기관의 경우에는 체육인 출신을 별도로 선발하고 있다.

셋째, 인턴십 후 정규직 전환

이 경로는 출신 성분을 막론하고 예비 스포츠마케터들에게 가장 가능성이 높은 부분이다. 국내의 많은 프로구단들과 협회, 스포츠마케팅 에이전시들이 인턴십을 진행하고 있는데, 일반 서류심사→ 면접 식으로 채용하는 경우도 있고, 스포츠경영관리사 자격증 소지자를 대상으로 모집하는 경우도 있다. 정부에서 주관하는 '청년인턴'제의 도입으로 회사 입장에서는 정식으로 채용하지 않고도 부족한 인력의 보충이 가능하고, 취업생들에게도 좋은 기회가 되고 있다. 모든 인턴이 정규직으로 전환되지는 않지만 당장은 아니더라도 좋은 유대관계를 유지하다 차후에 자리가 생겼을 때 먼저 불러주는 경우가 더러 있다.

넷째, 구단 모기업에 취업 후 인사 이동

어떻게 보면 가장 희귀한 케이스일 수도 있고, 목표를 삼는다 해도 자기 마음대로 되지 않는 케이스이기도 하다. 대기업 직원으로서 가지는 혜택을 모두 누리면서 스포츠 쪽에서 일을 하니 가장 안정적이고 '부르주아'적(?)인 예일 수 있겠다. 치열한 경쟁률을 뚫고 대기업에 입사한 뒤 부서 이동요청 또는 인사발령을 통해 기업이 운영하는 구단의 스포츠팀으로 발령을 받는 경우가 있다. 다만, 로테이션 성격의 근무가 아닌지라, 다시 다른 기업 부서로 이전하거나 복귀하는 경우는 흔치 않다.

다섯째, 에이전트로서의 커리어 개발

  에이전트로서 유일한 자격증 제도를 도입했던 FIFA의 경우, 2015년 공인 에이전트 제도를 폐지하였다. 그 대신 지금은 국내에 '중개인 제도'가 도입됨에 따라, 자격증 유무가 아닌 축구협회 등록 시스템이 운영되고 있다. 야구의 경우 2018년 본격적으로 에이전트 제도를 도입하여 앞으로 좀 더 에이전트 분야의 성장이 기대되기도 한다. 한국 프로스포츠협회는 KBO 공인 선수대리인 자격 또는 KFA중개인 자격을 보유한 사람을 대상으로 에이전트 아카데미를 열어 졸업자에 한해 협회에 등록하는 절차를 만들어 놓은 상태이다.

  에이전트의 출신 배경은 정말 다양하지만, 보통 선수, 기자, 변호사 출신 등이 기업 형태의 에이전시에 소속되어 활동하며 여러 선수들을 매니지먼트하는 경우가 많다. 에이전트에 관심이 많은 초급자의 경우 국내 스포츠마케팅 에이전시에서 선수 매니지먼트 업무를 맡아 에이전트의 길을 시작해보는 것도 좋다. 공인 자격증은 필요 없지만, 뛰어난 어학능력과 대인관계 관리능력을 충분히 어필할 수 있어야 한다.

  금방 눈치 챘겠지만 스포츠마케팅 업종은 딱히 정해진 루트를 통해 신입을 선발하는 경우가 많지 않다. 누구나 '큰 시작'을 원하기 때문에 더 좋은 대우와 남들이 보기에 그럴듯한 회사에 취업하기를 원한다. 모두들 비슷한 시기에 비숫한 고민을 하므로 3, 4학년이 되면 정해진 몇 개의 좁은 문으로 들어가기 위해 취업 재수, 삼수를 반복한다.

하지만 좁은 문을 뚫기 위해 선행되어야 할 작업은 단기/장기 목표 설정이다. 스포츠마케팅 분야가 경력직에 의존하는 이유는 간단하다. 회사 내에서 일정한 시간과 금액을 투자해 스포츠마케팅 전문가를 키울 여력도 없고 필요도 느끼지 못하기 때문이다.

경력자란 다시 말해 현 업무에 즉시 투입이 가능한 사람이다. 그런 의미에서 장기목표를 설정하고 이를 이루기 위한 단계적 커리어 개발과정이 반드시 필요하다. 스포츠마케팅은 더 열정이 있고 더 희생정신이 있는 사람이 스스로 길을 개척해 결국에 승자만 남는 적자생존의 정글이다.

스펙별 취업 가능성
미리보기

스포츠마케팅 업계에서 일하고 싶은 사람들이 갖는 고민은 대부분 공통되는 것 같다. 어디서 시작해야 할지를 모르는 것이다. 내가 대학을 다닐 때도 취업에 대한 압박은 크게 다르지 않았지만 매년 높아지는 취업의 벽을 보면 나는 분에 넘치는 월급쟁이 인생에 감사해야 할지도 모른다.

스포츠마케팅 도전자들은 의외로 출신성분이 굉장히 다양하다. 운동선수부터 일반체육대학, 비체육학과 출신까지 그 배경의 폭이 넓고 여기에 국내파와 유학파까지 더하면 더욱 많은 배경의 사람들이 존재한다. 스포츠마케팅 취업 가능성을 알아보기 위해서는, 결국 일대일 상담을 통한 진로개발 컨설팅이 가장 좋은 방법이겠지만 이마저도 본인이 가시화된 목표를 가지지 않고서는 수박 겉핥기 수준이 될 가능성이 있다. 이런 경우에는 다양한 모델들의 케이스 스터디를 통해 목표달성을 위한 다양한 경로를 간접경험하고 자신의 경우에 잘 적용하는 방법 외에는 더 이상의 정도가 없다.

나에게 문의했던 여러 예비 스포츠마케터 중 가장 일반적인 케이스에 대한 상황 설정을 통해 스포츠마케터가 될 수 있는 가능성을 조금 더 현실적으로 짚어보고자 한다. 아래와 같이 여러 상황을 설정한 후 면접관의 입장에 서서 이들에게 어떤 느낌을 받고, 어떤 조언을 해줄 수 있을지 고민했다.

- A군: 21세, 'ㄱ'대학교 영문학과 3학년, 프로야구 광팬, NC 양의지 팬클럽 회원 활동 중.
- B군: 21세, 'ㄴ'고등학교 졸업, 세미프로 골프 선수 출신으로 현재 일반인 대상 레슨활동 중.
- C양: 24세, 'ㄷ'대학교 경영학과 4학년, 마케팅학회 회장, 프로축구단 서포터 회장.
- D군: 27세, 'ㄹ'대학교 대학원 스포츠마케팅 전공. 석사 졸업 예정.
- E군: 23세, 'ㅁ'대학교 스포츠경영학과 3학년, 스포츠마케팅 에이전시 인턴 중.
- F군: 24세, 'ㅂ'대학교 체육교육대학 졸업 예정, 임용고시 포기 후 스포츠 계열 취업 희망.
- G군: 20세, 미국 'A'대학교 스포츠 매니지먼트학과 1학년, 고등학교부터 조기유학 중
- H군: 26세, 호주 'B'대학교 레저 서비스 & 호텔 경영학과 4학년, 곧 졸업 예정.

A군: 21세, 서울 명문 'ㄱ'대학교 영문학과 3학년, 프로야구 광팬, NC 양의지 팬클럽 회원 활동 중.

A군은 명문대를 나온 전형적인 스포츠팬이지만 스펙상으로는 마케터로서의 자격은 그리 눈에 띄지 않는다. 비체육계열/상경계열 출신도 아니기에 스포츠마케팅과의 직접적인 연관성도 없어 보인다. 만약 본인이 스포츠마케터로서 미래를 준비하는 중이라면 다른 사람보다 갈 길이 확실히 멀다. 스포츠

마케팅 지식은 구체적 진로 설정 이후 목표하는 업종에서 진행하는 이벤트의 자원봉사자, 대학생 명예기자, 인턴십 등의 경험을 통해 처음부터 하나하나 쌓아야 한다. 3학년이고, 아직 군대를 다녀오지 않은 상황이라면 굳이 조급한 마음을 가지지 말고 자신이 좋아하는 프로야구를 비즈니스로 분석하고 프로야구 비즈니스 산업의 이모저모를 조금씩 파악하는 것도 좋다.

B군: 25세, 뉴질랜드 'ㄴ'고등학교 졸업, 세미프로 골프 선수 출신으로 현재 일반인 대상 레슨활동 중.

B군은 해외 운동선수 출신으로 골프 분야에 대한 지식이 많을 뿐더러 유학생활로 인해 영어 습득의 이점이 있을 것으로 보인다. 만약 영어/한국어 둘 다 완벽하게 쓸 줄 아는 이중 언어 구사자에다 골프산업을 잘 알고 있고, 골프대회 운영에 필요한 현실적 노하우를 갖추고 있다면 어느 정도 매력이 있어 보인다. 최근 한국의 스포츠마케팅 에이전시들이 가장 활발하게 활동하는 종목 중 하나가 바로 골프인 것을 감안하면 골프선수 에이전트나 골프대회 관련 업무 담당자로의 취업 가능성이 보인다. 하지만 실제로 운동선수 출신이 스포츠마케팅 업무지식까지 갖추고 있는 경우는 상당히 드물다. B군의 경우도, 골프의 룰을 잘 알고 선수들과 대회의 생리를 잘 안다는 것이 장점이지만 대회운영이나 스폰서와의 관계를 잘 유지하는 것은 전혀 다른 일이다.

C양: 24세, 서울 소재 'ㄷ'대학교 경영학과 4학년, 마케팅학회 회장, 프로축구 구단 서포터 회장.

C양은 경영학도로서 마케팅학회에서 적극적으로 활동하는 것으로 보아 마케팅에 대한 기본적인 지식은 갖추고 있을 것이다. 또한 학회 활동을 꾸준히 해온 사람들이 공통적으로 지닌 기획력, 프레젠테이션 능력, 사무능력 등을 기대해볼 수 있다는 점에서 한번쯤 눈여겨보고 싶은 대상이다. 또한 일반적으

로 남성보다 스포츠 지식이 떨어진다고 여겨지는 여성의 입장으로서 프로구단의 서포터 회장까지 할 정도의 스펙이라면 이력상 더 돋보일 수 있다. 면접에서 영어에 대한 능력만 확실히 어필한다면 금상첨화일 것이다.

D군: 28세, 서울 소재 'ㄹ'대학교 대학원 스포츠마케팅 전공. 석사 졸업 예정.

D군은 스포츠마케팅 석사과정을 통해 다른 사람보다 전문적 식견을 더 갖추고 있을 것으로 보인다. 나이를 고려해도 어느 정도 안정적이고 무게감 있는 사람일 것으로 예상한다. 하지만 보통의 스포츠마케팅 석사 출신 중 적잖은 비율의 사람들이 비체육계열 학사 전공자에서 커리어를 전환한 경우이다. 이들의 커리어는 어찌 보면 양날의 검이다. 다시 말해 학문적으로 스포츠시장을 분석하고 일반 기업의 마켓 리서치나 마케팅 보고서를 작성한 경험이 필드 경험을 기반으로 한 스포츠마케팅이라는 현업과 의외로 동떨어진 경우가 많을 수 있다.

또한 석사과정을 만만히 보아서도 안 된다. 빡빡한 학업과 논문 작업으로 인해 현업에서 업무를 익혀나가기는 쉽지 않다. 하지만 졸업 후 일반 기업의 스포츠마케팅팀, 스포츠마케팅 에이전시 등의 취업을 꿈꾼다면 확실한 목적의식을 가지고 학위과정에 임하기 바란다. 과정을 시작하기 전에 담당교수와 이런 부분을 명확히 짚고 넘어가는 것을 권고한다.

E군: 23세, 경기권 소재 'ㅁ'대학교 스포츠경영학과 3학년, 스포츠마케팅 에이전시 인턴 중.

E군은 일반적인 선입견에서는 학교의 명성으로 인한 경쟁력은 없다고 볼 수 있지만 이미 스포츠마케팅으로 전문화된 학과에서 공부하고 있다는 점이 돋보인다. 스포츠경영학과를 개설한 국내 학교의 수가 아직은 많지 않으므로 분명 얼리어답터로서의 이점을 가질 수 있을 것이다. 최근 많은 대학교들이

졸업생 취업률에 상당한 신경을 쓰고 있는 추세 속에서, 학과에서 제공하는 현장경험 프로그램을 최대한 활용할 수 있는 것은 흔치 않은 기회이다.

또한 스포츠마케팅 에이전시에서 인턴 업무까지 경험하고 있으니 업계가 돌아가는 판국을 금세 익힐 것이라고 기대한다. 산업 환경에 어느 정도 익숙해진 사람과 열정만 넘치는 스포츠 광팬은 시작부터 다르다. 누구나 시작이 어려운 스포츠마케팅 업계에서 학과가 가지는 이점을 잘 활용한다면 남들과 차별화할 수 있는 능력을 잘 갖출 수 있을 것이다. 추가로 어학능력 향상에 조금 더 치중하고 해외 경험을 가지는 것도 큰 도움이 될 수 있을 것이다.

F군: 27세, 지방 소재 'ㅂ'대학교 체육교육대학 졸업 예정. 임용고시 포기 후 스포츠계열 취업 희망.

F군은 심심치 않게 만날 수 있는 체육교육과 출신 예비 스포츠마케터 지원자 중 하나이다. 하지만 스포츠마케터의 입장에서 볼 때 체육계열 출신이라는 스펙은 그 자체만으로는 큰 매력이 없다. 스키캠프 강사, 골프대회 아르바이트, 교내 축구동아리 활동 등 체육계열 대학생들에게 쉽게 찾아볼 수 있는 이력들은 오히려 쉬운 길만 택했다는 느낌을 주어 불필요한 편견을 가지게 하는 경우가 더러 있다. 반면 수도권만큼 잦은 기회를 잡을 수 없다 하더라도 해당 지역의 프로축구 구단에서 인턴생활을 통해 2부 리그 운영에 1년간 관여하는 등의 경력을 가진 사람이라면 더욱 기대감을 갖게 만든다. 스포츠계열 전공자로서 스포츠에 대한 열정 및 희생정신은 그만의 특별함이 될 수 없다. 이 경우 다른 방식으로 일 처리의 기민함과 업무에 대한 높은 이해도 및 행동력을 증명할 수 있다면 그의 배경은 큰 이점으로 작용할 것이다.

G군: 20세, 미국 'A'대학교 스포츠경영학과 1학년, 고등학교 때부터 조기유학 중.

G군은 미국에서 고등교육을 받고 대학까지 진학해 스포츠경영을 전공하고 있으므로 스포츠산업의 최고 선진국에서 다양한 경험을 쌓을 수 있는 기회를 얻었다. 반면 한국으로의 취업이 목적이라면 단순한 졸업장으로는 승부를 보기 어려울 것이다. 실제로 외국대학 출신자들은 외국어에는 상당한 강점을 보이는 반면 한국문화 또는 국내 스포츠시장에 대한 적응력 및 현실감에서 상대적으로 부족함을 보였다. 외국대학 출신자들은 완벽한 영어구사 능력은 물론 미국 현지 스포츠시장에서의 다양한 경험을 통해 선진 스포츠산업을 보는 자신만의 인사이트(Insight)를 갖추고 있어야 한다. 또한 가능하다면 한국시장과 연관이 많은 분야에서 경험을 쌓는 것이 차후 본인의 경력을 계속 이어갈 수 있는 확률을 높여줄 것이다.

H군: 26세, 호주 'B'대학교 레저 서비스 & 호텔 경영학과 4학년, 곧 졸업 예정.

H군은 호주에서 레저산업 및 호텔경영 분야에서 학위를 받았으므로 이력상으로는 테마파크, 골프리조트, 대형 스포츠레저시설 등의 관련 서비스 업종에 적합한 인원으로 보인다. 특히 호주처럼 관광에 특화된 도시가 많은 국가에서 관련 경험을 쌓았다면 큰 플러스 요인이다. 다만 충분한 현장경험 없는 졸업장만으로는 국내에서 큰 경쟁력을 가질 수 없다. 국내 유수의 대기업들 역시 국내외에서 리조트사업을 활발히 펼치고 있으니 이 방향을 구체적 목표로 잡고 경력을 쌓아 나가는 것을 추천한다.

근무하는 동안 종종 예비 스포츠마케터들의 지원서를 받게 된다. 서류로 모든 것을 판단할 수는 없지만, 많은 취업준비생들이 비슷한 이력을 가지고 있어 별다른 감흥을 느끼지 못하는 경우가 많았다. 다시 말해 앞서 얘기한 3E(영어, 경험, 차별성)를 갖춘 자는 거의 찾아볼 수가 없었다. 막상 사람은 필요한데 인재가 없다는 얘기가 이래서 나온다는 생각도 했다.

커리어의 종착역으로 가기 위한 준비 기간 1~2년은 앞으로 다가올 30년의 사회생활 인생(30세~60세)에 비해 크게 중요하지 않다. 하지만 정상 궤도에 오르기 시작한 뒤부터의 1~2년은 평생을 좌우할 수도 있다. 취업준비생들의 이력서가 달라야 얼마나 다르겠냐고 말할 수도 있겠지만, 이젠 다르지 않으면 살아남을 수가 없다. 꿈은 간직하고 있는 시간이 길면 길수록 실현 가능성이 낮아진다. 가장 안타까운 케이스는 꿈을 실현하지 못하는 것이 아니라 허황된 꿈을 너무 늦게까지 꼭 안고 있다가 나중에 후회하는 것이다.

목표는 구체적으로 세우고, 좌절은 조금이라도 젊을 때 하는 것이 낫다. 다시 돌아오지 않을 20대를 어떤 열정으로 불태울지가 중요한 것이지 그 불사름을 남들보다 1년 일찍 멈추고 싶어서 성급해서는 안 된다는 의미이다. 본인의 인생에 대한 답은 자신이 제일 잘 알고 있다. 지금은 앞으로의 1년, 3년, 5년을 계획하며 자신을 끊임없이 채찍질하는 것이 필요한 때이다.

스포츠마케터의 인맥

스마팅업계 종사자들은 돌고 돈다. 케빈 베이컨의 법칙(모든 이들은 최대 여섯 다리 안에서 모두 이어져 아는 사이라는 법칙)에 따르면, 아마 한두 다리 건너면 스마팅업계 사람은 다 연결되어 있을 것이다.

그런 생각 후에 다시 한 번 여러 가정을 해 본다. 과연 스마팅 사람들의 수는 얼마나 되며, 나는 얼마나 많은 인맥을 가지고 있을까.

인맥이 많은 영향을 미치는 시절은 확실히 지난 것 같다. 흔히 말하는 학연, 지연, 혈연으로 이득을 보고 미래를 보장받는 식은, 요즘 같은 '정의구현 시대'에는 먹히지 않는 구태의연한 인습이다. 인맥의 정의는 참으로 오묘하고 섬세하다. 내가 너를 알고 너와 일한 경험이 있다면 그건 당연히 인맥이라고 할 수 있다. 반면, 그의 이름만 알고 만나본 적은 없지만 같이 일한 회사의 직원 중 한 명이라면 인맥이라 할 수 있을까? 뭐 아는 사람에게 전화를 걸어 그 사람의 연락처를 얻을 수만 있다면 그것도 잠재적 인맥이라 하겠다. 이런 식으로 계산했을 때 스마팅업계는 케빈 베이컨의 법칙에서 얘기하는 6단계까지는 갈 필요가 없을 것이다.

아주 간단한 예로 내가 지금 부산 롯데 자이언츠 마케팅팀의 연락처를 알고 싶다면, 아마 나는 나와 같이 업무를 한 (주)롯데 본사, 롯데칠성, 롯데백화점, 롯데건설 등에서 근무한 적이 있는 지인한테 연락해 부탁할 것이고, 최소 한 번 정도만 더 길을 건너면 연락처를 알아낼 공산이 크다. 왜 그럴까. 내가 대단해서일까? 아니다. 서로 돕는 게 나중에 결국 다 득으로 돌아오기 때문이다. 아마 모든 직장인들의 입장과 처지는 비슷할 것이다.

같은 시기(대략 자기 나이 위아래로 약 5년 정도)에 직장생활을 하는 사람들은 경쟁을 넘어 일종의 동지애를 가지게 된다. 비슷한 시기에 취업, 승진, 결혼 등등의 인생의 경로를 같이 걸으며 서로를 공감한다. 이것이 바로 인간과 인간 사이에만 가능한 인맥(人脈)이 아닐까. 인맥은 있어도 기계맥은 없다.

스포츠마케팅 업계의 인맥은 참으로 좁다. 그만큼 전체 모수가 적다는 얘기고 그래서 울타리 안으로 한번 들어오면 원하거나 원하지 않거나 서로 알게 된다. 그때부터는 인맥을 어떻게 관리하느냐의 문제로 바뀐다. 그 질문의 답은 모든 이들이 다르게 내리게 될 것이다.

스마팅에서 인맥은 힘이다. 인맥의 힘이 많은 걸 좌우한다. 그렇다고 아는 사람을 꽂아 넣는 업계라는 말은 아니다. 업계에 취업자리가 많지 않다고 생각하겠지만, 까놓고 보면, 더 궁한 사람은 아마 취업준비생이 아니라 고용주일 수도 있다. 왜냐면 뽑고 싶은 마땅한 사람이 없으니까.

스마팅업계에서 누군가를 트레이닝하는 일종의 연수 시스템이 준비된 곳은 거의 없기 때문에 바로 투입되어 일하면서 배우는 경우가 태반이다. 그렇다면 일의 이해도가 높고, 습득이 빠르고, 다양한 역할을 할 수 있는 잠재력을 보유한 사람을 뽑고 싶은 것은 고용주의 당연한 마음일 것이다. 그것을 어떻게 구분할 수 있을까. 아마 아는 지인들을 통해 주변에 괜찮은 친구 없냐고 물어보면서 시작되는 경우가 많을 것이다.

이래서 인맥이 힘인 것이다. '괜찮은 친구'의 의미가 항상 경력자만을 의미하지는 않을 것이다. 모든 스마팅업계가 대기업 담당자는 아니기에 주어진 예산으로(최저비용) 최대효과를 얻으려는 것이 기업의 마음이다. 그렇다면 이제 막 새로운 시작을 준비하는 취준생 중 가장 적합한 사람이 있다면 누구나 뽑고 싶은 마음이 들 것이고, 그런 사람의 명단은 보통 아는 사람에게 물어보면서 시작되지 화려한 공채모집 공지로 시작되지는 않는다.

이제 조금 감이 오는지 모르겠다. 우리는 모두 서로 연결되어 있다. 그리고 취사선택에 의해 그 연결고리가 조금 더 강한 사람과 약한 사람으로 나뉜다. 자기 자신의 위치를 맵으로 한번 그려 보자. 내가 나아가고자 하는 방향에 섰을 때 자신은 얼마나 그 분야에 필요한 준비가 되어 있고, 그 분야의 얼마나 많은 사람을 알고 있는가.

나에게 이메일을 보내거나 내가 보내는 모든 사람의 이름을 기억하지 못한다. 하지만 신기하게도 강의를 가 보면 항상 몇 명은 나에게 이메일을 보냈다고 하며 그 얘기를 하다 보면 기억이 난다. 그리고 그 사람은 기억에 남는다. 그 상태에서 이력서를 한번 받아 보면 그 사람은 완벽히 기억에 남게 된다.

스마팅 취업을 준비하는 사람들은 인맥에 대한 개념을 명확히 가졌으면 좋겠다. 자신의 능력을 키우는 것만큼이나 사람을 아는 게 힘이다. 인맥이 있는 것은 절대 부정적인 것이 아니다. 자신이 준비되었을 때 기회를 줄 수 있는 사람을 알고 있는 것, 그것이 핵심이다. '울타리 안으로' 들어가는 방법은 여러 가지가 있겠지만 일단 그 분야의 밑바닥에서 일하면서 사람들을 알아가는 것이 최고이다. 일단 만나야 명함이라도 받을 수 있지 않을까.

스포츠산업 관련 컨퍼런스를 가면 종종 스마팅 현업 관계자들의 특강이 있다. 일단 한번 찾아가서 들어 보자. 그리고 강의 후에 자신을 소개하고 명함이라도 한번 받아 보자. 인맥에 의지하라는 의미와는 다르다. 스스로 인맥의 불씨에 불을 붙여 보는 것이다. 성냥불을 붙일 때 한 번에 붙이지 못하는 경우가 있지만, 결국 나뭇개비 끝의 발화연소제는 성냥갑의 마찰제와 계속해서 붙을 때 불이 붙게 되어 있다. 내가 가고 싶은 분야가 성냥갑의 마찰제라면 나는 발화제가 되기 위해 늘 준비하자. 물에 젖은 성냥이 아닌 바싹 마르고 끝이 깨끗한 발화제가 되어 불탈 준비를 해 보자. 그리고 끊임없이 부비부비해 보자.

업계의 숨어 있는 진주들을 찾고 싶은 마음이 늘 고픈 나로서는 한 명 한 명 인재를 만나는 기쁨이 매우 크다. 나도 내 꿈을 이루고 그들이 나를 보고 꿈을 키워가는 한 울타리 안의 가족들, 그게 내가 꿈꾸는 스마팅업계의 인재 선순환 구조가 아닐까 싶다.

04

스포츠마케팅
업무 분야

이번에는 시장에서 흔히 통용되는 '스포츠마케팅'의 개념을 토대로 '취업준비생의 입장'에서 스포츠마케팅 취업 분야를 좀 더 세세히 분석해 보겠다. 기존 체육백서나 스포츠산업 백서에서 찾아볼 수 있는 스포츠산업의 분류의 기준에서 벗어나, 좀 더 현실적인 '취업준비생'의 입장을 고려, 업무 영역 및 전문성을 기준으로 취업 분야를 아래와 같이 10가지로 나눠 보았다.

1. 체육 행정 조직 및 단체
2. 스포츠연맹, 협회 및 프로구단 프런트
3. 스포츠마케팅 에이전시   4. 스포츠 미디어 그룹
5. 기업 스포츠마케팅   6. 선수 에이전트
7. 스포츠용품기업   8. 스포츠라이선싱
9. 스포츠 IT   10. 스포츠산업 전문 언론

위의 열 가지 구분을 이해한다면 이제 스마팅에 대한 기본적인 직업탐구는

완료했다고 볼 수 있을 것이다. 이번 업무 분야 소개에서는 각 업종에 대한 개괄적 소개, 그리고 채용방식을 중점으로 회사별로 간략히 소개한다. 각 회사에 대한 구체적인 내용이 궁금한 독자를 위해 이 책의 「부록」을 통해 각 회사를 소개하는 상세 페이지를 준비했다. 아주 기본적인 정보부터 조직도, 채용 정보를 일일이 찾아 넣었기에 취업준비에 좋은 길라잡이가 될 것이다.

*회사의 기본적인 채용, 조직도, 연봉 관련 정보는 홈페이지 또는 크레딧잡을 통해서 파악한 정보 위주로 되어 있다. 따라서 일부 정보는 실제와 상이할 수 있음을 알린다.

1. 체육행정조직 및 단체

업종 소개

스포츠가 보편적인 여가문화로 자리 잡으면서 스포츠 정책을 주관하는 체육행정의 역할이 점차 커지고 있다. 국민의 건강과 삶의 질 향상을 위한 정책은 물론 학교체육, 엘리트체육, 장애인체육, 스포츠산업 등의 전반을 담당하는 것이 바로 체육행정조직이다. 여러 정권을 거치는 동안 다양한 정책을 펼치면서 예산 지원도 많아지고 산업 규모도 성장했지만 국민들이 피부로 느끼는 발전은 여전히 더디다.

체육행정조직 및 단체는 크게 정부부처 및 지자체, 공공기관, 체육단체로 나눌 수 있다. 체육정책의 집행 주체가 정부이고 이들의 결정은 합법적 강제력이 있기 때문에 대부분 학교체육과 생활체육, 엘리트체육, 월드컵이나 올림픽 등의 공공문제 해결에 초점을 맞추는 경우가 많다. 한편 정치적으로 자유로울 수 없는 체육행정 조직은 정부가 바뀔 때마다 확대와 축소를 반복하기 때문에 행정적 일관성과 효율성을 갖기가 쉽지 않다. 위에서 크게 나눈 체육행정조직 및 단체를 더욱더 세분화하여 나누게 되면 아래 표와 같이 분류

할 수 있겠다.

구분		기관명	비고
정부부처 및 지자체	문화체육관광부	체육국	
	지방자치단체	광역자치단체 체육국	
		기초자치단체 체육과	
공공기관	준정부기관	국민체육진흥공단	* 산하기관: 한국스포츠개발원
		대한체육회	2016년 3월 통합 "대한체육회"
		국민생활체육회	* 협력단체: 스포츠안전재단
		대한장애인체육회	
		태권도진흥재단	
		한국체육산업개발(주)	* 국민체육진흥공단 자회사
체육단체	종목 기반	중앙종목단체	대한체육회 정회원 59단체, 준회원 5단체
		시도종목단체	
		시군구종목단체	
	지역기반 지역기반	시도체육회	
		시군구체육회	
기타	그 외 체육 관련 조직	한국대학스포츠협의회, 한국도핑방지위원회, 한국프로스포츠협회 등	

채용

　문화체육관광부나 지방자치단체 체육국 및 체육회의 취업은 공무원시험(행정고시, 7급, 9급 공무원 시험 등)을 통한 배치가 일반적이다. 하지만 각 처의 홈페이지 채용공고를 통해 종종 분야별로 전문인력 보충이 있으므로 관심을 가질 필요가 있다. 하지만 이 역시 경력직을 채용하는 경우가 많아서 신입이 체육국에 입성하는 것은 현실적으로 어려움이 많다.

　체육행정직 취업의 두 개의 중심은 아무래도 국민체육진흥공단과 대한체육회가 아닐까 싶다. 국민체육진흥공단은 일반 기업과 가장 유사한 채용과정을 가지고 있는 조직이며 인턴십과 신입을 꾸준히 채용한다. 사업 분야도 다양해 스포츠산업본부부터 경륜과 경정 사업본부까지 여러 분야에 걸쳐 경험을 쌓을 수 있는 기회를 제공한다. 정부조직이므로 국가유공자나 한국어 관련 자격증 소지자를 우대하고, 공인 어학성적도 필수다. 일반 사무직의 경우 행정학, 경영학, 일반상식 분야의 필기시험을 보고, 합격자에 한해 수차례의 면접을 실시한다.

대한체육회 홈페이지를 방문하면 다양한 사업과 채용정보를 얻을 수 있다. 채용공고 섹션을 통해 대한체육회 및 산하단체의 신입 및 경력, 인턴, 계약직 등의 모든 채용정보가 계속 업데이트되므로 체육회에 관심이 많은 사람이라면 수시로 들어가 보기를 권한다. 청년인턴 경험자에 대해서는 서류전형을 면제하기도 한다.

일반직의 경우 메달리스트, 체육전공자, 일반전공자로 구별하여 선발한다. 채용인원은 연도별로 변동이 심하다. 채용절차는 NCS 기반으로 서류 → 필기 → 1차 면접 → 2차 면접 순서로 진행된다.

대한장애인체육회는 신입직원 공개채용 공고를 통해 인원을 선발한다. 2018년도에는 5차 공개채용 공고를 진행하였으며 일반직 6급 3명, 운영직 1명, 무기계약직 2명, 육아휴직대체인력 1명을 선발하였다. 서류 → 필기시험 → 면접 순서로 채용을 진행하며 자세한 내용은 대한장애인체육회 홈페이지 신입직원 공개채용 공고를 참고하길 바란다.

태권도진흥재단은 NCS를 기반으로 채용을 진행한다. NCS 기반 입사지원서 평가 → 온라인 인성검사 → NCS기반 면접 → 적격검사를 거친다. 2018년도에는 일반직 6급, 전문계약직, 일반계약직, 기간제 근로자 총 7명을 선발하였다. 자세한 내용은 태권도진흥재단 홈페이지 채용공고를 참고하길 바란다.

한국체육산업개발(KSPO&CO)도 역시 NCS 기반 블라인드 채용을 하며 신입의 경우 일반직 7급, 경력직의 경우 일반직 6급으로 채용된다. NCS에 기반하여 1차 서류전형, 2차 필기전형, 3차 면접전형, 4차 최종임용으로 절차가 진행되며 컴퓨터, 회계, 한자자격시험 등의 자격증과 시설관리의 경우 분야에 맞는 자격증을 보유하고 있으면 가산점을 받는다. 2018년도에는 총 12명을 채용하였으며 자세한 채용 공고는 한국체육산업개발 홈페이지를 참고하길 바란다.

종목 기반 및 지역 기반 체육단체의 경우 채용이 보통 비정기적이며 매년 채용 횟수와 인원이 단체별로 상이하고, 계약직이 다수이다. 채용절차는 일반적으로 서류전형 및 면접전형이나 역시 단체마다 절차가 상이하다. 학력이나 경험, 경력, 외국어 기반으로 채용하는데, 보통 경력이 중요하게 작용한다. 종목 단체의 경우 앞서 말했듯이 대한체육회 홈페이지의 채용공고를 찾아보길 바라며, 시도체육회의 경우 각 체육회 홈페이지 내 채용 공고를 참고하길 바란다.

한국도핑방지위원회는 소수의 정규직 인원을 불규칙하게 채용한다. 기획, 경영 또는 도핑 관리 분야로 채용하는데, 기획이나 재경, 스포츠, 이학 분야의 배경 및 어학능력을 갖춘 사람을 선호한다.

체육행정조직 및 단체

문화체육관광부 체육국

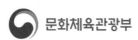

설립일: 1982년 3월 20일
직원수: 58명(문체부 체육국 홈페이지 2018/12/10)
초봉: 2,166만원(크레딧잡 2018/12/10)
채용방식: 공무원 시험, 특별채용(경력직)

2016년에 체육관광정책실이 체육정책실로 개편되었다. 이번 개편으로 문화체육부로 이관된 이후 23년 만에 체육업무만을 전담하는 체육 관련 정부 조직이 강화되었다. 체육정책실은 체육정책관과 체육협력관을 두었다. 체육정책관은 체육정책과, 체육진흥과, 스포츠산업과로 구분하였고, 2016년 3월 대한체육회로 통합된 전문체육과 생활체육의 균형육성, 스포츠산업 진흥과 체육 분야 일자리 창출 등의 업무를 주관한다. 체육협력관은 국제체육과, 장애인체육과, 평창올림픽지원과로 구분하였다.

지방자치단체 체육과

설립일: 단체별 상이
직원수: 10명 내외
초봉: 단체별 상이
채용방식: 수시 채용

광역자치단체인 각 시·도는 문화체육관광국, 문화관광체육국 등의 국 단위 수준에서 체육진흥과, 체육정책과, 체육지원과, 체육과, 스포츠산업과 등의 명칭을 사용하고 있다. 그 하부 단위로 체육정책, 체육진흥, 생활체육, 체육시설, 스포츠마케팅, 스포츠산업 등의 하부 팀 또는 담당자를 중심으로 체육업무를 진행하고 있다. 근무 인력은 평균 10~30여 명 내외이다.

대한체육회(국민생활체육회-통합)

설립일: 1920년 7월 31일
직원수: 293명(크레딧잡 2018/12/10)
초봉: 3,253만원(크레딧잡 2018/12/10)
채용방식: NCS기반 수시 채용

90년의 역사를 가지고 있는 대한체육회는 전국체육대회와 전국소년체육대회를 개최한다. 또한 올림픽 경기대회 사업에 관하여 IOC와 대외적 교섭권을 가지고 있는 유일한 단체이다. 88올림픽부터 2018동계올림픽까지가 모두 대한체육회 관장사업이다. 또한 대한체육회는 청소년대표에서 국가대표선수로 이어지는 우수 선수의 과학적이고 체계적인 육성을 통해 국위선양에 기여하고 있다. 현재 대한체육회는 68개의 회원종목단체(대한축구협회, 대한육상경기연맹 등) 및 시도 회원종목단체 1,058개를 두고 있다.

국민체육진흥공단

설립일: 1989년 4월 20일
직원수: 424명(크레딧잡 2018/12/10)
초봉: 3,919만원(크레딧잡 2018/12/10)
채용방식: NCS기반 수시 채용

1988년 서울올림픽의 숭고한 정신과 성과를 보존하고 발전시키자는 취지로 국민체육진흥법에 의거해 1989년에 설립되었다. 국민체육진흥공단은 국민체육의 진흥, 스포츠 경기 수준의 향상 및 청소년 육성과 관련한 사업지원 등이 설립 목적이다. 국민체육진흥공단은 본부 이외에 스포츠산업본부와 경륜·경정 사업본부, 체육과학연구원을 두고 있으며, 출자회사로는 한국체육산업개발이 있다.

한국프로스포츠협회

설립일: 2015년 1월 19일
직원수: 미공개(크레딧잡 2018/12/10)
초봉: 미공개(크레딧잡 2018/12/10)
채용방식: 수시 채용

한국프로스포츠협회는 한국 프로스포츠의 수준 향상과 저변확대 및 프로스포츠를 통한 국민의 건전한 여가 도모, 스포츠 활성화와 지역사회의 발전, 국제친선 기여를 목적으로 설립되었다. 한국프로스포츠협회는 한국프로축구연맹(KFA), 한국야구위원회(KBO), 한국프로농구연맹(KBL), 한국여자프로농구연맹(WKBL), 한국프로배구연맹(KOVO), 한국프로골프협회(KPGA), 한국여자프로골프협회(KLPGA) 등 총 5개 종목, 7개 단체의 프로스포츠 법인으로 구성되어 있다.

한국대학스포츠협의회

설립일: 2010년 6월 8일
직원수: 14명(크레딧잡 2018/12/10)
초봉: 3,190만원(크레딧잡 2018/12/10)
채용방식: 수시 채용

한국대학스포츠협의회는 대학스포츠의 건전한 육성과 발전을 도모하고, 대학스포츠의 본질을 회복하여 스포츠의 선진화를 달성하고자 설립되었다. 대학스포츠에 관한 학사·재정·시설 등 주요 관심사에 대한 자율적인 협의와 연구·조정을 통하여 상호협력하며, 학생선수들이 스포츠 활동과 교육을 통해 정신적·육체적·사회적으로 건전한 리더십을 갖추도록 한다. 더불어 스포츠 발전에 필요한 정책을 정부에 건의하여 우수한 경기자의 양성과 국민 통합 및 국가 이미지 제고에 이바지함을 목적으로 한다.

한국도핑방지위원회

설립일: 2006년 11월 30일
직원수: 30명(크레딧잡 2018/12/10)
초봉: 2,964만원(크레딧잡 2018/12/10)
채용방식: 수시 채용

한국도핑방지위원회는 공정한 경쟁의 확립 및 국제기준에 맞는 도핑 방지계획을 수립하고자 지난 2006년에 설립되었다. 도핑검사는 물론 도핑예방을 위한 교육, 홍보, 연구, 도핑검사계획 및 관리를 담당하고 있다. 아울러 세계도핑방지기구(WADA) 및 국제연맹(IF), 국가도핑방지기구(NADO)와 업무교류를 하고 있다. 사무국은 1실 3부로 구성되어 있다.

대한장애인체육회

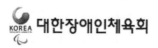

설립일: 2005년 11월 25일
직원수: 93명(크레딧잡 2018/12/10)
초봉: 3,948만원(크레딧잡 2018/12/10)
채용방식: 수시 채용

대한장애인체육회는 비영리법인으로서 장애인체육 진흥을 위해 국민체육진흥법 제34조에 의거 2005년에 설립된 공공기관이다. 국내에서는 장애인의 건강증진과 건전한 여가생활 진작을 위한 생활체육 활성화와 종목별 경기단체 및 장애유형별 체육단체와 시도지부를 지원·육성하고 우수한 경기인을 양성하여 국위선양에 이바지한다. 국제적으로는 국제장애인올림픽위원회와 독점적 교섭권을 갖는 대한민국을 대표하는 유일한 단체로서 장애인올림픽운동의 정신과 가치를 확산한다.

스포츠안전재단

설립일: 2010년 07월 15일
직원수: 23명(크레딧잡 2018/12/10)
초봉: 2,849만원(크레딧잡 2018/12/10)
채용방식: 수시 채용

생활체육 참여율이 지속적으로 증가함에 따라 체육활동 중 안전사고율도 증가하고 있다. 이에 체육인들이 안전하게 스포츠 활동을 즐길 수 있는 제도적 장치의 필요성이 제기되었다. 스포츠안전재단은 전문 및 생활체육을 포괄하는 스포츠 활동에 따른 안전사고를 예방하고 각종 스포츠 관련 사고에 대한 공제사업 및 위로·구호사업을 추진하는 등 안전한 스포츠 환경 조성에 기여하기 위해 설립되었다.

태권도진흥재단

설립일: 2005년 7월 1일
직원수: 92명(크레딧잡 2018/12/10)
초봉: 2,620만원(크레딧잡 2018/12/10)
채용방식: NCS 기반 채용

정부는 태권도 진흥이 국가 발전의 원동력임을 인식하고 태권도를 전 세계에 지속적으로 확산시키기 위한 사업 주체로 태권도진흥재단을 설립하였다. 사무처는 3본부 7부 2실 1관으로 구성되어 있다. 경영본부 산하에 경영지원부, 운영관리부, 정보기술부, 사업본부 산하에 진흥사업부, 교육연구부, 마케팅부, 대외협력본부 산하에 교류협력부와 박물관으로 구성되어 있다.

대한축구협회(KFA)

설립일: 1948년 9월 4일
직원수: 123명(크레딧잡 2018/12/10)
초봉: 3,720만원(크레딧잡 2018/12/10)
채용방식: 수시 채용

KFA는 대내외적으로 대한민국 축구를 대표하는 기관으로서 한국 축구 행정 및 회원 단체를 총괄하는 기구이다. 대한체육회 종목 단체 중에서 가장 규모가 크다고 볼 수 있다. 축구회관을 본거지로 사용하며 급여나 복지 수준도 업계 최고라고 알려져 있다. 산하에 한국프로축구연맹, 한국실업축구연맹, 한국여자축구연맹, 한국유소년축구연맹 등 총 8개의 산하단체를 두고 있다.

대한야구소프트볼협회(KBSA)

설립일: 1946년 03월 18일(전신-조선야구협회)
직원수: 17명(크레딧잡 2018/12/10)
초봉: 2,537만원(크레딧잡 2018/12/10)
채용방식: 수시 채용

대한야구소프트볼협회(KBSA)는 야구와 소프트볼 경기를 널리 보급하여 국민체력 향상 및 우수한 경기인 양성으로 국민체육 발전과 국위선양에 기여하고자 설립된 대한체육회 가맹단체이다. 1946년 조선야구협회라는 이름으로 창설되었고, 2016년에 대한소프트볼연맹, 국민생활전국야구연합회와 통합되면서 현재의 명칭으로 바뀌었다. 흔히 알고 있는 KBO와는 다른 단체로, KBSA에서는 고교야구, 유소년 야구 등 아마추어 경기를 주로 주관하며, 국가대표 선발 및 국제대회 참여 또한 협회의 주요 업무이다.

대한민국농구협회(KBA)

설립일: 1948년 9월 3일
직원수: 11명(크레딧잡 2018/12/10)
초봉: 2,594만원(크레딧잡 2018/12/10)
채용방식: 수시 채용

대한민국에 농구를 보급하고 활성화하기 위해 설립된 단체이다. 한국농구연맹(KBL)이 프로리그만을 전담한다면, 국가대표팀과 아마추어 및 생활체육 농구, 그리고 인프라 등은 대한민국농구협회에서 담당한다. 산하 연맹으로, 한국실업농구연맹, 한국대학농구연맹, 한국중고농구연맹, 한국초등농구연맹이 있으며, 한국인동우회와 어머니농구회 그리고 3X3위원회 등이 있다.

대한민국배구협회(KVA)

설립일: 1946년 03월 10일
직원수: 12명(크레딧잡 2018/12/10)
초봉: 2,992만원(크레딧잡 2018/12/10)
채용방식: 수시 채용

1946년 3월에 창립된 문체부 산하 아마추어 배구와 국가대표팀 등을 담당하며 배구의 보급을 목적으로 하는 기구이다. 산하단체로는 한국대학배구연맹, 한국중고배구연맹 등 6개의 연맹과 17개의 시도 배구협회가 있다. 조직도의 경우 상임이사를 중심으로 11개의 이사진이 10개의 위원회와 1개의 사무국을 이끄는 형태이다.

대한양궁협회

설립일: 1983년 03월 04일
직원수: 14명(크레딧잡 2018/12/10)
초봉: 3,146만원(크레딧잡 2018/12/10)
채용방식: 수시 채용

1983년 대한궁도협회에서 분리되어 설립되었으며, 주요 활동으로 양궁경기에 관한 기본방침 심의 결정과 양궁 선수 및 코치의 훈련, 복지관련 지원을 한다. 한국 양궁이 세계 최강의 자리에 이르는 데 지대한 공헌을 한 스포츠협회로 공정하고 투명한 선수 선발과 대표선수의 전폭전인 지원으로 공정한 이미지를 가지고 있는 스포츠 협회 중 하나이다.

대한배드민턴협회

설립일: 1957년 11월 15일

직원수: 26명(크레딧잡 2018/12/10)

초봉: 3,252만원(크레딧잡 2018/12/10)

채용방식: 수시 채용

대한배드민턴협회는 대한민국의 배드민턴 운동 단체를 대표하는 단체이다. 산하의 단체로는 4개의 연맹(초, 중, 고, 대학, 실업배드민턴연맹)과 17개 시도 배드민턴협회를 두고 있다.

이하 대한체육회 정회원 59단체, 준회원 5단체

설립일: 단체에 따라 상이

직원수: 5~10명 사이

초봉: 단체에 따라 상이

채용방식: 수시 채용

대한체육회와 국민생활체육회의 통합과 마찬가지로 각 단체의 회원으로 있던 회원종목단체 역시 통합하였다. 2015년 12월, 대한사이클연맹(전문체육)과 전국자전거연합회(생활체육)의 통합(대한자전거연맹)을 필두로 2016년 6월까지 38개 종목의 단체가 통합하였고, 통합 후 대한체육회 회원종목단체는 정회원 59개, 준회원 5개가 되었다. 직원수는 종목(단체 규모)에 따라 편차가 크나, 일반적으로 5~10명 이내이다.

2. 스포츠연맹, 협회 및 프로구단 프런트

업종 소개

우리나라 프로스포츠는 초기에는 복싱과 레슬링을 중심으로 붐이 일어났다. 그리고 1982년 프로야구, 1985년 프로축구, 1996년 프로농구, 2004년 프로배구가 출범하면서 서서히 윤곽을 갖추기 시작했다. 대부분 프로스포츠는 지역을 연고로 하고 있으며, 각 구단은 직간접적으로 연고지의 경제 활성화와 지역화합 도모, 후진 양성의 중요한 역할을 담당하고 있다.

일반적으로 스포츠산업의 발전은 프로스포츠가 주도하기 때문에 팬 및 선수층이 두터운 종목은 프로화가 바람직하다. 입장료와 중계권료가 기본 수입이었던 프로스포츠는 이제 초기 형태를 벗어나 스폰서십, 머천다이징 및 라이선싱, 선수 관리 및 계약, 스포츠이벤트, 스포츠마케팅 기획 등으로 진화와 세분화가 이루어지고 있다.

프로스포츠 단체와 아마추어 스포츠 단체를 구분하는 기준은 간단하다. 체육진흥투표권(스포츠토토) 발행 종목임과 동시에 프로스포츠협회에 가입되어 있는지를 확인하면 된다. 프로스포츠협회 회원사는 5개 종목의 7개 경기 주최단체뿐이다(KBO, K LEAGUE, KBL, WKBL, KOVO, KPGA, KLPGA). 또, 7개 경기 주최단체에는 각각의 종목별 구단이 가입되어 있으며, 총 61개의 구단이 소속되어 있다(KBO: 10구단 / K리그: 22구단 / KBL: 10구단 / WKBL: 6구단 / KOVO: 13구단).

프로스포츠 연맹은 종목별로 편차가 심한 편이다. 구단 수로는 축구가 가장 많지만 최고 인기 스포츠는 프로야구다. 프로야구는 연 관중 수 800만 명을 넘어섰고 10구단 창단까지 더해지면서 상승 분위기를 타고 있다. 반면에 프로축구는 국가대표팀 경기를 제외하고는 고전을 면치 못하고 있고, 농구는 관중을 비롯한 모든 지표가 나빠지고 있다. 이와 반대로 배구는 관중과 시청률 모두 상승곡선을 그리고 있다.

골프는 특정 연령층(최소 30대 이상)의 절대적인 지지를 받고 있으며, 여자 프로골프는 매년 성장세를 거듭하며 대회 및 후원사가 지속적으로 늘고 있다. 바둑리그는 10개 프로팀을 갖추고 1부, 2부 리그를 건실히 운영하며 팬들을 잘 이끌고 있다. e스포츠는 체육계에서 공식적으로 인정하는 프로스포츠가 아니어서 이번 리포트에는 빠졌지만 리그오브레전드, 오버워치, 배틀그라운드, 스타크래프트의 폭발적인 인기를 리그 대회에 편승시켜 10대~20대 마니아층을 확보하고 있다.

프로스포츠구단 취업은 예비 스포츠마케터들이 가장 많이 궁금해 하는 부분일 것이다. 프로스포츠구단은 보통 현장과 프런트로 나뉘는데, 코칭스태프와 선수들이 현장이라면, 팀의 살림살이를 도맡아 하는 것이 프런트라고 할 수 있다. 프로스포츠 중 리그가 활성화된 4대 구기종목 즉 축구, 야구, 농구, 배구 종목이 구단 프런트의 역할이 가장 크다. 구단 프런트는 팀의 기획과 운영, 선수단 지원, 마케팅, 대외홍보 및 일반행정, 홈과 어웨이 경기지원 등의 업무를 담당한다.

지금까지의 프로스포츠구단은 그 자체로 수익을 창출한다기보다는 모기업의 예산으로 좋은 성적을 거두고 팬들을 만족시키는 것에 초점을 맞추었다. 삼성이나 SK 같은 대기업의 경우는 거의 모든 종목마다 선수단을 운영하고 있기 때문에 이를 총괄적으로 관리하는 스포츠단이 별도로 존재한다. 그리고 한 해 예산으로 적게는 수십억 많게는 수백억을 들여 스포츠를 통한 마케팅 및 홍보에 힘쓰고 있다.

구단의 장래는 단장을 필두로 한 프런트에 달려있다고 많이 얘기하는데, 유망한 신인을 발굴하고 능력 있는 코칭스태프를 영입하는 일이 모두 프런트의 역할이기 때문이다. 우수한 프런트는 팀의 전력을 정확히 진단하고, 필요 선수를 위한 과감한 투자, 선수의 장단점을 파악하는 안목을 갖추어야 한다.

프로스포츠업계에서 일한다는 말은 크게 두 가지로 분류할 수 있다. 첫째는 해당 종목의 리그 운영을 주관하고 통합 비즈니스를 실행하는 경기 주최단체(이하 연맹)에서 일한다는 것이고, 둘째는 일선에서 직접 팬들과 마주하며 클럽 팀을 운영하는 구단에 소속된다는 것이다(개인 종목인 골프는 법인 회원이 아닌 개인 회원으로 이루어져 있기 때문에 회원 구단이 없다). 연맹과 구단은 매우 다른 성격을 가지고 있기 때문에 어느 분야에서 일하느냐에 따라 본인과 잘 맞을 수도 그렇지 않을 수도 있다.

연맹에서 일하면 리그 운영단체이기 때문에 공식적으로 팀을 응원할 수 없다. 나만의 팀이 있고 없고의 차이는 생각보다 크다. 법인 형태도 다른데, 일반적으로 연맹은 비영리 사단법인의 형태를 취하기 때문에 대부분 영리법인 형태로 운영되고 있는 구단과는 매우 다르다. 연맹의 최고 의결기구인 총회와 이사회에선 수익을 최고의 가치로 두고 의사결정을 하지 않는다. 오히려 리그의 공정한 운영을 위한 결정 또는 모든 회원들에게 혜택이 골고루 배분될 수 있는 결정들을 내린다(KBO도 비영리 사단법인이지만 KBOP라는 자회사를 설립하여 수익사업도 활발히 전개하고 있다).

아쉬운 소식이지만 프로스포츠 연맹과 협회는 기본적으로 정기공채의 기회가 거의 없다고 봐야 한다. 대부분의 단체들은 인력충원이 필요한 경우 홈페이지나 구직사이트, 스포츠산업박람회 등을 통해 채용공고를 낸다. 하지만 좋은 소식도 있다. 2018년부터 프로스포츠 인턴십 프로그램 사업의 주관이 한국프로스포츠협회로 옮겨오면서, 연맹과 구단에서 국가의 지원을 받아 채용할 수 있는 인턴 수가 대폭 늘어났다. 하계종목과 동계종목으로 두 번 나누어서 대규모 인턴 채용 공고가 올라가니, 해당 종목의 시즌 전 모집공고를 예의주시해야 한다.

프로스포츠업계는 기본적으로 발을 담그는 것 자체가 어려우므로 사회 초년생부터 여러 경로를 통해 스킨십을 잘 쌓아두는 것이 중요하다. 요즘은 구단 홍보대사나 마케터 자체도 큰 이점이 되지 못한다는 얘기도 많지만, 아마도 낮은 채용기회와 채용확률 때문이 아닌가 생각된다.

하지만 다양한 경로를 통한 인적 네트워크는 여전히 큰 도움이 될 수 있다. 각 종목별로 확실하게 선택과 집중을 하는 것도 중요하다. 자신이 좋아하는 스포츠와 자신이 경쟁력을 가지는 스포츠는 확실히 다르다. 골프의 경우 일반 스포츠와는 달리 골프장, 골프선수, 협회, 스폰서관계, 대회방식 등의 특수한 산업구조를 아는 사람만이 경쟁력을 가질 수 있다. 프로골프단은 그 특성상 선수출신 또는 골프관련 업무를 해온 사람 등 전문성이 있는 경력자를 선발하는 게 보통이다. 따라서 골프선수 에이전트, 골프대회 운영 대행사, 골프장 근무 경력자 등이 주로 채용 대상이 될 것이다.

예비 스포츠마케터들은 자신이 지원한 회사 또는 연맹이 진행하고 있는 스포츠관련 산업의 현황, 문제점 및 개선방안 정도는 언제라도 프레젠테이션 할 수 있을 정도의 정보력과 분석력을 갖추고 있어야 한다. 기껏해야 한두 명을 충원하는 경우가 대부분인 이런 기회를 살리기 위해서는 확실한 필살기를 갖추고 있어야 한다는 것을 다시 한 번 강조하고 싶다.

스포츠 연맹, 협회

한국프로축구연맹

설립일: 1994년 7월 30일
직원수: 27명(크레딧잡 2018/12/10)
초봉: 3,349만원(크레딧잡 2018/12/10)
채용방식: 수시 채용

1983년 실업팀 5팀의 슈퍼리그를 모태로 1994년 한국프로축구연맹 출범 이후 2018년 현재 1부 12
팀, 2부 9팀으로 총 21팀이 참가하고 있으며, 한국에서 프로리그가 시행되는 종목 중 가장 많은 수
의 구단을 보유하고 있다. 소속구단은 시민구단 11팀, 기업구단 9팀, 군경팀 1팀(아산 무궁화 폐단
시)으로 구성되어 있다. 1부는 K리그1, 2부는 K리그2로 불리며 2013년부터 승강제를 실시하고 있
다. 2017년부터 2020년까지 하나은행과 4년간 35억 원 규모의 스폰서 계약을 체결했다.

한국야구위원회

설립일: 1981년 12월 11일
직원수: 105명(크레딧잡 2018/12/10)
초봉: 3,356만원(크레딧잡 2018/12/10)
채용방식: 수시 채용

프로야구는 명실 공히 대한민국의 넘버원 프로스포츠다. 2012년 관중 수는 역대 최초로 700만 명
을 넘어섰고 관중 1,000만 시대도 멀지 않은 것으로 예상된다. 팀 수도 최초 6개에서 9개 팀으로
늘었고, 제10구단으로 KT수원이 선정되어 꿈의 10구단 체제가 완성되었다. 한국야구위원회는 프
로야구 관리 및 총괄, 페넌트레이스, 올스타전, 플레이오프, 한국시리즈 주최, 기록 수집 및 분석,
방송중계권 협상 등의 역할을 담당한다. 인하우스(In-house) 마케팅회사 격인 KBOP를 설립하기
도 했다.

한국농구연맹

설립일: 1996년 11월 22일
직원수: 29명(크레딧잡 2018/12/10)
초봉: 3,150만원(크레딧잡 2018/12/10)
채용방식: 수시 채용
타이틀스폰서: SK텔레콤

한국농구연맹(KBL)은 1997년에 처음으로 프로농구 리그를 시작했지만 일찍부터 다양한 선수 선
발방식과 규정, 규칙 등을 통해 다이내믹한 경기를 진행했고, 용병선수와 귀화선수 영입을 통해
화려하고 재미있는 경기를 유도했다. 한국농구연맹의 주 역할은 농구경기 주최, 농구의 국제교류
사업, 농구 기술에 관한 연구, 농구 선수와 지도자, 경기원 양성, 출판물 발간, 농구시설물 검정 및
승인 등이다. 2018~2019시즌 KBL의 타이틀 스폰서는 SK텔레콤으로, 규모는 약 30억 원대로 알
려져 있다.

한국여자농구연맹

설립일: 1998년 11월 11일
직원수: 10명(크레딧잡 2018/12/10)
초봉: 2,876만원(크레딧잡 2018/12/10)
채용방식: 수시 채용
타이틀스폰서: 우리은행

1960년대에 촉발된 여자농구 붐은 1970년대에 '여자농구의 황금시대'를 가져왔다. 기업들은 앞을 다투어 여자농구팀을 창단했고, 매년 신생팀이 가세해 늘 10여 개의 팀을 유지했다. 마침내 1983년 겨울에는 농구대잔치 점보시리즈가 탄생했다. 하지만 힘차고 빠른 남자농구에 묻혀 쇠락의 길을 걷게 된 여자 실업농구는 1998년에 프로화되어 현재 6개 팀을 운영하고 있다.

한국배구연맹

설립일: 2004년 12월 30일
직원수: 16명(크레딧잡 2018/12/10)
초봉: 3,197만원(크레딧잡 2018/12/10)
채용방식: 수시 채용
타이틀스폰서: 도드람

2004년 문화체육관광부 소관 사단법인으로 설립된 한국배구연맹(KOVO)은 남녀 프로배구 리그를 동시에 관장하며 V-리그와 KOVO컵을 주관하고 있다. 남자배구는 2005년 남자 신인선수 드래프트 실시와 함께 KT&G V-리그가 개막되면서 프로화의 모습을 갖춰 나가기 시작했다.

한국프로골프협회

설립일: 1968년 11월 12일
직원수: 7명(크레딧잡 2018/12/10)
초봉: 3,671만원(크레딧잡 2018/12/10)
채용방식: 수시 채용

1968년에 발족한 한국프로골프협회(KPGA)는 레슨프로제도 도입(1983), 골프코치스쿨 및 세미프로 선발전 실시(1988), 2부 투어대회 출범(1999) 등의 과정을 거쳐 골프 지도자와 우수 골퍼들이 성장할 수 있는 기반들을 조성해 나갔다. 2007년에는 한국프로골프투어(KGT)가 공식 출범하면서 PGA투어, 유러피언투어, 일본골프투어에 이어 세계 4대 골프투어를 목표로 비약적인 발전을 도모하고 있다. KGT는 KPGA를 지원해 프로골프대회 개최, 국제교류사업(한일전 등), 제반 규정의 제정, KPGA 사업지원, 마케팅 활동 등을 담당하고 있다.

한국여자프로골프협회

설립일: 1991년 12월 14일
직원수: 4명(크레딧잡 2018/12/10)
초봉: 2,908만원(크레딧잡 2018/12/10)
채용방식: 수시 채용

1978년 한국여자프로골퍼 8명을 중심으로 한국프로골프협회 내 여자프로부로 창설되었다가 1988년 한국여자프로골프협회(KLPGA)로 공식 창립됐다. 잘 알다시피 한국 여자 프로골퍼들은 국내는 물론 세계무대에서 우수한 실력과 저력을 보여주고 있다. 최근까지 LPGA(미국) 투어와 JLPGA(일본) 투어의 상위 랭킹에 다수의 한국 선수들이 포진하면서 '한국 여인 천하'를 객관적으로도 증명하고 있다.

프로스포츠 구단 – 남자 프로농구

고양 오리온 오리온스

모기업: 오리온
직원수: 11명(KBL 미디어가이드북)
초봉: 3,553만원(사람인 2019/1/21)
채용방식: 수시 채용

경기도 고양시를 연고로 하는 프로농구단. 대구광역시에서 팀을 창단하며 대구 시민들의 넘치는 사랑을 받았지만, 2011년 고양시로 연고를 이전하며 농구팬들의 많은 질타를 받았다. 국내 프로스포츠에 유일무이한 32연패 기록을 보유하고 있긴 하지만, 두 번의 챔피언 결정전 우승을 차지한 바 있다.

부산 KT 소닉붐

모기업: KT(*KT스포츠 독립법인)
직원수: 8명(KBL 미디어가이드북)
초봉: 3,628만원(사람인 2019/1/21)
채용방식: 수시 채용

부산광역시를 연고로 하는 프로농구단. LG스포츠와 마찬가지로 독립법인으로 운영되고 있다. 잦은 모기업 변경과 연고 이전으로 비교적 연고지 정착 정도가 낮은 편이다. 심지어 KBL에서 가장 수용인원이 많은 사직실내체육관을 사용하고 있기 때문에 텅 비어보이는 관중석을 자주 연출하고 있다. 하지만 2018~2019시즌 서동철 감독을 영입하며 선수단 분위기를 쇄신하고 있고, 드래프트에서 좋은 신인선수를 영입하며 분위기 반등을 위한 기반을 마련하였다.

서울 SK 나이츠

모기업: SK텔레콤
직원수: 9명(KBL 미디어가이드북)
초봉: 3,178원(사람인 2019/1/21)
채용방식: 수시 채용

삼성과 마찬가지로 서울을 연고로 하는 프로농구단이며, 잠실 학생체육관을 사용하고 있다. 서울 연고의 이점과 SK그룹의 스포테인먼트 전략이 잘 어우러지며 KBL 최고의 관중동원력을 자랑한다. 농구단에서 유일하게 자체 App을 가지고 있으며, 포인트 제도를 도입해 티켓, MD상품 구매를 촉진하는 등 구단 브랜드를 활용한 스포츠마케팅을 리드하고 있는 구단이다. 잠실 라이벌인 서울 삼성과는 S-더비라고 불리는 더비 매치를 진행하고 있다.

서울 삼성 썬더스

모기업: 제일기획
직원수: 8명(KBL 미디어가이드북)
초봉: 3,417만원(사람인 2019/1/21)
채용방식: 수시 채용

서울특별시를 연고지로 하며 잠실실내체육관을 사용하는 프로농구단이다. 연말 콘서트장 대관이 쇄도하는 탓에, 연말에는 원정 경기를 주로 다닌다. 다른 삼성 프로스포츠 구단과 마찬가지로 2014년 9월 모기업이 제일기획으로 전환되었다. 스포츠단에 대한 투자 축소가 우려되는 시각이 많았지만, 다행히 프로농구는 샐러리캡 제도가 있어서 선수단에 대한 투자가 성적으로 그대로 이어지진 않는다.

안양 KGC 인삼공사

모기업: 한국인삼공사
직원수: 8명(KBL 미디어가이드북)
초봉: 3,514만원(사람인 2019/1/21)
채용방식: 수시 채용

경기도 안양시를 연고로 하는 프로농구단. 안양 한라 아이스하키단과 FC 안양 축구단 중 가장 많은 사랑을 받고 있다. 잘생긴 선수가 많은 탓에 인삼신기라는 별칭으로 불리기도 하지만, 선수단의 거친 플레이가 많은 탓에 타 팀 팬으로부터는 깡패공사라고 불리기도 한다. 2011~2012시즌 화끈한 농구로 우승까지 차지하며, 구단 역사상 최고의 전성기를 맞이했다.

울산 현대모비스 피버스

모기업: 현대모비스
직원수: 8명(KBL 미디어가이드북)
초봉: 4,122만원(사람인 2019/1/21)
채용방식: 수시 채용

울산광역시를 연고로 하는 프로농구단. KBL 정규리그 최다 우승(6회), 챔피언 결정전 최다 우승(6회)을 자랑한다. 2017년 포항 지진 당시에는 12월 1일 홈경기 입장 수익 전액을 포항 시민들에게 기부하기도 하고, 경기 시작 전 코트 빔 레이저 쇼를 최초로 도입하는 등 마케팅 활동도 활발히 전개하고 있다. KBL 최고의 감독으로 손꼽히는 유재학 감독이 건재하고, 라건아라는 최고의 귀화 외국인 선수를 영입하며, 앞으로도 좋은 성적을 유지할 수 있는 기반을 다졌다.

원주 DB 프로미

모기업: DB손해보험
직원수: 9명(KBL 미디어가이드북)
초봉: 3,814만원(사람인 2019/1/21)
채용방식: 수시 채용

강원도 원주시를 연고지로 하는 프로농구단이다. KBL 최다 플레이오프 진출 성적을 가지고 있으며, 전주 KCC, 창원 LG와 더불어 연고 정착이 가장 잘 되어있는 구단으로 알려져 있다. 대부분의 팀들과 달리 클럽하우스가 연고지인 원주에 자리 잡고 있으며, 프로 원년 나래 시절부터 단 한 번의 연고 이전도 없었기에 원주 시민들의 사랑을 한 몸에 받고 있다. 2017년에는 이상범 감독을 영입한 이후 리빌딩과 성적이라는 두 마리 토끼를 모두 잡고 있다.

인천 전자랜드 엘리펀츠

모기업: 전자랜드(SYS리테일)
직원수: 6명(KBL 미디어가이드북)
초봉: 3,225만원(사람인 2019/1/21)
채용방식: 수시 채용

인천광역시를 연고로 하는 프로농구단. 비교적 빅마켓인 연고지에 인천삼산월드체육관을 홈구장으로 사용하며 준수한 관중 동원력을 자랑하고 있지만, 현재까지 유일하게 챔피언 결정전에 진출하지 못하고 있는 구단이다. 2018~2019시즌 3R까지 정규리그 2위의 성적을 유지하며 챔프전 진출에 대한 기대감을 높이고 있다.
인간미 넘치는 구단 스토리를 써내려가며, 팬들에게는 '감동랜드'라는 별칭으로 불리고 있다.

전주 KCC 이지스

모기업: KCC그룹
직원수: 6명(KBL 미디어가이드북)
초봉: 3,910만원(사람인 2019/1/21)
채용방식: 수시 채용

전라북도 전주시를 연고지로 하는 프로농구단. 전라권을 연고로 하는 프로구단이 많지 않다보니, 전북 현대모터스 축구단과 함께 지역민들의 많은 사랑을 받고 있다. 다만, 건립 40년이 넘는 전주 실내체육관을 홈구장으로 사용하고 있으며, 시설과 관련된 문제 때문에 지자체와의 마찰이 종종 있지만, 전주시에서 체육관 신축 계획안을 내놓으며 일단락 됐다. 챔피언결정전 우승 5회, 정규리그 우승 4회를 차지할 정도로 경기 성적이 좋은 정통 명문 구단이다.

창원 LG 세이커스

모기업: LG전자(*LG스포츠 독립법인)
직원수: 9명(KBL 미디어가이드북)
초봉: 3,299만원(사람인 2019/1/21)
채용방식: 수시 채용

창원시를 연고로 하는 프로농구단. KT스포츠와 함께 LG 스포츠라는 독립법인 형태로 운영되고 있으며, 창원 지역 최초의 프로스포츠 구단이라는 특징이 있다. 2018~2019시즌 KBL만의 독특한 이벤트 경기로 자리 잡고 있는 연말 자정 농구영신 매치에 입석 티켓만 2천 장을 더 팔며, 초대박 흥행을 이루었다. 다만, 흥행성적과는 반대로 아직 챔피언결정전 우승 경험은 없다.

프로스포츠 구단 – 여자 프로농구

부천 KEB 하나은행

모기업: 하나금융지주
직원수: 4명(WKBL 미디어가이드북)
초봉: 3,939만원(사람인 2019/1/22)
채용방식: 수시 채용

경기도 부천시를 연고로 하는 여자 프로농구단. 2006년에 광주광역시에서 연고 이전을 했다. 2012년 하나금융지주가 신세계 쿨캣 농구단을 인수하며 이때부터 금융권 팀들로만 리그가 구성되었다. 리그 창설 이후 초창기에만 무려 4회의 우승을 차지하였다.

수원 OK저축은행 웃샷

모기업: OK저축은행(네이밍 스폰서)

직원수: –

초봉: –

채용방식: 수시 채용

＊WKBL 위탁운영 중

경기도 수원시를 임시 연고로 하는 여자 프로농구단. WKBL에서 창단이 가장 늦은 막내구단이지만, KDB생명이 구단 운영을 포기하며 현재는 WKBL에서 팀 운영을 대행하고 있다. 현재 모기업은 없지만, OK저축은행에서 한 시즌 동안 네이밍 스폰서를 맡아주고 있다.

아산 우리은행 위비

모기업: 우리은행

직원수: 5명(WKBL 미디어가이드북)

초봉: 3,341만원(사람인 2019/1/22)

채용방식: 수시 채용

충청남도 아산시를 연고로 하는 여자 프로농구단. 2016년에 춘천시에서 아산시로 연고 이전을 했다. 이때부터 모든 여자 프로농구단이 1회 이상 연고지를 이전하게 되었다. 2012~2013시즌 위성우 감독을 영입한 후 지금까지 6시즌 연속 우승이라는 대기록을 달성하였다.

용인 삼성생명 블루밍스

모기업: 제일기획

직원수: 3명(WKBL 미디어가이드북)

초봉: 3,417만원(사람인 2019/1/22)

채용방식: 수시 채용

경기도 용인시를 연고로 하는 여자 프로농구단. 원 연고지는 수원시였으나, 2005년에 용인시로 옮겨왔다. 2014년에 삼성생명에서 제일기획으로 모기업이 변경되었다. 용인에 위치한 클럽하우스(삼성 트레이닝 센터)는 최고의 시설을 자랑한다.

인천 신한은행 에스버드

모기업: 신한은행
직원수: 5명(WKBL 미디어가이드북)
초봉: 3,418만원(사람인 2019/1/22)
채용방식: 수시 채용

인천광역시를 연고로 하는 여자 프로농구단. 2014년에 안산시에서 연고를 이전하며, 홈 경기장 수용인원이 1,106명에서 3,300명으로 대폭 늘어났다. 2008년부터 2012년까지 통합 6연패라는 어마어마한 기록을 달성하였다.

청주 KB 스타즈

모기업: 국민은행
직원수: 5명(WKBL 미디어가이드북)
초봉: 3,304만원(사람인 2019/1/22)
채용방식: 수시 채용

충청북도 청주시를 연고로 하는 여자 프로농구단. WKBL 출범 이후 아직까지 우승 경험은 없지만 2018~2019시즌 현재 아산 우리은행 위비를 제치고 정규리그 1위를 달리고 있다. 2016년의 드래프트에서 전체 1순번으로 박지수 선수를 얻는 데 성공했다.

프로스포츠 구단 – 남자 프로배구

대전 삼성화재 블루팡스

모기업: 제일기획
직원수: 6명(KOVO 미디어가이드북)
초봉: 3,417만원(사람인 2019/1/22)
채용방식: 수시 채용

대전광역시를 연고로 하는 프로배구단. 챔피언 결정전 7연패에 빛나는 배구 명가이다. 또 다른 명문구단인 현대캐피탈 스카이워커스와는 라이벌 관계이다. 대전 시티즌과 한화 이글스 역시 대전광역시를 연고로 하고 있지만 성적이 좋지 않은 탓에 삼성화재가 효자 노릇을 하고 있다.

서울 우리카드 위비

모기업: 우리카드
직원수: 5명(KOVO 미디어가이드북)
초봉: 3,488만원(사람인 2019/1/22)
채용방식: 수시 채용

서울특별시를 연고로 하는 프로배구단. 서울의 유일한 남자 배구팀이며, 리모델링 후 재탄생한 장충체육관을 홈 체육관으로 사용하고 있어 마케팅 환경이 좋은 편이다. 하지만 아직까지도 챔피언 결정전 진출 경험조차 없다.

수원 한국전력 빅스톰

모기업: 한국전력공사
직원수: 5명(KOVO 미디어가이드북)
초봉: 3,600만원(사람인 2019/1/22)
채용방식: 수시 채용

경기도 수원시를 연고로 하는 프로배구단. 모기업이 공기업이기 때문에, 준 프로팀으로 분류되고 있다. 실업리그 시절 1945년 팀을 창단하였는데, 국내 배구단 중 가장 오랜 연혁을 자랑한다.

안산 OK저축은행 러시앤캐시

모기업: 아프로서비스그룹
직원수: 10명(KOVO 미디어가이드북)
초봉: 3,786만원(사람인 2019/1/22)
채용방식: 수시 채용

경기도 안산시를 연고로 하는 프로배구단. 2013년 창단하였고, 7개 구단 시대를 연 막내 팀이기도 하다. 창단 2년 만에 우승을 차지하며, V-리그의 역사를 새로 썼다. 이는 국내 프로스포츠 최단 기간 우승 기록이기도 하다.

의정부 KB손해보험 스타즈

모기업: KB손해보험
직원수: 7명(KOVO 미디어가이드북)
초봉: 5,132만원(크레딧잡 2019/1/22)
채용방식: 수시 채용

경기도 의정부시를 연고로 하는 프로배구단. 2017년 구미시에서 연고를 이전하였는데, 당시 구미시에서 마찰을 빚기도 했다. V리그에서 14시즌을 보냈지만 아직 우승 경험은 없다.

인천 대한항공 점보스

모기업: 대한항공
직원수: 8명(KOVO 미디어가이드북)
초봉: 3,522만원(사람인 2019/1/22)
채용방식: 수시 채용

인천광역시를 연고로 하는 프로배구단. 프로 출범 후 지금까지 모기업 변경이나 연고지 이전이 단한 번도 없었다. 우승 경험이 없다가 2017~2018시즌 마침내 정상을 차지했다. 2017년부터 KOVO 집행부를 회원사 구단이 돌아가면서 맡기로 했는데, 대한항공이 첫 번째로 역할을 수행 중이며, 조원태 구단주가 연맹 총재를 겸직하고 있다.

천안 현대캐피탈 스카이워커스

모기업: 현대캐피탈
직원수: 7명(KOVO 미디어가이드북)
초봉: 2,829만원(크레딧잡 2019/1/22)
채용방식: 수시 채용

충청남도 천안시를 연고로 하는 프로배구단. 리그 출범 이래 매 시즌 관중 동원 1위를 차지하는 명실상부 최고의 인기구단이다. 이로 인해 천안시는 배구특별시로 불리며, 국내 프로스포츠에서도 손꼽히는 연고지 마케팅 최우수 구단이다. 삼성 STC와 더불어 캐슬 오브 스카이워커스라는 최고의 클럽하우스를 보유하고 있다.

프로스포츠 구단 – 여자 프로배구

김천 한국도로공사 하이패스

모기업: 한국도로공사(*독립법인)
직원수: 6명(KOVO 미디어가이드북)
초봉: 3,253만원(사람인 2019/1/22)
채용방식: 수시 채용

경상북도 김천시를 연고로 하는 여자 프로배구단. 오리온 농구단과 KB 배구단이 연고를 이전한 뒤로 경북 지역의 유일한 동계 프로스포츠 구단이기도 하다. 한국전력과 마찬가지로 모기업이 공기업인 탓에 준 프로팀으로 분류된다.

대전 KGC 인삼공사

모기업: 한국인삼공사
직원수: 5명(KOVO 미디어가이드북)
초봉: 3,514만원(사람인 2019/1/22)
채용방식: 수시 채용

대전광역시를 연고로 하는 여자 프로배구단. 충무체육관을 함께 사용하고 있는 삼성화재에 가려져 있지만, 우승 경험도 무려 3차례나 된다. 그 흔한 잡음 하나 없이 끈끈하고 따뜻한 분위기로 선수단을 운영하고 있는 것으로 유명하다.

서울 GS칼텍스 KIXX

모기업: GS칼텍스(*GS스포츠 독립법인)
직원수: 9명(KOVO 미디어가이드북)
초봉: 4,263만원(크레딧잡 2019/1/22)
채용방식: 수시 채용

서울특별시를 연고로 하는 여자 프로배구단. 서울특별시를 연고로 하는 여자 구단은 GS칼텍스가 유일하다. SNS 활동을 잘하기로 유명하며, 최고의 컨텐츠 관리 능력을 가지고 있다. GS스포츠 독립 법인으로 축구단과 함께 운영되고 있으며, 우승은 두 차례 차지하는 등 준수한 성적을 유지하고 있다.

수원 현대건설 힐스테이트

모기업: 현대건설
직원수: 4명(KOVO 미디어가이드북)
초봉: 3,367만원(사람인 2019/1/22)
채용방식: 수시 채용

경기도 수원시를 연고로 하는 여자 프로배구단. V-리그 여자 배구단 중에서도 인기가 많은 편이지만, 수원시에만 6개의 프로스포츠 구단이 존재하여 경쟁이 치열하다. 두 차례의 우승 경험을 가지고 있다.

인천 흥국생명 핑크스파이더스

모기업: 흥국생명
직원수: 4명(KOVO 미디어가이드북)
초봉: 3,622만원(크레딧잡 2019/1/22)
채용방식: 수시 채용

인천광역시를 연고로 하는 여자 프로배구단. 인천시에만 6개의 프로스포츠 구단이 존재하여, 경쟁이 치열하다. 2018년도는 구단 성과평가에서 여자배구 최고 등급을 받았다. 2005~2006시즌 김연경 선수를 1번으로 지명한 이후 KOVO 최고의 인기 팀으로 떠오르며 총 3번의 우승을 차지했는데, 2008~2009시즌 이후로는 우승 경험이 없다.

화성 IBK기업은행 알토스

모기업: 중소기업은행
직원수: 7명(KOVO 미디어가이드북)
초봉: 3,338만원(사람인 2019/1/22)
채용방식: 수시 채용

경기도 화성시를 연고로 하는 여자 프로배구단. 2011년 창단한 막내 팀이지만, 벌써 3차례의 우승을 차지하는 등 저력을 보여주고 있다. 뿐만 아니라 스폰서십이나 사회공헌활동 등 구단 프런트의 역량이 뛰어나기로도 유명하다.

프로스포츠 구단 – 프로야구

KIA 타이거즈

모기업: 현대자동차그룹(*독립법인)
직원수: 42명(크레딧잡 2019/1/24)
초봉: 3,324만원(사람인 2019/1/23)
채용방식: 수시 채용

광주광역시를 연고로 하는 프로야구단. 프로스포츠 사상 최다인 11회의 우승 기록을 보유한 명문 구단이다. 2014년부터 신축구장인 광주–기아 챔피언스 필드를 사용하고 있다.

LG 트윈스

모기업: LG(*독립법인)
직원수: 42명(크레딧잡 2019/1/24)
초봉: 3,299만원(사람인 2019/1/23)
채용방식: 수시 채용

두산 베어스와 함께 잠실야구장을 홈구장으로 사용하고 있는 서울 연고의 프로야구단. 팬 충성도가 매우 높은 구단으로 시즌권 구매율 역시 인기만큼 높다고 알려져 있다. 10개 프로야구단 중 가장 많은 누적관중 기록을 보유하고 있으며, 여성 팬도 매우 많다.

NC 다이노스

모기업: 엔씨소프트(*독립법인)
직원수: 63명(크레딧잡 2019/1/24)
초봉: 3,719만원(사람인 2019/1/23)
채용방식: 수시 채용

경상남도 창원시를 연고로 하는 프로야구단. KBO 9구단 체제를 연 구단으로 2013년부터 1군 리그에 참가했다. 2019년부터 신축구장이 완공됨에 따라 창원 NC파크에서 홈경기가 열릴 예정이다. 크롱이나 뽀로로 등을 영입하여 입단식을 개최하기도 하고, 국내 프로스포츠 최초로 페이스북 좋아요가 10만 개를 돌파하는 등 활발한 마케팅 활동을 전개하고 있다.

SK 와이번스

모기업: SK텔레콤(*독립법인)
직원수: 64명(크레딧잡 2019/1/24)
초봉: 3,590만원(사람인 2019/1/23)
채용방식: 수시 채용

인천광역시를 연고로 하는 프로야구단. 인천이라는 빅마켓에 홈구장인 SK행복드림구장의 운영권을 가지고 있기 때문에 마케팅 여건이 매우 좋은 편이다. 2016년에는 70억 원의 사업비를 들여 빅보드 전광판을 제작했는데, 전 세계 스포츠 경기장 전광판 중 9번째로 크다. 4번의 우승을 차지하는 등 경기 성적도 좋은 편이다.

두산 베어스

모기업: 두산(*독립법인)
직원수: 68명(크레딧잡 2019/1/24)
초봉: 3,566만원(사람인 2019/1/23)
채용방식: 수시 채용

LG 트윈스와 함께 잠실야구장을 홈구장으로 사용하고 있는 서울 연고의 프로야구단. 대한민국 최초의 프로야구단이며, KBO리그 원년 우승을 차지하기도 했다. 국내 프로스포츠 최초로 10년 연속 100만 관중을 돌파한 대기록을 보유하고 있다. 특히 여성 관중 비율이 높은 구단이며, 우승도 무려 5회나 차지하였다.

롯데 자이언츠

모기업: 롯데지주(*독립법인)
직원수: 49명(크레딧잡 2019/1/24)
초봉: 3,533만원(사람인 2019/1/23)
채용방식: 수시 채용

부산광역시를 연고로 하는 프로야구단. 원년부터 연고지가 단 한 번도 바뀌지 않았으며, 오랜 역사를 자랑하는 팀이다. KBO리그 최고의 인기를 자랑하기도 하지만, 성적에 따라 관중 수의 영향을 많이 받는 편이다.

삼성 라이온즈

모기업: 제일기획(*독립법인)
직원수: 44명(크레딧잡 2019/1/24)
초봉: 3,557만원(사람인 2019/1/23)
채용방식: 수시 채용

대구광역시를 연고로 하는 프로야구단. 2016년 제일기획 자회사로 편입되었다. 무려 8회의 한국
시리즈 우승을 차지하였는데, 이는 11회를 차지한 기아 타이거즈에 이어 2위에 해당하는 기록이
다. 2016년부터 신축구장인 삼성 라이온즈 파크를 사용한 뒤로는 관중 동원에서도 상위권을 차지
하고 있다.

케이티 위즈

모기업: KT(*독립법인)
직원수: 87명(크레딧잡 2019/1/24)
초봉: 3,628만원(사람인 2019/1/23)
채용방식: 수시 채용

경기도 수원시를 연고로 하는 프로야구단. 2015년부터 1군 리그에 참가하며, KBO리그 10구단 체
제를 연 막내구단이다. 통신사인 모기업의 이점을 살려서, IT기반의 활발한 마케팅 활동을 전개하
고 있다.

키움 히어로즈

모기업: 서울히어로즈(*키움: 네이밍스폰서)
직원수: 46명(크레딧잡 2019/1/24)
초봉: 3,381만원(사람인 2019/1/23)
채용방식: 수시 채용

서울특별시를 연고로 하는 프로야구단. 고척 스카이돔을 홈구장으로 사용하고 있다. 다른 프로야
구단과 달리 히어로즈라는 마스코트만 유지한 채 후원사의 이름으로 팀명을 달아준다. 2017년 프
로야구 구단 성과평가에선 10개 구단 중 최고 등급을 받기도 했다.

한화 이글스

모기업: 한화(*독립법인)
직원수: 51명(크레딧잡 2019/1/24)
초봉: 3,758만원(사람인 2019/1/23)
채용방식: 수시 채용

대전광역시를 연고로 하는 프로야구단. 대전광역시와 충청권을 넘어 전국구 인기 팀으로 자리매 김하였다. 특히 팬들의 충성도가 높기로 유명한 구단인데, 성적이 안 좋아도 변함없이 열띤 응원 을 보내주는 팬들이 많기 때문이다. 이기고 있어도 질 것 같은 마약야구가 대표적인 팀 컬러이기 때문에 '마리한화'라는 별칭으로도 유명하다.

프로스포츠 구단 – 프로축구

FC 서울

모기업: GS그룹(*GS스포츠 독립법인)
직원수: 38명(크레딧잡 2019/1/24)
초봉: 4,263만원(크레딧잡 2019/1/23)
채용방식: 수시 채용

서울특별시를 연고로 하는 K리그1 소속의 프로축구단. 복잡한 연고지 이전 역사가 있긴 하지만 단 일 경기 최다 관중 기록을 달성한 K리그 최고의 인기구단이다. 마케팅에 가장 적극적인 구단 중 하나이며, 유료관중과 입장수익 역시 K리그 최상위권을 차지하고 있다.

강원 FC

모기업: 도민구단(*독립법인)
직원수: 34명(크레딧잡 2019/1/24)
초봉: 2,872만원(사람인 2019/1/23)
채용방식: 수시 채용

강원도를 연고로 하는 K리그1 소속의 프로축구단. 강원 지역에 몇 안 되는 프로스포츠 구단이라 그런지 팬 충성도가 높기로도 유명하다. 강원도 권역을 넓게 활용하며, 국내 축구팀 중 홈구장이 가장 많은 구단이기도 하다.

경남 FC

모기업: 도민구단(*독립법인)
직원수: 12명(크레딧잡 2019/1/24)
초봉: 2,797만원(크레딧잡 2019/1/23)
채용방식: 수시 채용

경상남도를 연고로 하는 K리그1 소속의 프로축구단. 다양한 기록을 보유하고 있는데, 시도민구단 중 최초로 상위 스플릿에 진출하였고, ACL에 나간 팀이기도 하다. LG세이커스 농구단과 NC다이노스 야구단이 같은 연고로 활동해서 그런지 관중동원력이 높은 편은 아니다. 2017년에 구단 역사상 최초로 리그 우승을 달성했다.

대구 FC

모기업: 시민구단(*독립법인)
직원수: 16명(크레딧잡 2019/1/24)
초봉: 2,835만원(사람인 2019/1/23)
채용방식: 수시 채용

대구광역시를 연고로 하는 K리그1 소속의 프로축구단. 대한민국 최초의 시민구단이다. 또한 지역 명+FC라는 형식의 이름을 사용한 최초의 구단이기도 하다. 다만, 주위에 삼성라이온즈, 포항스틸러스 등 강력한 경쟁자들이 있기 때문에 관중동원에는 어려움을 겪고 있다. 2019년부터는 리모델링이 끝난 DGB 아레나를 제1홈구장으로 사용한다.

상주 상무

모기업: 군경구단(*독립법인)
직원수: 14명(크레딧잡 2019/1/24)
초봉: 2,784만원(사람인 2019/1/23)
채용방식: 수시 채용

경상북도 상주시를 연고로 하는 K리그1 소속의 프로축구단. 국군체육부대 소속의 축구팀이다. 군 팀이기 때문에 선발되는 선수들의 역량에 따라 성적이 들쑥날쑥한 편이며, 실제로 챌린지와 클래식을 오가고 있다. 팀의 가장 중요한 자산인 선수가 계속 남을 수 없기 때문에 팬덤을 형성하고 유지하기 어려운 환경이다.

성남 FC

모기업: 시민구단(*독립법인)
직원수: 25명(크레딧잡 2019/1/24)
초봉: 2,940만원(사람인 2019/1/23)
채용방식: 수시 채용

경기도 성남시를 연고로 하는 K리그1 소속의 프로축구단. K리그 최다인 7회의 우승 기록을 보유하고 있다. FA컵, AFC 등 타 대회에서도 우수한 성적을 자랑한다. 다만, 시민구단 특유의 구조로 시의회로부터 충분한 예산을 확보하지 못하면 어려운 환경에 처하기 때문에 시로부터 재정의존도를 낮추는 것이 중요한 당면 과제다.

수원 삼성 블루윙즈

모기업: 제일기획(*독립법인)
직원수: 19명(크레딧잡 2019/1/24)
초봉: 3,509만원(사람인 2019/1/23)
채용방식: 수시 채용

경기도 수원시를 연고로 하는 K리그1 소속의 프로축구단. 관중동원도 늘 최상위권을 다투는 리그 최고의 인기구단이다. 4회의 리그 우승과 2회의 AFC 우승을 차지하는 등 성적도 우수한 편이다. 다만, 모기업을 삼성으로 하는 다른 구단과 마찬가지로 제일기획으로 편입된 후 계열사 지원금이 줄어들며 어려움을 겪고 있다. 다만, 동계 종목과 달리 프로축구는 샐러리캡 제도가 없기 때문에 더 큰 어려움을 겪고 있다.

울산 현대

모기업: 현대중공업(*독립법인)
직원수: 21명(크레딧잡 2019/1/24)
초봉: 2,689만원(크레딧잡 2019/1/23)
채용방식: 수시 채용

울산광역시를 연고로 하는 K리그1 소속의 프로축구단. 수비축구의 명가로 잘 알려져 있다. 리그 우승 2회 및 준우승 7회, AFC 우승 1회 등 준수한 성적을 유지하고 있다. 포항 스틸러스와는 FC서울과 수원삼성의 슈퍼매치만큼 유명한 동해 더비를 진행하고 있다. 2017년도에는 스포츠산업대상에서 우수프로스포츠단상을 받은 바 있다.

인천 유나이티드

모기업: 시민구단(*독립법인)
직원수: 25명(크레딧잡 2019/1/24)
초봉: 2,986만원(크레딧잡 2019/1/23)
채용방식: 수시 채용

인천광역시를 연고로 하는 K리그1 소속의 프로축구단. 시민구단 중 유일하게 강등 경험이 없다. 인천이라는 빅마켓에 훌륭한 경기장과 인프라가 있는 만큼 가능성이 무궁무진한 팀이다. 숭의아레나로도 불리는 인천축구전용경기장은 설계 때부터 인천 유나이티드만을 위해 만들어졌기 때문에 구단의 컬러가 곳곳에 수놓아져 있다.

전북 현대 모터스

모기업: 현대자동차(*독립법인)
직원수: 21명(크레딧잡 2019/1/24)
초봉: 4,155만원(크레딧잡 2019/1/23)
채용방식: 수시 채용

전라북도를 연고로 하는 K리그1 소속의 프로축구단. 무려 6회의 리그 우승을 차지한 전통 명문구단이다. 최고의 수비는 공격이라는 데서 비롯된 '닥공 축구'로도 유명하다. 다만 2016년, 스카우터에 의한 심판매수 사실이 드러나며 그동안 힘들게 쌓아올린 명예를 한순간에 무너뜨리는 일이 발생했다. 2018년에는 리그 최초로 스플릿 라운드에도 돌입하기 전 우승을 확정지었다.

제주 유나이티드

모기업: SK에너지(*독립법인)
직원수: 15명(크레딧잡 2019/1/24)
초봉: 3,271만원(사람인 2019/1/23)
채용방식: 수시 채용

제주특별자치도를 연고로 하는 K리그1 소속의 프로축구단. 모기업은 SK에너지로 텔레콤을 모기업으로 하는 SK나이츠, SK와이번스와는 계열이 다르다. 제주도 유일의 프로스포츠구단인 점을 활용하여 지역과 연계한 다양한 마케팅 활동을 전개하고 있다.

포항 스틸러스

모기업: 포스코(*독립법인)
직원수: 19명(크레딧잡 2019/1/24)
초봉: 4,153만원(크레딧잡 2019/1/23)
채용방식: 수시 채용

경상북도 포항시를 연고로 하는 K리그1 소속의 프로축구단. AFC 3회, FA컵 4회로 모두 최다 우승 기록을 보유했을 뿐만 아니라, 리그 우승도 무려 5회나 차지했다. 또한, 국내에서 가장 오래된 프로축구단으로 45년의 역사를 가지고 있다. 연고지 인구 대비 관중 수가 상당히 높은 편이다. 2013년도 황선홍 감독 시절엔 국내선수로만 리그 우승과 FA컵 우승을 차지하는 진기록을 달성하기도 했다.

FC 안양

모기업: 시민구단(*독립법인)
직원수: 10명(크레딧잡 2019/1/24)
초봉: 2,886만원(사람인 2019/1/23)
채용방식: 수시 채용

경기도 안양시를 연고로 하는 K리그2 소속의 프로축구단. 2012년 K리그 승강제 도입이 확정되었고 이에 힘입어 창단 논의가 활발해졌으며, 마침내 10월 10일 안양시민프로축구단 창단 및 지원 조례안이 가결되었다. 2013 시즌부터 K리그2 소속으로 참가하였지만, 아직 승격 경험은 없다.

광주 FC

모기업: 시민구단(*독립법인)
직원수: 14명(크레딧잡 2019/1/24)
초봉: 2,836만원(사람인 2019/1/23)
채용방식: 수시 채용

광주광역시를 연고로 하는 K리그2 소속의 프로축구단. 군 소속팀인 상무를 광주 연고로 K리그에 참여시킨 후 기업구단 유치를 지속적으로 추진하였으나 실패하였고, 2010년 시민구단 형태로 창단을 결정한다. 창단 이후로 승격과 강등을 반복하며 고전하고 있다.

대전 시티즌

모기업: 시민구단(*독립법인)
직원수: 12명(크레딧잡 2019/1/24)
초봉: 3,070만원(사람인 2019/1/23)
채용방식: 수시 채용

대전광역시를 연고로 하는 K리그2 소속의 프로축구단. 과거에는 기업구단이었지만, 2006년 시민구단으로 전환되었다. 정치적인 외풍을 많이 받는 탓인지 대표이사가 자주 교체되는 편이다. 이로인해 감독과 선수단도 자주 바뀌는 편이라, 안정적인 운영 기반을 다지기 어려운 환경이다.

부산 아이파크

모기업: HDC현대산업개발(*독립법인)
직원수: 15명(크레딧잡 2019/1/24)
초봉: 3,217만원(크레딧잡 2019/1/23)
채용방식: 수시 채용

부산광역시를 연고로 하는 K리그2 소속의 프로축구단. 리그 우승이 4회나 되는 명가이지만, 2000년 현대산업개발에 인수된 이후 FA컵 우승 외에는 이렇다 할 성적을 내지 못하고 있다. 지금은 기업구단 최초의 강등이라는 꼬리표가 붙었지만, 아쉽게도 눈앞에서 계속 승격을 놓치고 있다.

부천 FC 1995

모기업: 시민구단(*독립법인)
직원수: 17명(크레딧잡 2019/1/24)
초봉: 1,906만원(크레딧잡 2019/1/23)
채용방식: 수시 채용

경기도 부천시를 연고로 하는 K리그2 소속의 프로축구단. 국내 프로구단 중에서 유일하게 협동조합 체제를 갖추고 있다. 시도민구단의 경우 정치적 외풍에 취약하기 때문에 매년 의회의 예산 지원에 따라 구단이 휘청거릴 수 있는 환경에 놓여 있는데, 부천 FC의 협동조합체제가 해법이 될 수 있을지 기대되는 대목이다.

서울 이랜드 FC

모기업: 이랜드그룹(*독립법인)
직원수: 14명(잡코리아 2019/1/24)
초봉: 2,970만원(사람인 2019/1/23)
채용방식: 수시 채용

서울특별시를 연고로 하는 K리그2 소속의 프로축구단. K리그에선 무려 19년 만에 탄생한 기업구단이다. 때문에 창단 당시 관계자들과 팬들의 기대가 매우 컸다. 2015년 리그에 참가한 이래 서울 연고의 이점과 마케팅 능력을 통해 꾸준한 관중 동원력을 보여주고 있다. 다만, 아직 승격에 실패하고 있기 때문에 한계점도 존재한다.

수원 FC

모기업: 시민구단(*독립법인)
직원수: 17명(크레딧잡 2019/1/24)
초봉: 3,066만원(크레딧잡 2019/1/23)
채용방식: 수시 채용

경기도 수원시를 연고로 하는 K리그2 소속의 프로축구단. 수원 삼성 블루윙즈와 연고지가 같기 때문에 서울을 제외하고는 국내 유일의 로컬 더비 관계를 형성하고 있다. 다만, 연고지 내에서 기업구단과 경쟁하고 있기 때문에 흥행에 어려움을 겪고 있으며, 2015년엔 KT WIZ 야구단까지 창단되며 힘든 경쟁을 펼치고 있다.

아산 무궁화

모기업: 군경구단+시민구단(*독립법인)
직원수: 13명(크레딧잡 2019/1/24)
초봉: 2,447만원(크레딧잡 2019/1/23)
채용방식: 수시 채용

충청남도 아산시를 연고로 하는 K리그2 소속의 프로축구단. 2019년으로 한정되긴 하지만 의무경찰 선수와 프로선수가 뒤섞인 독특한 구단 형태를 갖춘다. 의무경찰 축소로 경찰 축구단이 해체를 앞두고 있으며, 2019년에 의경선수가 모두 전역하면 온전한 시민구단으로 전환될 예정이다. 다만, 아직 아산시측의 확실한 발표는 없는 상태이다.

안산 그리너스 FC

모기업: 시민구단(*독립법인)
직원수: 11명(크레딧잡 2019/1/24)
초봉: 2,867만원(사람인 2019/1/23)
채용방식: 수시 채용

경기도 안산시를 연고로 하는 K리그2 소속의 프로축구단. 2016년 기존의 안산 경찰청 축구단이 아산으로 연고 이전을 함과 동시에 안산 시민구단이 새로 창단되었다. FC 안양과는 4호선 더비라 불리는 더비 매치를 진행 중이다.

전남 드래곤즈 FC

모기업: 포스코(*독립법인)
직원수: 12명(크레딧잡 2019/1/24)
초봉: 2,458만원(크레딧잡 2019/1/23)
채용방식: 수시 채용

전라남도를 연고로 하는 K리그2 소속의 프로축구단. 2018시즌 창단 24년 만에 K리그2로 강등되는 굴욕을 겪었다. 유소년 시스템이 잘 갖추어져서 선수를 잘 육성하기로도 유명하다. 국내 두 번째로 완공된 축구전용경기장인 광양축구전용구장을 홈구장으로 사용하고 있다. 필드와 관중석 거리가 매우 가까워서 홈 관중이 많이 들어차면 원정팀도 큰 부담을 느끼고 있다.

3. 스포츠마케팅 에이전시

업종 소개

스포츠마케팅의 개념이 국내에 본격적으로 들어오고 활성화된 지 25여 년밖에 되지 않아 스포츠마케팅 전문 에이전시 사업은 규모가 그리 크지 않다(국내에서는 '에이전시'보다는 '대행사'라는 표현이 더 일반적이다). 스포츠가 마케팅의 툴로 인식되어 발전하는 과정에서 기존 메이저 광고대행사들을 중심으로 스포츠를 통한 마케팅을 시험적으로 시도했다. 이후에 선수 매니지먼트를 시작으로 '스포츠마케팅 에이전시'가 생기면서 컨설팅과 BTL기획 부분 등의 업무에서 일부 교집합이 생겼지만 여전히 이 둘은 성격이 약간 다르다.

광고대행사와 스포츠마케팅 대행사의 공통 분모는 말 그대로 '업무대행'이라는 점이다. 즉 고객이 원하는 업무를 대행하고 이익을 취한다는 의미다. 그렇다면 차이점은? 광고대행사는 기획, 제작, 미디어, 프로모션 등의 기본 업무에 스포츠라는 콘텐츠를 녹여낸다는 접근방식을 가지고 있다.

마케팅에는 'ATL(Above the line-TV, 신문, 라디오, 잡지 등 4대 매체와 인터넷, 케이블TV 등의 뉴미디어를 통한 마케팅)'과 'BTL(Below the line-전시 및 매장 디스플레이, 홍보, 이벤트, 간접광고 등의 과외 판촉활동)'이란 개념이 있는데, BTL의 방법 중 하나로 스포츠마케팅을 사용하는 것이다. 1990년대 후반 박세리, 박찬호의 활약 이후 우리나라에도 광고대행사가 아닌 스포츠마케팅 대행사가 속속 등장하기 시작했다.

현재는 완전한 스포츠마케팅 대행사로서 입지를 굳힌 몇몇 유명 대행사들도 있으며 짧은 시간 안에 급격히 성장하고 있는 스포츠마케팅 전문 대행사들도 업계 내에서 속속 생겨나고 있다. 하지만 종합광고대행사들도 여전히 스포츠마케팅 업무를 지속적으로 시행하고 있다. 위에 설명했듯이 담당하는 업무의 영역이 조금은 다르기 때문이다.

스포츠마케팅 대행사는 기본적으로 선수 매니지먼트, 스포츠스폰서십, 스포츠마케팅 컨설팅, 방송중계권 협상, 대회 기획 및 운영 등 스포츠에 특성화된 마케팅 전략 실행을 담당하고 있다. 한마디로 스포츠란 아이템으로 이익을 창출하는 데 집중된 구조를 갖추고 있다. 예를 들어 한 광고주가 골프 유망주를 후원하고 광고촬영을 하고 싶다면, 후원계약 체결은 스포츠마케팅 대행사에 의뢰하는 것이 맞고, 그 선수를 활용한 광고촬영은 광고대행사와 하는 게 합리적이라는 얘기다.

채용

광고대행사로 들어가는 길은, 들어가서 고생하는 것만큼이나 험난한 것으로 잘 알려져 있다. 속된 말로 '광고쟁이'들은 세상을 바라보는 눈부터 일반인과 다르다고 여겨질 정도로 창의성과 혁신의 전형이다. 하지만 광고대행사 내에서도 스포츠마케팅 분야는 프로모션 성향이 강해 일반 광고기획과는 조금 다른 능력이 필요하다. 다시 말해 광고주가 스포츠라는 콘텐츠를 활용해서 시도할 수 있는 다양한 프로그램을 기획하고, 시행하고, 결과를 분석하기까지의 일련의 과정을 대신하는 능력이 필요하다.

현재 광고대행사 중 스포츠마케팅을 전문적으로 시행한다고 알려진 기업은 앞으로 소개할 주요 대기업 계열 인하우스(In-house) 에이전시가 대부분이며, 이들은 모기업 또는 계열사에서 실행하는 스포츠마케팅의 영역을 전담하고 있다.

대기업 계열 광고대행사 입사는 따로 부가 설명을 할 필요가 없을 정도로 상당히 치열하다. 학점, 영어, 인적성검사 점수, 공모전 입상 성적 등의 스펙도 큰 도움이 되겠지만 스토리가 있는 자신만의 포트폴리오를 잘 만들어두는 것이 중요하다. 실제로 제일기획이나 이노션 같은 회사의 채용 지원과정에는 동영상 포트폴리오 등의 추가 자료를 올리도록 되어 있다.

이에 반해 일반 스포츠마케팅 대행사는 조금 문턱이 낮을 수 있다. 스포츠마케터를 꿈꾸는 사람들이 그나마 가장 꾸준하게 업무를 경험할 수 있는 경로이기도 하다. 그렇다고 스포츠마케팅 대행사 취업이 쉬운 것만은 아니다. 몇몇 회사를 제외하고는 매우 영세한 규모이기 때문에 적은 인원이 모두 일당백의 능력을 요구받는 경우가 많다. 따라서 명확한 업무 이해와 관련 실무능력을 갖춘 소수의 인원만이 선택받게 되는 것은 당연한 일이다.

국내 스포츠마케팅 대행사는 수시 채용을 기본으로 하고 있으며, 인터넷에 '스포츠마케팅 채용'이라고만 쳐봐도 국내 마케팅대행사 모집공고를 한두 개는 쉽게 발견할 수 있을 것이다. 국내 스포츠마케팅 대행사는 대체로 낮은 초봉과 높은 근무강도 때문에 근속연수가 짧은 경향이 있다.

중요한 것은 지원하고자 하는 회사가 집중하고 있는 스포츠 종목은 무엇이며 관리하고 있는 선수는 누구인가, 그 회사에서 발휘할 수 있는 나의 강점이 있는가 등을 냉철하게 분석한 후 도전하는 것이다. 단순한 스포츠에 대한 열정으로 뜬구름 잡는 개념만 가지고 면접 자리에 앉아 있는 사람들은 본인도 쉽게 지치고 고용주도 금세 실망하게 된다. 아무리 인턴직이라도 입사 후 담당해야 할 일에 대한 기본적인 공부는 반드시 필요하다.

스포츠마케팅 에이전시

이노션

INNOCEAN WORLDWIDE

설립일: 2005년 05월 17일
직원수: 672명(크레딧잡 2018/12/21)
초봉: 5,196만원(크레딧잡 2018/12/21)
채용방식: 상반기, 하반기 현대그룹 공채

현대자동차그룹 계열사인 이노션은 종합 광고대행사이지만 스포츠마케팅 사업도 꾸준히 전개해
왔다. 오랫동안 월드컵, 유로, 올림픽 등 굵직한 메가스포츠 이벤트 파트너로 참여했던 현대자동
차와 기아자동차의 마케팅을 담당했고, 기아자동차의 호주오픈 마케팅 대행도 맡았다. F1코리아의
공식 프로모터로 참여하기도 했고, 최근에는 '마블런 2018'과 같은 만화, 음악, 축제 등 비(非)스포
츠 분야와 연계하는 스포츠테마 참여형 이벤트 개최 등의 스포츠마케팅 사업을 확대하고 있으며,
국내 재벌기업의 스포츠 관련 사업을 맡고 있기 때문에 매력적인 회사임에 틀림없다.

대홍기획

설립일: 1982년 04월 08일
직원수: 461명(크레딧잡 2018/12/12)
초봉: 3,427만원(크레딧잡 2018/12/12)
채용방식: 상반기, 하반기 롯데그룹 공채

대홍기획은 롯데그룹의 광고대행 계열사로서 2010 FIFA여자월드컵 우승의 주역인 여민지 선수와
공식 매니지먼트 계약을 체결해 광고대행사로는 처음으로 선수 매니지먼트 사업에 뛰어든 선례를
남겼다. 또한 롯데그룹의 대표 스포츠 브랜드인 프로야구 롯데자이언츠의 마케팅을 많은 부분 담
당했다. 그리고 롯데그룹이 투자를 아끼지 않고 있는 골프 분야에 대한 스포츠마케팅도 담당하고
있는데, KLPGA의 롯데마트 챔피언십이나 2012년부터 야심차게 타이틀 스폰서십에 참여한 LPGA
롯데챔피언십 등의 마케팅도 대홍기획의 몫이었다. 뿐만 아니라 평창 동계올림픽의 공식스토어
및 성화봉송 총괄도 담당했다.

갤럭시아 SM

설립일: 2015년 10월 30일
직원수: 69명(크레딧잡 2018/12/12)
초봉: 2,343만원((크레딧잡 2018/12/12)
채용방식: 수시 채용

이전의 유명했던 IB월드와이드(IB스포츠)가 현 갤럭시아SM의 전신이다. 인터불고 그룹의 경영난으로 IB월드와이드가 2011년 효성그룹으로 매각되었고, 2015년 10월 30일 SM엔터테인먼트와 전략적 제휴를 맺으며 사명을 갤럭시아SM으로 변경했다. IB시절 김연아와의 매니지먼트 계약과 대형 스포츠 대회 중계권 계약 체결 등으로 인지도와 사업을 폭발적으로 성장시켰다. 최근에도 유로 2016, 세계육상선수권 등 중계권 사업뿐 아니라 종합 스포츠마케팅 대행사로서 G마켓-프로야구, 금호-맨체스터 유나이티드 스폰서십 제안 및 손연재 갈라쇼와 같은 스포츠 대회 및 이벤트 개최 등을 담당했다. 또한 텍사스 레인저스의 추신수, 쇼트트랙 심석희, 골퍼 안신애 등 선수 매니지먼트 사업도 실시하고 있으며, 호텔과 골프아카데미 같은 시설사업 등 종합 스포츠 기업으로 사업 영역을 다각화하고 있다.

스포티즌

설립일: 2000년 02월 14일
직원수: 47명(크레딧잡 2018/12/12)
초봉: 2,574만원(크레딧잡 2018/12/12)
채용방식: 수시 채용

스포티즌은 2000년에 설립해 지금까지 활발하게 사업을 벌이고 있는 장수(?) 에이전시 중 하나다. 사업 영역은 여타 에이전시와 유사하며 주요 고객은 협회와 구단, 미디어, 정부, 지자체, 공기업, 선수, 팀, 일반기업, 스포츠시설 등 스포츠 전반을 아우른다. KBS '청춘FC'의 제작 기업으로도 유명하다. 마케팅을 대행한 주요 스포츠 단체로는 KFA, KBL, WKBL, KPGA, KLPGA 등이 있으며, 최근에는 테니스, 동계스포츠, 모터스포츠, 올림픽, 아시안게임 등 다양한 스포츠 분야에서 GM, 오메가, 티쏘와 같은 기업들의 스포츠마케팅 대행 등으로 영역을 넓혀가고 있다. 또한 노승열, 김대섭, 박지은, 장하나, 김지연 등 다수의 국내 남녀 골퍼 및 동계종목 등 여러 종목의 선수들을 매니지먼트하고 있다. 국내 최초로 유럽 축구 구단(벨기에 FC투비즈)을 인수하여 운영하고 있다.

올댓스포츠

설립일: 2010년 04월 20일
직원수: 18명(크레딧잡 2018/12/12)
초봉: 3,147만원(크레딧잡 2018/12/12)
채용방식: 수시 채용

올댓스포츠는 2010년에 김연아와 전 소속사인 IB월드와이드의 계약이 종료됨과 동시에 김연아의 모친인 박미희 씨가 설립한 회사이다. 사업 분야는 여타 대행사와 비슷하나 그들이 보유한 킬러 콘텐츠는 당연히 김연아다. 이후 곽민정, 김해진 등 피겨 선수들을 영입하며 선수 매니지먼트 사업을 확장했다. SBS 김연아의 키스&크라이, SK텔레콤 올댓스케이트대회 등 대부분의 이벤트가 빙상에 집중되었지만 2015년부터 지금까지 CJ오쇼핑 파트너스클럽, KPGA선수권 대회 등 골프 영역으로 사업 영역을 넓히는 데 성공했다. 최근 평창 동계올림픽 스켈레톤 금메달리스트 윤성빈, 쇼트트랙 최민정 등을 영입하며 기존 빙상 종목에서의 입지를 공고히 했을 뿐 아니라 골프의 배상문, 김태훈, 박민지, 스포츠클라이밍의 김자인, 축구 등 여러 종목의 선수들도 매니지먼트 하고 있다.

세마스포츠마케팅

설립일: 2002년 11월 28일
직원수: 25명(크레딧잡 2018/12/12)
초봉: 2,104만원(크레딧잡 2018/12/12)
채용방식: 수시 채용

2002년 설립된 세마는 2004년 타이거 우즈와 박세리의 대결로 관심을 모은 '라온건설 인비테이셔널'을 운영한 뒤 로저 페더러, 라파엘 나달, 비너스 윌리엄스, 마리아 샤라포바 등 테니스 슈퍼스타들이 함께한 '현대카드 슈퍼매치' 시리즈를 오랫동안 운영했다. 이후 테니스뿐만 아니라 아이스스케이팅, 체조, 핸드볼, 축구 등의 이벤트에 관여하며 굵직한 국내외 대회들을 기획 · 운영했으나 최근에는 '하나은행 LPGA 챔피언십', 'SK텔레콤 오픈', 'OK저축은행 박세리 인비테이셔널' 등 골프대회에 포커싱을 많이 하고 있다. 매니지먼트 중인 선수로는 LPGA 스타 박세리, 박성현, 양희영, 안시현 등이 있다. 주요 비즈니스는 스포츠이벤트 기획 및 운영, 선수 대리, 스포츠마케팅 컨설팅 등이다.

지컴

설립일: 1996년 07월 05일
직원수: 53명(크레딧잡 2018/12/12)
초봉: 2,473만원(크레딧잡 2018/12/12)
채용방식: 수시 채용

지컴은 설립 후 현재까지 25년간 수많은 프로젝트를 진행하며 다양성과 전문성을 갖춘 종합 BTL 마케팅 전문 회사이다. 스포츠 이벤트 전문 대행 기업은 아니지만 여느 스포츠마케팅 대행사에 뒤지지 않는 스포츠 관련 포트폴리오를 자랑한다. 2018년 평창 동계올림픽, 러시아 월드컵과 같은 메가스포츠 이벤트에서 코카콜라의 BTL마케팅을 담당했고, K리그, FIFA U-20월드컵 그리고 파워에이드와 함께한 리복, 아디다스, 뉴발란스의 러닝 대회 이벤트도 담당했다. 사내에도 스포츠마케팅에 특화된 마케팅 부서를 별도로 운영하고 있다.

FC네트워크

설립일: 2000년 11월 10일
직원수: 15명(크레딧잡 2018/12/12)
초봉: 3,331만원(크레딧잡 2018/12/12)
채용방식: 수시 채용

FC네트워크는 일반적으로 대한축구협회(KFA)의 마케팅 대행사로 알려져 있는 스포츠마케팅 에이전시다. 축구를 중심으로 하는 컨설팅, 국가대표팀 경기 주관, 관련 세일즈 및 프로모션, 축구 국가대표팀에 대한 독점 경기중계권 판매 등을 맡고 있다. KFA 공식 프로그램 개발 및 후원사 유치, 축구대표팀 A매치 및 매치 에이전트 사업(해외 전지훈련 및 A매치 주선), KFA컵 대회 및 아마추어 축구대회 관장, KFA 연간 행사 대행 등이 주 업무다. KFA 1, 2종 통합 선수 등록 사이트인 JOINKFA도 운영하고 있다. KBL 광고 보드 사업, 베트남 방송 프로그램 제작 및 수출 등 타 스포츠 분야로 사업을 확장하고 있지만 축구에 대한 비중이 상당하다.

YG스포츠

설립일: 2007년 01월 08일
직원수: 32명(크레딧잡 2018/12/12)
초봉: 2,527만원(크레딧잡 2018/12/12)
채용방식: 수시 채용

YG스포츠는 YG엔터테인먼트의 자회사로서 기존 엔터사업 외에 스포츠로 사업 다각화를 꾀하고자 2015년 골프 전문 에이전시였던 지애드커뮤니케이션즈를 인수하며 설립한 회사이다. 기존 골프에 대한 전문성과 네트워크를 바탕으로 이벤트 컨설팅, 대회 기획 및 운영, 선수 매니지먼트 등 골프 전반의 서비스를 제공하는 스포츠마케팅 기업이다. 에이핑크 손나은의 동생인 손새은 골퍼가 소속된 회사로 유명하다.

왁티(WAGTI)

설립일: 2016년 01월 11일
직원수: 35명(크레딧잡 2018/12/24)
초봉: 4,032만원(크레딧잡 2018/12/24)
채용방식: 수시 채용

왁티는 삼성전자와 제일기획 출신의 글로벌 스포츠마케터들이 중심이 되어 2016년 설립한 스포츠마케팅, 스포츠 콘텐츠 전문기업이다. 최근 글로벌 스포츠미디어그룹인 퍼폼(PERFORM)과 함께 생활의류 브랜드인 '골(GOAL)'을 선보였고, 2017년부터 퍼폼의 축구전문매체 '골닷컴'의 국내판을 운영하고 있다. 평창동계올림픽에서 인기를 끈 '핑거하트 장갑'도 왁티가 설계한 제품이다. 최근 100억의 투자유치를 받아 해외 법인설립도 추진할 예정으로 무섭게 성장하고 있는 스포츠마케팅 스타트업이다.

크라우닝

설립일: 2010년 03월 17일
직원수: 11명(크레딧잡 2018/12/24)
초봉: 3,012만원(크레딧잡 2018/12/24)
채용방식: 수시 채용

크라우닝은 골프 전문 마케팅 대행사로서 GS칼텍스 매경오픈, 기아자동차 한국여자오픈 등 KPGA와 KLPGA를 대표하는 메이저 대회들을 개최해왔고, 프로암, VIP초청행사, 자선골프 등 기업의 골프 마케팅도 대행하고 있다. 또한 다수의 골프 선수 매니지먼트 사업도 병행하고 있다.

올리브크리에이티브

설립일: 2002년 07월 23일
직원수: 32명(크레딧잡 2018/12/24)
초봉: 2,328만원(크레딧잡 2018/12/24)
채용방식: 수시 채용

마케팅 대행사로서 상암 월드컵 경기장 내 '2002 FIFA 월드컵기념관'을 '풋볼 펜타지움'으로 재탄생시켜 기획 및 운영을 대행하면서 이름을 알린 기업이다. 이외에도 프로축구 시도구단들의 마케팅 컨설팅도 진행하고 있다.

브리온스포츠

설립일: 2011년 01월 11일
직원수: 10명(크레딧잡 2018/12/24)
초봉: 2,316만원(크레딧잡 2018/12/24)
채용방식: 수시 채용

차범근축구교실 마케팅 대행, SBS소치 동계올림픽 PR프로모션 운영, LG전자 LA다저스 스폰서십 운영 등 스포츠마케팅 및 이벤트 개최 대행을 담당하는 종합 스포츠마케팅 기업이다. 빙상종목의 이상화, 곽윤기, 야구의 최정, 김강민, 정근우 등 선수 매니지먼트 사업과 함께 최근 뉴발란스 베이스볼, 아식스 베이스볼과 총판 계약을 맺으며 야구 용품 도매 사업도 진행하고 있다.

브라보앤뉴

설립일: 2015년 02월 26일
직원수: 48명(크레딧잡 2018/12/24)
초봉: 3,133만원(크레딧잡 2018/12/24)
채용방식: 수시 채용

브라보앤뉴는 영화 투자배급사 뉴(NEW)의 자회사로 스포츠마케팅뿐 아니라 스포츠 콘텐츠 사업으로 외형을 확장하고 있는 종합 스포츠마케팅 기업이다. 2015년 설립 이후 선수 매니지먼트(박인비, 이승훈, 차준환, 컬링 팀킴), 스포츠 이벤트, 스폰서십, 마케팅 대행뿐만 아니라 삿포로동계아시안게임과 2018년 자카르타아시안게임, 동아시안컵 축구대회 등 아시아권 주요 국제 스포츠 이벤트의 중계권 배급 사업도 진행하고 있다.

IMG 코리아

설립일: 1996년 09월 12일
직원수: 21명(크레딧잡 2018/12/24)
초봉: 2,828원(크레딧잡 2018/12/24)
채용방식: 수시 채용

IMG는 1960년도 마크 맥코맥 창업주와 세계적인 골퍼인 아놀드 파머와의 계약을 시작으로 설립된 세계에서 가장 큰 스포츠마케팅/스포츠 프로그램 제작 회사이다. 업무 분야는 크게 스포츠, 엔터테인먼트, 미디어로 구성되어 있다. 2014년에 WME란 미국 기업에 인수합병 되었으나 아직까지는 IMG회사명을 독자적으로 사용하고 있다. 국내외 유명한 골프, 테니스 선수 관리 및 윔블던, LPGA, 럭비 월드컵 이벤트 기획 등 다양한 분야에서 사업을 진행하고 있으며, 1996년 국내법인 설립 후 국내에서는 MLB 라이센싱, 아놀드 파머 라이센싱, LPGA하나은행 대회, 프레지던츠컵 골프대회 및 여러 스포츠 프로그램 중계권을 맡아 업무를 진행하고 있다.

4. 스포츠미디어그룹

업종 소개

　중계권 시장은 스포츠프로퍼티의 소유주(스포츠연맹이나 협회)들이 판권을 고객들(방송사나 방송중계권 협상 대행사)에 팔면서 조성된다. 지상파부터 케이블, 종편, 디지털 플랫폼, IPTV 등 미디어 채널들이 다양해지고, 일부 종목의 경우 그 액수가 기하급수적으로 늘어나면서 스포츠미디어그룹이란 이름으로 많은 중개상인들이 탄생하게 됐다.

　이들은 판권을 제값에 사들여 프리미엄을 얹어 되팔거나 대행 독점계약을 맺고 판매금의 일부를 수수료로 받는다. 스포츠미디어그룹이 가지는 방송중계권 관련 권리를 흔히 '독점중계권'이라고 묶어서 표현하는 경우가 많지만, '지상파, 케이블, 위성, DMB, IPTV, 기타 미디어 등에 중계 권리를 재판매하는 배급권을 계약'하는 것이라고 표현하는 게 정확하다.

　과거에는 연맹이나 협회가 방송국과 직접 협상을 통해 방송중계권을 판매하는 경우가 대부분이었지만 2000년 중반부터 IB월드와이드(현 IB스포츠)가 MLB 중계판권을 두고 판에 뛰어들면서 우리나라에도 스포츠미디어그룹이 탄생하게 되었다. IB월드와이드나 WSG(현 Largardere Sports and Entertainment)는 지상파 방송국들의 담합과 언론플레이를 통해 국민의 '보편적 시청권'을 빼앗아간 나쁜 에이전시로 비추어지고 있지만 바로 이것이 스포츠중계권 시장의 본질이므로 누구를 탓할 수 없다.

　이미 많은 해외 스포츠미디어그룹들이 킬러 콘텐츠, 예를 들면 월드컵이나 올림픽 등 중계방송이 절대적으로 필요한 스포츠 이벤트 판권을 판매함으로써 엄청난 수익을 가져오고 있다. 또한 이러한 중계업체들은 자신들의 구매한 판권이 팔리지 않을 것을 대비해 별도의 스포츠 채널 자회사를 만들어 운영하는 경우도 있다. 하지만 우리나라는 방송사들의 담합, 부정적 여론조성 때문에 몇몇 회사를 제외하고는 대부분 활개를 치지 못하고 있다.

　스포츠미디어그룹은 국내의 에이클라와 IB스포츠 그리고 해외 에이전시인 IMG, WSG, 퍼폼(PERFORM), MP&Silva, ESPN을 소유한 월트 디즈니 등이 있다. 그러나 아직까지 국내에서는 위의 기업들을 제외하고 대부분의 중계권 구매는 기존 방송사들에 의해 이루어지고 있기 때문에 위의 미디어 그룹들과 방송사 위주로 소개하겠다. 또한 네이버, 다음 등 미디어 성격이 강한 포털 사이트에 대한 소개는 이번 편에서 제외했다.

스포츠미디어그룹

에이클라엔터테인먼트

설립일: 2004년 10월 19일
직원수: 73명(크레딧잡 2018/12/25)
초봉: 2,882만원(크레딧잡 2018/12/25)
채용방식: 수시 채용

에이클라는 지난 2006년에 국내 프로야구 중계권을 획득하면서 방송중계권 시장에 진입한 방송 및 온라인 콘텐츠 제작 및 유통 전문회사다. 국내 톱 프로스포츠인 프로야구, 프로축구, 프로농구, 프로배구의 중계권사업자 라이선스를 가지고 있으며, 이외에도 UEFA 챔피언스리그, 베이징올림픽 야구 최종예선, WWE Raw와 Smackdown 등의 콘텐츠를 각종 케이블에 공급해왔다. 최근에는 자체 보유한 킬러콘텐츠를 가지고 아예 SPOTV라는 IPTV 방송국을 차려버린 국내 스포츠 방송중계권 분야의 강자다. 내부조직은 마케팅팀 및 제작팀, 개발팀 등으로 구분되어 있다. 또한 최근에는 프로야구 스마트폰용 가이드 어플리케이션인 플레이볼 서비스를 오픈하는 등 뉴미디어 사업에도 많은 관심을 가지고 있다.

IB SPORTS

IB SPORTS

설립일: 2009년 06월 05일
직원수: 17명(크레딧잡 2018/12/25)
초봉: 3,301만원(크레딧잡 2018/12/25)
채용방식: 수시 채용

개국 당시에는 스포츠 에이전시 업체인 IB스포츠(현 갤럭시아SM)의 자회사로 출발했다. 이후 갤럭시아SM이 지분 전량을 매각하며 현재는 별개의 회사이다. 개국 당시부터 메이저리그, 올림픽축구 예선경기, UFC, KLPGA와 같은 양질의 콘텐츠를 확보 및 배급하며 스포츠미디어 분야에서 확고한 자리를 차지하고 있다. 에이클라와 마찬가지로 TV 같은 전통적인 미디어 플랫폼에 그치지 않고 IPTV, 모바일, 인터넷, DMB 등으로 플랫폼을 다양화하며 미디어 시장에 적응해가고 있다. 현재 IB SPORTS와 Golf Channel Korea 두 개의 채널을 운영하고 있다.

MBC SPORTS+

설립일: 2001년 04월 02일
직원수: 285명(크레딧잡 2018/12/25)
초봉: 3,502만원(크레딧잡 2018/12/25)
채용방식: 수시 채용

MBC의 자회사인 MBC플러스의 스포츠 전용 채널이다. 2001년 미국의 스포츠전문 채널 ESPN과 제휴해 MBC ESPN이라는 이름으로 개국했고, 계약 만료 이후 MBC SPORTS+로 채널 명을 변경했다. K리그, KBO, EPL, 라리가 등 여러 리그의 중계권을 구매해 중계했고, 2012년 MLB와의 계약 이후 류현진, 강정호가 메이저리그에 진출하면서 소위 대박(?)을 터뜨렸다. 또한 KBO 중계 시 참신한 콘텐츠 및 카메라 기법을 도입하였으며, 국내 야구팬들에게 '엠스플'이라는 이름으로 친숙하게 알려져 있다.

KBSNSPORTS

설립일: 2002년 03월 06일
직원수: 162명(크레딧잡 2018/12/25)
초봉: 3,459만원(크레딧잡 2018/12/25)
채용방식: 수시 채용

KBSN의 스포츠 전문 채널이다. 축구, 농구, 야구 등 거의 모든 종목을 중계하고 있으며 타 채널들이 프리미어 리그나 UEFA 챔피언스 리그 등 주류 대회를 중계할 때 프리메라리가나 세리에A 등 틈새시장을 적절하게 공략하여 해외축구 중계의 다양화를 이루었다. 특히 배구 중계로 유명한데 개국 이전부터 배구 중계에 집중했기 때문에 중계 노하우가 압도적이며 KOVO가 2007년 비디오 판독을 도입했을 당시 KBSN스포츠의 카메라웍 덕택에 비난을 잠재울 수 있었다.

SBS SPORTS(SBS 플러스)

SBS *Sports*

설립일: 2000년 6월 20일
직원수: 276명(크레딧잡 2018/12/25)
초봉: 3,446만원(크레딧잡 2018/12/25)
채용방식: 수시 채용

1995년 케이블TV 출범과 함께 '한국스포츠TV'라는 이름으로 생겨났지만 경영약화로 1999년 말 SBS에 매각되어 'SBS스포츠채널'이라는 이름으로 개국했다. 2010년부터 2014년까지 ESPN과의 제휴로 SBS ESPN이라는 채널 명을 사용했고 만료 후 SBS Sports로 채널 명을 변경했다. SBS 본사의 모든 스포츠 중계와 스포츠 콘텐츠 제작을 맡고 있다. EPL중계 당시 센스 있는 중계 예고와 경기 3분 요약, 중계석 쿠키 영상 등으로 국내 EPL팬들에게 친숙한 채널이나 18~19시즌부터 EPL, 챔피언스 리그 중계권을 SPOTV가 가져가면서 중계가 끝나게 되었다.

JTBC SPORTS

설립일: 2010년 11월 19일
직원수: 20명(크레딧잡 2018/12/25)
초봉: 2,835만원(크레딧잡 2018/12/25)
채용방식: 수시 채용

JTBC PLUS에서 운영하는 종합 스포츠 전문 채널이다. '폭스 스포츠'는 21세기 폭스사가 운영하는 스포츠 전문 채널로 FOX International Channels Asia(FIC)와의 업무 제휴를 통해 그들이 보유한 콘텐츠도 확보하게 되었다. 주로 AFC 내 축구 국가대표 경기와 테니스 메이저 대회(호주 오픈, 프랑스 오픈, 윔블던), FIA 포뮬러 월드 챔피언십(F-1) 등 세계적인 대회들을 중계하고 있다. JTBC GOLF채널 또한 운영하고 있다.

STN SPORTS

설립일: 2006년 03월 28일
직원수: 18명(크레딧잡 2018/12/25)
초봉: 1,916만원(크레딧잡 2018/12/25)
채용방식: 수시 채용

STN SPORTS는 종합스포츠 채널로 프로 및 아마추어 등 국내외 스포츠를 중계하는 스포츠 전문 방송사이다. 주로 대학농구, 대학배구, 아시아리그 아이스하키, FK 리그 풋살 대회, 내셔널 리그 등의 대회와 기타 아마리그 대회 등 비인기 종목 위주로 중계하고 있는 방송사이다. TV중계보다는 네이버 등 인터넷 스트리밍을 이용해 중계하는 경우가 더 많다.

5. 기업 스포츠마케팅

업종 소개

일반 기업에게도 스포츠는 확실히 매력적인 커뮤니케이션 수단이다. 국내 기업의 스포츠마케팅 관련 자료는 아직 데이터베이스화가 되어 있지 않다. 하지만 이미 여러 차례 설명했듯이 국내기업들의 본격적인 스포츠마케팅은 1990년대 박찬호, 박세리의 스폰서십 후원이 시작이었으며, 2002월드컵이 기폭제가 되었다. 이후 국제대회뿐만 아니라 국내 프로스포츠를 통한 일반 기업의 마케팅은 이제 일반적이고 효과적인 마케팅 툴로 받아들여지고 있다.

기업의 스포츠마케팅 관련 부서에 직접 취업하는 일은 흔한 경우는 아니다. 스포츠마케팅팀을 구성하고 있는 기업이 공채로 신입을 뽑는 경우가 극히 드물고, 대부분 전문 경력자를 별도의 수시모집을 통해 뽑기 때문이다. 또한 스포츠마케팅팀이 별도로 구성되어 있지 않은 기업의 경우에는 홍보팀, 브랜드전략기획팀, 커뮤니케이션팀 등에서 프로젝트별로 업무를 진행하는 경우가 많다. 따라서 대졸자의 입장에서 기업 스포츠마케팅팀을 노리고 취업을 준비하는 것은 웬만한 전문성과 경력 없이는 쉽지 않다. 오히려 마케팅팀이나 전략기획팀, 홍보팀 등에 소속돼 여러 경험을 쌓다가 스포츠마케팅으로 빠지는 경로를 노리는 것이 더 현실적일 수 있다.

글로벌 무대에서 활동 중인 대기업은 스포츠마케팅을 활발히 진행하고 있지만 포커스가 국내보다는 해외시장에 맞춰져 있는 경우가 많다. 삼성전자와 올림픽, 현대자동차와 월드컵, 기아자동차와 호주오픈 등을 떠올려 보면 쉽게 이해할 수 있다. 스포츠만큼 인종과 국적을 막론하고 모든 이들과 커뮤니케이션하기 좋은 툴이 없기 때문이다.

아래는 주요 대기업의 후원 정보다(2019년 1월 기준).

삼성

국제 후원: 국제올림픽위원회(IOC), 국제장애인올림픽위원회(IPC), 2018 자카르타팔렘방 아시안게임, 스페인 라리가, 중국 슈퍼리그 프로축구팀 쑤닝, 유벤투스FC, 독일축구협회, 아시안아마추어챔피언십(골프), 트랙사이클링월드컵 등

LG

단체 및 대회 후원: 영국축구협회(잉글랜드 FA컵), 남·여 아이스하키대표팀, 2018평창동계올림픽, 여자야구국가대표팀, 아시아프로야구챔피언십 한국 국가대표팀, 대한민국야구국가대표팀, 에비앙챔피언십(골프), LG컵 국제여자야구대회, LG배 세계기왕전, 한국여자야구대회 등

선수 후원: 윤성빈(스켈레톤), 차준환(피겨스케이팅), 김자인(스포츠클라이밍), 박성현, 이보미, 전인지(이상 골프)

현대/기아자동차

주최 대회: 기아자동차 한국여자오픈(KLPGA), 기아 클래식(LPGA), 제네시스 오픈(PGA), 제네시스 챔피언십(KPGA)(이상 골프)

단체 및 대회 후원: 대한축구협회, FIFA월드컵, UEFA 유로파리그, 첼시FC, 아틀레티코마드리드, 올림피크리옹, AS로마, 헤르타BSC-베를린(이상 축구), 호주오픈(테니스), 한국여자프로골프협회KLPGA(골프), 한국프로야구협회 KBO(야구), 2019 롤(LOL) 유럽 리그(e-스포츠), 미국 슈퍼볼 광고(미식축구) 등

선수 후원: 라파엘 나달, 정현(이상 테니스), 르브론 제임스(농구)

CJ

주최 대회: THE CJ CUP @ NINE BRIDGES(PGA), 최경주 CJ인비테이셔널(이상 골프), CJ슈퍼레이스(자동차경주)

국내 후원: 모터스포츠(CJ Logistics Racing, Cheiljedang Racing Team, CJ ENM E&M부문 Motorsports Team, CJ Racing Junior Program), 대한스키협회, 대한봅슬레이-스켈레톤 경기연맹

국제 후원: 베트남 태권도대표팀 등

선수 후원: 김시우, 이동환, 안병훈, 이경훈, 김민휘, 임성재, 강성훈, 김민규, 박지영, 장은수, 박진하, 성은정(이상 골프), 윤성빈(스켈레톤), 이상호(스키), 김호준(스노보드), 정윤성(테니스)

SK

주최 대회: SK텔레콤오픈(골프)

국내 후원: 대한핸드볼협회, 대한펜싱협회, 스피드스케이팅 국가대표팀

선수 후원: 최경주, 최나연, 안세현(이상 골프)

KT

국제 후원: 대한축구협회, 대한민국 축구국가대표팀, 올레배 바둑오픈 챔피언십

선수 후원: 이정민, 김혜윤, 장하나, 김예진, 배소현(이상 골프), 진종오, 이현태(이상 사격)

효성

단체 및 대회 후원: KLPGA 효성 챔피언십, 신한동해오픈(골프), 대한봅슬레이스켈레톤경기연맹(스켈레톤)

선수 후원: 윤성빈(스켈레톤), 이정은(골프)

금호타이어
국제 후원: 토트넘 핫스퍼(축구), NBA(농구)

국내 후원: KIA타이거즈(야구), TCR 코리아 투어링카 챔피언십, CJ 슈퍼 레이스 챔피언십, 엑스타 슈퍼챌린지, 현대 아반떼컵 마스터지 레이스, 현대 아반떼컵 챌린지 레이스(이상 모터스포츠)

기업들의 스포츠마케팅은 삼성의 올림픽 파트너처럼 장기간 지속되는 경우도 있지만 1회성이나 단기간에 활용되고 없어지는 경우도 많아, 기업별 스포츠마케팅 업무를 구분하는 것 자체가 상당히 어려운 일이다. 하지만 큰 그림에서 기업의 스포츠마케팅 또는 스폰서십의 양상을 보면 크게 아래와 같은 네가지로 구분이 가능하다. 이러한 구분은 예비 스포츠마케터가 '예상 취업희망 기업 리스트'를 짜는 데 도움을 줄 수 있을 것 같다.

1. 선수 후원기업
선수 후원은 보통 메인 스폰서십, 서브 스폰서십의 종류로 후원계약을 맺는다. 스폰서십 후원사는 일반기업, 의류회사, 용품회사 등으로 매우 다양하고, 한 선수에게 여러 스폰서가 붙는 경우도 많다. 선수 후원의 종목은 개인 스포츠인 골프, 카레이싱, 테니스, 피겨 스케이팅 등이 상당한 비율을 차지하고 있고, 이 외에도 단체 스포츠에서 뛰는 선수들도 글로벌 스타 이미지를 구축함으로써 스폰서가 저절로 따라오는 경우도 많다. 이렇게 선수 후원을 적극적으로 시도하는 기업들은 스포츠마케팅 부서 또는 여타 부서에 업무를 주고, 선수나 선수의 매니지먼트사를 통해 일을 진행하는 것이 일반적이다.

선수 후원 기업의 이름을 모두 나열하는 것은 너무 방대하므로 몇 가지 예만 들고 나머지 추가 검색은 독자에게 직접 맡기겠다. 스포츠중계 특히 골프 같은 개인 스포츠 종목의 중계에 나오는 선수들을 잘 관찰해 보자. 그의 머리, 상·하의 등에 붙은 로고는 무엇인지, 그들이 쓰는 용품은 무엇인지 자세히 살펴보면 이런 아이디어를 얻을 수 있을 것이다.

윤성빈(스켈레톤) − KB국민은행(금융), LG전자(전자제품), CJ제일제당(식품), 휠라코리아(스포츠용품) 등

2018 평창 동계올림픽이 낳은 스타를 꼽으라면 스켈레톤 금메달리스트 윤성빈 선수를 꼽을 수 있겠다. 썰매 종목에서 불모지라고 불리는 한국에서 기업들의 든든한 지원과 선수의 노력이 더해져 감동적인 드라마를 써냈고, 그 결과 윤성빈 선수를 후원했던 기업들은 평창올림픽에서 상상을 초월하는 마케팅 효과를 거두었다.

정현(테니스) − 라코스테(의류), 요넥스(스포츠용품), 태그호이어(시계), 현대자동차(자동차) 등

정현 선수는 테니스 강국이 아닌 대한민국에서 라파엘 나달, 노박 조코비치 등 세계적인 선수들이 참가하는 2018 호주 오픈에서 4강까지 진출하는 신화를 써내며 국민들의 사랑을 받았다. 물집이 생겨 제대로 경기를 할 수 없는 상황 속에서도 끝까지 최선을 다하며 세계 그랜드슬램 대회에서 4강까지 진출한 정현 선수에게 국민들은 감동을 받았고, 정현 선수를 후원하던 기업들은 엄청난 양의 기사, 미디어 노출을 통해 마케팅 효과를 거두면서 함박웃음을 지었다.

2. 대회 후원기업

기업이 스포츠마케팅에 많은 투자를 하는 부분 중 하나가 대회 후원이다.

간단한 예로, 국내 메이저 4대 스포츠(야구, 축구, 농구, 배구)의 프로리그 또는 컵대회의 타이틀 스폰서 기업의 이름을 살펴보자.

프로야구

2000년~2004년: 삼성증권(삼성Fn.com배 프로야구)

2005년~2008년: 삼성전자(삼성PAVV 프로야구)

2009년~2010년: CJ인터넷(CJ마구마구 프로야구)

2011년: 롯데카드(2011 롯데카드 프로야구)

2012년: 팔도(2012 팔도 프로야구)

2013년~2014년: 한국야쿠르트(한국야쿠르트세븐 프로야구)

2015년~2017년: 타이어뱅크(타이어뱅크 KBO LEAGUE)

2018년~2020년: 신한은행(신한은행 MYCAR KBO LEAGUE)

프로축구(K리그)

1994년~1995년: 하이트맥주(94~95 하이트배 코리안리그)

1996년~1997년: 삼성물산(96~97 라피도컵 프로축구대회)

1998년: 현대중공업(98 현대컵 K-리그)

1999년: 현대증권(99 바이코리아컵 K-리그)

2000년: 삼성전자(2000 삼성디지털 K-리그)

2001년: 포스코(2001 포스코 K-리그)

2002년~2008년: 삼성전자(2002 삼성 파브 K-리그, 삼성 하우젠 K-리그 2003~2008)

2009년: 정규리그 - 없음(2009 K-리그) / 챔피언십 - 현대자동차(K-리그 쏘나타 챔피언십 2009)

2010년: 현대자동차(쏘나타 K리그)

2011년~2016년: 현대오일뱅크(현대오일뱅크 K리그 2011~2016)

2017년~2020년: KEB하나은행(KEB하나은행 K리그 클래식/챌린지, 1/2
2017~2020)

프로농구

1997년~1998년: FILA

1998년~1999년: 현대 걸리버

1999년~2005년: 삼성 애니콜

2005년~2006년: KCC

2006년~2007년: 현대모비스

2007년~2008년: SK텔레콤

2008년~2009년: 동부 프로미

2009년~2010년: KCC

2010년~2011년: 현대 모비스

2011년~2014년: KB국민카드

2014년~2017년: KCC

2017년~2018년: KGC 인삼공사

2018년~2019년: SK텔레콤

프로농구(V-리그)

2005년~2006년: KT&G

2006년~2007년: 힐스테이트(현대)

2007년~2016년: NH농협

2017년~2020년: 도드람

보다시피 삼성과 현대그룹이 많은 부분을 차지하고 있으며 포스코, 롯데, SK텔레콤, 국민은행 등도 눈에 띈다. 4대 프로스포츠 외에 가장 많은 대회 스폰서십을 유치하고 있는 종목이 골프다. 골프대회 타이틀 스폰서 기업은 4대 메이저 구기 종목에 비해 매우 다양하다. 이는 골프대회 하나의 스폰서십 비용이 프로스포츠 리그 전체의 타이틀 스폰서십에 비해 낮기 때문이다.

앞에서 언급한 대회 외에도 외국시장 개척이나 시장 점유에 포커싱하고 있는 삼성전자나 LG전자 같은 초대형 글로벌 그룹에서는 올림픽이나 월드컵, F1레이싱 국제대회나 또는 진출해 있는 국가의 스포츠대회 후원에도 상당한 투자를 아끼지 않고 있다.

3. 협회 후원기업

협회 후원도 또 하나의 스포츠마케팅 방법이다. 스포츠협회는 아무래도 인기와 비인기 등 종목에 따라 스폰서의 수가 많은 차이가 난다.

과거 2012년 런던올림픽 당시 양궁 종목에서 금메달을 획득한 기보배 선수가 현대자동차 부회장인 정의선 한국양궁협회 명예회장에게 달려가 안긴 사실이 보도된 적이 있다. 정 부회장은 2005년 5월 양궁협회의 제9대 회장으로 취임해, 7년 연속 양궁협회장을 맡고 있다. 아버지인 정몽구 현대·기아자동차그룹 회장 역시 1985년부터 1999년까지 대한양궁협회 회장을 지냈다. 이처럼 정몽구, 정의선 부자의 든든한 후원을 등에 업은 양궁은 국내에 소개된 지 40년 만에 국제대회 정상의 자리에 올라섰다.

현대자동차그룹의 이런 사례는 기업의 협회 후원에 대한 좋은 본보기가 되었고, 실제로 현대자동차는 기업 이미지의 긍정적 제고효과를 거둘 수 있을 것이라 예상하고 있다. 협회 후원기업을 모두 늘어놓기는 역시 쉽지 않다. 일반적으로 각 협회 홈페이지의 메인 페이지 하단을 보면 해당 협회 스폰서의 로고들이 노출되어 있다. 각 스포츠협회 홈페이지는 대한체육회 홈페이지에서 링크 연결을 통하거나 직접 검색을 통해 들어갈 수 있다.

4. 팀/구단 운영기업

기업들은 프로스포츠구단이나 팀 운영을 통해 스포츠마케팅을 벌이는 경우가 많다. 과거 군사정권 시절 충분한 준비기간 없이 탄생한 프로스포츠는 모기업(대부분 재벌기업)으로 하여금 수익성이 전혀 없을 뿐더러 '적자가 뻔히 보이지만 국가를 위해 희생'한다는 사고를 갖게 만들었다.

최근 몇 년 사이 시민 프로축구 구단이 생기고, 프로야구 키움 히어로즈처럼 모기업 없이 운영되는 팀이 등장하는 것은 상당히 고무적인 소식이지만, 자생할 수 있는 모델을 갖추었다고 보기에는 아직 시기상조다.

기업의 스포츠마케팅 참여는 크게 네 가지로 구분하지만, 이것이 모든 케이스를 커버하는 것은 아니다. 단발성 광고나 프로모션까지 스포츠마케팅으로 구분하면 더욱 그렇다. 하지만 단발성 이벤트나 프로모션을 위해 스포츠마케팅팀을 별도로 구성할 리는 만무하다. 따라서 앞에 소개한 각 경우에 해당하는 기업의 이름을 자세히 살펴보고, 여러 경우에 교집합을 보여주는 기업, 즉 선수 후원, 구단 운영, 대회나 협회 후원에 여러 차례 해당하는 기업들을 찾아 나만의 '관심 기업리스트'를 만들어 보자.

여기서는 특정 종목 단순 후원이나 구단 운영이 아닌, 기업의 입장에서 스포츠단을 운영하는 기업들만 선별하여 소개하도록 하겠다.

기업 스포츠마케팅

코오롱스포츠단((주)코오롱)

설립일: 1957년 4월 12일
직원수: 85명(크레딧잡 2019/01/07)
초봉: 6,284만원(크레딧잡 2019/01/07)
채용방식: 수시 채용

코오롱 그룹은 스포츠를 단순히 마케팅 수단으로 생각하지 않고 '장기간 투자로 유망주를 발굴하고 적극적인 지원을 통해 세계적으로 키운다'는 철학을 가지고 다양한 스포츠 지원사업을 하고 있다. 1987년 코오롱 마라톤팀을 창단한 이래로 양궁팀, 골프팀, 챌린지(산악)팀을 창단하여 운영 중이며 그 결과 마라톤, 양궁, 골프에서 우수한 선수가 배출되고 발전하는 데 큰 역할을 하였다. 그뿐만 아니라 생활체육 활성화를 위해 각종 대회(마라톤, 골프, 테니스, 클라이밍 등)를 개최하며 스포츠를 통한 사회공헌 활동을 이어나가고 있다.

하이원스포츠단(강원랜드)

설립일: 1998년 6월 29일
직원수: 3,685명(크레딧잡 2019/01/07)
초봉: 3,540만원(크레딧잡 2019/01/07)
채용방식: 수시 채용

하이원은 카지노 사업으로 유명한 강원랜드에서 운영하는 리조트 이름이다. 강원랜드는 사회 공헌 사업의 일환으로 스포츠단을 운영하였는데, 2002년 스키팀을 시작으로 2004년 아이스하키팀, 2007년 유도팀, 2008년 장애인스키팀을 창단하였고, 현재는 하이원스포츠단이라는 이름으로 4개 종목의 팀을 운영 중이고 골프도 3명의 선수를 후원 중이다. 특히 동계 스포츠 3종목의 팀을 운영함으로써 국내 동계 스포츠 선수 육성 및 발전에 큰 역할을 하고 있다. 하이원스포츠단은 현재 강원랜드 마케팅실의 High1스포츠팀 부서에서 관리 및 운영을 맡고 있다.

한라그룹(안양 한라 아이스하키단)

설립일: 1999년 11월 27일
직원수: 296명(크레딧잡 2019/01/07)
초봉: 5,482만원(크레딧잡 2019/01/07)
채용방식: 수시 채용

안양 한라 아이스하키단은 한라 그룹 계열사인 만도기계에서 만도위니아라는 이름으로 1994년 창단되었다. 이후 IMF 시절 계열사인 만도기계가 매각되고 한라그룹이 경영난에 빠지자 해체 위기를 겪었지만 당시 팀이 첫 우승을 하면서 한라그룹 정몽원 회장은 위기에도 굴하지 않고 최선을 다하는 선수들을 보며 힘을 얻었고, 회사가 어려워도 아이스하키단만큼은 해체하지 않았다고 한다. 그 결과 안양한라는 20년이 넘는 역사를 가진 한국 아이스하키를 대표하는 프로팀이 되었다.

삼천리 스포츠단(삼천리)

설립일: 1966년 7월 7일

직원수: 771명(크레딧잡 2019/01/07)

초봉: 4,893만원(크레딧잡 2019/01/07)

채용방식: 채용공고 확인불가

삼천리는 스포츠 꿈나무 발굴과 육성을 통해 국내 스포츠 발전에 이바지하고자 2014년 삼천리스포츠단(골프)를 창단하여 운영하고 있다. 여자 프로 골프선수 4명(홍란, 김해림, 조윤지, 배선우)으로 이루어진 삼천리스포츠단은 2018년 통산 4승이라는 좋은 성적을 거두었고 유망주인 박채윤, 이수진, 성지은 선수를 영입하며 총 7명의 선수를 보유하고 있다. 삼천리 그룹에서는 스포츠단 운영뿐만 아니라 골프 유소년 육성을 위해 KLPGA와 함께 2015년부터 'KLPGA-삼천리 투게더 꿈나무대회'와 '삼천리 Together Open'을 주최하였다.

삼양사 여자 사이클팀(삼양홀딩스)

설립일: 1953년 3월 17일

직원수: 126명(크레딧잡 2019/01/07)

초봉: 5,158만원(크레딧잡 2019/01/07)

채용방식: 수시 채용

삼양은 사이클이 국내에 잘 알려지지 않았던 1986년 서울아시안게임과 88서울올림픽을 앞두고 비인기 스포츠 종목의 발전을 목적으로 여자 사이클 팀을 창단하여 현재까지 후원, 운영해오고 있다. 삼양사 여자 사이클 팀은 현재까지 실력이 뛰어난 국가 대표 선수들을 다수 배출했다. 그 결과 2018년 자카르타-팔렘방 아시안게임에서 김유리 선수가 금메달 2개, 동메달 1개를 획득하였고, 국내에서 개최되는 대회에서 좋은 성적을 거두며 국내 최고의 사이클 팀이라는 평을 받고 있다.

CJ

설립일: 1953년 8월 1일

직원수: 57명(크레딧잡 2019/01/07)

초봉: 3,696만원(크레딧잡 2019/01/07)

채용방식: 수시 채용

CJ는 1953년 제일제당으로 설립되어 현재 식품, 유통, 미디어 등 다양한 계열사를 두고 있는 대기업이다. CJ그룹의 스포츠마케팅은 2000년대 초반 골프여왕 박세리 선수를 후원하며 본격적으로 시작되었다. 이후 골프, e스포츠, 동계스포츠, 테니스, 태권도 등 다양한 종목으로 확장하여 스포츠마케팅을 진행 중이다. 2017년도에는 대한민국 최초로 PGA TOUR 정규대회인 THE CJ CUP@ NINE BRIDGES 개최하고, 김시우 선수가 PGA 투어에서 우승하면서 CJ라는 브랜드가 세계적으로 주목받는 계기가 되어 골프 관련 마케팅에 특히 힘을 쓰고 있다.

동아오츠카

설립일: 1978년 10월 5일
직원수: 884명(크레딧잡 2019/01/07)
초봉: 3,218만원(크레딧잡 2019/01/07)
채용방식: 수시 채용

국민 이온음료 중 하나인 포카리스웨트를 생산하는 동아오츠카는 1979년 동아제약의 식품사업부에서 분리되면서 일본의 오츠카제약과 자본과 기술을 합자해 설립되었다. 1987년에 포카리스웨트를 출시하였고 메인 제품이 스포츠 음료인 만큼 경쟁제품인 게토레이, 파워에이드 등과 경쟁하기 위하여 각종 종목의 연맹 또는 대회, 이벤트 등을 후원하고 공식스폰서로 참여하면서 '포카리스웨트' 제품의 입지를 늘리려는 스포츠마케팅 활동을 꾸준히 하고 있다.

효성

설립일: 1957년 4월 10일
직원수: 288명(크레딧잡 2019/01/07)
초봉: 4,041만원(크레딧잡 2019/01/07)
채용방식: 수시 채용

효성 그룹은 1966년 설립된 화학섬유 분야에 특히 강점을 가지고 있는 기업이다. 현재 회장직을 맡고 있는 조현준 회장은 스포츠광으로 미국 유학시절 야구부 주장까지 역임했다고 한다. 그 영향에서인지 효성그룹은 IB스포츠에 투자하며 현재의 갤럭시아SM을 계열사로 두고 있다. 그뿐만 아니라 2018 평창동계올림픽 때는 대한봅슬레이스켈레톤경기연맹을 후원하며 윤성빈 선수가 금메달을 따자 홍보 효과를 톡톡히 누렸다.

금호타이어

설립일: 2003년 6월 30일
직원수: 1,970명(크레딧잡 2019/01/07)
초봉: 5,155만원(크레딧잡 2019/01/07)
채용방식: 수시 채용

금호타이어는 1960년 설립된 글로벌 타이어 제조업체이다. 금호타이어는 기업 인지도 및 신뢰도 상승, 스포츠 팬과의 소통을 위해 적극적으로 스포츠마케팅을 하고 있다. 2007년에는 EPL의 명문구단인 맨체스터 유나이티드와 스폰서십 계약을 체결하여 2011년까지 홍보효과를 톡톡히 누렸고, 이후에 손흥민 선수가 뛰고 있는 토트넘 핫스퍼, 분데스리가의 샬케04, 프랑스의 올림피크리옹, 미국의 NBA에 후원사로 참여하며 글로벌 브랜드의 인지도를 높여가며 글로벌 타이어 브랜드로 입지를 굳히고 있다.

6. 선수 에이전트

업종 소개

글을 읽는 독자들 대부분이 동의할 거라 믿지만, 스포츠마케팅이라 하면 1차적으로 떠오르는 이미지가 바로 '선수 에이전트'일 것이다. 스포츠팬들에게는 제리 맥과이어나 스캇 보라스 등은 이미 보통명사나 다름이 없다. 실제로 스포츠마케팅을 꿈꾸는 많은 이들에게 선수 에이전트는 한번쯤 꿈꿔 보는 환상이 아닐까?

어느덧 30년의 역사를 향해 달려가는 한국 스포츠마케팅은 몇 가지 정해진 형태로 스포츠에이전트의 틀이 잡혀가고 있지만, 여전히 체계가 조금 부족해 보이는 분야가 바로 에이전트 산업이다. 에이전트의 업무와 현실을 한번 짚어봄으로써 뭔가 정리된 틀 안에서 에이전트 산업을 바라볼 수 있게 되었으면 한다.

스포츠에이전트의 역할

스포츠마케팅의 시작은 본래 선수 에이전트였다. IMG 같은 회사의 시초도 전설적인 골퍼 아놀드 파머와 IMG 창립자이자 당시 예일대 출신 변호사였던 마크 맥코맥(Mark McCormack)의 만남이었다.

에이전트의 역할이 선수의 입단이나 이적, 광고출연 대리 정도로 제한된다고 착각하는 경우가 있다. 하지만, 에이전트의 역할은 매우 다양하고 포괄적이며, 그래야만 한다. 스포츠시장이 발달된 선진국일수록 에이전트의 역할은 훨씬 크고, 활동할 수 있는 토대도 잘 마련되어 있다.

스포츠에이전트는 자신의 고객인 선수에게 '풀 서비스(Full Service)'를 제공하는 사람이라고 볼 수 있다. 하지만 이것은 시키는 대로 움직이는 '심부름꾼'을 의미하지는 않는다. 오히려 전문가적 입장에서 선수가 운동에만 집중해 좋은 성적을 거둘 수 있도록 분위기를 조성하는 역할에 가깝다. 그와 동시에 어떻게 하면 선수(상품)의 몸값을 높이고 서로 찾게 만드느냐 하는 것도 에이전트의 역할이라고 할 수 있다.

다시 말하자면 스포츠에이전트의 역할은 선수 개인에 대한 관리인 '선수 매니지먼트'와 선수를 통한 수익 창출을 지향하는 '선수 마케팅사업'으로 나눌 수 있다.

선수 매니지먼트	선수 마케팅사업
입단 및 연봉 계약 대행 스케줄 관리 선수 재무관리 자문 의료 및 건강 자문 법률 및 세무 자문	선수 포트폴리오 개발 인도스먼트 계약 이미지 관리 홍보전략 수립 및 언론 관리 라이선싱

스포츠에이전트 분야는 스포츠산업 자체의 선진화 없이는 존재할 수 없는 고부가가치 산업이다. 에이전트 산업의 발전은 선수 개인의 권익보호뿐만 아니라 스포츠시장 확대, 국민 스포츠의 저변확대, 한국 스포츠의 위상강화 등으로 이어지게 된다.

미국과 한국의 스포츠에이전트 비교 분석

세계 최대이자 가장 선진화된 스포츠시장이 구축된 미국의 스포츠에이전트 산업을 먼저 살펴보자.

미국의 4대 메이저 프로스포츠(미식축구, 야구, 농구, 아이스하키)에서 선수 에이전트가 되기 위해서는 리그 내 선수노조의 인가를 받아야 한다. 이 때문에 에이전트가 되고자 하는 사람들은 노조에 등록하고 매년 수수료를 지불한다. 미식축구(NFL) 및 야구(MLB)의 경우에는 의무적으로 정례세미나에 참여시키거나 테스트를 요구하는 등 선수 에이전트 자격에 일정한 의무를 부여하고 있다.

물론 미국의 스포츠에이전트 시장이 한순간에 생긴 것은 아니다. 초창기 에이전트는 FA제도의 도입과 함께 등장했다. FA제도 이전까지 선수들은 '보류조항(클럽의 동의 없이 선수는 절대 다른 클럽으로 이적할 수 없지만 클럽은 선수의 동의 없이 맘대로 그들을 사고 팔 수 있다는 조항)'이 부당하다며 이의를 제기해 왔다. 하지만 FA제도가 도입되면서 선수는 정해진 계약기간을 다채운 뒤 그에 합당한 대우를 요구하고, 자유롭게 다른 클럽과도 협상을 할 수 있게 되었다. 이때 스포츠에이전트의 활동 영역이 생기게 됐다.

또한 같은 종목에 두 개 이상의 리그가 존재하던 1960년~1970년 사이에도 스포츠에이전트는 선수 영입을 둘러싸고 상당한 영향력을 떨치게 됐다. 시간이 흘러 스포츠가 엔터테인먼트화되면서 선수의 상품가치를 극대화시킬 수 있는 전문가가 필요해졌고, 선수노조가 생기면서 선수의 권익보호가 강조된 점 역시 에이전트산업을 활성화시킨 요인이었다.

반면 국내의 경우 스포츠에이전트에 대한 별도의 법률도 아직 준비되지 않았고, 제도화되어 있지도 않다. 축구, 야구, 농구 등의 단체 스포츠에서 선수들의 국내 활동과 관련한 입단 및 이적계약이 에이전트를 통해 이뤄지는 경우는 많지 않으며 대부분 구단과 선수의 직접 협상을 통해 이루어진다. 다만 해외 이적과 관련한 협상은 에이전트가 관여하는 경우가 많다. 반면 골프나 피겨스케이팅, 체조, 테니스 등의 개인 스포츠는 에이전트의 업무가 단체 스포츠에 비해 좀 더 활성화되어 있다.

선수의 에이전트가 변호사인 경우에는 별다른 제약이 없다. 하지만 현실적으로는 변호사가 에이전트를 하는 경우는 많지 않다. 사법고시에 합격하거나 로스쿨 졸업 후 변호사 시험에 합격한 뒤 대한변호사협회에 등록해야 에이전트 활동이 가능하다.

에이전트는 법률적으로는 '민법상의 대리와 위임'에 대한 규정을 적용받는다. 따라서 골치 아픈 법적분쟁을 겪는 경우가 많다. 스포츠에이전트와 직접 관련된 법률이 없는 상황에서 대리인으로서의 역할 규정 및 책임 소재부터 문제가 생기기 때문이다.

국내 3대 스포츠인 야구, 농구, 축구 에이전트 현황은 어떤지 살펴보자.

야구의 경우, 변호사를 연봉 협상대리인으로 제한적으로 인정할 뿐, 에이전트 자체는 인정하지 않았다. 1999년 프로야구 선수협의회가 탄생하면서 KBO에 전문적인 스포츠에이전트 제도 도입을 적극 주장, 공정거래위원회로부터 현재 계약제도의 불합리성을 인정받았다. 하지만, 법적 의무가 아니었기 때문에 여론몰이 정도로 끝나고 말았다.

그러나 시대의 변화와 선수협의 지속적인 요청 때문인지 KBO 이사회에서 2018 시즌부터는 에이전트 제도를 시행하기로 결정하였다. 에이전트 자격은 프로야구선수협회의 자격시험을 통과해야 주어지게 되는데 2017년 12월의 첫 시험에서 91명이 자격시험을 통과했다. 그리고 2018년 7월의 2차 시험에서 37명이 시험을 통과하여 국내에는 총 120여 명의 공식 에이전트들이 활동하고 있다.

농구의 경우 국내선수 에이전트는 KBL에 등록된 에이전트만을 허용하고 있다. 외국인 선수 에이전트의 경우 KBL에서 인정하는 자격(FIBA 혹은 NBA 에이전트 면허)에 준하는 에이전트만 허용하고 있다.

축구의 경우 대한축구협회에 등록된 중개인을 대리인 자격으로 인정하고 있으며, 중개인에 대한 시행규정은 FIFA 및 협회 규정에 따라 적용한다. 2015년 FIFA의 에이전트 자격제도가 폐지되고 '중개인 제도'가 신설되었다. 중개인은 에이전트와 달리 시험을 통해 자격증을 취득할 필요가 없고 축구협회에 등록과 보험가입으로 활동이 가능하다.

케이스별로 다르긴 하지만 보통 에이전트들은 해외에서 뛰는 선수들에게는 10%, K리그에서 뛰는 국내선수 및 용병선수들에게는 연봉의 5%를 수수료로 받는 것이 관례로 알려져 있다. 하지만 국내 선수나 용병선수의 수수료만으로 수지를 맞추는 것은 여간 힘든 일이 아니다.

2002년 월드컵 이후 박지성, 이영표, 안정환, 설기현, 이동국 등의 해외리 그 진출은 국내선수들의 해외진출에 아주 좋은 경험을 선사했다. 이적 과정 에서 때로는 좋은 결과가 나타나기도 했고, 때로는 어이없는 실패를 겪기도 했지만 이런 시행착오들을 통해 이후의 이적 과정들이 한결 쉬워진 것은 사 실이다.

최근에는 세계 축구의 메이저 시장인 영국, 스페인뿐만 아니라 한국 선수들 이 전통적으로 강세를 보이는 독일의 분데스리가 그리고 한 단계 낮은 리그로 치부되지만 여전히 훌륭한 유망주들의 산지인 프랑스 리그앙(Ligue 1)으로의 진출도 심심치 않게 볼 수 있다. 기타 유럽이나 중동으로의 이적도 활발하다. 특히 오일 머니를 내세운 중동이나 한국에 비해 2배 이상의 연봉을 보장하는 중국 프로리그로의 러시가 어느 정도 예상된다.

에이전트의 성공요건은 선수 및 거래 구단 그리고 해외의 여러 에이전트들 과의 깊은 신뢰관계를 형성하는 것이다. FIFA 규정상 선수와 에이전트 간의 기본 계약기간은 보통 2년이다.

그렇다면 에이전트 산업의 발전에 장애가 되는 요소들은 무엇인가? 그 이 유를 찾는 것은 생각보다 어렵지 않다. 일단 프로구단의 규모가 작고, 미국 같 은 시장에 비해 선수들의 연봉 수준도 낮다. 선수들의 권리는 구단에 속해 있 는 경우가 대부분이다. 따라서 구단 입장에서는 누군가 중간에 끼는 게 당연 히 싫지 않겠는가.

또한 대부분의 프로구단이 모기업의 지원에 의존하다 보니 선수들의 요구 를 다 들어줄 정도의 재정적 능력이나 재량권이 없는 것도 사실이다. 아직도 심심치 않게 '정'이나 '의리'로 계약을 연장했다는 기사들을 보면, 확실히 우리 나라는 냉정한 가치평가 외에 '정'으로 이어지는 국민성이 존재하는 것 같다.

이 부분은 선수들로 하여금 오히려 에이전트가 굳이 필요할까 하는 생각이 들게 할 수도 있는 요인이다.

에이전트 산업의 발전을 방해하는 마지막 요인은 관련 법률이 없다는 것이다. 앞서 설명한 대로 미국의 경우에는 에이전트 산업이 발전할 수 있는 계기가 분명히 있었다. 하지만 우리나라도 미국과 그리 다른 것은 아니다. FA제도가 도입된 지 오래되었고 스포츠 엔터테인먼트(Sports Entertainment)의 개념 역시 최근 10년 내 급속도로 퍼져 있다. 야구의 경우 과거에는 도입되지 않았던 에이전트 제도가 2018년부터 도입되었을 뿐만 아니라 2018년도에는 한국스포츠에이전트협회(이하 KSSA)가 설립되었다.

KSSA는 이반스포츠, 지쎈, 인스포코리아, 월스포츠, FS코퍼레이션 등 축구계를 주름잡는 에이전시 57개사를 회원으로 보유했으며 체계적인 에이전트 인력 양성, 직업윤리 및 회원사 간 신뢰와 협력체계 구축 등을 위해 설립된 단체이니 앞으로 에이전트 산업에 대한 변화들이 시작되고 있다고 볼 수 있겠다.

스포츠에이전트의 유형

현재 활동 중인 선수 에이전트는 크게 3가지 유형으로 나눌 수 있다.

첫째, 전문 스포츠에이전시 등의 대규모 회사 형태.

앞서 '스포츠마케팅 에이전시' 편에서 소개했던 대부분의 회사가 선수 에이전트 업무를 병행하고 있다. 대규모 회사 형태의 스포츠마케팅 에이전시는 유망주 또는 스타 선수들과 계약을 맺은 뒤 후원계약, 광고계약, 대회초청 등을 성사시켜 거기서 발생하는 수수료로 수익을 창출한다.

스타선수들을 보유한 회사는 이처럼 단순하게 계산할 수 있는 자본적 이득 외에도 회사의 이미지 구축, 여타 선수들의 영입, 대회 개최 시 스타선수 출전 확보 등의 측면에서 상당한 이점을 가질 수 있다. 선수들의 입장에서도 선수

관리와 스포츠마케팅 부분에서 많은 노하우를 지닌 대형 에이전시와 계약을 맺음으로써 더욱 전문적인 관리를 받을 수 있기 때문에 선수나 회사의 입장 모두 '윈-윈(Win-Win)'이라고 볼 수 있다.

둘째, 법률사무소와 제휴하는 형태.

우리나라에는 흔치 않지만 선수와 법률사무소와의 계약을 통해 선수 대리가 이뤄지는 경우가 있다. 앞서 말한 대로 IMG의 창립자 역시 변호사 출신이고, 초창기 미국 스포츠마케팅 에이전시의 주류는 변호사 출신이었다. 선수 에이전트의 업무 중 90% 이상이 계약서에 의해 시작되고 끝나기 때문에 법률적 지식 없이는 차후 발생할 수 있는 여러 분쟁들을 해결할 방법이 없기 때문이다.

위에 소개한 K리그 공식 에이전트의 목록 가운데에도 법률사무소의 이름이 심심치 않게 보인다(법무법인 에이펙스, 법무법인 수호, 법무법인 코러스 등). 우리나라는 아직 선수를 대리할 정도로 스포츠에 관심이 있거나 '올인'할 변호사가 많지 않다. 설사 관심이 많은 변호사라 하더라도 법률적 측면 이외의 포괄적인 서비스를 제공할 수 없기 때문에 국내에서는 거의 찾기 힘들다.

셋째, 독립된 에이전트로 활동하는 형태.

독립된 에이전트는 회사가 아닌 개인이라는 점에서 전문 스포츠에이전시와 차이가 있다. 확실히 이 부분에서는 에이전트 '자격'에 대한 정의가 애매하다. 전문 에이전시 출신이 독립해서 선수 에이전트를 맡는 경우도 있고, 선수의 부모나 형제, 자매가 에이전트가 되어 모든 것을 관리하는 경우도 많다.

우리나라의 경우 후자가 더 많다고 볼 수 있다. 박지성, 김연아의 부모처럼 매니저 역할을 하다가 직접 스포츠마케팅·매니지먼트 회사를 창립하는 경우도 심심치 않게 찾아볼 수 있다.

스포츠에이전트가 되는 길

국내의 경우 프로축구와 프로야구 이외의 스포츠 종목에는 에이전트를 공식적으로 인정해 주는 자격증 자체가 없다. 따라서 위에서 설명한 세 가지 유형이 그나마 선수 에이전트가 되는 가장 일반화된 방법이 아닐까 싶다. 에이전트가 되기 위한 길을 다시 한 번 정리하면 아래와 같다.

첫째로, 스포츠마케팅 에이전시의 선수 관리부서에서 업무를 맡아보면서 선수 에이전트가 되는 방법이 있다.

둘째로, 프로야구 선수대리인(에이전트)이 되어 KBO의 공식 에이전트로 활동하는 방법이 있다. 자격을 취득했다면 회사에 소속되거나 독립적으로 활동하는 것은 본인의 자유다. 하지만 에이전트 자격증은 공식적으로 활동할 수 있음을 허가해 준다는 의미일 뿐, 월급통장에 돈이 팍팍 꽂히는 것은 전혀 다른 문제다. 이미 120여 명이 KBO 공식 에이전트 자격증을 가지고 있으나 실제 선수를 고객으로 가지고 있는 에이전트는 20여 명에 불과하다는 사실과 한 에이전트당 최대 15명의 선수만을 보유할 수 있다는 사실을 기억하자.

셋째로, 변호사 자격으로 선수의 대리인 업무를 봐줄 수 있다. 이런 케이스는 변호사 자격증 보유라는 매우 특별한 자격요건이 있으므로 별다른 부가설명은 않겠다.

스포츠에이전트 산업의 성공적인 정착을 위해서는 스포츠 시장의 확대, 명확한 수익 시스템 정착, 전문인력 양성시스템 도입, 법적 기반 마련, 정부의 지원 등이 있어야 한다. 하지만 아쉽게도 이런 시대적 요구는 공허한 메아리일 뿐이다. 에이전트가 되고자 하는 사람은 해당 스포츠에 대한 해박한 지식은 물론 협회 규정이나 민법 등에 대해 누구보다 잘 알고 있어야 한다.

하지만 '사람'을 관리하는 직업이다 보니, 지식적인 측면 외에도 늘 마주치는 부모, 가족, 코치, 스카우터, 구단 관계자, 스폰서 등과의 관계를 잘 관리해 나갈 수 있는 인적관리 능력도 필수다. 또한 선수의 포트폴리오 구성 및 마케팅 능력, 언론 플레이를 통한 이미지 관리능력 등 소위 '일당백'의 역할을 할 수 있는 가능성이 있어야 한다.

　가만히 있는데 유명 선수가 얻어 걸리는 경우는 없다. 이미 강조했듯이, 위에서 설명한 에이전트의 자격요건들은 오랜 시간과 많은 경험이 기반이 되어 갖춰진 것이다. 에이전트만을 목표로 답을 찾는 것이 조금 막연하다면 스포츠마케팅 업계에서 기본을 다진 후 기회가 됐을 때 선수 에이전트 업무를 맡는 것도 방법이라 생각한다.

선수 에이전트

(주)리코스포츠에이전시

(주)리코스포츠에이전시
Leeco Sports Agency

설립일: 2014년 2월 6일
직원수: 9명(크레딧잡 2018/12/12)
초봉: 2,976만원(크레딧잡 2018/12/12)
채용방식: 수시 채용

비록 업력은 4년밖에 되지 않았지만 최근 KBO 선수에이전트 제도가 도입되면서 야구 에이전트 시장에서 독보적인 선두주자라고 볼 수 있다. 야구 쪽에 특히 강세를 보이며 KBO리그를 대표하는 최고 타자 박병호를 비롯해 서건창, 한현희, 박건우, 허경민, 심창민, 이재학 등 가치가 높은 선수들을 보유하고 있다. 2019년에는 특히 양의지, 이재원, 모창민, 노경은 등 FA로서 가치가 높은 선수들의 대형 계약을 성사시키며 억 단위의 수수료를 챙겼다. 야구뿐만 아니라 쇼트트랙 금메달리스트 김아랑 선수도 리코스포츠 소속이며, 이외에도 축구, 골프 선수들과도 다수 계약되어 있다. 리코스포츠의 이예랑 대표는 과거 영어강사, 라디오 DJ, 아나운서 등 에이전트와는 거리가 먼 직종에 있었지만 에이전트로 전향 후 최근 초대형 계약들을 성사시키며 한국의 스캇 보라스라고 불리고 있다.

이반스포츠

설립일: 1996년 11월 6일
직원수: 10명(크레딧잡 2018/12/12)
초봉: 1,534만원(크레딧잡 2018/12/12)
채용방식: 수시 채용

이반스포츠는 1995년 국내축구 1세대 에이전트인 이영중 대표에 의해 설립된 후 현재까지 국내외 다수의 아마추어 유망주 발굴, 육성과 프로축구선수 이적, 매니지먼트 서비스를 진행해온 선수에이전시다. 이영중 대표는 국내에서 두 번째로 FIFA에서 에이전트 라이선스를 받았으며, 2002년 월드컵 당시 황선홍, 홍명보, 유상철, 이천수, 최성용, 강철, 윤정환, 사비, 샤샤, 데니스 등 국내외 25명의 유명 선수들을 보유하고 있어 2002 월드컵 4강 신화를 통해 큰 수혜를 보았다. 2018년 현재 이반스포츠 소속 유명 선수로는 2018년 자카르타−팔렘방 아시안게임 금메달리스트 황의조(26, 감바오사카)와 황인범(22, 대전시티즌) 선수가 있다.

인스포코리아

설립일: 2002년 6월 7일
직원수: 8명(크레딧잡 2018/12/12)
초봉: 2,653만원(크레딧잡 2018/12/12)
채용방식: 채용공고 확인불가

인스포코리아는 '배구 여제' 김연경의 국내에서 복잡했던 이적 문제를 푸는 것은 물론 '지메시' 지소연의 한국인 최초 여자선수 잉글랜드 진출 등을 해낸 에이전트 회사이다. 이외에도 조용형, 장현수, 김형일 등 축구 국가대표급 선수와도 오랜 인연을 맺어온 에이전트로 유명하다. 이청용 선수 또한 인스포코리아 소속인데 크리스털 팰리스와의 계약이 만료된 이후 해외 팀 이적을 알아보기 위해 인스포코리아와 새로이 계약을 맺었다. 윤기영 대표는 인스포코리아뿐만 아니라 스포츠에이전트협회 부회장 또한 겸하고 있다.

스포츠하우스

설립일: 2017년 9월 20일
직원수: 6명(크레딧잡 2018/12/12)
초봉: 1,555만원(크레딧잡 2018/12/12)
채용방식: 채용공고 확인불가

2004년 설립된 선수에이전시로 과거 박주영, 이호, 이상협 등 유명 선수의 에이전트사로 유명했다. 박주영 선수 NIKE 7년 계약과 FC서울 입단 당시 에이전트사였다. 현재 유명 선수로는 윤빛가람, 이상협, 홍철 선수가 있다.

지쎈

설립일: 2002년 6월 5일
직원수: 6명(크레딧잡 2018/12/12)
초봉: 3,324만원(크레딧잡 2018/12/12)
채용방식: 채용공고 확인불가

지쎈의 김동국 대표는 스포츠전문지에서 10여 년간 축구기자와 축구팀장을 거친 후 2002년 선수에이전트사인 지쎈을 설립하였다. 지쎈은 과거 2002 월드컵 4강신화의 주역 이영표 선수와, FC서울의 간판 골잡이 김은중 선수, 정조국 선수, 최태욱 선수, 설기현 선수 등 유명 선수들의 에이전트사로 유명했으며, 최근 보유한 유명 선수로는 국가대표 남태희 선수, 박주호 선수가 대표적이다.

JGTH엔터테인먼트(얼라이언스마크)

설립일: 확인불가

직원수: –

초봉: –

채용방식: 수시 채용

국내 영화제, 건설광고, 프로모션, 광고대행이 주 업무인 (주)얼라이언스마크에서 국내 최대 규모,
스포츠엔터테인먼트 사업부를 출범함으로써 시작되었다. 12개 종목 17명의 선수들이 소속되어 있
으며 종목은 유도, 리듬체조, 볼링, 조정, 필드하키 등 아마추어 스포츠가 대부분이다. 소속 선수들
중 유명선수로는 2018 자카르타–팔렘방 아시안게임 유도 금메달리스트 안바울 선수와 태권도 은
메달리스트 이아름 선수가 있다.

월스포츠

설립일: 2016년 10월 7일

직원수: 4명(크레딧잡 2018/12/12)

초봉: 3,951만원(크레딧잡 2018/12/12)

채용방식: 채용공고 확인불가

월스포츠는 부산 대우에서 공격수로 뛰었던 최월규 대표가 대표이사로 있는데 구자철 선수가 고
등학교 시절부터 몸담은 소속사이기도 하다. 이범영과 홍정호, 한국영, 김창수 선수도 월스포츠
소속이고 최근 이적 관련 이슈가 있는 유명 선수로는 구자철, 권창훈, 류승우 선수가 있다.

FS코퍼레이션

로고 확인불가

설립일: 확인불가

직원수: –

초봉: –

채용방식: 채용공고 확인불가

FS코퍼레이션은 국민 영웅이라 불리는 박지성의 일본 교토와 네덜란드 PSV에인트호번, 그리고
잉글랜드 맨체스터 유나이티드 초기 시절 대리인으로 활동하며 이름을 알린 FS코퍼레이션 이철
호 대표가 설립한 회사이다. 이철호 대표는 박지성이 고등학교 시절 처음 인연을 쌓아 교토퍼플
상가 이적 당시부터 에이전트로 활동했으며, 2006년 박지성 선수 계약해지 당시 금전적인 문제
로 갈등을 빚기도 했다. 축구 쪽에서는 인지도가 상당히 높으며 2015년에 열린 동아시안컵 엔트리
23명 가운데 6명의 선수가 FS코퍼레이션 소속이었다.

보라스코퍼레이션

설립일: 1982년
직원수: 70~80명(스포츠동아 2013/12/17)
초봉: −
채용방식: 채용공고 확인불가

메이저리그에서 활동하고 있는 류현진과 추신수 선수의 선수 에이전시로 국내 야구팬들에게는 한번쯤 들어봤을 만한 회사이다. 미국에서는 이적 시즌이 될 때마다 항상 언급되는 미국에서 가장 큰 선수 에이전시이며 대표인 스캇 보라스는 USA TODAY가 선정한 MLB에서 가장 영향력 높은 인물 5위, 전 세계 에이전트 수입 1위이다. 메이저리그 구단들에게는 '공공의 적, 악마의 에이전트'로 통하며 선수 몸값을 비싸게 불러 계약하기로 유명하다. 최근 NC 다이노스 소속 나성범 선수가 보라스코퍼레이션과 계약을 맺으며 메이저리그 진출을 노리고 있으며, KBO 선수들이 MLB로 진출을 노리다 보니 앞으로도 보라스코퍼레이션, 스캇 보라스는 계속 대중들에게 눈에 띌 것이다.

옥타곤월드와이드

octagon

설립일: 1982년
직원수: 800여 명(본사 홈페이지)
초봉: −
채용방식: 채용공고 확인불가

옥타곤 월드와이드는 국내에서 강정호, 박병호의 메이저리그 진출 계약을 이끌어낸 것으로 유명한 선수 에이전시이다. 야구뿐만 아니라 풋볼 · 농구 · 하키 선수들까지 관리하고 있는 옥타곤 월드와이드는 미국 경제전문지 포브스의 스포츠 에이전트사 랭킹 8위(2015년 기준)에 오른 대형 회사다. 이곳 대표 앤디 네로는 일본의 구로다 히로키, 이와무라, 명예의 전당에 올라간 랜디 존슨의 에이전트이기도 했고, 2004년부터 2010년까지는 추신수의 에이전트로 그의 성장을 돕기도 했다. 바로 앞서 말한 악마의 에이전트라 불리는 스캇 보라스와는 달리 비교적 합리적인 결정으로 구단들과의 관계도 원만하다.

MVP스포츠그룹

설립일: 2010년

직원수: -

연봉: -

채용방식: 채용공고 확인불가

MVP 스포츠 그룹은 보라스 코퍼레이션 등과 함께 미국 내 스포츠 에이전트 커미션 부분 최상위에 있는 대형 에이전시다. MVP 스포츠 그룹의 대표는 돈 로자노다. 로자노는 1989년 비버리 힐즈 스포츠 카운슬에 인턴으로 입사해 2010년 BHSC에서 분리된 MVP 스포츠 그룹을 만든 것으로 알려져 있다. 그는 미국 경제전문지 포브스가 2015년 9월에 발표한 가장 영향력 있는 전 세계 스포츠 에이전트 가운데 8위에 올랐다. 2015년에 이대호 선수가 미국 메이저리그 진출을 위해 계약을 맺으며 국내 팬들에게 알려진 에이전시이다.

7. 스포츠용품 기업

업종 소개

스포츠마케터 취업 준비생들의 위시 리스트에 꼭 들어가는 회사들이 바로 나이키, 아디다스 등의 스포츠용품 기업들이다. 과거 마이클 조던의 폭발적 인기와 함께 한국 스포츠용품 시장을 정복했던 나이키의 조던 시리즈 농구화부터, 아디다스의 삼선 트레이닝복과 같이 스포츠용품은 너도나도 편하게 입는 파자마이자 집 앞 공원에 조깅 갈 때 입는 체육복이기도 하다. 또한 주말 아침의 조기축구용품이기도 하고, 안 입으면 왠지 꿇리는 듯한 교복 아닌 교복, 그리고 또 누군가에게는 패션 아이템이기도 하다.

오늘날과 같은 융합(Convergence) 시대에 스포츠용품업을 굳이 구분해야 할까 싶다. 하지만 스포츠산업에 포함되는 스포츠용품업을 스포츠마케팅업이라고 부르기에는 애매한 것도 사실이다. 스포츠 의류를 생산하지만 실상은 패션기업에 가까운 성향을 보이는 브랜드도 굉장히 많다.

스포츠용품업은 노동집약적 형태의 싼 임금을 기본으로 발전했다. 1990년대 이후 국내 임금의 급격한 상승은 스포츠용품업계의 심각한 경영난을 초래했고, 생산기지의 해외 이전이 가속화됐다. 현재 우리나라 스포츠용품업은 자체 브랜드를 개발하거나 역량을 강화하기에는 한참 모자라는 모습이다.

현재 국내 브랜드로 확고한 자리를 잡은 기업은 손에 꼽을 정도다. 더욱이 요즘은 등 따시고 배부른 사람들이 많아져 과거와 같은 저임금 노동력은 기대하기 어렵다. 오히려 중국이나 제3세계로 전체적인 생산시장이 넘어간 지 오래다.

이 사이 몇몇 글로벌 메가 브랜드 중심으로 유통구조가 재편되어 중소기업 제품은 시장접근 자체가 어려워졌다. 다시 말해 세계적인 국내 스포츠브랜드는 없어지고 극소수 글로벌 브랜드가 국내시장을 점거한 상태이다. 그나마 남아 있는 국내 브랜드 역시 내수시장에 절대적으로 의지하고 있다. 수출 비중이 매우 낮아 경제 한파가 몰아쳐 소비자들이 지갑을 열지 않으면 곧바로 큰 타격을 받게 된다.

국내 스포츠용품 회사는 이름만 들으면 알 만한 몇 군데를 제외하면 대부분 규모가 영세하다. 따라서 생산과정의 분업과 전문화가 미비하고, 신제품 연구개발이나 품질 혁신을 제대로 할 수 없기 때문에 국제경쟁력이 뒤떨어지는 악순환 구조가 이어지고 있다.

그나마 대기업의 스포츠 의류와 신발 브랜드 참여가 작은 위안이다. 우리가 기억하고 있는 프로스펙스, 르까프, 키카 등의 토종 브랜드 외에 이제는 엄청난 크기로 성장한 아웃도어 용품 시장의 중심에 K2, 코오롱스포츠, 블랙야크 등의 국내 브랜드가 있다는 것은 매우 고무적인 일이다. 그 외에도 한동안 부진을 겪었던 휠라가 최근 엄청난 성장세로 아웃도어 시장뿐만 아니라 스포츠 신발 및 스포츠의류 시장에서도 큰 인기를 얻고 있다는 점도 놀랍다.

그러나 스키, 골프, 낚시, 캠핑용 장비, 자전거 등의 고가 브랜드들은 대부분 수입에 의존하는 경향이 두드러지는 것으로 볼 때 장기적 관점에서 국가 차원의 스포츠브랜드 육성이 시급한 상황이다. 미국의 나이키, 독일의 아디다스, 그리고 이웃 나라 일본의 미즈노, 아식스처럼 국가를 대표하는 브랜드가 부러울 뿐이다.

그나마 다행은 사태의 심각성을 깨달은 정부가 국가적 차원에서 스포츠용품 관련 유망기업을 세계적인 기업으로 성장시키려는 움직임을 보이고 있는 것이다. 정부는 국내 스포츠산업체의 생산 장려 및 경쟁력 확보를 지원하기 위하여 스포츠용품 시험 및 인증 사업, 스포츠산업체 자금 융자사업, 중소 스포츠기업 비즈니스 지원사업, 스포츠산업 유망강세 품목 해외시장 진출 지원 사업 등을 통해 국내 기업이 국내외에서 성장할 수 있도록 많은 지원을 하고 있다.

스포츠용품 기업

나이키코리아

설립일: 2010년 11월 22일
직원수: 1,119명(크레딧잡 2018/12/12)
초봉: 2,392만원(크레딧잡 2018/12/12)
채용방식: 수시 채용

나이키는 미국 오레건 대학 육상팀 감독이었던 빌 바우어만과 선수 출신의 필 나이트가 1972년 설립한 스포츠 브랜드다. 현재는 육상, 축구, 농구, 골프 등 다양한 분야에서 스포츠 신발, 의류, 용품을 모두 아우르며 미국을 대표하는 기업으로 자리 잡았다. 한국 나이키는 1986년 (주)한국 나이키란 이름으로 NIKE Inc와 조인트 벤처 형태로 설립되어 스포츠화를 비롯하여 의류와 가방 등 스포츠 관련 용품을 판매하기 시작했다.

아디다스코리아

설립일: 1982년 11월 11일
직원수: 968명(크레딧잡 2018/12/12)
초봉: 3,414만원(크레딧잡 2018/12/12)
채용방식: 수시 채용

현재 아디다스 그룹은 4가지 빅 브랜드(아디다스, 리복, 테일러메이드, 락포트)를 가지고 있다. 2006년 아디다스의 '리복'사 인수는 아디다스 그룹을 나이키와 대적할 수 있는 또 하나의 큰 탑으로 만들어 주었다. '삼디다스'라는 말이 보통명사가 될 정도로 아디다스의 '3선'은 스포츠, 패션을 아우르는 모든 사업 영역에 깊이 배어 있다. 유니크한 힙합 풍의 '아디다스 오리지널'을 필두로 빠르게 변하는 트렌트에 민감하게 반응하며 패션브랜드로서도 성공가도를 달리고 있다.

휠라 코리아

설립일: 1991년 7월 23일
직원수: 302명(사람인 2018/12/12)
초봉: 비공개
채용방식: 수시 채용

휠라는 국내 진출 초기인 1990년대에는 젊은 이미지의 프리미엄 브랜드로 인식됐다. 하지만 주 고객층이 중장년층으로 바뀌고 주력하던 아웃도어 시장이 침체기에 빠져들며 휠라 또한 침체기를 겪었다. 하지만 혁신적인 생산방식과 유통방식 도입을 통해 코트디럭스, 디스럽터2 등이 선풍적인 인기를 끌었고 특히 밑창이 두툼하고 못생겼다고 해 이름 붙여진 '어글리슈즈'를 대표하는 디스럽터2는 '2018 올해의 신발'에 선정될 정도로 소비자들에게 큰 사랑을 받고 있다.

뉴발란스(이랜드월드)

설립일: 1982년 2월 16일
직원수: 2,686명(크레딧잡 2018/12/12)
초봉: 2,524만원(크레딧잡 2018/12/12)
채용방식: 수시 채용

뉴발란스(New Balance)는 스타플레이어를 모델로 사용하지 않고도 러닝화 부분에서 전 세계적으로 상당한 애호가를 확보한 스포츠 브랜드 중 하나다. 미국에 본사를 둔 뉴발란스는 자연친화적이면서도 사회공헌활동에 끊임없는 투자를 아끼지 않은 회사이기도 하다. 글로벌 브랜드이긴 하지만 국내 독점사업권자는 다름 아닌 이제 막 재벌 리스트에 이름을 올린 이랜드이다. 글로벌 브랜드를 소개하다 보니 뉴발란스가 포함이 되었지만 실제 취업의 길은 이랜드 월드로 이어진다는 사실을 기억하기 바란다.

데상트 코리아

설립일: 2000년 11월 10일
직원수: 564명(크레딧잡 2018/12/12)
초봉: 3,137만원(크레딧잡 2018/12/12)
채용방식: 수시 채용

스포츠의류 전문 브랜드인 일본의 데상트사가 100% 지분을 보유하고 있는 데상트 코리아는 외국인 투자기업으로 지난 2000년 한국 데상트 주식회사를 설립한 후 먼싱웨어, 르꼬끄 스포르티브, 데상트를 차례로 국내에 소개하며 스포츠 패션시장에 자리를 잡았다. 이후 데상트 골프와 엄브로를 차례로 런칭했다.

언더아머코리아

설립일: 2016년 8월 22일
직원수: 199명(크레딧잡 2018/12/12)
초봉: 2,064만원(크레딧잡 2018/12/12)
채용방식: 수시 채용

언더아머는 미식축구 선수였던 케빈 플랭크 회장이 1996년 설립한 회사로, 기능성 중심의 스포츠 의류와 운동화가 젊은 층에게 큰 인기를 얻고 있다. 국내에는 2016년 11월에 한국지사인 언더아머 코리아가 설립되었고, 2017년 1월에 세계에서 두 번째, 아시아에서는 최대 규모의 브랜드 하우스인 언더아머 플래그십 스토어를 강남에 오픈하며 본격적으로 한국시장에 진출했다.

아식스코리아

설립일: 2007년 11월 1일
직원수: 251명(크레딧잡 2018/12/12)
초봉: 2,533만원(크레딧잡 2018/12/12)
채용방식: 수시 채용

한국의 스포츠산업과 국민건강증진이 사업목표인 아식스코리아는 일본 용품기업 아식스의 한국 법인이다. 1982년 설립된 성일레포츠(주)와 협력해서 한국에 처음 진출했고, 1986년과 2008년 두 번에 걸쳐 일본 아식스와 자본 및 기술 합작을 체결했다. 그리고 올해 초 (주)아식스코리아라는 이름으로 새롭게 출발했다.

푸마코리아

설립일: 2007년 1월 2일
직원수: 166명(크레딧잡 2018/12/12)
초봉: 2,922만원(크레딧잡 2018/12/12)
채용방식: 수시 채용

1924년 운동화 회사로 시작한 푸마는 1980년대까지만 해도 펠레, 요한 크루이프, 마라도나 등의 축구 전설들이 즐겨 신는 축구화 회사로 유명했다. 실용성을 무기로 축구화 시장을 완벽하게 섭렵했다. 하지만 1990년대부터 디자인 콘셉트가 강조된 패션 아이템으로의 환골탈태가 시작되면서 이제는 '스포츠 라이프 스타일' 브랜드로의 변신을 꾀하고 있다. 이 부분이 오늘날 푸마의 이미지가 '스포츠'보다는 '패션', '스타일'에 가까운 주된 이유가 아닌가 생각된다.

글로벌브랜드그룹코리아(스파이더)

설립일: 2014년 4월 15일
직원수: 318명(크레딧잡 2018/12/12)
초봉: 2,572만원(크레딧잡 2018/12/12)
채용방식: 수시 채용

1978년 캐나다 스키 대표팀 코치 데이비드 제이콥스와 미국 스키 대표팀 코치 밥 비티가 글로벌 스포츠 브랜드 스파이더를 런칭했다. 미국과 캐나다 스키 선수들의 국가대표 운동복을 지원하는 등 글로벌에서는 이미 40년 이상의 오랜 전통을 자랑하는 브랜드이다. 런칭 3년 차인 2017년, 연 매출 880억 원을 초과 달성함으로써 가파른 성장세를 보여주고 있다.

다이나핏

설립일: 2018년 7월 3일
직원수: 54명(크레딧잡 2018/12/12)
초봉: 4,460만원(크레딧잡 2018/12/12)
채용방식: 수시 채용

다이나핏은 1950년 오스트리아에서 시작된 브랜드로써, 스키 부츠 제조 회사인 '휴매닉'을 모태로 두고 있다. K2코리아에서 2017년 라이선싱 계약을 체결하며 한국에 런칭하였으나 규모가 커지면서 별도법인으로 2018년 설립되었다. 배우 조인성을 메인 모델로 앞세워 광고 중이며 이 효과를 톡톡히 보는 것으로 보인다.

노스페이스

설립일: 1972년 2월 24일
직원수: 348명(크레딧잡 2018/12/12)
초봉: 3,189만원(크레딧잡 2018/12/12)
채용방식: 수시 채용

고급 아웃도어 브랜드이자 과거 청소년들 사이에 겨울철 계급(?)을 선사한 장본인 노스페이스는 지난 1997년 골프·스키 전문 브랜드인 '골드윈 코리아'에 의해 수입되면서 국내에 소개되기 시작했다. 알려진 바에 따르면 골드윈 코리아는 2022년까지 노스페이스의 국내 사업전개 독점권을 가지고 있다. 2013년 (주)골드윈코리아에서 (주)영원아웃도어로 상호를 변경하였으며 대표이사이자 여러 아웃도어 스포츠 브랜드를 가지고 있는 성기학 회장은 '2012년 대한민국 글로벌 CEO'상을 수상하고, 매출 수준에 맞는 다양한 사회공헌활동과 기부활동으로도 언론에 많이 노출된 인물이다.

에프앤에프(디스커버리 익스페디션)

설립일: 1972년 2월 24일
직원수: 348명(크레딧잡 2018/12/12)
초봉: 3,189만원(크레딧잡 2018/12/12)
채용방식: 수시 채용

아웃도어 브랜드 '디스커버리 익스페디션(Discovery Expedition)'. 등산객이라면 한번쯤 들어봤을 이 브랜드는 언뜻 해외에서 런칭된 것으로 생각되지만 실상은 우리나라 기업에 의해 만들어진 작품이다. 기존 아웃도어 업체들의 브랜드는 '정복'이란 이미지가 있었는데 '디스커버리 익스페디션'은 지식인들의 탐험이란 라이프스타일로 브랜드 이미지를 형성함으로써 시장에서 큰 인기를 얻게 되었다.

블랙야크

설립일: 2010년 1월 4일
직원수: 52명(크레딧잡 2018/12/12)
초봉: 3,000만원(크레딧잡 2018/12/12)
채용방식: 수시 채용

아웃도어 전문 브랜드 블랙야크는 마운티아, 카리모어와 함께 (주)동진레저의 대표 브랜드로 자리 잡고 있다. 공격적인 마케팅으로 국내 토종브랜드 업계 최초로 1997년 중국 현지에 법인을 설립해 시장점유율 1위를 차지하기도 했다. 국내 순수기술로 세계 최고 품질의 등산용품을 생산해왔다. 1973년 '동진산악'으로 시작해 오늘날 아웃도어 시장의 최강자로 떠오른 블랙야크는 앞으로 그 성장세를 지켜볼 만한 유망기업이다.

코오롱 인더스트리

설립일: 1957년 7월 1일
직원수: 1,024명(크레딧잡 2018/12/12)
초봉: 3,407만원(크레딧잡 2018/12/12)
채용방식: 수시 채용

코오롱그룹은 1954년 나일론을 생산하던 섬유회사를 모태로 해서 오늘날 여러 분야에 걸쳐 사업을 확장했다. 여러 자회사 중 '코오롱 인더스트리'란 이름으로 산업소재, 화학, 필름 · 전자재료, 패션 등 크게 4개 부분을 다루고 있다. 코오롱의 스포츠 브랜드는 패션 분야 중 아웃도어, 스포츠&골프로 세분화되어 코오롱스포츠(아웃도어), 헤드(스포츠), 엘로드, 잭 니클라우스(이상 골프) 등 4개의 브랜드를 가지고 있다.

네파

설립일: 2012년 6월 5일
직원수: 149명(크레딧잡 2018/12/12)
초봉: 3,404만원(크레딧잡 2018/12/12)
채용방식: 수시 채용

네파(Nepa)는 대한민국의 아웃도어 브랜드이자 등산화 전문 브랜드이다. Nepa는 'Nature Environment Preservation Advocate'의 첫 글자를 따서 만들었다고 전해지며 1996년 이태리 베르가모에서 등산화 전문 브랜드로 시작하여, 국내에서는 2005년 평안L&C가 인수하며 처음 런칭했다. 2012년 6월 네파 주식회사로 독립하여 운영 중이다.

K2코리아

설립일: 1996년 7월 1일
직원수: 320명(크레딧잡 2018/12/12)
초봉: 3,202만원(크레딧잡 2018/12/12)
채용방식: 수시 채용

'K2'는 원래 에베레스트에 이은 세계 제2의 고봉을 의미하는 말이다. 한국의 대표적인 아웃도어 전문브랜드 'K2코리아'는 1970년에 창립, 1972년에 순수 한국기술로 등산화를 개발했으며 국내 등산화시장의 최강자 자리를 꿰차고 있다. 2001년에 새로운 브랜드인 '라이크빈'을 런칭해 시장을 확대했으며, 2006년에는 프랑스 아웃도어 브랜드 '아이더'를 한국에 런칭하여 활발하게 사업 중이다.

밀레에델바이스홀딩스

설립일: 2010년 12월 31일
직원수: 41명(크레딧잡 2018/12/12)
초봉: 2,771만원(크레딧잡 2018/12/12)
채용방식: 수시 채용

1921년에 설립된 등산용 배낭을 생산하는 프랑스 아웃도어 브랜드이다. 1977년 세계 최초로 등산용 다운 재킷과 고어텍스 등산복을 생산했으며, 인류 최초로 에베레스트 무산소 등정을 성공한 라인홀트 메스너가 이 제품을 사용하면서 유럽에서 큰 인기를 얻으며 대표적인 아웃도어 브랜드로 자리 잡았다. 국내에서는 1999년부터 밀레에델바이스홀딩스의 전신인 한고상사와 라이센싱 계약을 체결하고 한국 내에서 영업을 시작했으며, 현재 전국적으로 262개의 매장을 확보하고 있다. 밀레에델바이스홀딩스(MEH)는 밀레 외에도 아웃도어 브랜드인 엠리밋과 에델바이스도 운영 중이다.

빈폴아웃도어(삼성물산 패션부문)

설립일: 1938년 3월 22일
직원수: 1,593명(크레딧잡 2018/12/12)
초봉: 3,633만원(크레딧잡 2018/12/12)
채용방식: 수시 채용

제일모직이 1989년 탄생시킨 브랜드 빈폴은 영국의 트래디셔널을 구현한 클래식 브랜드로써 디자인부터 로고, 품질까지 한국 고소득층의 마음을 사로잡았다는 평가를 받는다. 연미복을 입고 자전거를 타는 영국 신사의 모습을 형상화한 브랜드 로고는 빈폴의 상징이다. 빈폴아웃도어는 아웃도어 시장이 한창 성장하던 시기인 2011년에 런칭되었다. 그동안 도브 다운, 안투라지 다운 등의 고가의 패딩이 큰 인기를 끌었으나 최근 아웃도어 시장이 포화됨에 따라 브랜드 경쟁력이 감소하고 영업 이익이 줄어들면서 '빈폴 스포츠'로 브랜드를 변경하게 되었다.

컬럼비아스포츠웨어코리아

설립일: 1996년 7월 9일
직원수: 92명(크레딧잡 2018/12/12)
초봉: 3,654만원(크레딧잡 2018/12/12)
채용방식: 수시 채용

컬럼비아는 1938년 미국 오레건 주 포틀랜드에서 설립된 작은 모자회사 '컬럼비아 햇 컴퍼니'로 출발했다. 이후 1960년 '컬럼비아'로 사명을 변경해 본격적으로 아웃도어 시장에 발을 들였다. 국내에는 1997년에 한국지사를 설립하며 진출했고, 약 150개의 매장을 보유 중이다. 이와 더불어 매출 또한 2018년 11월 말 기준 1,200억 원 규모로 전년대비 10%에 가까운 증가세를 보여주었다.

8. 스포츠 라이선싱

업종 소개

스포츠라이선싱을 담당하는 회사의 주 업무는 라이선스 계약(회사, 선수), 라이선스 상품수입 판매 및 유통 그리고 라이선스 캐릭터 상품제작과 판매 등이다. 남녀를 불문하고 우리나라에서 큰 인기를 얻고 있는 MLB 모자가 바로 성공적인 예가 되겠다. 제조업체가 MLB와 계약을 통해 독점 또는 공동권리를 얻은 뒤 모자를 만들어 판매하는 것이다. MLB 하면 'New Era'나 'Majestic'이 대표적인 글로벌 생산업체지만 국내 업체들도 별도의 계약을 통해 다양한 제품을 생산하고 있다.

라이선싱이란 개념 자체가 아직은 생소할 수 있지만, 과거에 비하면 산업 속으로 많이 스며들었다. 예전에 흔히 보던 '짝퉁' 제품들, 예를 들자면 Nice(Nike), Adodas(Adidas), Kuma(Puma) 등을 요즘은 쉽게 찾아볼 수 없다는 것이 그 반증이다. 라이선싱은 기업의 윤리와도 연관된다. 걸리지만 않으면 큰 마진을 남길 수 있기 때문에 정직하게 로열티를 내고 상대적으로 적은 수익을 얻는 사람들이 바보처럼 보일 수도 있다. 따라서 라이선스에 철저한 관리 및 보호가 수반되지 않는 한 라이선싱 사업은 절대 성장할 수 없다.

다행히 최근에는 특허권 전쟁, 특허 몬스터라는 말들이 등장하는 등 지적재산권 보호 분위기가 국경을 넘어 번지고 있어 앞으로 라이선싱 무허가 도용업자들은 점차 발들일 틈이 없어질 것으로 보인다.

라이선싱 산업의 주체는 상품을 소유하고 있는 라이선서(Licensor), 계약을 통해 상품을 수입하거나 제작하는 라이선시(Licensee), 그리고 그 사이에서 중계인 역할을 하는 라이선싱 에이전시(Licensing Agency) 이렇게 세 가지로 볼 수 있다. 이 챕터에서 말하는 스포츠라이선싱은 바로 라이선싱 에이전시에 가깝다.

스포츠라이선싱의 범위

류현진과 추신수의 메이저리그 입성 및 활약, 손흥민과 기성용의 EPL 무대 종횡무진은 관련 라이선싱 업자들에게는 큰 희소식이다. 그들이 입고 있는 팀 유니폼, 모자, 캐릭터, 액션피겨 등은 계약 라이선시들에게 효자상품이 될 것이 분명하기 때문이다. 류현진의 99번 등번호와 'RYU'가 쓰여 있는 다저스 유니폼, 피규어 등이 그 예이다.

일반적인 라이선싱은 그 범위가 상당히 광대하다. 단순한 예로 일본의 대표 브랜드 '헬로 키티'를 새긴 머그컵을 파는 것도, 인기 절정의 아웃도어 브랜드 '노스페이스'를 수입해 국내에서 판매하는 것도 모두 라이선스 계약이 될 수 있다. 스포츠라이선싱이 별다른 어떤 것이 아니라 계약되는 상품의 종류가 스포츠와 관련이 있으므로 스포츠라이선싱이라 부르는 것이다.

의류시장의 파이가 워낙 크고 라이선스 계약을 통해 노스페이스 같은 해외 아웃도어 의류를 국내에 유통시키는 업체도 많다 보니 스포츠라이선싱인지 의류 라이선싱인지 구분하기가 쉽지는 않다.

메가스포츠 이벤트인 올림픽이나 월드컵에는 '공식 상품화권 사업자'라는 카테고리가 있다. 이것이 흔히 말하는 '휘장사업권'이다. 간단히 말하면 의류, 열쇠고리, 타월 등 각종 상품에 공식 마크와 트로피, 마스코트, 엠블럼을 사용할 수 있게 권한을 주는 라이선싱 계약이다.

지난 2018 평창올림픽 당시 공식 후원사인 롯데백화점이 평창올림픽 롱패딩을 3만 벌 한정으로 제작했는데 소비자들의 입소문을 타고 조기 품절되는 등 소위 '대박'을 터뜨린 예가 바로 그것이다.

라이선스 계약 절차

라이선스 계약의 정형화된 절차를 MLB의 예로 설명해 보자. 일단 라이선스 계약을 원하는 회사(라이선시)는 어떻게 얼마에 팔지 또 어떤 마케팅 계획과 유통망을 확보할지에 대한 장대한 사업계획을 MLB에 제안한다. 라이선시를 잘못 고르면 금세 브랜드에 부정적인 영향을 미칠 수 있기 때문에 MLB 같은 톱 브랜드는 업체 선정에 있어 상당히 고심하는 경우가 많다. 진행이 결정되면 위험 부담을 최소화하는 한도 내에서 로열티를 정하고 계약을 맺는다. 즉, 계약을 원하는 라이선시가 최소의 보증금을 내고 마진에 대한 분배율을 정한 뒤 바로 상품 기획 및 제작에 들어가는 것이다.

로열티를 산정하는 기준에는 크게 두 가지가 있는데, 바로 '고정 로열티'와 '러닝(Running) 로열티'이다. 고정 로열티는 특정 기간 동안 고정된 계약금을 받고 상품을 제작 및 판매하고, 판매 수익은 라이선서가 가져가는 방식이다. 러닝 로열티는 생산수량 혹은 판매 금액의 일정 비율이나 수익을 라이선시와 라이선서가 나누어 갖는 방식이다.

로열티가 얼마인지, 얼마를 벌어 어떻게 나눌지에 대한 면밀한 계산은 필수이며, 법적분쟁 시 어떤 방식으로 해결할지에 대한 지식도 분명히 필요하므로 계약서 작성은 신중, 또 신중해야 한다.

통합 상품화사업 이슈

MLB는 2003년부터 'New Era'와 'Majestic'과 라이선스 계약을 맺고, 30개 팀의 의류와 모자를 이 두 업체에서 모두 생산하고 있다. 모자는 뉴에라가 생산하고 있고 유니폼, 저지, 후드, 원피스 등의 다양한 의류는 모두 마제스틱에서 생산을 담당하고 있다. 이처럼 한 업체가 개별 구단이 아닌 리그 전체와 라이선스 계약을 해 상품을 생산하는 것을 '통합 상품화' 혹은 '통합 머천다이징(Merchandising)'이라고 한다. 통합 상품화 사업은 기본적으로 한꺼번에 많은 생산량을 발주하기 때문에 생산 원가도 절감되고, 구단 상품 간 균일한 퀄리티와 디자인을 유지할 수 있으며 리그 전체 수익을 개선하는 장점이 있다.

이러한 통합 상품화 사업의 바람이 국내에도 불고 있다. 2017년부터 K리그는 통합 상품화 사업을 추진하고 있고, 정운찬 KBO 총재 또한 2018년 취임사에서 KBO 통합마케팅 및 통합 상품화의 중요성을 역설했다. 물론 아직까지 각 구단마다 이해 관계가 달라 단기간에 이루어지기 힘든 이야기지만, 예비 스포츠마케터로서 지켜봐야 할 국내 스포츠 라이선싱 업계의 중요한 이슈라고 할 수 있겠다.

스포츠 라이선스 전문업체 소개

현재 우리나라에서 라이선싱 전문 에이전시로 자리를 잡은 회사는 그리 많지 않다. 시장의 규모 탓도 있겠지만 많은 에이전시가 모두 살아남을 수 있는 분야가 아니기 때문이기도 하다. 또 한 가지 기억해야 할 사실은 에이전시라고 해서 꼭 중간 다리 역할만 하는 것이 아니라 직접 계약을 통해 제작, 판매, 유통도 할 수 있다는 사실이다.

이번 편에서는 의류 · 게임 등의 라이선싱 업체(단순히 말해 스포츠 관련 의류, 용품, 게임기업 중 한국법인이나 지사가 없는 회사는 모두 라이선싱 업체라고 보면 된다)는 제외하고 스포츠라이선싱만 전문적으로 다루는 에이전시를 소개하고자 한다.

스포츠 라이선싱

케이엔코리아

설립일: 2013년 01월 17일
직원수: 59명(크레딧잡 2018/12/17)
초봉: 1,888만원(크레딧잡 2018/12/27)
채용방식: 수시 채용

해외 브랜드 MAJESTIC, RUSSELL, SKINS와의 라이선스를 통해 국내 생산 및 유통을 맡고 있다. 또한 데상트, 아디다스, 아식스와 같은 글로벌 브랜드와 파트너십을 가지고 각 브랜드 야구 용품의 유통을 담당하고 있다. 국내 프로야구 기아 타이거즈, 한화 이글스, 엘지 트윈스, KBO, 한국 야구 국가대표팀 등의 상품화 사업을 담당하고 있는 기업으로 야구팬들에게는 친숙한 기업이다. '라커디움'이라는 온라인 쇼핑몰도 운영하고 있다.

네포스

설립일: 1995년 6월 30일
직원수: 11명(크레딧잡 2018/12/27)
초봉: 2,080만원(크레딧잡 2018/12/27)
채용방식: 수시 채용

1995년 프로야구 상품 생산 전문업체로 시작했으며 주로 두산 베어스, 롯데 자이언츠의 의류, 모자 및 다양한 용품들을 생산하고 있다. 두산 베어스 관련 상품들로 유명한데 2017년 인기를 끌었던 두산베어스의 베어브릭 콜라보레이션 상품이 네포스의 작품이다. 오승환 선수의 일본 진출 시절 한신 타이거즈의 오승환 상품 제작 및 판매도 담당했다.

위팬

설립일: 2010년 02월 09일
직원수: 37명(크레딧잡 2018/12/27)
초봉: 2,267만원(크레딧잡 2018/12/27)
채용방식: 수시 채용

두산베어스, kt위즈 등 국내외 프로스포츠 선수단 용품 공급 및 라이선스 상품 개발 및 유통 등 프로야구 상품 생산을 담당하고 있다. 나아가 두산 베어스와의 위베어베어스 콘텐츠를 활용한 다양한 캐릭터 상품 개발(콜라보레이션) 및 유통사업도 진행하고 있으며, 롤링스, 마루치, 빅터스, 벨가드, 구보타슬러거, 골드 등의 해외 유명 야구브랜드의 국내총판 독점 공급권도 가지고 있다.

스미스스포츠

설립일: 2017년 06월 12일
직원수: 6명(크레딧잡 2018/12/27)
초봉: 1,974만원(크레딧잡 2018/12/27)
채용방식: 수시 채용

2015년 K리그 수원삼성과 디자인 파트너십을 맺으며 업계에 진출했고, 2017년 대한농구협회 (KBA)와의 라이선싱 계약에 따라 세련된 디자인의 농구 국가대표 유니폼 및 용품을 생산하면서 국내 스포츠팬들에게 많이 알려졌다. 이후 K리그 10개 구단과 원주DB 프로미 등과 라이선싱 계약 등을 체결하며 특유의 감각적인 디자인으로 국내 라이선싱 업계에서 가장 빠르게 성장하고 있는 회사 중 하나이다.

인터파크

설립일: 2006년 12월 04일
직원수: 1,398명(크레딧잡 2018/12/27)
초봉: 2,792만원(크레딧잡 2018/12/27)
채용방식: 수시 채용

티켓, 서점, 오픈마켓 등 종합 온라인 상거래 기업이었던 인터파크 또한 스포츠 라이선싱 업계에 발을 들여놓았다. 기존의 스포츠 티켓 예매 네트워크를 바탕으로 넥센 히어로즈, 두산 베어스의 상품들을 제작 및 판매하고 있으며, 대한축구협회 및 블리자드의 공식 상품 또한 유통하고 있다.

9. 스포츠 IT

업종 소개

우리는 현재 4차산업혁명 시대를 살고 있다. 스포츠 또한 4차산업혁명 시대의 흐름 속에서 많은 것들이 변화하고 있다. 최근 스포츠는 그야말로 첨단 IT 기술의 총체라고 말할 수 있는데, 스포츠 장비, 영상, 데이터 분석 등을 활용하여 선수들로부터 최상의 퍼포먼스를 이끌어 내고 있다.

그뿐만 아니라 스포츠와 IT가 함께 결합하면서 그저 경기를 소비자들에게 보여주는 것을 넘어 IT기술을 적용하여 경기 서비스의 질 자체를 높이면서 마케팅에 활용하고 있다.

특히 프로스포츠 산업에서 IT 도입과 활용에도 적극적인 움직임을 보이고 있는데, 프로스포츠에서 경기력 향상, 팬과 미디어 관계 관리, 안정적인 수익 창출은 어느 종목에서도 중요하다. 종목 내의 연구와 교류도 더욱 활발해져, 2000년대 이후로는 서로의 종목에 영향을 주며 패러다임의 변화를 일으키고 있다. 유명한 스포츠 야구 영화인 머니볼에서 데이터 분석 시스템으로 등장하는 세이버매트릭스를 비롯하여 농구, 축구 그 외 다른 종목에서도 데이터 분석은 굉장히 중요한 요소 중 하나가 되었다. 팬 관리 또한 각종 데이터를 데이터베이스화하여 마케팅 전략으로 펼치고 있으며, 수요에 따라 가격을 책정하는 '다이나믹 프라이싱' 개념까지 등장하게 된 것이 그 예이다.

데이터 분석

스포츠 산업에서 데이터는 이젠 없어서는 안 될 필수 요소가 됐다. 스포츠 기록 분석 서비스는 축구, 야구, 배구 등 모든 종목에 걸쳐 생산되는 각종 통계지표들을 분석해, 선수와 팀의 성과를 과학적으로 분석하여 차후에 성과가 향상될 수 있도록 정보를 제공하는 서비스를 말한다.

과거에는 기록원 또는 관계자가 아날로그 방식으로 매번 각종 지표를 기록했고 통계 분석 또한 한계가 있었다. 허나 IT 기술이 접목된 현대 시대에서는 각종 데이터들이 자동으로 입력될 뿐만 아니라 분석이 가능해 팀과 선수들은 기록을 유의미하게 사용할 수 있게 되었다.

특히 미국의 미식축구, 야구, 농구에서는 구단들이 금융 업계를 능가하는 데이터 분석 팀을 운영할 정도로 스포츠에 데이터 분석 기술을 활용하고 있으며 이에 따라 전력분석관도 각광을 받고 있다.

선수와 구단 입장이 아닌 팬 입장에서 데이터 및 영상 분석을 바라보면 실제로 스포츠 경기를 소비하는 팬들의 스포츠를 즐기는 양상이 변화하고 있음을 알 수 있다. 기록의 스포츠라고 불리는 야구의 경우 팬들이 선수의 타율, 타점, 방어율뿐만 아니라 더 자세한 요소들을 중요하게 생각하기도 하고, 농구선수의 득점, 어시스트, 야투율뿐만 아니라 기여도나 경기당 득점 마진과 같은 요소들을 함께 확인하기도 한다.

전통적인 통계를 넘어 데이터를 기반으로 경기와 선수에 대해 더 많이 알고 싶어 하는 팬들이 늘어나고 있는 것이 스포츠 데이터 분석 산업의 발달로 이어지고 있다. 또 최근 프로스포츠는 직관하러 경기장에 가는 팬들보다 TV나 스마트폰으로 경기를 관람하는 팬들이 훨씬 많다. 이에 필요한 영상 기술은 스포츠와 굉장히 밀접한 관계를 맺고 있다. 방송 관련 기술 이외에도 영상정보를 다루는 기술의 발달과 함께 영상 분석 시스템은 새로운 스포츠 산업 시장에서 빠질 수 없는 요소이다.

가상현실(VR)-스크린 스포츠 시장

스포츠와 과학기술(가상현실기술)이 융복합된 스크린 골프 시장은 2016년 기준으로 약 1조 400억 원에 달하고 있다. 전국의 약 8,000여 개에 달하는 스크린 골프장은 빠른 속도로 신시장을 창출하며 꾸준한 성장세를 보여왔다.

스크린 골프 산업은 규모뿐만 아니라 이용객 역시 기하급수적으로 늘어 약 250만 명이 스크린 골프장을 이용하고 있는 것으로 조사되었다. 스크린 골프는 단순한 실내 골프가 아니라 선수들의 훈련에 사용되고 생활체육으로 지속해서 확장되고 있다. 또한, 프로대회를 통해 미디어 콘텐츠로 발전하여 다양한 연관 산업으로 확장을 지속하고 있다.

가상현실이 스포츠에 적용된 스크린 골프처럼, 2016 글로벌 스포츠산업 컨퍼런스에 따르면 스포츠산업의 미래 가상현실(Virtual Reality) 분야는 에워쌈(Immersive), 상호 경험(Interactive Experience), 컴퓨터에 의한 구현(Generated by Computer)이 3대 필수 구성 요소로 이루어져 향후 크게 발전할 스포츠계 트렌드 중 하나이다. 스크린 골프의 뒤를 이어 스크린 야구, 스크린 승마 등의 스포츠와 가상현실기술을 결합한 새로운 시장이 창출되고 있다.

스포츠 산업이 발전해 거대한 시장을 형성한 현 시점에서 스포츠와 IT의 결합은 필수적이다. 4차 산업혁명 시대에서 융복합 기술은 거의 모든 분야에 적용되고 있고, 글로벌 스포츠 시장에서도 IT 기술은 새로운 경쟁력으로 여겨지고 있다. 이에 따라 정부에서도 스포츠와 ICT의 융복합 콘텐츠 및 고부가가치 스포츠용품 개발 등 융복합 산업을 적극 육성하고, 지역의 스포츠 강소기업에 대한 융자 및 펀드 지원 등을 통해 스포츠 강소기업 50개를 육성하여 2014년 41조 원이던 스포츠산업 시장 규모를 2018년까지 53조 원(구분류 기준)으로 키우겠다고 발표하였다.

스포츠 IT

골프존

설립일: 2015년 3월 3일
직원수: 411명(크레딧잡 2019/01/02)
초봉: 4,289만원(크레딧잡 2019/01/02)
채용방식: 수시 채용

골프존은 2000년에 첫 선을 보인 이후 가장 많은 골퍼들이 경험해 본 스크린골프 업체다. 전국에 7,800개 매장이 있다. 스크린골프 시장에서 점유율은 80%를 넘어서 독주체제를 굳혔다. 현재는 스크린 골프 시뮬레이터뿐만 아니라 골프용품, 필드골프, 골프연습 분야까지 사업을 확장하여 사업을 운영 중이고 국내 골프 인구가 최근 지속적인 성장률을 보여주고 스크린 골프 시장도 계속 커짐에 따라 과연 골프존의 성장은 어디까지 지속될지 기대되는 상황이다.

스포츠투아이

설립일: 1999년 12월 9일
직원수: 45명(크레딧잡 2019/01/02)
초봉: 2,915만원(크레딧잡 2019/01/02)
채용방식: 수시 채용

야구, 축구, 골프 등 각종 스포츠 종목의 기록 데이터베이스를 기반으로 관련된 프로그램을 자체적으로 개발하여 판매하는 기업이다. 스포츠와 기록, 통계 그리고 IT가 접목된 것이 스포츠 투아이의 기반이다. 국내 주요 포털사에 스포츠데이터를 제공하며 구단에 전력분석 솔루션을 제공하기도 하고, 현재 KBO리그 공식 기록업체이다. 야구 비즈니스 분야로 특히 강점을 보이며 스포츠아카데미사업(야구학교)도 운영하고 있다. 앞서 소개했듯이 야구 기록 관련해서는 업계에서 독보적이라고 볼 수 있다.

위드라인

설립일: 2004년 5월 25일
직원수: 49명(크레딧잡 2019/01/02)
초봉: 2,239만원(크레딧잡 2019/01/02)
채용방식: 수시 채용

위드라인은 골프용품 유통회사에서 출발해 정보기술(IT) 플랫폼 개발에 이르기까지 사업 영역을 공격적으로 넓혀가는 기업이다. 위드라인은 새로운 플랫폼 사업인 스포츠다이어리로 시장에서 주목을 받고 있다. 스포츠다이어리는 국내 엘리트 체육 선수의 훈련과 시합을 체계적으로 기록해주는 '맞춤형' 데이터 플랫폼이다. 현재 대한테니스협회, 한국레슬링협회, 대한유도회와 양해각서(MOU)를 맺고 경기기록, 선수들의 각종 데이터를 디지털로 저장하여 제공한다.

유엔비즈

설립일: 2010년 7월 6일

직원수: 26명(크레딧잡 2019/01/02)

초봉: 1,967만원(크레딧잡 2019/01/02)

채용방식: 수시 채용

유엔비즈는 최고 수준의 스포츠 IT 기술을 통해 국내 스포츠 비디오 판독 분야를 선도하는 기업이다. Hawk-Eye, Xeebra, Dartfish 등의 외국 전문 비디오 판독 장비를 도입하여 각 스포츠 종목에 맞는 장비를 활용하여 정확하고 효율적인 판독 시스템을 운영한다. 또한, ChyronHego사의 전문 분석 장비를 통해 필드 위 선수의 움직임이나 신체 데이터를 측정하고 수집한다. K리그 VAR 판독 운영을 도맡고 있으며 2018년 월드컵 때에도 VAR제도가 도입되었고 아시아축구연맹(AFC)도 VAR을 도입함에 따라 앞으로 더욱더 주목되는 기업이다.

스포라이브

설립일: 2013년 9월 10일

직원수: 24명(크레딧잡 2019/01/02)

초봉: 2,964만원(크레딧잡 2019/01/02)

채용방식: 수시 채용

스포라이브는 2013년에 설립된 경기 중계, 스포츠 게임, 스포츠 데이터 등을 종합적으로 제공하는 스포츠 통합 플랫폼 기업이다. 국내 최초로 게임물관리위원회로부터 정식 심의를 받은 소셜스포츠베팅 국내 업체이며 '스포츠 승무패 적중게임'을 서비스한다.

비주얼스포츠

설립일: 2006년 4월 19일

직원수: 17명(크레딧잡 2019/01/02)

초봉: 1,782만원(크레딧잡 2019/01/02)

채용방식: 수시 채용

비주얼 스포츠는 2006년에 축구 분석으로 사업을 시작하였다. 2009년부터 경기 분석 시스템을 통해 국가대표팀 및 국내 프로 구단에 서비스를 제공하고 있으며, 현재 국가대표팀, K리그 클래식, WK리그, N리그에도 분석 시스템을 서비스하고 있다. 축구 전력분석관에 관심이 있다면 비주얼스포츠에서 경험을 쌓는 것도 좋은 기회가 될 것이다. 실제로 비주얼 스포츠에서 경력을 쌓고 축구 구단의 전력분석관으로 활동한 사례가 있다.

비카인드(슛포러브)

설립일: 2012년 6월 14일
직원수: 7명(크레딧잡 2018/12/12)
초봉: 2,042만원(크레딧잡 2018/12/12)
채용방식: 수시 채용

슛포러브(Shoot for Love)는 사회적 기업 비카인드(Be kind)가 축구를 사랑하는 사람들의 마음을 모아 더 많은 소아암 환아를 돕기 위해 시작한 캠페인이다. 현재 국내 최고의 축구 콘텐츠 크리에이터로 불리며 2019년 1월 기준 약 83만 명의 유튜브 구독자 수를 보유하고 있다. 슛포러브 챌린지를 통하여 국내 및 해외 유명 선수들이 동참하며 큰 인지도를 쌓게 되었고, 그 이후로도 지구방위대FC, 싸카데미, 피파온라인4 콘텐츠 등을 통해 지속적으로 영향력을 늘려가는 중이다.

고알레

설립일: 2018년 8월 1일
직원수: 5명(크레딧잡 2018/12/12)
초봉: 3,468만원(크레딧잡 2018/12/12)
채용방식: 수시 채용

고알레는 아마추어 축구 동영상 콘텐츠로 유명한 스타트업 기업이다. 페이스북, 유튜브 등 SNS 영상 콘텐츠 시장이 확장되면서 드론 시장 또한 발전하였고, 고알레는 아마추어 축구인들에게 경기 및 하이라이트 영상을 보여주면 어떨까라는 생각에서 사업을 시작했다. 초기에는 영상 콘텐츠만을 제공했지만 트레이닝 서비스인 '트레인 위드 알레', 쇼핑몰 사업 분야인 '고알레 몰'을 운영하며 아마추어 축구의 새로운 문화를 만들고 있다. 최근 국가대표 선수 출신인 이호 대표가 고알레를 인수하여 더욱더 적극적으로 사업을 확장하고 있다.

10. 스포츠 전문 언론

업종 소개

스포츠와 언론은 과거부터 뗄레야 뗄 수 없는 요소 중 하나이다. 스포츠는 언론을 통해서 발전했고 언론 또한 스포츠를 통해서 발전했다. 스포츠의 매력 요소인 각본 없는 드라마, 승부의 불확실성, 감동과 재미 등은 대중들이 눈을 뗄 수 없고 관심을 가질 만한 요소이다. 때문에 국내에서도 매일 같이 수백, 수천 개의 기사가 각종 포털사이트와 언론사를 통해서 쏟아져 나오고 대중들은 스마트폰, 컴퓨터, 신문 등을 통해 언론사가 제공하는 콘텐츠를 소비한다. 특히 올림픽이나 월드컵 아시안게임 등 메가이벤트가 발생할 때나 유명 선수 이적 등 이슈가 발생했을 때 소비하는 기사의 양은 가히 놀랄 만하다.

대부분 스포츠 기자를 꿈꾸는 예비 스포츠 기자들은 나중에 스포츠 기자가 되면 목에 당당히 기자 출입증을 달고 스포츠 경기가 열리는 경기장이면 어디든 좋은 자리에서 무료로 경기를 보고, 취재라는 명분하에 일반 대중들 입장에서는 꿈과 같은 일인 유명 스포츠 스타와 이야기 및 인터뷰를 진행할 수 있으며, 선수들과 친분을 쌓고 연락하며 같이 식사도 함께 할 수 있고, 올림픽이나 월드컵이 열리면 해외 출장도 보내주는 모습을 상상한다. 대부분 많은 사람들이 특권을 지닌 채 일을 하며 많은 돈을 벌 수 있기 때문에 스포츠 기자를 꿈꾸는 이들이 적지 않을 거라 생각한다.

하지만 스포츠 기자가 되는 것은 쉽지 않을 뿐더러 설령 기자가 된다고 하더라도 장밋빛 미래만이 펼쳐져 있는 것은 아니다. 주말과 밤낮 없이 기사 작성 및 원고 작업에 시달리고, 기사 하나 올리면 그 다음에는 어떤 기사를 작성해야 할지 골머리를 싸매야 하며, 열심히 기사를 작성해서 올리더라도 한순간의 실수로 상사와 네티즌들에게 깨지기 일쑤다. 뿐만 아니라 수많은 언론사와 인터넷언론사의 등장으로 내가 올린 기사가 뒤로 밀리고, 점점 더 자극적인 제목과 내용의 기사에만 신경 쓰며, 부실한 내용으로 기사를 작성하는 자신을 보자면 '현자타임'에 빠질 수 있다. 그럼에도 불구하고 스포츠를 좋아하고 글을 쓰는 재주가 좋아 스포츠 기자를 꿈꾸고 있는 사람들이 있다면 아래의 좋은 기자가 되기 위한 4가지의 요소를 읽고 스포츠 기자 준비에 참고하길 바란다.

좋은 기자가 되기 위해선 4가지의 요소가 중요하다고 말할 수 있는데, 첫째는 기자라면 당연히 갖춰야 할 요소인 문장력과 어휘력이다. 기사를 쓸 때 현상을 보고 키워드로 정리하는 습관을 가지고, 책 또는 기사를 많이 읽음으로써 문장력과 어휘력을 길러야 한다. 업계용어로 흔히 야마(포인트가 될 만한 것들을 잡아내는 능력, 임팩트)를 잘 잡는 능력을 기르는 것 또한 매우 중요하다.

두 번째는 기획력이다. 예를 들어 축구선수 관련 기사를 하나 쓴다고 생각해 보자. 단순히 선수의 단신만을 전하는 기사를 쓰는 것보다 그 선수에게는 특이한 점이나 이야기를 풀어낼 만한 것이 없는지 살펴보고 시리즈로 기사를 쓰는 것이 중요하다. 예를 들어 축구 선수와 유명 연예인의 열애설이나 결혼 관련 기사를 쓴다고 생각해 보자. 그렇다면 더 많은 사람들의 관심을 얻을 수 있다. 더 이상 정보만을 전달하는 시대는 지났다. AI가 자동으로 기사를 써서 정보를 전달하는 요즘 시대에 살아남으려면 스토리텔링과 함께 기계가 할 수 없는 내용을 글로 쓸 수 있는 기획력을 가져야 한다.

늘 고민하고 생각해야 하는 습관을 길러야 한다. 인터넷 스포츠 관련 트래픽은 이제 더 이상 폭발적으로 오르지 않는다고 얘기한다. 연예 또는 사회 관련 분야와 비교하면 5배, 10배 이상 차이난다고 얘기한다. 스포츠 분야에서 다른 분야까지 아우를 수 있는 기사를 쓸 수 있어야 한다. 스포츠를 스포츠로만 생각하지 말고, 매몰되어 있지 않은 상황에서, 오피니언 리더들의 행보를 주시해야 한다.

세 번째로는 기자라면 당연히 갖춰야 할 취재력이다. 너무 당연한 거 아니야? 하고 얘기할 수 있지만 단독 보도, 특종은 아무 기자나 내보낼 수 있는 것이 아니다. 괜히 단독보도와 특종이 아니다. 이런 기사 하나 쓰기 위해 스포츠 기자들은 인적 네트워킹을 쌓으며 내 사람 하나 만드는데 엄청난 노력을 기울인다. 사람이 정보력이다. 스포츠 선수, 구단 관계자, 업계 관계자 등과 친하고 정보를 먼저 줄 수 있는 사람 한 명 더 늘리는 것이 중요하다.

다른 분야 기자들도 마찬가지겠지만 이미 공표된 정보를 얻는 것은 늦다. 남들보다 먼저 빠르게 중요한 내용을 세상에 알리려면 인맥이 필수다. 추가로 정보를 알기 위해 계속적으로 파고드는 집요함도 중요한 요소 중 하나이다. 한 가지의 정보를 얻기 위해 10번, 100번 아니 1,000번 넘게 연락하고 찾아갈 수 있는 집요함이 특종, 단독보도 하나를 만들어 낼 수 있다.

마지막 네 번째는 바로 속도이다. 고도로 정보화된 요즘 시대에는 모든 독자들이 빠른 걸 원한다. 하지만 속도를 너무 신경 쓰다 보면 기사의 정확도까지 보장하기가 쉽지 않다. 기사를 정제하지 않고 그저 다른 기사를 복사 붙여넣기 하는 경우도 많고 인터넷 커뮤니티에 올라온 내용을 그데로 옮겨 기사를 내보내기도 한다. 속도만 신경 쓰다 보니 다수의 오타가 발생하거나 독자들을 만족시키지 못한 저급한 내용 때문에 기레기라는 표현까지 생길 정도이다. 기자가 되기 위해서는 빠른 속도로 정확한 양질의 기사를 제공해야 한다. 말은 쉽지만 이런 기사를 쓰기란 쉬운 게 아니다.

자, 앞서 말한 스포츠 기자가 되기 위한 4가지 요소를 갖추었는가? 그럼 지금 스포츠 기자를 준비하고 있는 대학생 또는 사회 초년생들에게 스포츠 기자가 되기 위한 루트와 도움이 되는 활동들을 설명한다. 보통 기자가 되기 위해서는 언론고시라고 불리는 각 언론사 공채를 통과해야 한다. 물론 공채를 통해 입사하더라도 바로 스포츠부서로 갈 수 있는 것은 아니며 보통 사회부 기자로 시작하여 스포츠부로 부서 이동을 하는 경우가 많다고 한다.

하지만 최근에는 메이저 언론사뿐만 아니라 인터넷 언론사도 많이 생겨나 취업할 수 있는 스펙트럼이 넓어졌다고 볼 수 있겠지만 인터넷 언론사 또한 작문 테스트나 직접 작성한 기사를 토대로 직원을 채용하고 있으니 꾸준히 블로그와 같은 곳에 글을 적어두는 것이 도움이 될 것이다. 그리고 최근에는 각종 종목별 연맹 및 협회, 구단에서 대학생 기자단을 운영하고 있으니 기자단으로 대외활동을 하며 경력을 쌓는 것도 향후 스포츠 기자로 취업하는 데 큰 도움이 될 것이다.

분명 스포츠 기자가 되고 나서도 꿈꾸던 장밋빛 미래만 펼쳐지지는 않겠지만 스포츠 현장에서 느낄 수 있는 감동과 재미를 전달하는 중요한 역할을 하는 것이 스포츠 기자라고 생각한다. 앞으로 경기장 또는 스포츠 현장에서 미디어 출입증을 목에 걸고 노트북을 들고 다니며 글을 쓰고 뛰어다닐 여러분들을 응원한다!

스포츠 전문 언론

베스트일레븐

설립일: 2006년 8월 9일
직원수: 10명(크레딧잡 2019/01/07)
초봉: 2,077만원(크레딧잡 2019/01/07)
채용방식: 수시 채용

베스트일레븐은 1970년 4월에 베스트일레븐의 전신인 월간축구사에서 처음 월간축구라는 잡지로 발간을 시작하여 1996년에 베스트일레븐이라는 현재의 이름으로 변경하였다. 올해로 49년째를 맞이하는 베스트일레븐은 국내에서 역사가 깊은 축구 전문 잡지사이며, 국내 잡지사인 만큼 국내 축구 소식에 관해 특히 강점을 가지고 있다. K리그를 너무 사랑하고 국내 축구 관련 기사나 칼럼을 쓰는 축구기자들이 가고 싶은 워너비 기업 중 하나이다.

포포투(주식회사 별)

설립일: 2016년 6월 23일
직원수: 8명(크레딧잡 2019/01/02)
초봉: 2,500만원(크레딧잡 2019/01/02)
채용방식: 수시 채용

포포투는 영국의 축구 전문 잡지이다. 1994년에 Haymarket이라는 미디어 그룹이 처음 창간하였으며, 이름은 모두 알다시피 축구의 전술 중 하나인 4-4-2 전술의 이름에서 착안하여 지어졌다. 국내에는 2007년에 처음 발간되었으며 앞서 소개한 베스트일레븐과 함께 국내 축구 전문 잡지의 양대산맥이라 불린다. 베스트일레븐이 국내 축구를 집중적으로 담당하고 있다면 포포투는 해외 축구를 집중적으로 담당하고 있다고 보는 게 맞을 것이다.

스포츠Q(와이케이미디어)

설립일: 2013년 11월 12일
직원수: 10명(크레딧잡 2019/01/02)
초봉: 1,540만원(크레딧잡 2019/01/02)
채용방식: 수시 채용

스포츠Q는 2014년 런칭한 인터넷언론사이다. 스포츠Q(큐)는 끊임없이 질문(Question)을 던지고 Q(Cue)사인을 외치고 싶다는 의미로 지어졌으며, 스포츠신문 등에서 활약하던 기자들이 나와 스포츠와 문화 저널리즘의 새로운 해답을 독자들에게 전하고자 창간되었다. 아마추어스포츠, 생활체육, 장애인스포츠, 스포츠산업 등 메이저 스포츠에 국한되지 않은 다양한 스포츠 분야의 소식을 전하는 언론사이다.

스포츠니어스

설립일: 2016년 08월 26일
직원수: 크레딧잡 확인불가
초봉: 크레딧잡 확인불가
채용방식: 채용공고 확인불가

스포츠니어스는 축구칼럼리스트로 유명한 김현회 대표가 2016년 7월에 창간한 인터넷언론사이다. 강원FC 대표이사 조태룡 대표의 비리에 대한 심층기사를 시리즈로 작성하여 기사를 낸 것으로 유명하다. 김현회 대표의 인지도 또한 톡톡히 역할을 하는 것으로 보이며 홈페이지에도 소개되어있다시피 차원이 다른 뉴스를 전달한다고 되어있다. 기사의 내용을 살펴보면 가끔 정말 다른 차원에서 온 듯한 양질의 기사를 내보내기도 한다.

인터풋볼

설립일: 2010년 2월 8일
직원수: 7명(크레딧잡 2019/01/02)
초봉: 1,482만원(크레딧잡 2019/01/02)
채용방식: 수시 채용

인터풋볼은 2010년에 창간한 축구 전문 언론으로 해외 및 국내 축구 관련 내용을 전문적으로 다룬다. 기사의 양은 해외축구 분야가 국내 축구 분야의 약 2배이며 해외축구 분야에 좀 더 특화되어 있는 것으로 보인다. 주목할 만한 점은 홈페이지 내 경기분석 섹션인데 조직도에서도 볼 수 있다시피 데이터 분석 및 콘텐츠 부서가 존재한다. 이 부서에서 경기가 있을 때마다 경기분석 및 승부예측 관련 콘텐츠를 업로드하고 있는 점이 다른 곳과는 차별화되는 점이라 볼 수 있다.

스포탈코리아

설립일: 2003년 12월 8일
직원수: 20명(크레딧잡 2019/01/02)
초봉: 1,872만원(크레딧잡 2019/01/02)
채용방식: 수시 채용

스포탈코리아는 2000년부터 시작된 축구전문 미디어이다. 2012년에는 월간 축구 잡지인 에프앤(F&)을 발행하기도 하였으며 축구 칼럼 리스트로 유명한 서호정 기자도 과거 스포탈코리아에서 활동한 경력이 있다. 또한 축구해설위원으로 유명한 서형욱 해설위원은 과거 스포탈코리아의 편집장이었다고 한다. 스포탈코리아는 축구 컨텐츠 제공뿐만 아니라 축구 구단 및 연맹 홈페이지 제작 및 운영도 하며 축구를 통한 E-Business 사업 또한 진행하고 있다.

루키(페이퍼센트)

KOREA NO.1 BASKETBALL MAGAZINE

설립일: 1997년 04월 01일

직원수: 3명(크레딧잡 2019/01/02)

초봉: 2,152만원(크레딧잡 2019/01/02)

채용방식: 수시 채용

루키는 1994년에 처음 NBA와 국내 농구를 중심으로 창간되었다가 외환위기로 잠시 발행을 중단하였다. 이후 1998년에 재창간되어 현재까지 NBA 중심으로 뉴스, 팀 분석, 칼럼, 역사적 내용 등을 연재한다. 국내에서 수준급의 지식과 언변을 가진 NBA해설 위원으로 유명한 조현일 해설이 루키의 편집장이다. 또 NBA 칼럼니스트로 양질의 기사를 제공하는 염용근 기자 또한 루키 출신이다. NBA에 관심이 많고 농구 관련 기자 생활이 너무나도 하고 싶다면 관심을 가질 만한 언론사이다.

점프볼(제이앤제이미디어)

설립일: 2001년 4월 3일

직원수: 25명(크레딧잡 2019/01/02)

초봉: 1,815만원(크레딧잡 2019/01/02)

채용방식: 수시 채용

점프볼은 2000년 1월에 창간하였으며 KBL 공식 지정 농구전문지를 발행하는 곳이다. 그만큼 국내 농구 관련 소식들(프로농구, 여자농구, 아마농구 등)을 중점적으로 전하고 있으며 앞서 소개한 루키와 함께 한국농구잡지의 양대산맥이라고 볼 수 있다. 그뿐만 아니라 현재 편집장으로 있는 손대범 편집장의 양질의 칼럼과 기사를 통해 국내 농구팬들에게 호평을 받고 있다. 또한 2001년부터 매 시즌 점프볼 인터넷기자단을 운영하며 많은 농구 기자들을 배출하고 있다.

PART 3

스티브의
스포츠마케팅 정복기

스포츠는 나의 아바타

나는 1980년생이다. 1998
년 프랑스월드컵 당시에는
고3 수험생이었고, 유로2000
때는 대학교 1학년, 2002년
한일 월드컵 때는 대학교 3학
년이었다. 1998년 월드컵 당
시에는 입시공부고 뭐고 새

군 시절 유로2004 본방 사수를 기념해 작업한 사진

벽에 생방송을 보며 TV로나마 힘을 실어주겠다는 의지로 '대한민국 파이팅!'
을 외쳤고, 유로2000 대회 때 역시 새벽 본방 사수를 위해 한 달간 학교 수업
을 거의 가지 않아 학사경고 조금 위의 성과를 얻기도 했다.

심지어 2002년 월드컵 당시에는 군대에서 경기를 보는 게 싫어서 ROTC에
지원한 열혈 스포츠팬이었다. 군에 입대한 다음에는 장교의 신분을 악용(?)해
서 유로 2004대회를 보겠다고 당직근무를 자처할 정도였으니 말이다.

자칭 프리미어리그 최고 명문 맨체스터 유나이티드(이하 맨유)의 '원조 골수팬'으로, 매년 위닝 일레븐(Pro Evolution Soccer)에 빠져 마스터 리그를 무한 반복 플레이하던 해외축구 오타쿠였다. 당시 내가 응원하던 맨유의 소식과 경기 동영상을 세세히 찾아보면서 들었던 생각은, '나도 저 경기장에 가고 싶다' 또는 '저 팬들과 함께 저 자리에 서서 Glory Man United 같은 응원가를 부르고 싶다'였다. 나의 소원은 아직까지도 아들과 손 붙잡고 홈구장인 올드 트래포드에서 맨유의 경기를 직접 관람하는 것이다.

당시 나와 같은 스포츠 마니아들이 은근히 많았다. 상대적으로 수준이 낮았던 한국 축구는 대표팀 경기만 주로 관람하며 '한국은 이래서 안 돼'라고 욕을 하면서도, 해외축구에는 사족을 못 쓰며 게임 상에서 자신을 '해리 케인'과 싱크시키며 감정의 대리만족을 느끼는 그런 족속 말이다.

유럽 축구 외에도 야구(삼성라이온즈), 농구(프로농구 초창기 기아엔터프라이즈), MLB(오클랜드 애슬레틱스), NBA(새크라멘토 킹즈) 등 국내외 스포츠를 가리지 않고 좋아했던 나는 학교나 학원, 집 어느 곳에서 누구를 만나건 가장 먼저 던지는 화두가 스포츠였다. 요즘 세대는 잘 모를 얘기지만 1980~1990년대 오락실을 다니며 즐겼던 게임도 '세이브 축구(축구게임)'와 '스타디움 히어로(야구게임)'이었다. 아직도 그 촌스러운 영상과 사운드가 귀에 맴돌 정도다. 자연과학 시간에 배운 '자웅동체'란 바로 스포츠와 나를 두고 하는 말이 아닌가 싶다. 당연히 나의 주변에는 스포츠를 좋아하는 친구들뿐이었으며 하루 일과 가운데 1시간 이상은 축구, 농구를 했고, 남는 시간의 대부분은 스포츠 얘기로 스트레스를 해소했다.

언제부터 스포츠를 이렇게 광적으로 좋아하게 됐는지 정확히 알 수는 없다. 운동신경이 남달라 군계일학의 실력을 보여주지도 못하는 평범한 아이가 스포츠를 그토록 좋아하게 될 줄이야. 당시 나는 '야, 넌 왜 그렇게 스포츠를 좋아하냐?' 혹은 '넌 어떻게 그런 스코어까지 다 외우고 다니냐?' 하는 얘기를 들는 것이 공부 잘한다는 얘기보다 더 좋았다. 지금 생각하면 대한민국 입시생이라면 누구나 겪는 대학 입학 스트레스도 스포츠 하나로 잘 견딘 것 같다.

운동부도 아니었던 내가 하루 중 상당 시간을 할애하여 스포츠에 열광했던 이유는 보통의 열정으로는 상상할 수 없는 헌신이자 자발적인 희생이었다. 그렇다고 스포츠를 직업으로 생각한 적은 단 한번도 없다. 단지 그만큼 하루를 즐겁게 해주는 기폭제가 없었다는 것이 더 맞는 표현일 것 같다.

스포츠가 내 운명이 될 수 있을까?

중·고등학교 시절 줄곧 상위권 성적을 유지했던 나는 1999년 연세대학교 유럽어문학부에 입학했다. 당시 가장 가고 싶었던 학교는 경찰대였지만 최종 심사에서 낙방해 정신적으로 크게 흔들렸다. 흔히 말하는 '멘붕' 상태에서 허우적거렸지만 그럴 틈도 없이 정시 지원과 논술을 준비해야 했다.

솔직히 고백하건대 희망 1순위 학교에 떨어진 상태이다 보니 제대로 된 목표를 가지고 학과에 지원했다기보다는 학교의 명성과 졸업 후 학벌을 많이 고려했던 것 같다.

핑계인지 모르겠으나 이런 과정을 겪고 대학에 들어오니 전공 수업에 별 관심이 없었다. 때마침 전국을 강타한 스타크래프트 열풍에 휩쓸린 채 주말 새벽마다 찾아오는 유럽축구 생중계의 유혹에 한 학기를 모조리 가져다 바쳤다.

대학 시절에도 여전히 유럽축구를 사랑했던 터라 매주 챔피언스리그, 프리미어리그, 프리메라리가, 세리아A, 분데스리가 등 메이저 경기들을 빼놓지 않고 챙기며 스포츠에 대한 끈을 놓지 않았다. 스포츠와 직업을 연계해서 한 행동은 아니었다. 그보다는 이러한 광적인 행위가 자신의 아이덴티티 중 일부분이라고 오랫동안 생각해왔기 때문에 알지 않으면 안 된다는 의무감, 아니 뭐라고 설명하기 힘든 집착이었다.

2002한일 월드컵을 군대에서 볼 수 없다는 황당한 일념으로 ROTC 장교에 지원해 합격했다. 졸업 후 입대를 앞두고 있었기에 취업 걱정을 하는 주변 친구들과는 달리 취업에 대한 별다른 압박감을 갖지 못했다. 입대 전 스포츠언론 기자를 목표로 스터디 그룹에 가입하기도 했지만 당장 눈앞에 놓인 군 입대가 나를 게으르게 만들었다.

2003년 졸업과 동시에 소위로 임관하여 군대에 입소했다. 그런데 운명의 장난인지 뭔지 제일 편한 보직을 신청했던 나에게 떨어진 부대는 다름 아닌 특공대였다. 대한민국에서 난다 긴다 하는 장정들만 모아놓은 집합소가 특공대라니 긴장하지 않을 수 없었다. 취업 준비, 미래 구상은 온데간데없이 군생활에 적응하느라 2년을 정신없이 보냈다.

전역을 몇 달 앞두고, 남들처럼 취직을 걱정하는 시기가 됐다. 이상하게 남들 선호하는 대기업이나 장원급제식의 고시가 싫었다. 자신이 없기도 했지만, 스스로 자신을 위안하던 이유는 '왜 잘나고 똑똑한 사람들이 좁은 문으로 비집고 들어가야 하는가'였다.

그 무렵 늘 옆에 두고도 주의 깊게 보지 않았던 '스포츠'가 눈에 보이기 시작했다. 그리고 스포츠 전문가가 된다면, 사랑하는 스포츠를 직업으로 가지게된다면 얼마나 멋질까 하는 생각이 들기 시작했다. 이런 생각을 하게 되면서 본격적으로 축구 대학원 유학을 파고들었다. 가장 먼저 본 것은 당연히 축구 종주국인 영국의 축구전문 대학원이었다. 그리고 유럽축구 중계로 이름을 알리고 있던 서형욱 해설위원이 리버풀 축구대학 석사 출신이란 사실을 알게 되면서 영국 대학원에 진학하겠다는 결정이 내려졌다.

축구 중계를 볼 때마다 '나도 중계할 정도의 지식은 있는데' 혹은 '내가 중계를 한다면 이런 상황에서 어떤 멘트를 날릴까?' 하는 상상을 했던 터라 축구 대학원에 가서 제대로 스포츠마케팅을 한번 배워보자 하는 결심이 섰다.

막상 대학원 진학을 본격적으로 준비하다 보니 생각처럼 만만하지가 않았다. 이력서, 자기소개서, IELTS 등 준비할 것이 정말 많았다. 언어 능력에 대한 자격조건도 그렇지만 대학교 4년을 마치고 바로 장교 입대한 것이 고작인 이력서와 자기소개서에 딱히 채울 말이 없었다. 한마디로 얼굴이 화끈거릴 수준이었다. 후회하면 뭘 하겠느냐만, 인턴 활동 한번 하지 않은 과거가 너무 아쉽기만 했다.

게다가 스포츠마케팅 관련 대학원에 진학하려고 해도 아무 배경 없이 그냥 스포츠가 좋아서 커리어를 전환하는 사람을 무작정 뽑아줄 학교도 많지 않았다. 이것은 일반 경영대학원(MBA)들이 회사 경력이 없는 사람을 잘 선발하지 않는 이유이기도 하다. 나는 지금도 대학교 졸업 후 바로 대학원에 진학하는 친구들을 보면 좀 더 다양한 분야에서 일하고 경험도 쌓은 뒤 필요를 느낄 때 가라고 충고한다. 아무리 180도 다른 진로라 하더라도 책상에서 배운 이론들은 밖에 나와 부딪혀 보면 실전과 무관한 경우가 많기 때문이다.

운명의 여신도 준비된 자에게만 손을 내민다

한없이 미천한 경력 덕에 좌절은 계속됐다. 유학을 위해 준비할 각종 요건들 즉 학점, 에세이, 추천서, 영어 점수, 학업계획서 등을 군대 내에서는 도저히 감당할 수 없다는 점이 아쉬웠다. 더 중요한 사실은 점수가 채워진다 해도 아무런 사전 지식 없이 단지 스포츠가 좋다는 이유만으로 무턱대고 대학원에 들어간다는 것이 어불성설이라는 생각이 들었다.

현실을 냉정하게 따져본 뒤, 대학원 진학 이전에 업무 경력을 쌓자고 결심했다. 당시 리서치한 영국 내 스포츠 관련 인턴십은 정보가 매우 빈약했다. 갈 곳도 없었고, 나를 뽑아줄 곳도 없었다. 또다시 시련이 찾아오고 매일 찾아오는 좌절감에 시달렸다. 포기가 눈앞이던 찰나 우연히 미국으로 눈을 돌리자 외의로 많은 기회가 보이기 시작했다.

미국에서 축구는 메이저 프로스포츠와는 비교할 수 없을 정도로 인기가 없다. 내가 가장 좋아하는 축구가 가장 인기가 없는 나라라는 회의감이 들었지만, 스포츠산업 전체로 보면 미국이 세계에서 가장 큰 시장을 가지고 있는 것은 두말 할 나위가 없었기에 조금 더 조사하기로 했다.

미국 내 스포츠 인턴십 모집 공고를 찾았다. 지금 생각하면 웃긴 일이지만 제일 처음 검색창에 올린 것이 MLB, NBA였다. 마침 인턴십 공고가 나 있었다. 짧은 영어실력으로 해석하니 매년 정기적으로 인턴을 채용하는 것 같았다. 하지만 조금 더 리서치를 해 보자 외국인에게는 가능성이 매우 희박하다는 사실을 알게 됐다. 여러 번 좌절을 하다 보니 그마저도 무뎌진 것 같다.

하지만 이게 바로 현실이다. 현실을 부정하면 자기 자신을 정확히 판단할 수 없어 허황된 꿈만 쫓게 된다. 이미 칼을 뽑았으니 썩은 무라도 잘라야 한다는 심정으로 스포츠 분야건 아니건 비교적 해외 인턴십 기회가 많은 미국으로 가기로 결심했다.

의외로 '스포츠'가 아닌 '마케팅' 분야의 인턴십 기회는 상당히 많았다. 한국의 인턴십 전문 에이전트를 통해 한두 군데 후보군을 추천받은 후 전화 면접을 통해 인턴십에 합격했다. 전역 후 한 달쯤 지난 뒤 뉴욕 맨해튼에 위치한 라이선싱 관련 국제 마케팅 회사에 무급 인턴으로 취업을 확정했다.

이제는 정말 화살이 시위를 떠났다. 아직은 막연한 공상일 뿐, 실현 가능한 꿈으로까지 바뀐 것은 아니었지만 돌아서 올라가는 길이지 뒤로 돌아가는 길은 아니라고 믿었다. 그리고 언젠가는 산 정상으로 이끌어줄 기회가 오리란 신념으로 비행기에 올랐다. 당시 나이 스물다섯 살. '뭐 무서울 것 있나. 젊어서 고생은 사서도 한다'는 말을 일기장 제일 앞에 적고 출발했다.

[Steve's Note]

취업을 목적으로 스포츠마케팅 유학을 떠나는 사람들은 선진 시장에서 경험을 쌓는 것이 가장 큰 목표가 되어야 한다. 물론 유학을 가지 않고 해외 선진 스포츠산업 시장에서 인턴십 경험을 쌓을 수 있다면 이보다 좋은 기회가 어디 있겠는가. 하지만 아쉽게도 스포츠마케팅 관련 해외 인턴십의 기회는 매우 제한적이다.

현재 차세대 스포츠외교인재 육성 차원에서 국가에서 제공하는 해외 인턴십 기회는 국민체육진흥공단이 주관하는 해외 스포츠단체 인턴십이 유일하다. 하지만 이마저도 매년 시행 여부는 미정이고, 비체육계열 출신들에게는 문이 열려 있다고 보기 힘들다. 또한 해외 스포츠 단체에서 외국인을 인턴으로 뽑는다는 것이 사실상 불가능하기도 하다. 이런 이유로 나 역시 마케팅 회사 무급 인턴으로 커리어를 택할 수밖에 없었다.

대부분의 인턴십이 무급임에도 불구하고 지원 당시 상당 금액을 지출해야 했다. 외국인이 미국 현지에서 단기취업 비자(J-1비자)를 얻을 때 필요한 스폰서 때문이었다. 이 스폰서들(보통 고용주)은 피고용자들의 신분을 보증해주어야 하므로 외국인 고용을 상당히 꺼린다. 이 때문에 대부분의 외국인 지원자들이 신분 문제로 취업 자격조차 얻지 못한다.

최근에는 이런 인턴들만을 대상으로 스폰서를 해주는 기업들이 등장했는데, 이들에게 지불하는 비용이 수백만 원에 이른다. 항공료 역시 자비 부담이었기에 이래저래 처음 인턴십을 나가기 전 지출한 총 비용은 2005년 당시 약 800만 원 정도였다. 장교생활 2년을 통해 모은 돈이 있었기에 가능했지만, 지금 생각해도 불명확한 미래를 향한 참 무모한 용기였던 것 같다.

모든 사람의 경우가 다 똑같지 않으므로 나의 미국 진출 방식이 좋은 예가 되기는 쉽지 않을 것이다. 누구나 글로벌 인재, 글로벌 인재 하지만 이 말의 숨은 뜻은 결국 국가 간의 벽이 허물어지는 하나의 시장에서 자신을 어떻게 포지셔닝 하느냐의 문제 아닐까? 오로지 취업만을 고민했다면 아마 미국으로 떠나지 않았을 것이다. 당시에는 우물 속에서만 자라온 자신에게 큰 도전을 선물해야 한다는 자율적인 강제가 필요했던 것 같다.

국제적 감각? 글로벌 리더? 그것이 과연 어떤 의미인지 한국에서 가만히 앉아 배울 수 있는 것이 아니었기 때문이다. 스포츠산업도 알아야 하고, 비즈니스도 알아야 하고, 그것이 나 자신의 커리어와 어떻게 맞물릴 수 있는지 모두 파악해야 하는 큰 숙제를 안고 인생의 초강수를 둔 것이다.

개인적인 바람으로는 대한민국의 멋지고 잘난 젊은이들이 많은 해외경험을 가졌으면 한다. 단순한 '찍고 턴하는' 방식의 여행이 아니라 우리와는 다른 문화공간에서 오랜 시간 관찰하고 대화하면서 많은 것을 느끼고, 이 세계가 얼마나 넓은지, 내 자신은 얼마나 작은 존재였는지 몸으로 느끼고 그것을 토대로 도전의식을 키웠으면 한다.

모로 가도 서울만 가면 된다,
Keep the Faith!

영어와 문화의 쓰나미를 맞닥뜨리다

태어나서 처음으로 미국 땅을 밟았다. 그것도 세계 경제의 중심이라는 뉴욕 맨해튼.

인턴으로 첫 사회생활을 시작하게 된 회사는 클래식 미디어(Classic Media)라는 만화 캐릭터 라이선싱 회사였다. 꼬마유령 캐스퍼, 래쉬, 딕 트레이시처럼 내 또래들에게 익숙한 몇 개의 캐릭터를 포함, 약 50여 개의 만화 캐릭터 라이선스를 가지고 로열티 장사를 하는 회사였다.

국제 마케팅팀 인턴으로 마케팅 리서치, 캐릭터 페어 관련 부스 프로모션 준비, 해외 바이어 미팅 보조 업무 등을 맡으며 약 4개월의 시간을 보냈다. 지금 생각하면 라이선싱 업무도 스포츠마케팅의 큰 분류 중 하나로 볼 수 있으니 이 시절의 경험은 현 업무의 배경 지식으로 큰 도움이 됐다.

회사에 처음 출근하면서 업무와 문화의 쓰나미를 한번에 받게 되었다. 한국에서의 사회생활 경험도 없는데다 막 제대를 하고 온 터라 자유롭고 개인적인 미국 문화가 쉽게 받아들여지지 않았다. 유명 미드인 〈섹스 앤 더 시티(Sex

사회생활의 첫 시작, 클래식 미디어(Classic Media)

and the City)〉라도 미리 봐 둔 게 그나마 힘이 되었을 정도였다.

어느 정도 쌈짓돈을 가지고 출발했지만 무급 인턴에게 미국의 살인적인 물가는 큰 부담이었다. 사전 조사를 통해 한인들이 식당 아르바이트 등을 통해 돈을 벌 수 있다는 사실을 알고 있었던 터라 출근과 동시에 낮에는 회사 업무, 밤에는 한인식당 웨이터 생활을 시작했다. 4시에 인턴 업무가 끝나면 바로 식당으로 가 10시까지 서빙을 하는 생활을 반복하고, 주말이면 풀타임으로 웨이터 생활을 했다. 힘든 하루하루였지만 밤마다 두둑한 지갑을 보며 '이번 달 월세는 낼 수 있겠다'는 생각에 위로를 받곤 했다.

영어도 많이 늘었다. 한국인 한 명 없는 회사에서 얼굴이 빨개지기를 무수히 반복하다 보니 외국인에 대한 두려움이 점점 없어지고 표현도 침착하게 할 수 있게 되었다. 중요한 것은 발음이 아니라 정확한 의사전달이라는 사실이 더 큰 깨달음이었다. 어차피 뉴요커들 가운데 100% 순수 미국인은 거의 없다. 세계 각지에서 온 외국인들이 한 자리에 모여서 자기네 방식으로 영어를 하는데, 나라고 콩글리시 못할 이유가 있을까? 웨이터 생활 역시 외국인 고객을 상대하면서 영어를 익히는 데 많은 도움이 되었다. 심지어 시간이 지나자 팁을 많이 받는 웨이터의 멘트까지 검색해보며 세련된 영어를 익히려고 노력했다.

언젠가 외국인 고객이 돌솥비빔밥의 그릇이 뭘로 만들어졌냐고 하기에 잠시 고민하다 'Marble(대리석)'이라고 말해주었다. 그리고 고개를 끄덕이는 그들에게 "Isn't it marbleous?"(대리석의 Marble과 놀랍다는 의미의 Marvelous

를 가지고 한 언어유희)라고 말해 그들을 웃음 짓게 만들고 음식값의 20%를 팁으로 받았다. 식당에서의 웨이터 생활은 잊을 수 없는 추억이자 고객서비스 정신을 일깨워준 소중한 배움이었다.

세계 최고의 스포츠마케팅 시장을 탐험하라

비록 스포츠와는 거리가 먼 곳에서 근무했지만 스포츠에 대한 열정은 여전히 진행형이었다. 유럽축구 못지않게 좋아하던 미국 메이저리그 야구를 경험해볼 수 있는 아주 좋은 기회가 아니던가. 뉴욕에 사는 사람이 누리는 제일 큰 특권은 바로 미국 최고의 프로스포츠 프랜차이즈 뉴욕 양키스의 경기를 감상할 수 있다는 것이다.

나는 이 행운을 놓치지 않고 기회가 될 때마다 경기를 보러 갔다. 당시

뉴욕 양키즈 홈구장 양키 스타디움

MLB에서 활약하는 선수들이 많았는데, 양키 스타디움을 찾은 뉴욕 메츠의 박찬호, 서재응, 그리고 플리다 말린스(현 마이애미 말린스)의 백차승 경기를 모두 관람했다. 한국 야구는 잠실야구장에 몇 번 간 것이 전부였는데, 미국 야구의 수준을 보고 깜짝 놀랐다. 야구 실력만을 얘기하는 것이 아니라 전 좌석 연일 매진인 구장, 쉴 새 없이 벌어지는 이벤트, 광고 등 일련의 모습들이 '미국은 미국이다'라는 생각이 들게 만들었다.

7회 말 시작 전 부르는 스트레칭 음악 'Take me out to the ball game' 그리고 경기에서 승리하면 유유히 흘러나오는 프랭크 시나트라의 'New York New York'은 내 가슴을 뒤흔들었다.

뉴욕 생활이 한 달 두 달 지나면서 그냥 경기 몇 번 보고 한국으로 돌아가기는 너무 아깝다는 생각이 들기 시작했다. 그리고 뭔가 의미 있는 결과물을 만들어보자는 다짐과 함께 미국의 메이저리그 구장을 모두 돌고(약 40개 구장) 리포트를 작성하겠다는 결심을 했다. 취직과 대학원 진학 때문에 이 야심찬 계획은 중도에 멈췄지만 동부 8개 구단, 총 10개 구장 – 토론토 블루제이스, 보스턴 레드삭스, 뉴욕 양키스(신·구 구장), 뉴욕 메츠(신·구 구장), 필라델

6개 구장 방문 후 만든 지도표

볼티모어 오리올즈 홈구장 캠든 야드

피아 필리즈, 볼티모어 오리올스, 플로리다 말린스(구 DHL구장), 탬파베이 레이스를 방문한 것은 스스로 생각해봐도 참 위대한 도전이었다. 여행으로 인한 재정적 부담과 인턴 후 취업 준비 문제로 끝까지 프로젝트를 완수하지 못한 것이 지금도 아쉬울 뿐이다. 혹시 모를 미래의 잠재적 고용주에게 제출할 MLB 구장 견학 리포트를 작성하기도 했다. 지금 보면 한없이 유치하고 모르는 소리를 마구 지껄인 수준이지만, 그냥 보고 넘기지 말고 무엇인가 통찰해보자는 소박한 뜻이 담겨 있었던 셈이다.

희망과 절망의 반복

4개월의 인턴십이 끝날 무렵, 회사에서 계속 일하지 못할 이유가 없다는 생각이 들기 시작했다. 어차피 졸업도 했고, 미국 생활도 정말 좋았다. 이 때문에 어떻게든 풀타임 직업을 찾아봐야겠다는 강력한 의지가 생긴 것이다. 동료들과의 관계도 좋았고, 그들도 계속 함께 일했으면 하는 눈치였다. 회사 쪽에 인턴 후 정직원 채용을 문의했지만 역시 나의 외국인 비자가 발목을 잡았다. 앞서 언급했지만 미국에서 취업을 하기 위해서는 H-1 취업비자가 있어야 한다. H-1 취업비자는 인턴십에서 필요한 J-1 비자처럼 피고용자의 신분을 보증해주는 스폰서 기업이 필요하다.

그런데 H-1 비자의 '쿼터(Quota, 할당량)'는 제한된 수로 정해져 있어 한국인을 포함한 모든 외국인이 경쟁해야만 했다. 미국에서는 신분이 해결되지 않으면 취업 능력이 있어도 일할 수가 없기에, 마치 좁은 문의 좁은 문이 하나 더 달린 것 같은 어려움이 있었다.

그보다 더 중요한 것은 초심을 잃어가는 것은 아닌가 하는 것이었다. 글로벌 스포츠마케터가 되겠다는 의지는 어디로 갔는가에 대한 자책이 끊임없이 들었다. 하지만 현실은 냉정했다. 당시 미국에 남아서 합법적인 신분으로 갈 수 있는 스포츠산업 조직은 한 군데도 없었다. 설사 그런 조직이 있다 해도 나의 신분을 스폰서 해주면서까지 나를 고용하려고 하는 고용주는 없었다.

그냥 자포자기했던 것이 아니라, 인턴으로 근무하던 회사는 물론 수도 없이 많은 이력서를 뿌려서 얻은 결과와 느낌이었다. 첫 지원의 시작은 당연히 스포츠마케팅 관련 회사였다. 프로구단, 중소규모 에이전시, 뉴욕·뉴저지 인근 스포츠 단체 등에 무수히 이력서를 보냈지만 대부분 인터뷰 한번 해볼 수 없었다. 인터뷰를 한 몇 곳도 H-1 비자 문제로 바로 거절을 당했다. 나중에는 이력서 제일 위에 'H-1 VISA NEEDED' 라고 적었더니 아예 연락조차 오지 않았다.

업종이나 조건을 가릴 처지는 아니었지만, 정말 좋은 기회가 생겨 한국인이 사장님으로 있는 의류무역회사에 입사하게 되었다. 스포츠마케팅 중 MLB 스토어나 NBA 스토어 같은 의류 브랜드 라이선싱과 연관이 있을 수 있으므로 불행 중 다행이라 생각하며 H-1비자를 받아 정직원으로서 업무를 시작하게 됐다.

2년 남짓 열심히 무역업계에서 경력을 쌓았다. 맨몸으로 미국에 가서 정직원으로 근무를 하게 되었으니 소기의 성과는 얻었다고도 할 수 있었다. 하지만 애초 비전인 스포츠와 멀어지면 안 된다는 생각이 늘 머릿속에 자리를 잡고 있었다.

'그래, 모로 가도 서울만 가면 된다고 하지 않던가. 초심을 잃지 말고 계속 기회를 찾아보자.'

스포츠마케팅을 향한 항해는 계속되었다.

스포츠를 향한 열정을 되찾다

어느덧 2년의 시간이 지나 업무에 적응하자 점점 목표의식이 사라지고 적당주의에 빠져 게을러지는 모습을 발견하게 됐다. 처음 시작할 때는 스포츠브랜드 라이선싱 전문가를 상상했건만, 생각만큼 열정도 찾지 못하고 왠지 그대로 있다가는 스포츠마케팅이라는 섬으로 항해 중인 배가 좌초될 것만 같은 느낌이 들었다. 매일매일 고된 일에 지친 채 집에 오면 스포츠마케팅 관련 자료 정리를 차일피일 뒤로 미루고, 먹고 사는 데 지장이 없었기 때문에 굳이 불만을 가질 필요도 없었다. 하지만 어느 순간 이러면 안 되겠다는 생각이 들면서 다시 한 번 인생의 전환점을 스스로 만들어보기로 했다.

2년이 지났지만 경력이나 배경, 신분 등을 고려할 때 스포츠업계 전직은 여전히 쉽지 않았다. 계속 면접을 보았지만 관련 경력이 전무한데다 신분의 제약이 있는 나에게 기회를 주는 회사는 없었다. 그들을 탓할 일도 아니었다. 여전히 나는 부족한 것이 많았고, 학위 취득을 통한 커리어 전환을 기하지 않으면 스포츠마케팅 업계에 발을 들여놓기 힘들다는 사실을 깨달았다.

결심을 굳힌 후부터 매일 밤 컴퓨터 앞에 앉아 리서치를 하면서 관련 자료를 모아 바인더에 정리하기 시작했다. 처음에는 스포츠마케팅, 매니지먼트,

행정 관련학과가 있는 모든 학교를 리스트업 했고, 원하는 학교를 추리는 작업을 이어갔다. 어차피 졸업 후 박사에 이은 교수직 임용을 꿈꾸는 것보다는 현업에서 종사하려는 의도가 강했기에 실용적이고 현실 적용 가능한 과정을 듣는 것이 맞다고 판단한 것이다.

스포츠라는 분야에 초점이 맞춰져 있지만 경영학을 모르고는 스포츠 비즈니스를 시작할 수 없다고 생각했다. 당시 MBA 과정에 스포츠경영학을 별도로 포함하고 있는 TOP 대학(UMASS Amherst, Univ. of Oregon, Univ. of Ohio 등)들이 물망에 올랐다. 하지만 MBA의 관문인 GMAT 시험에만 1년 이상 투자해야 한다는 사실을 알게 됐다. 이 시험을 위해 회사생활과 공부를 병행하려니 앞날이 까마득했다.

반면 일반 체육계열에 소속된 석사 프로그램(Master's Degree)을 찾아보니 관련 학교 수가 100개도 넘었다. 지원을 위해 준비해야 할 필수요건은 TOEFL과 GRE. 그때가 2007년 여름이었다. 어금니 꽉 깨물고 열심히 해서 원하는 성적을 얻고 겨울까지 준비를 마치면 다음해 가을 학기 입학은 노려볼 만하다는 생각이 들었다.

하지만 회사 업무와 학업을 동시에 하는 것은 여간 힘들지 않았다. 아무도 시키지 않은, 정해진 루트도 없는 길을 신념만 가지고 혼자 해나가는 것이 그처럼 외로운 싸움일 줄이야.

사실 미국에 간 뒤 처음 만나 사랑에 빠진 여자친구(현재의 아내)는 당시 고등학생이었다. 중학교 시절부터 미국에서 지낸 덕에 미국문화에 익숙한 그녀에게 한국 유학생의 고민은 충분히 전달되지 않았을 것이다. 회사 일을 마치고 여자친구와 간단한 데이트를 마치고 오면 늘 파김치가 되었지만, 그래도 지원 날짜를 거꾸로 세어가며 스케줄을 맞추려고 부단히 애를 썼다.

GRE, TOEFL을 포함해 미국 대학원 유학에 대한 모든 정보는 미국 유학생들의 성지, '고우해커스(www.gohackers.com)'에서 얻었다. TOEFL 두 번,

UCONN HUSKIES 마스코트

GRE 두 번을 보고 개인적으로 만족할 만한 점수를 얻은 뒤 이력서와 자기소개서, 추천서를 준비하기 시작했다. 외국인 친구들을 포함해 외국인 선생님 등 아는 인맥을 총 동원해 수정하고 또 수정했다. 2008년 1월 즈음 네 곳의 학교에 지원을 마치고 홀가분하지만 조금은 불안한 마음으로 연락을 기다렸다.

2008년 4월, 한 장의 편지가 집으로 날아왔다. 대학원 합격 통지서였다. 이미 나머지 세 곳의 학교에서 불합격 통지를 받은 상태였기에 매우 불안한 마음을 가지고 있었던 터라 얼마나 기쁜지 말로 표현할 수가 없었다. 합격 통보를 보내준 학교는 코네티컷 주립대학교였다.

코네티컷 주는 뉴저지 및 뉴욕 주와 인접해 있어 차로 약 2시간 정도 이동하면 되었다. 시베리안 허스키를 마스코트로 사용하는 코네티컷대학교는 한국 사람에게는 생소하지만 미국 대학농구(NCAA Basketball Division I)계에서는 남녀 모두 강자로 있는 농구 명문이다.

스물아홉 살의 나이에 대학원에 입학하면서 스포츠마케팅 산업에 한 발을 들여놓은 내게, 시베리안 허스키는 어떤 모험을 선물할까? 너무나도 설레고 떨리는 마음을 다잡으며 학교 주변에 미리 알아 놓은 방을 향해 출발했다.

[Steve's Note]

미국 유학 시, 영어는 어느 정도 준비가 되어 있어야 할까?

학부에서 불문학 및 영문학을 전공했지만 한 과목도 A를 맞아본 적이 없는 전형적인 '먹고 놀기' 대학생이었던 나는 외국 생활이라곤 대학교 4학년 마칠 즈음 캐나다에 두 달 정도 놀러갔던 것이 전부였다. 결론부터 말하자면, 지금 한국에서 직장생활 및 일상생활에서 영어 구사에 전혀 지장이 없는 정도의 수준이지만 이 모든 것이 한순간에 이뤄진 것은 아니다. 흔히 미국에 오래 살다 보면 귀와 입이 순차적으로 트인다고 하지만 절대 사실이 아니다. 듣기는 오랜 미국 생활을 거치면 어느 정도 가능하지만 말하기는 부단한 노력과 끈기 없이는 절대 이룰 수 없는 성과이다.

군에 있으면서 미국 진출을 결정했지만, 당시 큰 동기부여 없이 공부한 토익은 700점대였고, 한다고 한 공부는 오직 미드를 보는 일뿐이었다. 〈프렌즈〉, 〈24〉, 〈프리즌 브레이크〉 등의 미드를 접하는 동안, 어느 순간 푹 빠져 버린 자신을 발견했다. 늘 얘기하지만 성과 없는 '미침'은 무의미하다는 생각으로 미드를 영어 능력 향상에 적극적으로 활용해야겠다고 결심했다.

한글 자막 그러다 영문자막으로 보면서 생소한 문장이 있으면 정지시키고 노트에 마구 적기 시작했고, 노트는 어느새 두 권이 넘었다. 미국에 가서도 매일 배운 새로운 표현들을 적고 시간 날 때마다 들춰보는 나만의 비법노트는 미국생활에서 정말 큰 도움이 됐다. 똑같은 장면의 반복 또 반복이지만 몸에 밴 표현들이 쌓이고 나면 실로 무서운 효과를 볼 수 있다. 200개 단어만 알면 영어를 할 수 있다는 말이 있는데 나 역시 이에 동의하는 바이다. 프로의 세계에서 일을 하게 되면 비즈니스 영어와 영어 프레젠테이션 능력 등 더욱 고급스럽고 시의적절한 표현들을 사용해야 하지만, 기본적인 커뮤니케이션은 같은 말의 반복의 반복이다. 스포츠마케팅에서 영어의 중요성은 많이 강조했지만 정말 글로벌한 목표를 가지고 도전한다면 영어의 필요성은 더 이상 강조할 필요가 없다. 수단과 방법을 가리지 말고 꼭 습득하길 바란다.

대학원 합격 비하인드 스토리

회사 생활과 공부를 병행하는 것은 정말 쉽지 않았다. 그리고 대학원에 진학하겠다는 결정을 하고 실제로 입학할 때까지는 약 1년 정도의 기간이 걸렸지만 실제로 치열하게 이 모든 것을 준비한 기간은 약 4개월밖에 되지 않는다. 지금 생각해볼 때 그 짧은 기간에 모든 것을 준비할 수 있었던 배경은 다음과 같다.

첫째, 현지에서의 회사 생활로 영어실력을 쌓았다. 뉴욕이나 캘리포니아 같은 주는 한인 교민도 많고 커뮤니티도 잘 형성되어 있기 때문에 영어 한 마디 못해도 살 수 있다. 이런 조건은 독한 마음을 먹지 않고 떠난 한국인들에게는 독이 될 수도 있다. 한국에 대한 그리움과 초기 정착의 어려움 등이 복합적으로 밀려오면 누구든 한국인을 찾게 마련이다. 나 역시 초창기에는 지인이나 교회 등 공동체를 통해 많은 도움을 받았고 이 부분에 무한한 감사를 느낀다.

하지만 미국 내에서의 영어 실력 향상 여부는 순전히 본인에게 달려있다. 현지에서 처음 미국 회사 생활을 시작했을 때 한국 사람은 나를 제외하고는 단 한 명도 없었고, 이것이 아주 좋은 기회가 되었다. 대화 중 튀어나온 문법적 실수와 상사의 말을 이해하지 못해 짜증 섞인 소리를 들어야 하는 일이 반복되면서 나도 모르는 사이에 영어 커뮤니케이션에 상당히 익숙해지게 됐다. 이는 차후 영어시험, 교수나 입학사정관과의 대화 및 면접 등에서 상당히 이점으로 작용했다.

둘째, 현지에서 얻는 정보 습득의 용이성. 일단 시험 일정 및 장소를 고르느라 전쟁을 치러야 하는 한국과 달리 미국에서는 TOEFL 및 GRE 테스트를 원하는 장소에서 언제든지 치를 수 있다. 또한 동시간대에 눈뜨고 일하는 사람들과 직접 통화하고 이메일을 교환하며 학교 프로그램 설명회에 직접 참여하는 등 학교 정보나 준비사항을 즉시 알아볼 수 있다는 점이 좋았다. 내가 가고자 하는 학교의 졸업생들도 심심치 않게 만나볼 수 있어 많은 정보를 사전에 알고 있었기 때문에 에세이를 쓰거나 학업 계획서 작성에 큰 도움이 되었다.

셋째, 회사 경험. 많은 미국의 대학원들은 지원자의 배경 중 회사 경력을 보는 경우가 많다. 사실 대학원, 특히 경영대학원처럼 응용학문을 공부하는 곳에서는 그 구성원들이 사회 경험을 통해 얻은 성찰과 한계를 이후 학업을 통해 발전시킬 수 있는가의 여부를 무엇보다 중시하는 경우가 많다. 내가 경험한 3년의 회사생활, 또 한국에서의 장교생활은 자기소개서 및 에세이를 쓰는데 큰 도움이 되었다. 또한 이것이 학업을 마치자마자 바로 유학을 생각하는 주위 사람들에게 늘 던지는 조언이기도 하다. 대학원 유학은 사회생활이 어느 정도 바탕이 되어야만 그 효과가 배가되는 법이다.

분수 알기

스포츠마케팅 유학의 시작

뉴욕과 보스턴의 중간쯤, 양 도시에서 한두 시간 거리에 위치한 코네티컷은 한국인들에게는 다소 생소한 주이다. 하지만 유명 사립고등학교와 기숙형 고등학교 및 아이비리그 중 하나인 예일대학교(Yale University)가 위치하고 있어 조기유학에 관심이 많은 학부모들은 잘 알고 있다.

코네티컷 주는 지리적 이점 때문인지 ESPN이나 WWE의 헤드쿼터 등 큼직한 스포츠 기업들이 자리 잡고 있을 만큼 스포츠 인프라가 좋다. 학교를 선택할 때 여러 가지 고려사항이 있었지만 기존의 생활 근거지인 뉴욕/뉴저지와 멀지 않다는 점, 스포츠의 중심지 뉴욕과 보스턴과 인접해 있다는 점, 스포츠 인프라가 좋다는 점, 그리고 무엇보다 대학의 체육부 활동(스포츠 팀)이 활발하다는 점 등이 나의 마음을 사로잡았다. 지원했던 다른 대학에서는 모두 낙방하였기 때문에 딱히 선택권도 없었지만, 이왕이면 좋은 점만 생각하려고 노력했던 것 같기도 하다.

코네티컷 주립대학교(University of Connecticut. 이하 UCONN)는 1881년 '스토어스 농업학교(Storrs Agricultural School)'로 개교한 코네티컷 주의 주립대학으로, 현재 대학원생 8,000여 명을 포함해 약 2만 8,000여 명의 학생이 6개의 캠퍼스에서 공부하고 있

UCONN HUSKIES 로고

다. 미국 내 제너럴 랭킹은 약 60위 권(〈US 뉴스 & 월드 리포트〉 보도 2018년 순위 63위)으로 최상위권 대학은 아니지만 스포츠산업 관련 전공인 나에게 중요한 것은 스포츠였다.

UCONN의 명물은 농구 팀이다. 남녀 대학농구의 강자로 군림하고 있는

UCONN 미식축구팀 홈 경기장

UCONN Huskies(허스키가 마스코트인 학교 스포츠 팀 이름)는 지난 2004년 전 미국 NCAA 역사상 처음으로 남녀 대학농구 공동 우승을 차지했다. 또한 '절대강자'란 단어 자체가 없는 남자 대학농구 리그에서 늘 상위권을 유지하며 4회의 챔피언 링을 가진 우승 단골 손님이다(1999, 2004, 2011, 2014). 우리가 잘 아는 UCONN Huskies 출신 NBA 선수로는 레이 앨런, 캠바 워커, 샤바즈 네이피어 등이 있다.

여자 농구팀은 부연 설명이 필요 없는 부동의 1위 자리를 지키고 있다. 2019년 1월 기준 NCAA 챔피언만 16번을 차지했으며, 미국 농구 최다연승인 90연승(2008~2010) 기록까지 보유하고 있다.

나는 UCONN 교육대학(School of Education)의 운동생리학과(Kinesiology) 세부전공 가운데 하나인 스포츠매니지먼트(Sport Management) 과정을 선택했다. 총 이수 학점은 33학점이었는데, 논문이나 인턴십, 두 가지 트랙 중 하나를 선택해 6학점을 이수할 수 있었기 때문에 실제 수업은 27학점 9과목밖에 되지 않았다. 졸업 후 취업을 목표로 하고 있는 나에게는 수업 외 시간을 많이 보장받을 수 있고, 수업의 절반도 MBA 과정과 연계되어 있다는 점이 상당히 긍정적이었다.

새로 계약한 집에 짐을 풀고 처음으로 캠퍼스를 방문했다. 사전에 미리 연락해둔 같은 과 한국인 선배들을 만나 석사 과정에 필요한 많은 정보를 얻을 수 있었다. 선배들과의 몇 번의 만남을 통해 어느 정도 수업 준비를 마친 뒤 담당 교수를 찾아 인사 겸 앞으로의 학업계획을 상담받았다.

선배들의 조언도 있었지만, 담당 교수와의 면담 시간에 두 가지를 강조해서 부탁했다. 첫째, 장학금을 위해 대학원 조교(Graduate Assistantship)로 활동할 수 있었으면 좋겠다. 둘째, 졸업 후 목표는 취업이니 석사 과정 중에 좋은 일자리를 추천해줬으면 한다. 명확한 대답을 듣는 자리라기보다는 학업에 대한 목표를 교수님에게 미리 알리는 시간이었다.

개인적인 목표도 세워보았다.

첫째, 영어. 지난 3년의 회사생활로 어느 정도 비즈니스 영어의 기초를 닦았다고 생각했으므로 스포츠 비즈니스 분야로 영역을 넓히고, 학업 과정을 통해 프레젠테이션 스킬을 늘리고자 했다.

둘째, 취업을 위한 현실적인 경험. 남보다 늦게 스포츠마케팅 산업에 뛰어든 만큼 무엇이 스스로를 강력하게 만들까 고민하면서 미국에서의 다양한 현장 경험을 통해 선진산업의 맛을 바닥부터 체험하겠다고 다짐했다. 그동안 유심히 지켜봤던 체육부 중심의 대학 스포츠와 메이저 스포츠 시장을 중심으로 한 산업 구조들이 바로 그것이다.

그리고 마지막으로 졸업 후 취업에 대비한 구직활동도 게을리 할 수 없었다. 스물아홉 살의 나이에 다시 한 번 시작된 유학이라는 도전에 설렘보다는 두려움이 컸던 게 사실이다. 과연 이 결정으로 감당해야 할 기회비용을 어떻게 상쇄하며 또 이후의 미래가 예상했던 것만큼 보상을 가져다줄까?

어쨌든 일단 칼을 뽑아 들었으니 무라도 베어야겠다는 심정으로 첫 학기를 맞이했다.

나에게 스포츠마케팅 유학의 의미는 무엇인가?

첫 학기 첫 수업이 아직도 생각난다. 아무것도 모른 채 과목 이름만 보고 강의 시간표를 짜서 들어간 스포츠마케팅 수업 첫 시간. 10여 명의 대학원생들이 앉아 있었다. 백인 7~8명과 흑인 2명에다 아시아인은 나 혼자였다. 늘 200~300명이 들어가는 대형 강의실에서 '대리출석'을 하고 나와 잔디밭에서 술 마시며 놀던 생활에 익숙한 나로서는 적응이 쉽지 않았다.

교수님이 들어오고, 어색한 자기소개를 한 다음 첫 수업이 시작되었다. 글로는 표현하기 힘들만큼 어색하고 식은땀이 났다. 미국에 좀 살았음에도 불구하고 혹시나 교수님이 질문을 하지 않을까 두려워하며 2시간을 버텼다. 첫 수업인지라 무엇을 준비해야 하는지, 또 어떤 분위기에서 수업이 진행될지 모르는 상태였으니 어떤 준비도 할 수가 없었다.

어쨌든 첫 수업 이후 나는 전형적(?)인 한국 학생의 모습으로 돌아갔다. 수업 과제 수행, 토의 내용 사전 검토, 관련 케이스 스터디 예습 등으로 하루하루를 보내는 내 모습은 마치 고3때 입시전쟁을 치르던 때와 같았다.

스포츠마케팅, 스포츠매니지먼트, 스포츠법률, 스포츠사회학 등의 수업을 들으며 기본 지식을 쌓기 시작했다. 그토록 꿈꾸던 스포츠를 비즈니스라는 새로운 개념으로 받아들이니 기분이 묘했고, 알아가는 즐거움이 분명히 있었다. 이런 지식들은 지금도 회사 업무를 수행하는데 밑거름이 되고 있다.

하지만 이러한 열정과는 별개로 늘 마음속에는 불안함이 자리 잡고 있었다. 수업이 지겹거나 스스로 게을러져서가 아니고, 모든 것의 종착역이 어디인가에 대한 답이 없었기 때문이었다. 과연 나에게 스포츠마케팅 유학의 의미는 무엇인가. 공부 열심히 해서 졸업장을 딴 뒤 나에게 무엇이 남겠는가 하고 생각해보면 숨이 턱턱 막혔다.

미국 취업을 경험해본 사람으로서 그 문제는 현실로 다가왔다. 박사 과정을 거쳐 교수가 되겠다는 목표는 고려 대상이 아니었으므로 2년 뒤 졸업하는 순간 인생이 결정된다는 생각뿐이었다. 또한 한국으로의 복귀보다는 미국에서 끝장(?)을 보자는 심사였기에 불안감은 더욱 가중될 수밖에 없었다.

그렇다. 결국 해답은 '취업'이었다. 취업을 하느냐 못 하느냐도 중요하고, 어디로 하느냐도 중요했다. 미국 생활 당시 꾸준히 적어온 영어 일기를 다시 들추어 보아도 당시 가장 큰 고민은 취업에 관한 것이었다. 지금 생각해 보면 취업이 목적인 사람은 큰 꿈을 그릴 수 없는 법이지만, 그때는 정말 바로 앞만 바라보기에도 급급했던 것 같다.

그러다 보니 수업에 대한 집중도는 갈수록 낮아지고, 취업 기회에 대한 관심은 늘었다. 다행히 성적은 그다지 나쁘지 않았다. 졸업 당시 GPA가 3.7 정도는 됐으니, 대학을 매우 부끄러운 성적으로 졸업한 사람으로서는 만족할 만한 수준이었다. 하지만 학교 성적이 미래를 보장하지 않는다는 생각으로 현실적인 내공을 쌓자는 결심을 하게 되었다.

이런 결심이 선 뒤 매일 밤 책상에 앉아 수업과제 대신 컴퓨터를 붙잡고 취업 가능 분야에 대해 정리하기 시작했다. 이것이 어떻게 보면 내 인생 첫 번째의 '스포츠마케팅 쪼개기'의 과정이었다.

과연 내가 아는 스포츠마케팅 시장은 무엇이며 어떤 구조를 가지고 있는가. 또 이에 적용되는 나 자신은 누구이며 어디에 위치해 있는가 등을 계속 고민했다. 독자들도 스포츠마케팅 진출을 진지하게 고민하기 전에 이런 과정을 거쳤으면 한다. 좌절의 연속이 분명할 수밖에 없는 냉철한 자기분석의 과정이 없으면 당신의 용기는 만용으로 변해버릴 가능성이 크기 때문이다. 나 역시 칼을 뽑기 전에 단도인지 장검인지, 아니면 스타워즈의 제다이 광선검인지 알지 못한 채 전쟁터에 나가는 큰 실수를 범했기에 진심에서 우러나오는 조언이다.

미국 내 스포츠마케팅 취업의 현실과 맞닥뜨리다

취업이라는 명확한 목표가 생긴 뒤 긴 시간을 두고 현실 가능한 취업 경로를 다시 분석했다. 이미 3년 전 미국 취업 시장에서 단맛 쓴맛 다 경험해본 사람으로서 방법론적인 가닥을 잡고 분석을 하기 시작했다. 리서치를 통해 스포츠마케팅 산업에 대한 대분류를 하고, 내가 들어갈 수 있는 틈새시장을 고민했다.

첫째, '대학 스포츠 산업'이다. 대학 스포츠라 하면 NCAA를 중심으로 한 각 대학교의 체육학과 및 팀을 관장하는 대학 체육부(Department of Athletics)를 종합적으로 의미한다.

NCAA는 100년 이상의 역사를 가지고 있는, 미국 내에서 가장 영향력 있는 스포츠 조직 중 하나다. 미국의 어떤 프로협회나 구단 이상의 파워와 가치를 지니고 있다.

NCAA 대학농구 플레이오프 '3월의 광란(March Madness)'

NCAA의 재정은 TV중계권/마케팅권리 수수료와 챔피언십 수입을 통해 확보되고, 이 수입은 행정과 제반 비용을 제외하고 각 소속 대학으로 재분배되는 시스템을 가지고 있다.

미국 내 대학 스포츠의 인기는 상상을 초월한다. 한국에서는 미국 대학농구의 플레이오프 격인 '3월의 광란(March Madness)' 정도가 간간이 소개되는 정도지만 실제 경험해본 인기는 정말 엄청났다.

그렇다면 대학 스포츠산업에서 취업 기회를 노려볼 수 있을까? 가능성이 없는 것은 아니었다. 대학생활 동안 학교 내 여러 체육단체에서 경험을 쌓은 것도 졸업 후 취업을 전제로 한 것이었다.

실제로 업무를 배우면서 '한 학교 안에서 이렇게 다양한 업종에 종사할 수 있구나' 하는 생각이 들었다. 물론 쉽지는 않을 것이다. 영어도 원어민 수준이 안 될 뿐더러 백인 위주의 구성에 간간이 흑인/히스패닉계 소수자(Minority)의 비율을 맞추고 있는 조직 특성상 아시아인들이 설 자리는 많지 않았다.

학교 내 메이저 스포츠 팀인 농구와 미식축구팀에서 동양인이 선수 또는 팀의 프론트로 선발된 전례는 없었다. 또 대학 체육부의 마케팅 부서 또는 사업개발(Business Development) 부서처럼 학교 스포츠 팀을 가지고 마케팅 하는 자리는 화려한 언변과 실질적 효용가치가 필요한 미국 대학원생(보통 대학원 조교로 일하는 조건으로 대학원에 입학)으로 채워지기 마련이다.

지원을 안 해본 것은 아니다. 체육부 내에 어시스턴트 자리가 나서 인터뷰를 했다. 당시 면접관이 "당신의 특별한 점은 뭐죠?(What's so special about you?)"라고 물었을 때 머뭇거리다 그냥 나온 경험도 있다. 잘 나간다는 미국 메이저 대학 스포츠산업의 구조적 한계를 넘어 취업을 할 정도의 경쟁력을 갖췄다고 말하기엔 한없이 부족했다. 게다가 어느 순간부터 완전히 침체기로 빠져버린 한국의 대학 스포츠산업을 생각하며 언젠가 한국으로 돌아왔을 때 과연 지난 경력들을 잘 활용할 수 있는 무대가 있을까 하는 고민도 했다.

둘째, 프로스포츠 산업이다.

이 부분은 의외로 오래 고민하지 않았다. 미국의 넘버원 스포츠 NFL의 팀과 세세한 규칙은 스포츠팬이라는 나조차도 잘 모를 정도였다. 뒤늦은 벼락치기 공부로 넘어설 수 있는 종류의 것이 아니었다. MLB와 NBA, NHL 등은 내가 가장 좋아하는 스포츠지만 그 속에서 설 자리를 찾는다는 것은 내게 주어진 1~2년 동안 이뤄낼 수 있는 일이 아니었다.

생각해 보라. 스포츠를 문화로 인식하며 살아온 미국인들은 어린 시절부터 아버지 손 붙잡고 야구, 농구, 미식축구장에 가는 것이 일상이다. 내가 한국에서 스포츠를 사랑했듯이 미국 스포츠를 사랑하며 삶의 일부로 살아온 사람들 가운데 스포츠마케팅 업계에서 일하고 싶은 사람이 얼마나 많을 것이며, 그들을 이길 수 있는 경쟁력이 있는가. 모두 비슷한 결론이었다. 즉 이제 막 발을 들여놓은 동양인인 내가 설 틈은 없었다.

한편, 가장 좋아하는 종목이 축구였음에도 불구하고 미국 프로축구인 메이저리그 사커(MLS)는 여타 메이저 스포츠에 비해 인기도가 낮은 편이었고, 한국인으로서 경쟁력도 그다지 없었다. 또한 관련 경험을 쌓는다 해도 한국으로 컴백 시 큰 이점을 가지지 못한다고 판단해 관심 밖에 두었다. 이런 과정을 통해 메이저 프로스포츠산업 진출의 꿈은 일단 화끈하게 접었다.

하지만 좌절의 연속이 그리 나쁘지만은 않았다. 과연 미국 내에서 내가 진출할 가능성이 가장 큰 분야가 어디일까 생각하면서 그 답이 조금씩 보이기 시작했다는 점이 고무적이었다. 미국 내 4대 메이저 스포츠와 축구는 현실적인 고려대상에서 제외한 대신, 단 한 번도 관심을 두지 않았던 골프라는 종목이 이상하게 눈에 띄기 시작했다.

골프는 미국에서 넓게 대중화되어 있을 뿐만 아니라 PGA투어, LPGA투어의 남녀 프로골프 산업도 세계화에 성공해 탄탄한 기반을 갖추고 있었다. 특히 골프를 잘 모르는 나도 한국 선수들의 PGA 및 LPGA 투어 선전을 잘 알고 있었기에 골프라면 혹시 한국인으로서 경쟁력이 있지 않을까 생각했다. 또한 몇 개의 대회 홈페이지만 리서치해보아도 금세 찾아볼 수 있는 많은 스폰서 기업의 이름들을 보면서 프로 골프 산업이야말로 '돈이 모이는 산업'이라는 생각이 들었다. 이후 계속 이야기가 전개되며 알겠지만 이런 우연 같은 골프와의 만남이 내게는 운명 같은 '신의 한수'였다.

셋째, 스포츠마케팅 에이전시다.

세계에서 가장 발달했다는 미국의 스포츠마케팅 시장은 널리 알려진 바와 같이 에이전트 사업에서 시작되었다. 1960~1970년대를 거쳐 에이전트 산업의 태동을 보이기 시작한 미국 프로스포츠 시장은 FA제도의 도입, 경쟁리그의 탄생, 스포츠의 엔터테인먼트화 그리고 선수노조의 영향 등으로 1980~1990년대에 급속도로 발전하기 시작했다. 미국은 2000년 통일스포츠 에이전트법인 'UAAA(Uniform Athlete Agent Act)'를 마련해 좀 더 체계화된 법적 근거까지 마련했다.

하지만 시간이 지나면서 선수 매니지먼트라는 1차원적인 서비스만으로는 경쟁력이 없다고 판단한 스포츠 에이전시들은 스포츠를 통한 모든 마케팅 솔루션을 제공하는 토털 스포츠마케팅 에이전시로 변모하고 있다.

보유한 선수의 수와 다양한 종목에서의 성과를 기준으로 보면 미국 내 메이저 스포츠에서 큰 영향력을 발휘하는 회사는 Octagon, SFX, WMG(Wasserman Media Group), CAA(Creative Artist Agency), 보라스 코퍼레이션(Boras Corporation) 등이 있지만 아무래도 전 세계 무대를 대상으로 하는 스포츠마케팅계의 큰손은 IMG(현 WME-IMG)가 아닌가 싶다.

다른 회사들은 지나치게 미국적이어서 한국인인 내가 비집고 들어갈 틈도, 또 경쟁력도 없어 보였다. 반면 IMG는 미국 메이저 팀 스포츠보다는 골프, 테니스, 동계스포츠 등 개인 스포츠 종목에 집중하며, 무대도 전 세계였기에 여타 회사와는 약간 다른 포지셔닝을 하고 있는 것으로 보였다.

당시 IMG의 본사는 미국 클리블랜드에 있으며 비즈니스의 중심인 뉴욕 내에도 큰 지사가 있었다. 매년 여름과 겨울, 두 도시에서 대학생들을 대상으로 여는 인턴십 프로그램은 상당히 매력적이었다. 하지만 열심히 지원서를 준비해 2년 동안 4번이나 지원했지만 단 한 번도 서류심사를 통과하지 못했다.

당시 UCONN은 IMG와 계약을 맺고 마케팅 권한을 넘겨준 상태였기 때문에 학교 인근에 IMG의 사무실이 있었다. 아는 인맥을 활용해 인터뷰를 해보았지만 바로 탈락의 고배를 마셨고, 나중에는 내가 안쓰러웠는지 오히려 이들에게 커리어 상담을 받는 지경에 이르렀다.

너무 메이저 에이전시만 쳐다보는 현실감 없는 눈높이가 문제였나 싶어서 학교 주변의 중소 스포츠마케팅 에이전시에도 계속 이력서를 넣으며 인터뷰를 반복했다. 취업이나 인턴에 성공한 에이전시는 없었지만 이러한 실패들은 나로 하여금 좀 더 오기를 가지게 만들었고, 졸업 후 IMG 한국지사에 취업하기까지 나를 지치지 않고 이끌어준 원동력이 됐다.

넷째, 마지막 옵션은 '닥치는 대로'였다.

거듭된 실패로 나는 깨달았다. 계속 나를 거부하는 미국 사회를 보수적이고 폐쇄적이라 말하기에는 내가 가진 것이 너무 없었다. 능력이 있고 준비가 됐는데 기회가 주어지지 않는다면 불만을 늘어놓기라도 하겠지만 이제 막 '대학원'이란 간판으로 스포츠계에 입문한 내가 가질 수 있는 옵션이 얼마나 되겠는가.

어떤 기회든 무조건 잡아야 한다는 생각으로 눈높이를 낮추고 도전 또 도전했다. 이름 있는 회사의 정규직부터 시작해서 유명회사의 유급 인턴십, 무급 인턴십, 무명 중소기업의 유급 인턴십까지… 결국은 그것도 안 돼 학교 체육부에서 아르바이트로 사회 경험을 시작했다. 이것이 바로 스물다섯 살의 나이에 스포츠마케팅 산업에서 한 건 해보겠다고 잘난 척하며 미국 유학까지 온 내가 겪는 현실이었다.

'현실은 냉정하다'란 말이 보통은 대수롭지 않게 느껴지겠지만, 본인 생활에 대입하여 받아들이기는 힘든 경우가 많다. 나 역시 위와 같은 과정을 통해 때로는 처절함과 세상에 대한 분노를 느끼며 미약한 나의 존재를 받아들여야만 했다. 하지만 이렇게 처절함이 넘치는 '분수 알기' 과정이 오늘날 내 인생의 길을 찾는 데 큰 깨달음을 주었음은 의심치 않는다.

04

시작은 미약하게,
끝은 창대하게

대학원 입학 후 깨달은 가장 쇼킹한 사실 중 하나는 바로 동료 미국인 대학원생들은 대부분 학교 체육부에서 정규직으로 취업 오퍼를 받고 학비무료를 전제로 입학했다는 사실이었다. 물론 모든 이들은 아니다. 다만 나처럼 졸업 후 스포츠산업 취업을 목표로 하는 동료들은 모두 지원 때부터 본인들의 의지를 피력하고 학교 체육부에서 일하며 학비를 면제받는 코스를 선택한 것이었다. 농구부, 미식축구부, 마케팅, 사업개발부, 스포츠센터 시설관리 등 다양한 부서에서 일하면서 업무에서 오는 깨달음을 바탕으로 수업을 듣고 학위까지 따는 이들이 부럽지 않을 수 없었다.

나를 포함한 대부분의 유학 준비생들은 한국인으로서 장학금을 받을 기회가 없다고 생각하는데, 적어도 내가 다닌 학교의 경우만 보면 꼭 그렇지는 않았다. 미국 내 주립학교들은 주(州) 주민들에게는 상대적으로 상당히 싼 등록금을 책정한다. 하지만 비거주자 출신 미국인 학생과 외국인 학생이 내는 등록금은 그렇게 큰 차이를 보이지 않는다. 미국인에게 등록비를 면제해주는 것과 외국인 학생에게 등록비를 면제해주는 것은 큰 차이가 없다. 다만, 등록금에 차이가 있다 하더라도 학교에서 직업에 걸맞은 연봉을 책정하기 때문에 그 이상의 금액만 학비로 내면 된다.

결국 우리 유학생들의 발목을 잡는 것은 경쟁력, 정보력, 그리고 영어 실력이다. 사전에 이런 것들을 갖추기가 쉽지 않지만 무턱대고 불가능하다고 봐서는 안 된다는 얘기다. 나 또한 이런 정보력, 경쟁력 없이 마치 생돈을 내고 입학한 느낌을 지울 수 없었기에 상대적 박탈감이 상당했다. 하지만 현실은 현실. 이왕 비싼 등록금을 내야 한다면, 있는 기회 없는 기회 다 챙겨서 최대한 뭔가를 얻어야겠다는 생각이 들었다.

교내리그 심판 활동 – UCONN Department of Recreational Services

막연했던 취업과 유학생으로서의 생활고를 동시에 이기기 위해 먼저 찾은 것은 학교 내 파트타임 자리였다. 유학생들은 모두 공감하겠지만 미국에서 유학생 신분으로 합법적으로 돈을 받고 일할 수 있는 곳은 학교 내에서 일하는 직업이 대부분이다. 다행히 학교 구인구직 페이지를 통해 꾸준히 검색한 결과, 학교 레크리에이션 서비스(Recreational Service) 부서에서 주관하는 학내 스포츠리그(Intramural League) 심판활동을 할 수 있게 되었다.

주어진 종목별 스케줄에 따라 심판 일정을 신청하면 시즌 시작 전 집체교육(Training)을 통해 심판 업무를 습득하고 시즌과 동시에 경기에 배정된다. 이미 한국에서 서울시 축구협회 심판 3급 자격증을 가지고 있던 나로서는 많이 낯설지 않은 시스템이었다. 한 시간에 8~9달러를 받을 수 있었으니 일주일에 200~300달러는 꾸준히 번 것 같다.

매달 아파트 렌트비에 신경 쓰지 않을 수 없는 내 입장으로서는 정말 큰돈이 아닐 수 없었다.

이렇게 시작된 교내리그 심판 활동은 대학원 기간 내내 일정한 스케줄로 이어갈 수 있었기 때문에 재미가 있었을 뿐 아니라 성취감도 높았다. 종목도 다

UCONN 교내리그 심판진 사진

양했다. 축구, 농구, 야구, 배구, 소프트볼 등 각종 스포츠의 룰을 익히며 심판
활동에 참여했다.

어려운 점도 많았다. 대부분 대학생으로 이뤄진 교내 리그에, 그것도 아시아
인 대학원생이(당시 나이 스물아홉 살) 심판으로 참여했으니 말 못할 어색함이
존재했다. 하지만 스포츠는 만국 공통 언어가 아니던가. 전혀 어울리지 못할
것 같던 나조차 몇 개월이 지나면서 어느새 그들의 시스템에 녹아들었다.

사실 교내리그 심판이 내 인생의 최종 목표도 아니었고, 한 달을 먹고 살 금
액을 벌 수 있는 것도 아니었으므로 나 역시 많은 시간을 투자하지 않고 흐름
에 따라 구성원 중 하나가 되는 데 만족했다. 당시 대학원생은 나 포함 2명에
지나지 않았고, 한국 유학생으로는 내가 유일했다. 한국 유학생들과의 유대를
무시하지 않고 지내긴 했지만 미국에 있을 때 그들의 '시스템 안으로' 들어가
직접 체험한 것이기에 만족할 만한 성과였다고 본다.

스포츠 지역사회 봉사 프로그램 – Husky Sports

대학원 2학기 때부터 참여한 스포츠 사회봉사 프로그램인 허스키 스포츠(Husky Sports).

나는 학교 프로그램을 통해 코네티컷의 주도인 하트포드(Hartford) 주변 빈곤층 자녀들의 학업과 스포츠를 독려하는 무료 사회봉사 프로그램에 참여했다. 담당 교

UCONN Husky Sports

수님이 스포츠사회학에 주력하시는 것도 참가 이유 중 하나였지만, 쉽게 접할 수 없는 미국 로컬 사회와의 스킨십 기회였기에 흔쾌히 참여했다. 기간은 한 학기 정도였고 방문 빈도는 일주일에 2회 정도였다. 화려하게만 보이는 미국의 환상 이면에 있는 소외된 계층의 모습을 안전하게(?) 그리고 아주 근접해서 접할 수 있는 기회였다.

프로그램에 참여하는 지역 아이들은 대부분 흑인이었고 간간이 히스패닉 계열의 아이들을 만날 수 있었다. 어린 친구들은 학교에는 관심이 없고 마약, 총기가 들끓는 환경에서 자라며 일탈로 빠지는 경우가 허다했다. 하지만 어렵지 않게 공 하나로 친해질 수 있는 계기가 마련되었다.

NBA 슈퍼스타 르브론 제임스나 코비 브라이언트 등의 영웅들을 보며 자란 덕에 농구에 재능을 보이는 친구들이 종종 있었다. 뉴욕이나 캘리포니아처럼 다문화가 일상인 주들을 제외하면 백인/흑인/히스패닉계로 나뉘어 사는 미국 문화에서 나 같은 아시아인은 동네에서도 꽤나 보기 힘든 존재 중 하나였던 모양이다. 거리마다 나를 유심히 보는 시선을 느낄 수 있었고, 친해지고 난 후에도 내 이름을 본래의 영문명인 스티브(Steve)보다 야오 밍(Yao Ming) 또는 재키 찬(Jackie Chan)으로 기억하는 이들이 더 많았다.

첫 번째 국제 스포츠이벤트 경험 – ING New England Golf Classic

대학원 1년차를 시작하며 가장 먼저 판단이 필요했던 부분은 어디에 '선택과 집중'을 하는가였다. 예전부터 광적으로 좋아했지만 미국 내에서의 장밋빛 미래가 보이지 않는 메이저 스포츠 종목들을 과감히 포기하고 선택한 것이 골프였다.

당시 PGA 투어에서 좋은 성적을 보이던 한국 PGA 1세대 최경주와 양용은 프로도 좋았지만, 최나연, 신지애 등을 필두로 '박세리 키즈'라 불리는 한국 낭자들이 점령해버린 LPGA 무대를 보니 뭔가 가능성이 보이기 시작했다. 그렇게 선택의 물꼬를 트고 나니 집중해야 할 종목들이 보이기 시작했다. LPGA 인턴십도 지원을 해보았으나 다시 한 번 보기 좋게 떨어지고 눈을 돌린 것이 LPGA 하부 리그인 Duramed Futures Tour(현 Symetra Tour)였다.

과거의 유명 스타였던 박지은과 로레나 오초아(Lorena Ochoa)부터 지금까지 LPGA에서 좋은 활약을 이어가고 있는 박인비, 부룩 헨더슨(Brooke Henderson) 등의 스타선수들이 Symetra Tour의 대표적인 졸업생들이다. 외국인 선수들은 자국 리그를 평정한 후 LPGA Q스쿨을 통과해 메인 무대에 오르는 것이 대부분이지만 하부 리그에서 착실히 미국 무대에 적응하며 LPGA 진출을 모색하는 선수도 많이 있다.

또한 퓨처스 투어 참가 선수 중 한국인의 비중이 상당하다는 사실을 알게 되면서 본격적으로 리서치를 시작했다. 운 좋게도 학교 인근 30분 거리에서 Symetra Tour 대회 중 하나인 'ING 뉴잉글랜드 골프 클래식'이 매년 6월에 열린다는 정보를 얻고 나서 인턴 지원의 가능성을 찾아보았다.

당시만 해도 큰 규모의 대회가 아니어서 그런지 대회 자체의 정규 인턴직은 없었다. 밑져야 본전이란 마음으로 총책임자(Tournament Director)에게 이메일을 보내 내 소개와 함께 인턴으로서의 업무 참여 의사를 밝혔다. 그리고 의외로 긍정적인 그녀의 답변과 함께 인터뷰를 거쳐 여름방학 인턴십을 시작하게 됐다. 물론 무급이었으며, 수업과는 무관하게 내 스스로 찾아낸 기회였다. 사실은 인턴십 코스를 너무 조기에 사용해 차후에 있을 기회를 놓칠까봐 학교에 알리고 싶은 마음도 없었다. 여전히 더 많은 경험이 곧 나의 재산이라는 생각뿐이었다.

ING New England Golf Classic에서

첫 전체 미팅 후 지역 현금/현물 스폰서 세일즈 및 세일즈 트래커(Sales Tracker)를 작성해 매주 보고하는 업무가 할당되었다. 나 같은 초보에게 기대하는 스폰서십 세일즈가 크지 않음을 잘 알고 있었던 나 역시 밑질 것 없다는 마음으로 주변 지역의 기업 리스트를 정리해 나갔다. 스포츠 후원 관련 대기업부터 시작해 중소규모 로컬 기업 리스트까지 가능한 모든 정보를 모아 규모와 가능성을 기준으로 그룹별로 구분한 후 도어 투 도어(Door-to-door) 방문을 시작했다.

세일즈라고는 고등학교 시절 축제 전단지를 인쇄하기 위해 집 근처 분식집과 식당 사장님들에게 5만 원씩 스폰서를 받아본 게 전부인 내게 처음 며칠 동안의 방문은 굴욕 그 자체였다. 시행착오도 많았다. 후원을 해달라고 그들을 설득할 만한 자료도 부족했고, 후원의 명분도 제공하지 못했다. 아무리 기부문화가 발달한 미국이라도 무작정 찾아가 식사 쿠폰 좀 달라, 음식 서비스 좀 달라는 식으로 비는 것만으로는 어려웠다.

초창기에는 사실 연습 삼아서 가능성이 낮거나 규모가 작은 영세기업을 찾아갔다. 현금 후원이 쉽지 않다는 사실을 알게 된 다음에는 대회에 필요한 물품 내역을 전달받은 후 현물 스폰서 영업에 집중하기 시작했다. 이날은 음식이 어느 정도 필요하겠다, 사무용품은 무엇이 필요하겠다 등을 계산하며 필요한 용품만 선택적으로 세일즈를 해나가니 성공확률이 생각보다 높아지기 시작했다. 결국 최종적으로 거둬들인 후원물품은 지극히 미미했지만 언젠가 그 끝은 창대하리라는 말을 되뇌며 대회를 맞이했다.

대회는 개회식을 시작으로 계획된 시나리오에 따라 잘 치러졌다. 하부리그라 많은 갤러리와 미디어의 관심을 바란 것은 아니었지만, 대회 마지막 날 대회 타이틀 스폰서인 ING의 직원들이 대거 자원봉사를 나오고, 지역 언론도 관심을 보이며 성공리에 대회를 마쳤다.

앞서 말했듯이 상당히 많은 한국선수들이 Symetra Tour에 참여 중이었으므로 한국 선수들뿐만 아니라 그들의 부모님도 많이 만나게 되어 얘기를 나누면서 그들의 애환과 고생을 알게 되었다.

대학교 스포츠팀 프런트 – UCONN Men's Golf

성공리에 첫 여름 인턴십을 마치고 교정으로 복귀했다. 일단 불이 붙기 시작했는지 여름방학 인턴십만으로는 뭔가 부족함이 느껴졌다. 하지만 학교 수업을 받으면서 외부 기업에서 일하는 것은 현실적으로 불가능했기 때문에 업무 구역은 캠퍼스 내로 한정할 수밖에 없었다.

교내 리그 심판 외에 조금 더 프로페셔널한 업무를 맡고 싶다는 의지가 생기자 역시 답은 학교 체육부뿐이었다. 이미 많은 동료들이 체육부의 각 부서에서 일하고 있어 그리 낯설게 느껴지지는 않았다. 지난여름의 경험을 바탕으로 일의 추진에도 어느 정도 자신감이 생겼다.

나는 1년간 친분이 쌓인 대학원 교수 및 동료들을 통해 일자리를 수소문했다. UCONN은 전통적으로 남녀 농구의 명문이다. 농구는 학교 중심에 돔구장인 갬펠 파빌리온(Gampel Pavilion)이 랜드마크로 자리 잡고 있을 정도로 UCONN 스포츠의 중심이다. 또한 미국 대학 스포츠의 최고 인기 스포츠인 미식축구 역시 최상위 성적은 아니지만 학교 내에서 또 하나의 최고 인기 팀이었다. 하지만 나는 계속 '선택과 집중'의 원칙을 생각하면서 골프로 첫 삽을 떴으니 일관성을 갖는 것이 좋다고 판단했다.

여기저기 많은 사람들에게 부탁한 끝에 농구팀에서 일하는 대학원 동료의 소개로 UCONN 남자 골프팀 코치인 데이브 페지노(Dave Pezzino)의 연락처를 받았다. 이메일로 자기소개서와 이력서를 첨부하고, 장황한 설명과 함께 팀에 어시스턴트가 필요하지 않은지 문의했다. 행운인지 천운인지, 일단 만나보자는 연락이 왔다. 무한 긍정주의의 전형인 데이브의 얼굴을 보자마자 마음이 푹 놓였다. 너무나 편한 자세로 내 소개와 골프팀 소개를 주고받으며 1시간가량을 보낸 뒤, 그는 너무나 쿨하게도(?) 바로 같이 일해 보자며 나에게 유니폼을 던져주었다.

상하의 각각 50달러(약 6만 원) 이상을 주고 구입해야 되는 UCONN 나이키 유니폼을 몇 세트를 받고, 일할 자리까지 안내받고 나니 조금은 정신이 얼떨떨할 지경이었다. 나는 아직도 그가 왜 골프도 같이 한번 안 쳐보고 영어도 완벽하지 못한 아시아인 학생을 뽑아주었는지 이유를 잘 모르겠다. 하지만 확실한 것은 그와의 만남이 성사되지 않았다면 또 한 학기를 텅 빈 캠퍼스에서 수업에만 몰두하며 취업 걱정으로 마음을 졸였을 것이라는 점이다. 지금 생각해보면 그때 데이브와의 만남은 정말 잊지 못할 내 인생의 모멘트였다.

골프팀 어시스턴트란 특정한 담당업무가 있다기보다 골프팀의 1년 스케줄에 해당하는 모든 업무를 보조하는 일에 가까웠다. 팀 소속 선수는 전 학년 합쳐 10명 정도였다. 나는 학교 돔구장 상단에 위치한 골프팀 전용 연습장에서 매일 그들을 만나 드라이브/퍼팅 연습, 스윙 분석, 심지어 엑스박스 게임까지 함께하며 동고동락했다.

팀이 대회에 출전하면 1~2주는 기본으로 학교를 떠나야 했기 때문에 직접 따라가지는 못했지만 그들의 성적에 같이 기뻐하고 같이 슬퍼했다. 팀의 일

UCONN Men's Golf 팀원들과 함께

정 관리, 연습장 세팅 및 정리, 팀 차량 운전/정비, 경비에 대한 회계 처리, 골프팀 이벤트 기획 및 운영 등 분야는 매우 다양했다. 일 자체가 어려운 것은 아니었기에 반년 정도 지나자 여유도 생기고 일 전반의 그림이 보이기 시작했다.

NCAA라는 거대한 조직과 그 하부의 많은 학교들, 학교 내의 여러 운동 종목들, 그리고 내가 근무한 골프팀에 이르기까지 방대한 체계를 직간접적으로 배울 수 있었다. 또한 대학 체육 특기생의 진학이나 졸업 후 진로 탐색 과정까지 관여하면서 미국 체육산업의 선진화 시스템에 다시 한 번 놀라게 됐다.

초대형 스포츠이벤트 인턴십 – PGA Travelers Championship

어느덧 학교에 입학한 지 2년이 다 되었다. 졸업학점은 이미 이수했으나 경력에 목말랐던 나는 좀 더 기회를 찾아보자는 다짐과 함께 전략적으로 인턴십 코스를 택해 한 학기를 연장했다. 짧게는 2개월에서 길게는 1년 단위로 취업 시장에 나 자신을 던지다 보니 이력서에 이것저것 채워지는 게 많아지는 것을 발견했다. 그만큼 서류심사에서 떨어지는 비율도 낮아졌고, 최종 관문까지 도전하게 되는 경우가 많아지게 됐다.

중소 규모의 스포츠마케팅 에이전시에서 인터뷰를 많이 받았고, 명성 높은 PGA TOUR 여름 인턴십을 3차까지 통과했다 떨어지기도 했다. 비록 신분 문제로 최종 취업에는 실패했지만 시간이 지날수록 인터뷰 노하우도 쌓이고 면접에 자신감이 생겼다.

학교를 통해 얻는 취업 기회도 상당히 다양했다. 코네티컷 주 브리스톨(Bristol)에 헤드쿼터를 둔 세계 최고의 스포츠미디어 그룹 ESPN은 정기적으로 학교를 방문해 채용설명회를 가졌고, 나 역시 ESPN에 정식 채용 면접을 보기도 했다. 인터뷰보다는 '캠퍼스(Campus, 대학교의 캠퍼스를 연상케 할 정도로 방대한 규모를 자랑한다고 해서 붙여진 ESPN 헤드쿼터의 별칭)'를 한 시간 동안 견학하며 ESPN의 대표 프로그램 스포츠센터(Sports Center)를 직접 내 눈으로 볼 수 있었다는 것이 더욱 기억에 남았다.

'골프'라는 종목을 내 커리어 시작으로 선택한 뒤 계속해서 가능한 틈새를 파고들기 시작했다. 당시 코네티컷에는 미국 PGA 투어 대회 중 하나인 트레블러스 챔피언십(Travelers Championship)이 열리고 있었는데, 나는 이 대회에서 일할 수 있는 기회를 얻으면 좋겠다는 생각을 많이 해왔다. 트레블러스 챔피언십은 규모로 본다면 매년 코네티컷에서 열리는 스포츠 행사 중 가장 큰 행사다.

UCONN 남자골프 팀 코치 데이브는 인근 지역 골프 관계자들과의 네트워크가 매우 좋았다. 우연치 않은 기회에 그가 트레블러스 챔피언십의 총감독을 잘 알고 있다는 이야기를 듣게 됐고, 평소 허물없이 많은 얘기를 나누던 사이이기에 이 대회에서 일하고 싶다는 의지를 피력했다. 그는 흔쾌히 인턴으로 일할 수 있는 기회를 만들어주겠다며 나를 독려해주었다. 이미 과거에도 지원했다 쓴맛을 본 경험이 있었던 나로서는 더 잃을 것도 없었다. 결국 그의 전화 몇 통으로 대회 총감독과의 면접 자리가 마련되었고, 나는 마침내 대회운영팀(Operation) 인턴으로 합류하게 됐다.

흔히 미국 하면 학연/지연 등의 인습에 얽매이지 않는 나라로 생각하는 사람들이 있는데 현실은 꼭 그렇지 않다. 미국 역시 네트워크를 통한 추천으로 취업의 물꼬를 트는 경우가 상당히 많다. 추천자의 지위나 명성, 그리고 추천서 내용이 매우 중요한 합격요소 중 하나인 나라가 바로 미국이다. 학연이나 지연의 부정적 이미지를 떠나 아는 사람이 지원자의 능력과 됨됨이를 보증해

Travelers Championship 홈페이지 캡쳐(travelerschampionship.com)

주고 추천하면 고용인은 그 내용에 신뢰를 보내는 것이다.

트레블러스 챔피언십의 경험은 내게 프로스포츠 행사의 진면목을 가르쳐주었다. 업무 내용은 힘들었지만 그만큼 스포츠마케팅산업의 현실을 적나라하게 보여주었고, 고통이 따르는 만큼 보람도 컸다. 단 일주일을 위해 준비하는 PGA 투어 한 대회의 예산이 100억 원을 웃돌고, 대회 기간을 뺀 나머지 일년 내내 대회를 준비할 정도로 거대한 프로젝트이다. 대회운영팀이라 하면 화려하게 들릴지 모르겠지만, 상당한 육체노동이 필요한 과정이었다. 대회를 치르는 데 필요한 모든 업무를 5명 내외의 인턴들이 해내야만 했다. 주차장 선긋기, 울타리 그물 치기, 물자 관리, 심지어 호수에 빠진 골프공 건져내기 등말 그대로 물리적인 일들을 담당했다.

대회 운영이 사무실에서 앉아 컴퓨터나 두드리는 게 아니라는 것은 알고 있었지만, 그처럼 힘든 일인 줄은 상상도 못했다. 스무 살 남짓한 미국인 인턴

동료들 사이에서 나이 서른이 다 된 아시아인이 적응하는 것은 여간 어려운 일이 아니었다.

나는 대회 전 몇 달을 골프장에서 보냈다. 출근 시간은 보통 6시, 퇴근 시간은 8시를 넘기곤 했다. 모두들 무급 인턴이었기에 기본적인 차량 유류비(한 달 약 40만 원)를 제외하고는 수입도 전혀 없었다.

총 길이 10킬로미터가 넘는 대회장 주변 울타리에 대회 로고가 박힌 그물을 치던 일이 아직도 기억에 남는다. 너무 방대한 작업이라 코네티컷주 교정국(Department of Correction, 구치소와 비슷한 수용소)에서 사회봉사명령을 받은 범죄자들이 낮 시간 동안 업무를 도와주기도 했다. 처음에는 낯설었던 그들도 한 달 이상 같이 작업하다 보니 금세 친해져 범죄자, 감독 교도관, 대회 인턴들과 같이 점심을 먹으며 담소를 나누는 것이 하루의 큰 재미 중 하나가 되었다. 또한 인턴 5명이 공식 화물차량 후원사의 차량을 직접 운송해야 하는 상황에서 2.5톤짜리 트럭을 난생처음 몰고 대회장으로 돌아오다 혼자 꼬리를 놓치기도 했다.

이런 과정을 포함해 하루 12시간 이상 육체노동으로 보내다 보니 어느새 대회 날짜가 다가왔다. 같은 색 옷을 입고 속속 대회장에 들어오기 시작하는 자원봉사자들을 시작으로 후원사, 골프클럽, PGA 투어 관계자들이 자리를 잡자 대회 시작이 실감나기 시작했다. 대회를 찾은 세계 톱 랭커 선수들과 어마어마한 수의 갤러리, 그리고 총 4,000명에 이르는 자원봉사자들이 현장을 압도했다.

대회주간은 실로 혼돈의 연속이었다. 손에 쥐고 있는 무전기와 스태프 전용 휴대폰이 쉴 새 없이 울렸다. 대회가 일단 시작되자 대회장은 수만 명의 갤러리로 가득 찼지만 특정업무가 있다기보다는 문제가 발생한 곳으로 출동해 현장 조치를 하는 업무가 대부분이었다.

어떻게 일주일이 지났는지도 모르는 사이 대회가 막을 내렸다. 당시 우승

Travelers Championship 종료 후 와이프와 함께

자는 버바 왓슨(Bubba Watson) 선수였다. 2012년 마스터즈 우승자로 현재는 세계 톱 클래스 반열에 오른 선수지만 2010년에는 트레블러스 챔피언십이 개인 최초의 PGA 투어 우승이었기에 많은 눈물을 흘린 것으로 기억한다.

대회가 잘 치러지고 우승자가 결정된 순간 꼬질꼬질한 모습으로 그린 위로 올라가 대회조직위원회로서 기념사진을 찍던 그 순간을 잊지 못한다.

IMG 한국 지사 취업 성공

트레블러스 챔피언십 대회 일주일이 폭풍처럼 지나가고, 대회 후속 처리 과정을 밟고 있을 때였다. 이제 인턴십도 곧 종료되고, 취업이 반드시 필요한 상황이 되었다. 나는 불명확한 미래에 대한 스트레스로 굉장히 예민해져 있었다. 그리고 다양한 스포츠 분야에 지원서를 내보았지만 역시 메이저 무대로 나가기엔 2% 부족한 나를 발견했다.

그러던 어느 날 한 통의 전화가 걸려왔다. IMG 한국지사에서 연락이 온 것이다. 사실 IMG는 2년 내내 인턴십을 지원해도 연결이 잘 되지 않아 낙심하면서 혹시 한국지사에 연락을 해볼까 생각하고 있던 차였다.

많은 정보가 없었던 데다 대표 이메일로 보내봐야 별 반응이 없어 고생했지만, 우여곡절 끝에 골프팀 담당 임원의 연락처를 얻게 되어 무작정 이메일을 보낸 적이 있었다. 지금 생각해도 무모한 그 이메일에 '한번 만나보자'라는 짧은 답변이 왔고, 그해 봄 설레는 마음으로 하던 일 다 제쳐두고 일주일 동안 한국에 들어와 한 시간 동안 인터뷰를 했다. 당시 인터뷰에서는 좋은 인상만 남겼지만 최종 결정 없이 미국으로 돌아와야 했고, 그 이후로는 크게 기대하지 않고 있었다.

당시 전화를 받은 나는 매우 긴장했다. 전화의 요지는 간단했다. 한번 같이 일해보지 않겠느냐는 것이었다. 순간 어떤 대답을 할까 고민했지만, 일단 하루만 시간을 달라고 말한 뒤 전화를 끊었다. 하지만 이미 마음은 기울어 있었다.

내가 알고 있던 IMG는 세계적인 스포츠, 패션 및 엔터테인먼트 마케팅 회사로 스포츠업계에서는 세계 최대 규모 에이전시였다. 또한 테니스 스타 라파엘 나달, 마리아 샤라포바, 골프 스타 세르지오 가르시아, 비제이 싱, 최경주, 양용은, 나상욱 등 최고의 가치를 지닌 선수들을 관리하고 있으니 누군들

IMG 홈페이지 캡처(www.img.com)

IMG에서 일하는 것을 꿈꾸지 않겠는가(*2019년 현재 IMG는 WME라는 엔터테인먼트 에이전시에 인수 합병되어 WME IMG의 이름으로 다시 탄생하였고, 기존 비즈니스는 물론 UFC 인수 등을 통해 멀티 스포츠 및 엔터테인먼트 기업으로 성장해 있다).

한국으로 돌아가자고 결심하니 지난 5년의 미국 생활이 주마등처럼 스쳐가면서 그토록 원하던 스포츠업계에 정식으로 취업하게 된 내 자신이 자랑스러웠다. 미국에서의 취업을 꿈꿨던 것도 사실이지만, 미국에서 인턴십만 이어가며 불명확한 미래에 목숨을 거는 것보다 한국 스포츠업계의 중심에서 제대로 배운 뒤 다시 도전하자는 다짐과 함께 2주 만에 미국생활의 모든 것을 정리했다. 당시 인턴십이 종료되지 않았음에도 불구하고 내 취업 소식에 누구보다 기뻐해줬던 남자골프팀 데이브 코치와 트레블러스 챔피언십 이벤트 매니저 케빈 해링턴에게 감사한다.

05

스티브,
프로로 전향하다

국제 스포츠이벤트 운영으로 프로의 첫발을 내딛다

2010년 7월, 드디어 IMG 한국 지사로 첫 출근을 했다. 입사 후 처음 맡게 된 임무는 국제 스포츠이벤트 진행이었다. 국제무역의 거점으로 성장할 것이라는 인천 송도에서 진행될 미국 PGA 시니어 투어의 아시아 최초 대회인 '송도 챔피언십 코리아'가 바로 그것이었다.

막상 임무를 부여받고 나니 참 다행이다 싶었다. 골프에 집중해 경력을 쌓아왔던 나의 배경 덕분이었다. LPGA 하부리그 대회와 PGA 투어 대회 등의 경력을 보고 나를 국제 골프대회 운영 업무에 바로 투입하기 적합한 인력으로 본 것이 아닌가 싶다. 또한 미국에서의 인턴 업무들도 많은 도움이 되었다.

하지만 골프대회의 처음과 끝을 모두 관장하는 역할은 확실히 그 규모와 깊이가 다른 방대한 프로세스이기에 한순간도 긴장을 늦출 수 없었다. 이제 수킬로미터나 되는 울타리를 직접 치고 망치질을 하는 것에서 벗어나 여러 이해관계자와 기관 및 단체를 만나 협의하는 역할을 수행해야만 했다.

송도 챔피언십 코리아 대회는, 지금 돌이켜봐도 참으로 기억에 남는 대회다. PGA투어는 2부 격에 해당하는 웹닷컴(Web.com) 투어, 전 세계 최고 골퍼들이 격돌하는 PGA 투어, 그리고 시니어 선수들이 참여하는 챔피언스 투어로 나뉜다. 송도 챔피언십 코리아는 챔피언스 투어이기는 하지만 아시아 최초의 PGA 투어 관장 대회이기에 그 규모가 상당히 컸고, IMG에서도 신경을 써서 관리하지 않을 수 없는 중요한 대회였다.

당시 담당 인력이 많지 않은 한국지사를 지원하기 위해 대회 총감독을 포함한 지원 인력이 호주에서 파견됐고, 또 다른 방면의 대회 운영 전문가들이 세계 각 지사에서 파견되었다. 각국의 IMG 멤버들이 모여 하나의 프로젝트팀으로 대회를 치른다는 점과 국제적 기준에 맞는 대회 운영을 한층 더 업그레이드해 배울 수 있다는 사실이 나에게 자부심과 동기를 부여했다.

첫 대회는 어떻게 치렀는지 모를 정도로 정신없이 지나갔다. 하지만 그것은 시작에 불과했다. 대회가 종료되고 또 하나의 큰 대회 'LPGA 하나은행 챔피언십'이 시작된 것이다. 국내 유일의 LPGA 대회로, 지난 2001년부터 진행된 역사와 정통성을 갖춘 국제 골프대회다. 오래된 골프팬이 아니고는 잘 모르는 다소 나이가 지긋한 선수가 대부분이었던 송도 챔피언십 코리아와는 달리, 한국 낭자가 승승장구하고 있던 LPGA 투어 대회는 한국에서도 인기가 상당했다. 그 인기에 걸맞게 한국 내 스폰서십 판매도 상당했으며, 이미 한국에서 자리를 잡은 명실상부한 가을 최대의 골프 잔치가 바로 LPGA 하나은행 챔피언십이었다.

폴라 크리머, 나탈리 걸비스, 크리스티 커 등 기존 LPGA 스타 선수들도 출전명단에 이름을 올렸지만 박세리, 신지애, 최나연, 미셸 위, 안신애, 박희영, 김인경, 유소연, 양수진 등 한국 최고의 여자 골프 선수들이 인기몰이의 중심에 있었다. 출전 선수 명단 상에 Lee와 Kim의 합이 거의 20명에 육박한다는 것 자체가 놀라운 사실이었다.

대회를 치르면 치를수록 느끼는 일이지만 대회 주최자들은 대회를 찾은 슈

LPGA 하나은행 챔피언십 대회 진행 시절

퍼스타들과 국제적 분위기에 들뜰 여유가 단 1초도 없다. 대회가 하루하루 다가오면 그 진행 과정은 거의 전쟁을 방불케 한다. 아마 모든 스포츠 이벤트들이 비슷한 환경일 것이라 생각하지만,

부족한 잠, 줄지 않는 업무, 계속되는 마라톤 미팅과 싸우며 우승자가 탄생하는 일요일 오후 그 시간만을 기다리게 된다. 이런저런 많은 사건들이 발생했지만 대회는 큰 사고 없이 종료됐다. 대회를 마치고 골프장 정리까지 완료한 다음 본격적인 포스트 이벤트(Post-event) 절차에 들어갔다.

IMG 한국지사의 경우 하반기에 스포츠이벤트가 몰려 있어 가을이 모두 지나야 한 사이클이 지났음을 느낄 수 있다. 입사한 여름부터 정신없이 두 대회를 치르고 나니 어느덧 11월이 되었다. 하지만 대회 준비 및 운영만큼 중요한 것이 바로 '대회 후 절차'다. 대회 후 절차를 간단히 요약하면 '원상복귀, 정산 및 결과 분석'이라고 할 수 있다.

수만 명의 갤러리들이 오갔던 대회장을 정리하고, 계약 당사자들과의 정산을 마치고, 스폰서십에 참여한 후원사들에게는 대회 결과 분석을 제공해주어야 한다. 이 과정이 길게는 2개월까지 걸리니, 대회 한 번 치르는 데 6개월은 쉽게 지나간다. 여기에다 대회 콘셉트에 대한 기획이나 운영기획안 준비과정을 더하면 대회가 펼쳐지는 1주일을 위해 1년을 준비한다는 것이 틀린 말이 아니다.

미국에서 PGA 트레블러스 챔피언십 대회를 진행할 때도 느꼈던 것이지만 대회명과 같은 회사가 존재하며, 이는 약 10여 명의 스태프가 이 대회의 이름

을 걸고 풀타임으로 근무한다는 사실과 일맥상통하는 얘기다.

규모에 따라 다르지만 내가 담당한 국제 골프대회들은 협회, 후원사, 대회장, 관계사, 관람객 등을 모두 고려한 상태에서 정확성, 협상력, 커뮤니케이션, 실행력, 기획력 등이 잘 버무려져야만 성공할 수 있는 스포츠이벤트의 기획과 운영의 살아있는 정석이었다.

어느덧 직접 경험한 대회의 수가 두 자리 수가 되어버린 지금, 스포츠이벤트의 기획과 운영에 대한 심도 있는 이론과 실제가 융합된 보고서를 작성해보고 싶어진다.

스포츠마케터에 대한 체험적 정의를 내리다

어린 시절부터 그렇게 스포츠를 외쳤던 내가 어느 순간부터 스포츠를 직업으로 삼고 싶은 진지한 고민을 하게 됐고, 먼 길을 돌아왔지만 결국 스포츠마케터라 불리는 그 자리에 앉아 있게 됐다. IMG는 업무적으로 나에게 매우 큰 가르침을 준 회사다. 국제대회 운영이 주가 되었지만, 이로부터 파생되는 스폰서십 세일즈 및 후원사 관리, 선수 관리(에이전트) 업무, 신사업 기획 및 제안서 작성 등 스포츠마케팅 산업의 중심인 스타선수와 이벤트에 대한 전반적인 업무를 가르쳐주었다. 이것은 결코 책으로는 배울 수 없는 것이다.

물론 이상과 현실의 차이는 존재한다. 외국대학 석사 학위가 주는 기대감과 그에 미치지 못하는 업무여건 등이 나에게도 고민으로 다가왔다. 동기들보다 몇 년이나 늦게 출발했다는 느낌도 지울 수 없었다. 그래서 모든 일에 최선을 다했던 것 같다. 배울 수 있는 것은 무엇이든 습득하려고 애썼다.

스포츠마케터가 사전에 배울 수 있는 지식의 정도는 정말 일부에 불과했다. 그 지식들을 기반으로 직접 부딪쳐서 배우지 않으면, 그것도 빠르게 배우지 않으면 이미 늦은 시작을 따라잡을 수 없다고 생각했다. 이것은 내가 모든 예비 스포츠마케터들에게 계속 강조하는 경험 습득의 여부와 연계되는 얘기이다. 경험의 여부는 기본 학력이나 배경의 영향력을 뛰어넘는다.

첫해의 대회들을 마무리한 후 1년의 스케줄을 찬찬히 살펴보며 조금 더 큰 그림을 볼 수 있는 여유가 생기기 시작했다. IMG의 비즈니스 영역은 상당히 방대한 편이다. 스포츠 스타 매니지먼트(1,200여 명), 스포츠 및 패션 관련 이벤트 운영(연 600개 이상), 스포츠 컨설팅, 스폰서십 판매, 방송 프로그램 제작 및 배포, 방송중계권 판매, 유소년 아카데미 운영, 경기장 운영, 골프 코스 설계 및 운영, 브랜드 라이선싱, 미 대학 스포츠팀 마케팅 대행 등이다.

이렇게 국제적으로 기업화된 스포츠마케팅 전문 에이전시는 IMG만 한 곳이 없는 것이 사실이다. IMG 한국지사는 아시아-태평양 지역의 구성원으로서 홍콩과 싱가포르를 거점으로 사업을 펼쳐나가고 있다. 이 가운데 내가 소속된 부서는 골프 디비전(Golf Division) 및 이벤트 & 페더레이션 디비전(Event & Federation Division)이었다.

골프 시즌의 절정인 가을에는 매년 2~3회의 국제대회를 운영하고 기타 기간에는 새로운 사업 개발, 스폰서십 판매, 선수관리 지원, 미디어 관리, 대회 파견 지원 등의 업무를 맡게 됐다. 이리저리 부딪히며 하나씩 배우다 보니 조금씩 산업 전반에 대한 이해도 높아지고 네트워크 및 노하우도 조금씩 쌓이기 시작했다.

글로벌 환경의 이점

일하면서 영어를 생활화할 수 있다는 것은 글로벌 시장에서 계속 성장하고 싶은 사람에게는 상당한 이점이다. IMG의 기본적인 내부 커뮤니케이션이 모두 영어라는 점은 확실히 나에게 큰 도움을 주었다. 개인적으로 영어를 습득하는 과정에서 세 번의 큰 성장 계기가 있었는데 첫 번째는 2005년 미국에 처음 진출해 마케팅 회사에서 인턴생활을 했을 때다. 둘째는 2008년 대학원에 입학한 뒤 2년 동안 영어로 수업을 들으며 프레젠테이션 진행을 경험했을

때다. 그리고 마지막이
IMG 입사 후 배운 비즈
니스 영어다.

여전히 부족하지만, 우
리말과 영어의 오묘한 뉘
앙스 차이에 대한 이해나
외국인을 상대해도 당황
하지 않고 의사표현을 정

IMG 시절 팀원들과 함께

확히 할 수 있도록 해준 점은 어느 회사를 가더라도 IMG에 영원히 감사해야
할 부분이다.

IMG의 근무환경은 확실히 국가의 경계와 시차가 없다. 사무실은 매우 조
용하지만 시시각각 이메일과 전화, 컨퍼런스 콜 등이 벌어지고 있다. 담당자
들은 나라의 경계를 넘어 비즈니스가 가능한 기회를 찾아 정보를 공유한다.
너희 국가에 진출하고자 하는데 활용 가능한 스포츠 프로퍼티가 있느냐, A팀
의 후원사를 희망하는데 혹시 연결해줄 수 있는 커넥션이 있느냐 등을 물어올
때 IMG의 80년 역사가 낳은 강력한 글로벌 네트워크는 이에 대한 솔루션을
제공한다.

업무와 관련된 법적인 지식도 점점 발전하게 됐다. 외국계 기업들은 국내
기업에 비해 확실히 계약서에 상당한 공을 들이는데, 특히 계약에 민감한 것
이 바로 스포츠마케팅 분야이기도 하다. IMG에서 다루는 계약서들은 대부분
영문으로 작성되며, 단순히 A와 B 사이에 얼마를 주고 광고를 어디에 집행한
다는 수준을 넘어 계약기간, 계약적용지역, 계약금액, 계약자 혜택, 보상조건,
독점권의 범위, 파기 조건, 분쟁 시 조건 등이 매우 자세히 명기되어 있다. 이
를 검토하고 번역하고 수정하는 과정을 반복하다 보니 선수 또는 이벤트 후원
계약에 대한 지식도 자연스레 쌓이게 됐다.

한국 시장의 한계와 가능성을 보다

한 기업의 예산 감축이 결정되었을 때 가장 먼저 삭감되는 것이 바로 마케팅 예산이라고들 한다. 어떤 방식으로든 보유하고 있는 스포츠 프로퍼티를 세일즈하는 것이 주목적인 IMG로서는 이러한 마케팅 예산 감축이 좋은 소식일 리 없다. 또한 한국의 경우 스포츠를 마케팅 툴로 활용할 수 있는 기업은 대기업이나 스포츠용품업 같은 특정 분야의 회사를 제외하고는 그 수가 많지 않다. 이런 이유로 한국은 스포츠마케팅 전문 에이전시들이 성장하기에는 약간 한계에 도달한 상태가 아닌가 생각된다.

사실 스포츠마케팅이라고 불리는 여러 비즈니스들은 이미 어느 정도 정형화된 틀이 잡힌 상태이다. 특히 프로스포츠의 경우, 타이틀 스폰서(보통 대회 이름에 대한 명명권), 경기장의 보드광고, 선수와 팀, 대회의 카테고리 독점 후원(공식 의류, 공식 차량, 공식 음료 등), 호스피탈리티 패키지 판매(경기장의 스카이 박스 등), 홍보 부스 판매, 입장권 판매 등이 큰 부분을 차지한다.

이러한 채널을 마케팅으로 활용할 수 있는 규모를 가진 기업의 수는 제한적일 수밖에 없으며 이들 중 하나라도 기존의 후원을 멈출 경우 시장에서 느끼는 체감 한파는 상당하다. 이렇게 광고주의 수는 제한적이고 작은 시장을 쪼개어 나눠가지려는 자들이 속속 등장하면서 경쟁은 날이 갈수록 치열해지고 있다.

이러한 기존 시장의 한계는 반대로 새로운 돌파구에 대한 목마름으로 드러나기도 한다. 이제 더 이상 작은 동네 시장에서 가격 경쟁, 서비스 경쟁만 해서는 큰 승산이 없다. 더 큰 시장으로 변모해 더 많은 고객들을 유치하기 위해 노력하지 않으면 작은 동네 시장은 곧 대형 마트에 잠식되어버린다. 한류 열풍을 활용한 스포츠 관광 산업, 승마나 요트 등 럭셔리 레저 산업, 미국의 NCAA를 모델로 한 대학 체육 스포츠산업의 발전을 통한 계기 등이 마련되어야 한다. 그래야만 스포츠마케팅 산업 전체에도 긍정적 영향을 미칠 수 있을 것이다.

2013년 가을, 정들었던 IMG를 떠나 코오롱 그룹으로 이직하게 되었다. 코오롱에 처음 입사했을 때 내가 들어간 팀은 코오롱 그룹의 패션 계열사인 '코오롱인더스트리 FnC부문(이하 '코오롱 FnC')'에 소속된 전사마케팅 팀이었다.

코오롱 그룹에는 여러 계열사가 있지만, '코오롱 인더스트리'라는 계열사가 가장 핵심 비즈니스를 담당하고 있다. 코오롱 그룹 계열사 중 코오롱인더스트리는 산업소재, 화학, 필름 · 전자재료, 패션 이렇게 4개 부문을 다루고 있으며 그중 패션 분야를 FnC부문에서 담당하는 것이다. 총 26개의 다양한 브랜드라인을 가진 코오롱인더스트리 FnC는 스포츠브랜드로 코오롱스포츠

코오롱 인더스트리 FnC 패션부문 보유 브랜드

(KOLON SPORT), 헤드(HEAD), 엘로드(ELORD), 잭 니클라우스(JACK NICKLAUS) 등 4개를 보유하고 있다. 삼성 그룹은 삼성전자가, 현대 그룹은 현대자동차가 에이스 역할을 담당하는 것과 비슷하다고 생각하면 쉽다.

내가 담당한 스포츠마케팅 파트는 FnC부문의 전사마케팅팀에 소속되어 있었고, 주로 대회운영, 후원선수 관리, 스포츠브랜드 마케팅을 담당하게 됐다. 잘 다니던 IMG를 떠나 코오롱 FnC로 이직을 결심한 동기는 다음과 같았다.

- 기존 **IMG**에서의 업무영역이 대회운영에 한정되어 있어 그 이상의 것을 배울 수 있는 곳으로 가고 싶다.
- 다음 커리어 목표였던 나이키, 아디다스 등 대부분의 메이저 스포츠 용품브랜드 등은 결국 스포츠 의류/용품 분야, 또는 소비재(**FMCG, Fast Moving Consumer Goods**) 분야에서의 경력이 필요했다.
- 대기업 스포츠마케팅의 업무를 배울 수 있다.

이 세 가지가 내가 필요했던 것이고, 코오롱 FnC는 이것을 나에게 보장해줄 수 있었다. 반면, 코오롱은 그룹 최대 스포츠행사인 '코오롱 한국오픈'이라는 메이저 골프대회의 전문가를 찾던 차여서 나의 경력이 필요했던 것이라 생각한다.

막상 이직이 결정되고 실전에 투입되었을 때, 이전과는 다른 환경들이 내게 또 다른 모험을 선사했으며, 그 기대만큼은 저버리지 않았다. 내가 속한 마케팅팀은 앞에 '전사'라는 말을 더한 '(전사)마케팅팀'이 정확한 명칭이며, 말 그대로 모든 브랜드의 통합 마케팅을 주도하여, 스포츠마케팅, 스타마케팅, 온라인마케팅, 홍보, 이 네 가지 큰 파트를 합친 팀이었다. 업무를 해보지 않은 사람은 아직 감이 잘 오지 않겠지만, 전사마케팅팀의 주된 업무는 브랜드를 가리지 않고 FnC 전체의 마케팅을 기획하고 브랜드와 연계할 거리를 생산하는 역할이다.

FnC에서 배운 대기업 스포츠마케팅의 첫맛은 달콤 씁쓰름했다. 대표적인 비용지출 부서인 마케팅팀은 예산만 확보했다면 돈을 쓰는 일에는 많은 부담을 가지지 않았지만, 정작 돌아오는 결과가 없을 때 닥치는 후폭풍을 고려하지 않을 수 없었다.

특히 스포츠마케팅이라 불렸던 우리 파트는 주로 한국오픈 골프대회, 구간 마라톤 대회를 통해 연간 수십억 원의 비용을 지출하고 있었기 때문에 돈 한 푼 지불할 때마다 명확한 이유가 필요했고, 또 그 몇 배 이상의 결과를 요구받았다. 하지만 문제는 무엇인가. 스마팅을 빛 좋은 개살구라고 부르는 이유는 아무리 발달된 Tool을 도입해 마케팅효과를 계산해도 그 신뢰도가 너무 떨어진다는 데 있었다.

그럼에도 불구하고, 스포츠마케팅이란 이름으로 많은 비용을 지출할 수 있는 '예산이 있는' 부서에서 근무한다는 사실 자체가 돈 없이 아무 계획도 실행에 옮기지 못하던 에이전시 시절보다는 정말 행복한 것이었다. 또한 특정 브랜드에 구속되지 않고, 여러 브랜드를 활용해 스포츠를 접목할 수 있는 자리에 있다는 것도 정말 축복이었다.

많은 사람들이 처음 내 이직 소식을 듣고, 열심히 일해서 '을'에서 '갑'으로 넘어갔다고 축하한다는 메시지를 많이 보냈다. 코오롱은 확실히 좋은 선택이었다. 하지만 그 이유가 절대 '갑'이기 때문만은 아니었다. 그보다는 그곳에서 만난 좋은 사람들, 더 열린 사고의 사무실 분위기가 나의 용기를 북돋운 게 더 많다(물론 대리급 이상의 세계를 다 이해 못하기 때문에, 또 그 이상의 책임을 지지 않는 자리기 때문에 아무 생각 없이 즐긴 것 같기도 하다).

스포츠 이벤트쟁이의 희노애락

내가 주로 담당한 스포츠대회들은 1년에 단 1회, 그리고 단 일주일(대회 공식행사와 대회당일 포함)만 열리지만, 대회의 준비는 거의 6개월 전부터 시작되는 것이 보통이다.

아래는 10월에 개최되는 코오롱 한국오픈의 개략적인 업무 흐름도이다

- **3월: 그해 대회의 기획안 작성**
- **4월: 운영 대행사 선정**
- **5월: 예산 작성**
- **6월: 스폰서십세일즈 시작**
- **7월~9월: 대회전반 준비(입장권 판매, 대회운영안, 미디어 관리, 골프장/협회/협찬사 미팅 등)**
- **10월: 최종점검, 대회 진행**
- **11월: 사후 정산 및 결과보고서 작성**
- **12월: 결과보고서 배송 및 협찬사 방문/감사인사**

이렇게만 해도 1년의 절반 이상이 지나가니 참 한국오픈하러 코오롱 들어 갔다고 해도 빈 말은 아니었다. 대회운영의 프로세스는 이전 회사인 IMG에서 근무할 때도 비슷하게 흘러갔지만, 코오롱에서 명확히 다른 것이 한 가지 있었는데, 그것은 다름 아닌 '보고'다.

대기업에서는 보고체계가 유난히 복잡한데, 그 단계가 많게는 3개, 길게는 6단계씩 되니 그 진행과정이 너무 고통스러웠다. 당시 '대리'였던 내 직급에서의 보고체계만 해도,

(나) -부장 -팀장 -본부장 -지주사 CMO -FnC사장 -지주사 사장 -회장

코오롱 한국오픈에서 슈퍼스타 로리 매킬로이 행사 통역 담당 사진

라인이 존재했다. 그래서 대기업에서 '적시에 보고 잘하는 게 최고'라는 얘기가 나온다. 무시무시한 보고라인을 통과해야 드디어 10월 대회주가 찾아온다(사실 모든 대회는 그 전 준비기간이 지옥같이 힘들고, 막상 대회를 시작하면 엄청난 평안함이 찾아온다).

코오롱 한국오픈은 원래 골프팬들 사이에서 유명한 선수가 한 명 이상 참가하는 대회로 인식되어 있다. 아담 스콧, 세르히오 가르시아, 존 댈리, 비제이 싱, 어니 엘스, 리키 파울러, 이시카와 료 등 골프계의 내로라하는 스타들은 다 참여한 국내 최고 권위의 대회다. 유일하게 참여 안 한 선수가 타이거 우즈, 필 미켈슨 정도라 보면 되겠다. 내가 대회를 진행한 2013년의 한국오픈 주인공은

'세계 골프의 황태자' 로리 매킬로이였다. 정확한 액수는 밝힐 수는 없지만, 보통 매킬로이급의 선수가 한국의 골프대회에 참여하려면 10억 이상의 돈을 들여야 한다. 골프선수들의 몸값이 천정부지로 오른 요즘은 더 심하다.

한국오픈을 진행하면서 IMG 시절(운영대행사 시절) 대회운영에 집중하던 때와는 또 다른 뭔가의 학습 기회를 가졌다. 코오롱이라는 기업 입장에서 한국오픈의 성공은 무엇을 의미했던가.

대행사 시절, 대회가 별다른 사고 없이 예정했던 예산 범위 내에서 모든 것이 딱 맞아 떨어지고, 대회 종료 후 그 운영에 대한 보상을 받는 것이 성공이라면, 코오롱이라는 대기업이 수십억 원의 돈을 들여 얻는 성공의 기준은 확실히 달랐다. 기업의 입장에서는, 내부적으로는 주요 내부 임원들에 대한 VIP 의전이 무엇보다 중요했으며, 외부적으로는 언론들의 관심, 주요 매체에 노출되는 비중, 관람객 수, 시청률 등이 훨씬 더 중요했다.

문제는 위에서 설명한 이런 내외부적 지표에 대한 기준이 명확치 않기 때문에, 성공 여부를 판가름하기란 결코 쉽지 않다는 점이다. 다시 말해 시청률이 3%를 넘었다고 해서, 또는 누적 관람객이 3만 명이 넘었다. 이런 식으로 성공의 기준을 내리지 못한다는 뜻이다. 그렇다 보니 대회 종료 후 최고 경영진의 코멘트에 귀 기울일 수밖에 없었고, 또 여기저기서 들려오는 지적사항들을 가지고 내년에 보완하는 식으로 진행할 수밖에 없는 한계가 있었다.

그룹의 이름을 건 대기업의 스포츠이벤트 운영은 대부분 기업 오너(Owner)의 영향력이 절대적이다. 물론 5억 미만의 단발적 이벤트는 예외이겠지만, 골프대회 타이틀 스폰서처럼 금액이 십억 원대 이상으로 올라가는 이벤트는 거의 오너의 결정으로 이뤄진다.

그렇다 보니 확실히 이런 스포츠이벤트들의 목적이 절대 돈을 벌고자 함이 아니다. 그 어마어마한 돈을 과감하게 쓰되, 쓰는 만큼 이상의 성과를 거두는 것이다. 따라서 대기업 스마터들의 목표는 바로 그 '성과'이다. 이것은 스포츠

이벤트를 직접 소유하면서 운영하는 기업이 가지는 공통적인 숙제이다. 스타 플레이어와의 만남, 여러 선수들과의 사진들, 눈코 뜰 새 없이 바빴던 대회 주간의 추억이 절대 내 성과가 될 수는 없다. 대회는 기분 좋게 끝냈지만, 이 부분이 참 명확치 못했다는 것이 아직도 개인적으로는 마음에 걸린다.

모든 기업들은 매해 신년이 시작되기 전 개인목표 설정이라는 프로세스를 진행한다.

거기에는 '성과지표'와 '목표'를 반드시 적게 되어 있다. 영업맨이라면 성과지표는 '매출액' 또는 '분기별 매출신장율' 등이 될 수 있고, '목표'는 '연 1억원', '분기별 5% 신장' 등으로 설정할 수 있다. 하지만 스포츠마케팅은 그게 쉽지 않다. 그래서 나도 이 '성과지표'를 한참 고민하다가 '스폰서십 세일즈 금액'으로 지정했던 기억이 난다. 여러분들도 어느 입장에 있던지 반드시 이 부분을 기억했으면 한다. 스포츠 프로퍼티를 다루는 주체의 '성과지표'는 무엇인가. 그리고 나는 그 '목표'를 달성했는가.

대기업 스포츠마케팅의 본질

코오롱은 대외적으로 많이 드러나게 브랜드 마케팅을 하는 기업은 아니었다. 주변 사람들과 얘길 나눠봐도 '코오롱'에서 스포츠마케팅 업무를 하고 있다고 하면 '아 나무 2개 있는 '코오롱스포츠'에서 일하는 거지?'라는 말을 많이 들을 정도다(한 가지만 짚고 넘어가면, 코오롱에서 스포츠마케팅 업무를 하는 것과 코오롱스포츠에서 마케팅 업무를 담당하는 것은 조금 일이 다르다는 사실이다).

스포츠마케팅을 규모 있게 시행하는 기업들은 통상 그에 대한 철학, 그리고 그에 대한 실행을 함께 진행하고 있다. 그것이 겉으로 드러나지 않더라도 최소 내부 커뮤니케이션을 위해서라도 모든 스포츠마케팅 계획은 그 '목적'을 가지게 마련이다. 어떤 기업은 브랜드 인지도 상승효과(예를 들면, NFL 슈퍼볼에 나오는 기업광고들)를, 또 어떤 기업은 매출 증대(예를 들면, LA 다저스를 후원했던 넥센 타이어)를 기대한다. 아니면 사회환원의 일환으로 스포츠마케팅(대부분의 금융권 기업들의 스포츠단 운영)을 진행할 수도 있다.

나는 코오롱 인더스트리의 FnC부문(패션 부문)의 마케팅팀에서 스포츠마케팅을 담당하였다. 그룹의 가장 큰 대회 운영(한국오픈, 고교구간마라톤)를 비롯해 선수 후원(주로 엘로드 브랜드의 골프선수 후원), 팀 후원(고려대학교 농구, 야구, 럭비), 골프 국가대표 후원(역시 엘로드 후원 중)이 주 업무이다. 이밖에 추가적인 스포츠마케팅 기획 및 실행도 우리 팀의 몫이다. 2014년 아시안 게임(인천) 및 FIFA 월드컵(브라질), 2015년 하계유니버시아드(광주), 2015 프레지던츠컵(인천), 2016년 올림픽(브라질), 2018동계올림픽(평창) 등 국제 스포츠이벤트는 물론 실시간으로 날아오는 후원 및 협찬 제안서 역시 검토하기도 한다.

솔직히 기업 스포츠마케팅 담당으로서 업무영역을 이렇게 전방위적으로 넓힐 수 있다는 사실은 내 입장에선 상당한 행운이었다. 이전 IMG의 경험과는 또 다른 입장으로 스포츠마케팅을 대할 수 있게 된 것은 분명히 기회이자 동기이다. 몇몇 사람들의 눈에 단순히 '을'인 대행사 출신이 '갑'인 광고주로 가서 좋겠다는 말에는 전혀 동의하지 않는다. 위치의 변화에서 오는 이점은 갑이 되어서가 아니라 스포츠를 바라보는 관점을 다르게 가질 수 있다는 점 때문이다.

다시 말해, 대행사들은 좋은 아이디어가 있어도 광고주의 결정에 따라 그 방향을 바꿔야 할 경우가 많지만, 광고주의 입장인 나는 스포츠를 통해 어떤 마케팅 효과를 얻을 수 있을지에 대해 고민하기 때문에 스포츠마케팅의 기획부터 실행까지를 능동적으로 이끌 수 있는 장점이 있는 것이다.

하지만 갑과 을이건 광고주와 대행사건 간에 여기서 중요한 것은 담당자가 본인 회사가 가고자 하는 방향을 얼마나 빨리 파악해 결과를 낼 수 있느냐의 싸움이다. 그런 측면에서는 IMG나 코오롱에서의 내 다짐은 변화가 없었다.

일단 그룹에서 코오롱FnC에 스포츠마케팅 파트를 배치한 이유는, 현재 담당하고 있는 한국오픈 골프대회, 고교 구간 마라톤 대회 등이 FnC 내 스포츠 브랜드의 마케팅과 밀접하게 관련을 맺고 있었기 때문이다. 실제로 모든 대회들이 그룹명을 타이틀 스폰서명(예: 코오롱 한국오픈, 코오롱 고교 구간 마라톤)으로 대회를 치르지만 실제 그 혜택과 활용도는 코오롱스포츠, 헤드, 엘로드, 잭니클라우스 같은 스포츠 브랜드와 더욱 밀접했기 때문이다.

따라서 업무는 **스포츠마케팅 중 '마케팅'에 강조를 둔, '스포츠마케팅'을 시행하게끔 구성되었던 것이다.** 또한 후원하는 선수들도 FnC 브랜드 옷을 입고 있었기 때문에 각 브랜드와 긴밀히 협의해야 하는 입장이기도 했다.

기업이 스포츠마케팅을 하는 이유는 다음과 같다.

- **스포츠의 대중성, 불확실성**
- **후원업체와 스포츠 동일시**
- **투자 대비 노출효과 높음**
- **제품 및 브랜드 인지도 제고**
- **매출 증대**
- **기업의 사회환원 (CSR)**
- **종목 상 브랜드 입지 선점**
- **직원들의 사기 고취**

위의 요소들을 내가 직접 진행했던 '코오롱 한국오픈'의 경우에 대입해 보았다.

- **스포츠의 대중성, 불확실성: 골프팬들의 한국오픈에 대한 관심/집중**

- 후원업체와 스포츠 동일시: '골프=코오롱'
- 투자 대비 노출효과 높음: 대회기간 4일 지상파/케이블 방송, 옥외광고, 온오프라인 광고 환산 시 투자 대비 약 5~10배 노출 효과
- 제품 및 브랜드 인지도 제고: FnC 브랜드인 엘로드, 잭 니클라우스, 코오롱스포츠, HEAD, GEOX 등
- 매출 증대: 매출증대를 기대하지만 실제 증대량 정량적 측정 어려움
- 기업의 사회환원 (CSR): 코오롱의 골프에 대한 투자 기사 등으로 부각 (한국오픈 후원+골프 국가대표 후원)
- 종목 상 브랜드 입지 선점: 골프 브랜드 엘로드+잭 니클라우스
- 직원들의 사기 고취: 코오롱 직원들의 한국오픈에 대한 애정, 자부심, 사기 진작 (가족 동반 방문)

늘 이론으로만 접할 수 있었던 기업의 스포츠마케팅을 주체가 되어 직접 진행해볼 수 있었던 것은 정말 축복이 아닐 수 없다. 이게 체험으로 습득한 대기업 스포츠마케팅이란 생각에 한 단계 내공을 장착했다는 성취감을 가질 수 있었던 것 같다.

대기업 '지주사' vs '계열사'

2013년을 보내고 2014년 3월에 첫 스포츠이벤트인 '코오롱 구간 마라톤 대회'를 무사히 치르던 시점, 팀 내부에서 여러 가지 소문이 들리기 시작했다. 그것은 다름 아닌 조직개편에 대한 이야기였다. 당시 그룹 계열사(코오롱 FnC)소속의 스포츠마케팅 파트가 지주사(Holding Company), 즉, '(주)코오롱' 소속으로 변경된다는 이야기였다. 문득 그런 질문이 떠올랐다. 대기업에서 스포츠마케팅을 실행하는데 있어 지주사와 계열사의 차이는 무엇일까?

스포츠마케팅 담당자의 입장에서는 지주회사의 경제학적 정의는 크게 중요

치 않다. 오히려 단순하게 업무를 구분한다면 다음과 같다고 볼 수 있다.

〈지주사 vs 계열사 스포츠마케팅〉
- 주식회사 코오롱 (지주사): 스포츠를 활용해 '코오롱 그룹' 브랜드를 마케팅
- 코오롱 FnC (계열사): 스포츠를 활용해 'FnC 브랜드(코오롱스포츠, HEAD, 엘로드 등)'를 마케팅

엄밀하게 따지자면 '코오롱 한국오픈'이나 '코오롱 구간 마라톤 대회' 같은 그룹명을 타이틀 스폰서로 하는 스포츠행사들은 지주사 주관으로 진행하는 것이 맞다. 만약, 코오롱 FnC에서 주관한다면, '코오롱스포츠 한국오픈'이 더 맞는 이야기일 것이다. 다시 말해, 코오롱 한국오픈은 그룹 전체가 비용을 들여 진행하는 행사이고, 코오롱스포츠 한국오픈은 코오롱스포츠 한 브랜드에서 자체 비용을 들여 독자적으로 진행하는 행사로 보면 되는 것이다.

〈지주사 주관 vs 계열사 주관〉
- 주식회사 코오롱 (지주사): 스포츠를 활용해 '코오롱 그룹' 브랜드를 마케팅
- 코오롱 FnC (계열사): 스포츠를 활용해 'FnC 브랜드(코오롱스포츠, HEAD, 커스텀멜로우 등)'를 마케팅

2014년 조직개편 전까지는 지주사에는 한두 명의 스포츠마케팅 전문인력만을 그룹 홍보실 내에 위치시키고, 실제 진행하는 모든 업무를 코오롱FnC에서 진행했다(FnC가 지주사 스포츠행사 실행을 대행하는 방식). 그러다 그간의 업무 및 보고체계 효율성을 감안해 조직개편을 감행한 것이다. 이런 조직개편은 스포츠마케팅 팀에게는 겉으로는 보이지 않는 변화를 예고하고 있었다.

〈조직개편에 따른 스포츠마케팅 파트 역할 변화〉

- 코오롱 FnC 소속: 그룹 스포츠행사 + 브랜드 후원(골프) 선수 관리 + 스포츠 활용한 FnC브랜드 마케팅
- 지주사 소속: 그룹 스포츠행사 + 코오롱 후원 선수/팀(골프, 양궁, 마라톤) 관리

사실 이 차이는 거의 미미한 듯 보이지만 구조적으로는 상당한 차이가 있다. 하지만 이런 개념은 일을 해본 사람이 아니고서는 이해하기는 힘들다. 하

업무	내용	지주사 이전 후	지주사 이전 전 (FnC 소속)
스포츠행사	– 코오롱 한국오픈 – 코오롱 구간 마라톤대회 – 코오롱 서울국제 주니어양궁페스타	– 지주사 홍보실 내 스포츠TF로 이전하여 모든 행사 직접 주관 – 브랜드마케팅은 FnC에 일임	– 지주사 주관 인력 부족으로 FnC 마케팅팀에 행사 주관 대행 요청 – 브랜드마케팅은 관련 브랜드와 협의 또는 단독 진행
선수 후원	– 골프선수 후원 (나상욱, 김태훈, 신지애, 임지나)	– 후원선수 관리/용품지원 – 성적 모니터링/주요 이슈 보고 – 대언론 활동	동일
협회 후원 (국가대표 후원)	– 대한골프협회 후원 (엘로드) +추가: 고려대 운동부 후원 (HEAD)	– 의류/용품 지원 – 국가대표 활용 마케팅 이슈 보고 – 유망주 후원대상 발굴	동일
팀 운영	– 코오롱 마라톤팀 운영 – 코오롱 양궁팀 운영	– 팀 운영(예산 계획/집행) – 의류/용품 지원 – 선수/감독/스태프 관리 – 성적 모니터링/주요 이슈 보고 – 대언론 활동	– 의류/용품 지원(기타업무는 지주사 담당인원 2인이 직접 관리)

자면, 지주사에서 스포츠마케팅을 담당하는 사람들에게 '코오롱'이라는 그룹의 브랜드를 스포츠를 통해 홍보하는 역할이 부여된다. 이것은 현재 나의 팀이 그룹 '홍보실' 내에 소속된 이유이기도 하다. 그 외 선수후원, 협회후원 등은 '코오롱' 이름이 아닌 해당 스포츠의류 브랜드의 이름을 달고 나갔었기에 업무는 거의 동일했다고 본다.

팀 운영의 경우는 약간 설명이 필요한데, 코오롱처럼 마라톤이나 양궁 등의 아마추어 스포츠 팀을 운영하는 팀은 지주사 인력으로 충분히 운영이 된다. 즉, 감독과 스탭, 선수가 구성되어도 총인원이 10명이 넘지 않기 때문에, 다른 프로스포츠 팀을 운영하는 것처럼 별도의 마케팅 팀이나 스카우터, 프론트까지 필요하지 않기 때문이다. 물론 야구, 축구 같은 프로스포츠 팀을 가진 대기업들은 그 스포츠 팀을 별도 법인으로 분리, 별개의 회사처럼 운영하고 있으므로 이를 코오롱의 팀 운영 구조와 비교할 수는 없다.

여기서 잠시 대기업 스마팅 취업에 대한 현실을 살펴보자.

숫자로 한번 살펴보자. 대기업 스포츠마케팅 담당이 6명에, 30대 기업마다 이런 팀이 다 있다면 180명이라는 숫자가 나온다. 하지만 대부분의 기업 중 코오롱만큼의 인원을 보유하고 있는 기업은 별로 없다. 스마팅 전문인력은 대부분 1~2명, 그것도 스포츠마케팅 팀의 이름을 가진 대기업은 거의 없다.

기업별로 다 다르긴 하겠지만, CJ의 경우도 스포츠마케팅 팀이 홍보실 소관 하에 5명 내외의 인원으로 관리되고 있고, 한화의 경우 전략기획실 내에 1~2명의 담당자들이 소속되어 있다. 다른 기업은 잘 모르겠지만 많이 다르지 않을 것이다. 따라서 대기업 스포츠마케팅 담당 부서에 들어가는 것이 낙타가 바늘구멍 들어가기처럼 얼마나 어려운지 짐작할 수 있다. 이마저도 경력자 위주임을 잊지 말자.

지주사로 넘어오면서 스포츠업무에 대한 집중도가 높아지고 보고체계가 간편화됨은 물론, 각 협회 및 계열사와의 커뮤니케이션 채널이 통합되어 일의 효율이 늘어남을 느낄 수 있었다. 반면, 소비자와 가장 근접하게 닿아있는 FnC에서 진행했던 브랜드마케팅을 더 이상 할 수 없다는 점에서 개인적으로 아쉬움이 많이 남았다.

코오롱은 참 사람들이 정(情)이 있는 기업이다. 특히 스포츠마케팅 팀원들은 외부에서도 늘 부러움을 샀는데, 한 사람 한 사람이 서로 궁합도 잘 맞고, 성격이 모나지 않으며, 공무원 같은 태도보다는 늘 즐거운 시도들을 좋아하는 사람들이어서 참 일할 맛이 났다. 아직도 생각하면 감사한 것이, 이 정도로 밀도 있는 팀 구성으로 스포츠마케팅을 할 수 있는 위치에 있었다는 것이 정말 다행이라고 생각한다. 이런 행복에 보답하려면 정말 남들보다 열심히 성장해, 기업은 물론 스포츠산업에 일조하는 인재가 되어야겠다는 다짐을 자연스레 하게 된다.

안정과 도전의 경계에서 새로운 인생의 주사위를 던지다

조직개편과 함께 새로운 사무실에서 새로운 마음으로 업무를 시작하던 차, 나에게 한 가지 큰 고민이 생겼다. 사실 고민이라고 말하기보다는 새로운 도전의 기회라는 표현이 낫겠다. 그것은 다름 아닌 2015년 인천 송도에서 열리는 '프레지던츠컵' 대회 진행을 같이 해보지 않겠냐는 제안이었다. 지인을 통해 받은 이 오퍼는 한참 한국오픈 준비에 박차를 가하고 앞으로 달려야 할 내게 말 못할 고민거리를 안겨주었다.

여러 가지 생각이 머릿속을 맴돌았다. 나는 고민이 들 때면 늘 장단점을 글로 적어보는 편이다.

이 제안을 계기로 나는 스스로 내 현재 커리어에 대한 비판적인 성찰을 할 수 있는 시간을 마련하게 됐다.

〈현재 내 업무의 장점〉

- 골프 담당으로서의 전문입지 정착(영어 활용, 영문 계약, 해외선수 섭외 커뮤니케이션 등)
- 대기업의 안정성
- '광고주(갑)' 위치에서의 이점(네트워크 확대, 남들의 대우)
- 지주사 소속으로서 업무진행의 유리함
- 안정적 업무 영역(1년 스포츠이벤트 3개, 고정적 후원선수와 팀 관리)
- 타 스포츠로 영역을 확장시킬 수 있는 기회(골프 + 마라톤 + 양궁)

〈단점〉

- 브랜드마케팅 역량 개발 한계(지주사의 역할 아님)
- 골프 제외, 비인기 스포츠의 한계(양궁, 마라톤)
- 글로벌 스포츠마케팅 제약(코오롱의 비즈니스 영역의 한계, 제한적 영어 사용)

확실히 대기업 스포츠마케팅 업무는 쉽게 오는 기회도 아니거니와 정말 많은 사람들이 부러워할 만한 자리임은 확실했다. 지금 안정되고 앞으로 10년은 보장된 삶을 두고 뭔가 다른 도전을 한다는 것 자체는 이제 홀몸이 아닌 서른 다섯 살의 나에게 쉬운 결정이 아니다.

그럼에도 불구하고 나는 왜 떠나려 했던가? 프레지던츠컵이 뭐길래.

골프를 잘 모르는 대부분의 젊은 예비스마터들은 왜 좋은 대기업 두고 어디를 가냐고 물어볼 수 있겠지만, 골프 쪽에 있는 사람이라면, '골프의 월드컵', '골프의 올림픽'이라 불릴 만한 이 대회가 규모, 명성, 권위 면에서 얼마나 위대한 대회인지 금방 알 것이다(골프는 2016년 올림픽 당시 정식 종목으로 복귀했고, 또 World Cup of Golf라는 대회가 별도로 존재하지만 어쨌든 프레지

프레지던츠컵 2015 로고

던츠컵의 명성은 이에 비할 바가 아니다).

프레지던츠컵을 요약하자면, 미국과 인터내셔널(유럽 제외) 간의 팀 대항 골프대회이다.

미국 vs 유럽의 골프 대항전인 라이더 컵(Ryder Cup)이 2년마다 열리기 시작한 뒤 시간이 흐르며, 미국 vs 인터내셔널 대항전인 프레지던츠컵(Presidents Cup)이 라이더컵이 열리지 않는 해에 생기며 이 역시 2년마다 개최되기 시작한 것이다.

그런데 아시아 지역에서 어떻게 한국이 가장 먼저 유치권을 따낼 수 있었을까?

골프가 특정층, 보통 나이가 30대 중반 이상인 남자들만 좋아하는 스포츠로 인식이 많이 되어 젊은이들에게는 생소한 부분이 있다. 하지만 우리나라의 골프경제 규모는 세계 3~4위 수준을 계속 유지하고 있고, 여인천하 KLPGA의 인기가 하늘을 찌르며, 하는(Play) 스포츠가 아닌 보는(Watch) 스포츠로서도 상당한 팬을 보유하고 있다는 걸 보면 꼭 의아해할 일은 아닌 것 같다. 어쨌거나 골프계 입장에서는 이런 큰 대회가 한국에서 열린다는 사실은 반가운 일이 분명했다.

미국 대표 12명, 인터내셔널 대표 12명이 격돌하며 이 라인업에 들어가는 것 자체가 선수들에게도 대단한 영광이다. 수많은 슈퍼스타들이 한 자리에 모여 자웅을 겨루는 이 대회는, 감히 UEFA 챔피언스 리그 결승전이나 WBC에 견줄 만하다. 게다가 한국에서 개최되는 이점으로 한국선수도 볼 수 있는 가능성이 열렸으니 이건 거의 손흥민이 챔스 결승에 나간 모습을 한국 땅에서 지켜보는 것과 같을 것이다.

　이미 몇 년 전 유치 소식이 들렸을 때부터 괜스레 내 가슴이 콩닥거리는 느낌이 있었던 것으로 기억한다. 하지만 나와 프레지던츠컵이 관련이 있으리라곤 상상하지 못했던 것 같다. 그런 나에게 이런 도전의 기회가 오니 동공이 흔들리지 않을 수 없었던 것 같다.

　본격적인 한국오픈 준비가 진행되던 시점에, 사직서를 쓰려고 하니 말이 계속 길어진 것 같았다. 쓰고 지우기를 반복하다 결국 '면담 신청'으로 제목을 바꾼 뒤, 내 지금 상황을 솔직하게 적은 글을 상사에게 보냈고, 면담을 통해 내 의지를 회사에 알렸다.

　너무 감사하게도 회사에서는 내 입장을 이해해줬다. 당장 사람이 빠지면 다른 이들이 힘들겠지만, 나의 비전에 대한 생각을 이해해주는 차원에서 모두들 한 걸음 더 움직여볼 테니 걱정 말고 갈 길을 가라고 말해줬다. 물론 퇴직을

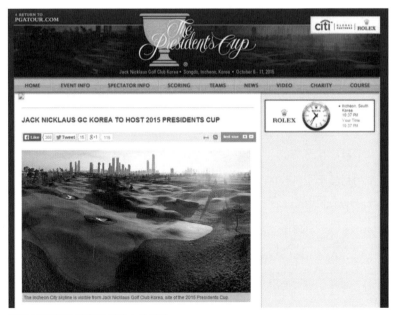

2015 프레지전츠컵 한국 개최 소식 캡쳐

희망하는 사람을 붙잡을 수는 없겠지만 이렇게 배려한다는 것만으로 너무 큰 감사함을 느꼈다.

나의 블로그 프로필에도 적혀 있듯이, 나의 꿈은 '스포츠마케팅 지구정복'이다. 지구정복으로 다가가려면 글로벌인재가 되어야 한다. 지난 몇 년간의 이력서를 다 뒤져봐도 나의 비전은 항상 '글로벌 스포츠마케터'로 묘사되어 있다. 글을 쓰는 지금 여전히 나의 목표를 향한 여정은 진행형이고, 또 가족이 그런 나의 비전을 믿어주기에 결단을 내릴 수 있었다.

솔직히 프레지던츠컵으로 간다고 미래는 보장되지 않는다. 그래봐야 또 '골프'라는 종목에 나를 한정시킬 것이고, '이벤트 운영'이라는 역할의 한계를 넘지 못할 수 있다는 우려도 있었다. 하지만, 프레지던츠컵을 통해 배울 수 있는 세계 최대 규모 이벤트의 모든 것, 그리고 이를 통해 만나게 될 새로운 인물들은 나에게는 또 다른 도약의 찬스이다. 혼자 자신의 등에 채찍질을 하는 것일 수도 있겠지만, 이게 다 젊을 때 배운 '젊어서 고생은 사서 하자' 정신의 연장선이지 않을까.

'현실 안주'의 유혹이 막 자리 잡을 타이밍에 찾아온 이 기회에 분명 하늘의 뜻이 있을 것이라 믿는다. 또한 내가 늘 주머니 속에 넣고 다니는 근자감(근거 '있는' 자신감) 때문인지 크게 걱정이 되지 않는다. 스포츠업계에서 가장 중요한 인맥, 네트워크는 한순간에 쌓을 수 없다. 그리고 어느 정도 네트워크가 쌓이면 변화를 주지 않는 한 늘 그 인맥의 울타리를 벗어나지도 못한다. 나는 아직 울타리를 한정시키고 싶지 않았다. 그게 한국, 미국, 유럽, 호주, 나중에는 아프리카까지 뻗어 나갈 수 있도록 늘 확장공사를 할 준비를 하며 살고 싶다.

이번 결정은 이제 후회해도 소용이 없는 나의 최종선택이 되었다. 코오롱과는 정말 아쉬운 이별을 했다. 그래서 나오는 길에 다짐, 또 다짐했다. 그래, 난 더 성공해야 한다. 코오롱 출신이라는 말이 부끄럽지 않도록, 또 남은 사람들을 위해서라도 더 열심히 살아야 한다. 내 커리어 인생이 축구라면, 전반 20

분, 막 전술을 변경해 상대를 공략하려는 시점이 아닐까 싶다. 이제부터 벌어질 또 다른 어드벤처가 정말 기대된다.

송도 어벤저스 재집결 – 2015 프레지던츠컵

2014년 8월 11일. 전 직장이었던 IMG로 다시 돌아왔다.

IMG는 2014년 초, 미국 PGA TOUR로부터 2015프레지던츠컵에 대한 운영대행을 따낸 상태였다. 글로벌 최대 골프이벤트이자 모든 스포츠이벤트 종목을 통틀어도 상당히 큰 규모를 자랑하는 대회인지라 운영 대행 경쟁이 치열했다. 비록 한국에서 열리지만, 글로벌 스포츠매니지먼트 에이전시들이 비딩에 뛰어 들었고, 그 경쟁 속에서 IMG가 최종 운영사로 선정된 상황이었다. IMG는 호주에서 진행된 2011프레지던츠컵을 이미 진행한 바 있으며, 그 당시 PGA TOUR와 같이 일했던 운영 사무국 멤버들을 주축으로 다시 도전했기에 경험과 팀워크 면에서 큰 점수를 얻을 수 있었다.

여기서 말하는 2011년 호주 대회 운영 멤버의 이름들은 나에게 그리 낯설지 않은 사람들이었다. 그중 수장을 맡고 있는 사이먼 코킬(Simon Corkill)은은 호주 IMG의 수석 부사장으로서 이벤트 운영의 대가였다. 내가 처음 커리어를 시작했던 지난 2010년 송도 잭니클라우스 골프클럽 코리아에서 개최된 PGA 챔피언스 투어(시니어 투어) 때, 이미 한번 모신 바 있는 능력 있는 스포츠이벤트의 베테랑이었다.

당시 나는 풋내기 신입 대리였지만 한국에서 열리는 대회이기에 나름 핵심 멤버로서 중요한 역할을 부여받았다. 정말 땀 뻘뻘 흘리며 쫓아다니면서 배웠던 기억이 아직도 생생하다. 그렇게 2010년, 2011년 대회를 이어오며 사이먼에게 배웠던 이벤트 운영의 정수들이 아직도 나에겐 피와 살이 되고 있다.

이들과 다시 한 번 2015 프레지던츠컵이라는 기회로 뭉치게 된 것이다. 우리에게 큰 산이 되어 주는 사이먼과 그의 동료 마커스(Marcus)와 매들린

(Madelene)이 호주 팀이 되었고, 한국에서는 나를 포함한 5명의 한국 팀이 추가로 포함되어 2015 프레지던츠컵의 어벤저스 팀을 이룬 것이다. 이렇게 짜인 새로운 판을 위해, 나는 서울이 아닌 인천 송도 G타워로 사무

송도 G타워에 마련된 토너먼트 오피스

실을 옮겨 오직 이 대회만을 위해 모든 것을 올인해야 했다.

사실 이 정도 규모의 대회를 치를 수 있는 능력을 가진 에이전시가 IMG를 제외하면 얼마나 되려나 싶겠지만, 사실 IMG코리아 자체는 지사라는 한계로 인해 현장 실행력 부족이라는 태생적 약점을 가지고 있었다. 다른 말로 하면, IMG가 다른 나라에서 적용하던 룰과 원칙이 한국에서는 통용되지 않는 부분이 많았고, 이는 제한적인 인원으로 이벤트를 모두 진행할 수 없었기 때문이기도 하다. 따라서 일부 대행의 대행(업계말로 '대대행') 또는 대대대행을 주면서 일을 진행하다 보니 정말 끝자락에서 일어나는 일들은 다 알지 못하고 있었다.

하지만 이번 프로젝트는 달랐다. 다른 에이전시에 크게 의존하지 않고 모든 것을 A부터 Z까지 다 해내야 하는 상황이었다. 물론 PGA TOUR도 이런 상황을 인지하고 있어, 핵심적인 대회운영 외의 특정 분야들은 별도로 전문 에이전시들을 썼다(홍보, 외부 프로모션, 호스피탈리티 프로그램 관리, 개막식 등은 별도 운영 대행사와 협업). 어쨌든 기존의 인습과 관행을 배제한 새로운 시도가 IMG 내부에도 진행되고 있었다. 또한 같이 협업하는 파트너 에이전시들과 기존 회사 명함을 떼고 하나의 팀으로 같이 일해야 하는 상황이 되었다. 따라서 사무국 내에는 IMG뿐만 아니라 다른 에이전시에서 파견 나온 사람들까지 모두 2015프레지던츠컵의 이름을 대표해 일을 진행해 나갔다.

또한 그 중심에는 PGA TOUR 부사장이자 프레지던츠컵 총괄이사인 매트 카미엔스키(Matt Kamienski)가 한국으로 파견되어 있었다.

지금까지 작고 큰 규모의 대회만 10개 정도 진행하며 나름 대회 운영이라면 자신 있던 나에게 프레지던츠컵은 또 다른 신세계이자 새로운 도전이었다. 대회 운영 사무국으로 파견되어 대회를 알면 알수록 몇 가지 사실에 큰 영감을 받게 됐는데 그 내용을 정리하면 다음의 세 가지이다.

호주에서 진행된 2011 프레지던츠컵 사진. IMG 진행

가장 먼저, 그 규모에 놀랐다. 미 PGA TOUR는 세계 스포츠 단체 중에서도 가장 강력한 파워를 지닌 단체 중 하나이다. 그리고 그런 PGA TOUR가 준비하는 대회 중 가장 큰 규모를 자랑하는 것이 바로 프레지던츠컵이다. 대회 운영자 측면에서 느끼는 대회의 규모는 더욱 컸다. 설치하는 가건축물(VIP 텐트, 퍼블릭 빌리지, 문화공간, 선수전용 텐트, 자원봉사 텐트, 식당 등)의 면적이 이미 1만 5천 평방미터를 넘었고 코스 전역에 세워지는 관람석의 수도 6천여 석이었다.

8천여 명이 참석하는 대규모 개회식과 하루 2만 5천 명을 예상하는 관중을 생각하니 정말 아찔했다. 골프를 잘 모르는 사람에게는 놀랍지 않은 숫자일 수 있으나, 기본적으로 골프장에 하루 2만 5천 명이 들어선 장면을 나는 해외를 제외하고 국내에서는 본 적이 없다. 방대한 면적의 골프장에 수많은 사람이 무리지어 선수를 따라다닐 모습을 생각하니 때로는 두렵기까지 했다.

기존에 준비하던 이벤트 운영이 '중간 보스' 정도였다면, 프레지던츠컵이야말로 '끝판왕'의 면모를 가지고 있다는 생각이 들었다. 다시 한국으로 돌아오기까지 약 30년을 기다려야 한다는 가정하에(미국 빼고 대륙별로 4년에 한 번씩 도는 월드컵 같은 방식이기에 다시 한국으로 오려면 한 세대는 있어야 한다). 아마 내 커리어상 이 정도 규모의 골프대회는 다시 하기 힘들 것이라 믿었다.

둘째로는 그 권위에 놀랐다. 대회 이름의 한국식 해석이 '대통령배(Presidents Cup)' 대회라서 그런지, 각국의 수장이 명예의장 역할을 맡는다는 점, 그리고 조직위원으로 참여하는 모든 사람들의 이력이 국내 대기업의 총수들이란 점에서 이미 여타 대회와의 확실한 차별성을 가지고 있었다. 풍산, 포스코, 금호아시아나, SBS, 현대자동차, 코오롱, 삼성전자 등이 주요 파트너로 참여하고 있고, 또한 대회 주최도시인 인천시의 유정복 시장이 전폭적으로 대회를 지원해 주었다.

일반 골프팬 역시 프레지던츠컵이란 이름 하나로 그 비싼 티켓을 1년 전부터 구매하기 시작했다(한국에서 1년 전에 스포츠이벤트 티켓을 산다는 것이 얼마나 이례적인 구매행태인지는 여러분도 알 것이다). 한 마디로 구성원의 권위가 있다 보니, 대회의 권위도 동반상승하는 효과가 있었다.

마지막으로 대회의 문화에 놀랐다. 이번 대회를 위해 PGA 투어에서 수장으로 온 매트 카미엔스키 부사장의 개인적인 성향, 또는 PGA 투어라는 조직의 문화인지는 모르겠으나, 같이 일하는 파트너들에 대한 배려와 존중, 그리고 동일한 비전을 가지고 대회를 만들어가고자 하는 의지에 상당한 긍정적인 컬쳐쇼크를 받았다. 보통 스폰서 중심의 대회운영, 대회운영자와 하청업체의 전형적 '갑을관계'에 익숙했던 나나 타 업체들은 이에 대해 상큼한 놀라움을 금치 못했다.

대회를 구성하면서, 몇 번의 대규모 워크숍을 가졌는데, 우리끼리는 이를 Pump-up Meeting (미팅을 통해 자극을 받고 더욱 펌프업 하자는 의미에서 지은 이름)이라 짓고, 대회와 관련된 모든 업체들을 모시고, 각자 업무에 대한 소개, 대회 진행상황 업데이트, 그리고 상호교류가 가능한 부분에 대해 업체끼리의 미팅을 주선하여 같은 배를 타고 가는데 이해의 혼동이 없도록 하였다. 보통 회사들끼리 단합을 위해 1박2일 워크숍 등을 가는 경우도 있지만, 우리의 경우 워낙 참여자가 많다보니(약 30개 업체) 아침 일찍부터 미팅을 시작해 점심 식사 후 워크숍을 마치는 방향으로 진행해 나갔다.

이런 분위기의 대회진행은 정말 말처럼 쉽지 않은 일이다. 일을 시키고 받아쳐내기도 힘든 상황에서 업체들을 불러 친절히 진행상황을 공유한다는 것은 웬만한 의지 없이는 추진하기 어려운 일이기 때문이다. '스폰서'라기보다 '팀플레이어', '보스'라기보다 '리더'이고자 했던 PGA 투어의 신념이 돋보인 부분이었다. 실제로 미팅 후 업체들로부터 들은 피드백이 상당히 좋았으며, 존중받는 업체들이 일의 효율이 높고, 모두가 하나의 팀 스피릿을 가질 수 있음

Pump-up Meeting 진행을 맡았던 필자

을 몸으로 느꼈다.

그리고 마지막으로 일하면서 느낄 수 있는 가족 같은 분위기가 가장 좋았다. 서로 다른 인종, 다른 언어, 다른 문화를 가지고 살아왔지만, 프레지던츠컵이란 프로젝트로 인해 우리 모두는 하나가 되었고, 그리고 바쁜 일의 강도만큼 서로가 일하는데 불편함이 없도록 배려해 주었다. 각자의 명함에 찍힌회사명은 다르지만, '프레지던츠컵 팀'이란 이름으로 외부에 얘기하며 일하고있었고 또 PGA 투어에서도 그러기를 원했다.

가능하면 불필요한 야근이나 회식을 자제하고, 개인 사정은 전폭적으로 배려해주는 회사방침에 감사했다. 또한 늘 일보다 가족을 챙기라는 보스들의 말에 많은 것을 느끼고 또 느꼈다. 우리나라에서 누가 이런 말을 진심이든 거짓이든 쉽게 할 수 있으랴. 이제 1년을 넘게 보내며 가족보다 더 많은 시간을 보낸 사이가 되었고, 이제는 내 가족의 범위가 한 단계 넓어진 느낌이다.

사실 대회를 준비하며 많은 부침이 있었다. 대회의 규모와 관여해야 하는업무의 범위가 지나치게 광범위한 것도 있었지만, 어찌 보면 일을 잘하니 더욱 많이 주는 것이라, 또 이번 아니면 언제 이렇게 중책을 맡아볼 수 있겠는가 하는 생각에 조금 더 힘을 내어 챙기면서 일했다. 하지만 여전히 챙겨야 할 것이 구석구석에 숨어 있었고, 실수도 많았다. 출근해서 퇴근까지 점심시간이 아까울 정도로 바쁘게 일하고, 집에 와서 아내의 집안일을 돕고 갓 태어난 아기를 재운 후 다시 컴퓨터 앞에 앉아 미국의 아침시간에 쏟아지는 업무들을 쳐내야 했던 하루 하루였다.

이때는 내가 적합한 사람인지 확신이 서지 않아 자괴감이 들었던 적도 많았다. 운영 팀장의 역할로서 대회 운영을 담당하는 것이 주요 업무였지만, 그러나 대회 전반을 알아야 하는 핵심 실무진으로서 PR, 마케팅, 프로모션, 스폰서십 세일즈, 방송중계, 머천다이징 등 모든 일의 전반에 관여할 필요가 있었기 때문이다. 이런 사실이 부담으로 다가오고, 혹여 내가 아직 경험이 부족한 건 아닌지 하는 의문이 많이 들었다. 특히, 국내에서 이 정도 규모로 다뤄보지 못했던 케이터링, 머천다이징, 자원봉사, 호스피탈리티 프로젝트들을 처음으로 경험하며 그 배움의 양을 감당할 수 없다는 느낌도 많이 들었다.

이런 감정의 격동은 또 다시 미래에 대한 고민으로 이어지기도 했다. 내 커리어의 방향에 대한 고민, 즉 골프라는 종목이 맞는가, 이벤트 운영만 고집할 것인가, 세일즈맨이 되어야 하는 건 아닌가, 한국에서는 이제 무엇을 할 수 있는가, 해외진출의 기회는 없는가, 내 가족은 내가 어떻게 먹여 살릴 것인가 등에 대한 끊임없는 고민이 생겨났다. 하지만 현실적으로는 이런 생각들을 할 여유가 거의 없었다.

이제 대회를 두 달 남겨두고 있는 상황에서 어차피 대회는 끝내야 하며 주위를 둘러볼 여유는 허락되지 않았다. 앞만 보고 달려 한번 뿐인 이 기회를 최대한으로 살려야 한다. 그런 고민의 시간을 충분히 가지기 전에 이미 일들이 눈앞에 닥쳐왔다. 대통령 명예의장 수락식, 캡틴스 데이 행사가 휘몰아치며 2014년은 그렇게 가버리고, 조직위원회 출범식, 트로피 투어 등을 치러가며 2015년도 절반을 훌쩍 넘기고 드디어 대회 개막일이 코앞에 다가오고 있었다.

프레지던츠컵이 남긴 유산 – 골프대회 끝판왕 정복

어떻게 시간이 흐르는지도 모르는 사이 프레지던츠컵은 눈 깜짝할 새에 끝이 났다. 글로 다 표현 못할 정도의 성취감과 새로운 경험의 연속이었다. 정말 아낌없이 열정을 쏟아 부었고, 그만큼 보람이 큰 프로젝트였다.

아시아 최초로 대한민국에서 열린 제11회 프레지던츠컵의 사무국 운영팀 장으로 1년 반의 시간을 보냈다(프로젝트 이후 스포츠이벤트 운영에 관한 책을 한 권 더 내는 가시적인 성과가 있다있었다(스포츠마케팅 쪼개기: 실전편). 하지만 그보다 값진 '경험'이라는 보상은 여전히 나에게 따질 수 없는 가치이다.

2015 프레지던츠컵은 2015년 10월 6일부터 인천 송도에 위치한 잭 니클라우스 골프클럽 코리아에서 개최되었다. 세계 최고의 선수들, 그들을 관리하는 글로벌 스포츠에이전트들, 협회 관계자들, 국내외 굴지의 기업 총수들, 그리고 대통령을 비롯한 유수의 정부 관계자들이 대회장을 찾았다. 이 대회는 핵심적인 준비기간만 약 1년 반이 걸린 초대형 스포츠 이벤트였다. 대회 동안 약 10만 명의 관람객이 대회장을 방문할 것으로 예상했기 때문에, 그리고 그 대회를 둘러싼 많은 이해 관계자들의 지위와 권위가 매우 높았기 때문에 만반의 준비가 필요한 건 당연했다.

대회 준비를 한다는 게 무슨 일을 하는 거냐고 묻는 이들이 의외로 많다. 몇 개의 문장으로 간단히 설명해주고 싶지만 쉽지가 않은 대답이다. 간단히 풀어보자면, 대회를 보러 오는 사람들, 경기를 치르는 선수들, 방송을 중계하고 취재하는 사람들이 불편하지 않도록 준비하는 게 이벤트 운영자의 핵심이다.

하나의 대회만을 위한 업무를 1년 6개월 동안 했으니 그만큼 덩치가 크다

2015프레지던츠컵 개막일 1번티 전경

는 반증이 아니겠는가. 프로젝트팀으로 모여 궁합을 맞추는 일도 보통이 아니다. 끝을 바라보며 한 마음으로 일하는 것은 분명 많은 희생과 팀워크를 요하기 때문이다.

언제 오려나 했던 2015년 10월은 어느샌가 내 앞에 와있었고 극도의 긴장과 설렘을 동시에 안은 채 대회를 맞이했다. 송도 컨벤시아에서 열린 개막식을 통해 대회의 공식적인 막이 오르고 하루 평균 2만 명의 갤러리가 대회장인 잭 니클라우스 골프클럽을 찾아 선수들을 응원했다. 대회 마지막까지 우승팀을 알 수 없는 치열한 공방으로 대회 흥행에 가속도가 붙었고, 최종 라운드인 일요일 마지막 대진으로 나선 배상문 선수의 플레이로 모든 관심이 쏟아졌다.

프레지던츠컵 종료 후 팀원들과 사진 한 컷

결국 18홀에서의 아쉬운 플레이로 인터내셔널팀은 미국팀에게 우승컵을 내
주게 됐다.

　미국과 다른 대륙을 돌며 2년에 한번 열리는 프레지던츠컵이 아시아 최초
라는 타이틀을 걸고 대한민국 땅에서 열린다는 사실에 많은 우려와 걱정의 목
소리도 있었지만, 결과적으로 수많은 갤러리, 화려한 후원사, 정부의 대대적
지원, 그리고 수준 높은 PGA 투어 운영팀까지 모두 하나로 합쳐져 큰 성공을
거두었다. 특히 골프계에서는 불모지로 불리는 티켓 판매와 기념품 판매의 대
성공은 결국 브랜드 마케팅을 어떻게 하느냐의 차이라는 점을 명확히 보여주
었다.

　개인적으로 세계 스포츠 단체 중 가장 강력한 단체 중 하나인 미 PGA
TOUR와 일하며 얻은 경험은 정말 값진 것이었다. 스스로에 대한 자부심만
큼 높은 기준과 명확한 브랜딩의 품격을 유지하는 PGA TOUR, 그간 내가 경
험해 보지 못한 새로운 분야에 눈을 뜨게 만들어준 정말 소중한 기회였음은

확실하다.

대회 종료 후에도 약 두 달가량을 현장에 남아 모든 후속 절차를 밟았다. 어느 덧 연말이 되고 2016년이 되니 정말 대회가 끝난 것이 실감이 났다. 그렇게 힘들게 고생하며 뛰어온 마라톤 같은 지난 1년 6개월, 이제 와서 돌이켜 보니 정말 한여름 밤의 꿈같기만 하다. 여전히 많은 이들에게 회자될 정도로 평생 한번 볼 만한 스포츠이벤트였던 프레지던츠컵. 떠나간 옛사랑마냥 여전히 마음속에 남아있다.

대회가 끝나고 난 후 마치 드라마 주인공 배우처럼 한참을 그 기억에서 헤어 나오지 못했던 것 같다. 언제 이런 훌륭한 프로젝트를 또 해볼 수 있을까 하는 아쉬움 때문일 것이다. 하지만 언제까지 감상에 젖어 있을 수 없는 터라 다시 한 번 마음을 고쳐 잡고 미래 계획을 세웠던 생각이 난다.

프레지던츠컵은 나에게 업무적인 경험과 배움 외에도 많은 유산을 남겼다. 대회 직후 휘몰아친 벅참의 소용돌이가 지나고 나서 조금은 객관적으로 정리하게 된 세 가지 포인트가 있다.

첫째, 나에게 미래의 큰 그림을 다시 그리는 계기를 선물해 주었다.

당시 내 나이(37세)와 경력을 고려하면, 주니어 때 가지고 있던 '스포츠업계에서 일하고 싶다' 정도의 막연한 마음가짐으로는 커리어를 발전시켜 나가기 어렵다. 스포츠마케팅 분야 내에서도 확실한 자기만의 특화된 경력을 쌓아야 하고 그것을 기반으로 전략을 잘 짜야 한다. 뒤를 돌아보건대, 그동안 쌓은 내 경력의 키워드들은 다음과 같다.

'골프, 국제 스포츠이벤트, 외국계 회사, 영어, 스포츠마케팅 전략, 스포츠 스폰서십, 선수 매니지먼트'

이런 키워드들을 늘어놓고 나면 다음 단계가 떠오른다. 그중 몇 가지를 조금 더 강화하는 방법, 아니면 여기 없는 키워드 중 핵심적인 분야를 새롭게 섭

렵하는 방법이 있을 것이다. 물론 전자가 후자보다 조금 더 쉽고 합리적이다. 프레지던츠컵을 끝낸 후 정말 많은 생각이 들었다. 조금이라도 쉽고 넓은 문으로 들어가는 게 나은지, 아니면 조금이라도 젊을 때 새로운 도전을 해야 하는지에 대해 말이다. 어느덧 처자식을 책임지는 가장의 입장이라는 점도 여러 의사결정에 큰 몫을 차지했고, 또 내가 원하는 것과 잘할 수 있는 것 사이에서의 수많은 고민을 반복했다. 프레지던츠컵은 이런 건설적인 고뇌를 할 수 있는 좋은 기회를 선물해줬다고 생각한다.

둘째, '글로벌 인재'가 되는데 큰 발판이 된 이벤트였다.

스포츠마케팅 시장에서 글로벌 인력이 된다는 것의 정의를 뭐라 딱 잘라 말하긴 어렵다. 미국에서 유학했고, 영어도 구사할 줄 알게 됐지만 그게 글로벌 인재의 전부는 아니다. 미국 스포츠시장의 바닥부터 차근차근 경험한 나의 미비한 시작도 큰 도움이 됐고, 한국에서 경험한 글로벌 스마팅 에이전시 및 대기업 스마팅 팀에서의 경력도 모두 지금의 나를 만드는 과정 중 하나였다. 하지만 여전히 뭔가 세세한 조각들의 경험이 전부였던 내게 프레지던츠컵이란 프로젝트는 하나의 큰 시험무대이자 큰 도약의 발판이었다.

스포츠이벤트 중 메이저급에 속한 이 이벤트의 운영팀장이 되어 전체를 아우를 수 있는 기회를 얻었다는 것은, 그리고 대회의 큰 성공과 함께 준수한 평을 내리고 대회를 마쳤다는 것은 내게 매우 큰 행운이었다. 하나의 프로젝트를 위해 모인 여러 조직, 사람들(외국 협회, 외국 기업, 외국 업체, 정부기관 등)과 어울려 일하는 과정 자체가 엄청난 경험이었기 때문이다. 여기서 만난 인연들과 네트워크들이 모두 내 인생의 자산이지 않을까.

마지막으로, 프레지던츠컵은 단발성 이벤트의 명암을 보게 해주었다.

다 잘됐고, 다 좋았지만, 분명 프레지던츠컵이 내게 준 어두운 면도 있었다. 이런 단발성 프로젝트, 즉 딱 한 번 하고 끝나는 이벤트의 경우, 정든 팀과의 헤어짐 때문에 가장 가슴이 아프다. 대부분의 인력을 계약직으로 선발할 수밖에 없고 헤어짐을 가정한 만남을 가졌기 때문이다. 물론 평생 한번 있을 법한 훌륭한 대회이기 때문에 단점보다는 장점이 많았다고 단언한다. 다만 헤어짐은 정말 슬프고 잔인한 일임을 부정할 수도 없다. 외국에서 파견 와 1년을 넘게 같이 생활한 PGA TOUR 부사장 매트 카미엔스키, 그리고 2011년 이후 다시 재회하게 된 IMG팀과의 헤어짐을 맞이한 것도 너무 아쉬웠다. 마지막 날 사이먼이 눈물의 작별인사를 한 시간은 오랜 기간 내 머릿속에 남아 있을 것 같다.

함께한 한국팀 멤버들과도 아쉬운 작별을 해야 함에 마음이 편치 않았다. 특히 팀장으로서 프로젝트 종료 후 짧은 시간 안에 다른 직장을 찾아야 하는 이들에게 더 좋은 기회를 선사하지 못했기에 너무 미안하다. 물론 나 역시 다른 입장은 아니었다. 올림픽이든 월드컵이든 한 번의 큰 기회를 위해 많은 이들을 계약직으로 선발하지만 대회가 끝나고 모두 시장으로 다시 몰려나와 다음 기회를 찾기가 얼마나 어려운 일인가. 하지만 그럼에도 불구하고 다시는 오지 않을 기회라는 확신이 들어 모두 어려운 결정을 내리고 합류한 것이다. 나 역시 가족까지 딸린 상황에서 한 프로젝트 이후 불명확한 미래를 앞두고 큰 결정을 하기가 쉽지 않았다. 후회하는 생각이 든 적도 있지만 지금 이 프로젝트가 잘 끝난 후 내 경력에 영원히 남을 업적이란 믿음은 변한 적이 없다.

프레지던츠컵이라는 배에 올라탄 뒤 지내온 날들이 기쁨, 환희, 걱정, 그리고 아쉬움이 공존했던 파란만장한 시간이 아니었나 하는 생각이 든다. 인생이 선택의 연속이라 하지 않았던가. 내가 지금 내린 선택은 내일이면 과거가 되고 그 기록들이 모여 역사가 된다. 지난날의 영광에 빠져 지내서도 안 되고 없을 걱정을 미리 해서도 안 된다. 시간을 되돌릴 수 없기에 후회는 해서 무엇할까. 지금 이 순간을 가장 열심히 살고, 가장 현명한 선택들을 하며 살아가는 것이 옳다고 믿었다.

이제 과거는 아름다운 추억으로 묻어두고 더 나은 미래를 위해 뛸 시간이 된 것 같다. 나의 내일이 무엇인지 모르는 상황에서 두려움이 앞서기도 했지만, 여전히 열정과 노력의 조합은 배신하지 않을 거라는 믿음을 가지고 다음 계획을 향해 달려가게 되었다.

새로운 도전은
끝이 없다

스포츠마케터의 이직

한 분야에서 오랜 기간 일을 하다보면 종종 이직의 기회가 찾아온다. 이직의 기회는 외부에서 먼저 제안이 오는 경우도 있지만, 본인이 먼저 찾아 나서는 경우도 있다. 어떤 케이스이건 이직을 생각하는 순간, 자신의 이력서를 다시 한 번 열어서 살펴보게 된다는 공통점이 있다.

스포츠마케터로서 쌓아온 내 이력을 들여다보면 분명 특징이 있다. 비 스포츠 분야에서 볼 때는 내 이력이 '스포츠'라는 하나의 전문영역으로 보이겠지만, 스포츠마케팅 분야 내에서 이직을 하게 되면 그 전문영역도 수많은 분야로 쪼개진다는 걸 금방 알게 된다. 다시 말해, 세분화된 전문영역을 제외하고는 같은 '스포츠'가 들어간 분야라 하더라도 무작정 교집합을 주장하며 전반적인 전문가라 말하기 어렵다는 얘기다.

경험이 있는 사람은 알겠지만, 스포츠마케팅 분야의 이직은 생각만큼 쉽지 않다. 퇴사를 결심 후 오픈 마켓에 뛰어 들어 이직을 고민하다 보면 원하는 직장을 잡기가 얼마나 어려운지 아는가. 몇 개의 취업사이트에 들어가 스포츠마케팅이라고 검색을 해보거나, 스포츠라고만 쳐봐도 대충 무슨 의미인지 알 것이다. 검색되는 구직정보의 가지 수는 상대적으로 많지만 의외로 자신에게 적합한 자리는 많이 없음을 알 수 있다. 스포츠로 묶이는 광범위한 산업이 스포츠마케팅이라는 전문직으로 들어가면서 그 선택의 옵션이 기하급수적으로 줄어들기 때문이다.

국내 스포츠마케팅 업과 그 속에서 일하는 사람들의 네트워크는 생각 외로 굉장히 좁다. 어디에서 사람을 뽑는다, 누가 어디에 지원했다 등의 소문은 금세 퍼지게 마련이다. 나도 가끔 어떤 지원자에 대한 평판체크를 위해 고용주의 위치에 있는 지인들에게 전화를 받는 경우가 있다. 그럼 그 지원자의 소문은 이미 대부분의 업계 사람들이 알고 있다고 봐도 무방하다. 그렇다 보니 회사를 다니는 사람 입장에서 이직을 고민하다가도 쉽사리 지원서를 넣지 못하게 된다. 따라서 아는 사람을 통한 추천이나 개인적인 관계에 의한 이직 추진이 성사 가능성은 더 높을 것이다.

스포츠마케팅으로의 커리어의 완성은 과연 무엇일까?

자신이 생각하는 커리어의 종착역을 생각해 보는 것은 매우 중요한 일이다. 스포츠마케터로 시작하는 시기에는 다양한 분야를 두루 경험하는 것이 좋지만 경력이 5년 이상을 넘어가면 그 이후로는 커리어 빌딩에도 상당히 고심해야 한다. 무턱 대고 지금보다 조금 나은 직장으로 옮길 수는 없는 상황이 오기 때문이다.

요즘 시대는 40대만 넘어가도 퇴직을 걱정할 시기이다. 마흔이 넘어가는 시기 전후로 자기 커리어의 방향을 명확히 정해야 하고, 올인 전략을 반강제 당하는 경우도 분명히 생긴다. 이 글을 읽는 여러분이 20대 초반의 젊은이라 하더라도 막상 자신이 사회생활을 시작하고 스마터로서 자리를 잡는 시점은 약 서른 살이라고 볼 때, 그 이후 10년간에 이직의 기회, 커리어 빌딩의 터닝 포인트 등이 모두 찾아온다는 말이다.

앞에서 얘기한 다양한 종류의 커리어, 즉 에이전트, 스폰서십 세일즈맨, 이벤트 전문가, 구단 운영 전문가, 스포츠 브랜드 마케팅 전문가 등을 짧은 기간 안에 모두 다 경험하기는 쉽지 않은 일이다. 비슷해 보이지만 막상 경력직으로 원하는 커리어는 상당히 다르며, 또 한 분야에 몸담으면 몇 년은 지나야 그 업계의 생리와 네트워크를 모두 섭렵할 수 있기 때문에 의외로 주어진 기회는 많지도 않고 길지도 않다. 이런 상황으로 볼 때 10년이란 기간이 과연 그렇게 긴 시간인지 생각해 볼 일이다.

내가 처음 IMG에 입사한 것이 지난 2010년이고 이는 그 이전에 쌓은 미국 경험과 인턴 경험들이 하나로 다져진 성과물이라고 생각한다. 이미 말했지만, '골프'라는 종목을 전략적으로 선택하고 집중해 이력을 쌓은 것이 한국의 스포츠마케팅 시장에 진입하는데 큰 도움을 주었다. 이후 코오롱 스포츠마케팅 담당자로 이직할 때도 골프 업계에 몸담았던 내 경력들이 돋보였기에 가능했던 것으로 믿고 있다. 사실 당시로 돌아가 생각해 보면, 내가 원했던 가장 이상적인 커리어 빌딩 방향은, 골프 전문가로서 코오롱이 주최하는 대회운영에 일조하고, 한편으로 스포츠브랜드 마케팅으로 전환을 이뤄야겠다는 생각이었다. 하지만 현장에서 본 스포츠브랜드 마케터의 모습은 패션, 용품, 소비재 등의 전문가와 공통분모가 조금 더 많았다. 내가 걸어온 길과는 사실 많이 다른 커리어의 스페셜리스트를 필요로 하는 분야였다. 물론 오랜 기간 회사에 남아 기회를 엿볼 수도 있었겠지만, 내가 하는 스포츠마케팅이라는 업무가 기업에서 볼 때도 워낙 특수하다보니 조직을 개편할 때마다 소속이 바뀌기 십상이었고, 결국 그 사이에 나는 다른 선택을 하게 되어 IMG로 돌아온 것이었다.

2015년에 프레지던츠컵이라는 대규모 프로젝트를 선택한 것은 어쩌면 당연할 수도 있다. 거부할 수 없을 만큼 매력적인 제안이었으니까. 하지만 여기서도 나는 나름 커리어 선택을 한 것이었다. 골프대회 운영은 내가 잘하는 것이었고, 이 길로 다시 들어서면 스포츠브랜드 마케팅 쪽으로 갈 기회를 차버리는 것과 같았다. 스포츠브랜드 마케터들이 가는 길에는 보통 나이키, 아디다스, 언더아머 같은 회사들이 있다. 나는 내가 잘할 수 있는 것과 내가 하고 싶은 것 사이에서 갈등을 한 건 사실이었다. 프레지던츠컵의 역할은 골프운영이었지만 내가 하고 싶은 것에 대한 욕구도 많이 충족할 정도의 권위와 규모를 가지고 있었기 때문에 선택한 것이기도 하다.

결국 나는 2015년의 터닝 포인트에서 다시 한 번 '골프'를 선택했다. 이때 선택한 건 1) 골프뿐만이 아니라, 한층 커진 규모의 2) 이벤트 운영, 그리고 해외 협회와의 한 팀으로 진행한 3) 글로벌 스포츠마케팅이었다. 여러 경우의 수 중에서 나는 이것들을 선택했고, 그것들에 집중했다. 그리고 그 결과는 성공적이었다.

2016년이 되자 프레지던츠컵 프로젝트는 모두 끝이 났고 새로운 선택의 갈림길에 놓이게 되었다. 막상 선택해야 하는 순간이 되니, 또다시 내가 책에서 줄기차게 이야기한 '너자알(너 자신을 알라) 프로세스'를 할 수 있는 기회가 생겼다.

- 내가 제일 잘하는 것(강점)
- 내가 제일 하고 싶은 것(이상)
- 내가 지금 해야 하는 것(현실)

이 세 가지를 두고 여러 시나리오를 작성해 보았다. 그 과정이 쉽지는 않았다. 다시 한 번 수많은 좌절과 시장의 차가운 현실을 겪어야 했다. 2008년부터 대학원을 다니며 줄기차게 지원했다 떨어졌던 인턴십 실패의 경험이 떠올랐다. 그때와 달라진 건, 내 옆에 내가 책임질 아내와 아들이 있다는 사실. 더욱 절치부심해야 했고, 반면에 내 욕심만 챙길 수는 없었다.

이런 고민들 누구나 한번쯤은 경험이 있으리라 생각한다. 나도 내 인생의 길들이 모두 화려하고 순탄하지 않았다는 걸 잘 안다. 정말 현실의 냉정함을 뼈저리게 느낀 적도 많고, 그런 경험은 언제든지 생길 수 있다. 스포츠마케터로, 그리고 한 가정의 가장으로서 책임은 살면서 늘어날 뿐 줄어들지는 않기 때문이다. 이 당시 지원했던 자리에서 연달아 고배를 마시면서 과연 무엇이 최상의 선택인지, 최선의 선택인지, 그리고 최악의 시나리오는 무엇인지 고민해 보았다.

돌이켜 보건대, 의미 없는 시간은 단 한순간도 없었다. 실패가 나를 더 겸손하게 만들었고, 더 강하게 만들었다. 글을 읽는 여러분들도 이런 이직의 기회가 온다면 반드시 내가 거친 '너자알' 프로세스를 통해 현명한 선택을 내릴 수 있길 바란다.

e스포츠로 떠난 인디애나 존스

약 4개월의 휴식 끝에 2016년 8월, 나는 다시 IMG 한국지사로 복귀하게 됐다. 당시 골프는 그만하고 싶다는 개인적인 마음이 컸던 때라 IMG는 고려하고 있지 않았다. 하지만 생각 외로 스포츠산업의 인력시장은 취업이 녹록지 않았다. 워낙 포지션 자체가 적은 이유도 있겠고, 내가 원하는 커리어의 방향과 내 높아진 눈높이가 갈 수 있는 길을 더 좁게 만든 것 같다. 다행히 IMG에서는 나에게 새로운 업무를 부여하며 다시 한 번 일하자는 제안을 주었다.

그 일은 다름 아닌 평창올림픽 마케팅 컨설팅, 그리고 골프 선수 매니지먼트 업무였다. 선수 매니지먼트는 이전에 해왔던 일과 비슷했지만, 평창 올림픽 마케팅만큼은 정말 새로웠다. 당시 TOP(The Olympic Partner, 올림픽 공식 후원사) 프로그램에 참여하고 있던 GE가 마케팅 컨설팅을 IMG에 맡기고 있었고, 2018년에 평창에서 올림픽이 열리기 때문에 GE 코리아에 평창 올림픽 스페셜리스트가 필요했던 것이다. 해당 업무를 맡게 되면서, 나는 일주일에 이틀씩 GE 코리아로 파견되어 근무를 하고, 남은 날은 IMG에서 골프 선수 관련 업무를 하게 됐다.

운명의 장난이란 게 이런 것일까. 나는 재취업 과정에서 많은 좌절을 겪었다. 유명 대기업 스포츠마케팅 담당자 자리는 모두 면접을 봤지만 마음처럼 되지 않았다. 내 높았던 자신감이 교만이 아니었나 하는 교훈을 주기도 했다. 하지만 한편으로 가장 가고 싶었던 분야가 사실은 e스포츠 분야였다. 오래전부터 눈여겨 봐온 이 분야에 미래가 있다고 느꼈기 때문이다. 나의 부족한 게임업계 경력으로 인해 이직 과정이 쉽지 않았다. 임원면접까지 가서 떨어진 회사도 있었고, 처음부터 탈락의 고배를 마신 회사도 있었다. 인생이 새옹지마라고, 그렇게 원할 때는 되지 않더니 우연한 기회에 다시 연결된 게임회사 면접을 보게 되면서 난 결국 e스포츠 회사로 이직하게 되었다. 그것도 당시 최고 정점에 있는 게임 중 하나의 e스포츠 담당자로 말이다.

게임회사로 갔다는 얘기를 들은 지인들은 하나같이 놀랍다는 반응이었다. 내가 게임회사로 이직하며 스포츠계를 떠났다고 생각할 수 있겠지만 사실 전혀 그렇지 않다. 오히려 새로운 콘셉트의 스포츠 세상을 탐험하는 인디애나 존스가 된 것이고, 그가 탐험하는 세상은 정글이 아닌 금광이다.

이제부터 내가 왜 게임회사를 선택하게 되었는지 설명하고자 한다.

게임과 나의 인연을 모두 말할 필요는 없지만, 어린 시절부터 늘 내 곁에 있었던 건 사실이다. 하나의 취미로, 여가생활로 게임은 늘 내 곁에 있었다. 어린 시절 슈퍼 앞에서 쭈그려 앉아 플레이하던 갤러그, 너구리는 잊지 못할 추억이다.

1999년 대학교에 입학해 스타크래프트라는 게임을 만났다. 스타크래프트(정확히 말하면 Star Craft: Brood War)는 아마 우리나라의 게임 역사에 영원히 남을 게임 중 하나다. 당구장 비용을 분당 500원까지 떨어뜨린 장본인이자, IMF 시절 직장을 잃은 가장들이 PC방 창업으로 생계를 이어갈 수 있게 해준 은인이기도 하다. 그때 처음 생긴 것이 바로 e스포츠라는 개념이다. 알파 벳 'e' 하나가 붙었는데 스포츠는 스포츠란다.

선수들은 우주모함 선장 같은 제복을 입고 등장해 게이머들의 전폭적인 환호를 받으며 마우스 하나로 팬들을 홀렸다. 임요환, 홍진호, 기욤, 베르트랑부터 시작해 김동수, 강민, 서지훈, 최연성, 박정석, 박성준, 이영호, 이윤열, 송병구, 오영종 등 정말 기라성 같은 프로게이머들이 시대를 지배했다. 나 역시 대학시절을 PC방과 e스포츠 시청으로 시간을 보냈던 사람 중 하나로서 상당히 애착과 관심이 가는 분야기도 했다.

스타크래프트를 필두로 한 e스포츠에는 약 10년의 시간이 지나며 여러 변화들이 일어났다.

첫째, 다른 게임들도 e스포츠에 관심을 가지기 시작했다.

둘째, 세계 각국이 e스포츠에 관심을 가지기 시작했다.

셋째, e스포츠의 생태계가 발전하면서 전통 스포츠의 모습을 닮아가기 시작했다.

세번째 포인트는 실은 상당히 주목할 만한 변화이다. 실제로 스타크래프트 이후 대기업이 후원하는 팀들이 생겨나기 시작했다. 선수와 팬이 자연스레 양성됐으며, 방송국, 미디어, 대회, 상금, 스폰서, 전용 경기장 등이 생겨났다. 이는 기존 스포츠와 다를 것이 없는 구조이다.

League of Legends(LOL)라는 게임이 국내는 물론 세계적인 인기를 얻던 2012년 즈음인가 문득, '와, 이렇게 세상이 변했나', '스포츠랑 이렇게 닮았는데 내가 한번 도전해 볼 수 있지 않을까'라는 생각을 처음 갖게 됐다.

2010년 한국에 돌아와 스포츠마케팅 세상에 입문하고 경력을 쌓을 때는 확실히 다른 곳에 많은 신경을 쓸 수 없었다. 지금 하는 일에 몰두하기에도 시간이 부족했고, 2011년 결혼 이후에는 가끔 기사를 보는 것 외에 게임이란 세상을 포기하는 상황이었다. 또 그렇게 세월은 잘 흘러가고 나도 스포츠산업에서 경력을 쌓고 있는 사이, 모바일 시대가 도래하며 모든 콘텐츠를 핸드폰 하나로 다 보는 세상이 되었고, 이를 포함한 모든 것들이 플랫폼이란 이름으로 연결되는 세상이 진짜로 찾아왔다. 사람들은 이를 4차산업혁명이라는 말로 부르며 시대의 변화에 적응하라고 외치고 있었다.

그 사이 마음껏 성장한 e스포츠는 스포츠 섹션의 한 면을 당당하게 차지하고 있다. e스포츠의 빅매치들은 포탈 사이트의 기사로 스포츠 종합면을 당당하게 장식하기도 한다. LOL의 큰 성공과 한국선수들의 국제무대에서의 활약은 마치 김연아의 올림픽 금메달과 같은 자긍심을 불러일으키는 촉매가 되었고, 수많은 한국의 프로게이머들이 해외로 진출하는 일도 잦아졌다. 매일 스포츠 기사를 검색하며 하루를 시작하는 나로서는 이런 변화가 눈에 들어오지 않을 리가 없었다. 게다가 스포츠와 점점 같아지는 e스포츠의 모습을 보면서 나에게도 분명 어떤 연결고리가 있지 않을까라는 생각도 하게 됐다.

게임에 대한 우리나라의 시선은 상당히 상반된다. 2013년에는 게임을 술, 도박, 마약과 함께 4대 중독으로 분류했으며, 어린 친구들의 게임 중독을 막기 위해 게임 셧다운제(만 16세 미만의 청소년에게 한국 표준시 기준, 밤12시부터 오전6시까지 인터넷 게임의 일부 접속을 셧다운)를 실시한 유일한 나라가 되기도 했다. 많은 부모들도 자식들의 게임 중독을 좋게 바라보지 않았으며, 게임회사에 대한 부정적 인식은 기성세대에 어느 정도 팽배해 있었다고 봐도 무방하다.

반면, 제대로 된 e스포츠의 기원인 한국에서 e스포츠협회가 창설되고 그 산업의 규모가 점점 커지자(PC게임 + 모바일 게임), 정부에서 게임산업을 차세대 동력으로 안팎으로 밀어주기 시작했다. 한편에서는 중독이라 칭하고 한편에서는 더 부흥시켜야 한다고 말하고 있는 모순적인 일들이 발생하기 시작한 것이다. 어떻게 변화하고 발전하게 될지에 대한 궁금증이 크지만, 명확히 말할 수 있는 건 '게임산업'과 'e스포츠'는 커지면 커졌지 절대 줄어들지 않을 것이란 확신이다.

그러한 이유로, 프레지던츠컵을 마치고 새로운 도전을 할 기회가 주어진 나는 e스포츠로의 진입을 본격적으로 시도했다. 사실 내가 원한다고 갈 수 있는 것도 아니지만, 이 모든 것이 한순간의 변화는 아니다. 3년 전 경험한 탈락의 쓴 맛을 발판으로 다시 한 번 본격적으로 e스포츠계에 진입을 시도한 나는, 가능하면 많은 e스포츠의 정보, 즉 생태계, 관련 조직과 회사, 팬, 최신 뉴스 등을 지속적으로 보는 연습을 했다. 제일 중요한 게임은 거의 할 수 없었지만 내가 낼 수 있는 최대한의 시간을 그곳에 집중했다.

그렇게 나는 e스포츠 매니저로 새로운 시작을 하게 됐다. 결론만 얘기하면 해피엔딩이지만 그간의 준비과정과 좌절, 그리고 느낀 점은 수도 없이 많았다. 이직 준비라는 것이 참 쉽지 않은 일이지만, 이력서도 써보고, 면접도 많이 보면 노하우가 생기는 것 같다. 하지만 가장 중요한 포인트는 그 업무의 특성을 얼마나 자기가 잘 이해하고 감당할 수 있는지를 보여주는 것이 아닐까. 앞에서 얘기했지만 전통 스포츠와 상당히 유사한 구조를 띤 e스포츠의 생태계를 미리 파악했으며, 스포츠마케팅 분야에 있으면서 쌓은 노하우가 분명 e스포츠 산업, 특히 게임회사에서 키우려 하는 e스포츠 시장에서 매우 필요한 자산이 될 것임을 집중적으로 어필했던 것 같다.

e스포츠의 비전은 밝다 못해 눈이 부실 정도다. 최근 큰 돌파구를 찾지 못하고 정체되어 있거나 오히려 쇠퇴하는 스포츠들을 보면 e스포츠만큼 성장동력이 큰 산업이 있을까 싶다. 또 하나의 큰 특징은 글로벌한 무대. 대부분의 게임회사들은 게임을 개발할 때 국내용으로만 하지 않는다. 내수도 중요하지만 해외에서도 장소의 구애 없이 언제든지 접속 가능한 것이 게임이기에 당연한 이치이다. 그렇다 보니 e스포츠 역시 각 지역을 기반으로 하나의 글로벌한 생

태계를 형성해가고 있다. 우리가 알고 있는 유명 게임의 e스포츠 대회들은 각 대륙별/나라별로 팀을 가지고 있고, 일종의 월드컵이 각자의 이름으로 매년 열리고 있다. 내가 들어온 회사 역시 글로벌 e스포츠의 선구자이자 리더 격이 기에 내가 가진 글로벌 스포츠마케터의 이상을 충족시켜 주기에 충분한 조건을 가지고 있었다.

놀랍게도 e스포츠는 정식 스포츠 종목으로 변신하고 있는 중이다. 2018 아시안게임에 이미 임시종목으로 채택이 되었고, 올림픽 얘기도 끊임없이 나오고 있다. 시간이 문제이긴 하겠지만, 언젠가 e스포츠는 일반 스포츠와 나란히 서서 스포츠로서의 모습을 갖추게 될 것이다. 그리고 그 중심에서 활약하는 나의 모습을 기대해 본다. 여전히 여러 관계자들의 많은 노력들이 필요할 것이고, 이제 새로운 세계의 시작점에 선 내가 배워야 할 일이 훨씬 더 많을 것이다.

e스포츠가 내 열정에 심폐소생술을!

시간이 흘러 어느덧 e스포츠계에 몸담은 지 2년 반 정도가 지났다. 글로벌 히트 게임의 첫 e스포츠 리그의 런칭을 담당했고, 지금도 그 중심에서 열심히 앞을 향해 달려 나가고 있다. 연간 계획의 한 사이클을 보내니 산업에 대한 이해도도 조금 높아지고 보이지 않던 부분까지 이해할 수준이 된 것 같다.

지난 소감을 말해 보자면, 일단 내가 예상했던 e스포츠의 '장밋빛 미래'는 그대로 적중했다. 누구는 게임의 수명을 운운하며 기존 스포츠와 달리 자리 잡기 어렵다고 예언하기도 했지만, 사실 e스포츠 산업 자체는 규모적인 면에서 하루가 다르게 성장하고 있다. 과거 확신을 가지지 못하던 기업들도 e스포츠를 통한 마케팅에 관심을 기울이기 시작했다. 분명 지금 보이는 e스포츠대회 후원사의 이름은 더 이상 PC관련 업체들만이 아니다. 어린애들만의 전유물로 여겨지던 e스포츠도 이제는 그것을 경험한 세대의 성장과 더불어 10대에서 40대까지를 아우르는 팬을 확보하게 된 것이다. 게다가 지역적으로 봐도, 단지 한국이 아닌 세계를 아우르는 공간적 자유로움은 e스포츠 산업의 확장에 더 큰 도움을 줬다.

최근 뉴스에 심심치 않게 등장하는 것이 e스포츠 산업의 성장에 대한 기사이긴 하지만 여기에 등장하는 높은 숫자들이 피부에 와닿기는 어렵다. 도대체 누가 어떤 사업으로 돈을 벌길래, 또는 쓰길래 e스포츠 산업이 커지고 있다고 하는지 그 진정 어린 의미를 알기가 쉽지 않기 때문이다. 나 역시 숫자로 증명할 수 있는 내공은 아직 되지 않는다. 하지만 모두의 예상대로 장르 불문 e스포츠판이 커지고 있는 것은 사실이었고, 나는 그것을 산업의 중심에서 몸으로 느끼고 있다.

나는 가끔 있는 특강을 통해 e스포츠를 소개할 때, 그 게임을 '스포츠 종목'이라고 표현하고는 한다. 맞는 말이다. 게임을 플레이하는 사람들이 지켜보는 'e스포츠 안에서의 게임'은 '스포츠 종목'이 맞다. 즉, '오버워치'라는 게임이 '야구'라면 '오버워치리그'는 'MLB'인 셈이다. 따라서 게임을 e스포츠화한 게임사는 그 스포츠의 종목을 만들어낸 창시자인 것이다. 전통적인 스포츠는 종목에는 소유주가 없지만, 게임은 소유주가 명확하다. 바로 게임 개발사가 그 주인이다. 비교적 새롭게 생긴 e스포츠에도 소유주가 분명한 경우가 있다.

또한 'e스포츠'는 '게임'과는 같아 보이지만 전혀 다른 콘텐츠라는 점도 느낀다. 다시 강조하지만, '축구'의 주인은 없지만, '게임'은 주인이 있다. 게임으로 스포츠대회를 만들면 바로 'e스포츠'가 되고 게임의 주인이 있긴 하지만 e스포츠 대회는 별도의 브랜드가 된다. 마치, '축구'와 'FIFA월드컵'이 구분되듯이 말이다. 어쨌든 정말 다행인 것은 내가 '게임'을 소유한 '주인'이 되어서 'e스포츠'를 직접 진행할 수 있는 기회를 얻는다는 것이었다. e스포츠의 중심이 되는 회사에서 기획, 실행, 감독을 다 해볼 수 있다는 것은 정말 어마어마한 기회가 아닐 수 없었다. 어떤 대회 자체를 기획하고 또는 한 종목(게임)의 e스포츠 산업 자체를 계획 및 실행하는 위치에 있다는 것은 돈으로 살 수 없는 큰 배움이었다.

가장 최근에 감지되는 e스포츠 비즈니스의 변화는 바로, e스포츠 콘텐츠의 '수익의 창출'이다. 과거에는 게임을 통한 수익(게임 판매, 게임내 아이템 판매 등)을 e스포츠라는 마케팅 수단으로 봤다면, 최근 느껴지는 가장 큰 변화는 e스포츠 자체도 수익화를 목표로 한다는 것이다. 마치 정말 스포츠처럼 말이다. 심지어 게임이라는 특성으로 시공간의 제약이 일반 스포츠보다 훨씬 적어서 게임 하나 잘 만들면 정말 얼굴 서로 안 보고 어디서든지 경쟁할 수 있으니 얼마나 편리한가.

e스포츠의 중심에서 시간을 보내며 이 모든 것을 하나하나 깨닫게 되니 정말 신기함의 연속이었다. 솔직히 스포츠산업에 오래 있어도 이런 느낌을 가지기는 쉽지 않았다. 내가 기획하고 그림을 그리는 것이 이렇게 많이 반영되는 느낌 말이다. 에이전시에 있을 때는 후원사에 휘둘리고, 대기업에 있어도 지나치게 많은 보고라인과 수직적 문화로 뭔가를 의지대로 할 수 없는 경우가 많은데 여기는 달랐다. 유저들이 게임을 즐길 수 있게 만들자는 공통된 목표 아래, 아이디어가 좋다면 많은 부분이 실현 가능했다.

처음 입사하게 된 시기에 담당하던 게임의 e스포츠를 본격적으로 준비하면서 시간이 어떻게 지나가는지도 모르게 하루하루를 보냈다. 난생처음 e스포츠 대회를 시작하게 되니 정말 모든 것이 흥미롭고 새로웠다. 처음 6개월은 정말 상황 파악에 주력하려고 했다. 누구와 누구의 관계가 이어져 있는지, e스포츠라는 세상에서의 생산자와 소비자, 그리고 중개인들이 누구인지 아는 것에 집중했던 기억이 난다. 예상처럼 전통 스포츠와 비슷한 구조를 지녔지만, 전혀 다른 소비층(게임 유저)을 지닌 그들의 세계는 생각 외로 방대하고 거대했다. 한국에서 e스포츠를 했다고 한국 유저만이 소비자가 아니라고 생각하니, 세계를 대상으로 스포츠리그를 제작하는 느낌이었다.

지난 몇 년 동안 스포츠 산업에 종사하면서 유사한 업무의 반복으로 지쳐있던 내게, e스포츠는 정말 사막의 오아시스 같은 존재였다. 일하는 시간 1분 1초가 정말 아까울 정도로 시간과 열정을 바쳤다. 머릿속을 다 비운 후에, 게임과 e스포츠 세상의 환경으로 다시 재부팅한 후 전에 알던 지식을 적절히 버무리려고 노력했다. e스포츠는 지금 이 순간에도 카멜레온처럼 하루가 다르게 변해가는 존재이다. 환경이 변하고 구조가 변하는 것도 있지만, 하루가 다르게 커지는 상품의 가치와 자본의 규모가 정말 무서울 정도이다.

그동안의 경험과 관찰을 통해 기존 스포츠와 다른 세 가지의 포인트를 느끼게 됐다.

첫째, e스포츠는 종목의 소유주가 명확하기 때문에 콘텐츠 비즈니스에 훨씬 더 근접하다.

둘째, 대부분의(제대로 세팅된) e스포츠는 글로벌 대회 구조를 가지고 있다.

셋째, 한국은 e스포츠의 종주국으로서 축구로 따지면 브라질과 같이 e스포츠의 유망주들이 넘치고 넘친다.

이런 점들이 내가 e스포츠 팀에서 일하는 장점을 마음껏 확장시켜줄 수 있었다. 늘 나 자신을 '글로벌 인재'로 믿는 나에게는 한국에서 일하면서도 가장 글로벌한 스포츠 비즈니스를 할 수 있는 포지션에 있다고 느끼게 했다. 전통 스포츠 산업 경험에서 느낀 한국의 '변두리 시장' 느낌에 비하면 정말 신나는 일이 아닐 수 없었다. 가끔 나오는 한국인 슈퍼스타로 글로벌 스포츠 시장에서 비즈니스를 하기에는 너무 리스크가 크다. 하지만 저변이 잘 깔려 있고(PC방), 늘 슈퍼스타 플레이어가 넘치는 한국 e스포츠야말로, 한국이 세계의 중심으로 주목받는 몇 안 되는 스포츠 중 하나가 아닐까 싶었다.

여전히 게임에 대한 편견, 스포츠가 맞는가에 대한 논란, 법적 규제, 한국

시장 규모의 한계성 등이 존재한다. 하지만 e스포츠는 여전히 밝은 미래를 가지고 앞으로 나아가고 있다는 점에서는 변함이 없다. 그렇다. 앞으로 만들어갈 미래가 무궁무진하다는 점이 가장 큰 매력이다. 나를 설레게 하고, 꺼져가던 열정의 불씨를 다시 살려준 e스포츠. 앞으로 어떤 미래가 내 인생에 놓여있을지는 모르겠지만, 당분간 나의 e스포츠에 대한 사랑은 진행형이 될 것 같다. 내 인생의 또 다른 멋진 챕터를 쓰며 회사와 내가 동반성장하는 기회가 만들어지기를 소망해 본다.

* 이 책의 '스티브의 스포츠마케팅 정복기'는 2006년부터 2019년 2월까지 내가 성장해 온 일대기를 담고 있다. 이 후의 이야기는 시간 순에 따라 지속적으로 업데이트할 계획이다. 스포츠마케팅으로 지구를 정복하는 그 날까지, 나의 정복기는 계속된다!

스포츠마케팅,
'준비된 자'에게만 유망직종이다.

스포츠는 나에게 버릴 수 없는 열망 그 자체였다. 어릴 적에는 박찬호, 박세리의 공 하나에 자기 일처럼 들뜨던 소년이었고, 2002 월드컵 4강 신화 때는 내일 죽어도 상관없을 기분으로 거리로 뛰쳐나와 환호했던 청년이었다.

스포츠를 좋아하는 사람이라면 누군들 스포츠업계에서 일하는 것을 마다할까? 이름만 들어도 가슴 설레는 당대 최고의 스타와 팀을 상대로 비즈니스를 할 수 있다는 사실은 스포츠팬에게 진정한 꿈의 직장이 아닐 수 없다.

근거 없는 자신감과 막연함이 대부분이었지만, 군 전역 후 20대 중반 '스포츠마케팅 지구정복'이란 다소 허무맹랑한 꿈을 가지고 미국행 비행기에 올라 5년의 시간을 보냈다. 세계 최고의 스포츠마케팅 시장인 미국 땅에서 돈, 열정, 시간을 다 쏟아부으며 (잔인한)밑바닥을 경험한 뒤 마침내 스포츠업계에 발을 들여놓았다. 쉽지 않은 고행길이었지만, 세계 최대 글로벌 스포츠마케팅 에이전시인 IMG의 한국 지사에 취업하여 약 5년의 시간을 보냈고, 코오롱 스포츠마케팅팀을 거쳐, 세계 최고 수준 스포이벤트 중 하나인 프레지던츠컵에서 중추적인 역할을 맡아 보았다. 그리고 이제 e스포츠라는 새로운 (장밋빛)분야로 또 다른 내 인생의 스포츠마케팅 역사를 써나가고 있다.

예비 스포츠마케터들에게는 부러움의 대상일 수 있지만, 한국 스포츠마케팅 시장에 정식으로 첫발을 내딛게 될 때까지 내가 보낸 지난 시간은 결코 만만치 않았다. 단순한 스포츠팬으로서 스포츠마케팅의 문을 섣불리 두드리다 좌절을 겪기도 했고, 냉철한 분석 없이 유망직종이라는 말 하나만 믿고 지나치게 낙관하다 현실의 차가움에 몸서리치기도 했다. 하지만 뒤돌아보면 '스포츠는 나의 운명'이라는 굳은 신념이 있었기에 긍정적인 마음으로 절치부심하며 수많은 난관을 헤쳐 나올 수 있었던 것 같다. 지금은 스포츠마케팅 산업의 중심에 서서 시시각각 바뀌는 수많은 스타와 기회들의 사이에서 중추적 역할을 하고 있다고 믿는다.

한편으로는 아쉬움도 많이 남는다. '조금만 더 먼저 깨달았다면 좋았을 텐데, 그때로 다시 돌아갈 수 있다면 조금 더 좋은 선택을 하지 않았을까'라는 생각을 하기도 한다. 제일 아쉬웠던 것은 사리 분별도 제대로 하지 못한 채 모든 걸 '부딪히며' 배워야 했던 상황이었다. 내가 가고자 하는 길을 먼저 걸어본 선배, 나를 멘토링해줄 수 있는 선배가 단 한 명이라도 있었으면 좋겠다는 생각도 참 많이 했다.

스포츠마케터를 본격적으로 꿈꾸었던 20대 중반의 나이에 나를 이끌어줄 멘토를 찾지 못했던 것이 지금도 아쉽기만 하다. 이런 이유로 먼저 스포츠마케팅 산업에 진출한 한 사람으로서 후배 양성에 대한 사명감을 느낀다. 스포츠마케팅 세계의 문을 조금만 더 열어서 보여준다면 젊고 유망한 후배들이 현명한 판단을 내리고 시행착오를 최소화하는 데 큰 도움이 되지 않을까 생각한다. 누구의 강요도 없이 스스로 누군가의 멘토가 되기를 자처하기에는 경험과 지식이 부족하고 스포츠마케팅이란 큰 그림을 보는 시야 역시 완벽하지 못하다. 하지만 이 책을 준비하면서 이런 '모자람'이 오히려 나를 더욱 채찍질했던 것 같다. 이제 막 스포츠마케터를 꿈꾸며 발걸음을 뗀 사회 초년생들에게 내가 겪었던 고민과 그를 극복하기 위해 쌓아온 경험들을 공유하는 것은 현실적으로 큰 기준선이 될 것이라 믿어 의심치 않는다.

최소 지난 10년 간 21세기 유망직종에 빠지지 않고 등장한 스포츠마케팅 분야에 대한 나의 핵심 의견은, '**준비된 자에게만 기회가 온다**'이다. '준비된 자'란 천편일률적인 스펙을 갖춘 소지자도, 스포츠 없이는 존재의 의미를 찾을 수 없는 열혈 스포츠팬도 아니다. 이들은 **스포츠, 스포츠산업, 그리고 마케팅에 대한 균형적 사고와 경험을 갖춘 '즉시전력감'에 가깝다.** 실제로 많은 예비 스포츠마케터들이 이 스포츠와 마케팅의 단순한 조합을 제대로 이해하지 못하고 균형과 갈피를 잡지 못하는 경우가 대부분이다. 스포츠가 갖는 대중성으로 인해 많은 사람이 몇몇 스타들을 중심으로 한 화려한 무대가 스포츠마케팅의 모든 것이라고 오해 아닌 오해를 하게 만들고 있다. 스포츠마케팅의 이론에 대한 학문적 분석을 제외한다면, 실제 우리가 마주하는 현장 상황이 적용된 스포츠마케팅 산업에 대한 일목요연한 자료 정리가 없다는 점이 책을 집필하게 된 가장 큰 동기였다.

약 30여 년의 스포츠마케팅의 역사를 지닌 대한민국에서 스포츠마케터가 되는 길은 정답이 없다. 흔히 생각할 때 유리할 것이라 생각하는 취업 스펙이나 학력, 유학 등의 조건은 많은 변수 중 하나일 뿐이다. **스포츠에 대한 1) 열정을 기본 바탕으로 2) 현장에서의 경험, 3) 스포츠마케팅에 대한 정확한 업무 인지도와 수행능력, 그리고 4) 외국어, 컴퓨터 능력과 같이 업무수행을 위해 필요한 부가 자격요건이 더욱 중요하다.**

상대적으로 더욱 많은 이들에게 균등한 기회를 부여하는 반면, 짧은 역사 속에서 특정 스타 선수 및 국제 메가이벤트 위주로 성장해 온 한국의 스포츠마케팅 산업은 주위의 희망적 예측과는 달리 이미 포화상태에 이르고 있는 조짐을 보여 왔다.

게다가 매년 국제 이벤트 유치에 안달이 난 기형적 국가 정책에 불어난 몸덩이를 주체할 수 없는 대한민국 스포츠산업은 이상적인 수익창출 모델은 제시하지 못한 채 매년 늘어나는 적자를 해소하기 위해 몸부림치고 있다. 막상 일자리를 요구하는 스포츠마케팅 취업 희망자는 많지만 정작 적합한 전문가는 찾기 힘들고, 또한 예비 스포츠마케터들을 교육할 시스템 역시 수박 겉핥기식이다 보니, 스포츠마케터를 위한 확실한 일자리는 턱없이 부족할 수밖에 없다.

스포츠마케팅 취업을 위한 적자생존의 치열한 경쟁은 여느 분야와 마찬가지일 것이다. 다만 산업에 대한 이해와 치열한 취업경쟁, 또 열악한 근무여건을 모른 채 그 화려함만 보고 자신의 미래를 건다는 것은 분명 재고, 삼고해야 할 일이 맞다. 나는 스포츠마케터를 꿈꾸는 어린 후배들에게 이 부분을 확실하게 강조하는 편이다. 스포츠마케팅 산업이 확실히 유망한 산업이지만 유망주는 정말 몇 되지 않는다. "당신은 유망주인가?"라고 물었을 때 자신 있게 YES가 나온다면 도전해도 좋다. 아니, 그렇다는 확신이 있다면 뒤도 돌아보지 말고 모든 것을 걸어라.

스포츠는 그것을 즐기는 이들에게 '열정'이란 단어로 사람을 꿈틀거리게 하는 힘이 있지만, 그 안의 프로들의 세계는 매우 냉정하다. 스포츠마케팅 역시 분명 프로들의 세계이다. 프로끼리의 경쟁에서 살아남은 사람만이 자신의 미래를 보장받는다. 당신은 이 세계의 프로가 될 준비가 되어 있는가. 본 책이 스포츠마케팅 프로가 되기를 적어도 한번이라도 꿈꾸는 이들이 진정 자기 자신을 대입해본 후 '알고 덤빌'수 있는 기초적인 지식과 지혜를 제공해줄 수 있기를 바란다.

스포츠마케팅 취업분야 기업소개

부록 내 취업 기업 리스트

	1. 체육 행정 조직 및 단체	조직도	채용공고
1	문화체육관광부 체육국	O	O
2	지방자치단체 체육과	O	O
3	대한체육회(국민생활체육회-통합)	O	O
4	국민체육진흥공단	O	O
5	한국프로스포츠협회	O	O
6	한국대학스포츠협의회	O	O
7	한국도핑방지위원회	O	O
8	대한장애인체육회	O	O
9	스포츠안전재단	O	O
10	태권도진흥재단	O	O
11	대한축구협회(KFA)	O	O
12	대한야구소프트볼협회(KBSA)	O	X
13	대한농구협회(KBA)	O	O
14	대한배구협회(KVA)	O	O
15	대한양궁협회	O	O
16	대한배드민턴협회	O	O

2. 스포츠연맹 협회 및 프로구단 프런트

스포츠연맹 및 협회

		조직도	채용공고
1	한국프로축구연맹 (K-리그)	O	O
2	한국야구위원회 (KBO)	O	O
3	한국농구연맹 (KBL)	O	O
4	한국여자농구연맹 (KWBL)	O	O
5	한국배구연맹 (KOVO)	O	O
6	한국프로골프협회 (KPGA)	O	O
7	한국여자프로골프협회 (KLPGA)	O	O

프로구단 프런트

			조직도	채용공고
1	남자농구	고양 오리온 오리온스	X	O
2		부산 KT 소닉붐	X	O
3		서울 SK 나이츠	X	O
4		서울 삼성 썬더스	X	O
5		안양 KGC 인삼공사	X	O
6		울산 현대모비스 피버스	X	O
7		원주 DB 프로미	X	O
8		인천 전자랜드 엘리펀츠	X	O
9		전주 KCC 이지스	X	O
10		창원 LG 세이커스	X	O
11	남자배구	대전 삼성화재 블루팡스	X	O
12		서울 우리카드 위비	X	O
13		수원 한국전력 빅스톰	X	O

2. 스포츠연맹 협회 및 프로구단 프런트

			조직도	채용공고
14	남자배구	안산 OK저축은행 러시앤캐시	X	O
15		의정부 KB손해보험 스타즈	X	O
16		인천 대한항공 점보스	X	O
17		천안 현대캐피탈 스카이워커스	X	O
18	여자배구	서울 GS칼텍스 KIXX	X	O
19		인천 흥국생명 핑크스파이더스	X	O
20		화성 IBK기업은행 알토스	X	O
21	야구단	KIA 타이거즈	X	O
22		LG 트윈스	X	O
23		NC 다이노스	X	O
24		SK 와이번스	X	O
25		두산 베어스	X	O
26		롯데 자이언츠	X	O
27		삼성 라이온즈	X	O
28		케이티 위즈	X	O
29		키움 히어로즈	X	O
30		한화 이글스	X	O
31	K리그1	FC 서울	X	O
32		강원 FC	X	O
33		경남 FC	X	O
34		대구 FC	X	O
35		상주 상무	X	O
36		성남 FC	X	O
37		수원 삼성 블루윙즈	X	O
38		울산 현대	X	O
39		인천 유나이티드	X	O
40		전북 현대 모터스	X	O
41		제주 유나이티드	X	O
42		포항 스틸러스	X	O
43	K리그2	FC 안양	X	O
44		광주 FC	X	O
45		대전 시티즌	X	O
46		부산 아이파크	X	O
47		부천 FC 1995	X	O
48		서울 이랜드 FC	X	O
49		수원 FC	X	O
50		아산 무궁화	X	O
51		안산 그리너스 FC	X	O
52		전남 드래곤즈 FC	X	O

	3. 스포츠마케팅 에이전시	조직도	채용공고
1	이노션	O	O
2	대홍기획	O	O
3	갤럭시아SM	O	O
4	스포티즌	O	O
5	올댓스포츠	O	O
6	세마스포츠마케팅	O	O
7	지컴	O	O
8	FC네트워크	O	O
9	YG스포츠	O	O
10	WAGTI	X	O
11	크라우닝	X	O
12	올리브크리에이티브	O	O
13	브리온컴퍼니	X	O
14	브라보앤뉴	O	O
15	IMG	X	O
	4. 스포츠 미디어 그룹		
1	에이클라	O	O
2	IB Sports	X	O
3	MBC SPORTS+	O	O
4	KBSN SPORTS	O	O
5	SBS SPORTS	O	O
6	JTBC Sports	X	O
7	STN Sports	O	O
	5. 기업 스포츠 마케팅		
	스포츠단 운영 기업		
1	코오롱스포츠단	X	O
2	하이원 리조트 스포츠팀	O	O
3	안양 한라	O	O
4	삼양사 여자 사이클팀	X	O
	후원 기업		
6	CJ	X	O
7	동아오츠카	X	O
8	효성	X	O
9	금호	X	O
	6. 선수 에이전트		
1	리코스포츠	X	O
2	이반스포츠	O	O
3	스포츠하우스	O	X
4	JGTH엔터테인먼트	O	X
	7. 스포츠용품 기업		
1	나이키 코리아	X	O

	7. 스포츠용품 기업	조직도	채용공고
2	아디다스 코리아	X	O
3	휠라 코리아	X	O
4	뉴발란스 코리아	X	O
5	데상트 코리아	X	O
6	언더아머코리아	X	O
7	아식스	X	O
8	푸마	X	O
9	글로벌브랜드그룹코리아(스파이더)	X	O
10	다이나핏	X	O
11	노스페이스	X	O
12	디스커버리	X	O
13	블랙야크	X	O
14	코오롱 인더스트리 F&C	X	O
15	네파	X	O
16	K2코리아	X	O
17	밀레	X	O
18	빈폴 아웃도어	X	O
19	컬럼비아	X	O
	8. 스포츠라이선싱		
1	케이엔코리아	O	O
2	네포스	O	O
3	위팬	X	O
4	스미스스포츠	O	O
5	인터파크	X	O
	9. 스포츠IT		
1	골프존	X	O
2	스포츠투아이	O	O
3	위드라인	O	O
4	유엔비즈	O	O
5	스포라이브	X	O
6	비주얼스포츠	X	O
7	슛포러브	X	O
8	고알레	X	O
	10. 스포츠산업 전문 언론		
1	베스트일레븐	O	O
2	포포투	O	O
3	스포츠 Q	O	O
4	인터풋볼	O	O
5	스포탈코리아	O	O
6	루키	X	O
7	점프볼	X	O

1. 체육 행정조직 및 단체

	체육 행정 조직 및 단체	조직도	채용공고
1	문화체육관광부 체육국	O	O
2	지방자치단체 체육과	O	O
3	대한체육회(국민생활체육회-통합)	O	O
4	국민체육진흥공단	O	O
5	한국프로스포츠협회	O	O
6	한국대학스포츠협의회	O	O
7	한국도핑방지위원회	O	O
8	대한장애인체육회	O	O
9	스포츠안전재단	O	O
10	태권도진흥재단	O	O
11	대한축구협회(KFA)	O	O
12	대한야구소프트볼협회(KBSA)	O	X
13	대한농구협회(KBA)	O	O
14	대한배구협회(KVA)	O	O
15	대한양궁협회	O	O
16	대한배드민턴협회	O	O

문화체육관광부 체육국

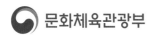 문화체육관광부

설립일: 1982년 3월 20일
직원수: 58명(문체부 체육국 홈페이지 2018/12/10)
초봉: 2,166만원(크레딧잡 2018/12/10)
채용방식: 공무원 시험, 특별채용(경력직)

- 체육관련 정부부처 및 지자체 중 최상위
- 행정고시, 7급/9급 공무원 시험
- 1실 2관 6과로 구성
- 체육정책관 – 체육정책과, 체육진흥과, 스포츠산업과
- 체육협력관 – 국제체육과, 장애인체육과, 평창올림픽지원과

조직도

문화체육관광부 체육정책실 조직도(문화체육관광부, 2016)

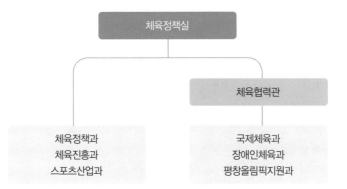

www.mcst.go.kr
큐알코드에는 홈페이지와 채용공고,
조직도와 소개글을 담았습니다.

스포츠산업 기술기획 책임자(Program Director) 채용 공고

문화체육관광부는 스포츠산업 R&D의 기획·점검관리·성과확산 등 R&D 사업을 상시 관리, 책임질 기술기획책임자(PD)를 아래와 같이 모집합니다.

1. 채용분야

구분	인원	채용분야	수행업무
스포츠 산업 기술 PD*	1명	스포츠산업	● 스포츠산업 분야 과제기획 및 관리, 정책지원 등 – 스포츠 분야(스포츠경영, 스포츠과학, 스포츠공학, 스포츠의학, 기타 스포츠 관련 분야 및 스포츠와 타 학문간 융복합 분야) 신규과제 기획 – 스포츠산업 분야 과제 관리 – 스포츠산업 분야 정책지원

* PD(Program Director): 국가 R&D 전 과정(기획–평가–성과관리–기술이전)을 책임, 관리하는 민간 기술기획 전문가

2. 응시자격

- 해당분야 박사학위 소지 후 7년 이상 또는 석사 학위 소지 후 12년 이상 또는 학사학위 소지 후 14년 이상 관련분야 근무 경력자
- 스포츠산업기술 분야 전문지식 및 경력과 관리능력을 갖추고 해당업무를 주도적으로 수행할 수 있는 자(기업, 대학 등 파견직 가능)
- 국가공무원법 제33조(결격사유) 각호의 결격사유가 없는 자 및 부패방지 및 국민권익위원회 설치와 운영에 관한 법률 제82조(비위면직자의 취업제한)에 해당하지 아니한 자
- 성별, 연령은 제한 없으나 남자의 경우 병역필 또는 면제자

3. 전형방법

구 분	일정	합격자 발표(개별통보 및 홈페이지 게시)	비고
1단계: 서류전형	2017. 8. 9(수) 예정	2017. 8. 11(금) 예정	최종합격자의 3배수 선발
2단계: 면접전형	2017. 8. 17(목) 예정	2017. 8. 21(월) 예정	48,050

4. 채용형태 및 처우수준

가. 직종: 계약직 또는 파견직(대학 및 연구소 등으로부터의 파견도 가능)
나. 계약기간: 2년, 연임 가능 ※ 근무성과 평가결과 등을 고려하여 연임여부 및 연임기간을 결정
다. 근무처: 서울올림픽기념국민체육진흥공단 한국스포츠개발원(서울시 노원구 소재)
라. 근로조건 및 보수수준: 내규에 따름(참고 1 참조)

5. 제출서류

가. 응시원서 1부(소정 양식)
나. 최종학위증명서 및 학사, 석사, 박사 전 학년 성적증명서 원본 각 1부
다. 경력증명서 및 재직증명서 원본 각 1부
※ 응시원서를 제외한 각 증빙자료는 서류전형결과 발표 후 면접전형 시까지 제출이 가능하되, 제출서류에 허위 사실이 있을 경우 합격이 취소됨

지방자치단체 체육과

설립일: 단체별 상이
직원수: 10명 내외
초봉: 단체별 상이
채용방식: 수시채용

- 각 시도별 자치단체(시청, 시도별 체육회 등) 공무원으로 구성
- 인력: 10~30명 내외
- 체육시설사업소, 시설관리공단을 통해 체육시설관리 및 운영
- 공무원수(2016년 기준)- 3,714명
- 행정직- 1,768명, 기술직- 924명, 기능직- 438명, 별정직- 73명, 계약직- 511명

조직도(서울특별시 관광체육국)

서울특별시제1인사위원회 공고 제2018-70호

서울특별시 제1회 일반임기제공무원 채용공고

서울특별시 일반임기제공무원을 다음과 같이 공개모집하오니 유능한 분들의 많은 응모를 바랍니다.

2018년 1월 25일
서울특별시제1인사위원회위원장

1. 임용분야 및 선발예정인원

연번	임용분야	임용등급	임용인원	근무기간	근무예정부서	담당 직무내용
6	스포츠전문요원	임기제지방행정주사	1명	2년	관광체육국 (체육정책과)	– 서울시 체육발전을 위한 정책개발 및 수립 – 서울시체육회 및 회원종목단체 육성·지원과 지도·감독 – 각종 국내r외 스포츠대회 유치 타당성 검토와 개최 지원 – 체계적이고 종합적인 스포츠 프로그램개발 및 체육현장 활동업무 수행 지원

스포츠전문요원 (일반임기제 6급)	1. 학사 학위 취득 후 3년 이상 관련분야 실무경력이 있는 사람 2. 5년 이상 관련분야 실무경력이 있는 사람 3. 7급 또는 7급 상당 이상의 공무원으로 2년 이상 관련분야 실무 경력이 있는 사람

◆ 해당분야 경력 인정범위
 – 체육(스포츠) 관련사업의 기획·연구 및 운영, 체육(스포츠)현장 근무 및 실무업무 경력 등

◆ 우대요건
 – 체육(스포츠), 생활체육, 사회체육, 레저스포츠, 스포츠과학, 스포츠 산업 등 해당 직무와 관련된 학과

2. 보수 수준

○ 임기제공무원으로 신규임용되는 자의 연봉은 지방공무원 보수규정에 의거 아래 각 임용 등급별 하한액 책정을 원칙으로 하되, 구체적인 금액은 채용예정자의 자격·능력·경력 등을 고려하여 협의 결정함
 [임기제공무원의 연봉한계액표(보수규정 제34조 관련)]

(단위: 천원)

구 분	상한액	하한액
5급(상당)	–	58,004
6급(상당)	72,112	48,050

채용공고(서울특별시 관광체육국)

직무기술서

임용예정기관명	근무예정부서
서울시 관광체육국	체육정책과

주요업무	– 서울시 체육발전을 위한 정책개발 및 수립 – 서울시체육회 및 회원종목단체 육성·지원과 지도·감독 – 각종 국내·외 스포츠 대회 유치 타당성 검토와 개최 지원 – 체계적이고 종합적인 스포츠 프로그램개발 및 체육현장 활동업무 수행 지원
필요역량	○ (공통 역량) 공직윤리(공정성, 청렴성), 공직의식(책임감, 사명감), 고객지향마인드(공복의식) ○ (직급별 역량) 상황인식/판단력, 기획력·팀워크지향, 의사소통능력·조정능력 ○ (직렬별 역량) 분석력, 전략적 사고력, 창의력
필요지식	○ 체육환경변화와 시민의 요구에 부응할 수 있는 연속적인 체육정책 업무 추진 필요 ○ 서울시체육회 및 회원단체 등 육성 지원 업무에는 스포츠 분야 전문지식 필요 ○ 온·오프라인 매체를 활용한 국내·외 체육 프로그램 발굴 및 추진 필요

응시자격요건		임용분야: 스포츠전문요원
	경력	○ 학사 학위 취득 후 3년 이상 관련분야 실무경력이 있는 사람 ○ 5년 이상 관련분야 실무경력이 있는 사람 ○ 7급 또는 7급 상당 이상의 공무원으로 2년 이상 관련분야 실무경력이 있는 사람 ◈ 해당분야 경력 인정범위 – 체육(스포츠) 관련사업의 기획·연구 및 운영, 체육(스포츠)현장 근무 및 실무업무 경력 등
	우대요건	○ 체육(스포츠), 생활체육, 사회체육, 레저스포츠, 스포츠과학, 스포츠산업 등 해당 직무와 관련된 학과

대한체육회(국민생활체육회-통합)

대한체육회
Korean Sport & Olympic Committee

설립일: 1920년 7월 31일
직원수: 293명(크레딧잡 2018/12/10)
초봉: 3,253만원(크레딧잡 2018/12/10)
채용방식: NCS기반 수시채용

- 올림픽 관련 교섭권을 가진 유일한 단체
- NOC(National Olympic Committee)
- 산하 − 68개의 회원종목단체 및 1,058개의 시도회원종목단체
- 아마추어 스포츠 단체 중 최상위 단체
- 대한체육회, 국민생활체육회 통합으로 인한 통합체육회 출범
- 연봉 및 복지 수준 최상급
- NCS 기반 채용

조직도

통합체육회 조직도(문화체육관광부 통합백서, 2016)

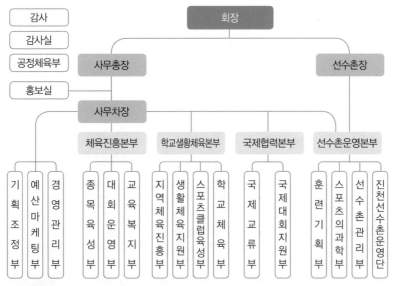

www.sports.or.kr
큐알코드에는 홈페이지와 채용공고,
조직도와 소개글을 담았습니다.

채용공고

2018년 대한체육회 신입직원 채용공고

"국민과 함께하는 대한체육회"가 스포츠로 행복한 대한민국을 만들어나갈 유능하고 역량 있는 인재를 찾습니다.

1. 채용 분야 및 자격
• 채용 분야 및 인원: 8명

채용 직급	채용 분야		채용 인원	분야별 응시자격			
일반직 7급	행정 (일반)	전체	3	TOEIC	TOEFL–IBT	TEPS	OPic
				750점	85점	594점	IM2
				공인 영어성적 기준 점수 이상인 자			
				• '16.10.24. 이후 응시하고 접수마감일('18. 10. 24)까지 발표한 국내 정기시험 성적에 한하며, 상기 이외 영어성적 불인정			
		일반 전공	(2)	일반전공 졸업자 또는 2019년 2월 졸업예정자			
		체육전공	(1)	체육 관련 전공 졸업자 또는 2019년 2월 졸업예정자			
		행정(환경안전)	1	대기환경기사 이상 자격증 소지자			
	행정(건축.안전)		1	1. 건축기사 이상 자격증 소지자 2. 산업안전산업기사 또는 건설안전산업기사 이상 자격증 소지자 • 두 가지 자격을 모두 충족하여야 지원 가능			
전문 기술직 7급	기계		2	1. 공조냉동기계산업기사 이상 자격증 소지자 2. 건축설비산업기사 이상 자격증 소지자 • 두 가지 자격을 모두 충족하여야 지원 가능			
	물리치료		1	1. 물리치료사 면허증 소지자 2. 임상경력 2년 이상 보유자 • 두 가지 자격을 모두 충족하여야 지원 가능			
총 인원			8				

• 채용 분야별로 서류전형, 필기시험(일반직), 면접전형을 구분하여 진행
• 전공 구분
– 대졸 이상자: 대학교 전공 기준
– 대졸 미만자: 체육중·고등학교 졸업자(체육전공), 기타(일반전공)로 구분
* 국가대표 출신(대한체육회 발급 "국가대표선수확인서" 상 국가대표경력 12개월 이상인 자 또는 올림픽대회, 아시아경기대회, 세계선수권대회 중 1개 대회 이상 참가 경력자)은 일반전공 또는 체육전공으로 지원 가능

– 대한체육회는 국제올림픽위원회(IOC) 등 국제스포츠 기관과 교류를 하고 있으며, 올림픽, 아시
안게임 등 국제종합대회 국가대표 선수단 파견, 국제스포츠 교류 등 업무에서 어학(영어) 능력
을 활용하고 있어 해당 분야 채용에 어학성적을 요구하오니 지원에 참고하시기 바랍니다.

2. 공통 지원자격
– 학력 및 연령 제한 없음
• 단, 공고일 현재 인사규정 상 정년(만 60세) 이상인 자는 제외
– 남자는 병역필 또는 면제자
• 단, 채용일 전까지 전역 예정자는 응시 가능
– 인사규정 제19조의 임용 결격사유에 해당하지 않는 자
– 국가공무원법 제33조에 의한 채용 결격사유에 해당되지 않는 자
– 공무원채용신체검사규정에 의한 신체검사 결과 불합격 판정에 해당되지 아니한 자
– 서울특별시 및 충청북도 진천, 강원도 태백 근무가 가능한 자
– 채용 즉시 근무(2018년 11월 26일)가 가능한 자

3. 채용절차

1단계		2단계		3단계		4단계		5단계
서류전형		필기전형*		면접전형		교육·훈련		임용
• 입사지원서 • 자기소개서 • 자격증, 영어 등	→	• 직업기초능력 • 직무수행능력	→	• 실무진 면접 • 인사위원회 면접	→	• 신체검사 • 신원조회	→	• 평가

4. 채용형태 및 처우수준
• 필기전형은 일반직에 한하여 실시
• 자격증: 인정 자격증만 해당, 동일분야 내 자격증은 높은 등급 1개만 적용

〈공통〉

분야	1등급	2등급	3등급
한국사	• 한국사능력검정시험 1급	한국사능력검정시험 2급	한국사능력검정시험 3급
국어능력	• 국어능력인증 1급 • KBS한국어능력 1급 • 한국실용글쓰기 1급	• 국어능력인증 2급 • KBS한국어능력 2급 • 한국실용글쓰기 2급	• 국어능력인증 3급 • KBS한국어능력 3급 • 한국실용글쓰기 준2급
IT능력	• 컴퓨터활용능력 1급 • 정보처리기사	• 컴퓨터활용능력 2급 • 정보처리산업기사	• 컴퓨터활용능력 3급

국민체육진흥공단

설립일: 1989년 4월 20일

직원수: 424명(크레딧잡 2018/12/10)

초봉: 3,919만원(크레딧잡 2018/12/10)

채용방식: NCS기반 수시 채용

- 기금조성사업 = 스포츠토토, 경정, 경륜
- 스포츠산업본부, 경륜·경정 사업본부, 체육과학연구원 운영
- 체육관련 국민체육진흥기금 각종 단체에 지원
- 연봉 및 복지 수준 최상급
- 인력 − 본부 199명, 스포츠산업본부 153명, 경륜·경정본부 340명, 한국스포츠개발원 111명, 한국체육산업개발 174명

조직도

국민체육진흥공단 조직도(국민체육진흥공단, 2016)

www.kspo.or.kr

큐알코드에는 홈페이지와 채용공고,
조직도와 소개글을 담았습니다.

2018년 국민체육진흥공단 신입직원 채용공고

분야		인원	자격요건
사무 직무기술서	경영	5명	• 공인 영어성적 기준 점수 이상인 자 ＊TOEIC 750점/TOEFL-IBT 85점/TEPS 594점(New TEPS 322점)/ OPIC IM2
	행정	5명	• 공인 영어성적 기준 점수 이상인 자 ＊TOEIC 750점/TOEFL-IBT 85점/TEPS 594점(New TEPS 322점)/ OPIC IM2
	경영 (장애인)	1명	•「장애인고용촉진 및 직업재활법」제2조에 따른 장애인 • 공인 영어성적 기준 점수 이상인 자 ＊TOEIC 600점/TOEFL-IBT 69점/TEPS 485점(New TEPS 260점)/ OPIC IM1
	체육	3명	•체육관련 학과 졸업(예정)자 ＊복수전공, 체육고 포함 / 대학원 제외 • 공인 영어성적 기준 점수 이상인 자 ＊TOEIC 750점/TOEFL-IBT 85점/TEPS 594점(New TEPS 322점)/ OPIC IM2
	회계·세무	1명	• 한국공인회계사 또는 세무사 자격증 소지자
기술	건축 직무기술서	1명	• 건축기사 자격증 소지자
	기계 직무기술서	1명	• 건축설비기사 또는 공조냉동기계기사 자격증 소지자
	소방 직무기술서	2명	• 소방설비기사(기계) 또는 소방설비기사(전기) 자격증 소지자
전산 직무기술서	정보기획	2명	• 정보처리기사, 전자계산기사, 전자계산기조직응용기사, 정보보안기사 자격 중 1개 이상 소지자
공통자격요건			• 학력 및 연령 제한 없음 ＊단, 공고일 현재 공단 청년 만 60세 미만인 자 • 공단 인사규정 제20조(임용 결격사유) 각 호에 해당하지 않는 사람 ＊세부 규정은 붙임 1 참고 •「공무원채용신체검사규정」에 의한 신체검사 결과 불합격 판정을 받 지 않은 사람 • 채용일 즉시 근무 가능한 사람

＊NCS(국가직무능력표준)기반 채용분야별 「직무기술서」 붙임2(분야별 직무기술서) 참고
＊공인 영어성적은 접수마감일('18.10.11)까지 발표·유효한 국내 정기시험 성적에 한함
＊(장애인 인정 범위) 「장애인복지법 시행령」제2조에 따른 장애인 기준에 해당하는 자 또는 「국가유공자 등
예우 및 지원에 관한 법률 시행령」제14조 제3항에 따른 상이등급 기준에 해당하는 자

채용공고

2. 전형절차 및 일정

※ 전 전형절차를 NCS 및 블라인드 채용제도를 기반으로 실시
※ 각 전형단계별 합격자에 한해 다음 단계 응시자격 부여

서류전형(40배수)		필기전형(5배수)		1차면접(3배수)		2차면접(최종)
• 입사지원서 • 자기소개서 • (공통/직무)자격증	➡	• 인성검사 • 직업기초능력평가 • 직무지식 평가	➡	• 직무능력평가	➡	• 종합인성평가

＊직무지식 평가는 사무[경영, 행정, 경영(장애인), 체목 분야]에 한해 시행

□ 서류전형: 채용예정인원의 40배수 선발·동점자 전원 선발

구 분	전형내용
입사지원서	• 지원자격 적격 여부 판단
자기소개서	• NCS 기반 자기소개서 평가
공통자격증	• 동일분야 내 등급이 높은 1개만 인정, 등급별 점수 차등 부여
직무자격증	• (적용분야) 기술, 전산 • 등급 및 보유 개수에 따라 점수 부여 ＊동일 자격종목 내 높은 등급 1개만 적용, 다른 종목은 합산 반영

＊(공통/직무)자격증은 접수마감일 기준 발급·유효한 경우에만 인정, 인정 자격은 붙임 4 참고

□ 필기전형: 채용예정인원의 5배수 선발·동점자

구 분	시험과목 및 범위		
공통	• 인성검사: 총 9개 영역, 250문항 – 근면성, 책임감, 협동성, 자주성, 지도력, 준법성, 감정, 정서, 집중력 ＊신뢰도 부족 등으로 부적합(FAIL) 판정 시, 불합격 처리		
	• 직업기초능력평가: 영역별 20문항, 총 80문항/ 객관식 – 의사소통능력, 문제해결능력, 자원관리능력, 조직이해능력		
사무	• 직무지식평가: 총 40문항/ 객관식		
	분야	시험과목	
	경영, 경영(장애인)	경영학원론 전반(재무, 회계 포함)	
	행정	행정학원론 전반	
	체육	체육학 전반＊ 2급 생활스포츠지도사 시험과목에서 출제	

＊사무(회계·세무), 기술, 전산 분야는 직업기초능력평가 100% 반영(직무지식평가 미실시)

한국프로스포츠협회

설립일: 1989년 4월 20일
직원수: 424명(크레딧잡 2018/12/10)
초봉: 3,919만원(크레딧잡 2018/12/10)
채용방식: 수시 채용

- 5개 종목, 7개 단체의 프로스포츠 회원사 보유
- 2015년 출범
- 체육진흥투표권 주최 단체 등의 지원금 차등 지원을 위한 프로구단 간, 종목 간 성과평가 주관
- 프로스포츠 관람객 성향조사서 발간

조직도

```
이사 ── 회장
              │
              ├──────── 감사
              │
          사무총장
              │
          사무국장
              │
    ┌─────────┴─────────┐
 경영지원팀          전략사업팀
```

www.prosports.or.kr
큐알코드에는 홈페이지와 채용공고,
조직도와 소개글을 담았습니다.

채용공고

(사)한국프로스포츠협회 직원 채용공고

한국 프로스포츠 수준 향상과 저변 확대 그리고 프로스포츠 진흥을 수행하는 기관으로, 함께 근무할 유능한 인재를 다음과 같이 채용하고자 하오니 많은 관심과 응시 바랍니다.

1. 채용예정 분야 및 지원 자격

모집부문	직위	인원	고용형태	지원전공 및 자격	세부 업무내용
회계 및 경영지원	차장~사원 (3~6급)	0명	정규직 (일반직)	• 전공불문 • 회계 관련 업무 경력이 있는 자	• 기금운영 및 정산 업무 전반 • 국민체육진흥기금(보조금) 집행 및 e나라도움 전산 시스템 업무 • 더존 iCUBE G20 프로그램 활용 업무 • 회계 · 구매 · 총무 · 계약 · 인사 등 경영지원 업무 전반 • 기타 경영업무 지원
사업기획 및 행정	대리~사원 (5~6급)	0명	정규직 (일반직)	• 전공불문 • 관련 업무 경력이 있는 자	• 프로스포츠 사업기획 · 계획수립 · 실행 • 프로스포츠 공동사업 및 회원단체 사업지원 • 대외기관 및 회원단체 업무협력 • 기타 사업행정 업무
사업행정	–	0명	계약직 (계약일로부터 1년)	• 전공불문 • 졸업예정자 가능	• 프로스포츠 정책 및 공통사업 실행 지원 • 프로스포츠 경기장 안전 환경조성 지원 (*일본어 가능자 우대) • 공익 에이전트 관련 사업 • 프로스포츠 인턴십 프로그램 外 • 기타 프로스포츠 사업행정 및 경영 업무 지원

※정규직은 임용일로부터 3개월 수습기간 이후 인사위원회 평가를 거쳐 임용 확정되며, 수습기간 중 근무수행 능력이 현저히 부족할 경우 합격이 취소될 수 있음

2. 근무조건
- 근무요일: 주5일 근무, 09:00~18:00
- 근무장소: 사무국(서울시 중구 통일로2길 16 5층(순화동)
- 보수수준: 협회 내규에 따름

3. 임용자격기준표(협회 인사규정)

구분	자격기준
3급	1. 박사학위 소지자로 3년 이상 당해분야 경력이 있는 자 2. 석사학위 소지자로 6년 이상 당해분야 경력이 있는 자 3. 학사학위 소지자로 8년 이상 당해분야 경력이 있는 자 4. 7급 또는 7급 상당 공무원 경력을 가진 자 5. 기타 이와 동등한 자격이 있다고 인정되는 자
4급	1. 채용예정직 관련 분야 박사학위를 취득한 자 2. 석사학위 소지자로 3년 이상 당해분야의 경력이 있는 자 3. 학사학위 소지자로 5년 이상 당해분야의 경력이 있는 자 4. 8급 또는 8급 상당 공무원 경력 3년 이상을 가진 자 5. 기타 이와 동등한 자격이 있다고 인정되는 자
5급	1. 석사학위 소지자로 1년 이상 당해분야의 경력이 있는 자 2. 학사학위 소지자로 3년 이상 당해분야의 경력이 있는 자 3. 9급 또는 9급 상당 공무원 경력 5년 이상을 가진 자 4. 기타 이와 동등한 자격이 있다고 인정되는 자
6급	1. 채용예정직 관련 분야 학사학위를 취득한 자 2. 준학사 소지자로 채용예정직 관련 분야에서 2년 이상 경력을 가진 자 3. 고등학교 학력 소지자로 채용예정직 관련 분야에서 4년 이상 경력을 가진 자 4. 기타 이와 동등한 자격이 있다고 인정되는 자

*위 내용은 일반직 임용 자격기준이며, 이밖에 경력 인정, 계약직 등은 협회 내규에 따름
*경력환산은 협회 인사위원회에서 인사규정에 의거하여 최종 확정함

한국대학스포츠협의회

설립일: 2010년 6월 8일

직원수: 14명(크레딧잡 2018/12/10)

초봉: 3,190만원(크레딧잡 2018/12/10)

채용방식: 수시 채용

- 대학 U-리그(농구, 배구, 축구, 야구, 정구) 운영
- 대외활동- KUSF U-스포츠마케팅 러너 운영
- 스포츠산업 JOB FAIR 2018 착한기업 선정
- 공부하는 운동선수
- 대학운동부 평가 및 학점 입력 시스템 운영
- 80개 대학 373개 운동부, 42억 2천만원 지원

조직도

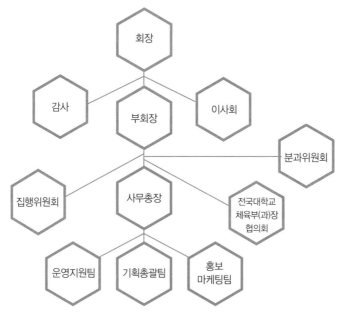

www.kusf.or.kr

큐알코드에는 홈페이지와 채용공고,

조직도와 소개글을 담았습니다.

한국대학스포츠협의회 제3차 직원 채용공고

우리나라 대학스포츠를 관장하는 한국대학스포츠협의회에서는 전문역량을 함양한 우수인재를 다음과 같이 채용하오니, 많은 지원 바랍니다.

1. 채용분야 및 수행업무

채용분야	채용직급	채용인원	수행업무
일반 행정 (정규직)	주임(6급)	1명	• 대학스포츠 관련 업무 • 일반행정 • 기타 기관운영에 필요한 업무

2. 채용 분야별 자격기준

채용직급	응시 (지원)자격 및 자격기준
주임 (6급)	• 채용 예정직무와 관련된 학사학위를 취득한 자 • 전문대학 이상의 학력을 가지고 2년 이상 채용 예정 분야의 경력이 있는 자 • 9급 또는 9급 상당의 공무원 경력을 가진 자 • 기타 이와 동등한 자격이 있다고 인정되는 자 • 아래 결격사유에 해당되지 않는 자 　1) 국가공무원법 제33조 제1항 각 호의 1에 해당하는 자 　2) 금고이상의 형을 받은 자로서 형이 확정된 날로부터 5년이 경과되지 아니한 자 　3) 신체검사 결과 채용에 적합하지 않다고 판정된 자 　4) 병역법에 의하여 병역을 기피한 자 　5) 타 기관에서 징계처분에 의하여 파면된 자 　6) 기타 직원으로 채용하기에 적합하지 않다고 인정되는 자

3. 근무조건

구 분		내 용
정규직	수습기간	3개월(우리 협의회 내부 규정에 따름)
	급여수준	호봉제(우리 협의회 내부 규정에 따름)
	근로조건	주5일 근무, 4대 보험 등(우리 협의회 내부 규정에 따름)
근무지		서울특별시 송파구 올림픽로 424, 올림픽 테니스경기장 2층

채용공고

4. 전형일정

구 분	일 자	비 고
채용공고 및 접수	9. 12(수) ~ 9. 30(일), 18:00	지정양식, E-mail 접수에 한함
서류전형 합격자 발표	10. 5(금)	홈페이지(www.kusf.or.kr) 및 개별 통보
면접전형	10. 11(목)	
최종합격자 발표	10. 12(금)	홈페이지(www.kusf.or.kr) 및 개별 통보
임용 예정일	10. 22(월)	신체검사 및 결격조회

5. 지원 접수 일정 및 방법
- 접수기간: 9. 12(수) ~ 9. 30(일) 18:00까지 도착분에 한함
- 접수방법: 지정양식, E-mail 접수에 한함
- 접수처: recruit@kusf.or.kr
- 문의처: 운영지원팀 인사담당 070-4454-6472

한국도핑방지위원회

설립일: 2006년 11월 30일
직원수: 30명(크레딧잡 2018/12/10)
초봉: 2,964만원(크레딧잡 2018/12/10)
채용방식: 수시 채용

- 도핑 관련 교육 및 도핑 검사 담당 기관
- 대학생 기자단 운영
- 도핑 검사관 양성교육 진행 및 관리
- 각종 대회 도핑 검사관 파견
- 기획운영부, 교육홍보부, 도핑검사부로 구성

조직도

한국도핑방지위원회 조직도(한국도핑방지위원회, 2016)

www.kada-ad.or.kr
큐알코드에는 홈페이지와 채용공고,
조직도와 소개글을 담았습니다.

채용공고

한국도핑방지위원회 직원 채용공고

한국도핑방지위원회는 UNESCO 스포츠반도핑국제협약(조약 제1841호)에 따라 개정된 「국민체육진흥법」 제35조에 근거하여 도핑방지 사업과 활동을 목적으로 설립된 법정법인입니다. '약물로부터 선수 보호, 공정한 경쟁, 스포츠정신 고양'을 통해 "도핑 없는 깨끗한 스포츠를 선도하는 글로벌 리더"로서 함께할 창의적이고 역량 있는 인재를 찾고 있습니다.
많은 응모를 바랍니다.

1. 채용분야 및 예정인원

구분	채용직급	채용분야	인원	응시자격
일반직	4급 (경력직)	일반행정	1명	• 채용분야 박사학위 취득 • 채용분야 석사학위 취득 후 해당분야 경력 2년 이상 • 채용분야 학사학위 취득 후 해당분야 경력 5년 이상 • 공무원 7급 또는 7급 상당 경력 • 기타 이와 동등한 자격이 있다고 인정되는 자
	6급 (신입직)		1명	• 학사학위 이상 소지자 • 기타 이와 동등한 자격이 있다고 인정되는 자

2. 지원자격 및 우대사항

구 분		자격요건 및 우대사항
자격요건	공통요건	• 「국가공무원법」 제33조 각호의 1에 해당하지 않는 자 • 임용예정일부터 근무 가능한 자 • 국내외 출장에 결격사유가 없는 자 • 남자의 경우 병역을 필하였거나 면제받은 자
서류전형 우대사항	공통요건	• 도핑방지 관련 및 유사업무 경력이 있는 자 • 외국어, 특히 영어에 능통한 자 • 취업보호 대상자 및 장애인(가점적용)

3. 전형일정 및 절차

구 분	일정	비 고
응시원서 접수 ※방문 및 우편접수 불가	'18. 8. 16.(목)~8. 29.(수)	.8.29.(수) 18:00까지 전자우편(recruit@kada-ad.or.kr.)접수
서류전형 합격자 발표	'18. 9. 3.(월)	위원회 홈페이지 게시 및 개별 문자통보
면접전형	'18. 9. 7.(금) 10:00부터	위원회 면접장 (일반면접, 외국어면접)
최종합격자 발표	'18. 9. 12.(수)	위원회 홈페이지 게시 및 개별 문자통보
임용예정일	'18. 10 .1.(월)	

※전형 단계별 합격자에 한해 다음 단계 응시자격 부여
※상기 일정은 사정에 따라 변경될 수 있음(변경 시 위원회 홈페이지를 통해 사전공지)

4. 제출서류 및 제출기한

구분	제출서류	비고
공통 필수 [전자우편 접수] ※ '18. 8. 29.(수) 18:00까지	1. 응시원서[소정양식] – 입사지원서 – 경력기술서[해당자에 한함] – 자기소개서 – 직무수행계획서[경력직에 한함] – 개인정보 수집·이용 동의서	입사지원서, 자기소개서 및 경력기술서는 한글파일로 제출
공통 필수 [임용시 제출]	2. 학위증 또는 졸업(예정)증명서	대학원 졸업/수료자는 학/석사 학위 증과 성적증명서 함께 제출
	3. 성적증명서	
	4. 병적증명서/병역사항 포함 주민등록초본	남자 지원자에 한함
해당자 [임용시 제출]	5. 공인 외국어 성적표	
	6. 자격/면허증	
	7. 경력증명서	

※제출서류 중 '응시원서'를 제외한 증빙서류는 2018.10.1.(월) 임용시 제출
※학사 학위 미소유자는 최종학교 졸업증명서, 성적증명서 및 경력증명서 제출
※모든 제출자료는 응시원서 기재내용과 동일하여야 하며, 제출기한 내에 응시원서에 기재한 서류를 제출하지 못하거나 응시원서 내용과 상이할 경우 허위기재로 불합격 처리
※불합격자의 제출서류는 반환은 「채용절차의 공정화에 관한 법률」에 의거 처리

대한장애인체육회

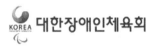 대한장애인체육회

설립일: 2005년 11월 25일
직원수: 93명(크레딧잡 2018/12/10)
초봉: 3,948만원(크레딧잡 2018/12/10)
채용방식: 수시 채용

- 국제패럴림픽위원회(International Paralympic Committee: IPC)에 대한민국을 대표하는 단체
- 산하 17개 시·도지부(시도장애인체육회)와 31개 가맹단체(29개 경기단체 및 2개 유형별 단체) 보유
- 대한장애인체육회 블로그 기자단 운영
- 국가대표선수 훈련원– 이천훈련원 운영

조직도

대한장애인체육회 조직도(대한장애인체육회, 2016)

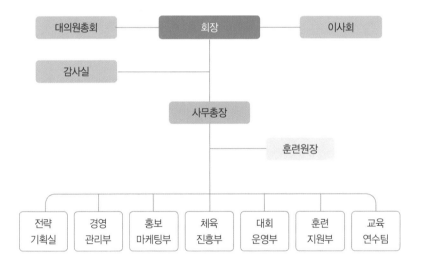

www.koreanpc.kr
큐알코드에는 홈페이지와 채용공고.
조직도와 소개글을 담았습니다.

2018년 제5차 대한장애인체육회 신입직원 공개채용 공고

대한장애인체육회에서는 장애인체육의 미래를 책임질 성실하고 능력 있는 인재 채용을 위하여 신입직원을 공개 모집합니다.

1. 모집부문 및 지원자격

구분	채용분야			자격 및 우대사항
	직군	세부구분	인원	
일반직 6급 직무기술서 보기	정규직	장애인 체육 행정	일반전형 (1명)	• 제한 없음
			선수출신 전형 (1명)	• 장애인아시아경기대회(아시아 · 태평양장애인아시아 경기대회포함) 또는 패럴림픽, 데플림픽대회 3위 이내의 입상경력을 보유한 자(대회명, 종목(개인, 단체포함), 순위 기재)
			내부전환직 전형 (1명)	• 현재 대한장애인체육회에서 무기계약직으로 근무하는 자(부서명 기재)
운영직 직무기술서 보기	정규직	기계 · 설비	1명	아래 필수 자격증은 반드시 보유하여야 함 • [필수]열관리 또는 보일러 기능사 이상 자격증 소지 • [필수]냉동기계 또는 냉동공조 기능사 이사 자격증 소지 • [필수]가스기능사(기계, 화학 취급증 1개) 이상 자격증 소지 • [우대]자격증 소지자로 시설물 관리 경력 7년 이상 • [우대]체육시설 또는 연수시설의 수영장 설비 관리 경력 2년 이상 • [우대]중앙공급(자동제어) 설비시설 관리경력 유경험자
무기계약직 직무기술서 보기	정규직	은퇴선수 지원팀장	1명	• 장애인아시아경기대회(아시아 · 태평양장애인아시아 경기대회)또는 패럴림픽, 데플림픽 대회 국가대표로 출전경험이 있는 자(대회명, 종목 기재) • [우대]진로 및 취업 관련 프로그램 운영 유경험자
무기계약직 직무기술서 보기	정규직	찾아가는 생활체육 서비스	1명	• 제한 없음 • [우대]장애인스포츠지도사 자격증 소지자 • [우대]한국, MS Office 등 기본적인 컴퓨터 작업 가능자
육아휴직대체 인력 직무 기술서보기	기간제 계약직	장애인 국가대표 훈련지원	1명	• 제한 없음

채용공고

〈공통 필수사항〉
- 학력 및 연령제한 없음
- 국가공무원법 제33조에 의한 채용 결격사유가 없는 자
- 공무원채용신체검사규정에 의한 신체검사 결과 불합격판정에 해당되지 아니한 자
- 병역필 또는 면제된 자로 해외여행에 결격사유가 없는 자
- 분야 및 직군별 중복 접수 불가

〈공통 우대사항〉
- 대한장애인체육회 '직원 채용관리 지침'에 근거 채용전형 가산점 부여(6. 채용가산점 참조)

〈공통 근무여건〉
- 근무시간: 일 8시간, 주 5일 근무
- 복리후생: 4대 보험 가입. 명절휴가비 및 하계휴가비 등 별도 지급

〈급여조건〉
- 일반직, 운영직: 관련 규정에 따름
- 은퇴선수지원팀장: 월 4,500천원(세전)
- 찾아가는 생활체육서비스: 월 2,000천원(세전)
- 육아휴직대체인력: 월 2,100천원(세전)
※급여조건은 월 급여 기준이며 세부산출 시 다소 차이가 있을 수 있음.

〈증빙서류〉
- 자격요건(필수)에 해당하는 경우
- 경력: 경력(재직)증명서
- 자격증: 자격증 사본
- 기타 우대사항의 경우 관련 증서 사본
※각종 증명서는 서류전형, 필기전형 이후에 별도 요구에 따라 제출할 수 있음.

2. 전형절차 및 세부내용
- 절차

절차	서류전형	필시기험(직업기초, 전공시험. 인성검사)	1차 면접 (실무자)	2차 면접 (기관장)	최종합격
배수	서류평가	분야별 30배수	분야별 5배수	분야별 2배수	

채용공고

・세부내용

구분		방법	비고
일반직	선수출신	서류 → 필기(인성) → 1차 면접 → 2차 기관장 면접	기초, 전공 면제
	일 반	서류 → 필기(직업기초, 전공, 인성) → 1차 면접 → 2차 기관장 면접	전공, 인성 면제
	전 직	서류 → 필기(직업기초) → 1차 면접 → 2차 기관장 면접	기초, 면제
운영직(기계, 설비)		서류 → 필기(전공, 인성) → 1차 면접 → 2차 기관장 면접	기초, 전공 면제
무기계약직 (은퇴선수지원팀장)		서류 → 필기(인성) → 1차 면접 → 2차 기관장 면접	기초, 전공 면제
무기계약직 (찾아가는생활체육서비스)		서류 → 필기(인성) → 1차 면접 → 2차 기관장 면접	기초, 전공 면제
기간제계약직 (육아휴직대체인력)		서류 → 필기(인성) → 1차 면접 → 2차 기관장 면접	기초, 전공 면제

– 서류접수는 온라인으로 접수하며(접속 URL 안내), 자기소개서, 어학, 자격증, 기타 가점사항 등에 대하여 종합적으로 평가 실시
※어학성적은 장애인국제스포츠교류, 국제종합경기대회 참가업무를 위해 서류전형에서 평가요소로 반영하며, 일반직에 한함.
– 공인어학 성적 최근 2년 이내 성적에 한함(공고일 마감 기준)
– '16년~공고 시작일('18.10.22)까지 대한장애인체육회에서 6개월 이상 근무한 계약직 근무자에 한하여 서류전형 면제
– 인성검사에서 면접주위대상군, 허구성이 높은 응시자 제외
– 면접전형은 1. 공공기관 직원(준공무원)으로서의 가치관, 2. 전문지식과 응용능력(NCS활용), 3. 의사 표현의 정확성과 논리성(문제해결 능력), 4. 예의 · 품행 및 성실성, 5. 창의력 · 의지력 및 발전 가능성을 평가

3. 채용전형 가산점
・가산점 유형

구분	적용기준
국가유공자	국가보훈처 보훈대상자별 적용가점(5%, 10%)에 따르며 "대한장애인체육회 입사요" 명시
장애인	국가등록장애인/전형별(서류, 필기) 가점 5점
비수도권 지역인재	서류전형 3점(대학원을 제외한 최종학력을 기준으로 수도권을 제외한 지방대학 졸업자)

스포츠안전재단

설립일: 2010년 07월 15일

직원수: 23명(크레딧잡 2018/12/10)

초봉: 2,849만원(크레딧잡 2018/12/10)

채용방식: 수시 채용

- 기획운영팀, 안전사업팀으로 구성
- 공제(보험)사업은 생활 · 전문체육인 및 체육유관기관을 대상으로 개인 상해공제와 기관의 주최자 배상책임공제 등 11종의 공제상품을 개발 · 운용 中
- 대외활동: 대학생기자단 스포츠안전통신원 운영
- 자체 수입 비중이 높은 기업 중 하나

조직도

스포츠안전재단 조직도(스포츠안전재단, 2016)

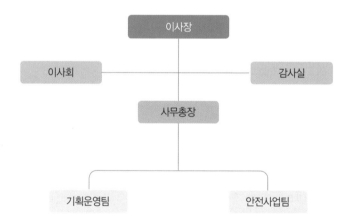

www.sportsafety.or.kr

큐알코드에는 홈페이지와 채용공고,
조직도와 소개글을 담았습니다.

스포츠안전재단 계약직원 채용공고

스포츠안전재단 계약직원을 채용하고자 하오니 다음과 같이 지원바랍니다.

1. 채용분야 및 예정인원
· 채용분야: 계약직(주임급, 안전사업팀 스포츠공제과 1명)

채용분야	채용인원	근무형태	보수
안전사업팀(스포츠공제과)	1명	계약직	월245만원(세전)

· 계약기간: 2018년 8월 1일~2018년 12월 31일
  ※근무 실적에 따라 계약연장 가능

2. 주요업무

채용분야	주요업무
안전사업팀(스포츠공제과)	•스포츠공제서비스 가입안내 •스포츠공제서비스 보상관리 •스포츠공제서비스 고객관리 및 홍보

3. 지원자격
· 공통자격
  가. 재단 인사규정 제15조(결격사유)에 해당되지 않는 자

  > 1. 금고 이상의 형을 받고 집행이 종료되거나 집행을 받지 아니하기로 결정된 후 3년이 경과하지 아니한 자
  > 2. 금치산자, 한정치산자
  > 3. 금치산 또는 한정치산 선고를 받고 복권되지 아니한 자
  > 4. 국가기관 또는 본 재단에서 징계처분에 의하여 파면된 날로부터 2년이 경과하지 아니한 자
  > 5. 기타 법령에 규정된 결격사유에 해당하는 자

  나. 국가공무원법 제33조 규정에 의한 임용 결격 사유가 없는 자
  다. 해외여행에 결격사유가 없는 자
  라. 남자는 병역을 필하였거나 면제된 자
  마. 최종합격자 발표 후 즉시 근무 가능한 자

· 우대사항
  가. 보험업계 근무 경험자
  나. 엑셀관련 자격증 소지자

채용공고

- 가점사항
  - 가. 국가유공자 또는 보훈보상대상자에 해당하는 자
  - 나. 국가유공자 또는 보훈보상대상자 유족 및 가족
  - 다. 국가장애인 등록자

점수	세부내용	비고
5~10점	• 국가유공자 또는 보훈보상 대상자에 해당하는 자 – 국가유공자 또는 보훈보상 대상자: 10점 – 국가유공자 또는 보훈보상 대상자 유족 및 가족: 5점	증빙서류 필히 제출
5점	• 국가장애인 등록자	

- 필수자격

구분	필수사항(1가지 해당시 지원가능)	증빙자료 제출사항 (해당자 한함)
안전 사업팀 (스포츠공제과)	– 대학교 졸업 이상자 • 보험(금융), 상경계열, 체육계열 전공자 ※ 졸업예정자 제외	• 최종학력 졸업증명서 • 대학원 졸업자는 대학교 증명서 함께 제출
	– 기타전공 및 고등학교 졸업 이상자 • 해당분야 2년 이상 근무경력자	• 경력증명서

4. 근무조건
- 근무시간: 09:00~18:00(주5일 근무)
- 계약기간: 2018년 8월 1일~2018년 12월 31일
  ※근무 실적에 따라 계약연장 가능
- 보수: 계약직, 월245만원(세전)
  ※야근, 기타업무 등을 최소화하여 업무를 배정하며, 야근 시 수당 지급
  ※복리후생: 4대보험, 명절휴가비, 선택적복지비 등

5. 전형방법
- 1차: 서류전형
- 2차: 면접전형

태권도진흥재단

설립일: 2005년 7월 1일
직원수: 92명(크레딧잡 2018/12/10)
초봉: 2,620만원(크레딧잡 2018/12/10)
채용방식: NCS 기반 채용

- 전북도민 및 무주시민 채용 지원시 우대
- 태권도원 운영
- 태권도진흥을 위한 국가 단체
- NCS 기반 채용
- 태권도진흥재단 SNS기자단 운영

조직도

태권도진흥재단 조직도(태권도진흥재단, 2016)

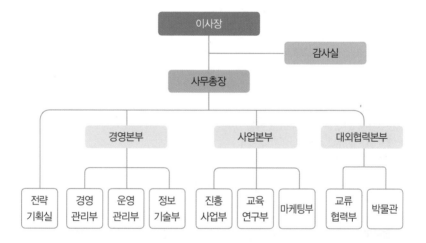

www.tpf.or.kr
큐알코드에는 홈페이지와 채용공고,
조직도와 소개글을 담았습니다.

채용공고

태권도진흥재단 NCS기반 신규직원 채용 공고

태권도진흥 및 문화의 계승 발전을 통해 태권도 성지화를 추진하는 태권도진흥재단에서 창의적이고, 역량 있는 인재를 초빙합니다.

1. 채용내역

구분	분야	인원	담당업무***	우대사항****
일반직 6급* 연봉 2천6백만원	일반행정 직무기술서 다운로드	1명	• 태권도 진흥을 위한 각종 사업 지원 • 경영실적 분석 등 경영기획 업무 • 행사지원 관리 등 총무 업무	
	정보시스템개발 직무기술서 다운로드	1명	• 정보시스템 개발 및 유지보수	• 공공기관 및 민간기업의 정보시스템 개발 경력자 • 관련 자격증 소지자

* 일반직 6급의 경우 평가기간(3개월)을 적용하여 평가결과에 따라 정규직 최종 임용
** 기본연봉 외 출퇴근지원비, 태권도원 가족체험 기회 부여 등 각종 복리후생 제공(여성가족부 가족친화인증 획득)
*** 담당업무별 직무에 대한 자세한 사항은 첨부된 직무기술서 참조
**** 무주·전북지역 거주자, 취업보호(지원) 대상자(장애인, 국가보훈대상자), 공공기관 근무자(청년인턴 수료자 포함)는 우대합니다.

2. 지원자격

가. 재단 인사규정 제9조(결격사유)에 해당되지 않는 자
– 국가공무원법 제33조의 어느 하나에 해당하는 자
– 신체검사 결과 채용에 적합하지 않다고 판정된 자
– 병역법에 의한 병역을 기피한 자
– 기타 직원으로 채용하기에 적합하지 않다고 인정되는 자
나. 다른 공공기관에서 부정한 방법으로 채용된 사실이 없는 자
다. 「부패방지 및 국민권익위원회 설치와 운영에 관한 법률」 제82조(비위면직자 등의 취업제한)에 해당되지 않는 자
라. 다음의 임용 자격요건 중 하나 이상에 해당되는 자

구분	자격요건
일반직 6급	1. 채용 예정 직무와 관련된 학사학위를 취득한 자 2. 전문대학 이상의 학력을 가지고 2년 이상 채용 예정 분야의 경력이 있는 자 3. 고등학교 이상의 학력을 가지고 3년 이상 채용 예정 분야의 경력이 있는 자 4. 9급 또는 9급 상당의 공무원 경력을 가진 자

3. 전형절차

가. 서류심사: NCS기반 입사지원서 평가 해당 직무분야 교육·경력·자격 등)
나. 인성검사: 서류심사 합격자에 한해 온라인 인성검사 실시
다. 면접시험: NCS기반 경험(직무능력)면접, 상황(직무태도)면접 등
라. 적격검사: 면접시험 합격자에 한해 신체검사 및 신원조회 실시

대한축구협회(KFA)

KFA 대한축구협회
KOREA FOOTBALL ASSOCIATION

설립일: 1948년 9월 4일
직원수: 123명(크레딧잡 2018/12/10)
초봉: 3,720만원(크레딧잡 2018/12/10)
채용방식: 수시 채용

- 대한민국 축구 대표 기관
- 국가대표 및 A매치 담당
- 자체수입(스폰서) 600억 이상
- 공식스폰서(나이키, KEB하나은행, KT, 네이버, 교보생명, 현대자동차, 아시아나항공, 코카콜라, 롯데주류, 넥슨)
- 급여 및 복지 수준 업계 최고
- T.O가 많지 않음

조직도

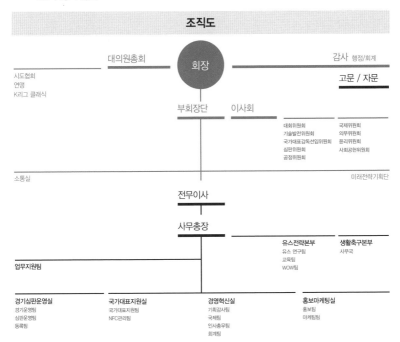

www.kfa.or.kr
큐알코드에는 홈페이지와 채용공고,
조직도와 소개글을 담았습니다.

대한축구협회 신규직원 채용 공고

대한축구협회는 축구산업에 기여할 축구가족으로서 '도전과 혁신을 추구하고, 긍정적이며 윤리성을 중시' 하는 인재를 선발하오 | 많은 지원 바랍 | 다.

1. 모집 계획

1. 모집 직종 및 인원:
– 사무직(신입) O명 – 사무직(홍보분야 경력직) O명 – 사무직(전산관리 경력직) O명

2. 근무 기간:
– 사무직(신입): 수습(6개월), 평가후 정규직 임용(전환기준율: 대상자 중 70% 내외)
– 사무직(홍보분야 경력직): 수습 3개월 및 평가 후 정규직 임용 여부 확정
– 사무직(전산관리 경력직): 수습 3개월 및 평가 후 정규직 임용 여부 확정

3. 급 여: 내규에 따름

4. 자격 조건
가. 사무직(신입)
– 4년제 대학 졸업자 이상(2016년 8월 졸업 예정자 포함)
– 국가공무원법 제33조(1호 내지 6호)에 의한 결격사유가 없는자 – 남자는 병역필 또는 면제
– OA가능자 – 영어, 제2외국어 가능자 우대 – 축구산업 종사자 우대
– 장애인 및 국가보훈 취업보호대상자는 관련법령에 따라 우대.
나. 사무직(경력: '홍보, 전산')
– 4년제 대학 졸업자 이상
– 국가공무원법 제33조에 의한 결격사유가 없는자 – 남자는 병역필 또는 면제
– 영어, 제2외국어 가능자 우대 – 관련 분야 5년 이상 경력자 – 축구산업 종사자 우대
– 장애인 및 국가보훈 취업보호대상자는 관련법령에 따라 우대.

2. 채용 전형
1. 전형 방법
– 1차: 서류 전형(합격자에 한해 아래 단계 진행, 이하 동일)
– 2차: 직무적성검사
– 3차: 실무면접, PT
– 4차: 임원면접

2. 접수 및 문의
– 접수(이메일): recruit@kfa.or.kr(이메일로만 접수 – 우편, 방문 제출 불인정)
– 전화: 02) 2002-0806, 0838

대한야구소프트볼협회(KBSA)

설립일: 1946년 03월 18일(전신-조선야구협회)
직원수: 17명(크레딧잡 2018/12/10)
초봉: 2,537만원(크레딧잡 2018/12/10)
채용방식: 수시 채용

- 대한소프트볼연맹, 국민생활전국야구연합회 통합
- 산하단체 – 7개 시도지부, 대학연맹, 리틀연맹, 여자야구연맹
- 고교야구, 유소년 야구 등 아마추어 경기를 주로 주관하며 국가대표 선발 및 국제대회 참여
- 운영1팀, 운영2팀, 운영3팀, 경영지원팀으로 구성
- KBO(한국야구위원회)와는 다른 단체

조직도

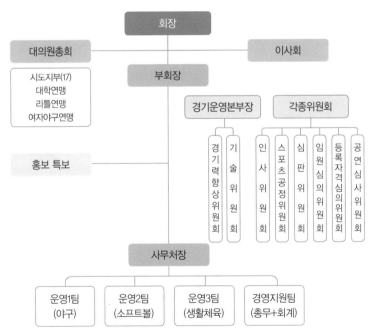

www.korea-baseball.com
큐알코드에는 홈페이지와 채용공고,
조직도와 소개글을 담았습니다.

대한민국농구협회(KBA)

설립일: 1948년 9월 3일
직원수: 11명(크레딧잡 2018/12/10)
초봉: 2,594만원(크레딧집 2018/12/10)
채용방식: 수시채용

- 국가대표팀과 아마추어 및 생활체육 농구, 인프라 담당
- 산하단체 – 한국실업농구연맹, 한국대학농구연맹, 한국중고농구연맹, 한국초등농구연맹, 한국인 동우회, 어머니농구회, 3X3위원회
- 대외활동 – 대한민국농구협회 대학생 서포터즈 운영
- KBL(한국농구연맹)과 다른 단체

조직도

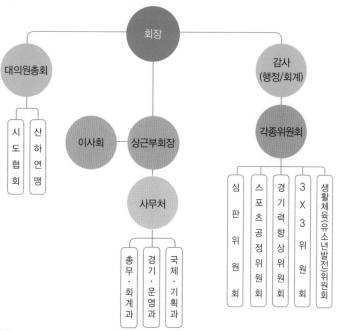

www.koreabasketball.or.kr
큐알코드에는 홈페이지와 채용공고,
조직도와 소개글을 담았습니다.

대한민국농구협회 (국제)직원 공개 채용 공고

사단법인 대한민국농구협회(KBA)는 한국농구의 국제경쟁력 강화를 위해 유능하고 역량을 갖춘 젊은 인재를 아래와 같이 공개 채용합니다.

1. 모집분야 및 인원

구분	인원	담당업무	근무지	계약기간
계약직	1명	•국제사업(국제대회 파견 및 개최) •FIBA(FIBA Asia) 교류업무 •각급 국가대표팀 지원 업무 •기타 행정업무 등	서울특별시	임용일~1년

2. 근무형태 및 조건
가. 근무지: 대한민국농구협회(서울특별시 송파구 올림픽로 424. 올림픽 공원 올림픽테니장 내)
나. 근무조건: 월 2,400,000원(세전, 4대보험 가입)
다. 계약기간 1년 종료 후 자체 근무평가를 통한 정규직 전환 검토

3. 자격요건
가. 기본사항(필수)
– 해외 여행에 결격사유가 없는 자
– 국가공무원법 제33조에 의한 채용결격사유에 해당되지 않는 자
– 공무원채용신체검사 규정에 의한 신체검사 결과 불합격 판정에 해당되지 않는 자
– 남자의 경우 병역필 또는 면제자(단, 채용일 전까지 전역예정자는 응시가능)
– 임용일로부터 즉시 근무가 가능한 자

나. 지원자격(필수)

학력	•4년제 대학 졸업자 또는 2018년 2월 졸업예정자
공인영어성적 보유자	•토익 기준 800점 이상(동등 성적 인정) •선발공고 시점으로부터 최근 2년 이내 취득한 성적에 한함

4. 우대사항(관련 증빙서류 제출자)
가. 외국어(영어) 구사력 우수한 자
나. 한글, MS Office(파워포인트, 엑셀, 워드) 활용 능숙한 자

5. 전형절차

가. 원서접수: 2017. 9. 20(수)~9.26(화) 18:00까지

나. 서류전형 합격자 발표: 2017. 9. 27(수) 이후

다. 면접전형: 2017. 9. 28(목) 예정

※ 면접전형 일정 변경 가능

라. 최종합격자 발표(예정): 2017. 9. 29(금) 이후(개별통지)

※서류전형: 자격요건 및 구비서류 적격심사

※면접은 1차 서류전형 합격자를 대상으로 하며 영어면접 포함

※적임자가 없을 시 재선발 가능

*기타 제출 서류 및 지원방법 등은 첨부된 공고문을 확인하여 주시기 바랍니다.

대한민국배구협회(KVA)

대한민국배구협회
Korea Volleyball Association

설립일: 1946년 03월 10일
직원수: 12명(크레딧잡 2018/12/10)
초봉: 2,992만원(크레딧잡 2018/12/10)
채용방식: 수시 채용

- 아마추어 배구와 국가대표팀 담당
- 산하단체– 한국대학배구연맹, 한국중고배구연맹 등 6개 연맹과 17개의 시도 배구협회
- 대외활동– 대한민국배구협회 대학생 서포터즈 운영
- KOVO(한국배구연맹)과 다른 단체

조직도

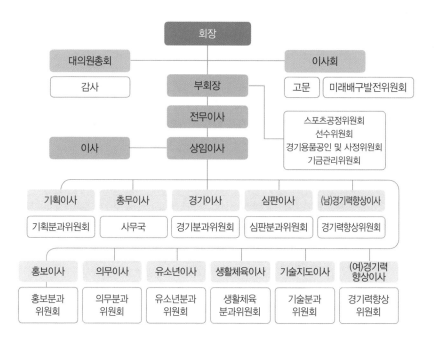

www.kva.or.kr
큐알코드에는 홈페이지와 채용공고,
조직도와 소개글을 담았습니다.

대한민국배구협회 경기부 계약직원 채용 공고

채용정보	모집부문	경기부 계약직원
	모집인원	1명
	연 령	20세 이상~40세 미만
	담당직무	선수 · 지도자 등록 및 각종 국내대회 개최 관련 업무
	직무분야	일반행정
	급여조건	회사 내규에 따름(단, 예산 수립시 변경 가능)
채용기간	근무기간	2018. 09. 01.~2020. 08. 31.
	근무지역	서울 송파구 올림픽로 25 주경기장내 B211호
	근무요일	주 5일 근무(월~금) * 대회 출장 별도
	근무시간	전일제 / 09시~18시
자격요건	성 별	무관
	학 력	대학교 이상 졸업자
	경 력	대한체육회 가맹 경기단체 경력자(1년 이상)
	기타사항	해외여행에 결격 사유가 없는 자 국가공무원법 제33조에 의한 채용 결격사유에 해당되지 않는 자
우대조건	취득자격증	컴퓨터관련 자격증, 배구관련 자격증
	활동경험	자원봉사 및 스포츠단체 근무 경험
	컴퓨터활용능력	컴퓨터활용능력 우수자, 엑셀고급능력 우수자, 문서작성 우수자,
제출서류	필수제출	이력서 및 자기소개서 각 1부 졸업증명서 및 각종 자격증 사본 각 1부 대한체육회 가맹 경기단체 근무확인서 1부 공인영어성적증명서 1부 ※ 선발공고 시점으로부터 2년 이내 유효성적 개인정보동의서 1부 ※ 미제출시 원서접수 불가
접수일정 및 방법	전형별 일정	• 서류접수: 08.21(화)~08.24(금) 17:00까지 • 서류발표: 08.24(금) 17:00 이후 ※ 합격자에 한해 개별통보 • 면접전형: 08.27(월) 14:00부터 ※대한민국배구협회 회의실 • 최종발표: 08.27(월) ※ 합격자에 한해 개별통보

대한양궁협회

대한양궁협회

설립일: 1983년 03월 04일
직원수: 14명(크레딧잡 2018/12/10)
초봉: 3,146만원(크레딧잡 2018/12/10)
채용방식: 수시 채용

- 한국 양궁이 세계 최강에 자리에 이르는데 지대한 공헌
- 공정한 이미지를 가지고 있는 스포츠 협회 중 하나
- 모든 회장들이 모두 현대그룹과 연관되어 있으며, 초대 정몽준 회장을 제외하면 전부 현대자동차그룹 산하 출신
- 현대가의 탄탄한 재정적 지원 뒷받침

조직도

www.archery.or.kr
큐알코드에는 홈페이지와 채용공고,
조직도와 소개글을 담았습니다.

대한양궁협회 계약직원 채용 공고

본 협회에서는 함께 한국 양궁의 미래를 이끌어 갈 참신하고 의욕적인 신입직원(경기부 계약직 1명)을 공개채용 하오니 첨부된 채용공고문의 내용을 숙지하여 많은 지원 바랍니다.

– 모집부서: 경기부 신입(계약직 1명)
– 담당업무: 국내경기 및 대회운영
– 필수조건: 국가공무원법 제 33조에 의한 결격사유가 없는 자, OA 가능자(기타. 운전면허 1종 必)
– 우대사항: 양궁선수 출신(고등학교 이상), 체육행정 유경험자, 영어가능자 기타 체육관련 전문 자격증 소지자 및 전공자
– 기타사항: 계약기간(1년), 계약종료 후 업무 성과에 따라 정규직 전환 가능
– 서류접수: 2018년 12월 17일(월)~12월 28일(금) 18:00 마감(archery@sports.or.kr 이메일로만 접수/ 우편, 방문 접수 불가)
– 서류심사: 2018년 12월 31일(월)~2019년 1월 4일(금)
– 면접심사: 2019년 1월 8일(화)– 서류합격자에 한해 개별연락
– 최종합격자 발표: 2019년 1월 16일(수) 이후 협회 홈페이지 공고
– 근무시작: 2019년 1월 중 예정
– 급여기준: 본 협회 내규에 따름(신입직원)
＊세부 내용은 첨부한 공고문 참조
＊첨부: 채용공고문(필독), 입사지원서양식, 자기소개서 양식, 개인정보수집동의서
 (※반드시 입사지원서, 자기소개서, 개인정보동의서 첨부 양식에 기재하여 제출, 기타 양식으로 제출시 서류심사 제외)

대한배드민턴협회

설립일: 1957년 11월 15일

직원수: 26명(크레딧잡 2018/12/10)

초봉: 3,252만원(크레딧잡 2018/12/10)

채용방식: 수시 채용

- 산하단체– 4개의 연맹(초, 중, 고, 대학, 실업배드민턴연맹), 17개 시도 배드민턴협회
- 대한체육회 회원 단체 68개 중 용품 후원 계약금이 제일 많은 종목
- 국제대회 성적부진 책임, 감독에게 전적 전가, 간판 스타들에 대한 지나친 제약으로 인해 갈등
- 앞서 말한 문제들로 인해 후원사인 빅터 스폰서 계약 해지

조직도

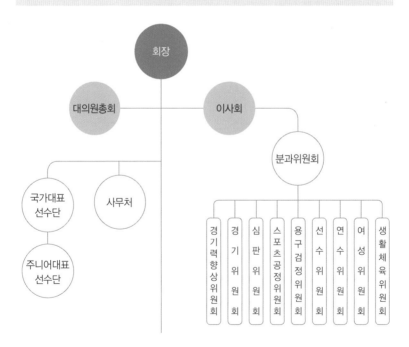

www.koreabadminton.org
큐알코드에는 홈페이지와 채용공고,
조직도와 소개글을 담았습니다.

대한배드민턴협회 직원 채용공고

1. 모집분야
가. 분야: 대한배드민턴협회 사무행정
나. 인원: 1명

2. 근무환경
가. 지급수당: 대한배드민턴협회 내규에 준함
나. 복리사항: 4대보험 가입, 건강관리지원, 법정근로시간

3. 응시자격
가. 해외여행에 결격사유가 없는 자.
나. 남자는 병역필 또는 면제자.
다. 채용결격 사유(국가공무원법 제33조)가 없는 자
라. 공무원채용 신체검사규정에 의한 신체검사 결과 불합격판정에 해당되지 아니한 자.
마. 채용 즉시 근무가 가능한 자.
바. 관련단체 근무 경력자 또는 배드민턴 경기인 출신 우대

4. 전형방법
가. 1차: 서류전형
다. 2차: 면접전형(1차전형 합격자에 한함)

5. 제출서류
가. 서류전형(E-mail 접수하며, 우편 접수 불가)
- 입사지원서 1부(본 협회 지정양식, 홈페이지 다운로드 가능)
- 자기소개서(본 협회 지정양식)
- 개인정보 수집동의서(별도양식)

나. 면접전형(1차 서류전형 합격자에 한하여 제출)
- 최종학교 졸업 및 성적증명서 1부.
- 공인 외국어(영어) 성적표(2015년 이후 평가된 점수에 한함) 1부 (해당자)
- 관련 자격증 사본 각 1부(해당자)
- 경력증명서 각 1부.
- 주민등록등본 또는 가족관계증명서 1부.
※입사지원시 제출한 서류는 반환하지 않으며 지원서 및 기타 제출 서류의 기재 내용이 허위 또는
누락되었을 경우 채용을 취소할 수 있음.

채용공고

6. 전형일정

가. 채용공고 및 접수: 2017. 7. 5(수)~7. 14(금)

나. 서류전형 합격자 발표: 2017. 7. 18(화)

다. 면접전형: 2017. 7. 20(목)

라. 최종합격자 발표: 2017. 7. 21(금)

다. 수습기간 및 임용: 수습기간(2017. 7. 24~10. 31)

※합격자 발표 및 면접전형 일정 등은 개별통보 예정이며 사정에 따라 변경될 수 있음

7. 접수 및 기타사항

– 1차 서류(지원 및 자기소개서)는 본 협회의 지정된 양식으로 작성하여야 하며 E-mail 접수만 가능함(우편 접수 불가)

– 응시원서 등에 허위기재, 기재착오, 구비서류 미제출, 채용 관련 규정 위반 등으로 인한 불이익은 응시자 본인의 책임으로 하며, 합격을 취소할 수 있습니다.

– 임용시험에 있어서 부정행위를 한 자에 대해서는 당해 시험을 무효로 하고 향후 5년간 직원 임용자격이 제한됩니다.

– 응시 희망자는 자격요건 등이 적합한가를 우선 판단하여 입사지원서를 작성하기 바라며, 최종 입사지원서 제출 후에는 기재사항을 수정할 수 없습니다.

– 응시원서 접수결과 응시자가 선발예정 인원수와 같거나 미달하더라도 적격자가 없는 경우 선발하지 않을 수 있습니다.

– 수습기간 중 근무평가가 불량할 경우 정식임용이 취소될 수 있습니다.

– 대한배드민턴협회

　전화번호: 02-422-6173/4

　팩스번호: 02-420-4270

　이메일: lee@bka.kr

　홈페이지: www.bka.kr

　주소: 서울시 송파구 올림픽로 424 올림픽공원 SK핸드볼경기장 108호

2. 스포츠연맹, 협회 및 프로구단 프런트

	스포츠연맹 협회 및 프로구단 프런트		조직도	채용공고
	스포츠연맹 및 협회			
1	한국프로축구연맹 (K-리그)		O	O
2	한국야구위원회 (KBO)		O	O
3	한국농구연맹 (KBL)		O	O
4	한국여자농구연맹 (KWBL)		O	O
5	한국배구연맹 (KOVO)		O	O
6	한국프로골프협회 (KPGA)		O	O
7	한국여자프로골프협회 (KLPGA)		O	O
	프로구단 프런트			
1	남자농구	고양 오리온 오리온스	X	O
2		부산 KT 소닉붐	X	O
3		서울 SK 나이츠	X	O
4		서울 삼성 썬더스	X	O
5		안양 KGC 인삼공사	X	O
6		울산 현대모비스 피버스	X	O
7		원주 DB 프로미	X	O
8		인천 전자랜드 엘리펀츠	X	O
9		전주 KCC 이지스	X	O
10		창원 LG 세이커스	X	O
11	남자배구	대전 삼성화재 블루팡스	X	O
12		서울 우리카드 위비	X	O
13		수원 한국전력 빅스톰	X	O
14		안산 OK저축은행 러시앤캐시	X	O
15		의정부 KB손해보험 스타즈	X	O
16		인천 대한항공 점보스	X	O
17		천안 현대캐피탈 스카이워커스	X	O
18	여자배구	서울 GS칼텍스 KIXX	X	O
19		인천 흥국생명 핑크스파이더스	X	O
20		화성 IBK기업은행 알토스	X	O
21	야구단	KIA 타이거즈	X	O
22		LG 트윈스	X	O

	스포츠연맹 협회 및 프로구단 프런트		조직도	채용공고
23	야구단	NC 다이노스	X	O
24		SK 와이번스	X	O
25		두산 베어스	X	O
26		롯데 자이언츠	X	O
27		삼성 라이온즈	X	O
28		케이티 위즈	X	O
29		키움 히어로즈	X	O
30		한화 이글스	X	O
31	K리그1	FC 서울	X	O
32		강원 FC	X	O
33		경남 FC	X	O
34		대구 FC	X	O
35		상주 상무	X	O
36		성남 FC	X	O
37		수원 삼성 블루윙즈	X	O
38		울산 현대	X	O
39		인천 유나이티드	X	O
40		전북 현대 모터스	X	O
41		제주 유나이티드	X	O
42		포항 스틸러스	X	O
43	K리그2	FC 안양	X	O
44		광주 FC	X	O
45		대전 시티즌	X	O
46		부산 아이파크	X	O
47		부천 FC 1995	X	O
48		서울 이랜드 FC	X	O
49		수원 FC	X	O
50		아산 무궁화	X	O
51		안산 그리너스 FC	X	O
52		전남 드래곤즈 FC	X	O

한국프로축구연맹

설립일: 1994년 7월 30일
직원수: 27명(크레딧잡 2018/12/10)
초봉: 3,349만원(크레딧잡 2018/12/10)
채용방식: 수시 채용

- 정식명칭: K리그
- 창설연도
- 1983년(K리그1)
- 2013년(K리그2)
- 총재: 권오갑
- 참가팀수: 22개 팀
- 타이틀스폰서: 하나은행(2017년~2020년)

조직도

대의원총회 —— 총재 —— 감사

이사회

부총재

사무총장

분과위원회
경기위원회
심판위원회
상벌위원회
의무위원회
선수위원회
발전위원회

사무국장

홍보팀	구단지원팀	마케팅팀	미래전략팀	유스지원팀	교육지원팀	경영기획팀
· 미디어서비스(보도자료/취재지원) · 제작물 관리 · 사사관리	· 리그운영 · 심판운영 · 구단행정지원 · 분과위원회 지원	· 중계권 · 광고, 협찬 · 프로모션, 이벤트 · 라이센싱 · 통합MD · 뉴미디어콘텐츠 · 신규사업 개발	· 체육진흥투표권 · 대관업무 · 사회공헌 · CRM	· 유소년클럽운영 · 유소년대회사업	· 아카데미 교육사업 · 기타 교육사업	· 사업계획 · 인사, 총무, 회계 · 자산관리 · 클럽라이센싱 · 국제업무

www.kleague.com
큐알코드에는 홈페이지와 채용공고,
조직도와 소개글을 담았습니다.

채용공고

한국프로축구연맹 직원 채용공고

1. 채용분야 및 응시자격

분야	인원	응시자격(요건)	학력	연령	비고
일반 행정	○	• 응시자격 (신입)'19년 2월 졸업예정자 또는 기졸업자 (경력)업종무관 3년 이상 근무경력자 • 우대사항 (공통)영어 및 제2외국어 능통자 (신입)K리그 축구산업아카데미 수료자 (경력)체육행정 및 스포츠산업 관련 근무경력자 • 근무부서 기관 및 해당 부서의 상황에 맞게 배정	학사학위 이상 소지자	제한 없음	정규직

*공통자격
• 어학성적: 정기시험으로 다음 시험 기준에 해당하는 사람(접수일 기준 2년 이내 성적만 인정)

구분	OPIC	TOEIC	TEPS	TOEFL		G-TELP LEVEL2	FLEX	TOEIC SPEAKING	TEPS SPEAKING
				PBT	IBT				
성적	IM2	780	690	561	83	73	690	140	61

• 병역필 또는 면제자로서, 해외여행에 결격 사유가 없는 자
• 국가공무원법 제 33조에 의한 결격사유가 없는 자
• 컴퓨터, OA가능자

2. 근무조건
– 임용신분: 정규직
*신입 및 경력 3년 미만자의 경우, 3개월 수습계약 후 근무평정 결과에 따라 정식 채용 결정
– 급여 및 복리후생: 회사 내규에 따름

3. 전형절차 및 일정
– 채용방법: 공개채용
– 공고 및 접수기간: '18년 12월 17일(월)~31일(금) 24:00 [15일간](기간 내 24시간 온라인 접수 가능)
– 전형절차

1차 전형	2차 전형	3차 전형
서류심사	팀장 면접 및 PT	임원 면접

*1차 전형 합격자에 한해 2차 전형 시, 'K리그 활성화 방안'에 대한 자유주제로 5분 이내 PT 준비

− 전형일정

구분	절차	일정	비고
1	서류접수	'18.12.17(월)~12.31(월)	24:00 마감
2	서류발표	'19.01.04(금)	홈페이지 및 합격자 개별연락
3	팀장면접 및 PT발표	'19.01.09(수)	PT: K리그 활성화방안에 대한 자유주제
4	임원면접	'19.01.11(금)	
5	최종합격자 발표	'19.01.11(금)	
6	임용예정일	'19년 1월 중	

*상기 일정은 회사 사정 또는 향후 진행 상황에 따라 변경될 수 있습니다.

4. 제출서류
① 입사지원서 − 지정양식(미사용 시 접수 불가)
② 자기소개서 − 자유양식
③ 유효한 외국어시험성적 사본(2016년 12월 이후 취득한 성적에 한함)
④ 최종학교 졸업(예정)증명서 및 성적증명서
⑤ 경력증명서
  • 경력증명서 미제출 시, 해당 경력 불인정
  • 현재 재직 중으로 경력증명서의 발급이 어려운 경우 재직증명서 등으로 제출(경력증명서 입사 후 추가 제출)
  • 아르바이트, 프리랜서 경력 등은 불인정
⑥ 기타 자격증 사본

5. 입사지원서 접수
− 이메일(recruit@kleague.com) 또는 취업포털사이트(사람인, 인크루트, 잡코리아)를 통해서만 접수
− 우편 또는 방문접수 불가
− 접수기간: '18년 12월 17일(월)~31일(금) 24:00 [15일간](기간 내 24시간 온라인 접수 가능)

6. 기타사항
− 지원사항 및 제출서류에 허위사실이 있는 경우 채용이 취소될 수 있습니다.
− 최종 전형결과 적격자가 없는 것으로 판단될 경우, 선발하지 아니할 수 있습니다.
− 최종합격자라도 신체검사에서 불합격 판정을 받거나 임용 결격사유가 발견될 경우 임용을 취소 함
− 신입 및 3년 미만 경력자는 3개월 사용계약 후 평가(80점 이상)에 따라 정식 채용 여부를 결정함

한국야구위원회

설립일: 1981년 12월 11일
직원수: 105명(크레딧잡 2018/12/10)
초봉: 3,356만원(크레딧잡 2018/12/10)
채용방식: 수시 채용

- 정식명칭: KBO리그
- 창설연도: 1982년
- 총재: 정운찬
- 참가팀수: 10팀
- 타이틀스폰서: 신한은행

조직도

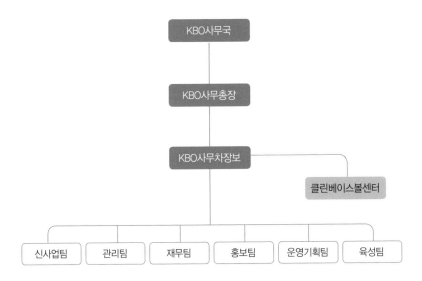

www.koreabaseball.com
큐알코드에는 홈페이지와 채용공고,
조직도와 소개글을 담았습니다.

2018 KBO 인턴사원 채용공고

KBO 인턴사원을 채용하고자 하오니 야구를 사랑하는 많은 분들의 지원을 바랍니다.

1. 모집분야

■ 모집분야

채용부서	인원	우대사항
운영기획팀	0명	– 영어, 일어 능통자
육성팀	0명	– 포토샵 및 SNS 포스팅 작성 능력 우수자(홍보팀)
홍보팀	0명	– 국가유공자법에 따른 취업지원 대상자

■ 채용기간: 2018년 4월~2016년 12월(9개월)

■ 공통자격
1) 4년제 대학 이상 졸업자 또는 졸업예정자(4월 2일부터 근무)
2) 남자는 병역필 도는 면제인 자
3) 해외여행에 결격사유가 없는 자

■ 제외대상(프로스포츠협회 인턴십 지원프로그램 참가 조건)
1) 타 인턴지원 사업에 참여 중인 자
2) 2015년~2017년 체육 분야 인턴지원 사업 기참가자

■ 기타: 인턴기간 성적 우수 시 수습직 전환 검토

2. 제출서류

■ 서류 접수시 제출
– 입사지원시 1부(필수제출/공통양식)
– 자기소개서 1부(필수제출/자유양식)

■ 면접시 제출
– 졸업증명서 및 성적증명서
– 주민등록등본 1부
– 공인 외국어 성적표 1부
– 국가유공 취업지원 대상자 증명서 1부(해당자에 한함)
– 기타 자격증(O/A자격 등) 사본(소지자에 한함)

3. 선발전형

■ 일정

서류접수	서류전형 합격자 발표	면접전형 합격자 발표
3월 13일(화) 14:00까지	3월 16일(금) (예정)	1차: 3월 19일(월)(예정) 2차: 3월 26일(월)(예정)
이메일 접수		합격자에 한하여 개별 통보

▶최종 합격자 발표: 3월 28일(수)(예정)
　　　　　　　　3월 30일(금)~3월 31일(토) 교육 - 필참
　　　　　　　　4월 2일(월) - 근무
＊선발전형 일정은 회사 사정상 변경될 수 있음

4. 접수방법

■ 지원서 이메일 접수: hirekbo@koreabaseball.or.kr
1) 입사지원서는 홈페이지(www.koreabaseball.com)에서 지정된 양식을 다운받아 작성
2) 이메일 제목에는 반드시 아래 예)와 같이 기입할 것
　 예) [KBO인턴지원-00팀]000 입사지원서

문의
KBO관리팀: ☎ 02-3460-4600, FAX: 02-3460-4659
　　　　　　페이스북 www.facebook.com/kbo1982
※본 사업은 문화체육관광부와 국민체육진흥공단의 재정후원을 받고 있습니다.

한국농구연맹

설립일: 1996년 11월 22일
직원수: 29명(크레딧잡 2018/12/10)
초봉: 3,150만원(크레딧잡 2018/12/10)
채용방식: 수시채용
타이틀스폰서: SK텔레콤

- 정식명칭: KBL
- 창 설연도: 1997년
- 총재: 이정대
- 참가팀수: 10팀
- 타이틀스폰서: SK텔레콤

조직도

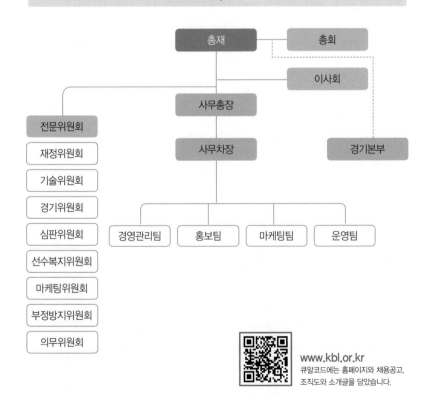

케이비엘(KBL) 채용 공고

프로농구의 발전을 위해 함께 할 21세기 인재를 찾습니다.

1. 모집개요

직군	모집팀	모집인원	우대조건
인턴사원	홍보팀	0명	– 영상 프로그램(촬영, 편집) 가능자 혹은 – 콘텐츠 기획 및 크리에이터 역량 보유자
	경영관리팀	0명	– MS office 능통자

가. 모집분야
*프로스포츠 인턴십 프로그램 기간: 2018년 9월~ 2019년 4월
나. 공통자격
– 국가공무원법 제33조에 의한 결격사유가 없는 자
– 타 인턴지원 사업에 참여중인 자 또는 병역법에 의한 특례근무 중인 자

2. 제출서류
가. 서류 제출 시
– KBL 입사 지원서 1부
– 자기소개서 1부(자율양식, 1,000자 내외, 경력이 있는 경우 경력 중심 작성)
– 졸업 예정 증명서 또는 졸업 증명서
나. 면접 시
– 각종 자격증 사본(공인 외국어 성적표, 기타 자격증 등)

3. 선발전형 일정
– 1차 서류심사, 2차 면접
– 면접전형: 1차 서류심사 합격자에 한해 개별 통지
– 최종합격자 발표: 개별 통지 ※ 접수된 서류는 일체 반환하지 않음.

4. 접수방법
– 기간: 2018.08.09(목)~ 2018.08.27(월) 18:00
– 접수처: 서울특별시 강남구 도산대로 110(KBL센터 6층 경영관리팀)
– 접수방법: 우편 또는 E-Mail 접수(recruit@kbl.or.kr)

한국여자농구연맹

설립일: 1998년 11월 11일
직원수: 10명(크레딧잡 2018/12/10)
초봉: 2,876만원(크레딧잡 2018/12/10)
채용방식: 수시 채용
타이틀스폰서: 우리은행

- 정식명칭: WKBL
- 창설연도: 1998년
- 총재: 이병완
- 참가팀수: 6팀
- 타이틀스폰서: 우리은행

조직도

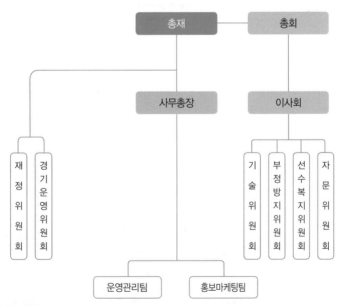

www.wkbl.or.kr
큐알코드에는 홈페이지와 채용공고,
조직도와 소개글을 담았습니다.

한국여자농구연맹 채용 공고

1. 모집부문 및 자격요건

담당업무	자격요건 및 우대사항
– 사무국 운영관리 및 홍보 – 구단 운영관리(사원, 팀원급)	자격요건 – 학력: 무관 – 경력: 신입 – 성별: 무관 – 모집인원: 2명

2. 근무조건 및 환경

근무형태   인턴직

근무부서   한국여자농구연맹 사무국(서울) 구단 사무국(수원)

근무요일/시간   탄력적근무제 오전 9시–오후 6시

근무지역   서울 강서구

급여   회사내규에 따름

회사주소   (07590) 서울 강서구 공항대로 355

인근전철   서울 5호선 가양에서 800m 이내

3. 전형절차 및 제출서류

전형절차   1차 서류심사 – 2차 면접전형

제출서류   최종학력증명서

                이력서

4. 접수기간 및 방법

접수기간   2018년 11월 22일(목) 15시~2018년 11월 28일(수) 18시

이력서양식   사람인 온라인 이력서

접수방법   사람인 입사지원

5. 기타 유의사항

입사지원 서류에 허위사실이 발견될 경우, 채용확정 이후라도 채용이 취소될 수 있습니다.

한국배구연맹

설립일: 2004년 12월 30일
직원수: 16명(크레딧잡 2018/12/10)
초봉: 3,197만원(크레딧잡 2018/12/10)
채용방식: 수시 채용
타이틀스폰서: 도드람

- 정식명칭: KOVO
- 창설연도: 2004년
- 총재: 조원태
- 참가팀수: 13팀
- 타이틀스폰서: 도드람양돈농협행

조직도

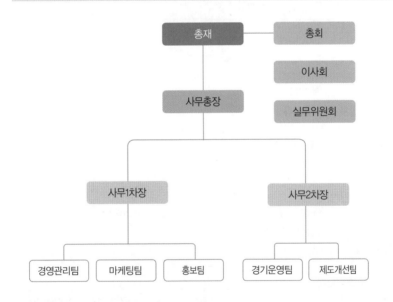

www.kovo.co.kr
큐알코드에는 홈페이지와 채용공고,
조직도와 소개글을 담았습니다.

한국배구연맹 채용 공고

한국배구연맹(총재 구자준)이 프로배구의 발전에 기여할 신입사원을 채용한다. 자격조건은 스포츠에 대한 열정, 관심, 이해도가 높은 대학교 졸업예정자 및 대학교 졸업자로 외국어(영어)가 가능하며(영어면접 진행 예정), 해외여행에 결격 사유가 없고, 남자는 군필자 또는 면제자이다. 기초 회계업무 가능자를 우대한다.

선발전형은 1차 서류전형, 2차 면접으로 이루어진다. 접수는 8월 7일(목)부터 17일(일)까지며, 지원서(이력서) 및 자기소개서 각 1부 등 관련 서류는 사람인 홈페이지(www.saramin.co.kr)를 통해 제출하면 된다.(기타서류는 1차 서류전형 합격 후 면접 시 제출 – 주민등록등본, 졸업증명서, 자격증, 최종학교 성적증명서 등)

원서 마감 후 1차(서류) 합격자에 한하여 8월 20일(수)까지 개별 통보 후 2차 면접을 실시한다.

- **모집인원:** 신입 0명(6개월 수습기간 후 평가에 따라 정규직 전환 예정)
- **모집기간:** 2014년 8월 7일(목)~17일(일)
- **전형방법:** 1차 서류전형 / 2차 면접

- **응시자격**
1) 대졸예정자 및 대졸 이상
2) 외국어(영어)가능자: 영어면접 진행 예정
3) 기초 회계업무 가능자 우대
4) MS Office(Word, Excel, Powerpoint), 한글, 포토샵 등 가능자
5) 해외여행에 결격 사유가 없는 자
6) 스포츠에 대한 열정, 관심, 이해도가 높은자
7) 남자는 군필자 또는 면제자

- **제출서류**
1) 이력서(일반증명사진 첨부)
2) 자기소개서 각1부
※기타서류는 1차 서류전형 합격 후 면접시 제출
  (주민등록등본, 졸업증명서, 자격증, 최종학교 성적증명서 등)

- **제출처:** 사람인 홈페이지 접수(www.saramin.co.kr)
- **지급급여:** 연맹규정에 의함
- **기타사항**
1) 접수는 on-line접수만 받으며 채용관련 문의는 받지 않습니다.
2) 원서 마감 후 1차(서류) 합격자에 한하여 8월 20일(수)까지 개별통보
3) 1차 면접: 2014. 8. 22(금) 예정, 1차 면접 후 2차 면접일자 통보 예정
4) 최종합격자 발표: 2014. 8. 28(목)
5) 인사(근무) 발령 일자: 2014. 9. 1(월) 예정
6) 제출된 서류는 일체 반환하지 않으며, 기재 내용에 허위사실이 있을 때는 채용이 취소됩니다.

한국프로골프협회

설립일: 1968년 11월 12일
직원수: 7명(크레딧잡 2018/12/10)
초봉: 3,671만원(크레딧잡 2018/12/10)
채용방식: 수시 채용

- 정식명칭: KPGA
- 창설연도: 1968년
- 회장: 양휘부

조직도

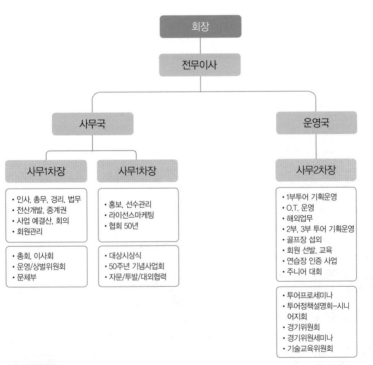

www.kpga.co.kr
큐알코드에는 홈페이지와 채용공고,
조직도와 소개글을 담았습니다.

채용공고

한국프로골프협회 채용 공고

사단법인 한국프로골프협회(이하 KPGA)는 문화체육관광부, 국민체육진흥공단 및 (사)한국프로스포츠협회의 지원으로 한국프로골프 발전에 기여할 인재양성을 위한 인턴을 선발하고 있습니다. 한국프로골프와 골프산업의 발전을 위한 이번 인턴십 선발에 젊고 패기 있는 여러분들의 많은 지원 바랍니다.

1. 모집 개요
가. 모집인원: 2명(전공 무관)
나. 업무내용: KPGA 각급 투어 대회운영 및 기타 사무업무
다. 기간: 2개월(2018.07.02~2018.08.31)
라. 후생복지: 4대 보험(건강보험, 고용보험, 산재보험, 국민연금) 및 기타 실비 지원 마. 자격조건
  1) 학력 무관
  2) 국가공무원법 제33조에 의한 결격사유가 없는 자
  3) 영어, 일어, 중국어 등 외국어 능통자(회화, 독해)능력 우대
  4) 컴퓨터 활용능력(한글, 워드, 엑셀 및 파워포인트) 우수자 우대
  5) 해외여행에 결격사유가 없는 자

2. 접수서류
가. 입사지원서(자유 양식 1부)
나. 최종학교 재학 또는 졸업(예정)증명서, 최종학교 또는 재학중 학교 성적증명서 1부
  (각 해당 서류 제출, 모집일 이후 발급분 제출)
다. 주민등록등본 1부
라. 국가유공자 증명서 1부(해당자에 한함)
마. 국민기초생활수급자 증명서, 사회적 배려대상자(저소득, 장애인 등) 관련 증명서 1부
  (해당자에 한함)
바. 기타 자격증(경력증명서, 공인영어성적, O/A자격) 사본(해당자에 한함)
※ 제출된 서류는 일체 반환치 않음.

3. 선발전형
가. 심사방법
  1) 1차 심사: 서류요건심사 2) 2차 심사: 면접심사
  − 서류전형 합격자에 한하며, 직무수행에 필요한 능력 및 적격여부 검증
나. 일정
  1) 모집기간: 2018. 05. 31(목)~06. 13(수) 18시까지 2) 심사기간: 2018. 06. 14(목)~06. 15(금)
  3) 면접일자: 2018. 06. 18(월)~06. 20(수) 4) 합격자통보: 2018. 06.21(목)
  5) 출근일자: 2018. 07. 02(월)
다. 접수 및 문의
  1) 전화: 02−6292−9389(담당: 최상수 과장)
  2) E−mail: hadithi@kpga.co.kr
  3) 접수방법: 상기 담당자 이메일 접수 / 우편 또는 방문 접수 가능

한국여자프로골프협회

설립일: 1991년 12월 14일
직원수: 4명(크레딧잡 2018/12/10)
초봉: 2,908만원(크레딧잡 2018/12/10)
채용방식: 수시 채용

- 정식명칭: KLPGA
- 창설연도: 1988년
- 회장: 김상열

조직도

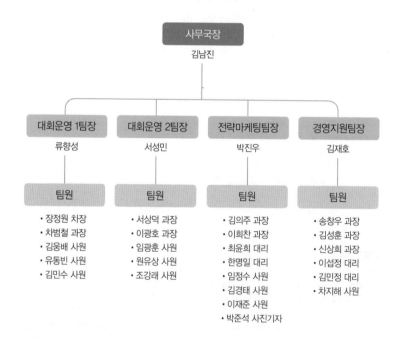

www.klpga.co.kr
큐알코드에는 홈페이지와 채용공고,
조직도와 소개글을 담았습니다.

채용공고

한국여자프로골프협회 채용 공고

KLPGA(T)는 새로운 한국여자골프의 GLOBAL NO.1을 만들어 갈 참신하고 유능한 인재를 모집합니다. 여러분들의 많은 관심과 지원 바랍니다.

– 아 래–

1. 모집개요
가. 모집인원: O명 나. 모집분야: 일반행정업무 다. 모집형태: 신입 또는 경력

2. 근무조건
가. 근무시간: 09:00~18:00(주5일)
나. 고용형태: 정규직(수습기간 3개월 후 정식채용)
다. 근무지역: KLPGA(T) 본사(서울 강남구 영동대로 85길 13 송석빌딩 6층&8층)
라. 급여: 협회 내규에 따라 지급
마. 복리후생: 4대 보험 가입, 교육비, 교통비, 식대, 출장수당, 특근수당 등 별도지원
※ 대회운영팀에 배치될 경우, 평일 또는 공휴일에 출장을 가는 업무이며, 출장이 잦음.

3. 지원자격
가. 4년제 대학 이상 졸업자(2018년도 8월 졸업예정자 포함)
나. 영어, 일어, 중국어 등 외국어 능통자(회화, 독해)우대
다. 국가공무원법 제33조에 의한 결격사유가 없는 자
라. 해외여행에 결격사유가 없는 자
마. 남자지원자인 경우 병역필 또는 면제자

4. 선발전형
서류전형 → 면접 → 신체검사 → 최종합격

5. 일정
가. 접수기간: 2018년 06월 08일(금)~06월 19일(화) 17:00까지 이메일 접수에 한함
나. 서류발표: 합격자에 한해 개별통보
※ 제출된 서류는 일체 반환치 않음.
다. 면 접 일: 서류 합격자에 한해 개별통보
라. 신체검사: 면접 합격자에 한해 추후 개별통보
마. 최종합격발표: 최종 합격자에 한하여 개별통보

6. 접수서류

가. 입사지원서(자사 양식에 한함) 1부

나. 최종학교 졸업(예정)증명서, 최종학교 성적증명서 1부(제출일 기준 3개월 이전 발급분에 한함)

다. 주민등록초본 1부

라. 공인영어성적 등 기타 소지 자격증 사본 각 1부

마. 국가유공자 증명서 1부(해당자에 한함)

바. 국민기초생활수급자 증명서, 취업보호 지원대상자 증명서 1부(해당자에 한함)

※ 입사지원서 및 제출서류는 이메일 접수 시 스캔 첨부 후 최종합격 후 원본 제출

※ 서류 미 제출자는 서류심사에서 제외함.

※ 제출된 서류는 일체 반환치 않음.

7. 접수 및 문의

가. 접수방법

1) 이메일접수: chajh@klpga.com

※ 자사 양식의 이력서 및 자기소개서 이외 문서는 접수하지 않음.

※ 반드시 이력서에 사진 첨부.

2) 문의사항: 업무지원팀 차지해 사원(02-560-4426)

8. 유의사항

가. 모든 제출 자료는 응시원서 기재내용과 동일하여야 하며, 제출기한 내에 응시원서에 기재한
    서류를 제출하지 못하거나 응시원서 내용과 상이할 경우 허위기재로 인해 입사가 취소됨.

나. 2018년 08월 졸업 예정자가 미 졸업시, 입사가 취소됨.

고양 오리온 오리온스

모기업: 오리온
직원수: 11명(KBL 미디어가이드북)
초봉: 3,553만원(사람인 2019/1/21)
채용방식: 수시 채용

- 창단: 1996년
- 연고지: 경기도 고양시(2011년~현재)
- 홈구장: 고양체육관(수용인원: 6,946명)
- 구단주: 이경재
- 단장: 박성규

채용공고

고양 오리온 오리온스 채용 공고

- **모집내용**
  고용상 연령차별금지 및 고령자 고용촉진에 관한 법률이 시행됨에 따라 채용정보에서 연령이 제외되었습니다.

모집직종		공기업/체육단체로 > 기타분야
근무지역		경기도 > 고양시
고용형태		계약직
급여조건		회사내규에 따름
모집인원		1명 / 남자
근무요일		탄력적근무제
모집직종	학력	대학교졸업 이상(졸업예정자 가능)
	경력	무관

www.orions.co.kr
큐알코드에는 홈페이지와 채용공고,
조직도와 소개글을 담았습니다.

● **모집부문**: 국제업무 / 통역

● **업무내용**: 외국인 선수 통역 / 외국 선수 스카우팅 / 선수단 훈련 지원 등

● **자격 요건**: 4년제 대학 이상 졸업 / 영어회화 능통자 (원어민 수준) / 해외 출장에 결격사유 없는 자

● **우대 사항**: 농구에 관한 지식 보유자 / 스포츠 구단 통역 경험자

● **제출서류**: 이력서 및 자기 소개서 (자유양식)
* 기타 서류는 최종합격 후 별도 제출

● **접수 방법**: e-mail: hanky@orionworld.com

● **채용 일정**: 2016.06.08. ~ 채용시까지

● **1차 서류전형 – 2차 면접 전형**
  서류전형 후 합격자 대상 면접전형
  면접 대상자에 한해 면접일정 및 장소 개별 통보

● **최종발표**: 개별 통보

부산 KT 소닉붐

모기업: KT(*KT스포츠 독립법인)
직원수: 8명(KBL 미디어가이드북)
초봉: 3,628만원(사람인 2019/1/21)
채용방식: 수시 채용

- 창단: 1961년
- 연고지: 부산광역시(2003년~현재)
- 홈구장: 사직실내체육관(수용인원: 14,099명)
- 구단주: 황창규
- 단장: 최현준

채용공고

kt sports 채용 공고

프로야구, 프로농구, e-Sports, 아마추어 사격과 하키 등 전 종목을 통합하여 독립법인으로 출범한 국내 최고의 스포츠 전문기업 kt sparts에서 홍보/기획 신입사원을 모집합니다.

1. 모집분야 및 자격

모집분야	담당업무	자격 요건	인원
홍보/기획 (정규직 신입)	– 홍보업무 : 홍보 기획, 언론 홍보, SNS 홍보 등 – 전략/기획 : 사업 기획, 전략 수립 등	– 대졸 이상(졸업자 또는 졸업예정자) *단, 4월 내 입사 가능자 – 전공 제한 없음 – 홍보/기획 분야 유경험자 우대	1명

www.ktsonicboom.com
큐알코드에는 홈페이지와 채용공고,
조직도와 소개글을 담았습니다.

2. 채용 일정 및 계획

- **모집기간**: 2018.01.27.(화)~04.03(화) 18시까지, 8일간
- **전형절차**: 1차 서류전형 → 2차 실무면접전형 → 3차 임원(대표이사) 면접
- **면접대상**: 개별통보(면접장소: 수원 kt wiz park)
- **최종선발**: 1차 서류합격자 중 면접(2, 3차) 후 최종 선발(합격자 개별통보)
- **지원방법**: 지원서류 작성 후 ktsportsHR@kt.com으로 제출
  (별도 지원서류 양식 첨부)
- **근무장소**: 수원 kt wiz park(주소: 경기도 수원시 장안구 경수대로 897)

- **문의처**: 031-247-7861 kt WIZ

서울 SK 나이츠

모기업: SK텔레콤
직원수: 9명(KBL 미디어가이드북)
초봉: 3,178원(사람인 2019/1/21)
채용방식: 수시 채용

- 창단: 1997년
- 연고지: 서울특별시(2001년~현재)
- 홈구장: 잠실학생체육관(수용인원: 6,229명)
- 구단주: 박정호
- 단장: 윤용철

채용공고

SK텔레콤 을지로 본사 사무직 모집

휴로넷은 2000년부터 SKT 채용을 전담하여 진행한 SKT 전문 아웃소싱 회사입니다.
SK텔레콤 을지로에서 근무하실 참신한 인재를 모집니다.

1. 채용일정

1. 서류마감: 6월 30일(목) 오후 4시까지
2 면접 일정: 7월 1일 (금) 예정
3. 근무장소: SK텔레콤 본사(2호선 을지로입구역 SKT본사)

2 모집부문

모집부문	인원	담당업무	우대사항
SK나이츠팀	1명	홈 경기 운영 및 선수단 지원(급여지급, 코칭스탭 전표 관리 등) 관련 회계 및 서무 업무	– OA가능자(특히 엑셀) – SAP 등 ERP 경력자 우대 – 스포츠단 서무 업무 경력자 우대

www.sksports.net
큐알코드에는 홈페이지와 채용공고,
조직도와 소개글을 담았습니다.

3. 근무시간 및 급여조건
- 고정급 151만원(세금포함) + 초과근무수당별도(시간당 10,950원)
- 오전 9:00~오후 6:00 / 주5일, 평일근무

4. 복리후생
- 4대보험 가입(국민연금, 건강보험, 산재보험, 고용보험)
- 퇴직금 별도지급(1년 이상 근무 퇴직시)
- 특별상여금 200%(년 1회 지급)
- 휴대폰요금 월 45,000원 지원
- 업무격려금 100,000원 총 3회 지급(8월, 추석, 구정)
- 체력단련휴가 연 5일 제공(연차 별도)
- 조식 제공(8시 출근 시), 중식 일부 재원(본인 부담 2,000원 외 회사부담), 석식비지급(총 10시간 근무시)
- 생일자 상품권 지급, 명절 선물 지급
- 경조사 휴무 및 경조사비 지급

5. 접수방법
- 이력서(사진첨부), 자기소개서(연락처 기재), 개인양식 가능
- 자사양식 다운로드 후 작성 후 제출
※제목에 'SK나이츠팀―성함' 요망

서울 삼성 썬더스

모기업: 제일기획
직원수: 8명(KBL 미디어가이드북)
초봉: 3,417만원(사람인 2019/1/21)
채용방식: 수시 채용

- 창단: 1978년
- 연고지: 서울특별시(2001년~현재)
- 홈구장: 잠실실내체육관(수용 인원: 9,148명)
- 구단주: 유정근
- 단장: 이진원

채용공고

서울 삼성 썬더스 채용 공고

서울삼성썬더스농구단은 1978년 2월 삼성남자농구단으로 출범하여 창단 이듬해인 79년 코리언리그 첫 우승을 시작으로 우승 25회, 준우승 21회를 달성하였고 2010~2011시즌에는 KBL 사상 최초로 9시즌 연속 플레이오프에 진출하는 등 대한민국 남자 농구의 발전과 성장의 역사를 같이해온 KBL 최고의 역사와 전통을 자랑하는 명문 구단입니다.

*2011년 자료 회사소개

1. 모집부문
– 스포츠마케팅

2. 근무지역 및 모집인원
– 경기도 용인: O명

3. 주요업무
– 스포츠마케팅 전략 수립 및 운영
– 홈경기 이벤트 운영 및 사내 마케팅 지원(한국총괄)
– 제휴 프로그램 및 티켓 프로모션 기획 및 운영

www.thunders.co.kr
큐알코드에는 홈페이지와 채용공고,
조직도와 소개글을 담았습니다.

4. 지원자격

– 학사학위 소지자
– 스포츠마케팅 전공자 혹은 관련 분야 4년 이상 경력자
※축구, 야구, 배구 등 프로구단 혹은 연맹, 협회, 글로벌 스포츠 기업 등
– 남자일 경우, 군필 또는 면제자
– 해외여행 결격사유가 없는 자
※어학(영어) 능통자 우대

5. 지원방법

– http://www.dearsamsung.co.kr – 경력사원채용 – 경력사원채용공고 – "[삼성썬더스농구단] 경력 채용 공고" 선택 – 공고 화면 하단 지원하기 클릭 후 지원서 작성
※ 반드시 첨부된 이력서 양식을 사용하여 세부이력 작성 후 시스템에 등록 부탁 드립니다.
  (지원서 작성 단계 중 5.소개사항 세부이력서에 파일을 첨부하시면 됩니다.)
– 접수기한: 2011.7.1(금)~2011.7.11(월) 23:50까지

안양 KGC 인삼공사

모기업: 한국인삼공사
직원수: 8명(KBL 미디어가이드북)
초봉: 3,514만원(사람인 2019/1/21)
채용방식: 수시 채용

- 창단: 1992년
- 연고지: 경기도 안양시(1999년~현재)
- 홈구장: 안양실내체육관(수용인원: 6,690명)
- 구단주: 김재수
- 단장: 조성인

채용공고

KGC인삼공사 프로농구단 통역업무 담당 채용공고

모집분야	선수단 통역업무
담당업무	외국선수 통역 및 선수관리
자격요건	4년제 대졸(학사) 이상 영어회화 능통자 해외출장 결격사유가 없는 자
모집인원	1명
모집기간	2018년 6월 18일(월)~27일(수)
지원방법	이메일 접수(shawnkim@kgc.co.kr)

– 문의: 농구단 사무국(031-478-6600)

www.kgcsports.com
큐알코드에는 홈페이지와 채용공고,
조직도와 소개글을 담았습니다.

울산 현대모비스 피버스

모기업: 현대모비스
직원수: 8명(KBL 미디어가이드북)
초봉: 4,122만원(사람인 2019/1/21)
채용방식: 수시채용

- 창단:1986년
- 연고지: 울산광역시(2001년~현재)
- 홈구장: 동천체육관(수용인원: 5,535명)
- 구단주: 임영득
- 단장: 장동철

채용공고

현대모비스 2017년 하반기 신입사원 채용

신입 모집기간 : 2017/08/23 ~ 2017/09/11 마감

현대자동차 모집기간: 2017/08/29(하)~2017/09/11(월) 14:00까지

구분	모집부문	세부분야	직무	근무지
신입	연구개발	연구개발	설계, 선행연구	연구소 (용인, 의왕)
		연구개발_SW	제품별 SW/플랫폼/로직(알고리즘, 영상/신호처리)개발	
		연구개발_시험	시험/평가 및 검증	연구소(서산)
		연구개발_기술경영	연구기획, 기술경영	연구소(의왕) 프랜트
		디자인	제품디자인	

www.mobisphoebus.co.kr
큐알코드에는 홈페이지와 채용공고,
조직도와 소개글을 담았습니다.

채용공고

구분	모집부문	세부분야	직무	근무지
신입	제조사업	생산기술	선행생기, 공정설계, 설비구축, 금형 개발/설계	연구소(의왕) 플랜트
		제조영업	영업관리/전략/기획	본사
		품질	품질관리(선행, 양산, 보증)	연구소(의왕) 플랜트
		플랜트 운영	생산, 생산관리, 자재관리, 공정기술, 안전/환경	플랜트
	AS사업	AS부품	영업관리, 물류관리, 재고관리	본사 지방사업장
	지원	재경	회계, 재무, 원가	본사 연구소 플랜트
		경영지원	인사, 정보보안	본사 연구소(용인) 플랜트
		스포츠마케팅	스포츠마케팅	본사

원주 DB 프로미

모기업: DB손해보험
직원수: 9명(KBL 미디어가이드북)
초봉: 3,814만원(사람인 2019/1/21)
채용방식: 수시채용

- 창단: 1996년
- 연고지: 강원도 원주시(1997년~현재)
- 홈구장: 원주종합체육관(수용인원: 4,600명)
- 구단주: 김정남
- 단장: 신해용

채용공고

DB프로미 인턴사원 채용 공고

모집인원	1명
근무기간	2018.09.03.~2019.04.30(8개월)
지원자격	가. 대졸(예정자 포함) 이상의 학력자 나. 스포츠마케팅 지식 보유자
직무내용	통합마케팅(티켓세일즈 및 온라인마케팅)
근무지	서울 / 원주
채용일정	가. 서류접수기간: '18. 8. 7(화) ~ 17(금) 나. 서류전형 합격자 발표: '18. 8. 21(화) / 개별안내 다. 면접전형: '18. 3. 2(수)
제출서류	이력서(사진첨부) 및 자기소개서

www.dbpromy.co.kr
큐알코드에는 홈페이지와 채용공고,
조직도와 소개글을 담았습니다.

채용공고

● **지원서류 제출방법 및 문의처**

가. 접수방법: E-mail 접수 [hslee31@dbins.co.kr]

※ 입사지원 발송제목에 [인턴지원] 이름으로 기입하시기 바랍니다.

나. 문의처: 02-3011-3173(이홍섭 차장)

「상기 인턴사원 채용 건은 한국프로스포츠협회에서 실시하는 '프로스포츠 인턴십 프로그램'으로 타 인턴지원 사업에 참여 중인 자, 병역법에 의한 특례근무 중인 자, 채용예정 기업의 특수관계에 있는 자는 제외되며, 최종합격자는 프로스포츠협회에서 실시하는 인턴직무교육에 참여하여야 함.

2

▶ 스포츠연맹·협회 및 프로구단 프런트

인천 전자랜드 엘리펀츠

모기업: 전자랜드(SYS리테일)
직원수: 6명(KBL 미디어가이드북)
초봉: 3,225만원(사람인 2019/1/21)
채용방식: 수시채용

- 창단: 1996년
- 연고지: 인천광역시(1997년~현재)
- 홈구장: 인천삼산월드체육관(수용인원: 7,504명)
- 구단주: 홍봉철
- 단장: 이익수

채용공고

전자랜드 엘리펀츠 프로농구단 인턴 사원(동계 기간) 공개 모집 공고

● 모집분야

채용직군	모집직종	분야	모집인원	담당업무	우대조건
인턴사원	일반행정	사무국 업무	1	홍보, 마케팅, 지원	스포츠마케팅 관련 자격증 소지자 및 유경험자 MS 오피스 능통자 및 각종 제안서 작성자 우대
	전문직종	트레이너	1	선수단 보조 트레이너	대학교 전공자, 관련 자격증 소지자 및 유경험자

※ 인턴 기간: 2018년 09월 03일~2019년 04월 30일(8개월)

www.etelephants.com
큐알코드에는 홈페이지와 채용공고,
조직도와 소개글을 담았습니다.

채용공고

● **공통자격**
- 국가공무원법 제33조에 의한 결격사유가 없는 자.
- 타 인턴지원 사업에 참여 중인 자 또는 병역법에 의한 특례근무 중인 자 제외.

● **제출서류**
- 입사 지원서 1부, 자기소개서 1부(경력이 있을 경우 경력 중심 작성)

● **선발 전형 및 합격자 발표**
- 입사 지원 → 서류 심사 → 면접 → 최종 합격
- 면접 전형: 서류 심사 합격자에 한해 개별 통지/최종 합격자 개별 통지
※ 접수된 서류는 일체 반환하지 않음.

● **공고기간**
- 2018년 08월 09일(목)~08월 21일(화)

● **접수기간**
- 2018년 08월 22일(수) 오후 6시 마감

● **접수방법**
- E-mail 접수(bigsman@hanmail.net)

● **문의사항**
- 전자랜드 사무국 최정용 팀장(032-511-4024)

● **사전교육**
- 한국프로스포츠협회 주관 1박 2일 사전교육 필참(8월 28일~29일)

전주 KCC 이지스

모기업: KCC그룹
직원수: 6명(KBL 미디어가이드북)
초봉: 3,910만원(사람인 2019/1/21)
채용방식: 수시 채용

- 창단: 창단: 1977년
- 연고지: 전라북도 전주시(2013년~현재)
- 홈구장: 전주실내체육관(수용인원: 4,800명)
- 구단주: 정몽익
- 단장: 최형길

채용공고

[KCC] 2014년 대졸 인턴사원 공개채용

● 모집부문 및 자격요건

부문	직무	자세히 보기
관리	총무/인사/기획/재정/ 회계/물류/구매/전산	자세히보기
생산	생산공정관리/생산지원/안전/환경/품질/공무	자세히보기
R&D	무기/유기/실리콘/소재 연구/연구지원	자세히보기
영업	국내·해외영업/판촉/기술영업/감리/디자인/스포츠 지원/홍보	자세히보기

● **모집인원**
- 000명

www.kccegis.com
큐알코드에는 홈페이지와 채용공고,
조직도와 소개글을 담았습니다.

채용공고

● **공통자격요건**

- 4년제 정규대학(원) 졸업자 및 2014년 8월 졸업예정자
- 전 학년 평점 B학점 이상(3.0/4.5만점 기준)
- TOEIC 700점 이상 또는 이에 준하는 영어 성적 소지자(외국대 출신자 제외)
- 영어 말하기(TOEIC SPEAKING OPIC 限) 성적 소지자(외국대 출신자 제외)
- 병역필 및 면제자
- 기타 해외여행에 결격사유 없는 자

● **우대 사항**

- 지방 근무 가능자
- 연구직 지원자는 석사학위 이상 소지자 우대
- 국가보훈대상자_관련 법령에 의거하여 우대
- 관련 자격증 소지자

창원 LG 세이커스

모기업: LG전자(*LG스포츠 독립법인)
직원수: 9명(KBL 미디어가이드북)
초봉: 3,299만원(사람인 2019/1/21)
채용방식: 수시 채용

- 창단: 1997년
- 연고지: 경상남도 창원시(1997년~현재)
- 홈구장: 창원실내체육관(수용인원: 6,000명)
- 구단주: 조성진
- 단장: 한상욱

채용공고

창원 LG 세이커스 사원 공개채용

● **모집부문 및 자격요건**

모집분야	담당업무	자격요건 및 우대사항
농구마케팅	– 프로농구단 광고 영업 – 이벤트 기획 및 운영(팀 원급, 면접 후 결정)	**자격요건** – 학력: 대졸 이상(2, 3년) – 경력: 신입/경력 1년~5년 – 성별: 무관 – 모집인원: O명 **우대사항** – 보훈대상자 – 영어가능자 – 컴퓨터활용능력 우수 – 인근거주자 – 운전가능자 – 해당직무 근무경험 – 문서작성 우수자 – TOEIC Speaking Test Lv, 5급(점) 미상

www.lgsakers.com
큐알코드에는 홈페이지와 채용공고,
조직도와 소개글을 담았습니다.

채용공고

● 근무조건 및 환경

근무형태	계약직(기간제) – 1년
근무부서	농구지원팀
근무요일/시간	주 5일(농구경기일정에 따라 변동 가능) 09~18시 근무(농구경기일정에 따라 변동 가능)
근무지역	경남 창원시
급여	회사내규에 따름
회사주소	(51411) 경남 창원시 의창구 원이대로 450 창원실내체육관

● 전형절차 및 제출서류

전형절차	1. 서류 전형 – 모집: '18.2.28(수)~3.13(화) – 합격발표: 3.16(금) 2. 면접: 3.23(금)/창원실내체육관內 LG세이커스 사무실 ※ 2차 면접은 추후 통보
제출서류	[단계별 합격자에 한하여 개별 연락] 1. 지원자: 입사지원서, 자기소개서, 개인정보 수집·이용 동의서 2. 최종합격자: 입사 구비서류 별도 안내

● 접수기간 및 방법

접수기간	2018년 2월 28일(수) 17시~2018년 3월 13일(화) 24시
이력서양식	자사양식
접수방법	홈페이지 지원

● 기타 유의사항

• 입사지원 서류에 허위사실이 발견될 경우, 채용확정 이후라도 채용이 취소될 수 있습니다.

대전 삼성화재 블루팡스

모기업: 제일기획
직원수: 6명(KOVO 미디어가이드북)
초봉: 3,417만원(사람인 2019/1/22)
채용방식: 수시 채용

- 창단: 1995년
- 연고지: 대전광역시
- 홈구장: 충무체육관(수용인원: 4,200명)
- 구단주: 유정근
- 단장: 송윤석

채용공고

삼성화재블루팡스배구단 스태프 채용 공고 안내

모집분야	통역(계약직) 1명 / 팀 매니저(계약직) 1명
담당업무	통역: 외국민선수 통역(영어) 및 관리 매니저: 선수단 운명 및 행정지원 업무
자격요건	학력 및 성별 무관 – 영어 및 일본어 회화 가능자 우대 – 해외출장 결격사유 없는 자 / 군필자(면제포함)
근무지역	경기도 용인시 보정동 삼성트레이닝센터
채용방법	이메일 접수(daeho.kah@samsung.com) – 1차 서류전형 　이력서 및 자기소개서, 양식 무관, 희망연봉 기재 – 2차 면접전형 　서류전형 합격자 한하여 개별통보

www.bluefangs.co.kr
큐알코드에는 홈페이지와 채용공고,
조직도와 소개글을 담았습니다.

채용공고

서류접수	2016년 6월 9일(목)~2016년 6월 16일(목)
면접일정	2016년 6월 21일(화) ※시간은 개별 통보예정
복리후생 및 기타	면접시 결정

※문의: 운영담당 가대호 프로(02-3453-1087)

서울 우리카드 위비

모기업: 우리카드
직원수: 5명(KOVO 미디어가이드북)
초봉: 3,488만원(사람인 2019/1/22)
채용방식: 수시 채용

- 창단: 2008년
- 연고지: 아산시
- 홈구장: 장충체육관(수용인원: 4,507명)
- 구단주: 정원재
- 단장: 이승록

채용공고

서울 우리카드 위비 사원 채용

- **모집부문 및 자격요건**

모집분야	담당업무	자격요건 및 우대사항	모집인원
프로배구단	프로배구단 홍보/마케팅/지원 업무	- 학력: 무관 - 경력: 3년 - 우대조건: 프로스포츠단 또는 유관단체 근무 경험자	0명

- **근무조건**
- 근무형태: 계약직
- 근무지역: 서울(광화문 본사)
- 근무부서: 배구단 사무국

- **전형절차**
- 서류전형 → 인적성검사 → 면접전형 → 최종합격

www.wooricardwibee.com
큐알코드에는 홈페이지와 채용공고,
조직도와 소개글을 담았습니다.

채용공고

● **제출서류**

– 이력서, 자기소개서

● **지원방법**

– 우리카드 채용 홈페이지 지원(http://wooricand.saramin.co.kr)

● **접수기간**

– 2015년 6월 23일(화) 12시~2015년 6월 28일(일) 23시

● **기타**

– 각 전형별 합격자는 채용 홈페이지를 통해 발표

– 제출한 서류는 일체 반환하지 않습니다.

– 지원서 및 제출서류가 허위로 판명될 경우 합격이 취소됩니다.

– 기타 문의사항은 우리카드 채용 홈페이지內 게시판 FAQ 및 질문하기를 이용하시기 바랍니다.

수원 한국전력 빅스톰

모기업: 한국전력공사
직원수: 5명(KOVO 미디어가이드북)
초봉: 3,600만원(사람인 2019/1/22)
채용방식: 수시 채용

- 창단: 1945년
- 연고지: 수원시
- 홈구장: 수원실내체육관(수용인원: 5,145명)
- 구단주: 김종갑
- 단장: 공정배

채용공고

수원 한국전력 빅스톰 통역 트레이너 채용

● **모집부문 및 자격요건**

모집분야	담당업무	자격요건 및 우대사항
농구마케팅	배구단 외국인선수 통역 / 국내 생활 적용 지원 / 기타 업무	**자격요건** – 학력: 무관 – 경력: 무관(신입도 지원 가능) – 성별: 무관 – 모집인원: 1명 **필수사항** – 2종보통운전면허

● **근무조건 및 환경**
 – 근무형태: 계약직
 – 근무지역: 서울(광화문 본사)
 – 근무부서: 배구단 사무국

http://home.kepco.co.kr
큐알코드에는 홈페이지와 채용공고,
조직도와 소개글을 담았습니다.

채용공고

- ● **전형절차**
  - 서류전형 – 인적성검사 – 면접전형 – 최종합격

- ● **제출서류**
  - 이력서, 자기소개서

- ● **지원방법**
  - 우리카드 채용 홈페이지 지원(http://wooricand.saramin.co.kr)

- ● **접수기간**
  - 2015년 6월 23일(화) 12시~2015년 6월 28일(일) 23시

- ● **기타**
  - 각 전형별 합격자는 채용 홈페이지를 통해 발표
  - 제출한 서류는 일체 반환하지 않습니다.
  - 지원서 및 제출서류가 허위로 판명될 경우 합격이 취소됩니다.
  - 기타 문의사항은 우리카드 채용 홈페이지內 게시판 FAQ 및 질문하기를 이용하시기 바랍니다.

안산 OK저축은행 러시앤캐시

모기업: 아프로서비스그룹
직원수: 10명(KOVO 미디어가이드북)
초봉: 3,786만원(사람인 2019/1/22)
채용방식: 수시 채용

- 창단: 2013년
- 연고지: 안산시
- 홈구장: 안산상록수체육관(수용인원: 2,700명)
- 구단주: 최윤
- 단장: 정길호

채용공고

안산 OK저축은행 러시앤캐시 통역 채용

- 모집 요강 및 응시 자격

의뢰기업	일반기업 | 중견기업
모집직종	전문번역 통역 〉 영어
고용형태	계약직 [근무기간: 9개월 | 정규직 전환검토]
모집인원	0명
담당업무	[스포츠] – 스포츠마케팅 – 운동선수, 코치, 심판 [전문번역·번역] – 번역 및 통역

www.oksavingsbankrushncash.com
큐알코드에는 홈페이지와 채용공고,
조직도와 소개글을 담았습니다.

채용공고

자격요건	• 경력: 신입/경력(연차무관) **[스포츠]** – 스포츠 전반에 관심이 높은 자 – 관련학과 전공자 **[전문번역·통역]** – 비즈니스 커뮤니케이션 가능 자 – 성실하고 꼼꼼한 성격 소유자 – 해외 거주 경험자 우대 – 언어적 센스를 보유한 자 – 외국어 우수자
전형단계	서류전형 〉 면접전형 〉 최종심사

의정부 KB손해보험 스타즈

모기업: KB손해보험
직원수: 7명(KOVO 미디어가이드북)
초봉: 5,132만원(크레딧잡 2019/1/22)
채용방식: 수시 채용

- 창단: 1976년
- 연고지: 의정부시
- 홈구장: 의정부실내체육관(수용인원: 6,650명)
- 구단주: 양종희
- 단장: 전영산

채용공고

KB손해보험 스타즈 배구단 STAFF 채용안내

● 모집 요강 및 응시 자격

모집분야	통역(외국인선수 통역)
모집인원	0명
공통자격	− 4년제 대학 졸업자 − 남자는 병역필 또는 면제자 − 해외여행에 결격사유가 없는 자 − 영어사용에 불편함이 없는 자
채용수준	− 月 2,000,000원 + 알파(협의 후 결정) − 계약직 사원(4월 30일까지 근무 후, 성과에 따라 재계약 가능)
우대사항	− 프로스포츠 구단 경력자 − 포르투갈어 사용 가능한 자

www.kbstarsvc.co.kr
큐알코드에는 홈페이지와 채용공고,
조직도와 소개글을 담았습니다.

채용공고

근무지역	선수단 숙소 및 훈련장(경기도 수원)
제출서류	입사지원서 1부, 자기소개서 1부(필수제출/공통양식)
접수방법	– 지원서 이메일 접수: kbstarsvci@naver.com – 입사지원서는 KB손해보험 스타즈 배구단 홈페이지에서 지정된 양식을 다운받아 작성
선발전형	– 1차 서류심사 / 2차 PT면접 (해당 직무수행에 필요한 능력 및 적격여부 검증) – 서류접수: 채용 시 마감 – 서류전형 합격자 발표: 합격자에 한하여 개별통보 – PT면접: 추후통보 / 면접일 개별통보 – 최종합격자 발표: 추후통보 / 합격자 개별통보

● **문의사항**

KB손해보험 홍보부 스포츠지원팀 남효석 주임

(hs902@kbinsure.co.kr)

인천 대한항공 점보스

모기업: 대한항공
직원수: 8명(KOVO 미디어가이드북)
초봉: 3,522만원(사람인 2019/1/22)
채용방식: 수시 채용

- 창단: 1969년
- 연고지: 인천광역시
- 홈구장: 계양체육관(수용인원: 4,270명)
- 구단주: 조원태
- 단장: 이유성

채용공고

인천대한항공점보스배구단 트레이너 채용 공고 안내

- **선발인원**
  - 트레이너(개인사업자) 1명

- **담당업무**
  - 재활, 선수관리, 마사지, 부상관리, 응급조치 등

- **지원자격**
  - 선수트레이너 자격, 물리치료 자격 소지자
  - 외국어 가능자, 팀 경력자 우대

- **계약조건**
  - 면접시 결정

www.kal-jumbos.co.kr
큐알코드에는 홈페이지와 채용공고,
조직도와 소개글을 담았습니다.

채용공고

● **계약조건**
– 면접시 결정

● **근무지역**
– 경기도 용인시 기흥구 하갈동 대한항공연수원 배구단 체육관 내

● **복리후생**
– 직원 항공권 지급(선수단 기준에 한함)

● **지원방법**
– 이메일 접수: hsanglee@koreanair.com
– 제출서류: 이력서, 자기소개서, 자격증 사본(제출서류 양식은 자유)
– 기간: 2018년 9월 7일 ~ 9월 14일 18:00까지
– 서류심사 후 9월 17일 발표 예정

여러분의 많은 지원 바랍니다.

천안 현대캐피탈 스카이워커스

모기업: 현대캐피탈
직원수: 7명(KOVO 미디어가이드북)
초봉: 2,829만원(크레딧잡 2019/1/22)
채용방식: 수시 채용

- 창단: 1983년
- 연고지: 천안시
- 홈구장: 유관순체육관(수용인원: 5,482명)
- 구단주: 정태영
- 단장: 신현석

채용공고

현대캐피탈 스카이워커스 배구단(영어) 혹은 (그리스어)통역 채용

- **근무 내용**
- 그리스 국적의 외국인선수 통역 및 지원

- **채용 조건**
- 언어: 영어 혹은 그리스어 사용자
- 성별: 남(현대캐피탈 남자 배구단 합숙 要)

- **근무 조건**
- 급여: 월 250만원(세전 금액)
- 근무 기간: '17년 10월 30일 ~ '18년 4월 30일(6개월)
- 통근
  ① 천안 Caste of ski Walkers 합숙(숙식 제공)
     http://www.skywalkers.co.kr 참조
  ② 선수단 휴가 등의 경우 근무 없음
  ③ 비합숙 기간에는 출퇴근

www.skywalkers.co.kr
큐알코드에는 홈페이지와 채용공고,
조직도와 소개글을 담았습니다.

채용공고

- **지원서 접수**
  - 기간: '17년 10월 23일 ~ '17년 10월 26일
  - 양식: 자유 이력서 양식
  - 담당자: 현대캐피딸 배구단 임승범 과장 이메일로 만 접수)
  - 이메일: isb@hyundaicapital.com

- **면접**
  - 면접관: 현대캐피탈 배구단 감독 및 코치
  - 일정: '17년 10월 27일 이후 서류전형 합격자 개별 통보
  - 장소: 천안 Castle of Skywalkers 사무실
  - 주소: 충남 천안시 서북구 석양길 45-1
  *자가 운전 시 네비게이션 검색어: "캐슬오브스카이워커스"

서울 GS칼텍스 KIXX

모기업: GS칼텍스(*GS스포츠 독립법인)
직원수: 9명(KOVO 미디어가이드북)
초봉: 4,263만원(크레딧잡 2019/1/22)
채용방식: 수시 채용

● 창단: 1968년
● 연고지: 평택시
● 홈구장: 장충체육관(수용인원: 4,507명)
● 구단주: 허진수
● 단장: 한병석

채용공고

㈜GS스포츠 각 부문 신입·경력 채용

GS스포츠는 프로축구 FC서울과 프로배구 GS칼텍스 서울Kixx배구단을 운영하고 있는 스포츠 기업입니다. GS스포츠에서 프로스포츠를 선도해나갈 젊은 인재를 모집합니다.

● 모집부문

모집부문	구분	담당업무	담당업무	
프로스포츠 선수단운영/마케팅 (축구/배구)	신입 경력	축구, 배구 선수단운 영/지원 스포츠마케 팅 등	지원 자격	– 전공무관 – (신입)4년제 대졸 이상 기졸업자 및 19년 2월 졸업예정자 – (경력)프로스포츠 산업 경력 3년차~5년차
			우대 사항	– 영어 및 제2외국어 능통자(일어, 포르투칼어 등) – 스포츠구단 및 관련 유경험자
경영지원 (법무/인사/총무)	신입 경력	계약서 검토, 법률지원, 인사기획, 노무, 총무	지원 자격	– 법학 전공자 – (신입)4년제 대졸 이상 기졸업자 및 15년 2월 졸업예정자 – (경력) 담당분야 경력 3년차~5년차
			우대 사항	– 법무/인사/총무 관련 업무 유경험자 – 직무관련 자격증 소지자

www.gsvolleyball.com
큐알코드에는 홈페이지와 채용공고,
조직도와 소개글을 담았습니다.

인천 흥국생명 핑크스파이더스

모기업: 흥국생명
직원수: 4명(KOVO 미디어가이드북)
초봉: 3,622만원(크레딧잡 2019/1/22)
채용방식: 수시 채용

- 창단: 1963년
- 연고지: 인천광역시
- 홈구장: 계양체육관(수용인원: 4,270명)
- 구단주: 김주윤
- 단장: 김진홍

채용공고

인천 흥국생명 핑크스파이더스 통역사 채용

흥국생명 배구단에서 2017–18시즌을 함께할 통역사를 아래와 같이 채용합니다.

- **모집부분**: 통역사

- **모집인원**: 1명

- **담당업무**
  – 2017–18 V리그 시즌 외국인 선수 통역 업무

- **지원 자격**
  – 외국어 능통자(영어), 외국어 통역 업무 경력 유경험자(우대)
  – 운전면허 소지(1종) 우대, 시즌 중 배구단 일정에 따른 합숙 가능자

www.pinkspiders.co.kr
큐알코드에는 홈페이지와 채용공고,
조직도와 소개글을 담았습니다.

● **근무조건**
  – 근무지: 선수단 훈련지(용인시 및 홈, 어웨이 경기장)
  – 고용형태: 용역 계약(개인사업자)
  – 계약기간: 2017.07~2018년 시즌 종료 시(약 10개월)
  – 보수: 최대 月 300만원

● **전형절차**
  – 서류, 면접, 최종 합격

● **접수 방법 및 접수 기간**
  – 홈페이지 접수: https://taekwangrecruiter.co.kr
  – 접수 기간: ~2017.6.21일(수) 까지

● **문의 사항**
  – 이메일 문의: hkhr@heungkuklife.co.kr

화성 IBK기업은행 알토스

모기업: 중소기업은행

직원수: 7명(KOVO 미디어가이드북)

초봉: 3,338만원(사람인 2019/1/22)

채용방식: 수시 채용

- 창단: 1962년
- 연고지: 수원시
- 홈구장: 수원실내체육관(수용인원: 5,145명)
- 구단주: 박동욱
- 단장: 박두일

채용공고

IBK기업은행 알토스 배구단 외국인선수 통역사 채용공고

- **채용분야 및 인원**
  - IBK기업은행 알토스배구단 통역: 0명

- **담당업무 / 지원자격 / 근무조건 등**
  - 채용공고문 참고

- **원서접수**
  - 접수기간: 2018. 6. 14.(목)~6. 19.(화)
  - 접수방법: E-mail(ibksports@ibk.co.kr) 및 우편접수(서울시 중구 을지로 79 중소기업은행 6층 나눔행복부 알토스배구단)
  - 합격통보: 개별통보

http://sports.ibk.co.kr

큐알코드에는 홈페이지와 채용공고,
조직도와 소개글을 담았습니다.

● **제출서류**
 – 이력서 1부(첨부파일 양식)
 – 자기소개서 1부
 – 최종학교 성적 및 졸업(예정)증명서 각 1부
 – 자격증 원본 1부(소지자에 한함)
 – 경력증명서(상벌 사항 포함)1부(소지자에 한함)
 – 취업보호대상자(보훈대상자, 장애인)증명서 1부(해당자 한함)
 – 과거 소득증빙자료 1부(해당자 한함)
 ※ 이력서 및 자기소개서 외 서류전형 시 접수된 서류는 반환하지 않음

● **기 타**
 – 상기 일정은 은행사정에 따라 변경될 수 있음
 – 지원서의 기재내용이 사실과 다른 것으로 판명될 경우 채용 또는 합격이 취소됨
 – 문의사항: 채용 담당자 정민욱(☎02–729–7977)

프로스포츠 구단 – 프로야구

KIA 타이거즈

모기업: 현대자동차그룹(*독립법인)
직원수: 42명(크레딧잡 2019/1/24)
초봉: 3,324만원(사람인 2019/1/23)
채용방식: 수시 채용

- 창단: 1982년
- 연고지: 광주광역시
- 홈구장: 광주–기아 챔피언스 필드
- 구단주: 정몽구
- 단장: 조계현

채용공고

KIA 타이거즈 직원 채용공고

1. 모집분야 및 지원자격

모집분야	성별	연봉	인원	지원자격	근무지역
마케팅	제한 없음	3,000만	0명(계약직)	• 관련분야 경험자 우대 • 해외여행에 결격사유가 없는 자	광주 外

※ 보훈 취업대상자는 증명서 제출

2. 공고 및 접수기간
– 2018년 12월 12일(水)~2019년 1월 4일(金)

3. 접수방법
– 우편 접수 및 방문 접수(2019년 1월 4일 도착분까지 한함)

www.tigers.co.kr
큐알코드에는 홈페이지와 채용공고,
조직도와 소개글을 담았습니다.

4. 전형방법 (일정 변동 가능)
- 서류 심사: 19년 1월 4일, 제출서류 누락시 서류전형 탈락
- 서류 합격자 통보: 19년 1월 9일(전화통보)
- 면접 심사: 19년 1월 11일(서류 합격자에 한함)
- 합격자 발표: 19년 1월 14일(개별 통보)
- 신체 검사 구단 지정병원(추후통보)

5. 제출서류

모집분야	제출서류(공통)	비고
마케팅	이력서, 자기소개서(자유형식), 주민등록 등본, 최종학교 졸업증명서/성적증명서, 경력증명서(경력자한)	자격증(어학 등)

※ 제출서류 (공통) 각 1부

※ 연락처: 인사총무팀 조기영 과장(010-7132-6862) 채용 관련 사항만 전화응대
　　　기아타이거즈주식회사

LG 트윈스

모기업: LG(*독립법인)

직원수: 42명(크레딧잡 2019/1/24)

초봉: 3,299만원(사람인 2019/1/23)

채용방식: 수시 채용

- 창단: 1982년
- 연고지: 서울특별시
- 홈구장: 서울종합운동장 야구장(25,553석)
- 구단주: 구본준
- 단장: 차명석

채용공고

(주)LG스포츠 경력사원 모집

2017-08-09

1. 회사 개요

(주)LG스포츠는 1983년 국내 최초로 창설된 스포츠 운영 전문 회사이며, 현재는 LG트윈스프로야구단, LG세이커스프로농구단을 운영, 관리하는 LG그룹의 스포츠 매니지먼트 전문회사입니다.

2. 모집 요강

1) 모집 부문: 고객커뮤니케이션

2) 모집 인원: 정규직 0명

3) 근무 지역: 서울

4) 근무 조건: 당사 내부 규정에 따름

3. 지원 자격

1) 4년제 학사 학위 이상 기취득자

2) 디지털커뮤니케이션(SNS) 마케팅 업무 경력 3년 이상

3) 해외여행에 결격 사유가 없는 자, 남자의 경우 군필 혹은 면제자

4. 주요 업무: 고객 대상 커뮤니케이션(SNS, 홈페이지), CSR, 영상 기획

www.lgtwins.com

큐알코드에는 홈페이지와 채용공고,
조직도와 소개글을 담았습니다.

5. 전형 방법: 서류 전형 ▶ 면접 전형 ▶ 채용 검진 ▶ 최종 합격

6. 지원서 접수 및 문의처
1) 접수 기간: 2017년 8월 14일~2017년 8월 20일
2) 접수 방법: 홈페이지(www.lgtwins.com) 에서 입사지원서(자사 양식) 및 개인정보 수집·이용 동의서 작성 후 제출
3) 문의처: recruit@sportslg.com

7. 전형 일정
1) 서류 전형 발표: 8월 22일
2) 면접: 8월 29일
※ 지원자 현황에 따라 2차 면접 진행 여부 결정
3) 채용 검진 및 입사: 추후 통보
※ 단계별 합격자에 한하여 개별 연락(일정은 변경될 수 있음)

8. 기타 사항
1) 입사지원관련 구비서류는 최종합격자에 한해 제출함
2) 입사지원서 기재 내용이 허위로 판명 시에는 입사취소됨
3) 취업보호 대상자(보훈 대상자 등)는 관련 법규에 의거하여 우대함
4) 입사지원서 접수기한은 해당일 자정(24:00)

NC 다이노스

모기업: 엔씨소프트(*독립법인)
직원수: 63명(크레딧잡 2019/1/24)
초봉: 3,719만원(사람인 2019/1/23)
채용방식: 수시 채용

- 창단: 2011년
- 연고지: 창원시
- 홈구장: 창원 NC 파크(22,011석)
- 구단주: 김택진
- 단장: 김종문

채용공고

NC 다이노스 2019년 상반기 각 분야별 채용 공고

모집분야 데이터 분석

- **모집인원** 0명

- **주요업무**
- 국내 및 해외 야구 데이터 분석(투구/타구 추적 데이터 포함)
- 선수단 퍼포먼스 분석
- 데이터 시각화 및 보고서 작성/공유
- 야구 관련 신기술/장비 동향 탐색 및 도입 검토

- **자격요건**
- SQL 데이터베이스에 대한 이해
- 우수한 커뮤니케이션 능력
- 영어로 통상 업무를 진행할 수 있을 정도의 독해/회화 능력
- MS Office제품군(엑셀, 파워포인트, 워드) 사용이 능숙한 자

www.ncdinos.com
큐알코드에는 홈페이지와 채용공고,
조직도와 소개글을 담았습니다.

● **우대조건**
- 데이터 대시보드 사용/제작 경력(Elasticsearch/Tableau 등)
- Python(Pandas/Numpy/matplotlib) 또는 R(ggplot2/dplyr) 사용 능숙
- 투구추적 데이터(Baseball-Savant 데이터 등)에 대한 깊은 이해도/분석 경험
- Django/flask 등을 이용한 어플리케이션 제작 경력
- 통계학 컴퓨터공학/물리학 학사 또는 그에 준하는 학위
- 데이터 분석직군 1년 이상의 직무경력

● **제출서류**
- 통계적 지식을 이용한 연구 결과물 또는 그에 준하는 github repository 주소
* 제출 가능한 자에 한함

- **근무지** 판교/창원
- **계약형태** 정규직/계약직
- **경력구분** 신입/경력

모집분야 기획/교육

모집인원 0명

주요업무
- 경영전략/KPI 수립 및 기획
- KBO 규약 검토 및 제도개선 방안 연구
- 계약/컴플라이언스 업무 자원
- IR 업무 (이사회 주주총회 진행)
- 사내 교육(임직원 선수단 기획 및 실행
- 계약서, 증명서 등 각종 문서 및 인감 관리

● **자격요건** *한가지 항목 이상 충족할 것
- 대한민국 변호사 또는 공인회계사 자격 소지자(2019년 변호사시험 응시자 포함)
- 석사학위 취득 이상의 학력을 보유한 자
- 학사학위 취득 이후 경영관리(전략/기획/교육/계약/IR 등) 부문에서 3년 이상의 경력을 보유한 자

● **우대조건**
- 상경/법학 계열 전공자 우대
- 외국어 능통자 우대

제출서류 *e-mail 접수 시 입사지원서와 필수 제출서류 꼭 송부바랍니다.
필수 학사 이상의 학위 취득자의 경우, 성적증명서, 졸업증명서 각 1부

채용공고

선택 전공임을 증명할 수 있는 학위 논문 및 요약서

- **근무지** 창원
- **계약형태** 정규직/계약직
- **경력구분** 신입/경력

모집분야 전력분석

- **모집인원** 0명

- **주요업무**
- 전력분석(선수성향, 데이터분석)
- 영상편집 및 데이터관련 브리핑
- 현장업무지원

- **자격요건**
- 전문적 야구 지식 및 경기 흐름에 대한 이해와 분석
- 선수 생활 경험, 아마추어 코치 경험

- **근무지** 창원
- **계약형태** 정규직/계약직
- **경력구분** 신입/경력

모집분야 트레이너

- **모집인원** 0명

- **주요업무**
- 야구 선수 치료 및 트레이닝
- 스포츠(야구선수) 영양

- **자격요건**
- 물리치료학 및 체육관련(체육, 운동처방, 스포츠의학) 전공자
- 군필자 및 군면제자

- **우대조건**
- 물리치료사 면허증 및 대한선수트레이너협회(KATA)자격증 소지자 우대
- 스포츠 영양학 전문자 우대
- 팀 트레이너 경력자 우대

채용공고

- 근무지 창원
- 계약형태 전문직
- 경력구분 신입/경력

공통 자격요건

- 야구에 대한 지식과 열정을 갖춘 분
- 장기 해외 출장에 결격 사유가 없는 자

● **우대조건**
- 장애인복지법에 의한 등록장애인
- 상이등급이 기재된 국가유공자증명서 소지자
- 국가유공자 등 예우 및 지원에 관한 법률에 의한 취업보호 대상자(보훈대상자)

● **채용 일정**
- 서류접수 기간 2019년 1월 17일(목) ~ 2019년 1월 31일(목) 오후 6시까지
- 서류 전형 합격자 발표 2019년 2월 8일(금) / 구단 홈페이지 게재
- 채용일자 2019년 3월 4일(월)
 * 구단 사정에 따라 일정이 변경될 수 있습니다.

● **제출서류**
- 필수 이력서 및 자기소개서_자사양식(별첨파일)
 * 기타 서류는 최종 합격 후 별도 제출

지원서류 제출 방법 및 문의처
- 접수방법 e-mail 접수 [recruitancdinos.com]
 * 입사지원 발송제목에 [모집분야]_이름으로 기입하시기 바랍니다.
- 문의처 055-608-8251 [기업문화팀 정유환 매니저]

SK 와이번스

모기업: SK텔레콤(*독립법인)
직원수: 64명(크레딧잡 2019/1/24)
초봉: 3,590만원(사람인 2019/1/23)
채용방식: 수시 채용

- 창단: 2000년
- 연고지: 인천광역시
- 홈구장: 인천 SK행복드림구장
- 구단주: 최창원
- 단장: 손차훈

채용공고

SK 와이번스 채용공고

● **모집분야 및 지원자격**

모집분야	담당업무	자격요건 및 우대사항
SK와이번스 상품 마케팅 기획/운영	온/오프라인 상품 마케팅 기획 및 운영	**자격요건** – 학력: 대졸 이상(4년) – 경력: 경력 3년~5년 – 성별: 무관 – 모집인원: 0명 **우대사항** – 국가유공자 – 보훈대상자

www.skwyverns.com
큐알코드에는 홈페이지와 채용공고,
조직도와 소개글을 담았습니다.

● **근무조건 및 환경**
- 근무형태   계약직
- 근무요일/시간   주5일 시즌 중 탄력근무 오전9시~오후8시, 시즌 중 탄력근무
- 근무지역   인천 – 남구
- 급여   면접후 결정
- 회사주소   (402–799) 인천 남구 문학동 사고 문학경기장
- 인근전철   인천 1호선 문학경기장

● **전형절차 및 제출서류**
- 전형절차   서류전형 합격자에 한해 면접 및 인성검사 진행
- 제출서류   포트폴리오 제출 필수

● **접수기간 및 방법**
- 접수기간   2017년 4월 14일 (금) 09시 ~ 2017년 월 21일 (금) 4시
- 이력서양식   자유양식
- 접수방법   사람인 입사지원

● **기타 유의사항**
- 입사지원 서류에 허위사실이 발견된 경우, 채용확정 이후라도 채용이 취소될 수 있습니다.

두산 베어스

모기업: 두산(*독립법인)
직원수: 68명(크레딧잡 2019/1/24)
초봉: 3,566만원(사람인 2019/1/23)
채용방식: 수시 채용

- 창단: 1982년
- 연고지: 서울특별시
- 홈구장: 서울종합운동장 야구장(25,553석)
- 구단주: 박정원
- 단장: 김태룡

채용공고

두산 베어스 2017년 인턴십 채용

- **모집분야 및 지원자격**

자회사/BG	인원	모집분야	전공/자격요건	지역
㈜두산베어스	0명	경영지원	상경, 법정, 인문, 기타	서울(잠실야구장)

www.doosanbears.com
큐알코드에는 홈페이지와 채용공고,
조직도와 소개글을 담았습니다.

자격요건	• 기졸업자 또는 2017년 8월 졸업 예정자 – 단, 인턴십(4/24~7/14) full time 근무 가능자 • 어학기준: OPic IM(Intermediate Mid) 등급. TOEIC Speaking 130점 이상 • 해외여행에 결격사유가 없는 분 • 남자의 경우, 병역을 必하였거나 면제된 분	
전형절차	채용공고(입사지원서 접수)	3/13(월)~3/21(화) 18:00
	인적성검사(DICAT)	4월 초
	1차/2차 면접	4월 중
	인턴십(12주)	4/24(월)~7/14(금)
	최종입사	7월 말
	• 전형단계: 입사지원서 Review ▶두산종합적성검사(DCAT) ▶1차면접(실무진) ▶2차면접(경영진) ▶신체검사 ▶인턴십 ▶최종면접 • 인턴십 근무 평가를 통해 우수 인턴사원은 '최종면접' 후 정식 채용예정	
진행상태	• 접수마감	
문의처	• 두산베어스 채용담당자 E-mall: ljy0930@doosan.com	
기타사항	• 전형 단계별 결과 발표: e-mail/ 휴대폰을 통해 개별 안내 • 인적성검사, 면접 일정/장소는 합격자에 한해 개별 통보 예정입니다. • 국가보훈대상자 및 장애인은 관련 법령 등에 의거하여 우대합니다. • 입사지원서 내용이 사실과 다른 경우 합격(입사)이 취소됩니다.	

롯데 자이언츠

모기업: 롯데지주(*독립법인)
직원수: 49명(크레딧잡 2019/1/24)
초봉: 3,533만원(사람인 2019/1/23)
채용방식: 수시 채용

- 창단: 1975년
- 연고지: 부산광역시
- 홈구장: 사직 야구장(25,000석)
- 구단주: 신동빈
- 단장: 이윤원

채용공고

2017 롯데자이언츠 상반기 롯데그룹 신입사원 모집

● 모집대상

모집회사	직무	전공분야	지역	모집인원
롯데자이언츠	총무	무관	부산	0명

● **지원서 접수 및 일정**
- 접수 기간: 2017. 3. 21(화) 10:00 ~ 4. 3(월) 18:00 [14일 간]
- 접수 방법: 롯데 채용 홈페이지 접속 후, 인터넷을 통한 On-Line 접수
  [http://job.lotte.co.kr]

● **서류전형 발표 예정일**
- 2017. 4. 26(수) 전후

● **기타사항**
- 세부사항 롯데 채용 홈페이지 참고

www.giantsclub.com
큐알코드에는 홈페이지와 채용공고,
조직도와 소개글을 담았습니다.

삼성 라이온즈

모기업: 제일기획(*독립법인)
직원수: 44명(크레딧잡 2019/1/24)
초봉: 3,557만원(사람인 2019/1/23)
채용방식: 수시 채용

- 창단: 1982년
- 연고지: 대구광역시
- 홈구장: 대구 삼성 라이온즈 파크(29,000석)
- 구단주: 임대기
- 단장: 홍준학

채용공고

삼성라이온즈 채용 공고 안내

- **모집분야**
- 모집전공: 통계학 전공
- 주요업무: 세이버메트릭스, 통계프로그램 사용 및 db 분석 등

- **지원자격**
- 2018년 8월 이전 졸업 또는 졸업 예정인 분
  (2018년 6~7월 입사 가능한 분)
- 병역필 또는 면제자로 해외여행에 결격사유가 없는 분
- 영어회화자격을 보유하신 분 우대(opic 및 토익스피킹에 한함)
  ※ 등급: ih(opic), 7급(토익스피킹) 이상

www.samsunglions.com
큐알코드에는 홈페이지와 채용공고,
조직도와 소개글을 담았습니다.

채용공고

● **지원방법**
- 삼성 라이온즈 홈페이지(http://www.samsunglions.com)에 접속하여
  채용 팝업창 내 지원서 다운로드 후 작성 및 제출하시면 됩니다.
  ※ 지원서 다운로드
  ※ 제출: lionsvcadmin@samsung.com
- 지원서는 5.11(금) 오후 5시(한국시간)까지 제출하셔야 합니다.
  마감일 이전에 충분히 여유를 가지고 등록하여 주시기 바랍니다.

● **진행절차**
- 지원서접수 → 서류전형 → 삼성직무적성검사(gsat) → 면접 → 건강검진 → 최종합격
  ※ 서류전형 결과는 합격자에 한해서 통보 됩니다.

● **전형일정**
- 지원서 접수: 2018년 5월 2일~2018년 5월 11일 오후 5시
- 삼성직무적성검사: 2018년 5월 20일(일) 예정
- 면접: 2018년 6월 중
- 면접 합격자 발표 및 건강검진: 2018년 6월 중

● **기타안내**
- 지원서 내용이 사실과 다르거나, 허위 서류를 제출하신 경우 채용이 취소될 수 있습니다.

● **문의사항**
- 삼성라이온즈 인사담당
  이메일: lionsvcadmin@samsung.com
  전화: 053-780-3352(09:00~12:00, 13:00~17:00 한해서 전화 문의 가능합니다)

케이티 위즈

모기업: KT(*독립법인)
직원수: 87명(크레딧잡 2019/1/24)
초봉: 3,628만원(사람인 2019/1/23)
채용방식: 수시 채용

- 창단: 2013년
- 연고지: 수원시
- 홈구장: 수원 케이티 위즈 파크
- 구단주: 황창규
- 단장: 이숭용

채용공고

kt sports 채용 공고

프로야구, 프로농구, e-Sports. 아마추어 사격과 하키 등 전 종목을 통합하여 독립법인으로 출범한 국내 최고의 스포츠 전문기업 kt sparts에서 홍보/기획 신입사원을 모집합니다.

- **모집분야 및 자격**

모집분야	담당업무	지원자격	인원
홍보/기획 (정규직 신입)	– 홍보업무: 홍보 기획, 언론 홍보, SNS 홍보 등 – 전략/기획: 사업 기획, 전략 수립 등	– 대졸 이상(졸업자 또는 졸업예정자) * 단, 4월 내 입사 가능자 – 전공 제한 없음 – 홍보기획 분야 유경험자 우대 – 연봉수준: 협의 후 결정	1명

www.ktwiz.co.kr
큐알코드에는 홈페이지와 채용공고,
조직도와 소개글을 담았습니다.

채용공고

● 채용 일정 및 계획

- 모집기간: 2018.01.27.(화) - 104.03.(화) 18시까지, 8일간
- 전형절차: 1차 서류전형 → 2차 실무면접전형 → 3차 임원(대표이사) 면접
- 면접대상: 개별통보(면접장소: 수원 kt wiz park)
- 최종선발: 1차 서류합격자 중 면접(2, 3차) 후 최종 선발(합격자 개별통보)
- 지원방법: 지원서류 작성 후 ktsportsHR@kt.com으로 제출
  (별도 지원서류 양식 첨부)
- 근무장소 수원 kt wiz park(주소: 경기도 수원시 장안구 경수대로 897)

- 문의처: 031-247-7861

키움 히어로즈

모기업: 서울히어로즈(*키움: 네이밍스폰서)
직원수: 46명(크레딧잡 2019/1/24)
초봉: 3,381만원(사람인 2019/1/23)
채용방식: 수시 채용

- 창단: 2008년
- 연고지: 서울특별시
- 홈구장: 고척 스카이돔
- 구단주: 박세영
- 단장: 임은주

채용공고

마케팅팀 인턴사원 공개모집

- **모집분야**   마케팅팀 인턴사원
- **모집인원**   3명
- **담당업무**   법인연간회원 모집
- **지원자격**   4년제 대학 졸업생 혹은 졸업 예정자
- **전형절차**   서류전형〉실무자면접〉임원면접〉최종합격
- **근무형태**   인턴(정규직 전환 검토)
- **근무기간**   6개월(2014년 11월~2015년 4월)
- **근무부서**   마케팅팀
- **급여조건**   회사 내규에 따름
- **접수기간**   2014년 10월 28일(화) 자정까지
- **접수방법**   잡코리아 온라인 채용시스템

www.heroesbaseball.co.kr
큐알코드에는 홈페이지와 채용공고,
조직도와 소개글을 담았습니다.

한화 이글스

모기업: 한화(*독립법인)
직원수: 51명(크레딧잡 2019/1/24)
초봉: 3,758만원(사람인 2019/1/23)
채용방식: 수시 채용

- 창단: 1986년
- 연고지: 대전광역시
- 홈구장: 대전 한화생명 이글스 파크(13,000석)
- 구단주: 김승연
- 단장: 박종훈

채용공고

한화이글스 채용공고

한화이글스에서 참신하고 우수한 외국인 통역(영어, 일어)전문가를 모십니다.

- **모집분야 및 지원자격**

모집분야	담당업무	지원자격	인원
외국인 선수 통역(영어)	외국인 선수 통역 및 관리	4년제 대졸 이상 해외여행 결격사유가 없는 자 영어회화 능통자 스포츠관련 직종 통역 유경험자 우대 야구에 대한 폭넓은 지식 보유자 우대	1명
일본인 코치 통역(일본어)	일본인 코치 통역 및 관리	4년제 대졸 이상 해외여행 결격사유가 없는 자 일본어회화 능통자 스포츠관련 직종 통역 유경험자 우대 야구에 대한 폭넓은 지식 보유자 우대	1명

※ 선수단 스케줄에 따라 탄력적 근무(주말 포함)

www.hanwhaeagles.co.kr
큐알코드에는 홈페이지와 채용공고,
조직도와 소개글을 담았습니다.

● **채용 계획**

- **모집기간**　　～2019년 1월 7일(월) 오후 3시까지
- **전형절차**　　1차 서류전형 → 2차 면접전형 → 3차 합격자 발표
- **면접일정**　　서류 통과자에 한하며 추후 개별 연락 공지
- **면접장소**　　한화이글스 대전 본사 내
- **최종선발**　　서류 합격자 중 면접 후 최종 선발자
- **고용형태**　　계약직(업무위탁계약: 개인사업자)
- **지원방법**　　지원 서류 및 개인정보수집이용동의서 작성 후
　　　　　　　　영어: khj15@hanwha.com로 제출(이력서 자유양식)
　　　　　　　　일본어: apexian39@hanwha.com로 제출(이력서 자유양식)

프로스포츠 구단 – 프로축구

FC 서울

모기업: GS그룹(*GS스포츠 독립법인)
직원수: 38명(크레딧잡 2019/1/24)
초봉: 4,263만원(크레딧잡 2019/1/23)
채용방식: 수시 채용

- 창단: 1983년
- 연고지: 서울특별시
- 홈구장: 서울월드컵경기장(66,704명 수용)
- 구단주: 허창수
- 단장: 강명원

채용공고

㈜GS스포츠 각 부문 신입·경력 채용

GS스포츠는 프로축구 FC서울과 프로배구 GS칼텍스 서울Kixx배구단을 운영하고 있는 스포츠 기업입니다. GS스포츠에서 프로스포츠를 선도해나갈 젊은 인재를 모집합니다.

- 모집부문

모집부문	구분	담당업무		담당업무
프로스포츠 선수단운영/마케팅 (축구/배구)	신입 경력	축구, 배구 선수단운영/지원 스포츠마케팅 등	지원 자격	– 전공무관 – (신입)4년제 대졸 이상 기졸업자 및 19년 2월 졸업예정자 – (경력)프로스포츠 산업 경력 3년차~5년차
			우대 사항	– 영어 및 제2외국어 능통자(일어, 포르투칼어 등) – 스포츠구단 및 관련 유경험자
경영지원 (법무/인사/총무)	신입 경력	계약서 검토, 법률지원, 인사기획, 노무, 총무	지원 자격	– 법학 전공자 – (신입)4년제 대졸 이상 기졸업자 및 15년 2월 졸업예정자 – (경력) 담당분야 경력 3년차~5년차
			우대 사항	– 법무/인사/총무 관련 업무 유경험자 – 직무관련 자격증 소지자

www.fcseoul.com
큐알코드에는 홈페이지와 채용공고,
조직도와 소개글을 담았습니다.

강원 FC

모기업: 도민구단(*독립법인)
직원수: 34명(크레딧잡 2019/1/24)
초봉: 2,872만원(사람인 2019/1/23)
채용방식: 수시 채용

- 창단: 2008년
- 연고지: 강원도
- 홈구장: 춘천송암레포츠타운(20,000석)
- 구단주: 최문순
- 단장: 박종완(대표이사)

채용공고

강원 FC 채용공고

● **모집분야 및 지원자격**

모집분야	담당업무	자격요건 및 우대사항
기획전략	해외선수영입 및 계약, 기획전략 팀 업무 전반	**자격요건** • 학력: 무관 • 경력: 신입 • 성별: 무관 • 모집인원 0명 **우대사항** • 영어 필수 • 제2외국어 능통자 가산점 부여 • 불어, 스페인어, 독일어, 이탈리아어, 포르투갈어, 일어 등(어학증명서 증빙 필수) • 컴퓨터 활용 능력 우수자(문서작성 등)

http://gangwon-fc.com
큐알코드에는 홈페이지와 채용공고,
조직도와 소개글을 담았습니다.

채용공고

● 근무조건 및 환경
- 월 165만원(4대보험 및 중식대 15만원 포함)

- 인턴기간 6개월 종료 후 자체평가를 통해 정규직 전환여부 검토

- 근무형태　　　　　인턴직
- 근무요일/시간　　주 5일(월~금) 오전 9시- 오후 6시
- 근무지역　　　　　강원 - 강릉시
- 급여

- 계약관련
- 회사주소　　　　　강원 강릉시 노암동 남부로 222

● 전형절차 및 제출서류

전형절차　　　• 서류전형(1차), 실무자면접(2차), 임직원면접(3차), 최정합격자 발표(4차)
　　　　　　　• 단계별 합격자에 한해 일정 공지
　　　　　　　- 참고사항: 2차(실무자면접) 시험관련 세부사항은 별도 공지

제출서류　　　• 이력서 및 자기소개서(당사 양식必), 어학증명서, 경력증명서, 최종학력
　　　　　　　　증명서 등
　　　　　　　• 인턴 최종합격시 제출 서류
　　　　　　　- 가족관계증명서 2통, 주민등록초본 2통, 최종학력증명서, 경력증명서,
　　　　　　　　성적증명서 및 자격증
　　　　　　　- 건강진단서 또는 채용신체검사서 2통, 사진 7매(반명함판 5, 명함판 2)

● 접수기간 및 방법
- 접수기간　　　　2017년 11월 3일(금) 18시~2017면 11월 12일(일) 18시
- 이력서양식　　　자사양식
- 접수방법　　　　E-mail 접수(wonil1981@gangwon-fccom) 또는 회사방문 접수
　　　　　　　　　※ 강원도민프로축구단 사무국: 강원도 춘천시 동면 장학리 1007-4
　　　　　　　　　회원빌딩 3층

● 기타 유의사항
- 제출하신 서류는 일체 반환하지 않으며 입사지원 서류에 허위사실이 발견될 경우 채용확정 이후라도 채용이 취소될 수 있습니다.
- 문의사항은 강원FC 경영지원팀 인사담당자(010-3150-0206)에게 문의 바랍니다.

경남 FC

모기업: 도민구단(*독립법인)
직원수: 12명(크레딧잡 2019/1/24)
초봉: 2,797만원(크레딧잡 2019/1/23)
채용방식: 수시 채용

- 창단: 2006년
- 연고지: 경상남도
- 홈구장: 창원축구센터(15,116석)
- 구단주: 김경수
- 단장: 조기호(대표이사)

채용공고

경남 FC 채용공고

1. 채용직종 및 인원

채용직종	인원	담당업무	조건
선수육성, 홍보, 마케팅팀 (홍보 유소년)	1명	– 홍보업무 – 유소년 육성반 업무(U–12, –15, U–18)	3개월 수습과정 직무 능력 평가

※ 3개월 수습과정 후 직무능력평가 후 최종 채용형태 결정.

2. 지원 자격
– 대학졸업 예정자 및 졸업자(관련분야 경력자 우대)
– 영어 가능자 우대
– 국가공무원법 제33조에 의한 결격사유가 없는 자
– 경남출신자 우대

www.gyeongnamfc.com
큐알코드에는 홈페이지와 채용공고,
조직도와 소개글을 담았습니다.

채용공고

3. 급여 및 근무조건: 경남FC 사내규정

4. 지원자 제출서류: 입사지원서(지정양식) 및 자기소개서-첨부파일(입사지원서) 참조
※ 채용예정자 확정 후 제출서류: 졸업증명서, 자격증(면허증)사본, 경력증명서, 주민등록등본 각부.

5. 접수기한: 2015년 12월 24일(목)~12월 28일(월) 18:00 마감

6. 접수방법: E-mail 접수-하나의 파일로 입사지원서(지정양식) 및 자기소개서 제출

7. 전형방법 및 일정: 서류전형, 면접전형

전형방법	대상	일정
서류전형	채용지원자 전원	서류전형 합격자 2015년 12월 28일(월)(개별 통보)
면접전형	서류전형 합격자	2015년 12월 29일(화) 10:00
최종발표	1명	2015년 12월 29일(화)(홈페이지 및 개별통보)

※ 당사의 사정에 따라 전형 일정이 변경될 수 있음.
※ 당사에 제출한 서류는 일체 반환하지 않습니다.

8 채용예정일: 2015년 12월 29일

9. 서류접수: gfc@gyeongnamfc.com(055-283-2020)

10. 기타: 당사에서는 지정한 입사지원서 양식으로만 접수함.(지정양식이 아니면 접수하지 않음)

※ 면접전형 후 적임자가 없을 경우 채용하지 않을 수 있음.
※ 입사지원서의 내용이 사실과 다를 경우 채용을 취소함.

대구 FC

모기업: 시민구단(*독립법인)
직원수: 16명(크레딧잡 2019/1/24)
초봉: 2,835만원(사람인 2019/1/23)
채용방식: 수시 채용

- 창단: 2002년
- 연고지: 대구광역시
- 홈구장: DGB 아레나(2019~)
- 구단주: 권영진
- 단장: 조광래

채용공고

대구 FC 채용공고

● **모집분야 및 지원자격**

모집분야	담당업무	자격요건 및 우대사항
회계파트 (사원급)	회계경리업무 - 전표입력 - 결산 - 부가세신고 - 원천세신고 - 기타 사무보조	**자격요건** - 학력: 무관 - 경력: 신입 경력 1년 이상 - 성별: 무관 - 모집인원: 0명 **필수사항** - 전산회계1급(국가공인) - 관련 학과 졸업자 **우대사항** - 문서작성 우수자 - 더존/회계 능숙자 - 인근거주자 - 운전가능자 - 차량소지자 - 전산세무2급(국가공인)

www.daegufc.co.kr
큐알코드에는 홈페이지와 채용공고,
조직도와 소개글을 담았습니다.

채용공고

● 근무조건 및 환경
- 근무행태   정규직(수습기간 6개월)
- 근무부서   총무팀-회계파트
- 근무요일/시간 주 5일(월~금) 오전 9시~오후 6시
- 근무지역   대구 - 수성구
- 급여   면접 후 결정
- 회사주소   (706-130) 대구 수성구 대흥동 504 대구스타디움

● 전형절차 및 제출서류
- 전형절차   서류 합격자에 한하며 면접 개별 통보
- 제출서류   이력서 자기소개서

● 접수기간 및 방법
- 접수기간   2017년 1월 11일 (수) 16시 - 2017년 1월 16일(월) 18시
- 이력서양식   자유양식
- 접수방법   사람인 입사지원

● 기타 유의사항
- 입사지원 서류에 허위사실이 발견될 경우, 채용확정 이후라도 채용이 취소될 수 있습니다.

상주 상무

모기업: 군경구단(*독립법인)
직원수: 14명(크레딧잡 2019/1/24)
초봉: 2,784만원(사람인 2019/1/23)
채용방식: 수시 채용

- 창단: 1984년
- 연고지: 상주시
- 홈구장: 상주시민운동장(15,042석)
- 구단주: 황천모
- 단장: 백만흠(대표이사)

채용공고

상주상무 프로축구단 공개채용

4.22 - 4.27

- **상세모집요강**
- 모집인원   경영기획팀 1명

- 담당업무
  - 보도자료 작성 및 미디어 관리
  - SNS, 구단 매이지 운명
  - 디자인 및 사진&영상 편집
  - 홈경기 마케팅 및 운영 보조
  - 대학생 마케터 '팸' 콘텐츠팀 운영 등

- 지원자격
  - 기졸업자
  - 상주시민운동장 출, 퇴근 가능자
  - 남자의 경우 병력을 필하거나 면제된 자로 해외여행에 결격사유가 없는 자
  - 기타 국가공무원법 제33조(결격사유)에 해당하지 않는 자

- 우대조건
  - 관련 업종 홍보 및 마케팅 분야 유경험자
  - 체육관련 전공자
  - 외국어 소통 가능자
  - 컴퓨터 활용능력 우수자(그래픽툴, 영상편집 프로그램)
  - 취업 보호 대상자 및 장애인은 관련 법규 의거 우대

www.sangjufc.co.kr
큐알코드에는 홈페이지와 채용공고,
조직도와 소개글을 담았습니다.

채용공고

- 근무시간   – 주5일(평일 09:00 – 18:00)

- 급여조건   – 사규에 따름

- 복리후생   – 4대 보험/ 퇴직금
  - 구단이 정하는 별도 수당 지급 등

- 전형절차   서류전형 4.27(목) 18시까지 → 면접 5.2(화) 14:00 → 최종합격 5월4일(목)
  - ※ 서류 합격자 발표: 4.28(금) 14:00/홈페이지 게시 및 개별통보

- 지원방법   – E-mail: jo4008@hanmail.net
  - 우편: 경상북도 상주시 북상주로 24-7 상주시민운동장

- 제출서류   – 응시원서 1부(홈페이지에서 다운받아 사용)
  - 자유양식의 이력서 및 자기소개서 각 1부
  - 경력증명서 1부(담당분야 기재, 상훈, 저술증명 등 포함–직인포함)
  - 최종학교 졸업증명서 1부(대학원 졸업자의 경우에는 대학졸업 증명서 포함)
  - 주민등록초본 1통
  - 관련 자격증 각 1부(소지자에 한함)

- 문의처   – 상주상무프로축구단 운영지원팀/054-537-7220

성남 FC

모기업: 시민구단(*독립법인)
직원수: 25명(크레딧잡 2019/1/24)
초봉: 2,940만원(사람인 2019/1/23)
채용방식: 수시 채용

- 창단: 1989년
- 연고지: 성남시
- 홈구장: 성남종합운동장(21,000명 수용)
- 구단주: 은수미
- 단장: 이재하(대표이사)

채용공고

성남 FC 공개채용

안녕하세요? 성남FC입니다.
성남시민프로축구단과 함께할 인재 채용 계획을 아래와 같이 공고하오니 여러분의 많은 지원 부탁드립니다.

1. 모집 분야

2. 경력 우대사항

3. 공통 자격요건
- 미성년자·금치산자 또는 한정치산자
- 파산선고를 받은 자로서 복권되지 아니한 자
- 금고 이상의 형을 받고 그 집행이 종료되거나 집행을 받지 않기로 확정된 후 5년을 경과하지 않은 자
- 금고 이상의 형을 받고 그 집행유예의 기간이 완료된 날로부터 2년을 경과하지 아니한 자
- 법원의 판결 또는 다른 법률에 의하여 자격이 상실 또는 정지된 자
- 해외 여행에 결격사유가 없는 자(병역필 또는 면제자)
- 채용 후 즉시 근무 가능자

www.seongnamfc.com
큐알코드에는 홈페이지와 채용공고,
조직도와 소개글을 담았습니다.

4. 채용 일정
※ 면접 당일, 면접시험 후 응시자 중 일부에 한해 심층면접을 실시 할 수 있음.
※ 서류합격자 발표, 면접시험, 최종합격자 발표 일정은 구단 사정에 따라 변동될 수 있음.

5. 지원 방법
– 구단 홈페이지 접속 → SFC소식 → 채용/공개테스트 →성남시민프로축구단 직원 공개채용 →
하단 "지원하기"
– 지원확인 및 최종합격자 발표 조회(구단 홈페이지 '채용/공개테스트' 탭에서 확인 가능)
– 오프라인 접수 불가
– 제출서류: 서류 합격자에 한해 면접 시, 최종학교 졸업증명서, 경력증명서, 주민등록초본, 관련
자격증 사본 각 1부 등을 제출

6. 기타 사항
– 구단 내규에 의거, 채용 시 3개월간의 시용기간을 둘 수 있으며, 보수는 구단 인사 규정 및 연봉
제 규정을 적용함.
– 제출된 서류는 일체 반환하지 않으며, 기재된 내용이 허위로 판명된 경우 합격 및 임용을 취소함.
– 연락 불능으로 인한 불이익은 응시자의 책임이며, 접수기한 이후 접수 불가함.
– 문의: 031–709–4133 성남FC 경영지원팀0

수원 삼성 블루윙즈

모기업: 제일기획(*독립법인)
직원수: 19명(크레딧잡 2019/1/24)
초봉: 3,509만원(사람인 2019/1/23)
채용방식: 수시 채용

- 창단: 1995년
- 연고지: 수원시
- 홈구장: 수원월드컵경기장(43,959명 수용)
- 구단주: 유정근
- 단장: 오동석

수원삼성블루윙즈축구단 직원모집 안내

"블루윙즈에서 꿈과 능력을 펼칠 당신을 기다립니다!"
수원삼성블루윙즈축구단에서 마케팅 영업(광고 마케팅) 분야 전문가를 아래와 같이 공개 모집합니다.

- **채용분야**　　마케팅 영업(마케팅 스폰서십)
- **채용인원**　　0명
- **직급**　　　　과/차장급 대우
　　　　　　　　 – 1년 기간제 경력직
　　　　　　　　 – 급여는 상호 협의(기본급 + 성과급: 스폰서 영입 매출의 00%)
- **근무처**　　　수원월드컵경기장內 수원삼성축구단 사무국
- **접수기간**　　2014년 9월 12일 09시부터 2014년 9월 19일 18시까지
- **제출서류**　　하단의 서류를 이메일로 접수
　　　　　　　　 – 이력서
　　　　　　　　 – 자기소개서(경력 위주로 상세히 기제), 최종학력증명서, 경력증명서
- **전형일정**　　① 1차시험: 서류전형(합격자 개별통보) '14.09.23(화)
　　　　　　　　 ② 2차시험: 면접시험(1차 합격자에 한해 실시) '14.09.25(목)
　　　　　　　　 ③ 최종합격자 통보 '14.09.29(월) (상기 일정은 변경될 수 있습니다)
- **서류 접수처 및 문의전화:** www.shim@samsung.com / 070-7013-5910

www.bluewings.kr
큐알코드에는 홈페이지와 채용공고,
조직도와 소개글을 담았습니다.

울산 현대

모기업: 현대중공업(*독립법인)
직원수: 21명(크레딧잡 2019/1/24)
초봉: 2,689만원(크레딧잡 2019/1/23)
채용방식: 수시 채용

● 창단: 1983년
● 연고지: 울산광역시
● 홈구장: 울산문수축구경기장(44,102명 수용)
● 구단주: 정몽준
● 단장: 김광국

채용공고

울산 현대 직원모집 안내

울산현대축구단을 이끌어 갈 새로운 인재를 모집합니다.

1. 모집 개요
가. 모집 인원: 2명 나. 업무 내용: 사무직(홍보 1, 사회공헌 1)_향후 순환보직 가능.
다. 고용 형태: 정규직 – 인턴 6개월, 계약직 1년 6개월
 – 결격사유 없을시 정규직 전환(인턴, 계약직 기간 경력 인정)
  (※2014년부터 위 과정을 거쳐 100% 정규직 전환함)
라. 근무지: 울산
마. 제공사항: 중식, 기숙사

2. 채용 우대사항
가. 관련분야 유경험자 나. 면허 및 자격증 소지자 우대
다. 외국어 능통자 우대(영어, 일어, 중국어 등)

www.uhfc.tv
큐알코드에는 홈페이지와 채용공고,
조직도와 소개글을 담았습니다.

3. 전형 사항

가. 전형 방법: 서류전형 및 면접

나. 제출 서류: 이력서, 자기소개서, 기타(경력증명서, 자격증 사본)

※ 이력서 및 자기소개서 당사 양식에 한함

다. 일 정

- 접수 기간: 2018. 05. 8(화)~ 05.15(화) 24시限
- 1차 합격자 발표: 2018. 05. 16(수)(개별통보)
- 면접: 2018. 05. 18(금)

라. 접수 방법: 방문, 우편, E-mail

방문/우편: 울산광역시 동구 봉수로 507(현대스포츠 클럽) 경영지원팀

이메일 접수: uhfc@uhfc.co.kr

인천 유나이티드

모기업: 시민구단(*독립법인)
직원수: 25명(크레딧잡 2019/1/24)
초봉: 2,986만원(크레딧잡 2019/1/23)
채용방식: 수시 채용

- 창단: 2003년
- 연고지: 인천광역시
- 홈구장: 인천축구전용구장(20,300명 수용)
- 구단주: 박남춘
- 단장: 전달수(대표이사)

채용공고

제주유나이티드 인턴직원 모집

(주)인천유나이티드 경영기획팀에서 근무할 직원을 다음과 같이 공개 채용하고자 하니, 많은 지원바랍니다.

1. 모집 분야 및 인원
- 경영기획팀(인사·총무, 예산 관리) 업무 – 계약직 1명
- 경영학 또는 회계학 전공자 우대 – 인사, 총무 관련 업무 유경험자 우대

2. 접수 기간
- 2018.06.22.~2018.06.29 – 당일 18:00까지 도착분에 한하여

3. 접수방법
- 이메일 접수: recruit@incheonutd.com – 방문 및 우편접수 불가
- 기타 자세한 사항은 첨부된 채용공고 계획을 참고하시기 바랍니다.

4. 문의처
- 구단 사무국 경영기획팀(☎032-880-5512)

www.incheonutd.com
큐알코드에는 홈페이지와 채용공고,
조직도와 소개글을 담았습니다.

전북 현대모터스

모기업: 현대자동차(*독립법인)
직원수: 21명(크레딧잡 2019/1/24)
초봉: 4,155만원(크레딧잡 2019/1/23)
채용방식: 수시 채용

- 창단: 1994년
- 연고지: 전라북도
- 홈구장: 전주월드컵경기장(42,477석)
- 구단주: 정의선
- 단장: 백승권

채용공고

전북 현대모터스FC 직원 모집

전북현대모터스FC를 이끌어 갈 새로운 인재를 모집합니다.
축구를 사랑하고 뜨거운 열정을 전북현대와 함께 할 대한민국의 건강한 젊은이라면 누구나 지원
가능합니다. 업무 분야는 선수단 의무 트레이너와 축구단 사무국 및 유소년 전반적인 업무로 모집
요강은 다음과 같습니다.

- **모집 개요**
 - 모집인원: 총 2명
 - 업무내용: 선수단 의무트레이너 1명, 프로축구단 사무국 및 유소년 업무 전반 1명
 - 근무기간: 2018년 4월~12월
 - 선수단 의무 트레이너 지원자 자격요건: 2년제 대학 이상 관련학과 졸업자('18년 7월 졸업예정자
  포함)
 - 사무국 및 유소년 업무 지원자 자격조건: 2년제 대학 이상 졸업자('18년 7월 졸업예정자 포함)

- **제외 대상**
 - 타 인턴지원 사업에 참여 중인 자 또는 병역법에 의한 특례근무 중인 자
 - 2015년~2017년 체육 분야 인턴지원 사업 기참가자
 - 채용 예정인 기업의 사업주와 직계비속, 형제·자매 등 특수 관계에 있는 자

www.hyundai-motorsfc.com
큐알코드에는 홈페이지와 채용공고,
조직도와 소개글을 담았습니다.

채용공고

● 접수서류
  – 이력서 및 자기소개서 각 1부 [자율형식, 이력서에 지원 분야(의무트레이너, 사무국) 표기]
  – 졸업(예정)증명서 1부(모집공고일 이후 발급분 해당 서류 제출)
  – 의무 트레이너 지원자: 대한선수트레이너협회(KATA) 자격증, 대한운동사협회(KACEP) 자격증,
    테이핑 및 스포츠 맛사지 자격증 등 기타 자격증 사본 각 1부(가산점 부여– 소지자에 한함)
  – 사무국 및 유소년 업무 지원자: 경력증명서, 공인영어성적, O/A자격 등 기타 자격증 사본 각 1부
    (소지자에 한함), 외국어 능통자 가산점 부여(영어, 중국어, 일어 등)
    ※ 이력서 및 자기소개서는 이메일 사전접수 / 자격증 등 추가서류는 면접 시 제출

● 전형절차
  서류전형 → 면접시험 → 최종합격

제주 유나이티드

모기업: SK에너지(*독립법인)
직원수: 15명(크레딧잡 2019/1/24)
초봉: 3,271만원(사람인 2019/1/23)
채용방식: 수시 채용

- 창단: 1982년
- 연고지: 제주특별자치도
- 홈구장: 제주월드컵경기장(29,791명 수용)
- 구단주: 김준
- 단장: 안승희

채용공고

제주유나이티드 인턴직원 모집

당 구단에서는 인턴사원을 아래와 같이 선발하오니 많은 지원 바랍니다.

- **모집 개요**
- 인원: 0명(경영지원/마케팅/선수단지원분야)
- 채용안내
- 서류 및 면접 평가를 통하여 부서 배치
- 7개월간 인턴으로 근무하고, 기간 중 근무성적 평가를 통해 정직원으로 채용 가능(최소 1명 정직원 전환)
- 근무기간: 2017.5~2017.12(7개월)
- 근무조건
- 근무시간: 주 5일 40시간 09.00~18.00(경기가 있을 시, 주말/야간 근무 후 대체 휴무)
- 급여: 사내규정에 따름
- 지원사항: 4대보험 포함 및 중식 제공

www.jeju-utd.com
큐알코드에는 홈페이지와 채용공고,
조직도와 소개글을 담았습니다.

채용공고

● **지원 자격**

- (필수) 4년제 대학 이상 졸업자 또는 2018년 2월 졸업 예정자
- (필수) 병역필 또는 면제자로 해외여행에 결격사유가 없는 분
- (필수) 운전면허증 소지자
- (필수) 공인어학성적(영어, 중국어, 기타 외국어 등) 1개 이상 필수기재(영어권 학사 이상 학위 취득 시 공인어학성적 대체가능)
- 포르투갈어 가능자 우대
- 영어 가능자 우대
- 디자인 가능자 우대(포토샵, 일러스트 등 포트폴리오 제출)

● **접수 서류**

- 지원신청서(이력서) 및 자기소개서 1부(양식 첨부1 참조)
- 개인 정보 수집 및 이용 동의서 1부(양식 첨부 참조)
- 양식을 출력하여 동의란 체크/서명 후 스캔 또는 사진파일 제출
- 기타 경력증명서 및 자격증(공인어학성적, O/A 자격 등) 사본(소지자에 한함)

● **선발 전형**

• **전형일정**

구 분	일 자	비 고
서류접수	3/29(수) – 4/20(목)	
서류 합격 발표	4/25(화)	• 합격자 한하며 개별 통보 면접
면접	5월 둘째주	• 5/8~10일 中 1일
면접 합격 발표	5월 둘째주	• 합격자 한하며 개별 통보 면접
근무 시작	5월 셋째주	7개월

• **서류제출**

- e–Mail 접수만 가능(e–mail: ski.ip00603@partner.sk.com)
- 문의처: 064) 903–1331
- 제출기한: '17.4.20(목) 13:00까지

포항 스틸러스

모기업: 포스코(*독립법인)
직원수: 19명(크레딧잡 2019/1/24)
초봉: 4,153만원(크레딧잡 2019/1/23)
채용방식: 수시 채용

- 창단: 1973년
- 연고지: 포항시
- 홈구장: 포항스틸야드(25,000명 수용)
- 구단주: -
- 단장: 장영복

채용공고

(주)포항스틸러스 프로축구단 사무국 직원 채용안내

(주)포항스틸러스는 우리나라 스포츠산업 및 체육행정 발전과 글로벌 선진 프로축구단으로 도약하기 위해 열정과 패기를 가진 체육 분야 신입(인턴) 또는 경력직 사원을 공개 모집하오니 많은 관심과 지원을 바랍니다.

- **모집 개요**
- 모집인원: 1~2명(사무국 행정업무 - 홍보마케팅, 전력강화 부서 외)
- 업무내용: 세부업무는 채용과정 중 결정
- 기 간: 6개월(인턴기간)- 단, 6개월간 근무평가 우수자 직원채용 예정임
- 급 여: 내부기준 및 경력에 따른 산정
- 4대보험 가입 외
- 자격 조건
- 4년제(또는 2년제) 대학 이상 졸업자 중 포항지역 근무가 가능한 자(휴학생, 졸업예정자 지원불가)
- 국가공무원법 제33조에 의한 결격사유가 없는 자
- 군필(면제)자
- 기본조건: Toeic L/C 800점(또는 Toeic S Level 6) 이상인 자 또는 동급Level- 업무특성상 영어 활용능력 필수
- 기 타: 동종분야 경력자 우대

www.steelers.co.kr
큐알코드에는 홈페이지와 채용공고,
조직도와 소개글을 담았습니다.

채용공고

- **접수서류**
- 서류전형: 지원신청서(상세이력서) 및 자기소개서 1부– 각각 A4용지 2매 이내
- ※ 상세이력서 포함내용: 지원분야(신입 또는 경력), 기본이력, 연락처, 가족, 학력, 경력, 자격(운전면허 외), 병역
- ※ 지원신청서(상세이력서) 및 자기소개서는 필히 1개의 PDF 파일로 변환, 이메일(recruit@steelers.co.kr)제출 바랍니다.
- ※ 제출서류는 꼭 요건에 맞도록 제출 바랍니다.(기타문의:T.054-282-2071)
- 서류전형 합격자에 한해 면접참석시 원본 지참, 사본제출
- 1) 졸업증명서 1부(각 해당서류 제출, 모집공고일 이후 발급분 제출)
- 2) 학점증명서 1부 3) 주민등록등본 1부 4) 국가유공자 증명서 1부(해당자에 한함)
- 5) 사회적 배려대상자(저소득, 장애인 등) 관련 증명서 1부(해당자에 한함)
- 6) 경력증명서, 공인영어성적, O/A자격 등 기타 자격증 사본 각 1부(소지자에 한함)

- **선발전형**
- 심사방법: 서류심사(1차심사) 후 합격자에 한하여 면접전형(2차심사)
- 일 정
- 채용공고: '14.8.27~9.12 – 서류접수(e–mail접수에 한함): '14.9.5~9.12(금) 12:00 마감
- 서류전형 합격자 발표: '14.9.17(수) 18:00– 합격자에 한해 개별통보함
- 면접전형: '14.9.19(금) 14:00~ – 최종합격자 발표: '14.9.22(월) 15:00
- 근 무: '14.9.25(목) ~(조정가능)

FC 안양

모기업: 시민구단(*독립법인)
직원수: 10명(크레딧잡 2019/1/24)
초봉: 2,886만원(사람인 2019/1/23)
채용방식: 수시 채용

- 창단: 2013년
- 연고지: 안양시
- 홈구장: 안양종합운동장(17,143석)
- 구단주: 최대호
- 단장: 장철혁

채용공고

FC안양 인턴사원 채용공고

- **[모집분야]**
- 사회공헌, 선수단지원, 스포츠마케팅

- **[제출서류]**
- 응시원서 1부, 이력서 1부.
- 자기소개서 1부, 주민등록등초본 각 1부
- 자격요건 검정동의서 1부
※ 별지서식 홈페이지에서 다운로드

- **[응시자격]**
- 공고일 현재 안양시에 주민등록이 등재되어 있는 34세 이하의 미취업청년(성별 제한 없음)
- 모집분야 자격 및 조건을 갖춘 무경력자
  (홈페이지 공지사항 내 공고문 참고)

www.fc-anyang.com
큐알코드에는 홈페이지와 채용공고,
조직도와 소개글을 담았습니다.

채용공고

- **[시험방법]**
- 1차 시험: 서류전형
- 2차 시험: 면접시험

- **[보수수준]**
- 월 209시간 이내 시간당 8,900원
  (2018년 안양시 생활임금 적용)
- ※ 4대보험 가입

- **[원서접수 및 시험일정]**
- 접수기간: 2018.03 27(화)~04.06(금) 18:00
- 접수처: (재)안양시민프로축구단 행정지원팀
- 접수방법: 직접제출 또는 이메일 제출
- ※ 메일주소: black3402@korea.kr
- 시험일정
- – 서류전형 및 합격자 발표: 2018.04.11(수) 전후
- – 면접시험: 2018.04.17(화) 전후
- – 최종합격자 발표: 2018.04.20(금)

[문의] 재단법인안양시민프로축구단 행정지원팀(031-476-32000

광주 FC

모기업: 시민구단(*독립법인)
직원수: 14명(크레딧잡 2019/1/24)
초봉: 2,836만원(사람인 2019/1/23)
채용방식: 수시 채용

- 창단: 2010년
- 연고지: 광주광역시
- 홈구장: 광주월드컵경기장(40,245명 수용)
- 구단주: 이용섭
- 단장: 기영옥

채용공고

(주)광주시민프로축구단 직원 채용 공고

(주)광주시민프로축구단이 최고의 시민축구단으로 도약하기 위해 열정과 패기를 가진 인재를 공개 모집합니다.

2018년 1월 2일
주식회사 광주시민프로축구단 대표이사

1. 선발예정 인원

채용분야	채용예정 인원	담당 업무	비고
선수육성팀	0명	− 선수단 지원 및 관리	인턴직

www.gwangjufc.com
큐알코드에는 홈페이지와 채용공고,
조직도와 소개글을 담았습니다.

'2. 시험 방법

가. 제1차 시험: 서류전형
- 당해 직무수행에 필요한 응시자의 자격·경력 등이 소정의 기준에 적합한 자를 서류전형 기준에 의하여 심사
- 응시인원이 많을 경우에는 임용예정 직무에 업무 적합성을 기준으로 5배수 이내로 서류전형 합격자를 제한할 수 있음

나. 2차시험(면접시험): 적격성 심사
- 서류전형 합격자에 한하여 실시
- 당해 업무수행에 필요한 능력, 자질 등을 종합평가

3. 응시 자격요건

가. 공통기준
- (주)광주시민프로축구단 사규(취업규정 제14조)의 결격 사유가 없는 자
- 응시연령: 만 20세 이상(공고일 전일 기준)

대전 시티즌

모기업: 시민구단(*독립법인)
직원수: 12명(크레딧잡 2019/1/24)
초봉: 3,070만원(사람인 2019/1/23)
채용방식: 수시 채용

- 창단: 1997년
- 연고지: 대전광역시
- 홈구장: 대전월드컵경기장(41,295명 수용)
- 구단주: 허태정
- 단장: 김호(대표이사)

채용공고

대전시티즌 프로축구단 경영지원팀(회계, 인사, 총무) 계약직 채용

- **모집요강**
- 모집직종: 총무·법무·특허〉총무 외 9건
- 모집인원: 0명

- **지원자격**
- 신입/경력(연차무관)
- 학력 학력무관

- **근무조건**
- 고용형태: 계약직
- 지역: 대전광역시 〉 유성구
- 급여: 회사내규

www.dcfc.co.kr
큐알코드에는 홈페이지와 채용공고,
조직도와 소개글을 담았습니다.

채용공고

● 모집 요강 및 응시 자격

모집직종	• 총무·법무·특허 > 총무 • 경리 > 급여관리, 기장, 출납 • 세무·회계 > 세무, 회계, 원가, 관리회계, 전산회계 • 법률·법무·회계 > 공인회계사(CFA)
고용형태	계약직
모집인원	0명
담당업무	회계, 인사, 총무
자격요건	• 학력: 무관 • 경력: 신입/경력(연차무관) • 나이: 무관
선수육성팀	지원자격 학력: 무관 경력: 무관(신입포함)

부산 아이파크

모기업: HDC현대산업개발(*독립법인)
직원수: 15명(크레딧잡 2019/1/24)
초봉: 3,217만원(크레딧잡 2019/1/23)
채용방식: 수시 채용

- 창단: 1979년
- 연고지: 부산광역시
- 홈구장: 구덕운동장 주경기장(30,000명 수용)
- 구단주: 정몽규
- 단장: 안기현(대표이사)

채용공고

부산 아이파크 직원 공개채용

부산아이파크는 2016년 부산아이파크에 기여할 인재를 아래와 같이 공개채용 하오니, 능력과 열정을 가진 분들의 많은 응모를 바랍니다.

1. 채용예정 인원 및 담당업무
– 채용분야 및 인원: 마케팅팀 1명(경력직) – 담당업무: 마케팅(지역밀착, 티켓마케팅 등)

2. 이용기간 및 보수
– 아이파크스포츠㈜ 의 인사규정 및 연봉제규정 적용

3. 채용전형
– 제1차: 서류전형/ 제2차: 면접전형(팀장)/ 제3차: 면접전형(대표이사)

4. 자격 조건
(1) 공통조건: 아래의 결격사유에 해당되지 않는 사람
① 미성년자, 금치산자 또는 한정치산자
② 파산선고를 받은 자로서 복권되지 아니한 자
③ 금고 이상의 형을 받고 그 집행이 종료되거나 집행을 받지 아니하기로 확정된 후 5년을 경과하지 아니한 자

www.busanipark.com
큐알코드에는 홈페이지와 채용공고,
조직도와 소개글을 담았습니다.

채용공고

④ 금고 이상의 형을 받고 그 집행유예의 기간이 완료된 날로부터 2년을 경과하지 아니한 자
⑤ 법원의 판결 또는 다른 법률에 의하여 자격이 상실 또는 정지된 자
(2) 개별조건
① 프로축구단의 운영에 탁월한 이해와 식견을 가지고 실무경험이 풍부한 자
② 해외여행 결격사유가 없는 자 ③ OA 및 컴퓨터 사용 능숙한 자
(3) 모집 자격요건 및 우대사항
 – 구분: 마케팅팀(경력직) – 경력 우대사항
1. 기업체 및 동종업계에서 마케팅 업무를 3년 이상 담당한 자
2. 스포츠마케팅 업무를 수행한 경험이 있는 자
3. 지역밀착사업 업무를 수행한 경험이 있는 자

5. 채용일정 및 합격자 발표
(1) 서류전형(지원자가 제출한 서류를 기준으로 심사)
 – 접수기간: 2016.08.09(화) 9:00~2016.08.16(화) 18:00
 – 접수방법: 이메일접수(administrator@busanipark.com)
 *우편, 방문제출 불인정
 – 제출서류: 입사지원서(이력서), 자기소개서(자유 형식) 및 개인정보수집 활용동의서 각1부, 최종학
    교 졸업증명서(또는 졸업예정증명서) 1부, 최종학교 성적 증명서 1부
 *대학원 이상 졸업자는 학부 성적 증명서 포함 기타 자격증 사본(자격증 소지자에 한함)
 – 합격자발표: 2016.08.17(수)
 *합격자에 한해 개별통보
(2) 면접전형
① 1차 면접(팀장)
 – 일시: 2016.08.19(금). 시간 별도 공지
 – 장소: 아이파크스포츠㈜ 사무실(부산광역시 강서구)
 – 합격자발표: 2016.08.19(금)
 *합격자에 한해 개별통보
② 2차 면접(대표이사)
 – 일시: 2016.08.23(화) 시간 별도 공지
 – 장소: 아이파크스포츠㈜ 사무실(부산광역시 강서구)
 – 최종 합격자발표: 2016. 08. 24.(수)
 – 근무: 2016년 9월 1일(목)(예정)

6. 기타
 – 지원서 등에 허위기재 또는 기재착오, 구비서류 미제출 등으로 인한 불이익은 지원자 본인의 책
    임으로 합니다.
 – 지원 희망자는 자격요건 등이 적합한가를 우선 판단하여 입사지원서를 작성하기 바라며, 입사지
    원서 제출마감 이후에는 기재사항을 수정할 수 없습니다.
 – 최종지원자 중 당사 내규에 적합한 인원이 없을 경우 본 채용은 무효처리 되며, 추후 재공고가
    진행될 예정임을 알려드립니다.

부천 FC 1995

모기업: 시민구단(*독립법인)
직원수: 17명(크레딧잡 2019/1/24)
초봉: 1,906만원(크레딧잡 2019/1/23)
채용방식: 수시 채용

- 창단: 2007년
- 연고지: 부천시
- 홈구장: 부천종합운동장(35,456석)
- 구단주: 장덕천
- 단장: 김성남

채용공고

부천 FC 1995 인턴 채용

전력강화팀 (인턴): 1명

- **무기간 및 보수**
- 근무기간: 계약 후~2018년 12월
- 급여: 월 1,600,000원(세금 및 4대보험 포함)

- **우대사항**
가. 관련 업무 경력
나. 고등학교 이상 선수경력
다. 축구 지도자 자격증 소유자

- **제출서류**
가. 이력서 / 경력기술서 / 자기소개서 각 1부
나. 부천FC1995 유소년 발전 방안

www.bfc1995.com
큐알코드에는 홈페이지와 채용공고,
조직도와 소개글을 담았습니다.

채용공고

● **전형절차**
- 서류접수 ▶ 실무자(임원) 면접 ▶ 최종합격

● **제외대상**
- 타 인턴지원 사업에 참여중인 자 또는 병역법에 의한 특례근무 중인 자
- 2015년~2017년 체육분야 인턴지원 사업 기참가자
- 채용 예정인 기업의 사업주와 직계비속, 형제자매 등 특수 관계에 있는 자

※ 본 인턴사원에 대한 사업은 문화체육관광부와 국민체육진흥공단의 재정후원을 받고 있으며, 최종합격자는 프로스포츠협회에서 실시하는 인턴 직무 교육 필참

서울 이랜드 FC

모기업: 이랜드그룹(*독립법인)
직원수: 14명(잡코리아 2019/1/24)
초봉: 2,970만원(사람인 2019/1/23)
채용방식: 수시 채용

- 창단: 2014년
- 연고지: 서울특별시
- 홈구장: 서울올림픽주경기장
- 구단주: 박성경
- 단장: 박공원

채용공고

서울 이랜드 FC 홍보/마케팅 채용 [경력]

- **구분**   홍보/마케팅
- **모집부문**   팀원
- **모집부문**   프로축구단 홍보/마케팅팀 주요 업무
                   언론 홍보 전반 (보도자료, 대내외 커뮤니케이션, 미디어 응대)
                   SNS, 홈페이지 등 온라인 마케팅
                   사진, 영상 등 구단 스토리 컨텐츠 기획
                   스폰서십 기획 및 세일즈, 팬 모으기
- **필수 자격 요건** 홍보/SNS 관련 경력 1년 이상
- **우대사항**   언론사 근무 경력
                   프로 스포츠 구단 근무 경력
                   축구산업아카데미 수료

- **모집인원**   0명
- **주요업무**   프로축구단 홍보/마케팅 제반 업무
- **선택과제**   본인의 홍보/SNS 관련 결과물(없을 시 미제출 가능)

www.seoulelandfc.com
큐알코드에는 홈페이지와 채용공고,
조직도와 소개글을 담았습니다.

채용공고

- **서류전형**(4/19~4/23)
- 서류합격자 발표 [4/25(화)]
- 합격자에 한해 개별 연락
- 1차 면접(개별 연락)
- 최종면접(개별 연락)

지원서 접수 후 선택과제를 recruit@elandsports.com으로 메일 주십시오.

수원 FC

모기업: 시민구단(*독립법인)
직원수: 17명(크레딧잡 2019/1/24)
초봉: 3,066만원(크레딧잡 2019/1/23)
채용방식: 수시 채용

- 창단: 2003년
- 연고지: 수원시
- 홈구장: 수원종합운동장(11,808명 수용)
- 구단주: 염태영
- 단장: 이의택

채용공고

수원 FC 채용 [경력]

지역 축구인재 육성 및 시민프로축구단 운영에 모범이 되고자 노력하고 있는 (재)수원FC가 한국 프로축구 명문구단으로의 도약을 위하여 열정과 패기를 가진 유능한 경력직 인재를 모집합니다.

1. 채용분야 및 인원
- 채용직급: 총 3명(차장, 대리, 사원 각 1명)
- 분야 및 담당업무
- 사업기획 및 조직 관리 - 마케팅, 영업, 일반 행정 등 - 축구단 근무 경험 우대
  ※ 계약 기간은 2년 / 향후 업무 수행능력에 따라 정규직으로 전환
2. 시험방법
- 1차: 서류 전형 ○ 2차: 면접
3. 원서 접수 및 시험 일정
- 원서 접수
- 기간: 2014. 11. 26(수)~12. 3(수)
- 접수장소: 수원FC 사무국(경기도 수원시 장안구 경수대로 893 수원종합운동장 내)
- 서류 전형
- 일정: 2014. 12. 8(월) - 합격자 발표: 2014. 12. 10(수) ※ 합격자 개별통보

http://suwonfc.com
큐알코드에는 홈페이지와 채용공고,
조직도와 소개글을 담았습니다.

채용공고

- 면접 시험
- 일정: 2014. 12. 12(금) − 합격자 발표: 2014. 12. 15(월) ※ 합격자 개별통보
- 응시원서: 첨부파일 참조
- 접수방법 − 접수기간 내 응시원서를 작성하여 근무시간(~18:00) 내 접수처에 직접 제출
  ※ 우편접수 불가 / 토·일·공휴일 휴무

4. 응시자격

- (재)수원FC 운영규정 제2장 임용 제3조(자격) 지방공무원법 제31조의 결격 사유가 없어야 한다.
- 남자의 경우 병역을 필하였거나 면제된 자

모집분야	인원	응시자격	응시연령	보수	비고
차장	1명	•공무원 7급 이상 근무한 경력이 있는 자 •국가 또는 지방자치단체가 50% 이상 투자한 기관에서 5년 이상 재직한 경력이 있는 자 •기업체 및 구단에 5년 이상 재직한 경력이 있는 자 •전항 각호에 준하는 경력이 있다고 인정되는 자	만 35세~38세 이하	재단 보수 및 수당 규정에 의함	경력직
대리	1명	•공무원 9급 이상 근무한 경력이 있는 자 •국가 또는 지방자치단체가 50% 이상 투자한 기관에서 3년 이상 재직한 경력이 있는 자 •기업체 및 구단에 3년 이상 재직한 경력이 있는 자 •전항 각호에 준하는 경력이 있다고 인정되는 자	만 30세~35세 이하		
사원	1명	•국가 또는 지방자치단체가 50% 이상 투자한 기관에서 1년 이상 재직한 경력이 있는 자 •기업체 및 구단에 1년 이상 재직한 경력이 있는 자 •체육인재육성재단에서 실시하는 인턴 사원으로 근무한 경험이 있는 자 •전항 각호에 준하는 경력이 있다고 인정되는 자	만 31세 이하		

아산 무궁화

모기업: 군경구단+시민구단(*독립법인)
직원수: 13명(크레딧잡 2019/1/24)
초봉: 2,447만원(크레딧잡 2019/1/23)
채용방식: 수시 채용

- 창단: 1996년
- 연고지: 아산시
- 홈구장: 이순신종합운동장(19,238석)
- 구단주: 오세현
- 단장: 박성관(대표이사)

채용공고

사단법인 아산무궁화프로축구단 사무국 직원채용 공고

1. 채용정보

채용직위	인원	담당 직무 분야		비고
인턴	3명	홍보·마케팅	• 홈페이지 및 SNS 관리 • CSR 활동 기획 및 보조 인턴 3명	
			• 보도자료 및 기획기사 작성 • 언론대응	
		선수단지원	• 선수단 및 유소년 트레이너	•물리치료사 자격증 소지자

2. 채용방법
가. 1차: 서류전형 나. 2차: 면접시험(개별통보)

3. 응시자격: 다음 각 호의 요건을 모두 갖춘 자
가. 지방공무원법 제31조에 따른 결격사유가 없는 자 나. 연령, 거주지, 성별 제한 없음.
다. 남자의 경우 병역을 필하였거나 면제된 자로 해외여행에 결격사유가 없는 자
라. 다음의 채용자격 요건 중 하나 이상을 갖춘 자

www.asanfc.com
큐알코드에는 홈페이지와 채용공고,
조직도와 소개글을 담았습니다.

채용공고

자격요건
- 대학 졸업자 또는 졸업 예정자
- 채용확정 후 바로 입사 가능자(채용 확정 후 사전교육 필참)

제외대상
- 타 인턴지원 사업에 참여 중인 자 또는 병역법에 의한 특례근무 중인 자
- 2015년~2017년 체육분야 인턴지원 사업 기 참가자
- 채용 예정인 기업의 사업주와 직계비속, 형제자매 등 특수 관계에 있는 자

우대사항
- 경력자 우대
- 포토샵 또는 일러스트 프로그램 사용 가능자
- 운전가능자 우대

4. 근무조건

가. 근무시간: 주 5일 근무제, 1일 8시간(주말경기의 경우 주중 대체 휴무)
나. 근무기간: 채용일~2018.12.31
다. 보 수: 월 1,700,000원
라. 후생복지
- 4대 보험 가입(건강보험, 고용보험, 산재보험, 국민연금)
- 구단이 정하는 별도 수당 지급

5. 원서 교부

– 제출서류 다운로드: 아산무궁화프로축구단(http://www.asanfc.com) '공지사항'

6. 원서 및 접수

가. 접수기간: 2018. 03. 19.(월) 24:00까지
나. 접수방법
– 우편접수: 아산시 남부로 370-24 이순신종합운동장 내 아산무궁화프로축구단 사무국(접수기간 내 도착분에 한함) – 이메일 접수: kimsoh@asanfc.com(마감일 자정 도착분에 한함)

7. 제출서류

가. 이력서 1통 나. 자기소개서 1통 다. 최종학교 졸업(재학)증명서 각 1통
라. 자격증 사본 1통– 해당자에 한함 마. 경력증명서(근무처별) 각 1통– 해당자에 한함
바. 기타 관련 증빙자료– 해당자에 한함

안산 그리너스 FC

모기업: 시민구단(*독립법인)
직원수: 11명(크레딧잡 2019/1/24)
초봉: 2,867만원(사람인 2019/1/23)
채용방식: 수시 채용

- 창단: 2017년
- 연고지: 안산시
- 홈구장: 안산 와스타디움(35,000명 수용)
- 구단주: 윤화섭
- 단장: 이종걸

채용공고

안산 그리너스 FC 직원채용 공고

- **모집부문**

채용직위	인원	채용분야	담당업무
인턴	명	홍보·마케팅	• 홈경기 이벤트 기획 및 진행 • 구단영상 및 구단홍보물 이미지편집 • 구단 SNS를 통한 홍보물 제작 및 업로드 • 스폰서십 및 홈경기 관중유치 • 사회공헌활동(CSR) 계획 및 운영

- **지원자격**
- − 국가공무원법 제33조의 결격사유에 해당하지 않는 자
- − 해외여행에 결격사유가 없는 자 − 학력 및 나이 무관

www.greenersfc.com
큐알코드에는 홈페이지와 채용공고,
조직도와 소개글을 담았습니다.

채용공고

● 우대조건
– 영어 등 외국어 가능자 – SNS 운영진 경험자(페이스북 페이지, 블로그, 카페 등)
– 포토샵/일러스트 등 이미지 및 디자인 작업 가능자
– 영상 편집 가능자 – 홍보마케팅 전공자 및 경력자 – 안산 거주자
※ 해당자 자격증 사본·경력증명서 및 안산 거주자 주민등록초본 제출

● 근로조건
– 근무기간: 2017.06.01.~2017.11.30.(6개월) – 근무시간: 주 5일, 1일 8시간(09:00 ~18:00)
– 보 수: 월 140만원(세전) 및 별도의 관외출장이 있을 시 출장비 지급
– 후생복지: 4대 보험 가입(건강보험, 고용보험, 산재보험, 국민연금)
– 기 타: 필요에 따라 주말 근무 시 대체휴무 가능

● 모집일정
– 공고 및 접수기간: 2017.05.11.(목)~2017.05.16.(화) 14:00 마감
– 1차 합격자 발표: 2017.05.16.(화) 18:00 – 면접일시: 2017.05.17.(수) 10:30
– 면접장소: 안산 와스타디움 내 3층 안산 그리너스FC 사무국
– 최종합격통보: 2017.05.18.(목) – 인턴계약체결: 2017.05.19.(금)
※ 전형별 합격자는 개별적으로 통보

● 접수방법
– 온라인 접수: 잡스포이즈 사이트(http://spois.kspo.or.kr/job/front/index.do)

● 제출서류
– 필수제출서류 • 응시원서 1부 • 이력서 1부 • 자기소개서
– 해당자 제출서류 • 자격증취득 확인서 • 경력증명서 • 주민등록초본

3. 스포츠마케팅 에이전시

	스포츠마케팅 에이전시	조직도	채용공고
1	이노션	O	O
2	대홍기획	O	O
3	갤럭시아SM	O	O
4	스포티즌	O	O
5	올댓스포츠	O	O
6	세마스포츠마케팅	O	O
7	지컴	O	O
8	FC네트워크	O	O
9	YG스포츠	O	O
10	WAGTI	X	O
11	크라우닝	X	O
12	올리브크리에이티브	O	O
13	브리온컴퍼니	X	O
14	브라보앤뉴	O	O
15	IMG	X	O

이노션

INNOCEAN
WORLDWIDE

설립일: 2005년 05월 17일
직원수: 672명(크레딧잡 2018/12/21)
초봉: 5,196만원(크레딧잡 2018/12/21)
채용방식: 상반기, 하반기 현대그룹 공채

- 종합광고대행사로서 꾸준한 스포츠마케팅 전개
- 월드컵, 유로, 올림픽 파트너로 참여
- 현대, 기아자동차의 스포츠마케팅 담당
- 기아-호주오픈 마케팅 대행
- F1코리아 공식 프로모터
- '2018 마블런' 등 스포츠테마 참여형 이벤트로 스포츠마케팅 사업 확대 중

조직도

- HQ(해외사업담당)
  - 글로벌 전략팀

미주지역본부	중국지역본부	유럽지역본부	일반지역본부
미국법인	북경법인	유럽법인	글로벌 인터렉티브팀
캐나다법인	상해법인	영국법인	해외광고 1팀
	이노션-북광 합자법인	프랑스법인	해외광고 2팀
		이탈리아법인	해외미디어팀
		러시아법인	호주법인
		스페인법인	인도법인
		터키법인	

www.innocean.com
큐알코드에는 홈페이지와 채용공고,
조직도와 소개글을 담았습니다.

2017년 이노션 하계인턴

● 지원자격
- 국내대: 2017년 8월~ 2018년 2월 졸업예정인 4년제 대학교 재학생(7학기 이상 수료자)
- 해외대: 2017년 3월 이후~2018년 2월 이전 졸업(예정)자
- 2018년 1월 2일부터 정규직 근무 가능자
- 전학년 평균 4.5 만점 기준 3.0 이상인 대학교 재학생
- 공인어학시험(OPic, 토익스피킹 中 최소 한 가지) 응시점수 보유자
- 영어권 대학 재학생의 경우 공인 어학시험 성적 제출 면제
- 병역필 또는 면제자로 해외여행에 결격사유가 없는 분
- 아트디렉터 지원자는 포트폴리오 필수 첨부 제출

● 모집분야

직무	자격 및 전공 요건	우대요건
캠페인플래너	전공무관	영어 우수자 우대
컨텐츠마케팅		
스포츠마케팅		
미디어플래너		
스페이스마케팅		산업디자인/프로덕트 디자인/인테리어 디자인 등 전공자 우대
아트디렉터	디자인/미술 관련 전공자 (포트폴리오 필수 제출)	
카피라이터	전공무관	

● 인턴십 기간
- 2017년 7월 3일~2017년 8월 18월(7주간)

● 인턴십 혜택
- 소정의 인턴 실습 비용
- 인턴십 수료자 중 우수인턴에 한하여 신입공채 임원면접 기회 부여

● 지원방법
- 당사 홈페이지(Innocean.recruiter.co.kr)의 온라인 입사지원서 제출
- ※ 입사지원은 2017년 4월 25일 오전 9시부터 가능합니다.

- **접수기간**
  - 2017년 4월 25일(화)~ 2017년 5월 11일(목) 낮 12:00까지
  - 마감시간에 지원자가 몰려 시스템 접속이 어려울 수 있으니 감안하시어 지원 바랍니다.

- **전형절차**
  - 서류전형 → 통합면접(면접 및 SPA test) → 최종합격

- **입사지원서 입력사항**
  - 기본 이력 사항
  - 자기소개서

- **서류전형 합격자 발표**
  - 2017년 5월 29일(월) 17:00 예정
  ※ 통합 면접은 6월 2주 실시 예정

- **기타사항**
  - 입사지원서 기재사항 또는 제출서류 중 허위사실이 있는 경우 합격이 취소될 수 있습니다.
  - 서류전형 합격자에 한하여 별도의 증빙서류를 요청할 수 있습니다.

- **문의**
  - 채용사이트 내 채용 QnA 게시판 및 ****@*********.

대홍기획

설립일: 1982년 04월 08일
직원수: 461명(크레딧잡 2018/12/12)
초봉: 3,427만원(크레딧잡 2018/12/12)
채용방식: 상반기, 하반기 롯데그룹 공채

- 롯데그룹의 종합광고대행사
- 롯데 자이언츠 마케팅 대행
- 골프 스포츠마케팅, 이벤트 대행
- 평창동계올림픽 공식 스토어 및 성화봉송 총괄 담당

조직도

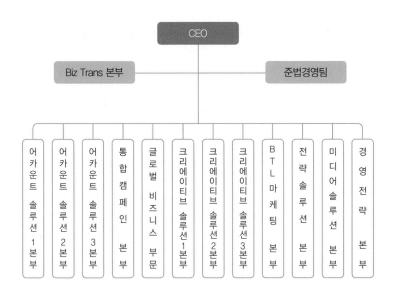

www.daehong.com
큐알코드에는 홈페이지와 채용공고,
조직도와 소개글을 담았습니다.

대홍기획 2013년 각 부문 경력사원 채용

● 모집부문

모집분야	근무부서	담당업무	자격요건
AE (광고기획)	글로벌 비즈니스팀	광고 기획, 해외지사 광고 관리, 해외지사 설립 및 M&A 등	– 지원자격: 국내외 광고기획 경력 6년차 이상 – 우대사항: 영어 능통자
신규사업 기획	뉴비즈니스 팀	디지털/온라인/모바일 신규 사업 및 서비스 기획, 신규 마케팅 기획 및 서비스 운영	– 지원자격: 온/오프라인 사업기획 4년차 이상 온라인/모바일 신규사업 기획 및 실행 경험 온라인/모바일 마케팅기획 경험 다양한 디지털 관련분야 경험
스포츠 마케팅	스포츠 마케팅	스포츠 스폰서십, 이벤트, 매니지먼트	– 지원자격: 스포츠 관련 기획 경험 3년차 이상: 영어 회화 능력 필수 – 우대사항: 스포츠 에이전시 경력자: 그래픽 프로그램 우수자
영업기획	미디어 플래너	광고회사 영업전략 기획 및 영업관리, 영업개발 지원	– 지원자격: 광고회사 경영기획/관리 또는: 영업전략/관리 7년차 이상 – 우대사항: AE(광고기획) 경력자

● 제출서류
– 입사지원서 1부(사진 부착/희망연봉 기재)
– 자기소개서 1부(경력 내용을 중심으로 기술)

● 접수기한
– 2013년 03월 18일 ~ 2013년 3월 31일까지

● 지원방법
– 사람인 온라인 입사지원

갤럭시아 SM

설립일: 2015년 10월 30일
직원수: 69명(크레딧잡 2018/12/12)
초봉: 2,343만원((크레딧잡 2018/12/12)
채용방식: 수시 채용

- IB스포츠를 인수한 효성그룹의 자회사
- 유로2016, 세계육상선수권 등 중계권 사업
- G마켓–프로야구, 금호–맨체스터 유나이티드 스폰서십 제안
- 손연재 갈라쇼 등 스포츠 이벤트 개최
- 선수 매니지먼트 사업(추신수, 심석희, 안신애)
- 호텔, 골프아카데미 스포츠 시설 사업

조직도

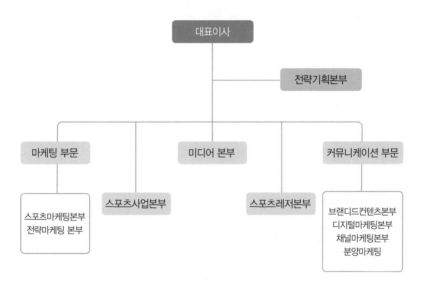

http://galaxiasme.com
큐알코드에는 홈페이지와 채용공고,
조직도와 소개글을 담았습니다.

갤럭시아 SM 인턴사원 채용공고

1. 골프사업팀 인턴사원 채용공고

● **모집부문 및 자격요건**

모집분야	담당업무	자격요건 및 우대사항
골프사업팀 인턴사원	– 프로골프 선수 매니지먼트 – 골프 및 스포츠이벤트 기획 및 운영	자격요건 – 학력: 대졸 이상(2, 3년) – 경력: 신입 – 성별: 무관 – 모집인원: 1명

● **근무조건 및 환경**
- 근무형태   계약직 인턴(정규직 전환가능) – 6개월
- 근무부서   골프사업팀
- 무요일/시간   주 5일(월~금) 오전 9시~오후 6시
- 근무지역   서울 – 강남구
- 급여   회사내규에 따름
- 회사주소   (135–010) 서울 강남구 논현동 115–7 미성빌딩 7층
- 인근전철   서울 7호선 강남구청

◇ **전형절차 및 제출서류**
- 전형절차   1차 서류
                         2차 실무진 면접
                         3차 임원 면접
- 제출서류   자기소개서 및 이력서(자유양식)

● **접수기간 및 방법**
- 접수기간   2018년 4월 17일(화) 15시~2018년 4월 24일(화) 24시
- 이력서양식   자유양식
- 접수방법   사람인 입사지원

● **기타 유의사항**
- 입사지원 서류에 허위 사실이 발견될 경우, 채용확정 이후라도 채용이 취소될 수 있습니다.

2. 레져사업팀 인턴사원 채용공고

● **모집부문 및 자격요건**

모집분야	담당업무	자격요건 및 우대사항
레져사업팀 인턴사원	스포츠시설 운영 및 신규사업 개발 관련 업무	자격요건 – 학력: 대졸 이상(4년) – 경력: 무관(신입도 지원 가능) – 성별: 무관 – 모집인원: 1명 우대사항 – 해당직무 인턴경력 – 해당직무 알바경험 – 해당직무 근무경험 – 예/체능계열

● **근무조건 및 환경**
- 근무형태   인턴직(정규직 전환가능)–6개월
- 근무부서   레져사업팀
- 근무요일/시간   탄력적근무제 탄력근무제
- 근무지역   서울·서초구
- 급여   회사내규에 따름
- 회사주소   (137–132) 서울 서초구 양재2동 202 더케이호텔 내 갤럭시아골프클럽
- 인근전철   신분당선 양재시민의숲 5번 출구에서 600m 이내

● **전형절차 및 제출서류**
- 전형절차   1차 서류접수, 2차 면접(1차 합격자에 한하여/ 합격자 개별 통보)
- 제출서류   이력서, 자기소개서, 포트폴리오(해당 사항 있는 경우)

● **접수기간 및 방법**
- 접수기간   2017년 10월 9일(월) 16시~2017년 10월 16일(월) 24시
- 이력서양식   사람인 온라인 이력서
- 접수방법   사람인 입사지원

● **기타 유의사항**
- 입사지원 서류에 허위사실이 발견될 경우, 채용확정 이후라도 채용이 취소될 수 있습니다.

스포티즌

설립일: 2000년 02월 14일
직원수: 47명(크레딧잡 2018/12/12)
초봉: 2,574만원(크레딧잡 2018/12/12)
채용방식: 수시 채용

- 다양한 스포츠 종목에서 기업/협회 마케팅 대행(KFA, KBL, WKBL, KPGA, KLPGA)
- KLPGA 주요 대회 등 스포츠 이벤트 대행
- 콘텐츠 제작(KBS '청춘 FC')
- 노승열, 김대섭, 박지은, 장하나, 김지연 등 다수의 국내 남녀 골퍼 및 타 종목 선수 매니지먼트
- 국내 최초 유럽 축구 구단(벨기에 FC투비즈) 인수하여 운영

조직도

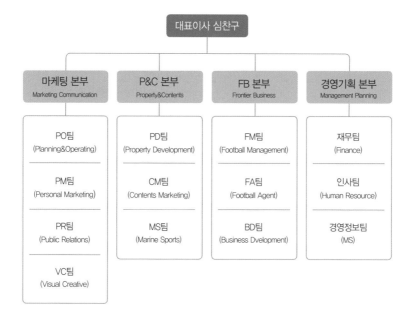

www.sportizen.co.kr
큐알코드에는 홈페이지와 채용공고,
조직도와 소개글을 담았습니다.

㈜스포티즌 정규직 사원 채용

● **담당업무 및 자격요건**

부문	담당업무	자격요건
PM (Personal Marketing)	선수 매니지먼트 선수 마케팅	1) 전공: 무관 2) 경력: 신입~경력 3년 이하(Junior Level) 3) 미주권 현지 경험(학업, 취업 등) 보유자 4) 스포츠산업/매니지먼트 관련 경험자 우대 5) 책임감 있고 능동적인 성향 보유하신 분 6) 운전 능숙하신 분
BM팀 (Brand Marketing)	그래픽 디자인 컨텐츠 디자인	1) 전공: 광고/시각/2D/3D 디자인 전공자 2) 경력: 광고/포스터/온라인광고/브랜드관리 관련 직종 3년 이상 3) 툴: Photoshop/Illustrator/InDesine 능숙 4) 기술로서의 디자인이 아닌 컨텐츠 크리에이티브 디자이너로 성장하고자 하는 목표를 가진 분 5) 축구/골프/테니스 종목에 대한 관심과 스포츠브랜드의 트렌드에 민감하며 스포츠를 통한 시각적 커뮤니케이션 부문에 목표를 가지신 분 6) 새로운 도전을 즐기고 다양한 Idea를 보유하신 분
PM (Personal Marketing)	영상 크리에이티브	1) 전공: 영상미디어학과/방송영상학과/영상컨텐츠 전공자 2) 경력: 기업영상 및 방송, 전시영상 기획 및 제작 관련직종 3년 이상 3) 툴: After Effects/Premiere(Cinema 4D 등 모션그래픽 가능자 우대) 4) 제작부터 기획까지 가능한 1인 크리에이터로서 성장하고자 하는 목표를 가지신 분 5) 축구/골프/테니스 종목에 대한 관심과 스포츠브랜드의 트렌드에 민감하며 스포츠를 통한 시각적 커뮤니케이션 부문에 목표를 가지신 분 6) 새로운 도전을 즐기고 다양한 Idea를 보유하신 분
PM (Personal Marketing)	홍보/디지털마케 팅 콘텐츠 기획	1) 전공: 광고홍보학과, 미디어컨텐츠 학과 등 관련학과 전공자 2) 경력: 기업 홍보, 마케팅, 광고 캠페인 기획 및 제작 관련직종 5년 이상 3) 디지털마케팅 유관 업무 경험 보유자 4) 업무상 영어 가능자 및 능숙자 우대/커뮤니케이션 능력 우수하신 분 5) 축구/골프/테니스 종목에 대한 관심과 스포츠브랜드의 트렌드에 민감하며 스포츠를 통한 커뮤니케이션 부문에 목표를 가지신 분 6) 새로운 도전을 즐기고, 다양한 Idea를 보유하신 분

채용공고

● **채용 절차**
• 서류전형 → 실무자 면접 → 임원면접 → 최종합격
• 서류전형 합격자 발표: 서류 접수 후 2주 이내 결과 개별안내 예정
• 면접 일정: 서류전형 합격자에 한하여 추후 재안내

● **제출서류**
• 당사 양식 입사지원서
• 포트폴리오(BM팀 영상/디자인 지원자 필수_파일첨부 또는 링크 공유, 거친 습작 등 작업물 제출 가능)

● **접수방법**
• 이메일 입사지원: dmchoi@sportizen.co.kr

● 접수기간
• 채용 시 마감(기간연장)

● **기타사항**
– 입사시 제출 서류에 허위 기재사실이 있을 때에는 채용이 취소될 수 있습니다.
– 제출된 서류는 '채용절차의 공정화에 관한 법률'제11조에 따라 추후 반환청구가 가능합니다.
– 국가보훈대상자는 관계 법령에 의거하여 우대합니다.
– 회사 내부 보안 관계로, 담당자에게 보내신 문의 메일은 수신확인이 되지 않습니다.

Personal Marketing 팀

[주요 업무]
1. 스포티즌 소속 선수 매니지먼트(프로대회 참가관련 제반 업무, 미디어/홍보관리 지원 등)
2. 유망주 발굴 및 스포츠스타 관리/육성
3. 선수/스폰서/협회/트레이너 등 커뮤니케이션 담당

[주요 선수]
소속 선수: 김수지, 김아림, 김지현, 박지영, 이정민, 장은수, 장하나, 정연주, 허다빈, 김도연, 강율빈,
이예정, 김리안, 성은정, 노승열, 김광진, 김호준 이상호
레슨 프로: 김대섭, 안성현, 박지은

Brand Marketing

[주요 업무]
1. 스포티즌 자사 브랜드 홍보 마케팅 총괄
2. AFC 투비즈(벨기에축구구단) 브랜드 홍보 마케팅 총괄
3. 엑시온(퍼포먼스 트레이닝) 브랜드 홍보 마케팅 총괄

올댓스포츠

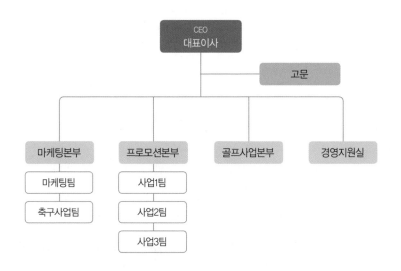

All That Sports

설립일: 2010년 04월 20일
직원수: 18명(크레딧잡 2018/12/12)
초봉: 3,147만원(크레딧잡 2018/12/12)
채용방식: 수시 채용

● 김연아 어머니가 설립한 회사
● 김연아, 윤성빈 등 동계스포츠 선수 위주 매니지먼트
● 동계스포츠 중심 콘텐츠, 이벤트 대행
● 최근 골프 및 타 종목으로 사업 영역 확대

조직도

CEO
대표이사

고문

마케팅본부
- 마케팅팀
- 축구사업팀

프로모션본부
- 사업1팀
- 사업2팀
- 사업3팀

골프사업본부

경영지원실

www.atsports.co.kr
큐알코드에는 홈페이지와 채용공고,
조직도와 소개글을 담았습니다.

올댓스포츠 사원 채용

● **모집분야: 프로모션부**

· 담당업무
– 협회 및 연맹 마케팅 대행 업무
– 당사 이벤트 기획, 운영, PR 및 홍보
– 선수 에이전트 및 매니지먼트 관련 업무
– 스폰서 관리 및 스폰서십 유치 업무

· 모집인원: 0명 경력(대리급)/0명 신입(사원)
· 임금 및 근로조건: 사규에 의함(채용 시 협의)

● **지원자격**
– 관련 분야 경력 2년~4년(경력 기술서 제출): 경력직만 해당
– 학력 및 성별 무관
– 남자는 병역 필 또는 면제자
– 해외여행에 결격 사유가 없는 자
– 외국어 가능자 우대

· 전형방법: 1차 서류 전형, 2차 면접 전형, 3차 면접 전형(필요 시)
· 지원서 접수기간: 2018. 5. 18(화) ~ 5. 31(목) 24:00까지
· 공고 방법: 당사 홈페이지 채용란
· 접수 방법: 이메일 접수(recruit@atsports.co.kr)/지원서 양식: 자유 양식
· 서류전형 합격자 발표: 2018. 5. 4(월), 개별통보
· 2차 면접전형 일시: 개별 통보
· 최종 합격자 발표: 개별 통보
· 문의: 이메일(recruit@atsports.co.kr)/전화 문의는 받지 않음

※ 제출된 서류는 일체 반환하지 않으며, 본 모집 목적 이외에는 사용되지 않습니다.
※ 졸업, 학력 증명서 등 증빙서류는 면접 전형 후 제출
※ 지원서 및 제출서류에 허위사실이 있을 경우 합격이 취소될 수 있습니다.

세마스포츠마케팅

설립일: 2002년 11월 28일
직원수: 25명(크레딧잡 2018/12/12)
초봉: 2,104만원(크레딧잡 2018/12/12)
채용방식: 수시 채용

- 스포츠 이벤트 전문 대행사
- 골프 및 테니스 대회 이벤트 대행
- 라온건설 인비테이셔널(타이거우즈, 박세리)
- 현대카드 슈퍼매치(페더러, 나달, 샤라포바 등)
- 골프 선수 매니지먼트
- 스포츠 이벤트 기획 및 운영, 선수 대리, 스포츠마케팅 컨설팅 등

조직도(사업영역)

www.semasm.com
큐알코드에는 홈페이지와 채용공고,
조직도와 소개글을 담았습니다.

세마스포츠마케팅 인턴사원 채용

● **모집부문 및 자격요건**

모집분야	담당업무	자격요건 및 우대사항
마케팅본부 인턴사원	– 골프 및 스포츠이벤트 기획, 운영 업무 – 기업 스포츠마케팅 기획, 신규 프로퍼티 및 프로젝트 기획, 스폰서십 제안서 작성 및 세일즈 업무	자격요건 – 연령, 성별 무관 – MS–Office 상급수준 가능자 – 해외여행에 결격 사유가 없는 자 우대요건 – 영어 커뮤니케이션 가능자

● **근무조건**
· 고용형태   인턴직(4개월 적용/인턴평가 후 정규직 전환 검토)
            근무요일   주 5일

● **복리후생**
· 연금/보험   4대보험, 퇴직연금
            휴무/휴가 주 5일 근무제, 연/월차, 경조휴가
            출산/육아 휴직
            매년 인사평가를 통한 공정한 중진 기회 부여
· 보상/포상   장기근속자 포상
            중식제공
· 복리후생   직원 생일 부모님께 과일꽃바구니 지급
            자녀 교육비 보조금 지원금
            의료비 지원금(본인, 배우자, 부모, 자녀)
            각종 경조사비 지원(본인 결혼 파격 지원)
            자기 개발비 지원금
            사내행사: 워크샵, 송년회, 각종 회식

● **접수기간 및 방법**
· 전형절차   서류전형 → 면접전형 → 최종합격
· 제출서류.   지원 이력서
· 접수방법   하단의 온라인 입사지원 이용
            e-mail을 통한 개별지원은 받지 않습니다
· 접수기간   2018년 3월 28(수)~4월 8일(일)까지

지컴

설립일: 1996년 07월 05일
직원수: 53명(크레딧잡 2018/12/12)
초봉: 2,473만원(크레딧잡 2018/12/12)
채용방식: 수시 채용

- 종합 BTL 마케팅 전문 회사
- 2018 평창동계올림픽, 러시아월드컵에서 코카콜라 BTL 마케팅 담당
- 스포츠 브랜드와 파워에이드의 스포츠 이벤트 대행
- 사내 스포츠마케팅 특화부서 별도 운영

조직도

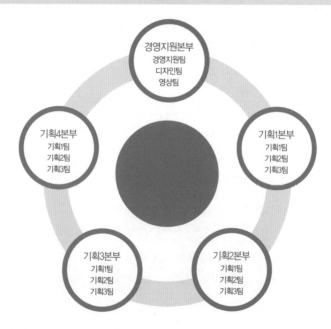

경영지원본부
경영지원팀
디자인팀
영상팀

기획4본부
기획1팀
기획2팀
기획3팀

기획1본부
기획1팀
기획2팀
기획3팀

기획3본부
기획1팀
기획2팀
기획3팀

기획2본부
기획1팀
기획2팀
기획3팀

www.gcomm.co.kr
큐알코드에는 홈페이지와 채용공고,
조직도와 소개글을 담았습니다.

＊기획 1본부: 20년간 코카콜라–스포츠
이벤트 BTL 담당
＊기획 3본부: 코카콜라 평창동계올림
픽 성화봉송 등 브랜드와 스포츠 관
련 마케팅 특화 본부

지컴 사원 채용

● **모집부문 및 자격요건**

담당업무	자격요건 및 우대사항
– BTL 마케팅 기획 정규직원 모집(경력 및 신입) – BTL 마케팅 기획 – BTL 마케팅 기획, 제작, 연출(사원, 대리, 팀원급)	자격요건 – 학력: 대졸 이상 (2, 3년) – 경력: 신입/경력 1년~3년 – 성별: 무관 – 모집인원: 00명 우대사항 – 영어가능자 – 공모전 입상자 – 해당직무 인턴경력 – 운전가능자 – 해당직무 알바경험 – 해당직무 근무경험 – 문서작성 우수자 – PPT능력 우수자 – 지방근무 가능자 – 야간근무 가능자

● **근무조건 및 환경**
- 근무형태　　　　정규직(수습기간)_3개월
- 근무부서　　　　기획2본부
- 근무요일/시간　　주 5일(월~금) 오전 10시~오후 7시
- 근무지역　　　　서울 – 서초구
- 급여　　　　　　회사내규에 따름
- 회사주소　　　　(137–060) 서울 서초구 방배동 833–3번지 네오피스빌딩 8층
- 인근전철　　　　서울 7호선 내방에서 500m 이내

● **전형절차 및 제출서류**
- 전형절차　　　　서류전형 – 면접전형 – 최종합격
　　　　　　　　　(서류전형, 면접전형 시 합격하신 분께는 개별연락 드립니다)
- 제출서류　　　　– 필수: 이력서, 자기소개서
　　　　　　　　　– 선택: 경력자의 경우 본인의 기획 포트폴리오

● **접수기간 및 방법**
- 접수기간　　　　2018년 11월 15일(목) 13시~2018년 12월 15일(토) 24시
- 이력서양식　　　사람인 온라인 이력서
- 접수방법　　　　사람인 입사지원

FC네트워크

설립일: 2000년 11월 10일
직원수: 15명(크레딧잡 2018/12/12)
초봉: 3,331만원(크레딧잡 2018/12/12)
채용방식: 수시 채용

- 대한축구협회(KFA) 공식 마케팅 대행사
- 축구 국가대표 팀 경기 주관, 관련 세일즈 및 프로모션, 독점 경기중계권 판매 담당
- 대한축구협회 공식 프로그램 개발 및 후원사 유치
- 대한축구협회 연간 행사 대행 등

조직도

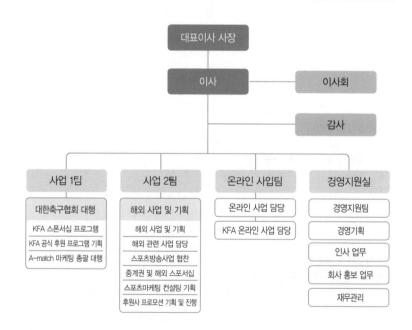

www.fcnetwork.co.kr
큐알코드에는 홈페이지와 채용공고,
조직도와 소개글을 담았습니다.

YG스포츠

설립일: 2007년 01월 08일
직원수: 32명(크레딧잡 2018/12/12)
초봉: 2,527만원(크레딧잡 2018/12/12)
채용방식: 수시 채용

- YG의 스포츠마케팅 자회사
- 골프 이벤트 컨설팅, 대회 기획 및 운영 등 골프 전반 서비스
- 손새은, 이보미 등 선수 매니지먼트

조직도

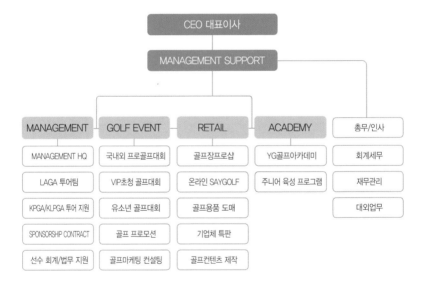

www.yg-sports.co.kr
큐알코드에는 홈페이지와 채용공고,
조직도와 소개글을 담았습니다.

YG스포츠 사원 채용

● **모집부문 및 자격요건**

담당업무	자격요건, 담당업무 및 역량, 우대사항
선수(프로골퍼) 매니지먼트 (대리, 사원, 과장급)	자격요건 – 학력: 대졸 이상(4년) – 경력: 신입/경력 1년~6년 – 성별: 무관 – 모집인원: 1명 담당업무 및 역량 – 선수(프로골퍼) 매니지먼트 – 선수 일정관리, 현장 지원 등 선수 경기력 향상을 위한 제반업무 수행 – 대인관계 능력 필요(선수 및 선수 부모님과 원활한 커뮤니케이션) – 스폰서 및 협회 네트워크 개발 – 선수 스케줄 면밀히 관리 – LPGA 투어 활동 선수를 위한 영어 커뮤니케이션/문서 작성 능력 – JLPEA 투어 활동 선수를 위한 일본어 커뮤니케이션 능력 우대사항 – 국가유공자　　　– 보훈대상자　　　– 영어가능자 – 영어능통자　　　– 일본어가능자 – 1종보통운전면허(필수) – 예/체능계열: 골프경영, 스포츠경영 외

● **근무조건 및 환경**
- 근무형태　　　　　정규직(수습기간)–3개월
- 근무부서　　　　　스포츠마케팅본부 매니먼트팀
- 근무요일/시간　　주 5일(월~금)
- 근무지역　　　　　서울 – 서초구
- 급여　　　　　　　면접 후 결정
- 회사주소　　　　　(137–130) 서울 서초구 양재동 66–5 범아빌딩 5층
- 인근전철　　　　　신분당선 양재

● **전형절차 및 제출서류**
- 전형절차　　　　　서류전형 – 실무진면접 – 대표이사 면접 – 최종 합격
- 제출서류　　　　　자사양식 이력서

● **접수기간 및 방법**
- 접수기간　　　　　~ 채용시 마감
- 이력서양식　　　　자사양식
- 접수방법　　　　　사람인 입사지원

왁티(WAGTI)

설립일: 2016년 01월 11일
직원수: 35명(크레딧잡 2018/12/24)
초봉: 4,032만원(크레딧잡 2018/12/24)
채용방식: 수시 채용

- 삼성전자, 제일기획 출신 마케터들이 설립한 스포츠마케팅 기업
- 축구전문지 '골닷컴' 한국판 운영
- 평창동계올림픽 '핑거하트 장갑' 라이센싱 사업
- 스포츠마케팅 컨설팅
- 기업 스포츠마케팅 대행
- e스포츠마케팅 및 이벤트 대행

채용공고

브랜드 마케터 채용공고(2018년 11월)

- **모집분야**
- 브랜드 마케터

- **지원서류**
- 이력서, 경력기술서
- 포트폴리오 제출 가능

- **업무내용**
- 국내 브랜드 마케팅 전반적인 프로젝트 매니지먼트
- 브랜드 마케팅 전반 업무(브랜딩 전략, 브랜디드 캠페인, PR, ATL/BTL 마케팅 등)
- 세일즈 팀과 협업하여 세일즈에 간접 기여
- 크리에이티브팀과 협업하여 제작물 매니지먼트
- 퍼포먼스 마케팅과 함께 마케팅 전반적 방향 결정 및 실행
- 소셜 채널 관리 운영
- 에이전시, 벤더 관리
- 향후 글로벌 마케팅과 협업 가능

www.wagti.com
큐알코드에는 홈페이지와 채용공고,
조직도와 소개글을 담았습니다.

채용공고

● **자격요건**
- 브랜드 전략부터 ATL/BTL 캠페인을 직접 기획, 실행 경험
- 크리에이티브 부서와 협업을 하여 캠페인 진행
- PR를 활용하여 캠페인을 전개한 경험
- 온라인 마케팅에 대한 이해도가 높은 분
- SNS 콘텐츠 기획 및 제작

● **우대사항**
- 신선한 아이디어를 빠르게 내고 실행이 가능하신 분
- 신규 brand identity 수립 경험
- 신규 브랜드를 처음부터 같이 키워보고 싶으신 분
- 브랜딩에 대한 이해
- 대중의 욕구와 트렌드에 대한 견고한 이해

● **근무조건**
- 서울 강남구 합구정로 10길 7, 2-3층
- 정규직(급여 면접 후 결정)
- 09:00~18:30(점심시간 1시간 30분)

● **접수기간** : 10/31~11/16(채용시 마감)

● **접수/문의** : gipoong@wagti.com

크라우닝

설립일: 2010년 03월 17일
직원수: 11명(크레딧잡 2018/12/24)
초봉: 3,012만원(크레딧잡 2018/12/24)
채용방식: 수시 채용

- 골프 전문 마케팅 대행사
- 국내외 주요 골프대회 개최 대행
- 기업 주요 골프 마케팅 대행
- 골프 선수 매니지먼트

채용공고

크라우닝 인턴직 채용공고

모집직종	기타 분야 〉 홍보 및 마케팅	미디어 및 언론	
근무지역	서울시 〉 서초구	
고용행태	인턴직	
급여조건	회사내규에 따름	
모집인원	2명	성별무관	
근무요일	주5일(월~금) 시간 전일제	
자격요건	학력	대학교 졸업 이상(졸업예정자 가능)
	경력	무관
	어학시험	
	취득자격증	

www.crowning.co.kr
큐알코드에는 홈페이지와 채용공고.
조직도와 소개글을 담았습니다.

우대조건	활동경험	동아리 ｜ 교내활동 ｜ 사회활동 ｜ 해외 연수 및 경험
	컴퓨터활용	컴퓨터활용능력 우수자 ｜ 문서작성 우수자 ｜ 프리젠테이션 능력 우수자
	기타	
복리 후생	연금/보험	국민연금 ｜ 고용보험 ｜ 산재보험 ｜ 건강보험 ｜ 퇴직연금
	휴무/휴가	연차 ｜ 월차 ｜ 정기휴가 ｜ 위로휴가
	기타	

● **상세내용**

골프마케팅 전문기업 ㈜크라우닝입니다.

당사는 2018년을 함께 준비해갈 열정과 능력있는 인턴(인턴종료 후 정규직 전환 가능)을 모집합니다.

본사는 골프선수 이정은5 프로를 비롯하여 다수의 1부투어 선수와 유망 골프 선수를 매니지먼트 하고 있습니다.

이번 모집 직종은 선수 매니지먼트와 골프마케팅(프로골프대회 운영/아마추어골프대회 진행)입니다.

골프에 관한 전문 지식을 보유하고 있으면 좋지만 스포츠에 대한 이해와 골프에 대한 일반적인 지식을 보유하고 있으면 누구든지 지원 가능합니다.

크라우닝과 함께 성장할 참신하고 열정있는 분들의 많은 지원 기다리겠습니다.

채용문의: 스포츠사업부(대회운영): 02-3461-5598 매니지먼트 사업부(선수관리) 070-4849-3217

올리브크리에이티브

설립일: 2002년 07월 23일
직원수: 32명(크레딧잡 2018/12/24)
초봉: 2,328만원(크레딧잡 2018/12/24)
채용방식: 수시 채용

- 대한축구협회 풋볼펜타지움 기획 및 운영
- 대한축구협회 콘텐츠 생산
- 스포츠마케팅 컨설팅

조직도

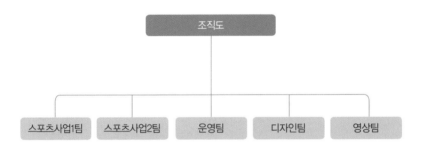

* 스포츠사업 1팀: 풋볼펜타지움, 축구사랑나눔재단 관련 업무(프로모션, 이벤트 기획)
* 스포츠사업 2팀: 대한축구협회 업무
* 운영팀: 풋볼펜타지움 운영(축구 박물관 안내 및 관리)

www.facebook.com/miracleallive
큐알코드에는 홈페이지와 채용공고,
조직도와 소개글을 담았습니다.

올리브크리에이티브 사원 채용

● 모집부문 및 자격요건

담당업무	자격요건 및 우대사항
– 축구테마 뮤지엄 관람객 안내 및 응대(도슨트 체험 방법 안내) – 스타지디움투어, 로비 등 – 팬스토어(기념품샵) (사원, 팀원급)	자격요건 – 학력 : 무관 – 경력 : 무관(신입도 지원 가능) – 성별 : 무관 – 모집인원 : 0명 우대사항 – 영어능통자 – 해당직무 근무경험 – TOEIC 00급(점) 이상 – TOEFL 00급(점) 이상 – OPIC 00급(점) 이상

● 근무조건 및 환경
- 근무형태   정규직(수습기간) – 3개월
- 근무부서   풋볼팬타지움 운영사업본부 운영팀
- 근무요일/시간   월 8회 휴무 탄력근무제
- 근무지역   서울 – 마포구
- 급여   회사내규에 따름
- 회사주소   (121-849) 서울 마포구 성산동 515 월드컵주경기장 서측, 풋볼팬타지움
- 인근전철   서울 6호선 월드컵경기상에서 500m 이내

● 전형절차 및 제출서류
- 전형절차   서류전형 → 면접전형 → 합격자 개별 통보
- 제출서류   이력서(사진 필수, 희망연봉 기재), 자기소개서, 경력증명서 등 (apply @alive ret)

● 접수기간 및 방법
- 접수기간   2018년 10월 29일(월) 17시 ~ 2018년 11월 13일(화) 24시
- 이력서양식   사람인 온라인 이력서
- 접수방법   사람인 입사지원

● 기타 유의사항
- 입사지원 서류에 허위사실이 발견될 경우, 채용확정 이후라도 채용이 취소될 수 있습니다.

브리온스포츠

설립일: 2011년 01월 11일
직원수: 10명(크레딧잡 2018/12/24)
초봉: 2,316만원(크레딧잡 2018/12/24)
채용방식: 수시 채용

- 스포츠마케팅 대행(차범근축구교실 등)
- 스포츠 이벤트 대행
- 선수 매니지먼트(이상화, 곽윤기, 최정, 김강민, 정근우 등)
- 스포츠 용품 도매업

채용공고

브리온스포츠 채용

● **모집부문 및 자격요건**

모집부문	담당업무	자격요건	인원
스포츠 마케팅	– 기업 스포츠마케팅 및 관련 대행 업무 – 선수 매니지먼트 및 에이전트 업무: 야구, 축구, 골프 – 신규 스포츠마케팅 영업 및 기획 업무	– 경력: 신입 및 경력 – 학력무관 – 성별무관 [우대사항] – 스포츠마케팅 기획 및 운영/현장 업무 경험자 – 영어 커뮤니케이션 가능자 – 이직 횟수 적으신 분 – 적극적이고 활동적인 성격 소유자	0명

https://brion.co.kr/
큐알코드에는 홈페이지와 채용공고,
조직도와 소개글을 담았습니다.

브리온스포츠 채용

● 모집부문 및 자격요건

모집부문	담당업무	자격요건	인원
디자인	– 입찰제안서/운영안 PPT 작업 – 소속 선수 관련 이벤트 디자인 – 각종 행사 관련 디자인 – 제품 상세페이지, 웹페이지 제작 – 상품등록 및 컨텐츠 관리 – 프로모션 배너 디자인 – 패키징 디자인(글러브, 야구공, 야구관련 제품 등) – 그 외 회사에 필요한 디자인 전반	– 경력: 신입 및 경력 – 학력무관 – 성별무관 – 포트폴리오 제출 필수 [우대사항] – 스포츠관련 업무 경력자 – 일러스트, 포토샵 능숙자 – 인터넷쇼핑몰 유경험자 – HTML 활용 가능자	0명
홍보	– 기업홍보 및 마케팅 홍보 – 보도자료, 제안서, 보고서 작성 – 회사홍보 자료 기획/작성/실행 – 소셜미디어 기획 및 분명 – 미디어 릴레이션 구축, 위기관리	– 경력: 신입 및 경력 – 학력무관 – 성별무관 [우대사항] – 기업홍보 업무 경력자 – 언론사 및 스포츠산업관련 업무 경력자 – 보도자료 및 기획자료 작성능력 보유자 – SNS채널에 대한 이해 높고 채널 운영 및 기획/제작 경험자	0명
스포츠 마케팅	– 기업 스포츠마케팅 및 관련 대행업무 – 선수 매니지먼트 및 에이전트 업무: 야구, 축구, 골프 – 신규 스포츠마케팅 영업 및 기획업무	– 경력: 신입 및 경력 – 학력무관 – 성별무관 [우대사항] – 스포츠마케팅 기획 및 운영/현장 업무 경험자 – 영어 커뮤니케이션 가능자 – 이직 횟수 적으신 분 – 적극적이고 활동적인 성격 소유자	0명
영상편집	– 스포츠 중계 편집 – e–스포츠 중계 편집 – 회사 및 선수 홍보 영상 기획/제작/편집 – 스포츠관련 영상 컨텐츠 제작/편집	– 경력: 신입 및 경력 – 학력무관 – 성별무관 – 동영상 편집 포트폴리오 제출 필수 [우대사항] – 영상관련 전공자 또는 그에 준하는 경력 보유자 – 스포츠 경기 관련 룰, 지식 보유자 – CG 작업 가능자 – 창의적인 아이디어 능력 소유자	0명

● 근무조건

- 근무지: 서울시 용산구 한남동
- 채용형태: 정규직
- 연봉제, 4대보험+퇴직금, 3년 이상 근속 보너스 지급
- 설날/추석/생일 선물 및 축하금 지급, 경조사 지원
- 휴가
  - 법정연차(1년 15일, 3년 이상 근무시 2년마다 1일 가산, 최대 25일)
  - 날찾지마 휴가(연 5일), 단 2년차 근무자부터 적용
  - 리프레시 휴가(3/5/7/10년 근속 시 1/2/3/4주)
  - 창립기념일 1월 11일
- 주 5일제
- 점심/저녁 식대 지원(개인별 법인카드 발급)
- 종합건강검진 지원

● 지원서류

- 이력서
- 자기소개서
- 포트폴리오(디자인, 영상편집)

브라보앤뉴

설립일: 2015년 02월 26일
직원수: 48명(크레딧잡 2018/12/24)
초봉: 3,133만원(크레딧잡 2018/12/24)
채용방식: 수시 채용

- 영화배급사 NEW의 스포츠마케팅 자회사
- 선수 매니지먼트(박인비, 이승훈, 차준환, 컬링 팀킴)
- 스포츠 이벤트(박인비 인비테이셔널 등)
- 스포츠 중계권(아시안게임, 동아시안컵 축구대회)
- 당구 전문방송 빌리어즈TV 인수 운영

조직도

www.its-new.co.kr
큐알코드에는 홈페이지와 채용공고,
조직도와 소개글을 담았습니다.

브라보앤뉴 사원 채용 공고

● 모집부문

구분	모집부문		인원	업무내용	접수처
브라보엔뉴	경영지원	경력	0명	일반 회계 업무, 결산 세무 관련 업무 등	– 해당 직무 경력 2년 이상 10년 이하인 자	new13@its-new.co.kr
	스포츠마케팅	신입	0명	스폰서십 골프대회 운영 및 마케팅	– 관련 경험 유경험자 및 명어 가능자(우대) – 관련 자격증 소지자(우대)	new14@its-new.co.kr
		경력	0명		– 해당 직무 경력 1년 이상 3년 이하인 자 – 관련 자격증 소지자(우대) – 영어 가능자(우대)	new15@its-new.co.kr
공통사항				– 4년제 대학 졸업자 및 졸업예정자 　(2019년 2월 졸업예정자에 한하며, 2011년 1월에 출근하여 근무 가능한 자) – TOEIC 700점 이상 또는 그에 상응하는 공인어학 성적 보유자(신입지원자에 한함) ※ 단, 영어가 모국어인 국가에서 학위를 취득한 경우, 공인어학성적 미제출 – 근무처 한 곳의 경력이 1년 미만인 경우, 당사는 경력으로 인정하지 않습니다	
우대사항				– 동종업계 경험자 우대 – 어학(영어 및 제2외국어) 가능자 우대 – 국가 보훈 대상자는 관계법에 의거 우대 – 해외여행에 결격사유가 없는 자	

● 접수방법 및 기간
– 접수방법: 이메일 접수(각 모집부문에 따라 접수처(이메일주소)가 상이하오니 확인 후 접수하여 주시기 바랍니다)
– 접수기간: 11월 14일(수)부터 ~11월 23일(금)까지

● 전형절차
– 서류전형 → 실무진면접 → 임원면접 → 최종합격

● 제출서류
– 입사지원서(당사양식 다운로드)
– 기타 서류는 최종 면접 합격자에 한하여 제출합니다.
※ 제출된 서류는 일체 반환되지 않습니다.

IMG 코리아

IMG

설립일: 1996년 09월 12일
직원수: 21명(크레딧잡 2018/12/24)
초봉: 2,828원(크레딧잡 2018/12/24)
채용방식: 수시 채용

- 1960년 설립된 세계에서 가장 큰 스포츠마케팅 회사
- 국내외 유명한 골프/테니스 선수 관리 매니지먼트
- 윔블던, LPGA, 럭비 월드컵 등 국제 스포츠 이벤트 기획 및 개최
- 스포츠 프로그램 중계권 사업
- 국내에서는 MLB 라이센싱, 아놀드 파머 라이센싱, LPGA하나은행 대회, 프레지던츠컵 골프 대회 등

채용공고

2018년 하반기 국민체육진흥공단 하반기 인턴사업(IMG)

1. 기관소개

IMG Academy is a preparatory boarding school and sport training destination in Bradenton, Florida, United States. The boarding school offers an integraled academic and athletic college preparatory experience across eight sports – baseball, basketball, football, golf, lacrosse, soccer, tennis, and track & field and cross—country. IMG Academy offers camp programs on a year—round basis, serves as a training and competition venue for amateur, collegiate, and professional teams, adults and families, and a host site for a variety of events.

2. 모집개요

- 모집 부문: Program Manager Assistant
- 모집 인원: 2
- 응시 자격: Undergraduate or above
- 우대 사항: Fluent speaking—writing—listening in English,
        Internship experience in sports or operations field
        Skills for MS Office—word, presentation, excel, etc.

www.img.com
큐알코드에는 홈페이지와 채용공고,
조직도와 소개글을 담았습니다.

3. 신분 및 근무조건
– 신분: 인턴직
– 근무조건: 5 days per week
– 인턴 기간: 3개월(changing plans from intern to full time job)
– 상세 직무
- Serve as a responsible, adult presence, providing guidance and support in the residence halls for staff and student-athletes
- Assist student athletes with multicultural development, learning, character building, community development and personal well being
- Promote a positive healthy environment for the student athletes
- Participate and follow up on recreational, educational and cultural programs for student athletes
- Assist with housing process including check in/out, early arrivals and opening/ closing of residence halls

4. 채용 절차
– 인턴 모집 및 접수: 9월 11(화)~10월 04일(목)
– 서류심사 및 면접대상자 선발: 10월 08일(월)~10월 12일(금) 오후 5시
  (접수된 서류를 검토하여 JOB Fair 행사장에서 면접 볼 대상자 통보)
– 인턴 면접 전형 및 채용: 10월 26일(금) JOB Fair 행사장

5. 문의처: 070-7090-4691/010-2294-1352

※ 본 사업은 '2018년 체육분야 인턴지원사업'의 일환으로 진행됩니다.
※ JOB SPOIS를 통해서만 지원이 가능하며, 별도의 이메일·우편·팩스 접수는 불가합니다.

● **접수기간 및 방법**
접수기간   2018년 09월 11일~2018년 10월 04일까지 접수(D-22)

4. 스포츠 미디어 그룹

	스포츠마케팅 에이전시	조직도	채용공고
1	에이클라	O	O
2	IB Sports	X	O
3	MBC SPORTS+	O	O
4	KBSN SPORTS	O	O
5	SBS SPORTS	O	O
6	JTBC Sports	X	O
7	STN Sports	O	O

에이클라엔터테인먼트

설립일: 2004년 10월 19일
직원수: 73명(크레딧잡 2018/12/25)
초봉: 2,882만원(크레딧잡 2018/12/25)
채용방식: 수시 채용

- 스포츠 라이선스 확보 및 유통(한국 프로야구(KBO), 한국 프로축구(K리그), 프리미어리그, UEFA 챔피언스리그, UFC, NBA, WTA 등)
- 스포츠 전문 채널 운영: "SPOTV, SPOTV2, SPOTV+, SPOTV ON"
- 디지털 미디어 서비스
- 스포츠 뉴스 네트워크
- 마케팅&PR 서비스
- 매니지먼트 및 이벤트 프로모션

조직도

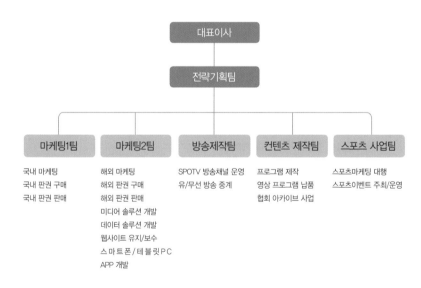

대표이사

전략기획팀

마케팅1팀	마케팅2팀	방송제작팀	컨텐츠 제작팀	스포츠 사업팀
국내 마케팅	해외 마케팅	SPOTV 방송채널 운영	프로그램 제작	스포츠마케팅 대행
국내 판권 구매	해외 판권 구매	유/무선 방송 중계	영상 프로그램 납품	스포츠이벤트 주최/운영
국내 판권 판매	해외 판권 판매		협회 아카이브 사업	
	미디어 솔루션 개발			
	데이터 솔루션 개발			
	웹사이트 유지/보수			
	스마트폰 / 테블릿 PC			
	APP 개발			

www.eclatnt.com
큐알코드에는 홈페이지와 채용공고,
조직도와 소개글을 담았습니다.

편성기획파트 신입사원 채용

SPOTV 편성기획 파트에서 신입사원을 모집합니다.
스포츠를 좋아하시는 분들의 많은 지원 바랍니다.

● **접수 기간**
· 2019년 1월 14일 (월)
· 프리미어리그 22R〈토트넘: 맨유〉 킥오프 전까지

● **전형 일정**
· 1차 서류전형 – 2차 실무자&임원면접 – 최종합격

● **모집 부분 및 자격 요건**

모집 개요	유료 채널 사업 확장으로 인한 신규 인력 충원		
모집 부분	주요 업무	자격 요건	우대 사항
편성기획파트 신입 사원	컨텐츠 편성 및 기획 편성 전략 수립 및 스포츠 동향 분석	– 대학원) 기 졸업자 및 2019년 2월 졸업 예정자	– 스포츠(골프, UFC 등)에 대한 관심 및 이해도가 우수한 자

● **제출서류**
· 입사지원서 1부(자사 양식)
· 자기소개서 1부(자사 양식)
· 관련 자격증(사본) 1부(해당자에 한함)
· 경력: 경력증명서, 졸업증명서 각 1부(채용 시)
· 신입: 졸업증명서, 성적증명서 각 1부(채용 시)
  지원 시 모집 부문 필수 표기
  (예): [편성기획] SPOTV 편성기획파트 지원자 000

● **지원서 접수**
· 이메일 접수: recruit@spotv.net
  (메일 접수 지원 시 메일 제목에 [편성기획] 말머리 및 이름 기재 필수)
· 면접진행: 서류 전형 합격자 개별 통보

● **발표**
· 제출서류 심사 발표: 개별 통보
· 합격자 발표: 개별 통보
· 입사일시: 합격자 별도 통보
  입시 지원서에 허위사실을 기재하거나 허위 증빙자료를 제출한 경우 합격 취소

IB SPORTS

IB SPORTS

설립일: 2009년 06월 05일
직원수: 17명(크레딧잡 2018/12/25)
초봉: 3,301만원(크레딧잡 2018/12/25)
채용방식: 수시 채용

- 2009년 개국 이래 KBO, MLB, UFC, KLPGA, AFC, IAAF, WWE 등의 스포츠 콘텐츠 확보 및 배급
- 종합스포츠채널 IB SPORTS와 美 NBC 유니버셜 제휴, 골프 전문 채널 Golf Channel Korea 운영
- 채널 사업, 방송 프로그램 제작, 중계차 사업

채용공고

IB SPORTS 2018 신입 및 경력 공개채용

(주)아이비스포츠는 스포츠 전문 채널 운영 및 방송 Contents를 전문적으로 제작 및 공급하는 사업자로 종합 스포츠 채널 IB SPORTS와 프리미엄 골프 전문 채널 Golf Channel Korea를 운영하고 있습니다.

2009년 설립 이래 KBO, KBL, MLB, UFC, WWE, AFC, KLPGA, IAAF 등 국내외 스포츠 및 광주 하계 유니버시아드 대회, 경북 문경 세계군인체육대회 등 글로벌 스포츠 이벤트를 제작하고 있으며, 2010년부터 세계 최초로 프로야구 멀티앵글 및 편파중계 서비스, KLPGA 스마트 양방향 중계방송 서비스 등 양방향 기술을 접목한 새로운 형태의 스포츠 중계방송 서비스 개발 및 제공하고 있습니다.

www.ibsportstv.com
큐알코드에는 홈페이지와 채용공고,
조직도와 소개글을 담았습니다.

채용공고

● **모집부분 및 지원자격**

모집부분	업무내용	우대사항	지원 자격	모집 인원
스포츠 제작 PD	– 해외 스포츠 스튜디오 중계 제작 – 국내 스포츠 현장 중계 제작 – 해외 영상물 재제작 – 프로그램 예고 제작	– 관련 전공학과 졸업자 – Final Cut Pro. Edius 사용 가능자 – LSM 사용 가능자 – 스포츠에 대한 관심 및 지식 보유자 – 실무 경험자	신입 및 경력	0명
스포츠 아나운서	– 국내/해외 스포츠 중계방송	– 외국어(영어) 능력자 우대 – 스포츠에 대한 관심 및 지식 보유자 – 실무 경험자	신입 및 경력	0명
CG	– CG 포맷 디자인 – 프로그램 문자 그래픽 – 스포츠 코더 운용	– 관련 전공학과 졸업자 – 토네이도 사용 가능자 – 실무 경험자 우대	신입 및 경력	0명
방송기술	– 부조정실 음향 및 관리감독 – 해외 스포츠 중계방송 진행	– 관련 전공학과 졸업자 – 관련업무 유경험자	신입 및 경력	0명

● **근무조건**
- 회사위치　　　경기 성남시 분당구 서현로 180번길 26 아름빌딩 403호
- 급여조건　　　면접 시 협의
- 고용형태　　　신입의 경우 인턴(3개월 이상 6개월 이하) 후 정규직 전환 검토
- 근무시간　　　주5일 / 탄력적 근무(09:30〜18:30)

● **복리후생**
- 연금/보험　　　4대 보험
- 휴무/휴가　　　연차 및 각종 경조휴가
- 보상제도　　　퇴직금 및 각종 경조사비
- 건강관리　　　건강검진

● **전형방법**
- 접수기간　　　2018년 1월 3일〜1월 18일
- 전형절차　　　〈스포츠 제작 PD/CG/방송기술〉
　　　　　　　서류전형 ▶ 1차 면접(실무진 면접) ▶ 최종 면접(임원 면접)
　　　　　　　※ 각 전형별 합격자 개별 통지
　　　　　　　〈스포츠 아나운서〉
　　　　　　　서류전형 ▶ 카메라 테스트 및 1차 면접(실무진 면접) ▶ 최종 면접 (임원 면접)
　　　　　　　※ 서류 전형 시 1분 30초가량 자기 소개 및 중계방송 영상 필히 첨부
　　　　　　　※ 각 전형별 합격자 개별 통지

● **지원방법**　　　이메일 접수 Scout@ibsports.com(첨부된 자사 이력서 양식 사용)

MBC SPORTS+

설립일: 2001년 04월 02일
직원수: 285명(크레딧잡 2018/12/25)
초봉: 3,502만원(크레딧잡 2018/12/25)
채용방식: 수시 채용

- MBC의 자회사 MBC플러스의 스포츠 전문 채널
- K리그, KBO, EPL, 라리가 등 다양한 리그 중계
- 2012년부터 MLB중계, 2021년까지 계약 연장
- 야구 관련 다양한 콘텐츠와 중계 카메라 기술 도입으로 야구팬들에게 친숙한 채널

조직도

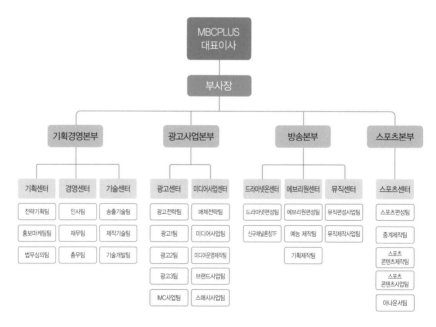

www.mbcplus.com
큐알코드에는 홈페이지와 채용공고,
조직도와 소개글을 담았습니다.

MBC SPORTS+ 신입 공개채용

Creative Contents Group〈MBC플러스〉가 미래 뉴미디어 산업을 선도할 유능하고 창의적인 인재를 기다립니다.

● **모집분야 및 인원**

구분	채용분야	예정인원	수행업무	근무지
정규직 (신입)	뉴미디어 콘텐츠 사업	0명	– 뉴미디어 서비스 마케팅 인터넷 모바일 프로모션 기획 및 실행	일산MBC드림센터 (경기도 고양시 소재)
	스포콘텐츠	0명	– 해외 스포츠 콘텐츠 중계권 관리, 편성	
	스포츠PD	0명	– 스포츠 프로그램 기획 및 제작 – 스포츠마케팅 이벤트 프로모션	
	스포츠마케팅	0명	기획 및 운영 – 프로젝트 매니지먼트(PIM)	
	방송기술	0명	– 방송 제작 기술 및 제반 업무	
총계		0명		

● **응시자격 및 우대사항**

구분		응시자격 및 우대사항
공통		① 대졸 수준 학력(연령 제한 없음) 지원서 접수 마감일 기준 대학교 졸업자 및 졸업예정자(2017년 2월) 포함 ② 남성의 경우, 병역필 또는 면제자 ③ 해외여행에 결격사유가 없는 자 ④ 보훈 대상자 및 장애인은 관련 법령에 의거하여 우대
	뉴미디어 콘텐츠사업	① 엔터테인먼트 산업/SNS/바이럴 마케팅 이해도가 우수한 자 ② 온라인 커뮤니케이션 서비스 운영 및 기획 유경험자 우대 (공모전, 인턴십 포함) ③ 외국어 우수자 및 컴퓨터 활용 능력(포토샵 등) 우수자 우대
분야별	스포츠콘텐츠	스포츠에 대한 관심 및 이해도가 우수한 자
	스포츠마케팅	① 대면 커뮤니케이션 능력 협상 및 설득력이 우수한 자 ② 프리젠테이션 기획 능력(PPT 기획 및 발표)이 우수한 자 ③ 스포츠에 대한 관심 및 이해도가 우수한 자
	방송기술	관련 분야(이공계열, 전기, 전자, 통신, 컴퓨터 공학 등) 전공자 필수

채용공고

● **채용절차**

구분	내용
서류 전형	① 접수 기간: 2016년 9월 22일 (목) 10:00~2016년 10월 4일(화) 17:00 ② 접수 방법: MBC플러스 채용 홈페이지 온라인 접수 (www.mbcplus.com) ※ 합격자 발표: 2016년 10월 10일(월) (예정) ③ 문의처: 031-995-0074~0075, 채용홈페이지 〈채용문의, (FAO) 참조
역량 면접	① 전형 일자: 2016년 10월 12일(수)~2016년 10월 14일(금) (예정) ② 전형 목표: 실무 능력 평가 ※ 〈스포츠콘텐츠〉 직군은 영어면접 실시(예정) ※ 합격자 발표: 2016년 10월 18일(화) (예정)
필기 전형	① 전형 일자: 2016년 10월 22일(토) (예정) ② 전형 방식: 인적성 검사 및 논술 시험(스포츠PD만 해당) 시행 ※ 합격자 발표: 2016년 10월 25일(화) (예정)
최종 면접	(추후 개별 통지 예정)
건강 검진 및 수습 임용	〈임용 예정일 2016년 11월 7일(월)〉

※ 상기 일정은 모두 예정사항이므로, 각 전형단계별 세부 일정은 채용 홈페이지 및 유선 등을 통해 개별 통지할 예정이오니, 지원자께서는 이를 반드시 확인하여 주시기 바랍니다.

● **제출 서류**

가. 최종 학교 졸업(졸업예정) 및 성적증명서, 어학 및 자격증 사본 등 구비서류는 입사 이후 제출 (단, 어학 성적은 임용일 기준 2년 이내에 취득한 유효 성적만 인정)
나. 지원서에는 반드시 본인 확인이 가능한 연락처, E-Mail 주소를 기재하시기 바랍니다.

● **기타 사항**

가. (주)MBC플러스는 (주)문화방송의 자회사로서, MBC 드라마넷, MBC에브리원, MBC뮤직, MBC 스포츠플러스, MBC스포츠플러스2 채널을 보유한 방송 콘텐츠 사업자(Contents Provider)입니다.
나. (주)MBC플러스는 연봉제를 시행하며, 채용 시 개인별 연봉계약이 이루어질 예정이고, 신입사원 연봉은 회사 내규에 따릅니다.
다. 신입사원의 경우, 채용 前 경력을 인정하지 않으며, 수습기간 평가 후 채용 예정입니다.
라. 적임자가 없을 경우 채용하지 않을 수 있습니다.
마. 제출 서류에 허위사실이 있을 경우 채용이 취소될 수 있습니다.

▶ 스포츠 미디어 그룹

4

KBSN SPORTS

KBSN SPORTS

설립일: 2002년 03월 06일
직원수: 162명(크레딧잡 2018/12/25)
초봉: 3,459만원(크레딧잡 2018/12/25)
채용방식: 수시 채용

- KBSN의 스포츠 전문 채널
- 축구, 야구, 농구, 배구, 복싱, 킥복싱, 종합격투기, 테니스, 핸드볼, 씨름 등 거의 모든 스포츠 종목 중계
- 프리메라리가, 세리에A 중계
- 뛰어난 배구 중계 기술로 잘 알려진 방송사

조직도

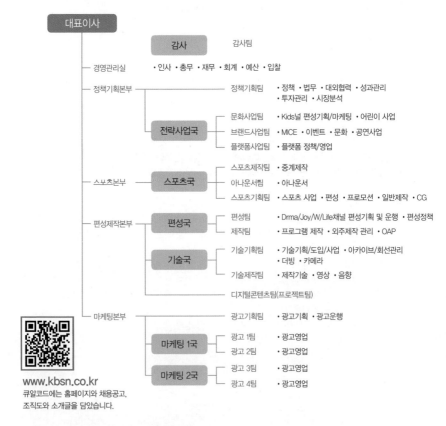

대표이사

감사 — 감사팀

경영관리실 · 인사 · 총무 · 재무 · 회계 · 예산 · 입찰

정책기획본부 —
- 정책기획팀 · 정책 · 법무 · 대외협력 · 성과관리 · 투자관리 · 시장분석
- 전략사업국
  - 문화사업팀 · Kids널 편성기획/마케팅 · 어린이 사업
  - 브랜드사업팀 · MICE · 이벤트 · 문화 · 공연사업
  - 플랫폼사업팀 · 플랫폼 정책/영업

스포츠본부 —
- 스포츠국
  - 스포츠제작팀 · 중계제작
  - 아나운서팀 · 아나운서
  - 스포츠기획팀 · 스포츠 사업 · 편성 · 프로모션 · 일반제작 · CG

편성제작본부 —
- 편성국
  - 편성팀 · Drma/Joy/W/Life채널 편성기획 및 운행 · 편성정책
  - 제작팀 · 프로그램 제작 · 외주제작 관리 · OAP
- 기술국
  - 기술기획팀 · 기술기획/도입/사업 · 아카이브/회선관리 · 더빙 · 카메라
  - 기술제작팀 · 제작기술 · 영상 · 음향
- 디지털콘텐츠팀(프로젝트팀)

마케팅본부 —
- 광고기획팀 · 광고기획 · 광고운행
- 마케팅 1국
  - 광고 1팀 · 광고영업
  - 광고 2팀 · 광고영업
- 마케팅 2국
  - 광고 3팀 · 광고영업
  - 광고 4팀 · 광고영업

www.kbsn.co.kr
큐알코드에는 홈페이지와 채용공고,
조직도와 소개글을 담았습니다.

KBSN SPORTS 신입 공개채용

● 모집분야 신입

모집분야		구분	모집요건	우대사항
방송제작	스포츠 PD	신입 (정규직 0명)	• 직무 자격요건 – 스포츠중계 및 프로그램/콘텐츠 제작 담당 – 스포츠분야 관심도 및 미디어/콘텐츠 이해도 – 창의/추진력, 책람, 대인관계, 신속한 판단 및 상황대처 역량	관련분야 전공 및 업무경험자
방송영업	광고영업	신입 (정규직 0명)	• 경력 무관 • 직무 및 자격요건 – 방송시장 광고영업 담당 – 미디어/콘텐츠 시장 관심 및 이해도 – 성취지향성, 적극적이고 긍정적인 마인드, 커뮤니케이션 역량	운전가능자 및 차량 소지자
방송기술	영상	신입 (정규직 0명)	• 경력 무관 • 직무 및 자격요건 – 중계/부조정실 카메라 영상 및 VCR/미디어서버 운용 담당 – 방송기술 관련학과(전자공학, 정보통신, 매체공학 등) 졸업 – 책임감, 대인관계, 커뮤니케이션, 신속한 판단 및 상황대처 역량	관련분야 자격증 및 조명 운용 가능자
	음향	신입 (정규직 0명)	• 경력 무관 • 직무 및 자격요건 – 중계/부조정실 음향 운용 담당 – 방송기술 관련학과(전자공학, 정보통신, 매체공학 등) 졸업 – 책임감, 대인관계, 커뮤니케이션, 신속한 판단 및 상황대처 역량	관련분야 자격증

▶ 스포츠 미디어 그룹   **4**

● 전형절차
- 블라인드서류전형 → 필기시험 → 실무/임원면접 → 신체검사 → 최종합격
- 블라인드 채용전형 실시에 따라 활동/경력사항 등을 자세히 기재해주시기 바랍니다.
- 법무정책, 플랫폼/광고영업, 스포츠PD, 영상/음향 부문 지원자는 필기시험 전형을 실시합니다.
- NCS(국가직무능력표준, National Competency Standards) 의거, 필기시험 실시
- 면접전형은 2회 실시를 기본으로 하되, 진행상황에 따라 변경 가능합니다.

※ 각 전형별 세부진행방법은 합격자에 한하여 개별 안내드립니다.

● **모집기간**
· 2018년 7월 5일(목)~7월 12일(목) 오후 1시까지
※ 면접관련 문의는 평일 10시~17시(주말 제외)에 진행되며, 7월 12월(수) 오후 16시까지
※ 마감당일 지원자분들께서 대거 몰릴 수 있으니, 조기 지원 요청드립니다.

● **입사지원서 제출방법**
· KBS N 채용홈페이지 ⇒ KBSN.saramin.co.kr

홈페이지 입사 지원하기

● **처우조건**
· 정규직(경력, 신입)은 3개월 수습(사용)과정 후 당사의 평가절차에 따라 최종 채용여부를 결정합니다.
· 전직원 연봉제이며, 회사내규에 따라 신입/경력사원의 급여조건을 최종 결정합니다.
· 기본급여 외 각종 복리후생제도를 운영하고 있습니다.

● **문의사항**
· KBS N 경영관리실 채용담당자(☎ 02-787-3284(3258))

● **기타사항**
· 입사지원은 채용홈페이지를 통한 온라인 접수만 가능하며, 전형단계별 합격자는 개별통보합니다.
· 지원서 기재 내용의 착오 또는 누락으로 인해 발생한 불이익은 모두 본인에게 책임이 있으며, 지원서 제출과정을 통하며 허위사실 기재 및 허위증빙서 제출 시 합격이 취소됩니다.
· 본 채용일정은 사정에 따라 변경될 수 있으며, 채용전형 후 채용 적격자가 없다고 판단될 경우 선발하지 않을 수 있습니다.
· 남자의 경우 병역필 또는 면제자, 해외여행에 결격사유가 없는 분이셔야 합니다.
· 신체검사 결과에 따라 채용이 취소될 수 있습니다.
· 보훈 및 취업보호대상자는 관계 법령에 따라 우대합니다.

SBS SPORTS(SBS 플러스)

설립일: 2000년 6월 20일
직원수: 276명(크레딧잡 2018/12/25)
초봉: 3,446만원(크레딧잡 2018/12/25)
채용방식: 수시 채용

- '한국스포츠TV'가 1999년 말 SBS에 매각되어 'SBS스포츠채널'이라는 이름으로 개국
- 2010년부터 2014년까지 SBS ESPN이라는 채널명 사용
- SBS 본사의 모든 스포츠 중계와 콘텐츠 제작 담당
- EPL 중계 당시 EPL 관련 센스있는 콘텐츠 제작으로 국내 축구팬들에게 친숙한 방송사

조직도

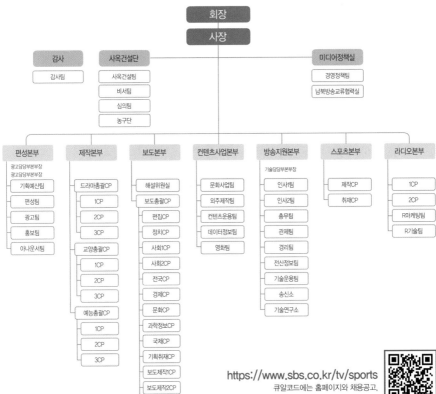

https://www.sbs.co.kr/tv/sports
큐알코드에는 홈페이지와 채용공고,
조직도와 소개글을 담았습니다.

SBS미디어넷 2018년 신입/경력사원 모집 신입 공개채용

● **모집부문 및 지원자격**

구분		직무
신입	PD	• 드라마PD • 스포츠/골프PD • 예능제작PD(예능, 음악 프로그램 제작) • 예능사업PD(예능, 음악 프로그램 제작사업)
	기자	• 경제기자
	방송경영	• 홍보(프로그램 PR, SNS통합프로모션) • 방송마케팅(프로그램 마케팅 및 비즈사업) • 경영기획
경력	기자	• 경제기자
	서비스기획	• 서비스기획(온라인서비스기획, 모바일웹운영관리)

● **공통자격 및 우대사항**
1. 4년제 대학교 학사 학위 이상 소지자 졸업예정자(2019년 2월)
2. 남자의 경우 병역필 또는 면제자
3. 해외여행시 결격 사유가 없는 자
4. 국가보훈대상자 및 장애인은 관계법령에 따라 우대
5. 미디어/콘텐츠 관심 및 이해도
6. 졸업예정자의 경우 인턴참여 및 최종합격 즉시 입사 가능자

● **지원서 접수**
• 접수 기간: ~2018년 8월 7일(화) 24:00까지
• 접수 방법: 온라인 입사지원(onesbs.saramin.co.kr)

• 전형 절차(신입)
－ 서류심사 → 실무면접 → 임원면접 → 신체검사 → 인턴평가 → 최종합격

• 전형 절차(경력)
－ 서류심사 → 인성검사 → 실무면접 → 임원면접 → 신체검사 → 최종합격

- **기타 및 유의사항**
- 지원서의 내용 및 제출된 서류가 사실과 다른 경우 합격이 취소됩니다.
- 입사지원내용은 온라인 접수만 가능하며, 전형단계별 합격여부 및 다음 전형 안내사항은 개별통보합니다.
- 증빙서류는 실무면접 시 제출합니다(※ 서류전형 합격자에 한하여 안내예정)
- 신입: 최종학교 졸업(예정) 증명서/취업보호대상증명서, 장애인등록증 사본(해당자)
- 경력: 최종학교 졸업(예정) 증명서/취업보호대상증명서, 장애인등록증 사본(해당자)
    경력(재직)증명서, 근로소득원천징수영수증
- 경제기자 직무 합격자에 한하며 실무면접 시 카메라테스트 실시 예정입니다(신입/경력)
- 모집기간 내 1개의 직무만 제인 가능합니다(중복지원 불가).
- 신입 지원자는 임원면접 합격 후 막 1개월간의 인턴 근무평가기간을 거치 최종 채용확정됩니다.

- **채용문의 및 근무지**
- 채용 문의: hr-medianet@sbs.co.kr
- 근무지: 서울 마포구 상암동 sbs프리즘타워

JTBC SPORTS

설립일: 2010년 11월 19일
직원수: 20명(크레딧잡 2018/12/25)
초봉: 2,835만원(크레딧잡 2018/12/25)
채용방식: 수시 채용

- JTBC PLUS의 종합 스포츠 전문 채널
- FOX International Channels Asia(FIC)와의 업무 제휴를 통해 FIC 보유 콘텐츠 확보
- AFC 내 축구 국가대표 경기 중계(아시안컵 등)
- 테니스 메이저 대회, FIA 포뮬러 월드 챔피언십(F-1) 등 세계적인 대회 중계
- JTBC Golf 채널 운영

채용공고

JTBC플러스 신입 및 경력PD 채용

JTBC플러스에서 JTBC GOLF 및 JTBC3 채널의 프로그램 중계/제작을 이끌어 갈 창의적인 인재를 모집합니다. 미디어 융합 시대의 주역이 되고 싶은 분들의 많은 관심과 지원 바랍니다.

● 응시 자격 및 채용분야

모집분야	담당업무	응시자격(필요역량)	우대사항
제작PD (신입)	• JTBC GOLF 및 JTBC3 채널 중계/제작 - 골프 스포츠 Live 중계 - 일반 프로그램 기획 및 제작	•4년제 대졸 이상 (19년 2월 졸업예정 또는 기졸업자)	• 방송매체 및 콘텐츠 제작 경험자 • 외국어 능력 우수자 우대
제작PD (경력)	上同	• 관련 경력 4년 이상자	• 현장 중계 경험자 • EVS 및 NLE 편집 숙련자

※ 신입채용은 채용 후 제작PD 근무 후 사내 협의를 통해 타 부서 지원 가능

http://jtbc3foxsports.joins.com/
큐알코드에는 홈페이지와 채용공고,
조직도와 소개글을 담았습니다.

채용공고

- **근무지**
  - 서울 마포구 상암동 JTBC빌딩

- **접수기간**
  - 2018년 11월 30일(금)~2018년 12월 14일(금) 18시까지

- **전형 단계 안내**
  - STEP 1. 서류전형 → STEP 2. 필기전형(신입) → STEP. 3 역량면접
  → STEP 4. 임원면접 → STEP 5. 채용검진 → STEP 6. 입사

  ※ 전형절차는 회사 사정에 따라 변경 및 추가될 수 있음
  ※ 서류전형 합격자는 모집마감 후 2주 내 채용 홈페이지에 게시하며, 합격자에 관하여 개별 통보

- **접수방법**
  - 중앙그룹 채용 홈페이지를 통한 온라인 지원(http://recruit.joongang.co.kr)

- **기타**
  - 국가보훈대상자 및 장애우는 관련 법령에 의거, 채용 시 우대합니다.
  - 해외여행에 결격사유가 없어야 하며, 남자의 경우 군필 또는 면제자여야 합니다.
  - 지원서 내용이 허위로 기재되었을 경우 합격은 취소됩니다.(각종 증빙서류는 최종합격 후 제출)
  - 제출된 서류는 반환되지 않으며, 본 목적 외 다른 용도로 사용되지 않습니다.
  - 문의: JTBC 플러스 채용담당자(02-2031-8231)

STN Sports

설립일: 2006년 03월 28일
직원수: 18명(크레딧잡 2018/12/25)
초봉: 1,916만원(크레딧잡 2018/12/25)
채용방식: 수시 채용

- 종합 스포츠 채널
- 대학농구, 대학배구, 아시아리그 아이스하키, FK리그 풋살 대회, 내셔널리그 등의 대회와 기타 아마리그 대회 위주 중계
- 네이버 등 인터넷 스트리밍을 이용해 비인기 종목 중심 중계

조직도

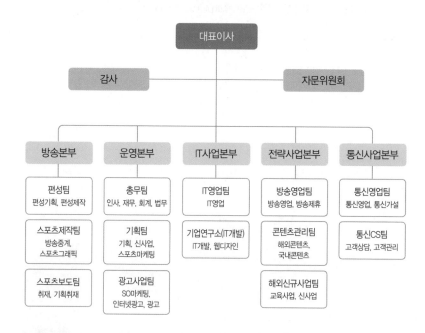

www.stnsports.co.kr
큐알코드에는 홈페이지와 채용공고,
조직도와 소개글을 담았습니다.

STN Sports 채용공고

● **모집분야 및 자격요건**

모집분야	담당업무	자격요건	모집인원
스포츠중계AD 스포츠중계LSM 스포츠중계CG 카메라 감독 OAP 프리랜서VJ 기획 및 마케팅	스포츠중계 제작 스포츠중계 조연출 리플레이 운용 자막CG 제작 스포츠영상 촬영 스포츠영상 제작 사업 기획 및 마케팅	• 학력: 기획 및 마케팅(4년제 이상 그 외 방송분야 초대졸 이상) • 경력: 경력무관 • 성별: 무관 – 스포츠에 대한 관심이 많은 자 – 해외여행 결격사유가 없는 자	0명

● **근무조건**
- 근무형태: 계약직(정규직 전환가능)
- 근무지: 서울 〉 강서구
- 근무요일: 주5일
- 근무시간: 09시 00~18시 00분
- 급여: 회사내규에 따름(면접 후 결정)

● **전형절차**
- 서류전형 → 1차면접 → 2차면접 → 임원면접 → 최종합격

※ 면접일정은 추후 통보됩니다.

● **접수방법**
2018. 09. 02(일) 24시까지
- 접수방법: 잡코리아 접수
- 이력서: 잡코리아 이력서

● **제출서류**
- 이력서, 자기소개서 제출

5. 기업 스포츠 마케팅

기업 스포츠 마케팅	조직도	채용공고
스포츠단 운영 기업		
1 코오롱스포츠단	X	O
2 하이원 리조트 스포츠팀	O	O
3 안양 한라	O	O
4 삼양사 여자 사이클팀	X	O
후원 기업		
5 CJ	X	O
6 동아오츠카	X	O
7 효성	X	O
8 금호	X	O

코오롱스포츠단((주)코오롱)

5PORTS /K

설립일: 1957년 4월 12일
직원수: 85명(크레딧잡 2019/01/07)
초봉: 6,284만원(크레딧잡 2019/01/07)
채용방식: 수시 채용

- 2014년 코오롱FnC-〉(주)코오롱 홍보실로 조직 개편
- 코오롱 마라톤팀, 코오롱 양궁팀, 코오롱 골프팀, 코오롱 챌린지팀(산악) 운영
- 코오롱 구간 마라톤대회, 코오롱 한국오픈 골프선수권대회, 서울 국제유스양궁페스타 주최
- 코오롱FnC 브랜드 HEAD- 고려대학교 농구부, 야구부, 럭비부 후원(2007~현재)

채용공고

코오롱스포츠 브랜드 마케팅 담당자 채용
- 코오롱인더스트리(주) FnC 부문

- **모집 요강**
- 근무형태: 정규직 모집인원: 0명 급여: 회사내규에 따름
- 자격 요건: 학력 – 대학교졸업(4년) 이상, 경력 – 8년 이상~11년 이하

- **모집개요**
- 중견기업 마케팅 경력 보유자 우대
- 광고대행사 5년 이상 경력 보유자 우대
- 소비재 마케팅 5년 이상 경력 보유자 우대
- 아웃도어 및 스포츠브랜드 마케팅 경력자 우대
- 패션 브랜드 마케팅 경력자 우대
- IMC기획
- 매장통합프로모션기획
- 고객체험캠페인기획
- 공동마케팅제휴
- On/Offline 통합마케팅기획
- 대학생홍보대사운영

www.sportskolon.com
큐알코드에는 홈페이지와 채용공고,
조직도와 소개글을 담았습니다.

● **기타사항**
- 원서 마감후 1차(서류) 합격자에 한하여 개별연락
- 제출된 서류는 일체 반환하지 않습니다.
- 국가 유공자는 관련법에 의거하여 우대함
- 해외여행에 결격 사유가 없는 자

● **전형방법 및 제출 서류**
- 전형절차: 서류전형 → 1차면접 → 2차면접 → 채용검진
- 제출서류:
 - 이력서, 자기소개서 각 1부(사진부착)
 - 성적증명서, 졸업증명서 각 1부
 - 어학성적증명서, 자격증사본 1부
 * 이메일 접수시 기타 증빙서류는 면접시 제출가능

하이원스포츠단(강원랜드)

설립일: 1998년 6월 29일
직원수: 3,685명(크레딧잡 2019/01/07)
초봉: 3,540만원(크레딧잡 2019/01/07)
채용방식: 수시 채용

- 강원랜드 마케팅실 High1 스포츠팀
- 아이스하키팀, 유도팀, 스키팀, 장애인스키팀 운영
- 골프– 1부. 박보미, 고나혜, 2부. 조은혜 후원
- 유도– 곽동한 2010~2018 아시안게임(금3, 동1), 2016 브라질리우올림픽 동메달
- 스키– 아시안게임 및 각종 대회(금5, 은1, 동7)
- 아이스하키– 전국종합선수권대회우승(06~08, 11~12, 15), 전국종합선수권대회준우승(17)

조직도

2본부 15실 55팀 1센터(부분개정 2019. 02. 15)

http://sports.high1.com/
큐알코드에는 홈페이지와 채용공고,
조직도와 소개글을 담았습니다.

하이원스포츠 아이스하키단 러시아어 통역 아르바이트 모집

● **모집부문**

모집부문	모집인원	자격요건(공통)
러시아어 통역	1명	– 업무: 하이원스포츠팀 소속 러시아선수 통역 지원 – 자격: 러시아어 통역 가능자, 서울 및 경기권 거주자

● **우대조건**
- 장애인– 장애인복지법 제32조에 따른 등록장애인
- 동종업계 경력자– 지원한 직무에 대한 동종업계 경력 우대
- 자택 출퇴근 가능자– 서울 및 고양시 출근가능자
  ※ 장애인 우대사항에 관련한 증빙자료는 입사지원서와 같이 제출

● **지원방법**
- 각 개인별 지원서 항목 작성 및 구비서류 첨부
- 근무기간: 채용일로부터 2019년 3월 31일까지
  ※ 문의: 인사팀 채용담당자 033–590–3307 / 이메일: carie2000@kangwonland.com

● **구비서류**
- 사진은 3.5 X 4.5의 여권 또는 신분증 사진으로 첨부(채용 후 사원카드 사진으로 사용됨)
- 관련 자격증 소지자 및 경력자는 자격증 사본, 경력증명서 첨부
- 첨부자료는 영문.jpg 형식의 파일로 첨부
- 당사 경력의 경우 경력란에 해당내용을 기입하시고 경력증명서는 미첨부하여도 무방함

● **전형절차**
- 지원서 접수기간: 2018. 10. 24~채용시
- 면접전형: 전화 및 대면 인터뷰 진행 예정이며, 자세한 내용은 개별연락을 통해 안내

● **기타사항**
- 시급/처우
- 시급: 9,000원 – 장애인 근로자 복지수당 지급(월 약10만원)
- 4대보험 가입, 중식제공, 법정수당 지급
- 제출된 서류는 비공개로 관리합니다.
- 기재된 내용이 사실과 다르거나, 만약 고의로 누락·허위기재 등 부정 사항이 발견될 경우, 합격 취소 등 모든 책임이 지원자에게 있음을 유념하여 주시기 바랍니다.

한라그룹(안양 한라 아이스하키단)

설립일: 1999년 11월 27일
직원수: 296명(크레딧잡 2019/01/07)
초봉: 5,482만원(크레딧잡 2019/01/07)
채용방식: 수시 채용

- 1994년 창단, 2019년 기준 창단 25주년
- 만도위니아(1994~1997)-〉 한라위니아(1997~2004), 안양한라(2004~현재)
- 모기업– 한라그룹(지주사:한라홀딩스)
- 홈구장– 안양실내빙상장
- 아시아리그 총 5회 우승(08–09,09–10,14–15,16–17)
- 대학생마케터 파우스 운영(2017~현재)

조직도

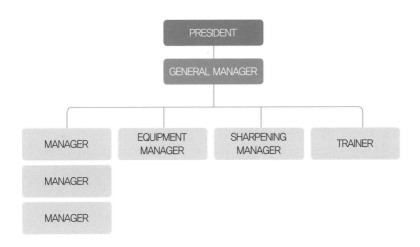

www.anyanghalla.com
큐알코드에는 홈페이지와 채용공고,
조직도와 소개글을 담았습니다.

의무 트레이너(인턴) 채용

안녕하세요, 아시아리그 아이스하키 2015- 2016 통합 챔피언 안양한라 아이스하키단입니다.
2016- 2017 시즌 개막에 앞서 저희 구단에서는 의무 트레이너(인턴)를 채용하오니 관심 있는 분들
의 많은 지원 바랍니다.

● 모집부문

모집부문	모집인원	업무 내용	우대 사항
의무 트레이너 (보조)	1명	일반적인 의무 트레이너 업무(물리 치료, 마사지, 테이핑 등 선수단 부상 예방 및 관리)	업무 분야 관련 경력 및 자격증 소지자(스포츠마사지, 테이핑 관리사 등)

● **인턴 기간**
• 2016. 6월~2016년 12월
＊ 2016-17시즌이 2017년 3월에 종료되므로 지원 기간 종료(2016년 12월) 후 3개월 자체 연장 계약
가능

● **근무 형태**
• 주5일(40시간) 단, 주말 경기 출근 시 평일 대체 휴무

● **근무 지역**
• 경기도 안양시(실내빙상장)

● **군필자 우대**(해외 출장 결격 사유 없는 자)

● **제출 서류**
• 이력서 및 자기소개서 제출(관련 경력 보유시 기술)

● **전형 절차**
• 1차 서류 전형 → 2차 면접 → 최종 합격 발표

인턴모집 기간(06.01~06.10), 심사기간(06.07~06.10)
[본 사업은 2016년 스포츠산업분야 인턴십 지원사업의 일환으로 진행되며, JOB SPOIS를 통해서만
지원가능합니다]

삼양사 여자 사이클팀(삼양홀딩스)

°samyang°°

설립일: 1953년 3월 17일
직원수: 126명(크레딧잡 2019/01/07)
초봉: 5,158만원(크레딧잡 2019/01/07)
채용방식: 수시 채용

- 1986년 창단
- 삼양사 여자 사이클팀 총 8명(감독 1명, 코치 1명, 선수 6명)으로 구성
- 국내 유일 기업 창단 사이클 선수단
- 국내 사이클 대회 및 전국체전 석권
- 2018년 자카르타–팔렘방 아시안게임(김유리) 금2, 동1 수상

채용공고

삼양사 여자 사이클팀(삼양홀딩스) 채용

- 모집부문

구분	전형	모집부문	관련 전공	근무지
신입	채용전제형 동계인턴/ 전역장교	생산관리 (생산/공정관리, 공무, QA 등)	화학공학, 고분자공학, 화학, 식품공학, 생물학, 약학, 생명·생물공학, 기계공학, 전기·전자공학, 환경공학 등	인천, 대전, 진천, 전주, 군산, 울산, 아산 여수
		영업 마케팅	제한 없음 (인문, 상경, 이공, 자연 등)	전국 (서울, 판교, 대전, 전주, 울산 등)
		경영지원 (기획, 인사, 홍보, 구매 등)	제한 없음(인문, 상경 등)	
		재무/회계	상경계열	서울, 대전 등

www.samyang.com
큐알코드에는 홈페이지와 채용공고,
조직도와 소개글을 담았습니다.

구분	전형	모집부문	관련 전공	근무지
신입	Global Talent	영업·마케팅	제한 없음(인문, 상경, 이공, 자연 등)	서울, 판교
		경영지원 (기획, 인사, 홍보, 구매 등)	제한 없음(인문, 상경 등)	
		재무/회계	상경계열	
		생산관리 (생산 공정관리, 공무 OA 등)	화학공학, 고분자공학, 화학, 식품공학, 생물학, 약학, 생명생물공학, 기계공학, 전기전자공학, 환경공학 등	인천 대전, 진천, 전주 군산, 울산, 아산, 여수
	신입연구원/전문연구원	R&D (화학 정보전자소재, 식품, 의약·바이오, 패키징)	화학 화학공학, 고분자 재료공학, 생명·생물공학, 식품공학, 조직공학, 의공학, 약학, 신소재공학, 유기화학, 디스플레이관련학과 등	대전, 판교, 서울, 진천
	산학장학생	전직무	• 학사 : 상경계열, 이공계열 • 석사 : 화학공학, 식품공학 등	• 학사 : 서울 판교, 인천, 전주, 울산 등 • 석사 : 대전, 판교 등

※ Global Talent 전역장교 급여 책정 시 군경력 2년 인정
※ 부문별 채용 후 세부배치 추후 확정 예정
※ 전문연구요원 패키징R&D부문 제외
※ 상세 모집요강은 당사 온라인 채용공고 참조(http://www.samyang.com/Recruit)

● **자격요건**
    • 해외여행에 결격사유가 없는 분
    • 국가보훈대상자 등 취업 보호대상자 우대
    • 공인어학성적 : Global Talent 전형 외 필수 제출(모집부문별 공고 참고)

● **접수기간**
    • 2018년 9월 10일(월)~2018년 9월 26일(수) 23시 59분까지

채용공고

● **지원방법**
- 홈페이지 접수
1) 입사지원서 : 삼양그룹 홈페이지 '채용관'을 통해 접수
   (http://www.samyang.com/Recruit)
2) 삼양그룹 채용관 접속 ▶ 채용공고 ▶ 지원하기 ▶ 지원서 제출
※ 채용서류 반환을 원하는 분은 합격자 발표일로부터 1개월 이내 Q&A
   게시판에 반환 청구요청을 해주시기 바랍니다.
   (단, 홈페이지로 접수한 입사지원서 등 서류는 반환 불가)
※ 입사지원서는 제출 마감 후 조회/수정할 수 없으니, 미리 개별 저장해주
   시기 바랍니다.

● **기타**
1. 문의 : 삼양그룹 홈페이지 채용관 Q&A 게시판을 이용바랍니다.
      (http://www.samyang.com/Recruit)
2. 장애인 및 국가보훈대상자는 관계법령에 의거 우대합니다.
3. 기재내용이 허위로 판명될 경우 합격 및 입사가 취소됩니다.
4. 삼양그룹 공식 SNS : 'Say Samyang'
   – 블로그 : http//www.saysamyang.com/
   – 페이스북 : http//www.facebook.com/saysamyang

CJ

설립일: 1953년 8월 1일
직원수: 57명(크레딧잡 2019/01/07)
초봉: 3,696만원(크레딧잡 2019/01/07)
채용방식: 수시 채용

- 모터스포츠(CJ Logistics Racing, Cheiljedang Racing Team, CJ ENM E&M부문 Motorsports Team, CJ Racing Junior Program) 운영
- 골프 선수 후원(김시우, 이동환, 안병훈, 이경훈, 김민휘, 임성재, 강성훈, 김민규, 박지영, 장은수, 박진하, 성은정)
- 동계스포츠– 대한스키협회, 대한봅슬레이– 스켈레톤 경기연맹 및 주요 선수(윤성빈, 이상호, 김호준) 후원
- 테니스 유망주(정윤성) 후원
- 베트남 태권도 국가대표팀 후원

채용공고

(주)슈퍼레이스 마케팅팀 인턴 채용

● **모집부문 및 자격요건**

담당업무	자격요건 및 우대사항
[스포츠마케팅(운영파트)] – 대회 컨셉 기획 및 마케팅플랜 수립 – 행사장 세팅 및 운영 관리	자격요건 – 학력: 대졸 이상(4년제), 성별: 무관, 모집인원:1명 필수요건 – 운전 가능자, 주말 출장 가능자 우대사항 – 스포츠 이벤트 및 기타 행사 운영 경험자(아르바이트, 동아리 행사 등) – 문서 작성 능력 우수자(워드, 파워포인트 등)

www.cj.net
큐알코드에는 홈페이지와 채용공고,
조직도와 소개글을 담았습니다.

채용공고

● **근무조건 및 환경**
- 근무형태: 인턴 6개월 후 정직원 전환
- 근무부서: 마케팅 팀
- 근무요일/시간: 주 5일(월~금) 오전 9시~오후 6시(월별 유연 근무제)
- 근무지역: 서울– 중구
- 급여: 인턴 세전 180만원 / 정규직 전환 후: 회사 내규에 따름
- 회사주소: 서울시 중구 동호로 330 CJ제일제당센터
- 인근전철: 서울 2,4,5호선 동대문역사문화공원역 인근

● **전형절차 및 제출서류**
- 전형절차: 서류접수 → 실무면접 → 임원면접 → 최종합격
- 제출서류: 이력서, 자기소개서, 포트폴리오(선택)

● **접수기간 및 방법**
- 접수기간: 2018년 1월 3일(수)~2018년 1월 10일(수) 이력서양식: 자유 양식
- 접수방법: 이메일 지원(yj,go@cj.net)

● **기타 유의사항**
- 입사지원 서류에 허위사실이 발견될 경우, 채용확정 이후라도 채용이 취소될 수 있습니다.

동아오츠카

설립일: 1978년 10월 5일
직원수: 884명(크레딧잡 2019/01/07)
초봉: 3,218만원(크레딧잡 2019/01/07)
채용방식: 수시 채용

- 1979년 일본의 오츠카제약과 합자형태로 설립
- 대표제품- 포카리스웨트, 오란씨, 데미소다, 오로나민C 등
- 서울국제마라톤, V리그, KOREA 3X3 프리미어리그, 전국휠체어농구대회 스폰서
- 동아일보 마라톤대회, KBO한국야구위원회, WKBL한국여자농구연맹, 중앙일보 마라톤대회, KFL 한국풋살연맹, 삼성전자 육상선수단, 대한복싱연맹, 아시안게임(1994~2018) 공식음료
- 홍명보장학재단, 장미란재단 후원사

채용공고

동아오츠카 신입 채용

- **주요 업무**
- 스포츠, 문화 마케팅
- 프로모션 기획, 연출
- 제품샘플링, 설명회 등
※ 담당업무는 회사 사정에 따라 변경될 수 있습니다.

- **자격 요건**
- 핵심 직무 역량
- 신입
- 4년제 대학교 졸업자
- 군필 또는 면제자

www.donga-otsuka.co.kr
큐알코드에는 홈페이지와 채용공고,
조직도와 소개글을 담았습니다.

채용공고

● 우대 사항
– 스포츠/문화 마케팅, 식품계열 우대
– 취업보호대상자 우대(보훈대상자, 장애인 – 증명서 사본 첨부)

・ 채용절차: 서류전형 → 면접전형 → 건강검진 → 최종합격
– 1차: 서류전형
– 2차: 면접전형(1, 2차)
– 3차: 건강검진 등
※ 서류합격 및 1차 면접 대상자는 합격자에 한해 문자로 개별 통보합니다.

● 복리후생
– 주5일 근무, 연차휴가, 경조휴가, 하계휴가
– 당사규정(기본급+제수당+법정수당), 정규상여, 중식 현물제공
– 자녀학자금지원(유치원, 고등학교, 대학교), 공제회 운영(경조사비, 대출제도)
– 4대보험, 단체상해보험가입 등

● 기타
– 근무지: 서울/안양
・ 서울사무소: 서울 동대문구 용두동
・ 안양본사: 경기도 안양시 만안구 석수2동
– 채용구분: 신입 3명(정규직)
– 제출서류: 입사지원서 및 자기소개서
– 접수방법: e–mail: oksobc@donga.co.kr(제목 및 파일명: 모집부문_지원자명)
※ 기재사항이 사실과 다를 경우 합격이 취소될 수 있습니다.
– 제출서류: 입사지원서 및 자기소개서
– 접수방법: e–mail: oksobc@donga.co.kr(제목 및 파일명: 모집부문_지원자명)

효성

설립일: 1957년 4월 10일
직원수: 288명(크레딧잡 2019/01/07)
초봉: 4,041만원(크레딧잡 2019/01/07)
채용방식: 수시 채용

- 갤럭시아 SM 모기업– 효성그룹
- 대한봅슬레이스켈레톤경기연맹 후원
- 효성 챔피언십 with SBS Golf 메인스폰서(2017~2019)
- JDX멀티스포츠와 업무협약(MOU)– 2017
- 언더아머제품 유통사– 갤럭시아코퍼레이션(2012~2016)

채용공고

효성 경력 사원 채용

● **모집부문 및 자격요건**

모집부문	구분	인원	기간	담당업무	근무지	자격조건 및 근무형태
디지털 마케팅 (대리급)	경력	0명	~1.8	– 온라인 커뮤니케이션 – 이벤트 프로모션 – 홈페이지 및 블로그운 등	본사 (강남)	– 정규대학(4년제) 졸업자 – 동종경력 3년 이상자 – 정규직

● **근무조건 및 환경**
• 전형 방법: 서류전형 → 1차(실무진)면접 → 2차(경영진)면접 → 신체검사 → 최종합격자발표

● **지원방식**　　　　• 당사 채용 홈페이를 통한 지원(http://recruit.hyosung.com)

● **우대사항**　　　　• 국가 보훈대상자 및 장애우 우대, 동종업계 경력자 우대, 해외 여행 결격
　　　　　　　　　　　사유가 없고 근면 성실한 자

● **기타**　　　　　• 각 전형 합격자에 한하여 유선으로 개별 연락 예정(탈락자는 별도 연락
　　　　　　　　　　없음), 제출한 서류는 일체 반환하지 않음, 입사지원서의 기재 내용이
　　　　　　　　　　허위로 판명될 시 입사 취소
　　　　　　　　　• 기타 문의사항은 sungrip@hyosung.com으로 연락 바랍니다.

www.hyosung.co.kr
큐알코드에는 홈페이지와 채용공고,
조직도와 소개글을 담았습니다.

금호타이어

설립일: 2003년 6월 30일
직원수: 1,970명(크레딧잡 2019/01/07)
초봉: 5,155만원(크레딧잡 2019/01/07)
채용방식: 수시 채용

- EPL 토트넘 핫스퍼 후원, NBA 공식후원사, KIA 타이거즈 공식후원사
- 맨체스터 유나이티드 스폰서(2007~2011)
- 모터스포츠 엑스타레이싱 팀 운영
- 모터스포츠 대회– TCR 코리아 투어링카 챔피언십, CJ 슈퍼레이스 챔피언십, 엑스타 슈퍼챌린지, 현대 아반떼컵 마스터지 레이스, 현대 아반떼컵 챌린지 레이스 후원

채용공고

2016년 상반기 경력사원 그룹 공채

- 모집요강

회사	근무지역	직군	담당업무	자격조건 및 근무형태
금호타이어	서울사무소	마케팅	– 마케팅전략 ※ IMC(통합적 마케팅 커뮤니케이션) 전략 수립 ※ 전사(국내/해외) 영업–마케팅 연계 전략 수립	– 마케팅 전략/기획 경력 5년 이상 – 영어 및 기타 외국어 능통자 우대 – PPT 및 문서활용능력 우수자
			– Market Intelligence ※ 글로벌 가격 정보 수집/분석을 통합 브랜드 포지션 관리 ※ 글로벌 시장 조사, 정보 분석, 수요 예측	– 관련 경력 5년 이상 – 기획 및 DATA 분석/처리 수행가능자 – 문제해결 및 협상/조정 능력 – 영어 및 기타 외국어 능통자 우대
			– 홍보기획 및 언론사 관리	– 언론 홍보 경력 5년 이상 – 작문 및 컨텐츠 기획 우수자 – 커뮤니케이션 능력이 탁월한 자

※해외여행에 결격사유가 없는 자 ※남자의 경우 병역을 필하였거나 면제된 자

www.kumhoasiana.com
큐알코드에는 홈페이지와 채용공고,
조직도와 소개글을 담았습니다.

● **접수방법 및 전형절차**

· 입사지원서 접수: 2016.03.21(월)~04.04(월) 오후 6시까지
· 접수처: 금호아시아나그룹 홈페이지(http://www.kumhoasiana.com)에서 온라인 접수만 가능
· 전형절차: 서류전형 → 인적성검사 → 면접(역량/인성) → 처우협의 → 건강검진 → 최종합격
· 전형일정: 서류전형 합격자발표: 2016.04.19(화) 오후 2시(홈페이지 및 E-Mail 공지)
· 인적성검사: 2016.04.19(화)~04.25(월)(온라인 검사)
· 면접일정: 2016.04.26(화)~04.25(월)(온라인 검사)
· 최종합격자 발표 및 입사: 2016.06월 예정

● **기타**

– 출신 대학(원) 성적증명서, 졸업증명서, 경력증명서, 자격/면허증 등 서류는 면접전형시 제출
– 인적성 검사 불참 시 불합격 처리됩니다(서류전형 합격자는 인적성검사 기간 내 반드시 응시)
– 필요자격 및 학위보유자는 우대합니다.
– 지원사항 및 제출서류에 허위사실이 있는 경우 채용이 취소될 수 있습니다.
– 지원자 본인이 직접 제출한 서류는 반환이 가능하며, 자세한 사항은 홈페이지 內 공지사항을 참
조하시기 바랍니다.

6. 선수 에이전트

	선수 에이전트	조직도	채용공고
1	리코스포츠	X	O
2	이반스포츠	O	O
3	스포츠하우스	O	X
4	JGTH엔터테인먼트	O	X

(주)리코스포츠에이전시

(주)리코스포츠에이전시
Leeco Sports Agency

설립일: 2014년 2월 6일
직원수: 9명(크레딧잡 2018/12/12)
초봉: 2,976만원(크레딧잡 2018/12/12)
채용방식: 수시 채용

- 최근 야구 에이전트 시장에서 독보적인 선두주자
- 올해 FA 시장 양의지, 이재원, 모창민, 노경은 대형계약 성사
- 쇼트트랙 금메달 리스트 김아랑 선수 리코스포츠 소속
- 리코스포츠 대표 이예랑 대표– 한국의 스캇 보라스라 불림
- 과거 영어강사, 라디오 DJ, 아나운서 등 에이전트와는 거리가 먼 직종에서 전향

채용공고

(주)리코스포츠에이전시 인턴 사원 채용

- **모집 부문** – 리서치팀, 마케팅팀 혹은 분석팀 O명

모집 부문	근무기간	직무내용	우대조건	인원
리서치팀	6개월 (2017. 6.1 ~2017. 11. 30)	– 스포츠 시장 조사 및 자료 수집 – 보고서 및 제안서 작성	– 스포츠 시장에 관한 관심과 지식이 풍부한 인재 – 인터넷 활용 수준 및 정보 취합 능력이 우수한 인재 – 영어 활용 수준이 최상급인 인재 – 작문 실력이 우수한 인재	O명
마케팅팀	6개월 (2017. 6.1 ~2017. 11. 30)	– 스포츠 관련 행사 및 이벤트 기획/진행 업무 – 미디어 관리 및 온라인 컨텐츠 개발 – 전사적 차원의 마케팅 기획	– 창의적이고 기획력이 우수한 인재 – 경력자 우대 – 독립적 성향을 가진 능동적인 인재	
분석팀	6개월 (2017. 6.1 ~2017. 11. 30)	– 세이버 매트릭스를 활용한 분석 – 각종 통계자료를 통한 알고리즘 개발	– 세이버 매트릭스 활용이 가능한 인재 – 통계 및 수학 전공자 – 알고리즘 개발이 가능한 인재 – MLB 및 KBO 선수 분석이 가능한 인재	

※ 적격자가 없을 경우 모집이 취소될 수 있습니다.

http://leecosports.com/
큐알코드에는 홈페이지와 채용공고,
조직도와 소개글을 담았습니다.

● **전형 일정**
* 서류 접수: 2017. 5. 3. – 2017. 5. 12.(18시까지 도착분에 한함)
* 면접: 2017. 5. 15. – 2017. 5. 16.(서류 합격자에 한해 개별 연락)
* 합격자 발표: 2017. 5. 17.

● **제출 서류**

필수 제출
* 기본 이력서(자유 양식)
* 지원 분야에 맞춰 본인의 장점을 어필할 수 있는 포트폴리오

선택 제출
* 리서치 부문 지원자의 경우, 외국어 관련 시험 및 자격증 사본(소지자에 한함)

● **급여 및 복지**
* 급여: 1,500,000원/월(식비, 4대 보험 포함) / 경력자의 경우, 면접 후 급여 조율 가능
* 복지: 아이디어에 따른 인센티브 등

● **지원 방법 및 기타 문의**
* 잡스포이즈 채용시스템을 통한 지원(http://spois.kspo.or.kr/job)
* 기타 문의: 010-2102-9099 / ejlee@leecosports.com

6

▶ 선수 에이전트

이반스포츠

설립일: 1996년 11월 6일
직원수: 10명(크레딧잡 2018/12/12)
초봉: 1,534만원(크레딧잡 2018/12/12)
채용방식: 수시 채용

- 2002년 월드컵 당시 황선홍, 홍명보, 유상철, 이천수, 최성용, 강철, 윤정환, 샤비, 샤샤, 데니스 보유
- 축구계에서 잔뼈가 굵은 선수 에이전시
- 이영중 대표– 국내 2번째 FIFA 에이전트 자격증 취득
- 2018년 자카르타–팔렘방 아시안게임 금메달리스트 황의조(26, 감바오사카)와 황인범(22, 대전시티즌) 선수 보유

조직도

① INTERMEDIARY SERVICE

- Players'Permanent or Loan Transfer
- Players'First Professional Registration
- Contract Negotiation
- Organizing Matches and Competitions
- Organizing Training Camps
- Sports Marketing and Sponsor Contract

② MANAGEMENT SERVICE

- Player Excavation
- Match Monitoring
- Counseling
- Injury Prevention and Rehabilitation
- Language Learning
- Sports Products Contract

+more

③ MEDIA ANALYSIS SERVICE

- Match Highlight Video
- Season Highlight Video
- Transfer Task Video
- Scouting Video
- Video Analysis of Opponent Team and Player
- Educational Video
- Motivational Video

④ BUSINESS SUPPORT SERVICE

- Managing university graduate and military service
- Support Recovering Injury
- Support in Sports Products
- Support in Learning Language

www.ivansports.com
큐알코드에는 홈페이지와 채용공고,
조직도와 소개글을 담았습니다.

[업무지원팀] 총무 회계 계약보조업무

㈜이반스포츠는 1995년에 설립된 회사로 자본금 1억원, 매출액 5억, 사원수 10명 규모의 중소기업입니다. 경기 성남시 분당구 정자일로 156번길 12(정자동, 타임브릿지)에 위치하고 있으며, 스포츠에이전트, 스포츠 매니지먼트(프로축구 선수관리). 스포츠마케팅 사업을 하고 있습니다.

● **모집부분 및 자격요건**

모집분야	담당법무	자격요건	모집인원
업무지원팀	사무, 계약보조, 단순 경리, 총무	– 학력 : 학력무관 – 경력 : 신입·경력 무관 [우대사항] – 외국어 : 일본어 JPT 700점 이상, 　　일본어 JLPT 2급 이상	2명

● **전형절차**
• 서류전형 → 실무자면접 → 임원면접 → 최종합격

● **근무환경**
• 근무형태 : 인턴 (정규직 전환가능)
• 근무지 : 경기도 성남시 분당

스포츠하우스

설립일: 2017년 9월 20일
직원수: 6명(크레딧잡 2018/12/12)
초봉: 1,555만원(크레딧잡 2018/12/12)
채용방식: 채용공고 확인불가

- 2004년 설립, 과거 박주형, 이호, 이상협 등 유명 축구 선수 에이전트사
- 박주영– NIKE 7년 계약 및 FC 서울 입단 당시 에이전트사
- 윤빛가람, 이상협, 홍철 등 유명 축구선수 보유

조직도

www.sportshaus.co.kr
큐알코드에는 홈페이지와 채용공고,
조직도와 소개글을 담았습니다.

JGTH엔터테인먼트(얼라이언스마크)

설립일: 확인불가
직원수: –
초봉: –
채용방식: 수시 채용

- 광고대행사 중 하나인 (주)얼라이언스마크에서 사업 출범
- 각종 아마추어종목(12개 종목, 17명 선수, 유도, 리듬체조, 볼링, 조정, 필드하키 등) 선수 에이전트사
- 2018 자카르타 팔렘방 아시안게임 유도 금메달리스트 안바울, 태권도 은메달리스트 에이전트사

조직도

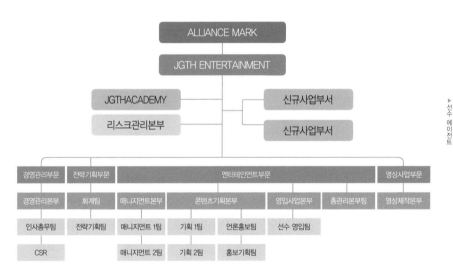

www.jgthfamily.com
큐알코드에는 홈페이지와 채용공고,
조직도와 소개글을 담았습니다.

7. 스포츠용품 기업

	스포츠용품 기업	조직도	채용공고
1	나이키 코리아	X	O
2	아디다스 코리아	X	O
3	휠라 코리아	X	O
4	뉴발란스 코리아	X	O
5	데상트 코리아	X	O
6	언더아머코리아	X	O
7	아식스	X	O
8	푸마	X	O
9	글로벌브랜드그룹코리아(스파이더)	X	O
10	다이나핏	X	O
11	노스페이스	X	O
12	디스커버리	X	O
13	블랙야크	X	O
14	코오롱 인더스트리 F&C	X	O
15	네파	X	O
16	K2코리아	X	O
17	밀레	X	O
18	빈폴 아웃도어	X	O
19	컬럼비아	X	O

스포츠용품 기업

나이키코리아

설립일: 2010년 11월 22일
직원수: 1,119명(크레딧잡 2018/12/12)
초봉: 2,392만원(크레딧잡 2018/12/12)
채용방식: 수시 채용

- 스포츠 용품 업계 세계 최상위 브랜드
- 채용시 중점사항- 나이키가 가진 기업문화와 잘 어울릴 수 있는 인재상, 외국계 기업- 영어 능력 중요
- 수평적이고 워라밸을 중시하는 조직 문화
- 매장직=본사직원과 동일한 복리후생 제도 적용
- 나이키 섬머 인턴십 제도 운영
- 인턴 자기소개서 작성시 브랜드 열정, 직무 이해도 어필

채용공고

UNLOCK YOUR CURIOSITY

WIN AS A TEAM.
우리는 팀으로서 승리합니다. 이번 여름, 자신의 한계를 뛰어넘는 도약을 꿈꾸고 있는 분이라면 Nike Summer Internship에 도전하세요! 세계 최고의 Sportswear Company에서 2개월 동안 경험하는 도전적인 프로젝트를 통해 여러분의 꿈에 한 걸음 더 다가갈 수 있는 최고의 기회가 될 것입니다.

- **모집대상**
- 대학교 3, 4학년 재학생, 영어 의사소통이 능통한 자

www.nike.com
큐알코드에는 홈페이지와 채용공고,
조직도와 소개글을 담았습니다.

채용공고

● **모집일정**
- 지원서 제출 기간: 2018.04.25(수)~2018.05.10(목) 18시까지
- 서류 전형 합격자 발표: 2018.05.16(수)
- 인터뷰 대상자 Showcase(역삼동 본사): 2018.05.23(수)
- 1차/2차 인터뷰: 2018.05.24(목)~2018.06.05(화)
- 최종 합격자 발표: 2018.06.07(목)
- 사전 오리엔테이션: 2018.06.29(금)

● **근무기간**
- 2018.07.02(월)~2018.08.31(금)

● **모집분야**

Marketing Sales Demand Supply Management Retail Business Nike.com Marketplace Development Supply Chain	역삼 본사 근무
Supply Chain	이천 물류 센터 근무

＊ 1개의 모집분야를 선택하여 지원.

● **제출서류**
1. 영문이력서(자유형식, PDF 2장 이내)
2. 미친존재감! 여러분의 스토리를 들려주세요. (자유형식, PDF 파일 3장 이내)
＊ Email 제목 양식: 모집분야_성명_2018 Nike Summer Internship
＊ 파일 제목 양식: 모집분야_성명_영문이력서/모집분야_성명_스토리
＊ Email 제출: HR.NikeKorea@nike.com로 2개 파일 메일 제출

아디다스코리아

설립일: 1982년 11월 11일
직원수: 968명(크레딧잡 2018/12/12)
초봉: 3,414만원(크레딧잡 2018/12/12)
채용방식: 수시 채용

- 나이키와 함께 스포츠 용품 업계 세계 최상위 브랜드 중 하나
- Collaboration- 이지부스트, 쇼미더머니 etc.
- 아디다스 오리지널스- 스트리트 패션 선두
- 직원들의 Life Balance 중시
- Smart Working Office 제도 운영

채용공고

아디다스코리아 채용 공고

아디다스코리아 Internship 및 Youth Employment Support 프로그램 소개

	Internship	YES!
목적	학생들을 대상으로 adidas의 직무를 경험할 수 있는 기회를 제공합니다.	구직 중인 청년들을 대상으로 고용 기회를 제공하여 사회 진출에 도움을 주고자 합니다.
근무기간	2017.7.3.~2017.8.31.	2017.7.3.~2017.11.30
지원자격	국내외 정규대학 재학생(1~4학년) (졸업예정자, 졸업 유예자 및 수료자는 지원불가)	취업을 준비 중인 국내외 정규대학 졸업생 및 졸업예정자, 졸업 유예자 및 수료자 (경력자는 대상에서 제외)
모집분야	• Legal & Compliance • Finance(Accounting & Treasury)	• Business Development

http://shop.adidas.co.kr
큐알코드에는 홈페이지와 채용공고,
조직도와 소개글을 담았습니다.

채용공고

- ● **공통지원자격**
- − 영어 커뮤니케이션 가능한 자
- − 스포츠 브랜드에 대한 관심과 열정이 있는 자
- − MS Office skill

- ● **지원안내**
- • 접수 방법: 이메일접수(recruit@adidas-group.com)]
- − STEP 1: http://careers.adidas-group.com/ 접속
- − STEP 2: 홈페이지 상단 ALL JOB OPENINGS 클릭 후 왼쪽 상단 Region / Country를
- − STEP 2: 각각 Asia Pacific / Korea로 선택
- • 제출 서류: 영문 이력서(자유양식)

*서류 제출시 파일명은 희망모집분야_Name(이름)(예: Legal(홍길동)

- ● **채용 절차/일정**
- − 모집기간: 채용시까지
- − 면접일정: 6월 23일 ~
- − 입사일정: 7월 3일

- − 모든 전형에서 장애인/보훈 대상자를 우대합니다
- − 서류 결과는 합격자 한해 개별 통보 드립니다.
- − 전형 일정은 전형 과정 상황에 따라 변동 가능합니다.
- − 높은 지원율에 따른 조기 마감이 예상 되오니, 빠른 지원 부탁드립니다.

- ● **근무조건**
- − 근무기간: 프로그램별 상이 / 상기 표 참조
- − 근무시간: 09:00~18:00 / 주 5일 근무
- − 급여 수준: 인턴십- 월 140만원 / YES!(Youth Employment Support)? 회사내규
- − 근무지: 서울시 서초구 서초대로 74길 4 삼성생명 서초타워 22~25층

- ● **Contact Point / Q&A**
- − 아디다스 코리아 인사부(recruit@adidas-group.com)

휠라 코리아

설립일: 1991년 7월 23일
직원수: 302명(사람인 2018/12/12)
초봉: 비공개
채용방식: 수시 채용

- 해외 브랜드가 국내 기업에 인수된 사례
- 최근 기존의 올드한 이미지에서 젊은 이미지로 변화
- 어글리슈즈를 통해 스포츠신발 시장에서 큰 인기를 끔
- 가성비를 중시한 제품 생산 및 판매 전략 성공
- 리브랜딩 성공사례 기업
- 후원– 동계 올림픽 컬링대표팀, 두산베어스, 대한항공 점보스배구단, 대한봅슬레이스켈레톤 연맹

채용공고

휠라코리아(주) 2019년 동계 인턴사원 모집

- **모집분야 및 자격요건**

직무	주요업무	우대전공 및 우대사항
광고	• 브랜드 visual제작 업무 • Event 프로모션 기획 및 실행 보조	• 마케팅 및 광고 관련 전공
MD	• 상품기획 업무 보조 • 정보 수집(분석) 및 국내/외 시장조사	• 패션 및 디자인 관련 전공
디자인	• 디자인 업무 보조(의류) • 차기 시즌 리서치 및 샘플 핸들링	• 디자인 관련 전공
소싱	• 제품생산 업무 보조(의류) • 부자재 맵 정리 및 공통자재정리	• 패션 및 디자인 관련 전공
영업기획	• 판매율 분석 및 판매 관리 • 매장 프로모션 이벤트 지원	• 상경계열 전공

www.fila.co.kr
큐알코드에는 홈페이지와 채용공고,
조직도와 소개글을 담았습니다.

- **지원자격**
- 현재 재학생(3~4학년)으로 2019.01.02~2019.02.22까지 근무 가능자

- **근무조건**
- 근무형태   인턴
- 근무지   서울
- 실습기간   2019.01.02~2019.02.22
- 실습요일주5일(월~금) 09:00~18:00

- **전형절차**
- 서류전형 → 인적성검사 → 면접전형 → 최종합격
- ※ 전형일정(예정)
- 1) 서류전형 합격자 발표: 2018.12.07.
- 2) 인적성 검사기간(온라인): 2018.12.08~2018.12.10.
- 3) 면접전형: 12월 중순 예정

- **접수방법**
  2018. 11. 23(금)~2018. 12. 02(일) 23:59까지

- 접수방법: 휠라코리아(주) 채용사이트에서 지원

뉴발란스(이랜드월드)

설립일: 1982년 2월 16일
직원수: 2,686명(크레딧잡 2018/12/12)
초봉: 2,524만원(크레딧잡 2018/12/12)
채용방식: 수시 채용

- 이랜드월드– 독점사업권 보유
- 아이유, 김연아를 통한 여성 피트니스 시장 공략
- 마라톤 및 러닝 시장 집중 공략
- 블랙프라이데이 파격 할인을 통한 마케팅 전략
- 서포터즈– NB 크리에이터스 운영

채용공고

뉴발란스 무역팀 채용 공고

● **모집부문 및 자격요건**

모집분야	주요업무	자격요건 및 우대사항
무역실무 (팀원급)	뉴발란스 수입상품에 관한 무역 실무 담당	자격요건 – 학력: 대졸 이상(4년) – 경력: 무관(신입도 지원 가능) – 성별: 무관 – 모집인원: 1명 우대사항 – 영어가능자 – 영어능통자 – 해당직무 근무경험 – 문서작성 우수자 – 무역영어 1급(점) 이상 – 경영학

www.nbkorea.com
큐알코드에는 홈페이지와 채용공고,
조직도와 소개글을 담았습니다.

채용공고

● **근무조건 및 환경**
- 근무형태   계약직
- 근무부서   뉴발란스 상품개발부
- 근무요일/시간   주 5일(월~금) 오전8시~오후5시
- 근무지역   서울 - 금천구
- 급여   1800~2000만원
- 회사주소   (153-792) 서울 금천구 가산동 제이플라츠 3층 스포츠 사업부
- 인근전철   서울 1호선 가산디지털단지7번 출구

● **전형절차 및 제출서류**
- 전형절차   서류전형 → 면접

● **접수기간 및 방법**
- 접수기간   2017년 1월 20일(금) 15시~2017년 1월 30일(월) 24시
- 이력서양식   사람인 온라인 이력서
- 접수방법   사람인 입사지원

● **기타 유의사항**
- 입사지원 서류에 허위사실이 발견될 경우, 채용확정 이후라도 채용이 취소될 수 있습니다.

데상트 코리아

◆ DESCENTE

설립일: 2000년 11월 10일
직원수: 564명(크레딧잡 2018/12/12)
초봉: 3,137만원(크레딧잡 2018/12/12)
채용방식: 수시 채용

- 2017년 구직자가 탐낼 만한 숨겨진 알짜 직장 선정
- 업계에서 상당히 높은 연봉 수준
- KPGA-데상트코리아 먼싱웨어 매치플레이 개최
- 데상트 듀애슬론 레이스 개최
- 데상트 스포츠재단 설립 및 운영
- 후원- 야구 국가대표팀, 체조 국가대표팀, 루지 국가대표팀, LG 스포츠단, 대한카누연맹, 3x3 농구 프리미어리그

채용공고

데상트 코리아 채용 공고

데상트코리아는 뜨거운 열정과 도전정신을 갖춘 우수 인재를 상시 채용하고 있습니다.
해당 직무 구인 시, 상시 채용에 등록된 입사 지원서를 우선 검토하여 우수 인재에 대하여 개별 연락 드립니다.

- **상시 모집 직무**
- 기획MD, 디자인(의류, 신발, 용품), Technical Design, 영업관리, Lab실(실험분석), CS

- **상시 인재 등록 절차**
- 상시채용등록 → 지원서 검토 → 온라인지원서(재)접수 → 1, 2차 면접 → 채용검진 → 최종합격
  01. 상시채용등록
     지원하고자 하는 직무를 선택하여 등록합니다.
     상시 채용 등록은 입사지원서의 최종 제출을 의미하지 않습니다.
  02. 지원서 검토
     해당 직무 구인 시, 상시 채용 등록된 지원자에 대하여 우선 검토합니다.

www.descentekorea.co.kr
큐알코드에는 홈페이지와 채용공고,
조직도와 소개글을 담았습니다.

▶ 스포츠용품 기업

7

03. 온라인 지원서(재) 접수

지원 직무에 대하여 채용 계획 발생 시 사전에 개별 안내드리며, 지원 희망 시 입사 지원서 (재) 작성 후 '최종지원' 해야 합니다.

04. 상시 채용 DB 관리

등록일로부터 1년 경과되면 상시 채용 등록된 Pool에서 자동으로 삭제됩니다.

● **합격자 발표**: 개별통보(E-mail or 유선)

● **접수방법**: 당사 채용 홈페이지를 통한 On-line 접수

● **지원문의**: 당사 채용홈페이지 1:1 문의

● **기타사항**
- 제출된 온라인 지원서는 본 채용 목적 외에는 사용하지 않습니다.
- 제출서류에 허위 기재사실이 있을 경우, 채용이 취소됩니다.
- 국가보훈 대상자는 관계법에 의거 우대합니다.
- 당사는 임직원의 건강증진 및 건강한 조직문화를 위해, '금연제도'를 운영하고 있으니 양지 바랍니다.

언더아머코리아

설립일: 2016년 8월 22일
직원수: 199명(크레딧잡 2018/12/12)
초봉: 2,064만원(크레딧잡 2018/12/12)
채용방식: 수시 채용

- 2017년 한국시장 본격 진출
- 강남 플래그십 스토어– 아시아 최대 규모
- 주요 제품 라인– 기능성 의류
- 언더독 마케팅 성공사례기업
- 3대 500kg 이하 언더아머 착용 금지 이슈화를 통한 인지도 상승
- 후원– 배구선수 김연경, 야구선수 나성범, 쇼트트랙 서이라 등

채용공고

언더아머코리아 채용 공고

- **지원분야**
- 모집부문   2019 FMS Project Internship SCM (2명)
- 업무내용   Under Armour is the chosen brand of this generation of athletes… and the athletes of tomorrow. We're about performance – in training and on game day, in blistering heat and bitter cold. Whatever the conditions, whatever the sport, Under Armour delivers the advantage athletes have come to demand.

   That demand has created an environment of growth. An environment where building a great team is vital. An environment where doing whatever it takes is the baseline and going above and beyond to protect the Brand is commonplace.

   The world's hungriest athletes live by a code, a pledge to themselves and everyone else: Protect This House… I Will. Our goal is to Build A Great Team!

www.underarmour.co.kr
큐알코드에는 홈페이지와 채용공고,
조직도와 소개글을 담았습니다.

WILL YOU… PROTECT THIS HOUSE?!

Essential Duties and Responsibilities include the following. Other duties may be assigned.

- SCM team administrative tasks
- Inbound PO creation
- Outbound ticket management
- Delivery tracking
- Supporting FMS project

Project Internship 기간(Full-time Internship)
SCM(2명):   2019년 1월~4월, 4개월간 근무

- **고용형태**   인턴

- **지원 자격**
- **직무관련**
  - An undergraduate degree is required
  - Demonstrate strong skills in working cross-functionally
  - Work productively in a matrixed environment
  - Strong Word, Excel and PowerPoint knowledge
  - Excellent written and verbal communication skills both in Korean and English

  At Under Armour, we are committed to providing an environment of mutual respect where equal employment opportunities are available to all applicants and teammates without regard to race, color, religion, sex, pregnancy(including childbirth, lactation and related medical conditions), national origin, age, physical and mental disability, marital status, sexual orientation, gender identity, gender expression, genetic information(including characteristics and testing), military and veteran status, and any other characteristic protected by applicable law. Under Armour believes that diversity and inclusion among our teammates is critical to our success as a global company, and we seek to recruit, develop and retain the most talented people from a diverse candidate pool.

- **지원서접수**
- **지원방법**   이메일지원: skiml@underarmour.com

- 제출서류　　＊국/영문이력서, 자기소개서(각종 증빙서류는 서류전형 합격자에 한해 추후제출)
　　　　　　　＊모든 서류는 반드시 MS Word 포맷의 하나의 파일로 작성하기 바랍니다.
　　　　　　　＊지원하는 부서명을 반드시 기입하시기 바랍니다. (SCM/eCommerce/
　　　　　　　　Planning/Retail)
　　　　　　　＊적임자 채용시 마감되는 포지션입니다. 지원자 분들의 빠른 접수를 바랍니다.
　　　　　　　＊본 채용공고는 기업의 사정에 따라 변경될 수 있습니다.

- 접수기간　　12월 18일~채용시마감
- 문의처　　　skiml@underarmour.com
- 이력서　　　국문 영문

● **추가 정보**
- 기타정보　　급여사항: KRW 1,900,000/Month(월 급여)

　　　　　　　상단 이메일주소로(skiml@underarmour.com) 입사지원서를 보내주시는 경우,
　　　　　　　『개인정보보호법』, 『신용정보의 이용 및 보호에 관한 법률』 등 관련 법률에 의
　　　　　　　거하여 언더아머코리아가 아래에 명시한 바와 같이 본인의 개인 (신용)정보를
　　　　　　　수집·이용·제공하는데 동의함으로 간주합니다.
　　　　　　　〈개인(신용)정보의 수집·이용〉
　　　　　　　＊목적: 채용 전형 과정에서 제공하게 되는 정보의 활용 등의 업무수행
　　　　　　　＊항목: 성명, 주소, 전화번호, e-mail, 학력, 근무경력, 자격증 등 국/영문이력서
　　　　　　　　및 경력소개서에 기재된 개인정보

　　　　　　　기타 문의사항은 E-mail로 문의바랍니다.

아식스코리아

설립일: 2007년 11월 1일
직원수: 251명(크레딧잡 2018/12/12)
초봉: 2,533만원(크레딧잡 2018/12/12)
채용방식: 수시 채용

- 러닝화 및 배구화 강점
- 동양인에게 최적화된 신발 생산
- 프리미엄라인- 오니츠카타이거
- 후원- 현대캐피탈 배구단, 한국비치발리볼연맹, 삼성전자육상단, 건국대 육상부 등

채용공고

아식스코리아 채용 공고

- **모집분야**
- Haglofs 영업**팀**

- **담당업무**
- Weekly 자료 업데이트(입출고 현황, 판매현황, 시즌별 재고 현황 등)
- 매장 서포트 업무(상품 이동 업무, 모니터링, 판매지원 업무 등)
- 기타 필요한 업무 지원(샘플 관리, 경쟁사 조사, 온라인 모니터링 등)

- **자격요건**
- College Degree
- Proficiency in MS Office(Excel, PPT)
- Good English skill is preferred
- Working experience is prefferred

- **근무조건**
- 근무지: 서울
- 근무기간: 1년

www.asics.com
큐알코드에는 홈페이지와 채용공고,
조직도와 소개글을 담았습니다.

채용공고

- **전형방법**: 서류전형 → 면접전형

- **접수방법**
- 제출서류: 영문이력서(resume), 국문이력서/자기소개서(각종 증빙서류는 서류전형합격자에 한해 추후제출)
- 접수방법: 이메일(akr.resume@asics.com)
- 문의처: (02-3660-3610 / akr.resume@asics.com)

- **기타 유의사항**
- **면접은 서류전**형 합격자에 한해 개별통지합니다.
- 국가보훈대상자와 신체장애자는 관련서류 제출시 관계법에 따라 우대함.
- 남자는 병역필 또는 면제자로 해외출장에 결격사유가 없는 자.
- 모든 서류는 반드시 MS Word로 작성하기 바랍니다.
- 제출하신 서류는 일체 반환하지 않습니다.
- 입사지원서 내용에 허위사실이 판명될 경우 입사가 취소될 수 있습니다.
- 기타 문의사항은 반드시 E-mail로 문의바랍니다.

푸마코리아

설립일: 2007년 1월 2일
직원수: 166명(크레딧잡 2018/12/12)
초봉: 2,922만원(크레딧잡 2018/12/12)
채용방식: 수시 채용

● 메인모델– 방탄소년단(BTS)를 활용한 아이돌 마케팅 활발
● 패션 및 스포츠 유명 밀레니얼 스타와 콜라보레이션을 통해 새로운 이미지 구축
● 후원– 우사인볼트, 아스날 FC, 맨체스터 FC, AC밀란, 수원 삼성 블루윙즈, 강원 FC 등 다수.

채용공고

푸마코리아 채용 공고

● **지원분야**
• 모집부문　　Retail Marketing Assistant 계약직
• 업무내용　　1. Visual Merchandising Implementation
　　　　　　　– Execute visual merchandising standard according to Global and Brand
　　　　　　　　strategy, ensure visual relevant directions are executed and enforced
　　　　　　　　across all formats of retail and franchise stores.
　　　　　　　– Store Rounding picture upload and collect check list score

　　　　　　　2. Guidelines, Training & Visit
　　　　　　　– Carry out visual merchandising program with VM, including guidelines
　　　　　　　　development and translation, hands–on training, visits and reports etc.
　　　　　　　– Develop Support local visual merchandising materials from global
　　　　　　　　guidelines including for all shop formats.
　　　　　　　　Strengthen the knowledge of visual merchandising leaders by
　　　　　　　　customizing training contents according to multi standards and business
　　　　　　　　needs.

https://kr.puma.com/
큐알코드에는 홈페이지와 채용공고,
조직도와 소개글을 담았습니다.

3. General Graphic works
  – High resolution source download and deliver to vendor
  – Key stores and select store animation clip deliver
  – Logo play and perimeter graphic upload when request from sales team

4. VM Props Management
  – Responsible for visual merchandising warehouse maintenance, props ordering and stocking

- 고용형태　　계약직

● **지원 자격**
- 학력　　　　대졸
- 직무관련　　1. Bachelor's Degree
　　　　　　　2. Computer skills(MS Office, Photoshop, Illustration) are required
　　　　　　　3. Driving License is required
　　　　　　　4. Fluent English skill is preferred
　　　　　　　5. VM related work experience is plus
　　　　　　　＊6 months of contract

● **지원서접수**

- 지원방법:　　[제출서류]
　　　　　　　한글이력서, 영문이력서, 한글자기소개서(각종 증빙서류는 서류전형합격자에 한해 추후제출)

- 접수기간　　04월 10일 00:00～05월07일 16:19
　　　　　　　(채용시 조기 마감될 수 있습니다)

- 문의처　　　02-2136-1006 recruitment-kr@puma.com

글로벌브랜드그룹코리아(스파이더)

설립일: 2014년 4월 15일
직원수: 318명(크레딧잡 2018/12/12)
초봉: 2,572만원(크레딧잡 2018/12/12)
채용방식: 수시 채용

- 글로벌브랜드그룹코리아– 사업권 보유
- 한국시장 진출 후 폭발적인 성장
- 한계 극복 초점– 스파이더 한강 클라이밍 챔피언십, 스파이더 얼티밋 챌린지, 스파이더 인비테이셔널 주짓수 챔피언십, 스파이더 힐 클라임 사이클 챔피언십 등 주관 및 주최
- 중, 고등학생들 사이에서 인기 있는 브랜드
- 후원– U.S. 스키 대표팀(USST), 김태균, 이대호, 정근우, 최정 등 야구국가대표 선수 등.

채용공고

[스파이더코리아] Digital Marketing 경력직 채용

담당업무	자격요건 및 우대사항
Digital Marketing (대리, 과장급)	자격요건 – 학력: 대졸 이상(4년) – 경력: 경력 2년 이상 – 성별: 무관 – 모집인원: 0명 우대사항 – 해당직무 근무경험 – 영어능통자 – 스포츠마케팅 경험자

www.spyder.co.kr
큐알코드에는 홈페이지와 채용공고,
조직도와 소개글을 담았습니다.

채용공고

● 근무조건 및 환경
- 근무형태　　　　정규직(수습기간)–3개월
- 근무부서　　　　스파이더코리아 마케팅팀
- 근무요일/시간　주 5일(월~금) 오전 9시~오후 6시
- 근무지역　　　　서울–강남구
- 급여　　　　　　면접후 결정,
- 회사주소　　　　(135–010) 서울 강남구 논현동 84
- 인근전철　　　　서울 7호선 학동

● 전형절차 및 제출서류
- 전형절차　　　　1차 서류전형
　　　　　　　　　2차 실무진 면접
　　　　　　　　　3차 인적성검사
　　　　　　　　　4차 임원면접 / 대표면접
- 제출서류　　　　국영문 이력서 / 포트폴리오

● 접수기간 및 방법
- 접수기간　　　　2017년 10월 30일 (월) 10시~채용시
- 이력서양식　　　사람인 온라인 이력서
- 접수방법　　　　사람인 입사지원

● 기타 유의사항
- 입사지원 서류에 허위사실이 발견될 경우, 채용확정 이후라도 채용이 취소될 수 있습니다.

다이나핏

설립일: 2018년 7월 3일
직원수: 54명(크레딧잡 2018/12/12)
초봉: 4,460만원(크레딧잡 2018/12/12)
채용방식: 수시 채용

- K2코리아 주도하에 한국 시장 진출
- 규모가 커지며 별도 법인 설립
- 최근 떠오르는 브랜드
- 무한도전 PPL을 통해 인지도 상승
- SK와이번스 프로야구단과 2019~2023 선수단 용품 후원 계약 체결

채용공고

다이나핏 사원 채용

● 모집부문

법인명	사업부	모집 부문	담당업무	자격조건 및 우대사항	근무 지역	고용 형태
케이투 코리아(주)	전산실	전산실	– 정보시스템 개발 및 운용	– 경력 4년 이상 1명 / 신 입 1명 – 학사 이상 – 전자정부 프레임워크 개 발 가능자 – Ecipse, IBATIS, Xplatform 개발 가능자 – 네트워크 관련 자격증 소지자 우대 – 자바 관련 자격증 소지 자 우대 – 데이터베이스(ORACLE) 관련 자격증 및 개발 경 험자 우대	서울 (본사)	정규직

www.dynafit.co.kr
큐알코드에는 홈페이지와 채용공고,
조직도와 소개글을 담았습니다.

채용공고

법인명	사업부	모집부문	담당업무	자격조건 및 우대사항	근무지역	고용형태
(주)케이투세이프티	산업안전사업부	용품영업	– 산업안전용품 영업 – 신규 유통망 개설 – 기존 유통당 관리	– 해당업무 경력 3년 이상~10년 이하 – 학사 이상 – 동종업계 근무 경력자 우대	서울 (본사)	정규직
	물류부	물류팀	– 입출고 및 반품 관리업무 – 협력사 관리 – KPI 지표관리 및 분석 – 유관부서 및 협력사 업무 조율 및 협의 (물동량 스케줄 관리) – 기타 일반 사무관리	– 신입 및 물류업무 경력자 – 고졸 이상 – 운전면허증 소지자 – PC 활용능력 우수자 우대	경기도 여주 (물류센터)	계약직 (1년 후 정규직 전환 검토)
㈜다이나핏코리아	다이나핏사업부	영업관리	– 유통별 매입 매출 마감 및 관리 업무 전반 – 세금계산서 정산 관리	– 경력 3년 이상~6년 이하 – 초대졸 이상 – 동종업계 근무 경력자 우대	서울 (본사)	정규직

● **근무조건**
- 근무시간　　　주 40시간 유연근무제 시행)
- 급여　　　　　회사규정에 준함
- 휴무일　　　　국·공휴일, 주5일 근무, 창립기념일
- 복리후생　　　건강검진 및 종합검진, 4대보험 퇴직연금 법인콘도 지원, 제휴병원 할인,
　　　　　　　사내 휘트니스클럽 할인 등

● **제출서류**
- 이력서 및 자기소개서에 지원분야 및 희망연봉 기재(사진 필히 부착)
- 최종학교 졸업증명서, 주민등록등본 1통 면접시 제출

● **전형절차**
- 서류전형 및 팀장 면접 → 본부장 면접 → 대표이사 면접 → 최종합격

● **접수방법 및 기간**

· 접수방법: 온라인입사지원(당사 지정 입사지원서)

　　　　　 이메일 ******@*********

· 접수기간: 2018년 11월 07일~2018년 11월 16일

● **기타사항**

· 입사지원서 내용이 허위임이 판명될 경우 입사를 취소합니다.

· 해외 여행의 결격사유가 없는 자

· 현주소 및 전화번호는 반드시 현재 연락가능한 곳으로 기재 요망

· 제출된 서류는 반환하지 않습니다.

· 보훈대상자 및 장애인은 관련법에 의거 우대합니다.

· 담당자: 경영지원부 인사담당자

　　　　 전화문의는 사절, 이메일로 문의 바랍니다.

노스페이스

설립일: 1972년 2월 24일
직원수: 348명(크레딧잡 2018/12/12)
초봉: 3,189만원(크레딧잡 2018/12/12)
채용방식: 수시 채용

- 2018 평창동계올림픽 공식 후원사, 대한민국 국가대표팀 지원을 통해 국민 브랜드로 자리 잡음
- 최근 아웃도어 업계 6년 연속 1위
- '2018대한민국 100대 브랜드' 50위
- 알파인/아이스, 스포츠 클라이밍/트레일 러닝/스키, 보드/골프 선수 후원

채용공고

2018년 3Q 각 분야별 채용

"국내 아웃도어와 스포츠웨어 시장의 선두주자로서 인간의 활동에 디자인을 더해 새로운 세상을 만나게 합니다."
인간을 향한 디자인을 지속적으로 추구함으로써 ㈜영원아웃도어의 가치를 공유할 인재를 모집하오니, 함께 성장해나갈 역량 있는 지원자들의 많은 관심과 지원 바랍니다.

● **모집부문 및 자격요건**

모집부문	업무내용	근무지	모집인원	경력구분	자격요건 및 우대사항
영업D팀	- Outlet 매장 영업 - 매출 관리 - 매장 프로모션 및 오픈 지원 등	경기도 성남	0명	신입	- 대학(4년) 졸업(예정)자 - 영어회화 능력 우수자
경영지원팀 인사	- 채용, 교육 등	경기도 성남	0명	신입	- 대학(4년) 졸업(예정)자 - 영어회화 능력 우수자 - 적극적이고 배우고자 하는 mind가 있는 자

www.thenorthfacekorea.co.kr
큐알코드에는 홈페이지와 채용공고,
조직도와 소개글을 담았습니다.

모집부문	업무내용	근무지	모집인원	경력구분	자격요건 및 우대사항
그룹마케팅팀 – 광고	– BTL(브랜드 체험 행사. TNF100, 골든클라스 등) – 광고업무 ASSIST(브랜드 시즌 캠페인 등)	경기도 성남	0명	사원~대리 (3년~7년)	– 브랜드 마케팅 or 광고대행사 경력자 우대 – 영어회화 능력 우수자 우대
아웃도어(O/D) 디자인팀 디자이너	– 스포츠 카테고리 아이템 담당 (우븐, 다이마루)	서울 명동	0명	신입 사원~대리 (3년~5년)	– 메이저 아웃도어/스포츠 브랜드 디자인 경력 – 4년제 의상, 섬유계열학과 졸업생 – 영어회화 능력 우수자 우대
IT팀 SAP FI, SD 모듈 담당자	– SAP FI, CO(Finance, Controlling) 모듈 운영 및 유지보수 – SAP FI, CO 업무분석/설계 – 현업사용자들의 업무프로세스 가이드 및 교육 – SAP(본사), PRM(매장) WMS(물류) 와의 Interface Monitoring	경기도 성남	0명	대리~과장 (5년~10년)	– ABAP Skill 보유자 우대 대리 – 패션/유통업체 SAP 운영 경험자 우대 – 영어회화 능력 우수자 우대
IT팀 PRM(WEB POS) 담당자	– ERP 시스템 유지보수 (매장관리시스템)	경기도 성남	0명	대리~과장 (5년~10년)	– 운영체제 Linux/DB Oracle/ 언어 JAVA/JSP 중급이상/ 오라클 프로시저 유경험자 – Miplatform, Nexacro 유경험자 우대 – 타 API 연동 경험자 우대 – 패션/유통업체 SAP 운영 경험자 우대 – 영어회화 능력 우수자 우대
IT팀 인프라 및 네트워크보안	– 인프라시스템(서버, 네트워크 보안) 운영 – HW(리눅스/윈도우) 설치, 구축 및 유지보수 – 네트워크 운영, 유지보수 및 모니터링 – 네트워크 이해 당사자들 (관계사, 부서)와의 커뮤니케이션	경기도 성남	0명	대리~과장 (5년~10년)	– 리눅스, 네트워크 관련자격증 보유자 – 네트워크 및 보안에 대한 지식보유자 – 이중화, 백업, 보안솔루션, 스트리지 설치 경험자 – 영어회화 능력 우수자 우대

● **급여**
– 2018년 기준 4년제 대졸 초임 기준 3,400~4,000만원 수준

● **복리후생**
– 연금·보험   국민연금, 고용보험, 산재보험, 건강보험
– 근무일수   주 5일근무
– 보상제도   인센티브제, 정기보너스, 장기근속자 포상, 우수사원 표창/포상
– 건강관리 지원 건강검진
– 생활안정 지원 직원대출제도, 기숙사 운영
– 생활편의 지원 중식제공, 석식제공
– 경조사 지원   각종 경조금, 경조휴가제
– 여가 지원   사내 동호회 운영, 체육관 운영
– 사내 편의시설 사내식당

에프앤에프(디스커버리 익스페디션)

설립일: 1972년 2월 24일
직원수: 348명(크레딧잡 2018/12/12)
초봉: 3,189만원(크레딧잡 2018/12/12)
채용방식: 수시 채용

- 에프앤에프(F&F)가 런칭한 국내 브랜드
- 내셔널지오그래픽과 경쟁하기 위해 런칭
- 지식인들의 탐험이란 라이프스타일로 브랜드 이미지 형성 & 어필
- 메인모델– 배우 공유를 통한 마케팅 효과
- 롱패딩 및 겨울 시즌 제품 큰 인기

채용공고

F&F Discovery EXPEDITION e-BIZ팀 온라인MD 인턴 모집

F&F는 1992년 패션 사업에 진출한 이래 국내에서 가장 영향력 있고 글로벌 경쟁력을 갖춘 패션 전문 회사로 그 위상을 공고히 해 나가고 있습니다. 새로운 패션시장을 개척하고 선도하는 노력을 거듭하여 현재 8개의 브랜드를 각각의 영역에서 리딩 브랜드로 자리 매김토록 하였고 각종 경영 지표 또한 꾸준한 성장세를 이어 나가고 있습니다.

F&F는 MLB, MLB KIDS, DISCOVERY, DISCOVERY KIDS 등의 라이선스 브랜드를 런칭하여 성공을 거두었습니다.

● 모집부문 및 자격요건

모집부문	담당업무	우대사항	모집인원
e-BIZ팀 온라인MD 인턴	– 온라인MD 보조 – 디스커버리 자사몰, 제휴몰 영업 보조 – 온라인몰 상품 등록 업무 – 일반 사무보조 업무	– 엑셀 활용 능력 우수자 – 사방네 운영 가능자 우대	0명

www.discovery-expedition.co.kr
큐알코드에는 홈페이지와 채용공고,
조직도와 소개글을 담았습니다.

● **모집부문 및 자격요건**

- 근무지역　　　　서울 강남구
- 접수기간　　　　2018년 12월 17일 월요일~2019년 3월 17일 일요일 23시59분
- 제출서류　　　　이력서, 자기소개서
- 전형방법　　　　1차 서류전형 · 2차 면접

● **기타 유의사항**

- 입사지원서 및 제출서류에 허위사실이 있을 경우, 채용이 취소될 수 있습니다.

블랙야크

설립일: 2010년 1월 4일
직원수: 52명(크레딧잡 2018/12/12)
초봉: 3,000만원(크레딧잡 2018/12/12)
채용방식: 수시 채용

- 아웃도어 시장 1위에서 롱패딩 유행 시즌 당시 소극적인 롱패딩 생산 및 판매로 인해 시장 2위로 밀려남
- 2017년 5월 전체 비정규직 인원 정규직 전환
- 보유 브랜드– 블랙야크, 마모트, 나우, 힐크릭, 마운티아
- 사회공헌– 블랙야크 강태선 나눔재단 운영

채용공고

블랙야크 사원 채용

- **모집부문**

회사	구분	모집부문		모집전공
㈜블랙야크	신입	경영지원	경영기획	상경, 법정, 인문
			인사	
			회계	
			전산	전산관련학과
		마케팅	광고	신문방송, 언론홍보
		영업	백화점, 대리점영업	전공무관
		상품기획	의류MD	의류, 섬유관련학과, 상경
			용품MD	
			키즈MD	

www.blackyak.com
큐알코드에는 홈페이지와 채용공고,
조직도와 소개글을 담았습니다.

회사	구분	모집부문		모집전공
㈜블랙야크	신입	디자인	의류	디자인 관련학과
			키즈	
			용품	
			신발	
		소싱	의류생산관리	인문(영어), 상경, 법정, 의류 관련학과
㈜동진레저	신입	영업		전공무관

● **근무지역**
- 서울

● **지원자격**
- 4년제 정규대학 기졸업자 및 2015년 8월 졸업예정자
- 병역필 또는 면제자
- 해외여행에 결격사유 없는 자

● **전형절차**
- 서류전형 → 1차면접(실무진면접) → 2차면접(산행면접) → 최종면접(임원)

● **입사지원서 접수기간**
- 접수기간: 2015년 3월 4일(수) 오전 9시~3.13(금) 오후 6시
- 접수방법: 온라인 입사지원(당사 홈페이지 www.blackwak.co.kr)

● **기타**
- 보훈대상자 및 장애인은 관련 법령에 의거 우대합니다.
- 입사지원서 기재 내용 및 제출서류가 허위일 경우 불합격 또는 입사취소 됩니다.
- 제출서류는 반환되지 않으며 일정기간 경과 후 폐기됩니다.
- 문의처: recruit@blackyak.com

코오롱 인더스트리

코오롱인더스트리

설립일: 1957년 7월 1일
직원수: 1,024명(크레딧잡 2018/12/12)
초봉: 3,407만원(크레딧잡 2018/12/12)
채용방식: 수시 채용

- 스포츠&골프 브랜드 – 코오롱스포츠(아웃도어), 헤드(스포츠), 엘로드, 잭니클라우스, 왁, 엘로드클럽, 혼마(골프)
- 코오롱구간마라톤대회, 코오롱한국오픈골프선수권대회 매년 개최
- 코오롱마라톤팀, 코오롱엑스텐보이즈(남자 양궁팀) 운영
- 골프– 국가대표 상비군 의류/용품 및 클럽후원, WAAC– 김지현, 나상욱 등 골프선수 10명 후원,
- 대외활동 – 코오롱 소셜미디어 서포터즈 운영

채용공고

2018 코오롱그룹 하반기 대졸공채 모집요강

- **모집부문**

코오롱 인더스트리(주) (FNC부문)	기획 MD	서울	전공무관	–	00명
	영업관리				
	온라인 Biz				
	경영지원				
	디자인		패션디자인, 의류, 의상학 등 패션 관련 전공		

- **지원자격**
- 4년제 정규대학 기졸업자 및 졸업예정자(2019년 2월)
- 해외여행에 결격사유가 없는 자
- 남성의 경우 병역을 필하였거나 면제된 자

www.kolonindustries.com
큐알코드에는 홈페이지와 채용공고,
조직도와 소개글을 담았습니다.

채용공고

● 접수기간 및 접수방법
- 접수기간: 2018. 8. 31(금) 10시~2018. 9. 17(월) 17시
- 접수방법: 코오롱그룹 채용홈페이지(http://dream.kolon.com)를 통해 On-line으로만 접수
- 접수마감일은 지원자의 폭주로 접수가 원활하지 않을 수 있으므로 마감일 이전에 입사지원서를 제출해 주시기 바랍니다.
- 계열사간 중복지원은 불가합니다.

● 전형절차
- 입사지원 → 서류전형 → LSIT(인적성검사) → 면접전형 → 채용검진 → 최종합격
  (단, 회사별 차이가 있을 수 있음)

● 기타
- 모집분야 및 전공 관련 자격증 보유자는 서류전형시 우대합니다.
- 국가보훈대상자는 관계법령에 의거하여 우대합니다.
- 증빙서류 및 입사지원서 기재 내용이 허위임이 판명될 때에는 합격 및 입사를 취소할 수 있습니다.
- 기타 자세한 내용은 채용홈페이지를 통해 입사를 희망하시는 회사로 문의하시기 바랍니다.

● 향후 일정
- 인적성검사: 10월 20일 예정(내부 일정에 따라 변동 가능)

네파

설립일: 2012년 6월 5일
직원수: 149명(크레딧잡 2018/12/12)
초봉: 3,404만원(크레딧잡 2018/12/12)
채용방식: 수시 채용

- 1020세대의 트래픽이 높은 온라인쇼핑몰 '무신사'에 팝업스토어 오픈
- 기존의 올드 브랜드 이미지→젊고 영한 이미지로 변화 도모
- 따뜻한 세상 캠페인(의인 마케팅)을 통한 착한 기업 이미지 형성
- 2017년 아웃도어 브랜드 매출 순위 3위(금융감독원)

채용공고

네파 사원 채용

● **모집부문 및 자격요건**

부문	자격요건	모집인원
네파(주) 마케팅팀 네파 마케팅 담당	– 학력: 대졸(4년) – 필수: 마케팅 법무 경력 8년 이상 – 필수: 아웃도어/스포츠/패션업체 경력(의류 마케팅 운영 담당자) – 중견기업 이상에서 마케팅 전반적인 업무 경력 무대	0명
	– 담당 업무 　브랜드 중장기플랜 기획	
	브랜드 전략 수립	
	ATL 광고운영 – 캠페인운영(TVCF, Media Mix전략, 4대매체, GRPs 분석)	
	BTL 광고 문명 – PPL/스타마케팅, 브로슈어촬영, 사회공헌 　CSR운영, 판촉 및 프로모션, 온라인 채널 운영	

www.nepamall.com
큐알코드에는 홈페이지와 채용공고,
조직도와 소개글을 담았습니다.

● **근무조건**
  − 근무형태: 정규직
  − 근무지역: 본사
  − 근무부서: 마케팅팀

● **전형절차**
  − 서류전형 → 면접전형 → 최종합격

● **제출서류**
  − 이력서, 자기소개서

● **지원방법**
  − 사람인 지원

● **접수기간**
  −

● **기타**
  −

K2코리아

설립일: 1996년 7월 1일
직원수: 320명(크레딧잡 2018/12/12)
초봉: 3,202만원(크레딧잡 2018/12/12)
채용방식: 수시 채용

- 보유 브랜드– K2, 아이더, 와이드앵글, 살레와, 다이나핏, K2세이프티 등
- 2015년부터 전 직원에게 100% 연말 특별 상여금 지급
- 사세 확장으로 인한 기존 성수동 사옥 → 강남 신사옥 이전 예정
- 후원– 각종 아웃도어 전문가(어썸도어)
- 일반인 대상– 아웃도어 아카데미 운영

채용공고

K2코리아 사원 채용

● **모집부문 및 자격요건**

법인	구분	모집부문	담당업무	자격요건 및 우대사항	근무지역
케이투 코리아(주)	CS센터	콜센타 상담	– 그룹 대표전화 및 온라인 게시판 상담	– 해당업무 경력 3년 미만 – 초대졸 이상 – 동종업계 근무 경력자 우대	서울 성동구
	소싱 본부	구매팀 (팀장급)	– 우븐 니트 기능성 원 자재 생산 및 영업(구 매) 구매팀 – 원자재 발주, 원가관 리, 일정관리, 품질관 리 업무 – 원자재 원가분석 – 해외 원자재(완제품) 소싱	– 해당업무 경력 12년 이상 – 초대졸 이상 – 아웃도어, 스포츠 웨어 근무 경력자 우대 – 동종업계 근무 경력자 우대	
		구매팀 (과장급)		– 해당업무 경력 8년 이상~10 년 미만 – 초대졸 이상 – 아웃도어, 스포츠 웨어 근무 경력자 우대 – 동종업계 근무 경력자 우대	

www.k2.co.kr
큐알코드에는 홈페이지와 채용공고,
조직도와 소개글을 담았습니다.

채용공고

법인	구분	모집부문	담당업무	자격요건 및 우대사항	근무지역
케이투 코리아(주)	소싱 본부	구매팀 (대리급)		– 해당업무 경력 5년 이상~8년 미만 – 초대졸 이상 – 아웃도어, 스포츠 웨어 근무 경력자 우대 – 동종업계 근무 경력자 우대	서울 성동구

● **근무조건**
1) 근무시간: 주 40시간
2) 급여: 회사규정에 준함
3) 휴무일: 국, 공휴일, 주5일 근무, 창립기념일
4) 복리후생: 건강검진 및 종합검진, 4대보험, 퇴직연금, 법인콘도 지원, 제휴병원 할인,
   사내 휘트니스클럽 할인 등

● **제출서류**
1) 이력서 및 자기소개서에 지원분야 및 희망연봉 기재(사진 필히 부착)
기 최종학교 졸업증명서, 주민등록등본 1통 면접시 제출

● **전형절차**
서류전형 및 팀장 면접 → 본부장 면접 → 대표이사 면접 → 최종합격

● **접수방법 및 기간**
1) 접수방법: 온라인입사지원(당사 지정 입사지원서)
         이메일 mp16th@k2korea.co.kr
2) 접수기간: 2018년 07월 11일 – 2018년 07월 20일

밀레에델바이스홀딩스

설립일: 2010년 12월 31일
직원수: 41명(크레딧잡 2018/12/12)
초봉: 2,771만원(크레딧잡 2018/12/12)
채용방식: 수시 채용

- 보유브랜드– 밀레, 엠리밋, 에델바이스
- 평창 사물인터넷(IOT,VR) 기술을 도입한 스마트스토어 '더릿지 354'운영
- 후원– GS칼텍스서울Kixx배구단, DMZ 평화통일대장정

채용공고

밀레에델바이스홀딩스 사원 채용

● **모집부문 및 자격요건**

담당업무	자격요건
– B2B 영업 관리 – Wholesale 수주 및 영업 관리 – 특판, 라이선스 업체별 상품 기획, 생산, 영업 관리, 정산	자격요건 – 학력: 무관 – 경력: 경력 2년~10년 – 성별: 무관 – 모집인원: 1명 – 기획 MD 유경험자 우대사항 – 국가유공자 – 보훈대상자 – 해당직무 근무경험

www.millet.co.kr
큐알코드에는 홈페이지와 채용공고,
조직도와 소개글을 담았습니다.

● 근무조건 및 환경

- 근무형태   정규직(수습기간)–3개월
- 근무부서   영업3부
- 근무요일/시간   주 5일(월~금)
- 근무지역   서울 – 마포구
- 급여   면접 후 결정
- 회사주소   (03925) 서울 마포구 월드컵북로 402 케이지아이티센터
- 인근전철   경의중앙선 수색에서 800m 이내

빈폴아웃도어(삼성물산 패션부문)

BEANPOLE OUTDOOR

설립일: 1938년 3월 22일
직원수: 1,593명(크레딧잡 2018/12/12)
초봉: 3,633만원(크레딧잡 2018/12/12)
채용방식: 수시 채용

- 삼성물산 패션부문 계열사
- 빈폴 아웃도어 → 빈폴스포츠로 변경
- 취업 프로세스: 지원서 접수 〉직무적합성 평가 〉GSAT 〉종합면접
- 연봉– 성과급을 제외하고 4,000만원대 초중반
- 복리후생– 자사 브랜드 구입 시 50% 할인, 연 70만원 문화 활동 지원비 등

채용공고

2018년 하반기 3급 신입사원 채용 공고(패션)

● 지원자격 및 모집분야

- 2019년 2월 이전 졸업 또는 졸업 예정인 분 (2019년 1월~2월 입사 가능한 분)
- 해외여행에 결격사유가 없는 분(남자의 경우 병역필 또는 면제자 등)
- ※ 군복무 중인 경우 2018년 12월 31일까지 전역 예정인 분
- 영어회화자격을 보유하신 분(Opic 및 토익스피킹에 한함)

직군	모집 전공	근무지역	영어회화 최소등급	
Relal영업	전공무관	전국	IH(OPic)	Level(토익스피킹)
경영지원직				

청각장애물을 위한 별도 어학 평가기준:
청각장애인용 TEPS 성적 380점 이상 응시 가능

www.ssfshop.com
큐알코드에는 홈페이지와 채용공고,
조직도와 소개글을 담았습니다.

● 전형절차 및 일정

| 지원서 접수 | 집무적합성 평가 | 직무적성 검사 | 면접 | 건강검진 |

2018년 9월 7일(금)~
9월 14일(금) 오후 5시

2018년 10월 21일(일)
국내 5개 지역: 서울, 부산, 대구, 대전, 광주
해외 2개 지역: 미국 뉴욕, 미국 LA(CA)

2018년 11월 중

2018년 11월 중

● 지원안내

· 삼성채용홈페이지http://www.amargcar CHE.com)에 로그인하여 지원서를 작성하시면 됩니다.
· 지원서는 9월 14일(금) 오후 5시(한국시간)까지 제출하셔야 합니다. 마감일은 홈페이지 접속 인원 이 급증할 것으로 예상되오니, 마감일 이전에 충분히 여유를 가지고 등록하여 주시기 바랍니다.
· 국가등록장애인 및 국가보훈 대상자는 관련법 및 내부규정에 의거하여 우대합니다.
· 다음 사항에 해당되는 분은 내부규정에 의거하여 우대합니다.
　1. 중국어자격 보유자: 필기 BCT(620점 이상), FLEX 중국어(620점 이상), 新 HSK(新 5級 195점 이상), 회화 TSC(Level 4 이상), OPic 중국어(IM1 이상)
　2. 공인한자능력자격 보유자: 한국어문회 (3급 이상, 한자교육진흥회(3급 이상), 한국외국어평가원 (3급 이상), 대한검정회(2급 이상)
　3. 한국공학교육인증원이 인증한 공학교육 프로그램 이수자
· 지원서 내용이 사실과 다르거나, 허위 서류를 제출하신 경우 채용이 취소됩니다.
· 전형단계별 결과는 삼성채용홈페이지(http://www.samsungcareers.com)에서 확인하실 수 있습니다.

● 문의사항
· 삼성물산 패션부문 채용 담당자
　이메일: Lapply@samsung.com / 전화: 070-7130-8629

▶ 스포츠08홈 기업

7

컬럼비아스포츠웨어코리아

설립일: 1996년 7월 9일
직원수: 92명(크레딧잡 2018/12/12)
초봉: 3,654만원(크레딧잡 2018/12/12)
채용방식: 수시 채용

- 2018년 브랜드 설립 80주년
- 아웃도어 시장 포화에 따른 피싱 웨어 전문 라인인 PFG(Performance Fishing Gear)라인 전개
- 미국, 캐나다, 벨라루스, 우크라이나, 카자흐스탄, 브라질 총 6개국 프리스타일 스키 국가대표 팀 유니폼 공식 후원
- KOREA 50K 국제 트레일러닝 대회 공식 파트너

채용공고

컬럼비아스포츠웨어코리아 e-com팀 AMD 채용

▶설립연도: 한국 - 1997년 / 본사 1938년
▶도입국: 미국(미국 오레곤주 포틀랜드에서 시작)
▶전개 브랜드: 컬럼비아, 마운틴하드웨어, 소렐, 프라나 등
▶판매국: 미국, 캐나다, 유럽, 한국, 일본 등 세계 100여 개 국에서 판매 중
▶컬럼비아는 1938년부터 자유와 도전이라는 컨셉 아래 실용적인 디자인를 적용하고, 인체공학적 분석을 통해 신체의 편안함을 극대화하는 자체적인 특허 출원 기술인 'Columbia Technology'시리즈를 개발, 아웃도어가 대중화에 따라 도심에서도 자연스럽고 세련된 연출이 가능한 라이프스타일형 제품을 생산하며 아웃도어 업계를 선도하고 있음
▶홈페이지: www.columbiakorea.co.kr(브랜드 사이트), www.columbiamall.co.kr(자사 쇼핑몰)

www.columbiakorea.co.kr
큐알코드에는 홈페이지와 채용공고,
조직도와 소개글을 담았습니다.

컬럼비아스포츠웨어코리아 e-com팀 AMD 채용

● 모집부분 및 자격요건

모집분야	담당업무	자격요건	모집인원
온라인쇼핑몰 AMD	컬럼비아 자사 쇼핑몰관리, 상품 등록, 재고 관리 등 온라민 MD 업무 보조	– 학력: 초대졸 이상 – 경력: 신입·경력 [우대 사항] – 유관업무 경력자	0명

● 전형절차
– 서류전형 → 실무자면접 → 임원면접 → 최종합격

● 근무환경
– 근무형태: 파견직
– 근무지: 서울 동대문구 장안동 컬럼비아 스포츠웨어코리아 본사
– 급여: 월 약 200~250만원 + 점심식사 제공

● 접수기간 및 방법
– 마감일: 2018년 05월 31일
– 이력서양식: 잡코리아 이력서, 자유 이력서
– 접수방법: 잡코리아 온라인 접수

● 제출서류
– 이력서, 자기소개서 제출
– 최종합격 후 졸업증명서, 최종학교 전 학년 성적증명서, 공인시험 및 기타 자격증 사본(소지자에 한함), 취업보호대상증명서(대상자에 한함) 제출

● 기타유의사항
– 허위사실이 발견될 경우 채용이 취소될 수 있습니다.

8. 스포츠라이선싱

	스포츠라이선싱	조직도	채용공고
1	케이엔코리아	O	O
2	네포스	O	O
3	위팬	X	O
4	스미스스포츠	O	O
5	인터파크	X	O

케이엔코리아

설립일: 2013년 01월 17일
직원수: 59명(크레딧잡 2018/12/17)
초봉: 1,888만원(크레딧잡 2018/12/27)
채용방식: 수시 채용

- MAJESTIC, RUSSELL, SKINS 국내 생산 및 유통
- 데상트, 아디다스, 아식스 야구용품 유통
- 한화 이글스, 엘지 트윈스, KBO, 한국 야구 국가대표팀 상품화 사업
- 온라인 몰 '라커디움(Lockerdium)'운영

조직도

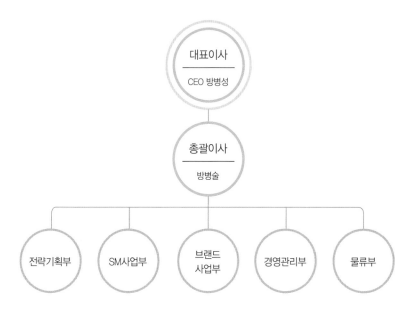

www.keien.co.kr
큐알코드에는 홈페이지와 채용공고,
조직도와 소개글을 담았습니다.

케이엔코리아 사원 채용 공고

● **모집부문**

부서	모집분야	업무내용	자격요건
TS 사업부	온라인MD	– 자사/외부몰 관리 – 신규 입점 영업 – 온라인영업/매출관리 – 시스템 운명(고도몰, 사방넷)	– 학력: 초대졸 이상 – 경력: 3년 이상 – 스포츠 분야 MD 경력자 – 사방넷, 고도몰 사용 경험자 – 편집샵, 대형몰 입점 경험자 – 야구 용품 취급 경험자
	오프라인 영업	– 도/소매 영업 – 신규거래처 개발 – 신규 유통채널 개발 – 영업 전략 수립	– 학력: 초대졸 이상 – 경력: 3년 미상 – 스포츠 브랜드 경력자 – 대형마트 납품 경험자 – 밴더사 근무 경력자 – 엑셀 고급 능력자
	기획	– 시즌 신상품 기획/제작 – 판매율 분석/원가관리 – 기존상품 리뉴얼(리오더) – 해외상품 제작 및 해외 소싱	– 학력: 초대졸 이상. – 경력: 2년 이상 – 스포츠의류/용품 기획 경험자 – 야구용품 이해도 높으신 분 – 기획력 우수자 – 야구 좋아하시는 분 우대 – 브랜드 근무 경험자

● **전형절차**
• 서류전형 → 실무자면접 → 임원면접 → 최종합격
– 근무형태: 정규직(계약직 3개월 근무 후 업무평가에 따른 정규직 전환)
– 근무지: 서울시 강남구 삼성로 85길 26, V&S빌딩 4층

● **접수방법**
– 접수방법: 잡사이트 온라인 접수 및 담당자 이메일 접수
– E - MAIL: keienkorea@keien.co.kr ──〉 이메일 접수 시 지원분야를 꼭 기재해 주세요
– 제출서류: 이력서, 자기소개서, 포트폴리오(소지자에 한해)
※ 허위 사실이 발견될 경우 채용이 취소될 수 있습니다.

● **복리후생**
– 4대보험 가입
– 휴무/휴가/행사: 주5일 근무, 연차(반차), 경조휴가, 육아휴직 등
– 할인제도: 자사/계열사 제품 직원할인 30%
– 사내 동호회 운영 중

네포스

설립일: 1995년 6월 30일
직원수: 11명(크레딧잡 2018/12/27)
초봉: 2,080만원(크레딧잡 2018/12/27)
채용방식: 수시 채용

- 프로야구 상품 생산 및 판매 전문업체
- 한신 타이거즈 오승환 상품 제작 및 판매 담당
- 두산베어스, 롯데자이언츠 담당
- 두산 베어스와의 베어브릭 콜라보레이션

조직도

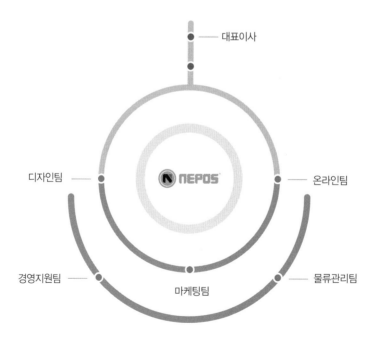

www.nepos.co.kr
큐알코드에는 홈페이지와 채용공고,
조직도와 소개글을 담았습니다.

네포스 사원 채용 공고

● **모집부문 및 자격요건**

담당업무	자격요건 및 우대사항
– 야구장 영업 및 재고관리 – 야구장 대장 및 판매관리 – 야구장 아르바이트 관리	자격요건 – 학력: 무관 – 경력: 무관(신입도 지원 가능) – 성별: 남 – 모집인원: 100명

● **근무조건 및 환경**
· 근무형태　　　　　계약직(정규직 전환가능)
· 근무부서　　　　　구장관리팀 사직 야구장 매니저)
· 근무요일/시간　　 비시즌 주5일/시즌 주6일 오전9시~오후6시
· 근무지역　　　　　부산 – 동래구
· 급여　　　　　　　면접 후 결정(상여금 지급)
· 회사주소　　　　　(47874) 부산 동래구 사직로 45 사직야구장
· 인근전철　　　　　부산 3호선 사직

● **접수기간 및 방법**
· 접수기간　　　　　2018년 5월 15일(화) 20시~2018년 5월 31일(목) 24시
· 이력서양식　　　　사람인 온라인 이력서
· 접수방법　　　　　사람인 입사지원

● **기타 유의사항**
· 입사지원 서류에 허위사실이 발견될 경우, 채용확정 이후라도 채용이 취소될 수 있습니다.

위팬

설립일: 2010년 02월 09일
직원수: 37명(크레딧잡 2018/12/27)
초봉: 2,267만원(크레딧잡 2018/12/27)
채용방식: 수시 채용

- 두산베어스 kt위즈 야구단 상품화 사업
- 디즈니, 마블, 픽사, 스타워즈, 위베어베어스 콘텐츠를 활용한 다양한 캐릭터 상품 개발(콜라보레이션) 및 유통
- 국내외 유명 야구브랜드 독점 공급(롤링스, 마루치, 빅터스, 벨가드, 구보타슬러거, 골드 등)

채용공고

위팬 사원 채용 공고

● **모집부문 및 자격요건**

모집분야	담당업무	자격요건	모집인원
영업팀	– 프로야구구단 영업 및 상품개발 – 거래처 및 오프라인 매장 관리	– 학력: 무관 – 경력: 경력직일 경우 1년 이상 [우대사항] – 국내외 출장시 결격사유 없는 자 – 1종 운전면허 소지자	0명

● **전형절차**

서류전형 > 실무자면접 > 최종면접 > 합격

www.wefan.co.kr
큐알코드에는 홈페이지와 채용공고,
조직도와 소개글을 담았습니다.

● **근무환경**
 − 근무형태: 정규직
 − 근무지: 서울 송파구 종합운동장 내

● **접수기간 및 방법**
 − 마감일: 채용시
 − 이력서양식: 잡코리아 이력서 형식
 − 접수방법: 잡코라이 온라인 지원

● **제출서류**
 − 이력서, 자기소개서 제출
 − 최종합격 후 졸업증명서, 최종학교 전 학년 성적 증명서, 공인시험 및 기타 자격증 사본
  (소지자에 한함), 취업보호대상증명서(대상자에 한함) 제출

스미스스포츠

설립일: 2017년 06월 12일
직원수: 6명(크레딧잡 2018/12/27)
초봉: 1,974만원(크레딧잡 2018/12/27)
채용방식: 수시 채용

- 2015년 K리그 수원삼성과 디자인 파트너십
- 2017년 농구 국가대표 유니폼 및 용품 제작 및 생산
- K리그 10개 구단과 원주DB 프로미 등과 라이선싱 계약 등을 체결하며 빠르게 성장 중(경남 FC, DB프로미, 광주FC, 부산 아이파크, 대구FC, 이랜드FC 등)

조직도

```
                      대표이사
                         │
   법률고문 ────────────┼──────────── 감사
                         │
                        이사
                         │
   ┌──────────┬──────────┼──────────┬──────────┐
 디자인 1팀   마케팅 1팀          시공팀      제작팀
```

디자인 1팀

스포츠 디자인
Branding
Graphic Design
Video Design
Interior Design
Stadium Coordination

마케팅 1팀

스포츠 머천다이징
Sports Merchandising
Character Licensing
Shoppingmall Management
Sports Marketing
Art directing
Exhibition Planning
Launching Event

시공팀

시공 & 디스플레이
Stadium Coordination
Stadium Exterior
Store Interior
Mural Painting
Painting
Lapping

제작팀

제작물 제작
Printing Office
Packaging Office
Manufacturing

커뮤니케이션본부

커뮤니케이션본부

https://smithsports.co.kr/
큐알코드에는 홈페이지와 채용공고,
조직도와 소개글을 담았습니다.

스미스스포츠 채용 공고

● **모집부문 및 자격요건**

모집분야	담당업무	자격요건	모집인원
프로구단 매장관			
프로구단 상품기획		– 학력: 초대졸 이상(졸업예정자 가능) – 경력: 경력 무관	
프로구단 영업			
프로구단 커뮤니케이션		[우대조건] – 포트샵 능숙자 – 유관업무 경험자(인턴·알바) – 청년층	2명
스포츠마케팅		– 영어능통자(원어민 수준) – 프리젠테이션 능력 우수자 – 운전가능자	
스포츠 상품화사업		– 차량소지자 – 인근거주자	
스포츠 라이센싱		– 전공: 신문·방송·언론·미디어학, 체육, 경영학	
스포츠 머천다이징			

● **근무조건**
- 근무형태　　　정규직(수습 3개월)
- 근무지　　　　경기 〉 수원시 권선구 | 경기 – 의정부시 | 충남 〉 천안시 서북구
- 근무요일　　　주5일
- 근무시간　　　09시 00분~18시 00분
- 급여　　　　　연봉 2200만원~3300만원(면접 후 결정)

● **전형절차**
- 서류전형 → 1차면접 → 2차면접 → 임원면접 → 최종합격
- 면접 일정은 추후 통보됩니다.

인터파크

설립일: 2006년 12월 04일
직원수: 1,398명(크레딧잡 2018/12/27)
초봉: 2,792만원(크레딧잡 2018/12/27)
채용방식: 수시 채용

- 넥센 히어로즈, 두산 베어스 상품 제작 및 판매
- 대한축구협회 및 블리자드 공식 상품 유통

채용공고

인터파크 사원 채용 공고

- **모집부문 및 자격요건**

담당업무	자격요건 및 우대사항
– 프로스포츠, 게임 라이선스 상품기획, 생산 및 수입 – 온/오프라인 유통관리 (온라인샵, 팝업스토어 등)	[자격요건] – 학력: 대졸 이상 – 근무형태: 정규직 – 경력: 1년 이상 – 프로스포츠, 상품화사업에 대한 열정과 적극적인 태도를 지니신 분 – 상품 기획, 국내외 생산 관련 경험이 있으신 분 – 온/오프라인 유통에 대한 이해도가 높으신 분 – 프로스포츠 구단, 글로벌 게임사와의 원활한 커뮤니케이션이 가능하신 분

www.interpark.com
큐알코드에는 홈페이지와 채용공고,
조직도와 소개글을 담았습니다.

채용공고

● **근무조건 및 환경**
- 근무형태   정규직(수습기간)-3개월
- 근무부서   레저사업부(스포츠사업팀)
- 근무요일/시간   주 5일(월~금)
- 근무지역   서울 - 서초구
- 급여   면접 후 결정
- 회사주소   (06611) 서울 서초구 서초대로7길 54 서초더블유타워
- 인근전철   서울 9호선 신논현에서 300m 이내

● **전형절차 및 제출서류**
- 전형절차   원서접수 → 1차 면접 → 인적성 검사 → 2차 임원면접 → 최종합격
- 제출서류   최종합격 후 개별 안내

● **접수기간 및 방법**
- 접수기간   2018년 12월 21일(금)~2018년 12월 31일(월) 23시(채용시 마감)
- 이력서양식   사람인 온라인 이력서, 자사 이력서(우대)
- 접수방법   사람인 입사지원

● **기타 유의사항**
- 입사지원 서류에 허위사실이 발견될 경우, 채용확정 이후라도 채용이 취소될 수 있습니다.

9. 스포츠IT

	스포츠IT	조직도	채용공고
1	골프존	X	O
2	스포츠투아이	O	O
3	위드라인	O	O
4	유엔비즈	O	O
5	스포라이브	X	O
6	비주얼스포츠	X	O
7	슛포러브	X	O
8	고알레	X	O

골프존

설립일: 2015년 3월 3일
직원수: 411명(크레딧잡 2019/01/02)
초봉: 4,289만원(크레딧잡 2019/01/02)
채용방식: 수시 채용

- 스크린 골프 업계 1위
- 시뮬레이터 생산 업체에서 골프 프랜차이즈 기업으로 성장
- 스크린 골프 시장 성장에 큰 역할
- 골프존카운티, 골프존조이마루 등 26개 계열사 보유
- 스크린 골프뿐만 아니라 타 종목(야구, 낚시, 테니스, 볼링) 스크린 시장 진출

채용공고

골프존 사원 채용 공고

- **모집부문**

모집부문	자격요건
R&D	SW개발* 클라이언트기획, 클라이언트개발 어플리케이션개발, 센서연구개발, DB개발/운영, UX/UI디자인, 모바일서비스기획, 정보보호
Business/Infra	구매지원, 해외영업, 해외사업지원, 방송콘텐츠기획, 방송영상편집, 사업지원, 마케팅, 재무회계, HR, 경영지원,

- 상세 직무 소개는 골프존뉴딘그룹 입사시스템內 공지사항 참고
- 근무지: 서울근무(단, *표시는 대전근무)
- 복수 지원 불가

www.golfzon.com
큐알코드에는 홈페이지와 채용공고,
조직도와 소개글을 담았습니다.

● **인턴기간**
- 2018년 6월 25일(월)~2018년 8월 24일(금)
- 종료시점 진행되는 평가에 따라 인턴기간 연장 또는 정규직 전환 가능

● **자격요건**
- 4년제 학사 기 졸업자 및 졸업예정자
- 전 모집부문 전공불문
- 해외여행에 결격사유가 없는 자
- 군필 또는 군 면제자

● **전형단계**
- 서류 전형 → 인적성 검사 → 면접전형 → 최종 합격
- 전형단계는 회사 사정에 따라 변동 가능

● **지원방법**
- 당사 홈페이지를 통한 인터넷 접수만 가능
  http://recruit.golfzon.com

● **문의사항**
- E-mail welcome@golfzon.com
- 카카오톡 플러스친구로 실시간 1:1 상담진행합니다.

* 카카오톡 플러스친구 골프존뉴딘그룹채용

스포츠투아이

설립일: 1999년 12월 9일
직원수: 45명(크레딧잡 2019/01/02)
초봉: 2,915만원(크레딧잡 2019/01/02)
채용방식: 수시 채용

- 빅데이터 기록, 야구 관련 가장 오래된 회사
- KBO리그 공식 기록업체
- 야구, 축구, 골프, 농구 등 스포츠 데이터 제공
- 독립야구단 성남블루팬더스, 야구학교 연계 및 운영

조직도

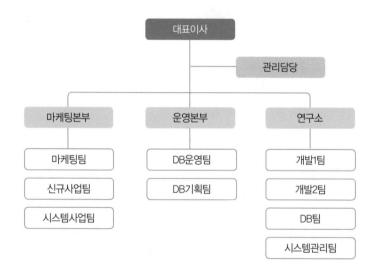

www.sports2i.com
큐알코드에는 홈페이지와 채용공고,
조직도와 소개글을 담았습니다.

스포츠투아이 사원 채용 공고

● **모집부문 및 자격요건**

담당업무	자격요건 및 우대사항
– 스포츠 관련 신규상품 기획 (사원, 팀원급)	자격요건 – 학력: 대졸 이상(2, 3년) – 경력: 신입 – 성별: 무관 – 모집인원: 1명 우대사항 – 해당직무 근무경험 – 영어회화 가능자 – CCTV관련 직업군 유경험자/네트워크 기반 사업군 유경험자/ 컴퓨터 H/W에 관련한 기본 지식이 있는 자 – 정보처리기사 – 문서작성 우수자 – 1종보통운전면허 – 컴퓨터/시스템공학 – 산업공학

● **근무조건 및 환경**
- 근무형태   정규직(수습기간)–6개월
- 근무부서   융합상품팀
- 근무요일/시간   탄력근무제/탄력근무제
- 근무지역   경기–성남시 분당구
- 급여   면접 후 결정
- 회사주소   (463–070) 경기 성남시 분당구 야탑동 219–3

● **전형절차 및 제출서류**
- 전형절차   서류접수 → 개별 면접통보 → 인적성검사 → 채용
- 제출서류   이력서 및 자기소개서

● **접수기간 및 방법**
- 접수기간   2018년 11월 5일(월) 14시~2018년 11월 20일(화) 24시
- 이력서양식   사람인 온라인 이력서
- 접수방법   사람인 입사지원

● **기타 유의사항**
- 입사지원 서류에 허위사실이 발견될 경우, 채용확정 이후라도 채용이 취소될 수 있습니다.

위드라인

설립일: 2004년 5월 25일
직원수: 49명(크레딧잡 2019/01/02)
초봉: 2,239만원(크레딧잡 2018/01/02)
채용방식: 수시 채용

- 김영석 대표– 한체대 유도 선수 출신
- 엘리트 체육선수 맞춤형 데이터 플랫폼– 스포츠 다이어리 출시
- 빅데이터 기반– 훈련일지, 훈련량, 부상정보, 경기기록의 데이터 제공
- 아마추어 스포츠 종목 및 비인기 스포츠 종목 타깃
- 일반 동호회 선수들에게도 적용 가능

조직도

www.widline.co.kr
큐알코드에는 홈페이지와 채용공고,
조직도와 소개글을 담았습니다.

WIDLINE 하반기 신입 및 경력 공개채용

(주)위드라인에서 웹/모바일 기획자분을 모십니다. 당사는 해당 분야에서 빠르게 성장하고 있는 강소기업입니다. 스포츠데이터마케팅 분야 및 B2B 사이트(모바일, PC) 분야에서 웹기획 및 마케팅 경력자를 모십니다. 20%의 능력이 있다면, 80%의 파트너십은 이미 당사에 있습니다. 많은 응모 바랍니다.

● **모집부문 및 자격요건**

모집분야	담당업무	자격요건	모집인원
웹서비스기획 및 마케팅	– 웹서비스 기획(당사운영몰): UI/UX 기획, 어드민 기획, 사이트 통계 분석 – 시스템 기획 – 스포츠데이터 사업관련 시스템 기획	– 학력: 학력무관 – 경력: 경력 [우대사항] ·유통관련 기획 유경험자	0명
인사, 총무, 사무보조	– 인사, 총무, 사무보조	[우대조건] – 즉시출근 가능자 – 엑셀, 파워포인트 가능자	0명
IT 연구소	– 개발	– 학력: 초대졸 이상 – 경력: 경력 4년이상~8년 이하 [우대사항] – 전산 전공자 우대 – 자격증 소지자 우대(정보처리) – CSS 가능자 – B2B몰 개발 경력 – 유통 물류 솔루션 개발 경력 [채용 조건] – ASP 개발 가능자 – DB: MS–SQL 가능자 – 웹에 대한 이해가 충분한 사람 – 자바스크립트/JQUERY 가능자	1명

채용공고

모집분야	담당업무	자격요건	모집인원
웹디자인	– 웹/앱 디자인(홈페이지 및 솔루션)	– 학력: 학력무관 – 경력: 신입/경력(신입 지원 가능) [우대사항] – 1년 이상 유관업무 경력자 – 포토샵, 일러스트 툴 능숙자 – 커뮤니케이션 원활하신 분 – HTML, CSS에 대한 이해가 있으신 분 [제출사항] – 포트폴리오	0명

● **전형절차**

서류전형　　　　　실무자면접　　　　　최종합격

● **근무환경**
- 근무형태　　　정규직
- 근무지　　　　서울 마포구 삼개로 16 근신빌딩 본관/신관 5층
- 근무요일　　　주5일
- 근무시간　　　09시 00분~ 18시 00분
- 급여　　　　　회사내규에 따름(면접 후 결정)

● **접수방법**
- 마감일　　　　2018년 07월 25일
- 이력서양식　　잡코리아 이력서
- 접수방법　　　잡코리아 온라인 접수

유엔비즈

 UB 유엔비즈

설립일: 2010년 7월 6일
직원수: 26명(크레딧잡 2019/01/02)
초봉: 1,967만원(크레딧잡 2019/01/02)
채용방식: 수시 채용

- K리그 비디오판독시스템 운영
- 2012–2014 대학스포츠 인터넷방송 생중계
- KEB 하나은행 FA컵 4강전, 결승전 VAR 판독, 운영
- 대한체육회 TV 스포츠 경기 중계 및 스포츠 방송 제작
- KBL 프로농구 인터넷 중계 및 방송 제작

조직도

www.unbiz.co.kr
큐알코드에는 홈페이지와 채용공고,
조직도와 소개글을 담았습니다.

유엔비즈 사원 채용 공고

● 모집부문 및 자격요건

담당업무	자격요건
– K리그 비디오판독 및 영상제작, 편집 촬영 (1종보통수동운전가능자) – K리그 구장 업무지원(출장) (사원급)	자격요건 – 학력: 무관 – 경력: 무관(신입도 지원 가능) – 성별: 무관 – 모집인원: 3명 필수사항 – 1종보통운전면허 우대사항 – 운전가능자 – 해당직무 근무경험 – 지방근무 가능자

● 근무조건 및 환경
- 근무형태　　　　　　인턴직(정규직 전환가능)–3개월
- 근무부서　　　　　　미디어사업부
- 근무요일/시간　　　주5일제 근무(주말 포함 지방출장) 오전 10시~오후 7시
- 근무지역　　　　　　서울–영등포구
- 급여　　　　　　　　회사내규에 따름
- 회사주소　　　　　　(150–867) 서울 영등포구 양평동4가 151–1 엠엔지타워 5층
- 인근전철　　　　　　서울 9호선 선유도4번 출구에서 100m 이내

● 전형절차 및 제출서류
- 전형절차　　　　　　서류전형 → 면접 → 최종결정

● 접수시간 및 방법
- 접수기간　　　　　　2018년 1월 12일(금) 13시~상시
- 이력서양식　　　　　자유양식
- 접수방법　　　　　　사람인 입사지원

● 기타 유의사항
- 입사지원 서류에 허위사실이 발견될 경우, 채용확정 이후라도 채용이 취소될 수 있습니다.

스포라이브

설립일: 2013년 9월 10일
직원수: 24명(크레딧잡 2019/01/02)
초봉: 2,964만원(크레딧잡 2019/01/02)
채용방식: 수시 채용

- 2017년 서비스 출시 이후 2018년 기준 이용자 10만 명 돌파
- 국내 최초 게임물관리위원회로부터 정식 심의를 받은 소셜 스포츠게임
- '해피라이브'사회공헌활동을 통해 '환아', '다문화가정', '장애인스포츠 선수'등에게 기부금 전달
- 맥심 X 스포라이브 풀 파티 진행
- 글리몬FC(UFC) 메인 스폰서

채용공고

[스포츠게임사] 마케팅팀 팀원 채용

(주)스포라이브는 2013년에 설립된 회사로 자본금 25억원, 매출액 5억 2천만원, 사원수 20명 규모의 중소기업입니다. 서울 강남구 학동로 234(논현동, JS빌딩)에 위치하고 있으며, 스포츠 전략 시뮬레이션 게임 개발 및 운영 사업을 하고 있습니다.

- **모집부문 및 자격요건**

모집부문	담당업무	자격요건	모집인원
홍보마케팅	스포라이브 온라인 마케팅	– 학력: 학력 무관 – 경력: 경력 [우대사항] – 포토샵 능숙자, 문서작성 우수자	1명

www.spolive.com
큐알코드에는 홈페이지와 채용공고,
조직도와 소개글을 담았습니다.

채용공고

- **전형절차**
  - 서류전형 → 실무자면접 → 임원면접 → 최종합격

- **근무환경**
  - 근무형태: 정규직
  - 근무지: 서울 강남구

- **접수기간 및 방법**
  - 마감일: 상시채용
  - 이력서양식: 잡코리아 이력서
  - 접수방법: 잡코리아 온라인 접수

- **제출서류**
  - 이력서, 자기소개서 제출
  - 개인별 포트폴리오(있을 경우에)
  - 최종합격 후 졸업증명서, 최종학교 전 학년 성적 증명서, 공인시험 및 기타 자격증 사본(소지자에 한함), 취업보호대상증명서(대상자에 한함) 제출

- **기타 유의사항**
  - 허위사실이 발견될 경우 채용이 취소될 수 있습니다.

비주얼스포츠

설립일: 2006년 4월 19일
직원수: 17명(크레딧잡 2019/01/02)
초봉: 1,782만원(크레딧잡 2019/01/02)
채용방식: 수시 채용

- 대한축구협회, 여자축구연맹, 내셔널리그 공식분석업체
- 인천유나이티드FC, 수원블루윙즈, 포항스틸러스, 울산현대, 광주FC 공식분석업체
- 하이캠 촬영, 스토브리그 촬영, 경기데이터 분석, 경기영상 촬영 및 편집, 경기중계, 영상코칭 서비스 제공
- 축구전력 분석에 관심이 있다면 주목할 기업

채용공고

비주얼스포츠 사원 채용 공고

● 모집개요

모집부문	응시자격	모집인원
경기분석	대학졸업 또는 졸업예정자나 이에 상응하는 자격을 가진 자	1명

※ 전공 제한 없음/인턴 신청 시점에서 미취업 상태인 자

● 신분 및 근로조건
– 신분: 인턴직
– 인턴기간: 2018. 5. 2(수)~ 2018. 8. 31(금)
※ 2018. 5. 2(수) 사전 직무교육 진행 및 필수참여
– 급여: 160만원
※ 4대보험 가입
– 주요업무: 경기영상촬영, 경기분석, 데이터 기록, 데이터분석

www.visualsports.co.kr
큐알코드에는 홈페이지와 채용공고,
조직도와 소개글을 담았습니다.

● **상세직무**

– 경기영상촬영, 경기분석, 데이터 기록, 데이터분석

● **채용절차**

– 접수기간: 2018. 4. 2(월)~4. 13(금) 18:00
– 면접대상자 발표: 4. 16(월)
– 합격자 발표: 4. 20(금)
– 사전 직무교육: 2018. 5. 2(수) 09:00~18:00
※ 사전 직무교육은 전일 전원 참석을 원칙으로 함
※ 장소: 올림픽파크텔

● **문의처**

032-341-1109

※ 본 사업은 '2018년 체육분야 인턴지원사업'의 일환으로 진행됩니다.
※ JOB SOPOIS를 통해서만 지원가능하며, 별도의 이메일, 우편, 팩스 접수는 불가합니다.

비카인드(슛포러브)

설립일: 2012년 6월 14일
직원수: 7명(크레딧잡 2018/12/12)
초봉: 2,042만원(크레딧잡 2018/12/12)
채용방식: 수시 채용

- 후원사 – 한국백혈병소아암협회, 플레이독 소프트, 자생한방병원, 맘스터치
- 스포츠 이벤트와 스포츠콘텐츠의 성공사례
- 축구 분야 인기 크리에이터(구독자 약 83만 명)
- 씨잼철, 바밤바, 이천수, 안정환, 박지성, 박문성 등 축구 관련 유명인사 출연
- 맨땅에 헤딩, 청년들의 열정을 통해 현재까지 발전

채용공고

비카인드(슛포러브) 사원 채용 공고

- **모집요강**
  - 절차: 포트폴리오 제출 후 면접 진행
  - 기간: 2017년 6월 23일~2017년 7월 7일 자정까지
    (면접은 개별적인 연락을 드리도록 하겠습니다)
  - 근무지: 3호선 신사역, 7호선 논현역 5분 거리
  - 급여: 면접 후 결정

- **제출서류**
  - 자기소개서 이력서 다 필요없습니다. 어떠한 영상을 그동안 만들어오셨는지만 궁금합니다.
  - 영상 포트폴리오 혹은 제작한 영상 파일이나 링크를 이메일로 제출해주시면 됩니다.
    (제작에서 어떤 역할을 맡았고 비중이 어느 정도였는지 간단하게 적어주세요)

*포트폴리오 혹은 제작한 영상 파일이나 링크는 kindheart@bekind.co.kr로 보내주시면 됩니다.

www.shootforlove.co.kr
큐알코드에는 홈페이지와 채용공고,
조직도와 소개글을 담았습니다.

고알레

설립일: 2018년 8월 1일
직원수: 5명(크레딧잡 2018/12/12)
초봉: 3,468만원(크레딧잡 2018/12/12)
채용방식: 수시 채용

- 스포츠 스타트업 성공 사례
- 사업 초기 모델– 드론을 이용한 축구 영상 컨텐츠 제공
- 영상 컨텐츠 제공에서 트레이닝 서비스 및 쇼핑몰 사업 분야까지 영역 확장
- 아마추어 축구의 새로운 문화 형성
- 국가대표 선수 출신 이호 대표 고알레 인수

채용공고

고알레컴퍼니 영상크리에이터 PD 모집

축구 콘텐츠 기업 고알레에서 영상 크리에이터 PD를 모집합니다!

- **모집부문 및 자격요건**

모집부문	담당업무	자격요건	인원
콘텐츠 제작/FD		– 학력 학력무관 – 경력 경력무관 [우대조건] – 관련 학과 전공자 – 유관업무 경험자(인턴·알바)	00명
기획			
촬영			

https://goale.co.kr/
큐알코드에는 홈페이지와 채용공고,
조직도와 소개글을 담았습니다.

● **근무조건**
- 근무형태: 정규직(수습: 3개월), 인턴(3개월, 정규직 전환가능)
- 근무지: 서울 〉종로구 | 서울 〉은평구 | 서울전지역 | 서울 〉성북구 | 서울 〉중구 | 서울 〉강북구 | 서울 〉서대문구 | 서울 〉동대문구 | 서울 〉중랑구 | 서울 〉마포구 | 서울 〉강남구 | 서울 〉강서구 | 서울 〉서초구
- 근무요일: 주5일
- 근무시간: 10시 00분~19시 00분
- 급여: 연봉 2,000만원 (면접 후 결정)

● **전형절차**
- 서류전형 → 1차면접 → 2차면접 → 임원면접 → 최종합격
※ 면접일정은 추후 통보합니다.

● **접수방법**
- 2018. 11. 30(금)까지(채용시 마감)
- 접수방법: 잡코리아 접수, e-메일
- 이력서: 잡코리아 이력서, 자유 이력서

● **제출서류**
- 이력서, 자기소개서 제출

● **기타사항**
- 허위사실이 발견될 경우 채용이 취소될 수 있습니다.

10. 스포츠산업 전문 언론

	스포츠산업 전문 언론	조직도	채용공고
1	베스트일레븐	O	O
2	포포투	X	O
3	스포츠 Q	O	O
4	인터풋볼	O	O
5	스포탈코리아	O	O
6	루키	X	O
7	점프볼	X	O

베스트일레븐

설립일: 2006년 8월 9일
직원수: 10명(크레딧잡 2019/01/07)
초봉: 2,077만원(크레딧잡 2019/01/07)
채용방식: 수시 채용

- 1970년 발간 시작, 전통과 역사가 깊은 국내 축구 잡지사
- 국내 축구 소식에 특히 강점을 가짐
- 2015, 2017년 축구기자 오디션 DREAM F WRITER 진행
- 2009년 싸카스포츠 오정석 대표→ 2018년 국내 에이전트사 '팀 트웰브 '박정선 대표로 대표 이사 및 발행인 변경

조직도

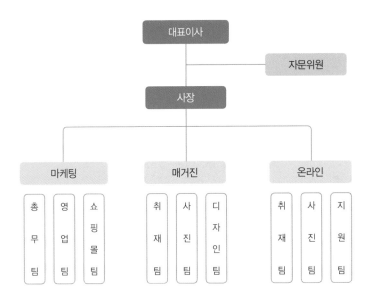

www.besteleven.com
큐알코드에는 홈페이지와 채용공고,
조직도와 소개글을 담았습니다.

베스트일레븐 경력 기자 모집

1970년 창간, 47년의 역사와 전통을 자랑하는 대한민국 최정상 축구 전문지 베스트 일레븐이 패기 넘치는 취재기자(신입 및 경력)를 모집합니다. 뜨거운 열정과 재기발랄한 아이디어, 거침 없는 도전정신으로 똘똘뭉친 '슈퍼 루키'라면 누구나 지원 가능합니다. 젊은 인재들이 이끌어 가는 베스트일레븐 사단에 승선을 원하는 실력파 여러분들의 애정 어린 관심과 많은 지원 바랍니다.

● **모집부문 및 자격요건**

모집부문	경력구분	자격요건	인원
취재기자	경력(2년~7년)	– 4년제 대학 졸업자 – 병역필 또는 면제자로서 해외 여행에 결격 사유 없는 자	0명

● **전형절차**

서류전형 〉 필기 및 면접 〉 최종합격

필기 및 면접(신입 취재기자), 면접(경력)

● **제출서류**
– 이력서 및 자기소개서(자기소개서 분량은 a4용지 1~2매)
– 어학성적표, 졸업증명서 및 성적증명서(서류전형 합격자에 한해 추후 제출)
– 기명 기사 2편(경력 취재기자에 한함)

● **원서접수**
– 기간: 2018년 09월 27일~2017년 10월 12일
– 방식: 잡코리아 은라인접수
– 이메일접수 –bluekorea1@soccerbest11.co.kr

● **문의**
– 베스트일레븐 업무관리팀(02-3394-8450)

포포투(주식회사 볕)

FourFourTwo

설립일: 2016년 6월 23일
직원수: 8명(크레딧잡 2019/01/02)
초봉: 2,500만원(크레딧잡 2019/01/02)
채용방식: 수시 채용

- 영국 축구 전문 월간지
- 해외 축구 소식에 특히 강점을 가짐
- 창간(2007년) 초기 벼룩시장 발간사인 미디어윌에 의해 발간
- 현재 주식회사 볕에서 발간
- 2009~2016 포포투 전국대학동아리 축구대회 개최

채용공고

월드 No.1 풋볼매거진 〈포포투 한국판〉 기자 뽑습니다.

- **모집**: 신입 및 경력(2년 이하) O명
- **직무**: 콘텐츠(기사, 화보, SNS 등) 기획/제작, 국내외 축구 현장 취재
- **조건**: 해외 여행 가능자, 남자는 군필 또는 면제자
- **우대**: SNS 숙달자, 이미지/영상 숙달자, 축구 외에도 다양한 관심/취미 있으신 분
- **진행**: 1차 서류 전형, 2차 면접
- **제출서류**: 이력서, 가상인터뷰 원고(호날두or메시를 직접 인터뷰한다는 설정. 질답 10개 이하)
- **제출 및 문의처**: 442.kr@byutt.com
- **제출기한**: 11월 3일(금) 18:00까지
- **근무지**: 서울 광화문
- **연봉**: 면접시 협의(신입은 수습 3개월)

www.fourfourtwo.co.kr
큐알코드에는 홈페이지와 채용공고,
조직도와 소개글을 담았습니다.

스포츠산업 전문 언론 ▶ **10**

스포츠Q(와이케이미디어)

설립일: 2013년 11월 12일
직원수: 10명(크레딧잡 2019/01/02)
초봉: 1,540만원(크레딧잡 2019/01/02)
채용방식: 수시 채용

- 슬로건– 도전과 열정, 위로와 영감
- 아마추어스포츠, 생활체육, 스포츠산업 등 스포츠에 관한 다양한 정보 제공
- 스포츠 · 문화 · 연예 종합 뉴스 미디어 인터넷언론사
- [민기홍의 운동話공장]

조직도

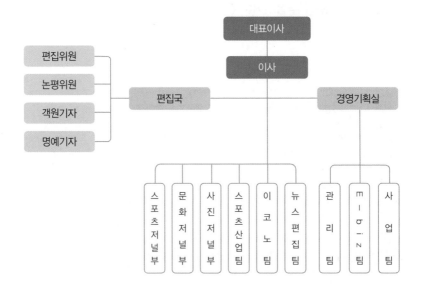

www.sportsq.co.kr
큐알코드에는 홈페이지와 채용공고,
조직도와 소개글을 담았습니다.

스포츠Q 스포츠저널부 인턴 및 경력 기자 모집

'도전과 열정 그리고 위로와 영감, 스포츠Q'
'스포츠언론의 새로운 시작(Cue)'이라는 모토로 지난 2014년 2월 첫선을 보인 스포츠
Q(www.sportsq.co.kr)가 한 단계 더 도약하기 위해 스포츠 부문에서 함께 일할 인턴 및 경
력 기자를 모집합니다.
스포츠Q는 인터넷 스포츠신문의 후발주자로서 불리한 환경과 조건에도 불구하고 짧은 기간
동안 체육계는 물론 문화, 연예 분야에서 차별화된 콘텐츠로 남다른 존재감을 발휘하며 안착
하는 데 성공했습니다. 그리고 이제 또 다른 비상을 위해 유능한 인재들과 함께 다시 출발선
에 서고자 합니다. 스포츠Q는 독자들에게 삶에 대한 도전과 열정, 그리고 위로와 영감을 주
는, 의미 있는 언론으로 자리매김하길 바랍니다.
스포츠Q에서 기자로서 첫 꿈을 실현하고자 하는 이들은 물론 기자로서 마지막 열정을 불태
우고자 하는 이들이 있다면 지원하십시오. 스포츠Q가 여러분들과 함께 스포츠저널리즘의 새
로운 지평과 역사를 만들어가도록 하겠습니다.

● **모집부문 및 자격 요건**
〈모집부문 = 스포츠 부문〉
• 인턴 및 경력기자 각 ○명(경력기자의 경우 경력 2년 이상)
〈공통사항〉
• 국내외 4년제 정규대학 졸업자 또는 졸업예정자(인턴에 한함)
• 남자는 병역필 또는 면제자
• 해외여행에 결격사유가 없는 자

● **전형방법**
– 인턴기자: 1차 서류전형 → 2차 작문테스트 → 3차 면접
– 경력기자: 1차 서류전형 → 2차 면접
• 1차 합격자 발표: 2017년 11.20(월(단, 합격자에 한해 개별 연락)

● **서류 접수**
• 접수기간: 2017. 10.29 ~11.17
• 접수방법: e-mail 접수(********@***********)

● **제출서류**
1. 이력서 2. 자기소개서
3. 인턴기자의 경우 자신이 작성한 기사 1건 이상(경력기자의 경우 3건 이상)
 * 기사 샘플을 보내오지 않을 경우 서류심사에서 탈락.
4. 최종학교 졸업증명서 및 전학년 성적증명서(단, 서류전형 합격자에 한함)

● **고용형태**
• 인턴기자의 경우 6개월 후 평가에 따라 정규직 전환

인터풋볼

설립일: 2010년 2월 8일
직원수: 7명(크레딧잡 2019/01/02)
초봉: 1,482만원(크레딧잡 2019/01/02)
채용방식: 수시 채용

- 경기분석실– 승부예측 컨텐츠 업로드
- 주간 EPL 프리뷰 컨텐츠 제공(2015~2019)
- 인터풋볼– 스포츠라이브 협업– EPL 경기 결과 제공 시스템: EPL 풋볼라이브
- 네이버 스포츠 언론사 연재(EPL POINT, Inter뷰, 라리가 STAR, K리그1 POINT 등)

조직도

2010년 2월 설립된 ㈜인터풋볼은 No.1 축구 미디어로서 전문기자들이 국내외 축구 소식을 빠르고 심도 있게 전달하며 대한민국 축구의 발전을 위한 역할을 다하고 있습니다.

```
CEO
├─ Business Practice Office
├─ Finance Planning & Admin
│
├─ Sports Media
│   ├─ Domestic News
│   ├─ Overseas News
│   ├─ Entertainment News
│   └─ Photograph
├─ Sports Data & Content
│   ├─ Data Analysis
│   └─ Match Previews
├─ Commerce & Sports Marketing
│   ├─ Product Marketing
│   └─ Football Club Marketing
└─ Business Development
```

http://interfootball.heraldcorp.com/
큐알코드에는 홈페이지와 채용공고,
조직도와 소개글을 담았습니다.

인터풋볼 채용공고

● **모집부문 및 자격요건**
- 담당업무
- 국내외 축구 현장 취재
- 축구 컨텐츠 생산

● **자격요건 및 우대사항(사원, 팀원급)**
- 자격요건
- 학력: 대졸 이상(4년)
- 경력: 신입/경력 1년~3년
- 성별: 무관 - 모집인원: 0명
- 우대사항
- 영어가능자
- 영어능통자
- 해외연수자
- 해외근무 가능자
- 독일어 가능자
- 스페인어 가능자
- 해당직무 근무경험
- 포토샵 능숙자
- 해외에서 학업을 이수한 자 / 축구 컨텐츠 관련 경험자

● **근무조건 및 환경**
- 근무형태: 정규직(수습기간)-3개월
- 근무부서: Sports Media 취재팀
- 근무요일/시간: 주 5일(월~금) 탄력근무제
- 근무지역: 서울- 서초구
- 급여: 면접후 결정(취재비 별도 지급)
- 회사주소: (06611) 서울 서초구 서초동 1309-8 케이아이타워 10층
- 인근전철: 서울 9호선 신논현 에서 500m 이내

● **전형절차 및 제출서류**
- 전형절차: 서류
- 면접 제출서류: 이력서, 경험, 경력 소개서(대학 전공 무관. 졸업예정자 지원가능), 기타 직무와 관련된 증빙서류

스포탈코리아

●sportalkorea™

설립일: 2003년 12월 8일
직원수: 20명(크레딧잡 2019/01/02)
초봉: 1,872만원(크레딧잡 2019/01/02)
채용방식: 수시 채용

- 홍의택의 제대로 축구, 박대성의 기묘한축구, 김성진의 풋볼토크 등 칼럼 네이버 연재
- 스포탈코리아TV(네이버TV) 운영
- K리그 구단(포항, 제주, 전북, 대전, 안양, 인천) 및 한국여자축구연맹 등 각 축구 구단 및 연맹 홈페이지 리뉴얼 및 운영
- 축구사랑나눔재단외 다수 홈페이지 유지, 운영관리 대행

조직도

```
                        CEO
                         |
                         |—————————— 고문
                         |
                      총괄 본부장
                         |
   ┌────────┬────────┬────────┬────────┬────────┐
전략기획팀  편집팀    F&       웹팀      관리팀    영상팀
```

www.sportalkorea.com
큐알코드에는 홈페이지와 채용공고,
조직도와 소개글을 담았습니다.

스포탈코리아 채용 공고

● **모집부문 및 자격요건**

담당업무	자격요건	인원
인턴기자)	– 취재팀 소속으로 기사 작성 – 편집 보조(사원, 팀원급)	0명

● **자격요건**
– 학력: 대졸 이상(2, 3년)
– 경력: 무관(신입도 지원 가능)
– 성별: 무관
– 요건: 국내축구, 해외축구 관련한 기사 작성 가능한 분

● **근무조건 및 환경 근무형태**
– 인턴직(정규직 전환가능)–6개월
– 근무부서: 취재팀
– 근무요일/시간: 주 5일(월~금) 오전 9시~오후 6시
– 근무지역: 서울– 종로구
– 급여: 회사내규에 따름
– 회사주소:(110–061) 서울 종로구 신문로1가 25번지 정우빌딩 303호
– 인근전철: 서울 5호선 광화문 에서 300m 이내

● **전형절차 및 제출서류**
– 전형절차: 서류전형 → 면접 → 최종채용
– 제출서류: 기명기사 1건 이상(미경력자의 경우 기사형태로 작성해 제출)

● **접수기간 및 방법**
– 접수기간: 2018년 10월 31일(수) 11시~채용시
– 이력서양식: 사람인 온라인 이력서
– 접수방법: 사람인 입사지원

● **기타 유의사항**
– 제출하신 서류는 돌려드리지 않습니다.
– 서류전형 합격자는 개별적으로 연락드립니다.
– 입사지원 서류에 허위사실이 발견될 경우, 채용확정 이후라도 채용이 취소될 수 있습니다.

루키(페이퍼센트)

설립일: 1997년 04월 01일
직원수: 3명(크레딧잡 2019/01/02)
초봉: 2,152만원(크레딧잡 2019/01/02)
채용방식: 수시 채용

- NBA 관련 중심의 농구 잡지
- 점프볼과 함께 한국농구잡지의 양대산맥
- 유튜브 채널 루더바 TV 운영
- 명예기자단 운영(1~3기)
- 루키더바스켓(네이버TV) 운영

채용공고

월간 루키 인터넷 기자 채용 공고

국내 최고 NBA 전문매체 월간 루키에서 대학생 인터넷 기자를 모집합니다! 농구를 사랑하고 열정 있는 대학생분들의 많은 지원 바랍니다.

1. **모집부문**   월간 루키 인터넷 기자
2. **채용인원**   2명
3. **자격조건**   2/4년제 대학생으로 제한
4. **제출서류**   이력서 및 자기소개서 1부 – 자유 형식의 농구 기사 혹은 칼럼 1부
5. **서류접수**   e-mail접수(holmes123@hanmail.net)
6. **마감일**   10월 4일 일요일 16시

＊ 농구기자 및 관련업에 진지한 뜻이 있는 분들만 지원하시기 바랍니다.
＊ 이력서에는 사진을 첨부하지 않습니다

www.rookie.co.kr
큐알코드에는 홈페이지와 채용공고,
조직도와 소개글을 담았습니다.

점프볼(제이앤제이미디어)

JUMPBALL

설립일: 2001년 4월 3일
직원수: 25명(크레딧잡 2019/01/02)
초봉: 1,815만원(크레딧잡 2019/01/02)
채용방식: 수시 채용

- KBL 공식 지정 농구전문지 발행 기업
- 국내 농구 소식 관련에 정통
- 루키와 함께 한국농구잡지의 양대산맥
- 네이버 스포츠 칼럼– 손대범의 맨투맨 연재
- 인터넷기자단 운영(2001~2019)

채용공고

점프볼(제이앤제이미디어) 채용 공고

농구 전문 매거진 JUMPBALL[점프볼]에서 스포츠에 관심 많고 열정이 가득 넘치는 취재기자를 채용합니다. [점프볼]을 발간하는 (주)제이앤제이미디어는 2001년에 설립된 스포츠 전문 미디어로서 농구, 배구, 유도 등을 비롯한 각종 스포츠 경기 취재와 사진, 영상 출판을 주로 하고 있습니다.

1. 모집부문
- 취재기자(신입)

2. 업무 내용
- 스포츠경기 취재 및 기사 작성
- 매거진 인터뷰, 기획기사 제작
- 스포츠 분야의 콘텐츠 기획

3. 자격 요건
- 스포츠 경기, 특히 농구를 좋아하고 이해와 지식이 깊으신 분
- 글을 읽고 쓰기를 좋아하시는 분
- 스포츠 트렌드 및 SNS에 관심이 많고 감각이 있으신 분

www.jumpball.co.kr
큐알코드에는 홈페이지와 채용공고,
조직도와 소개글을 담았습니다.

10

4. 제출서류
 – 자유 이력서 및 자기소개서
 – 본인이 쓴 스포츠 관련 글(경기, 인터뷰, 에세이 등 무관)

5. 접수방법
 – 이메일 접수(basket@jumpball.co.kr)

6. 접수기간
 – 6월 11일(일)

7. 전형방법
 – 서류 선발 후 면접(면접일자 개별 연락)

8. 문의
 – 전화 02-511-5799